6월 민주항쟁

전개와 의의

이 도서의 국립중앙도서관 출판예정도서목록(CIP)은 서지정보유통지원시스템 홈페이지(http://seoji.nl.go.kr)
와 국가자료공동목록시스템(http://www.nl.go.kr/kolisnet)에서 이용하실 수 있습니다.
CIP제어번호: CIP2017011674(양장), CIP2017011675(반양장)

6월 민주항쟁 30주년 기념 연구서

6월 민주항쟁

전개와 의의

민주화운동기념사업회 한국민주주의연구소 엮음
서중석 외 지음

THE JUNE DEMOCRATIC STRUGGLE
DEVELOPMENT AND SIGNIFICANCE

한울
아카데미

책을 펴내면서

6·10 민주항쟁 30주년 기념 연구서를 기획할 때까지만 하더라도 역사 속에서나 존재했던 민주항쟁이, 원고를 집필하는 와중에 바로 우리들이 참여하고 있는 현재의 항쟁으로 발현되었다. 비민주적이고 부도덕한 정권에 항의하는 시민들이 연일 광장을 가득 메웠고, 굳이 언론 보도가 아니더라도 국민들은 다시 1987년 6월항쟁을 떠올렸다. 6월항쟁은 30주년을 맞아 '과거가 아니라 현재의 실천 속으로 생환'된 것이다.

시민들이 만들어낸 촛불 민주주의 물결은 한국에서 민주화가 비단 30년 전의 일이 아니라 바로 오늘의 중요한 과제임을 말해주고 있다. 수년간 한국에서 민주주의의 퇴행은 명확했다. 세계의 민주주의 관련 지수들은 한국이 더 이상 민주주의 국가가 아니며 민주주의가 퇴행하고 있음을 경고했다. 녹색성장, 창조경제 등 화려한 경제발전의 구호 이면에는 삶의 위기와 불평등, 정경유착, 부패, 환경 파괴 등이 가려져 있었다. 다시 광장에 선 시민들이 요구하는 것은 정치적 민주주의를 넘어서는 것이다. 이는 현재 민주주의의 위기가 비단 정치적인 것일 뿐만 아니라 국민들의 사회경제적 삶과 직결된 것임을 드러내주는 것이기도

하다.

『6월 민주항쟁: 전개와 의의』는 6·10 민주항쟁 30주년 기념 학술서로 기획되었다. 30년을 맞는 6월항쟁이지만, 그것을 체계적으로 연구한 학술서는 여전히 많지 않다. 민주주의의 발전에 따라 민주주의가 공유재와 같은 것이 되어버렸고, 6월항쟁의 성과와 의미보다는 소위 '87체제 논쟁'과 같이 6월항쟁이 만들어낸 체제에 대한 문제점이나 한계가 더욱 부각되었기 때문일 것이다. 그뿐만 아니라 그동안 6월항쟁이 시민들이 독재 정권에 맞서 민주주의를 쟁취한 항쟁이란 것에 대한 큰 이견도 존재하지도 않았다.

6·10 민주항쟁 30주년을 앞두고 미국 등지에서 다양한 관련 문건이 공개되고 있고, 그동안 관련 사건, 단체 등에 대한 연구도 진척되었다. 그뿐만 아니라 시대의 변화에 따라 민주화 관련 사건과 단체 등에 대한 새로운 평가도 진행되고 있다. 따라서 본 연구서는 그러한 새로운 자료와 평가, 연구 성과들을 담고자 하였다. 특히 그 과정에서 한국 민주화와 민주주의 발전에서 6월항쟁의 위상과 역할, 주체와 동학을 밝히는 데 방점을 두었다.

연구소가 6월항쟁의 연구와 교육, 기념의 준거가 될 수 있는 연구서를 만들고자 하였으나 여전히 미흡한 부분이 있는 것도 사실이다. 이제서야 관련자에 대한 체계적인 구술작업과 자료공개 등이 이루어지고 있다. 그뿐만 아니라 촛불 시민혁명은 6월항쟁의 의미와 과제를 다시금 고민하게 만들어주고 있다. 연구 결과물에 나타나는 한계는 전적으로 연구소의 책임이다.

이 책이 간행되기까지 여러분의 진심 어린 노력과 협조가 있었다. 서중석 성균관대 명예교수, 정해구 성공회대 교수, 정근식 서울대 교수, 신형식 연구소장, 이영제 연구원이 편집위원회를 구성하고 전체 연구를 진행하였다. 집필에 참여한 필자들은 여러 번에 걸친 토론과 수정

작업에 성심성의껏 참여해주었다. 촉박한 일정에도 불구하고 한울엠플러스에서 기꺼이 출판을 맡아주었다. 지면을 빌어 김종수 대표님과 진행을 맡으신 윤순현 님, 그리고 이 책의 편집 작업을 도맡아 해주신 조수임 님께 감사의 마음을 전한다.

2017. 6.

민주화운동기념사업회 한국민주주의연구소

차례

6월항쟁의 전개와 의미

서중석 | 성균관대학교 사학과

1. 6월항쟁 30주년에 맞는 특별한 의미

6월항쟁은 3·1운동, 4월혁명, 부마항쟁, 광주항쟁과 함께 한국 근현대의 분수령을 이루는 민주항쟁이다. 3·1운동을 독립운동이자 민주주의운동으로 보는 것에 의아해 할지도 모르지만, 당시 민중이 외친 "만세", "독립만세"에는 억압·전제·무단통치에 대한 저항의 성격이 강했고, 그것은 자유의 갈구이기도 했다. 이러한 투쟁으로 일제는 언론·출판·집회·결사의 자유를 부분적으로 인정했고 지방제도도 변경했다. 그리고 3·1운동으로 출현한 대한민국임시정부 등 독립운동단체는 민주공화제를 명시해서 표방했다. 독립운동-민족해방운동은 기본적으로 반봉건 민주주의 근대국가를 지향했고, 그런 점에서 해방 후 민주화운동의 선구라고 볼 수 있으며, 민주화운동은 독립운동-민족해방운동의 정신을 이어받았다고 할 수 있다.

4월혁명, 부마항쟁, 광주항쟁에 비해 6월항쟁을 통해 쟁취한 기본적 민주주의와 자유는 폭이 컸고, 그것의 생명력도 더 장구성을 지니고 있다. 예컨대 4월혁명을 통해 쟁취한 자유와 민주주의는 6월항쟁에 비해 그 폭이 좁았을 뿐만 아니라, 그 다음해에 일어난 박정희의 5·16쿠데타에 의해 심각하게 훼손되었고, 12년 후 박정희의 10·17유신쿠데타에 의해 무참히 유린당했다.

6월항쟁으로 그 이전의 시기와는 다르게 자유와 민주주의가 자리를 잡아가는 것 같았으나, 이명박·박근혜 정권이 등장하면서 자유와 민주주의는 위기에 봉착했다. TV의 경우가 특히 심하지만 언론의 자유가 현저히 제한되었고, 집회의 자유와 노동운동도 갖가지 방법으로 탄압받았다. 심지어 절차적 민주주의도 국정원의 선거 개입 등에 의해 훼손되었다. 방대한 블랙리스트에 의해 수많은 사람이 활동에 제약을 받아 헌법정신이 유린되었다. 남북관계는 다시 과거로 되돌아가는 양상을 보여주었고, 한반도 평화는 위기에 처했다. 이명박 정권도 유신체제를 상기시키는 정책이나 행태가 적지 않았지만, 박근혜 정권은 출범하면서부터 역사교과서를 국정화하기까지, 또 그 이후에도, 줄곧 유신체제로 회귀하는 것 아니냐는 비판을 받았고, '비선 실세'에 의해 국정이 농단당하는 사태가 벌어졌다.

금년으로 6월항쟁이 30주년을 맞았다. 우리의 굴곡진 현대사를 되돌아보면서 6월항쟁을 뜻깊게 보내는 것도 의미가 있지만, 6월항쟁과 유사한 촛불시위로 무혈혁명에 가까운 큰 변화가 일어나고 있다는 점이 6월항쟁 30주년을 더욱 뜻깊게 하고 있다. 촛불시위는 민주주의와 자유, 남북관계와 한반도 평화를 이명박 정권 이전 상태로 되돌려 놓을 가능성이 크고, 더 나아가 6월항쟁과 그 이후 민주화의 잘잘못을 교훈삼아 정치 개혁 등을 하면 6월항쟁의 성과를 한 단계 더 높일 수 있다. 그러나 단단한 각오로 합심하여 그러한 노력을 기울이지 못하면 6월항쟁 이후보다 더 심각한 한계를 노출할 수도 있다. 그러기 위해서도 금년의 6월항쟁 30주년은 더욱 의미 있게 다가와야 할 것이고, 그런 속에

서 6월항쟁의 뜨거운 함성과 그 이후의 한계에 대해 냉엄하고 깊이 있
는 성찰이 이루어져야겠다. 6월항쟁 그날 그때의 함성, 외침을 30주년
에 다시 되돌아보는 것은 촛불시위 이후의 새 정치와 경제, 사회, 문화
를 창출해내는 데 더 없이 큰 격려와 힘, 교훈이 될 수 있다. 2002년 두
여중생이 미군 장갑차에 깔려 죽자 일어난 촛불항의시위대가 광화문과
시청 일대를 뒤덮을 때도, 이명박 정권이 등장한 첫해에 광우병과 관련
한 항의 촛불시위가 전국을 뒤덮을 때도, 그보다 훨씬 더 규모가 크고
지속적으로 일어난 이번 촛불시위에서도 6월항쟁 세대는 다음 사회를
만들어갈 제2세대 아이를 데리고 열렬히 참여했다. 이 총론은 6월항쟁
의 역동적 전개와 여러 쟁점을 냉정히 짚어가면서 6월항쟁의 총체적
성격과 그 의미, 그리고 한계를 살펴보고자 한다.

2. 6월항쟁의 배경

6월항쟁이 일어나게 된 배경은 박정희의 1972년 10·17친위쿠데타
로 등장한 유신체제로 거슬러 올라가 찾아야 한다. 6월항쟁은 '호헌철
폐', '독재타도', '직선제쟁취' 구호가 말해주듯 기본적 민주주의와 자유
를 쟁취하기 위한 투쟁이었다. 김대중은 그것을 유신체제 이전의 정치
로 되돌아가는 것이라고 역설했다. 또한 6월항쟁은 유신체제의 후속이
자 그것의 변형으로 출현한 전두환·신군부체제를 타도하기 위해 궐기
한 항쟁이었다.

1972년에 등장한 박정희 유신체제는 민주공화제를 유린했다. 통일
주체국민회의를 국민의 주권적 수임기관이라고 못 박아 국민주권에 제
약을 가했고, 언론 출판 집회의 기본권도 법률로 제한을 가할 수 있게
했다. 3권 분립 또한 유신헌법에 의해 형해화되었다. 이처럼 유신헌법

은 민주공화제를 유린한 헌법이었는데, 실제는 그보다 훨씬 더 심각했다. 박정희 유신체제는 긴급조치에 의한 통치였는데, 긴급조치는 법률과 똑같은 효력을 가졌고(입법권 유린), 법원도 긴급조치가 정한 규정에 따라 재판을 해야 했다(사법권 유린). 긴급조치는 국민의 기본적 자유를 철저히 제한하고 말살한 '조치'로, 긴급조치에 의한 통치는 유신체제가 박정희 1인의 권력을 위한 체제라는 점을 극명히 보여주었다.

6월항쟁과 비슷한 유형의 민주화운동은 유신체제시기부터 일어났다. 박정희 유신체제가 등장한 후 1년도 안 되어 '유신반대', '독재타도'를 외치며 반유신 민주화운동이 거세게 일어났다. 반유신 민주화운동은 1975년 인도지나 사태 이후 주춤하는 것 같았으나, 1977년경부터 다시 거세게 일어났다. 1978년 12월 12일의 국회의원 선거는 긴급조치 9호 아래서 치러졌는데도 불구하고 신민당이 민주공화당보다 득표율에서 1.1% 높았고, 다른 야당까지 합치면 8.5%나 야당이 우세한 결과를 가져왔다. 민심이 현저히 박정희 유신체제를 떠나고 있었고 그것은 1979년 5월에 선명 야당을 출현케 했다. 그해 10월 부마항쟁은 학생과 함께 부산과 마산 시민이 대거 가담한 민중항쟁이었고, 그 현장에 온 중앙정보부장 김재규에 의해 10월 26일 박정희가 살해당함으로써 유신체제는 종말을 고했다.

박정희가 죽자 육군 고위장성들은 회합을 갖고 유신체제를 폐기하기로 합의했고, 최규하 대통령 권한대행은 빠른 시일 내에 헌법을 개정하겠다고 약속했다. 박정희 한 사람이 죽자 유신체제는 붕괴한 것이다. 김종필, 김영삼, 김대중이 이끈 국회에서는 신속히 헌법을 개정하기 위한 활동에 들어갔다. 국민들도 민주화가 이루어질 것으로 믿었다. '서울의 봄'이 온 것이다. 그러나 '서울의 봄'은 박정희가 키운 군대 내 사조직인 하나회 소속 군인들이 중심이 된 쿠데타에 의해 무너졌다. 12·12쿠데타에 의해 군권을 장악한 전두환·신군부는 계엄을 전국으로 확대하고 국회를 무력으로 봉쇄하고 불법적으로 김대중을 구속하고 김종필 등을 권력형 부정축재자로 잡아간 5·17쿠데타를 일으켰다. 이들은 즉각 국가보위비상대책위원회를 설치해 전두환·신군부체제를 출범시켰다. 세계 역사상 유례가 드문 2단계 쿠데타를 일으킨 것이다. 전두환·신군부체제는 대통령 임기를 7년 단임제로 하고, 국회의원 3분의 1을 실질적으로 대통령이 임명하던 것을 변형시키는 등 약간의 변화가 있었으나 기본 틀은 유신체제와 비슷했다.

6월항쟁으로 이어지는 투쟁은 광주에서 일어났다. 유신잔당들인 전두환·신군부의 5·17쿠데타에 맞서 궐기한 광주항쟁은 1980년대의 민주화·반미자주화운동에 심대한 영향을 주었다. 또 광주항쟁은 6월항쟁이 전두환·신군부를 굴복시키는 데 중요한 역할을 했다. 뒤에서 상세히 살펴보겠지만, 광주항쟁에서 있었던 공수특전단 군인들에 대한 과감한 투쟁은 군을 광주 외곽으로 물러나게 했는데, 그러한 투쟁은 6월항쟁에서 군이 출동하지 못하게 한 기본 요인으로 작용해 노태우·전두환은 6·29선언을 하지 않을 수 없었다.

1980년대에는 6월항쟁이 전개될 수 있는 여건이 어느 때보다도 성숙해졌다. 유신체제에서는 학생운동이 지역적으로 국한되어 있었다. 학생운동이 유신체제에서는 대개 서울에서 일어났는데, 유신체제에서 시위가 없었던 부산대 등 부산지역의 대학생과 마산지역의 경남대 학생들이 선도적 역할을 하면서 유신 마지막 해에 부마항쟁이 일어났다. 1980년 '서울의 봄'에서 규모가 큰 학생시위는 서울과 광주에서 일어났다. 1982년경부터 학생운동의 범위는 점차 넓어졌다. 1982년의 부산 미문화원방화사건과 같이 반미자주화운동에서 하나의 이정표를 긋는 큰 사건이 부산에서 일어났고, 그해부터 호남과 영남지방의 대학에서 시위가 있었다. 학생 시위는 1984년 이후 전국적 규모로 전개되었다. 1984년 '5월투쟁'의 경우 5월 16일에 서울에서 14개 대학이, 지방에서

25개 대학이 시위를 벌였고, 다음날에는 더 많은 대학의 학생들이 5월 투쟁에 참여했다(민주화운동기념사업회 한국민주주의연구소, 2010: 238~239).

6월항쟁에서 전국 각 대학이 거리로 나오는 데는 다른 요인도 작용했다. 전두환 정권은 학생운동을 막기 위해 졸업정원제를 실시해 학생 수를 대폭 늘렸다. 그뿐만 아니라 서울의 대학들이 지방에 분교를 두는 것을 장려했고, 지방대학 육성책도 써 지방대학 학생들이 크게 증가했다. 6월항쟁에서 천안, 안산, 성남 등 여러 지역에서 지방 분교들이 맹활약을 하는 것을 볼 수 있거니와, 학생들의 증가, 특히 지방에서의 증가는 6월항쟁에서 전국적인 동시다발투쟁을 전개하는 데 기본적인 힘이 되었다.

6월항쟁에서 많은 도시에서 투쟁이 가능했던 것은 민주화운동단체가 지방의 중소도시까지 확산, 확충된 것도 한 요인이었다. 1970년대에 민주화운동단체는 천주교정의구현전국사제단이나 가톨릭농민회 등 처음부터 전국적 조직으로 출발한 단체를 제외하면 대개 경인지역에 있었다. 그러나 1980년대 들어 지역운동단체가 확충되거나 새로이 조직되었다. 1983년에 조직된 민주화운동청년연합은 학생운동 이후에도 민주화운동에 전념하겠다는 '전업적' 민주화운동자들의 조직이라는 점에서 의미가 있다. 그 다음해 조직된 민중민주운동협의회는 명망가들의 단체가 아니라 정의구현사제단 등 12개 단체가 결집해 결성했다는 점에 의미가 있다. 같은 해에 조직된 민주통일국민회의는 경남지부, 경북지부, 강원지부 등 지방지부가 있었다. 지역 민주화운동단체 결성은 1985년 이후 더욱 활기차게 진전되었다(「민통련, 지운협, 지역국본, 6월항쟁」, 1~13).

6월항쟁은 시민 참여가 두드러졌고, 종교계가 재야단체와 함께 중요한 역할을 했다. 유신체제 등장 이후 민주화운동은 학생과 재야세력이 중심이었고, 일반 시민 참여는 부마항쟁 이전에는 없었다. 부마항쟁과 광주항쟁은 학생보다 시민이 더 많았고, 더 격렬한 투쟁을 전개하기도 했다. 그러나 부마항쟁은 부마지역 시민에 국한되었고, 광주항쟁은 광주지역을 제외하면 목포 등 일부 전남지역에 국한되었다. 시민운동의 형태로 시민들의 참여가 적극적으로 되는 것은 1986년에 들어오면서였지만, 그때까지 적지 않은 시민들이 종교단체와 연계하여 여러 형태의 민주화운동에 참여했다.

종교계의 민주화운동 참여는 1980년대에 들어와 더 적극적이었고 조직적이었다. 1970년대에 천주교정의구현사제단은 유신체제에 격렬히 투쟁한 대표적인 민주화운동단체였고, NCC인권위원회도 투쟁 형태는 달랐지만 민주화운동에 적극적으로 참여했다. 개신교는 금요기도회를 통해서도 민주화운동에 참여했고, 천주교의 경우 신자들이 기도회나 유인물 배포 등을 통해 민주화운동에 동참했는데, 대개 교회를 통해서였다. 1980년대에 들어와 개신교 측은 여러 형태로 민주화운동에 참여했다. 1984년에는 진보적인 성직자운동 조직으로 전국목회자정의평화실천협의회(목협)가 조직되었다. 천주교는 1982년 부산 미문화원방화사건으로 모진 시련을 겪었다. 1984년에는 천주교 민주화운동세력의 연합조직으로 천주교사회운동협의회(천사협)가 탄생했다. 천주교는 특히 1986년 1월 박종철고문치사사건 이후 민주화운동에서 중요한 역할을 했다. 불교계에서도 1983년에 청년불교도연합이, 1984년에 민중불교운동연합(민불련)이 조직되었다.

3. 6월항쟁 전야

1) 6월항쟁의 문을 연 2·12총선

대통령 선거 2년을 앞두고 치러진 1985년 2·12총선은 개헌정국을 열어놓았다는 점에서 6월항쟁의 문을 열어놓기도 했다. 이 선거에서는 뜻밖에도 학생들이 선거 바람을 일으켰는데, 그러면서 새 야당의 선명성이 강하게 부각되었다. 이 점을 염두에 두면서 2·12총선과 그것의 의미를 살펴보자.

전두환은 박정희 유신체제의 1978년 12·12선거처럼 국민들의 선거에 대한 관심을 최소화하기 위해 총선 날짜를 선거운동도 투표하기도 나쁜 시기인 2월 12일로 잡았으나, 후보자 합동유세장은 2월에 들어서자마자 뜨거운 열기에 휩싸였다. '선거 바람'으로 표현된 이러한 열기를 불어넣는 데 학생들이 선도적 역할을 했다. 학생들은 서울 등 대도시에서 떼를 지어 다니며 신군부의 민정당 후보가 연설할 때 야유를 퍼부었고, 제1야당인 민한당 후보들을 사쿠라로 몰아세웠다. 초기에 유세장은 여전히 권력에 대한 두려움에 '성역'을 넘는 발언을 하지 못했으나, 학생들은 "헌법에는 대한민국이 민주공화국이라 했지만, 실제는 군사공화국이다", "요즈음 박사 위에 육사가 있다더라", "광주사태 최고 발포 명령자는 누구인가"라고 외치면서 후보자도 유권자들도 '수위'를 높였고, 하고 싶은 말이 봇물 터지듯 나왔다. 2월 6일 정치 1번지 종로의 유세장에는 1971년 대통령 선거에서의 유세 이후 최대 인파가 몰렸는데, 회사원, 여성 등 일반 시민이 많았다. 이 선거에서 김영삼, 김대중의 인기는 하늘을 찌를 듯 높았다. 그것은 2월 8일 김대중이 미국에서 귀국할 때 최고조에 달했다. 비록 유세장 중심이었지만 13년 만에 정치가 되살아나고 있었다.

2월 12일 투표날 아침부터 젊은 유권자들이 많이 나타났다. 투표율은 84.6%로 5·16쿠데타 이후 가장 높았다. 서울에서 김영삼·김대중의 신민당은 42.7%를 득표해 민정당의 27.0%보다 월등 높았고, 민한당의 19.5%까지 계산하면 민정당 지지율이 얼마나 떨어졌는가를 실감할 수 있게 했다. 부산도 비슷한 득표율을 보여주었고, 심지어 대구에서도 28.8% 대 28.7%로 신당인 신민당이 앞섰다. 민정당은 1구 2인 선거제와 전국구에 힘입어 148석을, 신민당은 67석을, 민한당은 겨우 35석을 차지했다. 유권자의 58%를 차지하는 20, 30대의 '괴력'이었고, 이 돌풍을 일으킨 것은 학생이었다. 민주화운동세력은 강력한 추진력을 얻었고, 전두환·신군부체제는 심각한 도전에 직면했다.

2·12총선을 계기로 시민들의 정치의식은 점차 적극성을 띠게 되었다. 시민들은 유신체제 아래서 줄곧 억눌려 있었다. 1978년 12월 12일에 치른 국회의원 선거에서 야당이 여당보다 더 많은 득표율을 갖도록 했고, 10·26 이후 '서울의 봄'에 기대를 갖기도 했지만, 전두환·신군부 정권에 다시 눌려 지냈다. 그러나 도시민들은 2·12총선에서 신당에 많은 표를 주었고, 총선 이후에는 개헌문제에 큰 관심을 보였다.

학생들은 새 학기가 시작되자 4월에 전국학생총연맹을 조직했고, 5월에는 삼민투로 널리 알려진 민족통일 민주쟁취 민중해방 투쟁위원회를 비롯해 여러 조직을 만들었다. 5월 하순에 있었던 서울 미문화원농성투쟁은 국내외 언론의 주목을 크게 받았고, 광주학살에 대한 전두환 정권과 미국의 책임을 묻는 등 그동안 학생들이 주장하던 바를 널리 알렸다. 미문화원 농성장을 쳐다보기만 할 수밖에 없었던 전두환 정권은 심리적으로 타격을 받았다.

2·12총선 이후 민주화운동권이 활성화되면서 1985년 3월에는 전년에 결성된 민중민주운동협의회와 민주통일국민회의가 통합해 민주통일민중운동연합(민통련)을 결성했다. 민통련에는 재야원로와 종교계,

각 부문 민주화운동단체나 관계자들이 고루 참여했다. 민통련은 전국적 조직을 갖춘 단체도 들어왔고, 산하에 각 도지부도 있었다. 민통련은 부문운동협의회와 함께 지역운동을 활성화하는 데 기여하게 될 지역운동협의회(지운협)를 조직했다. 나중에 민통련은 6월항쟁의 중심 단체인 국민운동본부(국본)의 한 축을 형성했다.

무엇보다도 2·12총선은 정치를 소생시켰다. 파시스트들은 정당 정치를 혐오하기 때문에 정당에 큰 비중을 두지 않았고, 여당인 민정당도 제1야당인 민한당도 제2야당인 국민당도 정보기관에서 만들어주었고, 진보정당으로 민주사회당도 만들게 하고 당수까지 정해주어 1중대(민정당) 2중대(민한당) 3중대(국민당)가 국회를 이끌어가도록 했다. 그러나 한 신문이 사설에서 "제1중대 제2중대 식으로 불리던 정당의 기본 체제는 바뀔 수밖에 없게 되었다"고 쓴 것처럼(《동아일보》, 1985.2.13) 이제 정치는 달라질 수밖에 없었다. 그것도 전두환·신군부가 극도로 기피하고 경계한 개헌문제를 중심으로 정치가 펼쳐지게끔 되어 있었다. 이미 신한민주당(신민당) 창당준비위원장 이민우는 1985년 1월 연두기자회견에서 직선제 개헌을 촉구했고, 신민당은 창당되자 총선공약 첫 번째로 직선제 개헌을 제시했다. 직선제 개헌 주장은 유세장을 달구는 데 역할을 했다. 총선 후 민한당까지 흡수해 거대 야당이 된 신민당은 직선제 개헌을 강력히 주장했다. 그렇지만 전두환·신군부는 야당의 존재를 인정하려 하지 않았고 국회를 중심으로 한 정치는 대단히 미약하게 그것도 잠시 있었을 뿐이다.

2) 직선제 개헌투쟁과 전두환의 반격

2·12총선으로 열린 개헌정국에서 야당은 장외에서 개헌 열기를 달구었고, 전두환·신군부는 어떻게 해서라도 그것을 무력화하려 했다.

그뿐만 아니라 야당은 민주화운동세력 때문에도 어려움에 부닥쳤다. 학생운동권과 재야운동권이 야당의 기회주의 속성을 비판하면서 야당이 몹시 기피하고 두려워한 반미자주화투쟁을 전개한 것이다. 개헌 정국에서 야당과 운동권의 갈등은 피할 수 없게 되었는데, 이것을 어떻게 보느냐가 중요한 쟁점이 될 수 있다.

대통령 선거를 한 해 앞둔 1986년은 1년 내내 개헌 공방전이 치열하게 벌어졌다. 전두환은 1월 국정연설에서 1989년까지 개헌 논의를 유보해달라고 요구했다. 다음해에 대통령 선거를 전과 똑같이 체육관 선거로 치르겠다는 의사를 밝힌 것이다. 총선 1주년이 되는 2월 12일 신민당은 1천만 개헌서명운동에 돌입했고 3월에 장외투쟁에 들어갔다. 대학교수들도 시국선언을 했고, 종교인들도 개헌 대열에 참여했다. 신민당 장외집회에 대중의 반응은 뜨거웠다. 개헌추진위원회 각 지역 지부 결성대회와 현판식에 3월 23일 부산집회에도 수만 명이 모였지만, 3월 30일 광주에는 광주항쟁 이후 최대의 인파가 몰렸다. 신민당 집회가 끝나자 민통련 가맹단체인 전남민주청년연합은 야간까지 시위를 이끌었다.

광주에서의 열기는 운동권에 심대한 영향을 미쳤다. 일각에서는 혁명적 투쟁으로 전변시켜야 한다는 주장도 나왔다. 4월 5일 대구에서 민통련 등 운동권은 신민당 개헌집회와 별도로 거리투쟁을 전개했고, 그러한 양상은 4월 19일 대전, 4월 26일 청주에서도 나타났다. 야당과 운동권과의 분열은 서울대를 중심으로 반미투쟁이 강렬하게 전개되면서 더욱 심화되었다. 4월 29일 반미는 있을 수 없다고 생각한 야당인사들은 학생들의 반미투쟁을 지지하지 못한다고 선언했고 여기에 운동권은 즉각 반발했다. 4월 30일 전두환은 3당대표와의 회담에서 자신의 임기 내에 개헌을 할 수 있다고 밝혔다. 뜨거운 개헌 열기에 한발 물러선 것이지만 민주화운동세력을 분열시키기 위해 야당에 미끼를 던진 것이기도 했다. 5월 3일 인천개헌집회는 이러한 상황에서 열렸다.

당시 운동권은 수도권에 많이 몰려 있었는데, 이들은 대거 인천에서 자신의 정치 이념을 알리고자 했다. 5월 3일 정작 주최 측인 야당 관계 자들은 대회장에 접근도 못한 상태에서 재야·학생·노동운동 등 여러 운동단체가 대회장 일대에서 각각 따로 집회를 갖고 각자의 주장을 격 렬히 폈다. 외친 구호도 달랐다. 이들은 전두환·신군부 못지않게 신민 당을 기회주의자로 사정 없이 비난했고, 강렬한 반미구호를 외쳤다. 그 동안 중구난방의 어수선한 상태를 방관하던 경찰이 오후 5시경 다연발 최루탄을 난사하며 작전을 펴자 시위는 큰 저항 없이 무너졌다.

5·3인천사태는 오랫동안 큰 쟁점이 되었다. 그 만큼 평가가 다양했 고 극과 극을 달리기도 했다. 5·3항쟁으로 민주변혁운동이 민주화운동 과 민주변혁운동의 핵심 주체이자 독자적인 실체로 스스로를 정립했다 는 주장(조현연, 2006: 27~32) 등 긍정적 평가도 많다. 그러나 5·3인천사 태는 야당과 학생·노동·재야 민주화운동세력을 분리시켰고, 개헌 집 회를 통해 결합된 대중과 민주화운동세력을 분리시켰다. 야당은 궁지 에 몰렸고, 학생·노동·재야운동권은 심한 탄압에 직면해 '정치적' 투쟁 을 더 이상 하기가 어렵게 되었으며, 조직의 보존조차 쉽지 않게 되었 다. 개헌투쟁과 운동권에 어느 정도 동조적이던 언론과 보수세력은 반 미구호에 기겁을 했다. 대중의 개헌 열기로 한동안 크게 수세로 몰렸던 전두환은 5·3사태를 계기로 개헌세력을 약화시키고 분쇄하기 위해 모 든 수단과 방법을 동원해 전방위로 총력전을 폈다. 전두환·신군부 헌 법은 단임제를 명시했기 때문에 자신의 연임은 불가능했다. 전두환은 12·12, 5·17쿠데타, 광주항쟁 등으로 볼 때 자신이 통제할 수 있는 후 계자가 집권을 하지 않으면 자신의 안위가 위태로울 수 있다는 불안감 이 강했다. 그렇기 때문에 모든 수단과 방법을 동원해 개헌투쟁을 분쇄 하고자 했다. 그 기회를 5·3사태가 일정하게 제공한 것이다. 5·3사태

는 1986년의 개헌투쟁, 민주화운동에서 분수령이었다(서중석, 2016: 15~25).

KBS와 MBC는 시위대의 폭력성을 부각시키는 데 열을 올렸다. 5월 5일 학생운동권의 양대 세력인 반미자주화반파쇼민주화투쟁위원회(자민투)·반제반파쇼민족민주투쟁위원회(민민투) 관계자 27명이 수배되었고, 이어서 민통련과 재야단체 관계자 37명에 대해 수배령을 내렸다. 이로써 1986년 상반기에 수배자는 400여 명이나 되었다. 궁지에 몰린 야당은 민정당이 제안한 국회 헌법개정특별위원회 설치에 동의했다. 그렇지만 전두환은 직선제를 받아들일 의사가 추호도 없었고, 신군부 장기집권 복안으로 내각제를 내놓았다. 9월 29일 이민우와 김대중·김영삼은 개헌특위활동을 중단하겠다는 결정을 내렸다. 상호 용납할 수 없는 내각제와 직선제로 티격태격하는 것은 시간 낭비였다.

아시안게임으로 더욱 유리한 국면에 들어섰다고 판단한 9월에 들어와 전두환의 개헌세력에 대한 공세는 한층 강화되었다. 다시 정치는 실종되고 공안통치가 자행되었다. 이때 전두환은 비상조치 카드를 만지작거렸다. 소문으로 돌던 이 시기 비상조치에 대해서는 당시 안기부장 특보였던 박철언이 2005년에 낸 『바른 역사를 위한 증언』에 자세히 나와 있다. 9월 26일 전두환은 장세동 안기부장, 박희도 육군참모총장 등을 불러 비상조치로 계엄을 선포하는 것에 관해 지시했다. 안기부는 비상조치 스케줄을 마련하는 작업에 착수했다. 비상조치의 주요 목표는 직선제 개헌을 강력히 주장하는 김대중에게 향해 있었다.

비상조치 카드를 만지작거리면서 전두환은 개헌세력을 무력화시키는 데, 박정희가 유신체제를 수호하는 데 가장 크게 활용한 반공·공안 카드를 꺼내들었다. 지금까지 전두환의 공안통치가 개헌세력에 대한 초토화작전의 일환으로 전개된 것에 대해 그다지 주목하지 않았는데, 이 시기 전두환은 개헌세력 초토화에 군사작전을 펴듯 모든 힘을 쏟아

부었다. 그것을 단적으로 보여준 사건이 유성환 의원 국시 발언 사건이
었다. 10월 14일 유성환 의원의 국시 발언이 있자 전두환은 자신의 그
물에 걸려들었다고 쾌재를 불렀다(김성익, 1992: 198~199). 면책특권이
있는 국회본회의에서의 발언이었는데도, 전두환 지시로 유 의원은 전
격 구속되었다. 박정희가 1976년 정월에 석유가 한 방울도 나지 않는
다는 보고를 받았는데도 포항 석유설을 발표해 거의 1년 동안 한국인
들을 들뜨게 하고 유신체제에 대한 관심을 다른 곳에 쏠리게 했는데,
전두환은 금강산댐사건과 김일성 사망설을 통해 그러한 정치적 효과를
보고자 했다. 포항 석유도 시추에서부터 모든 것을 중앙정보부가 관장
했지만, 금강산댐 사건도 중정의 후신인 안기부가 처음부터 관장했다.
안기부는 10월 30일 이규효 교통부장관의 북한의 어마어마한 수공 작
전 '폭로'와 그 뒤의 국방부장관 등 관계 장관의 잇단 '경고', 전국적으
로 대대적으로 진행된 북괴 음모 규탄 행사, 평화의 댐 성금 모금까지
시나리오대로 움직이게 했다(국정원 과거사건 진실규명을 통한 발전위원
회, 2007: 222~227). 금강산댐사건이 한창 진행 중이었던 11월 16일 조
선일보 보도에서부터 시작된 김일성 사망설은 어처구니없는 사건이었
지만, 전두환의 정치적 목적 때문에 엄청나게 커졌다. 11월 16, 17일
전두환은 관계 회의에서 김일성 사망설이 신빙성 없다고 판단했는데도
보도가 필요하다고 발언해 17일 오전에 국방부 대변인이, 진실이 많이
드러난 그날 오후에 이기백 국방부장관이 국회에서 김일성 사망설에
무게를 둔 발표, 발언을 함으로써 사태를 걷잡을 수 없이 커지게 했다.
전두환·신군부가 권력 탈취를 할 때부터 적극 협력한 조선일보가 '세
계적인 특종'을 했다며 여러 날 대서특필한 것도 눈여겨볼 필요가 있다.
　민주화운동세력에 대한 초토화작전은 10월 28일부터 31일간에 걸쳐
일어난 건국대사태에서 절정에 달했다. 비슷한 시기에 잇달아 일어난
공안당국의 '좌경용공'사건 발표도 작용해서 학원가는 얼어붙었다. 학

생들은 그 다음해 초봄까지 투쟁에 적극적으로 나서지 못했다.

비상조치설이 김대중을 겨냥하여 은연중에 퍼지는 가운데, 11월 5일 김대중은 현 정권이 대통령 직선제를 수락한다면 사면·복권이 되더라도 대통령 선거에 나서지 않겠다는 불출마 선언을 발표했다. 일단 전두환 작전의 승리 같았다. 11월 29일 신민당이 서울에서 열려던 대통령 직선제 개헌쟁취 및 영구집권 음모 분쇄 범국민대회는 3만 2000명이 동원된 경찰병력에 의해 원천 봉쇄되었다. 12월 24일 이민우 신민당 대표가 민주화가 어느 정도 이루어지면 내각제 개헌안을 긍정적으로 검토할 수 있다는 '이민우 구상'을 발표하면서 신민당은 심한 내분에 휩싸였다. 이민우 구상은 미국의 지지도 받고 있었다. 전두환의 개헌-민주화운동세력에 대한 초토화작전은 성공하는 것처럼 보였다.

3) 박종철 고문치사와 6·10국민대회 기본 뼈대의 형성

대통령 선거가 치러지게 되어 있는 1987년 1월 12일 전두환이 국정 연설에서 여야 합의가 이루어지지 않으면 중대 결단을 내려야 할 것이라고 협박성 발언을 한 이틀 후인 14일 서울대 학생 박종철이 치안본부 남영동 대공분실에서 고문으로 사망했다. 박종철 고문치사는 전두환이 5·3인천사태 이후 총력전으로 벌인 개헌-민주화운동세력에 대한 초토화작전의 성과를 일거에 무색하게 만들었다. 민주화-개헌을 바라는 민심에 역행하는 폭주는 결코 성공할 수 없었다. 그뿐만 아니라 박종철 사망은 전두환의 자업자득이었다. 그의 분신인 장세동처럼 초강경으로 치닫던 내무부장관 김종호가 고문치사 하루 전인 1월 13일 치안총수로는 처음으로 남영동 대공분실에 직접 들러 초강경 지침을 내렸던 것이다.

박종철 고문치사 없는 6월항쟁은 상상하기 어렵다. 2·7추도대회,

3·3평화대행진이 모두 그의 죽음과 직결되어 있었다. 6월항쟁으로 가는 데 상당한 역할을 한 5·18 박종철 고문치사 은폐조작 폭로도 마찬가지다. 6월항쟁의 시작인 6·10대회 명칭도 '6·10고문살인 은폐 규탄 및 호헌철폐 국민대회'이다. 전두환의 4·13호헌조치를 제외하고 6월항쟁으로 가는 길목에서 일어난 투쟁이나 사건이 모두 박종철 죽음과 관계있는 것은 6월항쟁의 한 단면을 보여준다고 하겠다.

박종철 고문치사가 알려지자 동아일보 등은 나름대로 진실을 보도하려고 했고, 관련 의사들은 용기 있는 모습을 보여주었다. 또 즉각 항의시위가 뒤따랐다. 1960년 4월 11일 김주열 시신이 발견되었을 때에도 마산에서 여성들이 궐기하였는데, 이 시위에는 여성들이 앞장섰다. 자식을 둔 부모들은 분노했다. 전 정권은 고문치사 혐의로 2명의 경관을 구속했다. 1월 20일 내무부 장관 김종호를 인책 해임하고 그 자리에 노태우 민정당 대표와 이춘구 사무총장의 강력한 건의로 전두환이 마지못해 육사 동기인 정호용을 임명한 것은 권력 내부의 한 변화였다.

앞에서 동시다발투쟁의 형성 과정을 살펴보았지만, 6·10국민대회의 기본 뼈대가 박종철 고문치사에 대한 2·7추도대회가 열리면서 마련된 것은 6월항쟁을 이해하는 데 대단히 중요하다. 6월항쟁을 승리로 이끄는 데 기축적 역할을 한 민주대연합과 동시다발투쟁의 기본 형태가 이 시기에 형성된 것이다. 신민당은 5·3인천사태 이후 계속 몰렸는데, 박종철 사건이 커지자 항의운동에 동참했고, 2·7추도대회에도 적극 참여했다. 야당과 종교인을 포함한 재야 사이에 연합이 이루어진 것이다. 2·7추도대회는 서울뿐만 아니라 박종철의 고향인 부산과 광주 등 여러 지역이 참여하기로 했다. 2월 7일에 여러 지역이 공동으로 투쟁하게 된 것이다. 6월항쟁을 이끈 국민운동본부의 선행 조직도 꾸려졌다. 1985년 9월 남영동 대공분실에서 민주화운동청년연합 김근태 의장이 혹독한 고문을 당한 것이 알려지자 11월에 민통련 등 재야와 종교계,

여성계, 정치인들이 고문 및 용공조작 저지 공동대책위원회(고문공대위)를 조직해 김근태 고문과 그 이후에 일어난 부천서 권양 성고문사건 등에 공동대응을 해왔다. 박종철 사건이 일어난 3일 후인 1월 17일 고문공대위는 이 사건에 대한 고문폭로대회를 열기로 결정했다. 고문공대위는 회의를 거듭하면서 고문폭로대회 대신 박종철 고문치사에 대한 국민추도회로 명칭을 바꾸기로 했고, 1월 27일 김대중, 김영삼, 계훈제, 송건호, 박영숙 등이 모여 조직 명칭도 '고 박종철군 국민추도회 준비위원회'로 바꿨다. 이날 국민추도회 준비위는 2월 7일을 박 군에 대한 국민추도일로 선포하고 오후 2시에 명동성당에서 추도회를 개최함과 동시에 전국 각지에서 추도식을 거행한다고 발표했다. 그리고 준비위원회는 6월항쟁에서 중요한 의미를 갖는 또 하나의 투쟁방식을 발표했다. 2월 7일 2시에 모든 국민은 각자의 위치에서 추도묵념을 올리고 모든 자동차는 경적을 울리며 종교기관은 추도타종을 울린다는 '참가요령'이 그것이다. 1972년 박정희의 유신쿠데타 이후 고난의 민주화투쟁 과정에서 얻은 노하우가 쌓이고 민주화운동세력이 강화되면서 이러한 조직과 투쟁 방안을 찾아낸 것이다. 6월항쟁 주역의 한 부분인 종교계도 적극적이었다. 특히 천주교는 전국의 여러 중요 성당에서 추도미사를 올리며 2·7추도대회에 적극 참여하기로 했다.

2월 7일 전두환 정권은 총 경찰 병력 12만 명 가운데 3만 6000명을 서울에 투입하는 등 5만 3660명을 추도대회 진압에 동원하고 명동 일대를 차단해 명동성당에서의 추도대회를 막았다. 그렇지만 서울의 경우 도심 여러 곳에서 약식 추도회와 시위가 있었고, 일부 지역에서 자동차가 경적을 울렸으며, 시위자가 연행되면 시민들이 경찰에 야유를 보냈다. 부산에서도 시위와 추도회가 열렸다. 광주에서는 교회와 성당에서 종이 울렸고 승용차 경적에 시민들이 박수를 쳤다. 대구, 인천, 전주, 수원 등지에서도 추도집회가 열렸다. 2·7추도대회가 끝나자 국민추도회 준비위원회에서는 박종철 49재인 3월 3일에 고문추방 민주화 국민평화대행진을 갖는다고 발표했다. 불교계도 적극 나섰다. 그러나 이러한 움직임에 재를 뿌리기 위해 전두환 정권은 나카소네(中曾根 康弘) 일본 정부의 도움을 받아 북의 김만철 일가가 2월 8일 서울에 오게 했다. 3월 3일 평화대행진도 서울과 부산, 광주, 대구, 대전 등지에서 행해져 49재를 지내거나 시위를 벌였다.

2·7추도대회와 3·3평화대행진은 야당과 재야, 종교세력이 연합했고, 미약한 대로 학생들이 시위에 나섰다. 국민추도회 준비위원회는 두 집회를 이끌어갔다. 또 행동지침에 따라 경적과 타종이 있었다. 시민들의 표정, 행동도 과거와 달랐다. 여러 면에서 6월항쟁의 기본 뼈대가 짜인 것이다.

4) 호헌철폐투쟁에서 국민운동본부 결성으로

일각에서는 6월항쟁으로 가는데 전두환의 4·13호헌조치를 중시하지 않고 그저 잘못된 정책으로 경시하지만, 전두환의 4·13호헌조치가 6월항쟁이 일어나는 데 아주 중요한 촉매 역할을 했다는 것은 역사의 아이러니다. 축구로 따지면 일종의 자살골인 4·13호헌조치를 이해하려면 전두환이 자신의 안위 문제도 있고 해서 어떻게 해서든지 전두환·신군부 헌법에 의해 후임 대통령을 선출하려고 한 것에 각별히 주목할 필요가 있다. 국회에서 헌법개정특위 구성이 가결된 직후인 1986년 7월 7일 열린 청와대 당·정·청회의에서 내각제 개헌안으로 가닥을 잡았으면서도 이 자리에서 전두환은 야당과의 타협이 안 된다는 시기가 중요하다며 그때 자신이 호헌논리를 제시하겠다고 호언했다. 그래서 1987년 2월에 호헌 특별선언을 준비하도록 지시했고, 3월 25일 사실상 자신의 후계자로 노태우를 지목한 다음 김영삼·김대중이 신민당에서 나와 통일민주당 발기인대회를 여는 날 호헌 선언을 한 것이다.

4·13호헌조치가 없었어도 6월항쟁이 일어날 수 있었을까. 나는 일어났어도 좀 더 늦게 일어났을 것으로 본다. 우선 민주화운동세력은 3·3평화대행진 이후 투쟁방안을 가지고 있지 않았다. 그뿐만 아니라 학생들도 새 학기가 시작되었는데도 이상스러울 정도로 시위투쟁이 적었다. 그런데 3·3평화대행진이 있은 1개월이 조금 지난 4월 13일 그야말로 적시에 전두환이 호헌조치를 내려 다시금 투쟁의 대열을 가다듬게 한 것이다. 이 점 못지않게 중요한 것은 박종철 고문치사 이후 투쟁의 열기가 민주연합 동시다발의 형태로 되살아났지만, 그 투쟁은 추도와 항의의 성격이 컸고, 87대선과 직결된 개헌투쟁이 아니었다. 그런데 전두환이 호헌선언을 함으로써 민주화운동세력이 5·3인천사태 이후 약화된 개헌투쟁을 다시금 전개할 수 있는 결정적 계기를 만들어주었다. 다른 면에서도 이 호헌조치는 큰 역할을 했다. 노태우계인 이춘구 민정당 사무총장은 1987년 2월에 어떤 경우도 호헌은 없을 것이라고 단언했다. 퇴임 후 안위가 불안한 전두환과 달리 다음 정권을 구상하던 노태우 쪽은 국민에게 한 개헌 약속은 지킬 필요가 있다고 보았다. 야당과 개헌문제로 옥신각신하다가 차기 대통령 취임 문제로 더 이상 시간을 끌 수 없다고 하면서, 이춘구가 2월에 말한 대로, 6, 7월에 내각제로 개헌을 하면 국민에게 설득력이 있을 수 있었다. 그러나 전두환은 이러한 '합리적' 방안마저 차단해버렸다. 전두환은 또 6월항쟁 초기에 민정당이 대응책을 마련하는 것을 차단했다. 파시스트 권력에서 지도자가 한 말은 번복할 수가 없어서 전두환이건 노태우건 6월 중순까지 국민에게 아무런 방안을 제시하지 못하고 6월항쟁이 절정으로 치달은 6월 하순에 가서야 호헌조치를 실질적으로 무력화하고 대안 마련에 들어간 것이다. 전두환의 4·13호헌조치는 역사적으로 이렇게 큰 역할을 했다. 또 전두환 호헌 조치는 아주 미약하나마 국회를 중심으로 있

었던 정치를 실종하게 했고, 다시 대결만이 있게 되었다.

전두환 호헌조치에 대한 반대투쟁은 4월 13일 그날부터 있었다. 4월 21일 천주교 광주대교구 신부들의 단식투쟁은 천주교 거의 모든 교구와 개신교 목회자, 불교 승려들에게 퍼져나갔다. 4월 22일 고려대 교수들로부터 시작된 시국선언은 전국 대학으로 번져 50개 대학 1527명이 참여했다. 연극인, 영화인, 노동조합원, 음악인, 공연예술인, 기자, 미술인, 의사, 치과의사, 출판인, 변호사, 대중연예인, 한의사 등 그야말로 각계각층이 호헌철폐투쟁의 대열에 나섰다. 이들의 투쟁 열기는 6월항쟁에서 용광로의 붉은 쇳덩어리처럼 타오르게 된다. 이러한 투쟁을 결집해 더 강력한 투쟁을 전개하기 위한 새로운 조직이 5월부터 모색되었다.

전두환 신군부 정권은 4·13호헌조치에 이어 5·18광주항쟁 7주년을 맞아 또 하나의 큰 도전에 직면했다. 그날 명동성당에서 천주교정의구현전국사제단이 "박종철군 고문치사 사건의 진상이 조작되었다"고 폭로한 것이다. 대단히 충격적인 폭로였지만, 2월 8일 김만철 일가 입국 이래 언론이 민주화운동을 외면한 행태가 이어져 거의 보도가 되지 않아 시민들이 알 수가 없었다. 그러나 5월 22일 동아일보에 '범인 축소조작 모의'가 대문짝만 하게 보도됨으로써 엄청난 파장을 불러일으켰다. 5월 29일 수십 년 동안 대공경찰의 대부격이었던 박처원 치안감 등이 구속된 것도 의미가 있었지만, 6월항쟁에 영향을 미친 것은 대규모의 문책 개각이었다. 총리와 권력의 핵심인 내무, 법무, 검찰총장, 치안본부장, 서울시경국장이 싹 바뀌었다. 총리, 내무 등에 온건 인물들이 임명된 것도 주목할 만하지만, 특히 전두환의 '분신'으로 5·3인천사태 이후 전두환과 함께 초강경 일변도로 몰고 온 안기부장 장세동이 물러난 것은 6월항쟁에 유리하게 작용할 수 있었다. 노태우계인 정호용 내무부장관이 물귀신작전으로 함께 물러나게 한 것이다. 전두환 측과 차기 정권을 맡겠다는 노태우 측이 정국 대응에 차이가 있다는 것이 여기에서도 드러났다. 사실은 박종철 고문 은폐 조작도 장세동이 주도한 관계기관대책회의에서 이루어졌지만, 6월항쟁에서 관계기관대책회의 같은 움직임이나 초강경정책이 쉽지 않게 되었다.

5월부터 준비한 새로운 투쟁 기구 결성은 하순경에 구체화되어 5월 27일 민주헌법쟁취국민운동본부(국본)가 결성대회를 가졌다. 여기에는 각 부문 대표, 각 지역 대표와 천주교·개신교·불교계와 정치인이 참여했다. 국본은 지방지부의 조직에 들어갔고, 민정당 대통령후보 지명대회날인 6월 10일 '고문살인 은폐규탄 및 호헌철폐 국민대회'(6·10국민대회)를 열기로 했다.

앞에서도 지적했지만, 대학이 새 학기를 맞았는데도 학사징계 철회투쟁을 제외하면 조용한 편이었고, 4·19투쟁도 예년과 비슷했는데, 4·13호헌조치에 시민들이 호헌철폐투쟁을 벌이지 않았더라면 어떻게 되었을까. 이러한 점에서도 이 시기는 운동의 주체가 점차 학생에서 시민으로 옮겨가는 교체기적인 성격이 엿보였다는 점에서 대단히 중요하다. 시민들이 독재타도 민주주의운동에 꽤 큰 규모로 능동적으로 나서기 시작한 것이다.

대학가는 5·18을 전후해 5월투쟁을 벌였고, 5월 23일에는 5월 8일 결성된 서울지역대학생대표자협의회(서대협)가 중심이 되어 탑골공원 앞에서 시위를 벌였다. 학생시위는 5월 25일경부터 커졌고, 5월 29일에는 시위투쟁을 선두에서 이끌어갈 조직으로 호헌철폐와 민주개헌쟁취를 위한 서울지역학생협의회(서학협)가 조직되었다. 학생들은 국본에는 참여하지 않았지만, 이 시기 주요 학생회 등 학생운동조직은 직선제와 야당과의 제휴에 호의적인 NL계가 장악했다. 학생들은 건국대사태 이후 상당히 좌절에 빠져 있었다. 그러나 4·13호헌철폐투쟁, 고문조작은폐 폭로에서 분출된 시민들의 분노에 영향을 받으면서 투쟁 열기가 살아났다. 6월 9일 이한열이 최루탄에 맞아 빈사상태에 빠진 것도 학생들이 가열한 투쟁에 나서게 하는 데 크게 작용했다.

4. 6월항쟁의 역동적 전개

1) 아무도 예상 못한 대규모 시위: 6·10국민대회

국본은 6·10국민대회에 최대한 많은 시민이 참여하도록 과거 대회와 달리 오후 6시로 정했다. 주된 구호는 "호헌철폐, 독재타도"였다. 2·7추도대회, 3·3평화대행진에서 예행연습을 했으므로 행동요강이 훨씬 구체적이었다. 역시 6시에 애국가를 제창하고, 경적을 울리고 타종을 하고 만세삼창이나 1분간 묵념을 하기로 했다. "오후 9시부터 10분간 소등하고 KBS·MBC 뉴스시청을 거부함으로써 민정당의 6·10전당대회에 항의"한다는 항목도 들어갔다. 국본은 전국 22개 지역에서 국민대회를 치른다고 예고했다.

6월 10일 오전 10시부터 민정당 전당대회에서 노태우를 대통령후보로 지명하는 절차를 밟고 있을 때 전국 각 대학에서는 출정식이 치러졌고, 곧 이어 서울 도심지 등 전국 곳곳에서 시위가 전개되었다. 천안에서는 단국대 등 4개 대학이 연합 출정식을 가졌다. 서울에서는 학생 참여를 독려하기 위해 전날에 이어 두 번 출정식을 가졌다. 서울 26개 대학을 포함해 전국에서 80여 개 대학이 출정식을 갖고 거리에 나섰다. 이날 시위에 대비해 경찰이 서울에 2만 2000명 등 전국에 5만 8000명이 동원되었다.

서울에서의 대규모 시위는 4시 35분경부터 시작되었다. 미리 들어간 국본 대표들에 의해 성공회대성당에서 6·10국민대회가 열린 6시경 신세계백화점에서 을지로 입구에 이르는 거리, 종로 일대, 성공회대성당 일대에서 차량 경적소리가 3분 정도 요란하게 울렸다. 다른 여러 도시에서도 차량 경적이 크게 울렸다. 4·19 때에는 서울시청 부근에서부터 경무대(지금의 청와대) 입구까지가 격전지였는데, 이날은 을지로 입구에서 신세계백화점, 퇴계로 고가도로 일대가 최대의 격전지였다. 이후에도 6월항쟁에서 서울 시위는 이 지역과 서울역 일대에서 가장 격렬하게 전개되었다. 부마항쟁을 상기시키듯 부산과 마산에서도 큰 규모의 시위가 벌어졌다. 광주, 대구, 성남에서도 큰 시위가 있었다.

이날 시위에서 조직적으로 시위를 이끌어간 쪽에서는 '비폭력'을 외치기도 했으나 전국에서 14개 파출소가 파손되거나 불타는 등 격렬한 투쟁도 많았다. 규모가 큰 시위는 대체로 비폭력과 폭력이 배합되어 있었는데, 그러한 양상은 이후 시위에서도 계속 나타났다. 이날 대구, 인천, 마산, 광주, 성남, 서울 등 몇 지역에서 나타난 대중집회 또는 시민대회는 즉석연설과 토론이 중심이 된 직접 민주주의의 한 형태로, 이후 시위에서 '민주주의의 꽃'으로 빈번히 열린다.

6·10국민대회는 같은 날 비슷한 시간에 수많은 도시에서 똑같이 한마음으로 '호헌철폐', '독재타도', '민주쟁취'를 외치며 시위를 벌였다는 점에서 대단히 의의가 크다. 1960년 4·19날 서울 외에도 부산과 광주에서 큰 시위가 있었고 사망자도 적지 않았지만, 이렇게 폭넓게 많은 지역이 참여하지는 않았다. 정부 수립 이후 처음 시위를 한 곳도 있었고, 이전에는 시위가 없었던 도시들이 다수 참여했다. 이날 시위는 학생과 재야, 정치인이 보기 드물게 혼연일체가 되어 잘 싸운, 현대사에서 처음으로 민주대연합이 성공적으로 작동한 놀라운 사례였다. 시민들도 적극 참여한 곳이 많고, 시위대에게 음료수와 먹거리를 제공했다. 남대문시장의 상인들처럼 학생시위에 적극 '협력'한 상인들도 많았다. 안동, 천안, 전주, 마산 등 농민운동이 활발했던 지역은 농민들이 적극

참여했다. 인천에서는 노동자들이 참여했다.

국본이 예고한 대로 22개 도시에서 시위가 전개되었다. 서울 시위에 대해 서울시경의 한 간부는 1980년대 들어 가장 규모가 크다고 말했지만, 4·19 이후 가장 격렬한 시위였고, 규모도 아주 컸다. 전국 시위 참여자 수에 대해서는 여러 견해가 있지만, 국본 상임집행위원 황인성이 말한 24만 명이 근사치일 것이다. 국본도 학생도 전두환도 예상하지 못한 시위였고, 아무도 경험해본 적이 없는 위대한 시위였다. 전두환 정권은 경찰 총병력 12만 명 가운데 5만 8000명이나 투입했지만, 서울, 부산, 성남 등지에서는 경찰이 무장해제를 당했고, 안동에서는 진압을 포기했다. 전두환·신군부가 처음으로 맞닥뜨린 동시다발 투쟁의 위력이 드러남으로써 군부파시스트 권력은 위기에 처했다.

전두환, 노태우 등은 6·10시위의 경험을 남다르게 치렀다. 대통령후보 지명 리셉션에 참석하기 위해 퇴계로에 있는 힐튼호텔로 갈 때 노태우는 격렬한 시위투쟁을 직접 목도했고, 힐튼호텔에 최루탄 가스가 들어와 전두환·노태우 일행은 곤욕을 치렀다. 6·10국민대회에 간담이 서늘했겠지만 대처 방안이 없었다. 그 반면 학생들과 시민들은 뿌듯한 자부심을 가졌다. 6월이라 날씨도 좋았다. 88올림픽에 대비해 서머타임을 실시해 오후 8시인데도 대낮이었다. 투쟁하기에 더 없이 좋았다.

2) 6월항쟁의 확충·심화: 명동투쟁과 대규모 후속 투쟁

6월항쟁에서 큰 논쟁은 명동성당농성투쟁을 포함한 명동투쟁에 대한 평가를 두고 전개될 수 있다. 과거에 6월항쟁 하면 6·10시위, 6·18시위, 6·26시위에 초점을 맞추어 파악했다. 명동투쟁은 6·18로 가는 징검다리 역할로 이해하기도 했다. 이러한 이해에는 명동투쟁이 제한된 장소에서 일어났고, 보도도 잘 안된 면도 작용했다. 그러나 명동투쟁 없는 6월항쟁이 있을 수 있을까. 명동투쟁으로 6월항쟁이 있게 되었다고 보아야 하지 않을까.

역사는 우연으로 보이는 것이 큰 역할을 하는 경우가 있다. 황인성은 국본이 앞으로 계속 투쟁을 전개해 나가야 될 것으로 예상은 했지만, 6·10국민대회가 바로 전국에서 독재타도의 화염으로 변화할 것까지는 예상하지 못했다고 썼는데(황인성, 1997: 51), 국본은 6·10국민대회를 2·7, 3·3대회처럼 하루에 끝나는 것으로 계획을 세웠다. 전두환, 노태우도 그렇게 알고 그날 밤 잠자리에 들어갔을 것이다. 첫날 밤 명동성당에서 해산 문제로 심각한 논의가 벌어졌을 때 국본 대변인 인명진이 "6·10국민투쟁은 6월 10일 24시를 기해 종결되었고, 명동성당농성투쟁은 국본과 무관하다"고 발표한 것이 신문에 보도되기도 했는데, 국본과 서대협은 이 농성이 '계획'에 안 들어가 있고, 사태가 예기치 않은 방향으로 나아갈 수 있다고 판단해서 중지하기를 바랐던 것으로 보인다. 시위자들은 경찰에 떠밀려 우연히 명동성당에 들어갔지만, 농성장소로는 최상이었다. 1985년 5월 학생들이 농성한 서울 미문화원과는 차이가 있었으나, 천주교의 상징적 장소이고 신부들도 시위대 편에 서 있어서 경찰이 들어가는 데 어려움이 있었다.

명동성당 농성장 시위대는 투지가 초인적이었다. 경찰 병력이 여러 차례 근접 거리에서 우박처럼 최루탄을 퍼부으며 진입하려고 했지만 한 치도 물러서지 않고 최루가스를 견디며 여러 날을 초인적으로 싸웠다. 이들이 이렇게 잘 싸우자 서울대와 서울시립대 등 동부지역 학생들이 지원투쟁을 하러 명동으로 향했다. 명동에는 특히 금융기관이 밀집되어 있어 사무원이 많았는데, 점심시간에 거리로 쏟아져 나와 호응투쟁을 벌였다. 유신체제와 전두환·신군부체제에서 대학을 다녔던 넥타이부대가 출현한 것이었다. 남녀 사무원들은 시위가 벌어지면 사무실 밖으로 두루마리 휴지를 통째로 뜯어 날려 보내 명동 일대가 흰 꽃바다가 되었다. 일반 시민들도 지원투쟁을 벌였다. 이웃한 계성여고생들도 도시락 등을 걷어 예쁜 편지와 함께 농성장으로 보냈다.

지금까지 6월 10일 밤부터 해산한 6월 15일까지의 투쟁을 대개가 명동성당농성투쟁이라고 불렀다. 그렇지만 을지로 입구에서 남대문시장 일대에 걸친 학생들의 지원 투쟁, 넥타이부대와 일반 시민들의 호응투쟁을 다 포함하는 명칭이 더 적합하지 않을까 한다. 6월 15일 명동성당 시위대가 해산하면서 '명동투쟁 민주시민, 학생 일동' 명의의 '명동투쟁을 마치면서'라는 성명을 발표했는데, 이들이 사용한 '명동투쟁'이라는 명칭이 적절하다고 본다.

전두환은 명동성당농성을 건국대사태처럼 다루고 싶었지만, 방법이 마땅치 않았다. 경찰과 검찰이 으름장을 놓았을 뿐, 전두환이 주재한 13일의 관계 장관회의, 14일의 관계 장관과 군 수뇌부 합동회의도 예전처럼 충성을 경쟁하며 초강경조치를 내놓지는 않았다. 예전과 같은 안기부 주도의 관계기관대책회의도 보이지 않았다. 14일 회의에서 전두환은 군 병력 출동 준비를 지시했으나 결론은 명동성당 농성자들을 체포하지 않겠다는 것이었다. 농성자들은 15일 해산했다.

6·10국민대회 이후 시위는 지방에서도 있었다. 6월 11일 대전 전주 익산 순천 안산 등지에서 시위가 벌어졌다. 12일 시위는 부산과 마산에서도 있었는데, 명동투쟁의 영향도 있었을 것이다. 토요일인 13일에도 부산, 마산, 대전에서 시위가 벌어졌다. 14일은 일요일인데도 부산, 광주, 인천, 전주, 익산 등지에서 시위가 있었다. 토·일에도 시위가 계속 일어난다는 것은 심상치 않은 사태였다.

6월 15일부터 17일에 걸쳐 전개된 투쟁도 명동 투쟁처럼 그 중요성을 간과하기 쉽다. 군부독재 타도의 심상치 않은 분위기는 명동성당농성 시위대가 해산한 그날부터 후속 투쟁으로 나타났다. 이날부터 대전, 부산, 진주 등지에서 여러 날에 걸친 시위가 대규모로 전개되었다. 대전에서 학생들은 한 신문 표현대로 경찰과 격렬히 맞서며 유성 시가지를 점거하다시피 했다. 그리고 대전 역사상 처음으로 도심 한복판인 중앙로를 점거했다. 경찰은 속수무책이었다. 부산에서도 여러 대학 학생들이 부마항쟁과 유사하게 경찰과 공방전을 벌이며 흩어졌다 모이는 방식으로 싸웠다. 진주에서 시위대가 시청 앞에 집결했을 때 그 일대는 해방구가 된 듯했다. 수원에서는 고속도로 수원 진입로가 막혔고 인천에서도 거리를 휩쓸었다. 서울, 광주, 마산, 대구, 경주, 안산에서도 시위가 있었다. 6월 16일에도 대전은 무방비상태나 다름없었고 중앙로를 민주광장으로 만들었다. 진주에서 학생들은 고속도로를 점거했다. 이날도 부산 등 여러 도시에서 시위가 일어났다. 그 다음날인 17일에도 시위대 앞에 파시스트 권력은 허점을 여지없이 노출했다. 진주는 100여 년 전의 진주민란을 상기시켰다. 이날도 고속도로를 3시간이나 점거했고, 열차를 정지시켰다. 대전 역시 격렬한 시위가 계속되는 등 전국에서 파출소 17곳, 민정당사 3개소, 지방 KBS 2곳이 습격당할 정도였다. 전국이 문자 그대로 들끓고 있었다. 부산에서는 오후 10시 넘어 시민·학생 3만여 명이 KBS 부산방송본부를 습격하며 경찰과 전쟁터를 방불케 하는 공방전을 주고받았다. 전두환·신군부체제는 위기에 몰리고 있었다.

3) 투쟁의 격화와 전두환의 비상조치 포기

세계 어디에서나 파시스트 권력은 혼란에서 국가를 구하기 위해 궐기했다거나 구했다고 주장한다. 그래서 치안을 확보했다는 것이다. 명동성당농성투쟁을 자진해산으로 끝나게 한 것도 전두환으로서는 참을 수 없는 치욕이었지만, 6월 15~17일의 시위에서 치안 부재 현상이 그대로 드러난 것은 군부 파시스트들로서는 참을 수 없는 수치요 모욕이었다. 그러나 전두환 표현 그대로 사생결단하고 나선 '독재타도', '민주쟁취'의 함성에 압도당해 전두환·노태우조차도 안기부장 등 치안 관계자들도 어떻게 해야 할지 방안이 서지 않았고 망연자실할 뿐이었다. 6월 16일 민정당은 4·13조치를 제외한 모든 현안을 협상하겠다고 밝혔으나, 4·13조치가 걸림돌이라는 점만 밝혀졌을 뿐 잠꼬대 같은 소리였다. 6월 17일 저녁 전두환은 노태우와 안무혁 안기부장, 당 간부들을 초치해 "우리가 지금 밀리고 있다"면서 "나는 카드를 다 썼어요. 이제 없어"라고 토로했다. 그는 이 자리에서 노태우와 민정당이 방안을 강구해 오라고 지시했다. 두 달 만에야 비로소 4·13조치에 융통성 있게 대응할 수 있다고 밝힌 것이다.

6월 18일 최루탄추방대회가 열렸다. 국본은 6월 13일부터 명동투쟁을 이어갈 투쟁방안을 논의하다가 16일에 18일을 '최루탄 추방 국민 결의의 날'로 정했다. 전국이 활화산처럼 들끓는 뜨거운 민주쟁취 열기에 멍석을 깔아준 것이다. 그러나 그 전날 야당은 국회 등원을 결정해 어긋난 행보를 보였다. 6월 18일 서울에서는 6·10국민대회와 비슷하게 수만 명의 시위대가 을지로 입구에서 명동, 신세계백화점과 퇴계로 고가도로, 시청 앞, 서울역 일대에서 최대의 격전을 치렀고, 여러 차례 전경을 무장해제시켰다. 이날 최대의 격전은 부산에서 있었다. 새벽부터 광주항쟁을 상기시키듯 택시시위가 벌어졌고, 오후 4시 지나면서부터 서면로터리를 중심으로 부산진시장에 이르는 왕복 8차선 5km 도로를 시위인파가 가득 메웠다. 6월항쟁 최대의 인파였다. 자정을 넘기면서 KBS 부산방송본부를 사이에 두고 사력을 다해 지키는 경찰과 장시간 치열한 '전투'를 벌였다. KBS 점거에 실패한 시위대는 대형 트럭 등을 앞세우고 시청으로 돌진했다. 대구와 대전, 성남, 인천에서도 큰 시위가 있었다. 6·18최루탄추방의 날에는 18개 도시에서 시위가 일어났고 6·10국민대회보다 더 많은 인원이 참여했다. 대도시와 여러 중소도시에서 경찰이 밀렸다. 경찰은 파출소 21개소, 경찰차량 13대가 불타거나 파손되었다고 발표했다. 이 무렵부터 비상조치설이 퍼졌다.

6월 19일 오전 청와대에서 안기부장과 군 수뇌부가 모였고, 전두환은 비상조치를 전제로 한 전국 주요 지역 군 병력배치 계획을 지시했다. 출동한 군은 6월 20일 새벽 4시까지 해당 지역에 진입해 배치되도록 했다. 전두환은 오후 9시에 생방송으로 비상조치 담화를 발표한다고 밝혔다.

6월항쟁 참여자와 기자, 연구자 가운데는 6월항쟁에 군이 나오지 않은 것은 미국이 반대했기 때문이라고 알고 있는 사람이 많다. 릴리 주한 미대사는 자신이 6월 19일 오후 2시에 전두환을 만났을 때 군 출동을 반대했다고 썼다. 19일 이후 미 국무부 관계자들이 공개적으로 군 출동을 반대한다고 밝힌 것은 사실이다. 그렇지만 릴리가 전두환을 만나 전한 레이건 미대통령 친서에는 군 출동과 관련해 아무런 언급이 없었다. 전두환은 그날 오후 4시 30분경에 군 출동을 유보했는데, 실제로는 2시 이전에 이미 군 출동을 하지 않으려 했고, 그 이후 6·29선언까지 다시 군 출동을 하려는 의사표시가 없었다. 군이 출동하지 않은 것은 미국과 직접 관계가 없다고 볼 수밖에 없다. 전두환이 이미 오후 2시 이전에 군 출동을 유보하려고 했다는 것은 그날 오후 2시에 또 다른 회의가 있었기 때문이다. 노태우와 이춘구, 안무혁 등이 모인 당·정회의에서 이춘구는 비상조치를 발동하더라도 먼저 정치적 대응을 해본 후 해야 한다고 말했다. 안무혁은 오전 회의에도 참석했는데, 전두환의 군 출동 방침이 확고하다면 이러한 발언은 있을 수 없었을 것이다. 앞서 언급한 6월 17일 모임에서도 전두환은 "군부를 동원하고 비상계엄을 선포하는 그런 걸 반복해서는 안 되지 않겠어"라고 말해 비상조치를 자제하겠다는 의사를 밝혔다. 19일 오전 회의에서도 김성익 비서는 전두환의 표정에 긴박감이 감돌지 않았다고 평했는데(김성익, 1992:

419~421), 6월 14일 군 수뇌부에게 군 출동을 준비하라고 지시할 때도 긴박감이 없었다. 6월항쟁에서 왜 전두환이 군을 동원하지 않았는가는 뒤에서 살펴볼 것이다.

비상조치설이 나돈 6월 19일에도 여러 도시에서 격렬한 시위가 일어났다. 6월 20일부터는 호남지방의 시위 규모가 커졌다. 6월 21일은 일요일인데도 호남을 비롯해 각처에서 시위가 있었다. 6월 22일 전주 시위가 한층 격렬했다. 이날까지 103개 대학 중 90개교가 조기방학에 들어갔다. 6월 23일에는 광주에서 격렬한 시위가 전개되었다.

국본은 6월 17일부터 국민평화대행진 실시를 결정하려고 했으나 김영삼, 김대중은 시위가 격해지고 비상조치설이 유포됨에 따라 신중론을 폈고 대행진 연기를 역설했다. 국본은 6월 23일에 6월 26일 6시에 '민주헌법쟁취를 위한 국민평화대행진'을 갖되 정부가 김영삼 민주당 총재와의 회담 등을 통해 민주화를 행동으로 보여준다면 환영하겠다고 말했다. 대행진 행동지침도 제시했다.

노태우는 6월 22일 전두환을 만나 개헌 논의의 재개, 김대중 가택연금 해제를 건의했고, 여야 영수회담을 권했다. 전두환은 6월 24일 김영삼, 이민우, 이만섭 등 야당 당수 3명과 순차적으로 회담했다. 전두환을 만나 김영삼은 3시간에 걸친 회담에서 집요하게 4·13조치 철회 및 직선제와 내각제의 선택적 국민투표 등을 강력히 요구했다. 그러나 전두환은 개헌 논의를 하겠다고만 말했을 뿐 노태우와 얘기해보라며 노태우에게 미루었다. 전두환과의 회담이 끝나자 김영삼은 신속히 움직여 영수회담이 결렬되었다고 밝히고 평화대행진을 강행하겠다고 말했다. 김영삼의 언명은 전두환·노태우에게 큰 충격을 주었다. 전두환은 이민우에 이어 이만섭과 만나 이만섭이 직선제를 권하며 이길 수 있다고 말할 때, 김성익 비서에 의하면 진지한 청강생이 되었다고 한다.

전두환은 박철언 저서에 의하면 6월 22일경 노태우에게 직선제를 권했다고 한다(박철언, 2005: 261). 그러나 노태우회고록에는 야당 총재와의 회담이 끝난 24일 저녁 받아들이라고 한 것으로 나온다(노태우, 2007: 160~162; 노태우, 2011: 342~343). 6월항쟁기에 전두환과 노태우에게 몇 사람이 직선제를 받아들이라고 얘기를 했지만, 전두환이 직선제를 받아들이자고 '지시'에 가깝게 노태우에게 말한 것은 6월 24일 저녁이었다. 그 점은 6·24영수회담 과정에서도 확인된다고 하겠다. 두 사람은 또 직선제를 할 경우 반드시 김대중을 사면 복권시켜야 한다는 점에 의견을 같이했다. 그러나 두 사람은 6월 24일에도 최종 결정을 하지는 않았다. 6월 26일 평화대행진을 보고 최종 판단을 하여 노태우가 구체화해서 노태우 독단으로 발표하는 것처럼 하자고 합의했다.

이 무렵 전두환이 직선제를 발표한다면 영수회담 전에 하는 것이 가장 효과가 컸을 것이다. 또 6월 25일 발표했어도 효과가 아주 컸을 것이다. 그렇게 했더라면 6·26대행진을 취소시킬 수 있었고 민주화운동 세력은 크게 분열되었을 것이다. 그뿐만 아니라 6월항쟁에 굴복해서 6·29선언이 나왔다는 주장도 설득력이 약했을 것이고, 전두환·노태우는 결과적으로 민주화의 일역을 담당했다고 주장할 수도 있었을 것이다. 그렇게 되면 6월항쟁의 의의는 반 토막이 되어 크게 축소되었을 것이다. 그러나 두 사람은 마지막까지 요행을 바라고 있었다. 6·26대행진을 경찰이 초동에 꺾을 수도 있을 것이라는 미련을 버릴 수 없었다. 그래서 노태우는 박철언에게 문안을 준비하라고만 말했다.

4) 전두환·신군부의 굴복: 6·26평화대행진에서 6·29선언으로

국본은 6월 24일 6·26국민평화대행진에 참여할 지역이 22개 도시라고 발표했다. 민주당도 적극 참여하기로 했다. 전두환은 6·10대회 때도, 6·18대회 때도 하지 않았는데, 이때만은 이례적으로 권복경 치안본부장에게 초동단계에서 꺾으라고 강력히 지시했다(김성익, 1992: 454~455). 경찰은 6·26 집회와 시위가 예상되는 24개 도시에 5만 6000명을, 서울에 2만여 명을 배치했다. 경찰은 그동안 6월항쟁 시위 진압에 나름대로 노하우가 쌓여 있었다. 언론에 대한 보도지침도 강력했다(서중석, 2011: 491).

6·26대행진은 특히 호남지방과 서울에서 격렬히 전개되었다. 광주는 고등학생도 적지 않게 나왔는데, 오후 8시경 금남로 4, 5가 사이의 차도와 인도를 가득 메웠다. 시민·학생들은 자정이 넘어서도 시위를 벌이며 대중토론회를 가졌다. 이날 시위는 광주항쟁 이래 가장 많았다(≪동아일보≫·≪한국일보≫·≪조선일보≫·≪경향신문≫ 5만여 명, ≪말≫ 30여만 명). 전주에서는 수만 명이 전경을 무력화하고 거대한 한판의 민주축제를 가졌다. 익산, 목포, 순천, 여수에서도 1만 명 또는 수만 명이 참여했다. 부산도 퇴근길에 시민들이 대거 가세하면서 4만여 명이 서면으로 향하는 도로마다 가득 찼다. 대구, 대전, 성남, 마산에서도 큰 시위가 있었다. 서울은 특히 경찰 폭력이 심했다. 6·10대회와 달리 경찰은 김영삼 총재 일행도 전광석화처럼 빠른 동작으로 낚아채 닭장차 등에 실었다. 서울에서는 동대문에서 서울운동장 사이, 영등포시장과 로터리 일대, 서울역, 남대문, 시청 일대에 각각 수만 명이 집결해 밤늦도록 경찰과 공방전을 벌였다. 특히 서울역 일대에서의 장시간에 걸친 공방전은 치열했다. 서울지역에서 학생들은 시위하면서 유난히 비폭력을 강조했는데, ≪동아일보≫ 등이 보도한 그대로 경찰은 몹시 난폭했다. 각목과 쇠파이프를 휘둘러대 서울역 일대는 몇 번이고 아수라장이 되었다.

6·26국민평화대행진에는 무안, 완도, 거창, 광양 등 군 지역까지 포함해 37개 시·군, ≪동아일보≫ 보도대로라면 강릉까지 포함해 38개 시·군에서 참여했다. 3·1운동 이후 처음 보는 놀라운 현상이었다. 역

사상 한 날 한 시에 이렇게 많은 지역에서 시위가 일어난 것은 처음이었다. 참여 인원도 6·10대회보다 훨씬 많았고, 6·18대회보다도 더 많은 것으로 추정된다. 경찰은 초강경 진압정책을 썼고 그것도 전두환 지시대로 초동에서 진압하려 했지만, 수많은 지역에서 대처 능력이 없음을 보여주었다. 경찰은 경찰관서 29개소, 시청 등 관공서 4개소, 민정당사 4개소, 경찰 차량 20대가 불타거나 파손 당했다고 발표했다.

전두환과 노태우의 기대는 물거품처럼 사라졌다. 6월 27일 오후 5시 15분경부터 노태우와 박철언은 다섯 시간이 넘도록 선언문을 가다듬었다. 중간에 안무혁이 다녀갔다. 6월 29일 노태우가 직선제 개헌과 김대중 사면 복권을 골자로 한 특별선언을 읽었다. 거의 모두가 환영했다. 김대중은 각별한 느낌을 받았다. 6·29선언은 핵심이 1972년 10·17 유신쿠데타 이전으로 돌아가겠다는 것이었지만, 15년간 민주주의가 유린당했기 때문에 느낌이 다를 수 있었고, 전두환 노태우가 바로 그 직전까지 폭압 일변도로 나왔기 때문에 뜻밖이라는 느낌을 줄 수도 있었다. 김영삼과 김대중은 이번에는 국민의 기대에 어긋나지 않게 단결된 모습을 보이겠다고 약속했다.

6·29선언이 나온 이유는 단순했다. 군이 나올 수 없었고, 노태우, 전두환은 김대중, 김영삼이 틀림없이 각각 대통령후보로 나올 것으로 확신했기 때문이었다. 전두환이 비상조치를 내리지 않은 것은 미국의 눈치를 보지 않을 수 없었고, 88올림픽에 대한 국내외의 우려를 불식시킬 필요가 있었던 점도 작용했다. 그러나 더 큰 이유는 내부에 있었다. 계엄을 선포하려면 국무위원의 서명이 필요한데, 총리서나 내무부장관 등은 계엄에 반대할 수 있었다. 더 큰 이유는 노태우와 민정당에 있었다. 노태우는 6월 19일 군 출동 준비 지시를 듣고 이기백 국방부장관, 안기부장 등에게 "어떤 일이 있어도 군의 출동만은 불가하다는 점을 건의해달라"고 말했다. 19일 오후 2시 긴급 당·정회의에서도 노태우 등

은 정치적 해결을 주장했다. 노태우와 민정당 당직자들은 군이 나오면 모든 정치 일정이 뒤바뀌어 자신들의 제2기 권력 창출이 위태로워질 수 있었다. 심지어 쿠데타가 일어나면 자신들이 희생양이 될 수도 있었다. 군부도 나오지 않으려 했다. ≪워싱턴 포스트≫ 등 여러 외국 언론이 군이 동원에 반대 입장을 밝힌 것으로 보도했다. 6월 19일 오전 전두환이 비상계엄을 예고하자 고명승 보안사령관 주재로 열린 참모회의에서 일제히 군 동원을 반대해 그날 오후 고명승이 청와대로 가 보류할 것을 건의했다는 기록도 있다(조갑제, 1988: 48~49). 군이 나오지 않으려는 중요 요인은 광주항쟁에 있었다. 광주항쟁에서의 경험과 그 이후 운동권의 광주 학살자 처단 주장은 군을 괴롭게 했을 터인데, 6월항쟁에서도 광주처럼 사생결단하고 시위를 벌이고 있었기 때문에 군이 출동하더라도 어떠한 사태가 벌어질지 알 수 없었다. ≪뉴욕 타임스≫가 7월 6일자에서 한국군 지휘관들이 국민들의 뜻에 어긋나는 일에 동원되어 그때마다 군의 명예가 훼손되었다고 하면서 이번에는 개입을 원치 않는다고 보도한 것도 의미가 있다. 전두환도 6월항쟁에 군이 나서지 않기를 바라고 있었다. 전두환은 어느 누구보다고 광주항쟁이 뇌리에서 떠날 수 없었다. 6·29 전날인 6월 28일 전두환은 "군대가 나오면 항상 쿠데타 위험이 있어"라고 말했는데, 이 부분이 특히 중요하다. 12·12, 5·17쿠데타를 일으킨 장본인인 전두환은 쿠데타가 일어나면 자신도 정승화(12·12쿠데타)나 김종필(5·17쿠데타)처럼 당할 수도 있다는 것을 무시할 수 없었다. 더구나 6월항쟁은 쿠데타 군의 전두환 처단에 더 없이 명분이 좋을 수 있었다.

6·29선언은 김대중과 김영삼이 모두 대통령에 나온다는 것을 전제로 나왔다고 볼 수 있다. 전두환은 퇴임 후 자신의 안위에 대해 굉장히 신경을 썼다. 전두환 노태우에게 직선제를 해도 이긴다고 권한 사람들도 대개는 두 김이 경합할 것이라는 점을 깔고 권했을 것이다. 전두환

이 6월 24일 이만섭 국민당 총재의 이야기를 진지한 청강생이 되어 귀담아 들을 때도 이만섭은 양김이 머리 처박고 싸울 것이라는 점을 강조했다. 6·29 전날 전두환은 "김대중을 풀어주면 김영삼과 부딪치게 돼"라고 말하며 두 사람이 모두 대통령에 안 나올 리가 없다고 단언했다. 전두환이 퇴임 후 자신의 안위에 대해 얼마나 고심했는가는 국정원로자문회의 설치를 통해서도 알 수 있다. 6월항쟁 이후 헌법을 개정할 때 이것을 헌법에 명문화하지 않으면 고분고분 물러나지 않을 것 같아 여야는 할 수 없이 개정 헌법 제90조에 그것의 설치를 명문화했다. 전두환 퇴임 이틀 전인 1988년 2월 23일에는 야당의 반대를 무릅쓰고 민정당에 의해 국정원로자문회의법 통과가 강행되었다. 그해 4월 26일 치른 총선에서 여소야대 국회가 출현하여 다행히 이 법은 폐기 처분되었다. 전두환은 대통령 선거가 끝난 지 열흘 만인 1987년 12월 26일 군 핵심 요직 인사를 단행해 자신의 직계가 군 요직을 다 장악하게 했다(강준만, 2003: 249~250). 있을 수 없는 처사로 자신의 후임 대통령을 철저히 깔아뭉갠 행위였다. 자신을 오랫동안 잘 따르던, 그래서 후임자로 정한 노태우가 대통령이 되었을 때도 이랬는데, 김대중이나 김영삼이 대통령 가능성이 있었다면 어떻게 나왔을까는 충분히 짐작할 수 있다. 1% 확률이 안 된다 하더라도 6·29선언 이후 양김이 단합이 될 가능성을 완전히 배제할 수는 없었을 터인데, 그 경우는 어떻게 하려고 했을까. 전두환은 그에 대한 대책까지도 세워두었을 것이다.

5. 6월항쟁의 성격과 의미

1) 6월항쟁의 기본 동력

6월항쟁은 해방 이후 최대 규모의 시위였다. 호헌철폐 독재타도 투쟁은 전두환의 4·13호헌조치 이래 노태우의 6·29선언 직전까지 거의 하루도 거르지 않고 전개되었고, 6·10국민대회에서 6·26평화대행진까지 17일간은 토·일요일을 포함해 큰 규모의 시위가 잇달았다. 4월혁명의 경우 2·28대구학생시위에서부터 4·26 '승리의 화요일'까지 전개되었지만, 3·15마산시위, 4·11~4·13 제2차 마산시위, 4·18고려대 등의 시위, 4·19 '피의 화요일', 4·25대학교수시위, 4·26시위를 제외하면 대개 고등학생들의 시위가 중간에 있었다. 6월항쟁은 장기간에 걸쳐 그것도 큰 규모로 지속적으로 전개되었다는 점에서 다른 시위와 구별된다. 지역적으로도 전국 각지에서 일어났다는 점이 과거의 시위와 큰 차이가 있다. 6·10국민대회는 22개 지역에서, 6·18 '최루탄추방의 날'에는 18개 도시에서, 6·26평화대행진은 38개 시·군에서 일어났다. 4월혁명에서 가장 큰 규모의 시위가 있었던 4·19날에 주로 서울, 부산, 광주에서 시위가 있었던 것과도 대비된다.

6월항쟁은 꼬리에 꼬리를 물고 상승, 확대되었다는 점에서도 특징이 있다. 6·10국민대회로 일단 끝나는 줄 알았는데, 명동성당농성투쟁이 전개되면서 서울에서 시위가 계속되었고, 6·10국민대회의 여파로 지방에서도 시위가 이어졌다. 6월 15일 명동투쟁이 일단락되었을 때 그날부터 대전, 부산, 진주 등지에서 대규모 시위가 17일까지 계속되었고, 그것은 6·18 '최루탄 추방의 날' 시위로 확대되었다. 6월 19일경부터는 광주, 전주, 익산은 물론이고 순천, 여수, 목포 등 호남지방에서 대규모 시위가 전개되었다. 마치 대서사시나 웅장한 심포니가 울려 퍼지듯 6월항쟁은 전개되었다.

무엇이 이토록 화음을 이루며 거대한 항쟁으로 전개되게 했을까. 그것은 기본적으로 시민의식이 확충되면서 국민을 우민시하고 우롱하는 체육관 대통령에 대한 거부이자 권력에 의해 철저히 통제된 언론에 대한 거부의 표현이었다. 그리고 그것은 민주대연합과 동시다발 투쟁으로 구체화되었다. 민주대연합과 동시다발 투쟁이 어떻게 해서 가능했는가는 6월항쟁을 이해하는 데에 핵심적 위치에 있다.

6월항쟁의 주력부대인 학생들의 경우 1986년 5·3인천사태에서 절정에 이른 야당에 대한 불신과 변혁에 대한 기대를 가지고 볼 때 학생과 재야 운동권, 야당과의 민주대연합은 도저히 불가능한 것처럼 보였다. 그러나 재야 운동권의 중심세력인 민통련의 경우 5·3인천사태 이전에 이미 민주헌법이 쟁취되어야 한다고 하면서 그것이 대통령 직선제 개헌 투쟁과 부합될 수 있다고 주장했다(서중석, 2015: 32~33). 학생운동권은 1986년 하반기에 반제투쟁론(NL)이 강화되었는데, NL쪽은 민주대연합에 부응하는 면이 있었고, 이들이 주도한 건국대에서의 전국 반외세반독재 애국학생투쟁연합(애학투) 결성 때 내놓은 문건에서 직선제 쟁취투쟁이 유용하다고 주장했다. 그 뒤 대중성을 강조한 NL계가 주요 대학 학생회를 장악했고, 소수파였던 제헌의회(CA)계를 제외하고는 대부분의 학생운동세력이 6월항쟁 내내 직선제 쟁취에 적극적으로 보조를 맞추었다. 오히려 민주대연합 실천에서 소극적인 것은 야당이었다. 야당은 6·10국민대회에는 적극적이었으나 그 뒤의 항쟁에 소극적이었다가 6·26평화대행진에 합류했다. 일반적으로 민주대연합을 야당과 재야 운동권, 학생들의 연합으로 이해하고 있으나 3·1운동에서와 비슷하게 각계각층이 참여한 측면을 간과해서는 안 될 것이다. 민주대연합은 6월항쟁에 학생 외에도 일반 시민, 넥타이부대로 불린 사무원, 노동자, 택시 기사 등 운수노동자, 농민, 중소 상인 등 각계각층이 적극 참여함으로써 실질적으로 이루어졌다는 점을 특히 주목해서 중시할 필요가 있다.

　전두환 정권의 치안력을 상당 부분 무력화시킨 것이 동시다발 투쟁이었다. 동시다발 투쟁은 반유신 민주화운동 이래 재야운동권이 확충되면서 가능하게 된 측면과 학생운동이 그것을 뒷받침해줄 수 있는 여건이 조성되었다는 측면이 결합해 구체화되었고, 투쟁의 목표가 전국적으로 단일했다는 점이 그것을 가능하게 했다. 전두환 정권은 사회적 경제적 변화로 불가피하기도 했지만, 제도적으로 학생들의 동시다발 투쟁 여건을 마련해준 측면이 있다. 전 정권은 출범 초기에 학생운동을 막기 위해서 졸업정원제를 실시했는데, 이것은 대학의 팽창을 가져오는 데 기여했다. 또 전 정권은 서울 소재 대학의 지방 이전을 적극 권장했는데, 그것은 서울 소재 대학의 지방 분교 설립과 지방 대학 설립으로 귀결되었다.

　6월항쟁에서 민주헌법쟁취 국민운동본부(국본)가 어떠한 역할을 했는가도 쟁점이 될 수 있다. 6월항쟁은 3·1운동이나 4월혁명, 부마항쟁, 광주항쟁과 달리 중앙 기구로 국본이, 지방에는 국본 지방본부가 조직되어 있었다는 점에서 다른 운동이나 항쟁보다 한층 더 계획적이고 조직적·체계적이었다. 3·1운동은 33인이 선도했을 뿐이고, 따로 중앙 조직이 있지 않았다. 4월혁명은 3·1운동보다 더 비조직적이었고, 자연발생적인 성격이 강했다. 부마항쟁은 학생운동이 일정한 역할을 했으나 시민과의 결합이 조직적으로 이루어졌다고 보기가 어렵다. 광주항쟁의 경우 군이 시내에서 철수한 후 시민과 학생 수습위원회가 각각 있었고, 민주수호범시민궐기대회도 여러 차례 열렸으나 국본과 같은 위치에 있지 않았다. 그렇지만 국본이 6월항쟁 전체를 이끌어갔다고 보는 것은 사실에 부합된다고 보기 어렵다.

　국본은 많은 학생과 시민들로부터 중앙본부로 인정을 받았지만, 6월항쟁은 국본이 이끈 투쟁과 자발적인 투쟁이 잘 배합되어 전개된 것이라고 보아야 할 것이다. 국본은 6·10국민대회를 성공적인 대회로 이끌어가는 데 주도적 역할을 했지만, 그 이후의 투쟁에 대해서는 계획이 없었고, 그 이후 거대한 투쟁으로 이어지리라는 것도 예상하지 못했다. 명동성당농성투쟁 등 명동투쟁은 6·10국민대회가 6월항쟁으로 발전하는 데 결정적 역할이라고도 할 만한 중요한 역할을 했다. 그러나 국본과 서대협은 명동투쟁 초기에는 그 중요성을 충분히 인식하지 못했다. 6월 15일부터 있었던 대전, 부산, 진주 등지에서의 투쟁은 국본과는 관계가 없이 일어났다. 그렇지만 6·18항쟁이 전국적으로 일어나는 데 국본은 또다시 중앙기구로서 역할을 했고, 한때 야당에서 견제를 했으나 6·26항쟁을 성공적으로 이끌어감으로써 전두환·신군부를 굴복케 하고 6·29선언을 받아내는 데 큰 역할을 했다.

국본이 비폭력 평화 시위를 주장한 것도 쟁점이 될 수 있다. 국본은 6·10국민대회에서 비폭력 평화 시위를 강조했고, 6·26평화대행진에서는 야당의 주장도 작용해서 한층 더 강력히 역설했다. 그러나 여러 지역에서 경찰이 최루탄을 난사하며 시위를 원천적으로 봉쇄하려고 하는데 비폭력 평화를 외치는 것은 현실과 동떨어진 주장이 아니냐는 비난을 받았다. 특히 논쟁이 될 수 있는 것은 야당은 폭력적 시위로 비상조치가 발동되지 않을까 우려했으나, 야당이 바라마지 않았던 6·29선언은 반드시 평화적 시위를 통해 쟁취한 것이라고 판단하기가 쉽지 않다는 점이다. 전두환·신군부가 두려워한 것은 동시다발로 전개된 대규모 시위가 여러 지역에서 경찰력을 마비시켜 치안 부재 현상이 나타나게 한 것이었다. 특히 대전이나 부산, 진주 같은 지역에서의 투쟁은 전 정권을 당혹하게 했다. 전 정권은 이와 같은 격렬한 투쟁에 대해 박정희처럼 군의 투입을 고려하였으나, 군의 투입으로 사생결단하고 싸우는 시위대의 투쟁을 제지하기가 쉽지 않다는 데 최대의 고민이 있었다. 그리고 군을 투입하지 못할 경우 직선제를 받아들일 수밖에 없었다. 그런데 국본의 비폭력 평화 시위 강조는 많은 일반 시민이 시위에 참여하도록 했고, 그뿐만 아니라 시위대가 경찰에 맞서는 데 가장 강력한 무기였던 화염병 사용 금지로 나타나지는 않았다. 이 점도 아주 중요하다. 국본에도 성향을 달리하는 관계자들이 있었지만, '폭력적' 투쟁에 비판적인 것만은 아니었다. 6월항쟁이 위력을 발휘할 수 있었던 것은 '폭력적' 투쟁과 비폭력 평화 시위 강조가 적절히 배합되어 나타난 데 있었다. 그리고 6월 26일 특히 서울에서 경찰의 폭력적 저지에 학생들이 비폭력으로 대응한 것이 인상적이었지만 이날 전국 각지에서의 시위가 대체로 평화적이었다는 점은 6월항쟁에서 각별히 눈여겨봐야 할 것이다.

6월항쟁에 대해서 적지 않은 민주화운동 관계자들이나 6월항쟁 연구자들이 민주화운동 그 자체에만 초점을 맞춰 설명하고 대통령 교체기에 전두환·신군부의 내부 입장 차이가 6월항쟁에 어떠한 영향을 미쳤는가에 대해 간과한다. 그러나 6월항쟁의 전개에서 그 부분에 관한 연구를 경시해서는 안 될 것이다. 6월항쟁은 2·12총선에 드러난 민심을 등에 업고 1987년 대선을 더 이상 체육관 선거로 치르게 해서는 안 된다는 시민의식의 발로가 항쟁으로 나타난 것으로 볼 수 있다. 2·12 총선 이후를 크게 보면 개헌 정국이라고 할 수 있는 것도 같은 논리에서다. 개헌 정국 또는 대통령 교체기에서 중요한 변수의 하나는 전두환과 후계자의 정국 구상이 다를 수 있다는 점이다. 전두환은 퇴임 후의 자신의 안위에 관심을 기울일 수밖에 없고, 노태우 측은 조금이라도 민심을 끌어안으려는 노력을 하지 않을 수 없다. 이러한 모순은 박종철 고문치사 이후 계속 현안으로 떠올랐다. 4·13호헌조치 및 그와 관련된 그 이후의 정국·정책에서 그 점은 더 분명해지는데, 특히 5·25개각은 6월항쟁에 적지 않은 영향을 미쳤다. 장세동 안기부장이 주도했던 관계기관 대책회의도 없었던 것 같고, 총리 등 주요 관계자들이 과거와 같이 초강경조치를 주장한 자료도 찾기 힘들다. 노태우 측에 대해 '사망선고'가 될 수도 있는 군의 출동을 노태우 측이 적극 반대한 것도 주목할 필요가 있다.

경제가 6월항쟁에 미친 영향은 앞으로의 연구 과제다. 4월혁명은 경제가 악화된 상태에서, 부마항쟁과 광주항쟁은 경제가 몹시 안 좋은 상태에서 일어났는데, 경제성장률이 1986년에 12.9%, 1987년에 13.0%, 1988년 12.4%로, 6월항쟁과 88올림픽이 있었던 시기는 그야말로 '단군 이래 최고 호황'이었다. 4월혁명 부마항쟁 광주항쟁 중 부마항쟁을 제외하고는 경제가 미친 영향이 설득력 있게 제시되지 못했는데, 그 점은 6월항쟁도 비슷하다. 분명한 것은 경제단체는 4·13호헌조치를 환영했고, 6월항쟁에 넥타이부대도 역할을 했지만, 노동자, 농민, 택시기사, 중소상인, 소생산업체 노동자, 서비스업 노동자, 도시 빈민, 무직자 등 소외계층이 가담했다는 점이다.

2) 문화·사회 민주화로의 이행과 통일운동

6월항쟁으로 가장 놀라운 변화를 보인 부문 중 하나가 유신체제 이래 크게 억압, 왜곡 당했던 문화, 학문 쪽이다. 대학은 철통같이 감시받는 병영체제였고, 영화, 가요계 등에서 난도질이나 금지가 일상화되었다. 이 때문에도 학생·교수는 억압체제에 대한 강력한 도전세력이었고, 대학은 6월항쟁으로 민주화가 이루어질 때 일시적이었지만 빠르고 급진적으로 민주화되기도 했다. 민주화운동세력은 이 시기에 북한바로알기운동, 국가보안법 철폐 운동을 벌였는데, 그것은 사상과 학문의 자유 쟁취 운동에 다름 아니었다. 해방 직후사에 대해 관심이 고조되고, 빨치산 관계 서적들이 잘 팔리고 북한 관계 책들이 대량으로 나돈 것도 그러한 운동과 밀접히 관련되어 있다. 6월항쟁 직후부터 공연금지가요, 방송금지곡이 해제되었고, 금서도 크게 풀렸으며, 보고 싶은 영화도 볼 수 있게 되었다. 미술계, 연극계, 영화계에 새바람이 불었고, 언론계에서도 반성과 함께 진실 보도운동이 전개되었으며, 새로운 형태의 언론이 탄생했다.

중등학교는 박정희 유신체제, 전두환·신군부체제의 정당성을 교육이라는 수단으로 선전해야 하는 임무가 권력으로부터 부여되었기 때문에 대학보다도 더 참담한 교육 현실에 처하였다. 교사들은 6월항쟁 이전부터 이러한 현실에 저항하면서 참교육을 모색했다. 1985년에 일어난 '민중교육'지 사건이나 1986년 5월에 800여 명의 교사가 제1회 교사의 날 행사를 갖고 교육 민주화 선언을 발표하고, 곧 이어 5월 15일 교육실천협의회 창립총회를 가진 것은 이러한 활동의 일환이었다. 어느 것이나 심한 탄압이 따랐다. 참교육운동은 6월항쟁 이후 더욱 거세게 일어났다. 6월항쟁 직후인 7월에 교사들은 광주와 서울에서 교육민주화를 위한 대토론회를 가졌고, 9월에는 경찰의 봉쇄를 뚫고 민주교육 추진 전국교사협의회(전교협) 결성대회를 열었다. 전교협은 1988년 11월 1만 3000여 명이 참가한 가운데 민주교육법 쟁취 전국교사대회를 가졌고, 1989년 상반기까지 약 3만 명의 교사가 가입했다. 드디어 1989년 5월 28일에는 민족·민주 인간화 교육 실천을 위한 참교육운동을 전개할 것을 다짐하며 전국교직원노동조합(전교조)이 탄생했다. 그러나 전교조의 길은 멀고 험했다. 대학은 한때 총장은 물론 학장까지도 교수가 선출하는 학교가 많았고, 진보적 연구자가 강단에 서기도 했으나, 교사들은 1990년 1월로 파면 164명, 해임 939명, 직권면직 416명 등 1519명이 교단에서 쫓겨났다.

6·29선언이 나온 6월 29일부터 시작된 노동쟁의는 10월 31일까지 파업 3235건을 포함해 3311건의 쟁의가 일어났다. 8월에는 하루 평균 83건의 쟁의가 있었다. 1987년 8월 말 현재 10인 이상 사업체 상용노

동자 333만 명의 37%에 해당하는 노동자 122만 명이 쟁의에 가담했다. 그해 6월 말까지 2725개였던 노동조합이 그해 말에는 4086개로, 조합원은 105만 명에서 127만 명으로 증가했다. 무엇이 노동계에 한국 역사상 최대 규모이자 전 세계적으로도 드문 예에 속하는 이와 같은 노동운동을 일으키게 했을까. 그것은 약간의 시차는 있지만 노동계는 정치 못지않게 박정희, 전두환 권력의 주요 통제 대상이었기 때문이었다. 1960년대 후반기부터 급속히 산업화가 됨에 따라 산업노동자도 급속히 증가했으나, 박정희 정권은 1970년대에 들어서면서 노동 3권에 대한 통제를 강화했고, 그것은 1971년 12월에 여당 단독으로 전격 통과한 국가보위에 관한 특별조치법과 유신체제에 의해 훨씬 심화되었다. 박정희 유신체제는 노동운동에 대해서 동일방직 노동자들의 경우가 말해주는 것처럼 야수적 탄압으로 짓눌렀다. 전두환 신군부 정권은 1980년 12월 노동관계법을 한층 더 개악해 제3자 개입금지 조항을 신설하고 노조설립 요건을 강화했으며 단체교섭 위임을 금지시켰다. 따라서 시민들이 체육관대통령만은 안 된다고 주장했던 것처럼 노동자들은 우선 기초적인 최소한의 노동권 쟁취가 요구되었는데, 그것이 6월항쟁으로 가능해졌던 것이다. 6월항쟁에 각계각층이 참여했듯이 7, 8, 9월의 노동자대투쟁은 중화학 분야의 대기업 생산직 노동자들이 중심에 섰으나, 서비스직에 이르기까지 거의 모든 산업 분야의 노동자들이 참여했다. 또 생존권과 노동권 등 기본권리 보장, 억압적·병영적 노무관리 철폐, 노조 결성과 조합 활동 보장 등을 요구했던바(이원보, 2005: 334), 최소한의 기초적 노동권 쟁취가 중심이었다. 인천, 부산, 성남, 익산, 안양 등 여러 지역에서 노동자들이 6월항쟁에 참여했는데, 그때도 호헌철폐 독재타도와 함께 기초적 노동3권 보장을 요구했다. 그것을 한 단계 높이는 것은 그 이후의 과제였다.

조금 늦지만 1988년 봄부터 통일운동이 거세게 일어났다. 통일운동도 6월항쟁의 성격과 의미를 이해하는 데 중요한 위치에 있다고 말할 수 있을까. 그것은 통일운동이 민주주의와 자유에 직결되어 있느냐는 물음이 될 수 있다. 통일운동이 민주주의와 자유에 직결되어 있다는 것은 4월혁명 후에, 그것도 조금 늦은 1960년 가을에 들어서면서부터 주목을 받다가 1961년 전반기에 강렬히 일어났다는 점에서 시사를 받을 수 있다. 현대사에서 친일파 등이 중심이 된 극우세력은 해방된 지 얼마 안 된 시점에서부터 단정운동을 벌였던 바, 이들은 분단과 미국이라는 양대 축을 기반으로 권력과 기득권을 유지했다. 이승만 정권이나 박정희 정권, 전두환 신군부 정권은 때로는 통일을 내세워 독재를 할 때도 반공주의가 없었더라면, 다시 말해서 분단이 되지 않았더라면 과연 그러한 정권이 유지되었을까 싶을 정도로 분단과 직결된 반공독재로 권력을 잡았고 유지했고 강화했다. 따라서 4월혁명과 같은 계기가 오지 않으면 통일운동은 조봉암 사형이 시사하듯 어려웠다. 5·16군부쿠데타 이후 통일에 대한 관심은 1972년 7·4남북공동선언을 전후해서 커졌으나 곧 억압당했다. 그것은 1983년 KBS의 남남 이산가족찾기 방영과 1985년의 남북이산가족상봉에 의해 다시 살아났다. 이때는 재야운동권에서도 지대한 관심을 쏟았다. 1984년에 출범한 민중민주운동협의회와 민주 통일 국민회의, 그리고 양자의 통합체로 1985년에 결성된 민주통일민중운동연합(민통련) 모두 다 민주 통일 국민회의 창립선언문에서 표명한 대로 "분단의 극복 및 민족통일이 실현되지 않고는 민족 해방, 민족 자주가 이루어질 수 없으며, 민주화의 길을 통하지 않고는 분단의 극복 및 민족통일이 성취될 수 없다"는 인식을 공유하고 있었다. 학생운동권은 1985년경부터 반제투쟁론이 급속히 부상했고, 그것은 1986년에 반미자주화투쟁으로 구체화되었는데, 이 세력이 6월항쟁에서 학생운동권을 주도해 나갔다. 이러한 재야운동권, 학생운동권의 노선을 볼 때 6월항쟁이 일단락되면 통일운동이 전개되리라는 것은 예측될 수 있었다.

3) 정치적 민주주의와 그 한계

6월항쟁의 성과와 한계는 정치 민주화 과정에서 잘 드러났다. 재야운동권이든 학생운동권이든 6월항쟁 투쟁 과정에서 야당이 주장한 직선제 쟁취 이상으로 민주주의와 기본권을 확충, 심화시킬 수 있는 정치적 주장을 별로 하지 않았다. 6월항쟁에서는 여러 이유로 그렇게 할 수밖에 없었다고 하더라도 헌법 개정 과정에서는 6월항쟁 이전부터 주장했던 민주헌법을 쟁취하기 위해 대통령 권력 견제 장치의 마련이나 기본권, 노동권, 산업민주화 등 여러 문제에서 강력히 민주적이고 진보적인 의견을 개진했어야 했고, 그러한 통로나 방안이 없었던 것이 아닌데, 그러한 노력을 그다지 하지 않았다. 야당은 1980년 '서울의 봄'에서도, 2·12총선 이후의 개헌 정국에서도, 6월항쟁에서도 유신쿠데타 이전의 헌법, 곧 제3공화국 헌법으로 되돌아가면 그것이 민주주의라고 강조했는데, 결국 4월혁명 이후 내각책임제로 바뀐 헌법 개정(제2공화국 헌법), 장면 정부 초기에 있었던 헌법 개정 이후 처음으로 여야 합의의 새 헌법이 마련되기는 했으나, 헌법 전문에 저항권을 설정하고 대통령 직선제와 함께 5년 단임제, 헌법재판소 신설을 제외하고는 제3공화국 이전의 헌법보다 더 낫다고 할 만한 내용이 없었다. 노동관계법 개정에서도 제3자 개입금지조항 등이 여전히 살아 있었다.

당시는 민주화운동세력이건 일반시민이건 헌법 개정보다도 대통령 선거가 어떻게 되느냐에 관심이 쏠려 있었다. 앞에서 노태우와 전두환이 6·29선언에 합의한 두 가지 이유 중 하나는 직선제를 채택하면 김영삼, 김대중이 각각 후보로 나설 것이라고 확신했기 때문이라고 지적한 바 있다. 일반 시민들의 관심도 양김이 단일후보를 내느냐 1980년처럼 분열하느냐에 최대의 관심이 있었다. 6·29선언 직후 양김은 단합된 모습을 보이려고 노력하였으나, 7월 17일 김대중이 1986년 11월의 불출마선언은 전두환의 4·13조치로 백지화되었다고 밝히면서 양김이 대결할 가능성이 커졌다. 양김은 10월에 각각 대통령후보에 나섰다. 그러면서 재야운동권도 단일화 추진 세력, 비판적 지지 세력, 독자후보 세력으로 3분되었다. 그와 함께 노태우, 김대중, 김영삼, 김종필이 모두 입후보하면 김대중이 승리한다는, 지역주의에 기반을 둔 4자필승론이 유포되었다. 이 대통령 선거전에서 민주화운동세력에 지대한 영향을 미치고, 그 이후의 민주주의 진전에도 영향을 미친 것이 민통련의 김대중 후보에 대한 비판적 지지 선언이었다. 그런데 노태우-전두환 측은 양김이 함께 나오면 승리한다고 확신했고, 선거 후반에 가서는 여유를 부리기도 했다. 민통련의 비판적 지지에 대한 문제점은 민통련 결성 30주년(2015년) 이전까지는 공개적으로 논의하지 않았다. 민통련은 결성 직후부터 신군부의 장기집권 야욕을 분쇄하겠다고 역설했는데, 비판적 지지는 그것에 배치될 수 있었다. 선거 결과 노태우는 투표자의 36.6%를, 김영삼은 28.0%를, 김대중은 27.1%를 획득했다. 양김이 단합하면 충분히 이길 수 있었고 호남과 영남의 갈등이 완화될 수 있었다. 이 선거로 6월항쟁의 성과는 반 토막이 되었고, 그것에 덧붙여 영호남 갈등이 심화되었으며, 민주화운동세력의 정치력은 현저히 약화되었고, 상당수 일반 대중으로부터 외면당했다.

대선과 관련된 논쟁은 부분적으로 있었지만, 총선에 대한 논란은, 특히 두 야당의 통합과 선거구제에 대한 논란은 거의 없었다. 그러나 이 부분은 대선에서의 비판적 지지와 함께 6월항쟁의 성격과 의미를 고찰하는 데 중요하다. 대선에 패배하면서 야당과 민주화운동세력 일각에서는 통일민주당과 평화민주당의 통합을 주장했다. 대선에서의 표 분포를 볼 때 양김이 단결하면 대승은 확실했고, 그러면 대선에서의 잘못도 상당 부분 만회할 수 있었다. 그와 함께 1988년 4·26총선을 앞두고 선거제도 문제가 등장했다. 김대중 쪽은 소선거구제를 주장했고, 김영삼·통일민주당은 중·대선거구제를, 민정당은 일각에서 중선거구제 등을 주장했다. 통일민주당과 평화민주당의 경우 대선의 표 분석과 관련된 이해관계의 반영이라고 볼 수는 있지만, 중·대선거구제는 지역갈등을 완화시킬 수 있었고, 진보적 정당이나 소외층 대변 세력의 원내 진출을 가능케 할 수 있었다. 소선거구제의 경우 양김이 화합하면 대승할 수 있지만, 분열하면 치유하기 어려운 심각한 지역주의에 빠질 수 있었다. 이 선거가 소선거구제로 결정된 것에 중요한 기여를 한 것이 김영삼이 양당 통합을 위해 김대중을 만나 소선거구제에 합의해주었다는 점이다(김영삼, 2000: 142). 결국 양김은 또 분열되었고, 소선거구제로 낙착한 4·26총선은 대선 못지않게 지역주의가 선거판을 휩쓸었다. 다만 여소야대 국회가 출현해 헌정 사상 초유로 5공청문회 등이 열리는 등 민주주의에 유리한 국면이 열렸다. 그러나 소선구제여서 김대중의 평민당이 제2당으로 되고 김영삼의 민주당은 제3당이 됨으로써 김영삼의 운신 폭이 좁아지고 다음 대선에서의 향방이 불확실해지자 김영삼이 노태우·민정당, 김종필의 신민주공화당과 합작해 총선이 끝난 지 불과 2년도 안 된 1990년 2월에 거대 여당으로 민자당이 만들어졌다. 민자당의 출현은 6월항쟁에 대한 첫 번째 중요한 정치적 '반동'이라는 점에서도 중요하지만, 그 뒤 수십 년간 1987년 대선, 1988년 총선 못지않은 지역주의 선거 구도를 만들어냈다는 점에서 6월항쟁에 대한 '반역'이었다. 부산과 경상남도가 주요 지지기반이었던 김영삼 세력은 김대중 정부가 들어선 이후에도 민자당의 후신인 신한국당에 계속 남아 전두환·노태우 쪽, 나중에는 이명박·박근혜 쪽과 일체가 되어버렸고, 영남 전체 유권자가 이쪽을 지지함으로써 이 지역에서의 과거 야당의 중요 기반이 무너지고 말았고, 일부 특정 지역 주민들을 포함해 수구냉전세력이 기승을 부리는 데 기여했다.

6월항쟁이 일어나는 데, 그 6월항쟁을 이끌어가는 데 중요한 역할을 한, 그런 점에서 한국 민주주의의 쟁취와 진전에 지대한 공헌을 한 민주화운동세력은 6월항쟁의 성과를 담아내야 할 정치적 과정에서 적절하게 대응하지 못했고, 6월항쟁 이후 민주주의를 한 단계 진전시키는 데 앞장섰어야 할 민주화운동세력의 정치적 무력화를 초래했다. 그뿐만 아니라, 일부 운동권과 지식인들은 구체성과 실천성이 결여된 민중민주주의를 내세우며, 6월항쟁이 가져온 정치적 성과였던 민주주의를 부르주아민주주의 또는 자유민주주의로 비판하거나 배격하고, 사회민주주의도 기회주의 노선으로 비난하는 관념적 급진주의에 머물고 현실정치에 대한 대안을 제시하지 못함으로써 현실정치에 별다른 영향을 주지 못했다.

6월항쟁 30주년을 맞으면서 우리는 촛불시위에 의한 새 정치 창출로 이번에는 민주주의를 제대로 해야 한다는 거대한 실험에 마주하고 있다. 현재의 상황은 6월항쟁 직후보다 더 유리한 국면이라고 말하기는 어렵다. 그러나 4월혁명 시기와 6월항쟁 직후의 정치 과정이 주는 교훈을 잘 소화해낸다면 6월항쟁 이후보다 더 나은 민주주의를 창출해낼 수 있다. 정파나 개인(대통령)의 선의보다 제도 등의 장치를 통해 비민주주의 요소를 걸러내고 정치, 경제, 사회, 문화, 언론 등이 공공성 또는 공정한 룰에 따라 운용되게 함으로써 민주주의가 굳건한 토대를 갖게 하는 데 치중해야 한다고 본다. 그러한 점에서 거듭 강조하지만, 어느 때보다도 6월항쟁의 의미에 대해서 한층 더 깊은 관심을 기울여야 할 것이다.

참고문헌

강신철 외. 1988. 『80년대 학생운동사』. 형성사.

강준만. 2003. 『한국현대사산책 1980년대편』 3. 인물과사상사.

국정원 과거사건 진실규명을 통한 발전위원회 편. 2007. 『과거와 대화 미래의 성찰』 5. 국가정보원.

김대중. 2010. 『김대중자서전』 1. 삼인.

김성익 편. 1992. 『전두환육성증언』. 조선일보사.

김영삼. 2000. 『김영삼회고록―민주주의를 위한 나의 투쟁』 3. 백산서당.

김정남. 2005. 『진실, 광장에 서다』. 창비.

노태우. 2007. 『노태우 육성회고록』. 조갑제닷컴.

_____. 2011. 『노태우회고록』 상. 조선뉴스프레스.

민주언론운동협의회. 1987. 「6월항쟁」. ≪말≫, 제12호.

민주화운동기념사업회 한국민주주의연구소 엮음. 2010. 『한국민주화운동사』 3. 돌베개.

「민통련, 지운협, 지역국본, 6월항쟁」(편저자·출판 연도 불명).

박철언. 2005. 『바른 역사를 위한 증언』 1. 랜덤하우스중앙.

서중석. 2011. 『6월항쟁』. 돌베개.

_____. 2015. 「한국민주화운동사에서 민통련의 평가와 반성」. 『다시! 함께! 민주와 통일을 향하여』.

_____. 2016. 「인천 5·3사태의 평가―대중성과 군부독재 타도 문제를 중심으로」. 『5·3 인천항쟁 30년을 되돌아보다』.

유시춘 외. 2005. 『70-80 실록 민주화운동―우리 강물이 되어』 1-2. 경향신문사 출판본부.

6월민주화운동계승사업회·민주화운동기념사업회 편. 2007. 『6월항쟁을 기록하다』 1-4.

이만섭. 2004. 『나의 정치인생 반세기』. 문학사상사.

이원보. 2005. 『한국노동운동사 100년의 기록』. 한국노동사회연구소.

이종찬. 2015. 『숲은 고요하지 않다』 1-2. 한울.

조갑제. 1988. 『국가안전기획부』 2. 조선일보사.

조현연. 2006. 「5·3에서 미래로: 1986년 5·3인천투쟁과 '위기의 민주주의'」. 『5·3에서 미래로』.

편집부 편. 1988. 『학생운동논쟁사』. 일송정.

한국기독교사회문제연구원. 1987. 『6월민주화대투쟁』. 민중사.

황인성. 1997. 「투쟁의 구심―민주쟁취국민운동본부」. ≪역사비평≫, 가을.

≪동아일보≫ 등 신문, 1985~1988.

제1부
6월항쟁의 배경과
민주화운동의 성장

1장
■

1980년대 재야세력의 성장과 역할
민통련을 중심으로

정해구 | 성공회대학교 사회과학부

1. 한국 민주화운동과 재야세력

서구 민주주의의 발전은 영국혁명, 미국의 독립전쟁, 그리고 프랑스 혁명 등 시민혁명을 계기로 본격적으로 시작되었다. 그러나 이후 그 발전은 산업화의 진전에 따른 계급세력의 등장과 밀접한 관계를 지니면서 이루어졌다. 그렇다면 서구 민주주의의 발전은 누가 주도했나? 우선 근대의 신흥계급으로 등장한 부르주아지가 경제적으로는 자본주의 발전을 주도하는 한편 정치적으로도 민주주의 발전을 도모했다는 주장이 있다. 베링턴 무어(Barrington Moore)가 말한 "부르주아지 없이 민주주의 없다"는 명제는 그러한 주장을 단적으로 대변해주고 있다(무어, 1985). 반면 산업화의 진전과 더불어 등장한 노동자계급이나 중산층이 민주주의 발전을 주도했다는 반대 주장도 제기되고 있다(뤼시마이어 외, 1997). 아무튼, 이 같은 주장들은 서구 민주주의의 발전이 자본주의 발전에 따른 계급세력의 등장과 밀접한 관계를 가지면서 이루어졌음을 보여주고 있다.

　서구 민주주의의 발전이 이처럼 계급세력을 기반으로 이루어졌다면, 한국의 경우 민주주의의 발전을 주도했던 세력은 누구인가? 한국 민주주의 발전의 초기, 즉 1987년 민주화 이전의 권위주의 시기에 한국 민주주의의 발전은 독재에 저항하는 민주화운동세력이 주도했다고 할 수 있는데, 여기에는 학생, 재야세력, 사회운동, 그리고 반독재 야당 등 민주화운동에 기여한 모든 세력들이 포함된다. 즉 연합 형태의 민주화운동세력이 권위주의 시기 한국 민주주의 발전의 중심 주체였던 것이다. 하지만 서구와는 달리 다양한 사회 집단들이 결합되어 있는 이 같은 민주화운동세력을 일률적으로 계급세력이라 지칭하기는 어렵다. 물론 노동운동과 농민운동 등 일부 사회운동은 일정 정도 계급적인 성격을 지녔다고 할 수 있다. 하지만 민주화운동세력의 주축이었던 학생운동과 재야세력을 계급세력으로 규정하기는 어렵기 때문이다. 오히려 그들은 민주주의에 대해 먼저 이해하고 이를 현실에 실현하고자 했던 지식인 집단에 가까웠다.

　계급세력이 중심을 이루었던 서구와는 달리, 한국에서 학생운동과 재야세력 등 계급세력으로 지칭되기 어려웠던 이 같은 세력들이 민주화운동의 중심 세력으로 등장할 수밖에 없었던 것은 1945년 해방 이후 전개된 한국의 역사적 상황과 관련이 깊다. 즉 해방 이후 한국은 좌우 갈등 속에서 1948년 남북으로 분단되지 않을 수 없었고, 이는 급기야 1950~1953년 한국전쟁으로까지 이어졌다. 이러한 과정을 통해 남한에서는 강력한 반공국가가 등장했고, 이후 분단상황이 지속되는 가운데 반공국가와 그 뒤를 이었던 개발국가는 강력한 억압력과 헤게모니를 통해 아래로부터의 계급 형성과 그들의 조직화를 저지했던 것이다. 물론 압축적 산업화 과정에서 노동자의 규모는 급속히 증대했다. 하지만 그들은 국가의 억압 속에서 자신들의 이해를 관철하고 자신들의 주장을 제대로 펼치기 어려웠다. 따라서 독재에 대한 민주화운동의 저항은 계급세력이 아니라 이를 대신했던 다른 세력, 즉 학생과 지식인 등이 그 중심을 이루지 않을 수 없었던 것이다.

이 글은 한국 민주화운동, 특히 6월 민주항쟁이 발생했던 1980년대의 민주화운동에서 민주통일민중운동연합(민통련)을 중심으로 재야세력의 활동과 역할을 살펴보기 위한 것이다. 우선 한국 민주화운동에서 핵심적인 역할을 수행했지만 계급세력으로 규정할 수 없는 이들 재야세력은 과연 누구인가? 재야(在野)의 어의적 의미는 공직사회 밖의 민간 영역을 의미하는 바, 재야세력이란 바로 공직 추구의 정치적 이해를 갖지 않은 채 제도정치권 밖에서 민주화운동에 참여했던 세력을 의미한다고 할 수 있다. 그런 의미에서 본다면 재야세력이란 반독재 야당이 아닌 정치권 밖의 모든 민주화운동세력을 말한다. 그러나 이는 넓은 의미에서의 재야세력이라 할 수 있다. 한편 재야세력의 의미는 좀 더 좁게 규정할 수도 있는데, 독자적인 민주화운동세력이라 할 수 있는 학생운동 그리고 노동운동과 농민운동 등 사회운동을 제외한 정치권 밖의 민주화운동세력이 바로 그것이다.

구체적으로 재야세력은 누구였나? 한 연구는 출신 배경의 측면에서 재야세력의 구성을 다음과 같이 네 범주로 구분하고 있다. 첫째 과거에는 정치인이었으나 지금은 강제적으로나 자발적으로 정치권을 떠나 민주화운동에 참여했던 그룹, 둘째 종교계, 언론계, 문인, 법조인, 교수 등의 인사로서 민주화운동에 참여하게 되었던 전문가 또는 지식인 그룹, 셋째 학생운동 출신 그룹, 넷째 노동운동 등 민중운동 출신그룹 등이 그것이다(박태균, 1993: 169~170). 여기에서 알 수 있듯이 재야세력은 다양한 그룹과 인사들로 구성되어 있으며, 특히 그 주축을 이룬 것은 위의 둘째 그룹과 셋째 그룹이라 할 수 있다. 그런 점에서 재야세력이란 비정치인이지만 반독재 민주화운동에는 적극 참여했던, 그러나 계급적으로는 어떤 하나로 특정화시키거나 환원시키기 어려운 다양한 그룹의 인사들이라 할 수 있을 것이다(정해구, 2002: 389).

2. 1960, 1970년대 재야 민주화운동

1950년대에는 재야라 할 만한 세력이 형성되지 않았다. 남북 분단과 한국전쟁을 통해 강력한 반공국가가 구축된 상황에서 이에 대항할 만한 시민사회 세력이 형성되기 어려웠기 때문이다. 그러나 1960년 4월 혁명은 학생을 사회의 새로운 주역으로 등장시켰고, 비록 5·16군사쿠데타를 통해 박정희 정권이 등장했다 할지라도 1960년대 시민사회는 일정 정도 자율적으로 기능할 수 있었다. 최초 재야세력의 등장은 바로 이러한 상황에서 이루어졌다. 즉 박정희 정권이 한일 국교 정상화를 추진하는 상황에서 이에 대한 반대투쟁을 위해 야당과 종교·사회·문화 단체 대표와 재야인사 등 약 200여 명이 1964년 3월 대일굴욕외교반대범국민투쟁위원회를 결성했는데, 여기에 비정치인으로 참여한 각계 인사들이 바로 그들이었다. 한일회담 반대투쟁의 선두에서 가장 적극적으로 싸운 세력은 학생들이었다. 하지만 재야인사가 참여한 동 위원회는 한일회담이 본격적으로 전개되었던 1964~1965년 사이 전국 각지에서 반대시위를 주최하는 등 박정희 정권의 굴욕적인 저자세 대일외교에 대한 반대투쟁에 적극 참여했다.

1960년대 재야세력이 결집하는 또 한 번의 계기로서 작용했던 것은 1969년 3선개헌 반대투쟁이었다. 당시 박정희 대통령은 3선개헌을 통해 장기집권을 도모하고자 하였고, 학생과 야당 등은 이에 대한 반대투쟁을 전개하기 시작했다. 이 같은 상황에서 7월 17일 3선개헌반대범국민투쟁위원회가 결성되었는데, 당시 김재준 목사가 위원장을 맡았던

동 위원회에는 신민당과 정치활동정화법 해금 인사 그리고 재야인사 등 329명이 발기인으로 참여했다. 그러나 결국 3선개헌 반대투쟁은 성공하지 못했다. 박정희 정권은 국회 날치기와 국민투표를 통해 3선개헌안을 통과시키기에 이르렀기 때문이다. 이상에서 살펴본 것처럼, 1960년대에 재야세력의 등장은 야당과 함께 박정희 정권에 반대하는 범국민투쟁위원회를 구성하는 형태로 이루어졌다. 그런 점에서 볼 때, 1960년대 재야세력은 야당과 구별되는 민주화운동의 독자적인 세력이었다기보다는 야당과 연합하여 활동했던 세력에 그쳤다고 할 수 있다.

1960년대에 야당과 연합한 형태로 그 모습을 드러냈던 재야세력은 1970년대 들어 야당과는 별개의 독자적인 형태로 활동했는데, 그것은 다음과 같은 이유 때문이었다. 첫째는 유신체제의 등장으로 극단적인 독재가 시행되는 한편 이에 따라 야당의 활동이 대폭 위축되었기 때문이다. 둘째는 압축적 산업화의 결과 1970년대 초부터 전태일 분신사건, 광주대단지사건 등 사회문제들이 본격적으로 터지기 시작했는데, 이는 그동안 고도성장의 이면에서 누적되었던 사회 불평등의 현실을 드러내주었기 때문이다. 즉 독재의 강화에 따라 야당의 역할이 축소되고 고도성장 속에서도 사회적 불평등이 드러나게 되자, 이에 영향을 받은 많은 양심적 인사들, 특히 학생운동 출신과 지식인 그리고 종교인 등이 민주화운동에 대거 참여하기 시작했던 것이다.

구체적으로 1970년대 재야세력의 민주화운동은 다음과 같이 진행되었다. 우선 1971년 4월 19일 대통령 선거를 감시하기 위해 민주수호국민협의회가 결성되었다. 그러나 재야세력이 좀 더 분명한 형태로 그 모습을 드러냈던 것은 1974년 11월 27일에 등장했던 민주회복국민회의라 할 수 있다. 당시 정계, 천주교, 기독교, 언론계, 학계, 문인, 법조인, 여성계 등 각계 인사 71명으로 구성된 민주회복국민회의는 민주회복을 목표로 하고 자주, 평화, 양심을 행동강령으로 내세웠던 범국민적 조직체였다. 결성 이후 민주회복국민회의는 2개월 만에 50여 개의 지방지부를 결성했는데, 이는 당시의 재야세력이 과거와는 달리 상당 정도 전국화되고 있음을 보여주고 있었다(박태균, 1993: 168). 1970년대 전반에 이루어졌던 이 같은 재야세력의 조직화는 1970년대 후반에도 이어졌다. 1976년 3·1운동구국선언, 1977년 민주구국헌장, 1978년 3·1민주선언 등을 거쳐 1978년 7월 각계 인사 300명이 결성한 민주주의국민연합, 그리고 이를 바탕으로 1979년 3월 1일 다시 결성된 민주주의와민족통일을위한국민연합이 바로 그것이었다(정해구, 2002: 395).

이처럼 1970년대 재야세력의 민주화운동은 1960년대의 그것에 비해 한층 더 발전했다고 할 수 있다. 우선 1970년대의 재야세력은 야당과 경합하던 1960년대와 달리 독자적인 세력으로 발전했다. 그뿐 아니라, 1970년대 재야세력은 단일 사안에 대한 대응했던 1960년대와는 달리 민주화라는 지속적인 목표를 좀 더 분명히 했고, 그 관심의 범위도 반독재의 민주화를 넘어 급속한 산업화에 따른 사회 불평등 문제와 통일 문제까지 확대했다. 그럼에도 불구하고 1970년대 재야세력은 아직은 사회 각계의 양심적인 명망가의 결집체 이상이 아니었다. 그리고 주기적인 성명과 선언을 발표하는 것 이상의, 상설적인 활동을 지속적으로 전개해 나가는 조직체는 아니었다.

3. 민통련의 창립과 재야세력의 결집

1980년 광주민중항쟁 이후 정권을 장악한 전두환 정권은 이후 1983년 말에 이르기까지 강력한 억압정책을 펼쳤고, 따라서 거의 대부분의 운동조직은 파괴되거나 그 활동을 중단하지 않을 수 없었다. 그러나 전두환 정권은 1983년 말 이후 일련의 유화조치를 취했는데, 그것은 강력한 억압정책의 결과 어느 정도 정권이 안정화되었다는 판단 때문이었다. 하지만 유화조치는 의도하지 않은 결과를 수반했다. 유화조치를 계기로 학생운동이 부활하기 시작했고, 노동운동과 재야운동 등 사회 각 분야의 민주화운동이 급속히 확산되는 한편, 신군부 세력에 의해 정치권에서 배제되었던 정치인들 역시 민주화추진협의회(민추협)를 결성하여 반독재 투쟁에 나섰기 때문이다. 따라서 1984년은 민주화운동이 되살아나고 급속히 확산되었던 시기로, 1980년대 민주화운동이 본격적으로 시작되었던 시기라 할 수 있다.

이러한 상황에서 1984년에 다음과 같은 재야세력의 연합조직이 결성되었다. 하나는 1984년 6월 29일 결성된 민중민주운동협의회(민민협)인데, 여기에는 한국가톨릭농민회, 한국기독교농민총연합회, 한국노동자복지협의회, 인천도시산업선교회, 민주화운동청년연합, 가톨릭기독학생회총연맹, 명동천주교회청년단체연합회, 자유실천문인협의회, 민주언론운동협의회, 민중문화운동협의회, 천주교정의구현전국사제단, 전국목회자정의평화실천협의회의 12개 단체가 참여하였다.[1] 민민협은 그 창립선언문에서 "…… 일천만 농민과 팔백만 노동자 그리고 다수의 빈민들과 구조적 차별 대우를 받는 여성들이 고통과 절망에 처해 있는 이때, 극복을 위해 민중의 참된 주인의식 위에서 민주의 태도를 힘차게 달려가는 민중민주운동이 줄기차게 전개되어야 한다는 시대적 절박성에 입각하여 우리들 농민, 노동자, 청년, 자유지식인, 성직자는 민중민주운동협의회를 구성·창립하게 되었다"(6월민주항쟁계승사업회·민주화운동기념사업회, 2007b: 322)고 밝혔다.

다른 하나는 1984년 10월 16일에 출범한 민주·통일국민회의(국민회

---

1 「민통련, 지운협, 지역 국본, 6월항쟁」, 1쪽. 이 자료집은 민통련 활동에 참여했던 인사들이 과거 기억을 살펴 민통련의 활동을 정리한 기록이다. 그러나 지은이와 발행연도 등은 자료집에 기재되어 있지 않다.

의)인데, 국민회의는 그 창립선언서에서 "…… 민주화와 민족통일을 열망하는 모든 인사, 모든 운동단체들의 활동을 지지하고 지원하면서 이들과의 강력한 연대를 토대로 민주화의 길을 통한 민족해방의 차원에서 범국민적인 민주·통일운동을 전개하고자 한다"[2]고 밝혔다. 국민회의의 결성은 재야의 명망가들까지 포괄할 수 있는 광범위한 연대를 구축하기 위한 것이었는데, 그 결성은 재야 원로들을 비롯하여 각계 인사들의 지원이 뒤따랐던 전두환 방일저지투쟁에 힘입은 것이었다. 그 결과 국민회의에는 다수의 재야 원로들이 참여했고, 그런 만큼 국민회의는 민주화 못지않게 통일운동을 강조하는 경향을 보여주었다. 결성 이후 국민회의는 이듬해 민통련이 창립되기 전까지 경북, 경남, 강원 그리고 서울에 그 지부를 설치했다.

1984년에 이루어졌던 이 두 조직의 결성은 이후 민통련이 결성될 수 있는 기반을 제공했다. 그러나 이 두 조직의 결성 역시 그들보다 먼저 이루어졌던 민주화운동청년연합(민청련)의 결성에 힘입은 것이었다. 민청련은 유화조치가 취해지기 이전인 1983년 9월 30일에 결성되었는데, 이범영, 이해찬, 조성우 등 1970년대 학생운동 출신들인 진보적 지식청년들이 그 결성의 주축이었다. 결성 당시 민청련은 그들의 역사적 임무를 "민중운동의 흐름 속에서 양심적인 지식인, 종교인, 정치인, 노동자, 농민들과의 연대를 강화하면서 민주주의와 민족통일을 위한 새로운 사회 건설에 온몸으로 매진"하는 것으로 보았다(민주화운동기념사업회 한국민주주의연구소, 2010: 212~213). 즉 민청련은 학생운동을 거쳐 사회에 진출한 청년들이 그 힘을 조직화함으로써 각 분야의 다른 운동과 연대하여 독재 정권과 싸우는 정치적 투쟁의 길을 열고자 했는데,

---

2   "민주·통일국민회의 창립선언서 — 민주통일의 깃발을 드높이자", 민중문화운동협의회, 『민중미술과 함께 보는 80년대 민중·민주운동 자료집(II)』, 22~23쪽.

그 노력의 결과로 1984년 민민협과 국민회의의 결성이 이루어졌던 것이다.

1985년 3월 29일 민중민주운동협의회(민민협)와 민주통일국민회의(국민회의)는 통합하여 재야세력의 공개적인 연합운동 조직으로서 민주통일민중운동연합(민통련)을 출범시켰다. 당시 민통련은 그 통합선언문을 통해 다음과 같이 그 출범의 의미를 밝혔다.

이런 국내외적인 여건 속에서 민중 민주 통일운동을 총체적으로 선도할 수 있는 조직이 있어야 한다는 요구가 각 부문운동은 물론이고 방방곡곡의 민주세력에 의해 강력히 제기되었다. '민민협'과 '국민회의'는 발족 당시의 불가피한 사정 때문에 별개로 출발할 수밖에 없었지만, '운동의 통일', '통일의 운동'을 바라는 민중의 뜻이 이렇게 치열할 때, 마땅히 그 뜻을 받아들여야 한다고 생각했다.

요컨대, 국내외적으로 민주화 요구가 고양되는 속에서 운동을 통일하고 이를 선도할 수 있는 조직을 결성하기 위해 민민협과 국민회의가 통합하여 민통련을 결성하게 되었다는 것이 선언문의 요지였다. 한편 선언문은 민중이 주체가 되는 민주화운동과 통일운동이 병행되어야 함을 강조하며, 민주화와 통일을 민족의 지상 과제로 여기는 그 어떤 집단이나 개인과도 연대할 것임을 천명했다.[3]

그렇다면 왜 당시의 시점에서 운동의 통일과 통일된 운동을 선도할 수 있는 조직으로서 민통련 창립이 요구되었는가? 민민협과 국민회의가 결성되었다 할지라도, 양자 통합을 통해 민통련을 창립하게 만든 보

---

3   민주·통일민중운동연합, "'민주·통일국민회의'와 '민중민주운동협의회'의 통합선언문: 민주화와 통일의 역사적 과업을 위해 단결하자", ≪민주 통일≫, 2(1985.4.20), 2~3쪽.

다 직접적인 원인은 1985년 초에 치러졌던 2·12총선이 제공했다. 총선 결과 민추협을 중심으로 결성된 신한민주당(신민당)이 관제 야당격인 민주한국당(민한당)을 누르고 일약 제1야당으로 부상했고, 따라서 총선 직후 민한당은 와해되어 신민당에 흡수되는 사태가 발생했다. 따라서 제도권 정치에서 전두환 통치체제의 일각을 무너뜨린 2·12총선의 이 같은 결과는 전두환 정권에 대한 대중들의 광범한 반발을 보여주는 것으로, 재야 운동가들에게도 큰 영향을 주었다. 즉 총선 결과는 재야 운동가들로 하여금 민민협과 국민회의의 양대 조직을 통합하여 전두환 정권의 독재에 저항할 수 있는 범민주 재야세력의 전열을 정비하도록 만들었던 것이다. 한편, 양대 조직의 통합은 인적, 물적 자원의 한계로 인해 양대 조직의 통합을 바랬던 부문운동과 지역운동의 요구를 반영한 것이기도 했다(6월민주항쟁계승사업회·민주화운동기념사업회, 2007b: 322, 332).

민통련의 결성으로 1980년대 민주화운동은 재야세력 결집의 강력한 상설 조직체를 가질 수 있었다. 사실 과거를 되돌아볼 때 1960년대와 1970년대의 민주화운동에서 재야세력의 연합운동은 그리 강력하게 조직되지도, 실천되지도 못했다. 부문 단위의 운동들이 별개로 전개되거나, 연합운동 조직이 등장했다 해도 그것은 개인들의 연합조직이었거나 비상설적인 조직이었다. 그리고 그것은 1979년 박정희 사망 이후 도래한 민주화의 호기에 민주화운동세력이 제대로 대처하지 못하는 결과로 이어졌다. 1980년대에 들어 다시 민주화운동이 강화되면서 전두환 정권에 대항하기 위해 통합적이고 상설적인 연합운동 조직, 그것도 전두환 정권의 탄압이 예상됨에도 불구하고 공개적인 형태의 조직이 요구되었던 것은 과거 운동에 대한 이 같은 반성의 결과였다. 그리하여 1983년에는 민청련이, 1984년에는 민민협과 국민회의가 만들어졌고, 1985년에 들어서서는 2·12총선 결과의 여파 속에서 이 양대 조직이 통

┃표 1-1┃민통련 참여 단체

시기	분야	단체	비고
3월 창립 시 참여(13)	종교(4)	천주교정의구현전국사제단, 가톨릭노동사목연구소, 천주교사 회운동협의회, 대한가톨릭학생총연맹	민청련과 기독교운동단체 미가입
	부문(5)	한국가톨릭농민회, 한국노동자복지협의회, 민주언론운동협의 회, 자유실천문인협의회, 민중문화운동협의회	
	지역(4)	경남민통련, 강원민통련, 경북민통련, 서울민통련	
9월 확대개편 시 참여(11)	종교(3)	한국기독교노동선교협의회, 한국기독교농민회총연합회, 민 중불교운동연합	
	부문(2)	민주화운동청년연합, 서울노동운동연합	
	지역(6)	인천지역사회운동연합, 충남민주운동협의회, 충북민주운동협 의회, 부산민주시민협의회, 전북민주화운동협의회, 전남민주 청년운동협의회	

자료: 6월민주항쟁계승사업회·민주화운동기념사업회, 2007b: 338~339쪽의 기록을 이용하여 작성.

합하여 재야세력 단일의 연합운동 조직으로서 민통련이 창립되기에 이르렀던 것이다.

민통련이 당시 민주화운동 전반을 아우르는 재야세력의 연합조직이었던 만큼 우리는 이에 어떤 단체들과 인사들이 참여했는지 확인해볼 필요가 있다. 우선 운동단체들의 민통련 참여는 3월 29일 창립 당시의 참여와 같은 해 9월 20일 민통련의 확대개편 대회 당시 참여로 구분할 수 있는데, 이를 정리하면 〈표 1-1〉과 같다.

〈표 1-1〉이 보여주듯이 민통련 참여 단체들은 이미 1970년대부터 활동해왔던 한국가톨릭농민회와 천주교정의구현사제단 등을 포함하여 1980년대에 들어 각 분야에서 결성된 단체들이 그 중심을 이루고 있었다. 활동 분야와 관련해서는 종교계 운동단체들을 포함하여 사회 각 부문에서 결성된 단체들 그리고 각 지역에서 결성된 단체들이 대거 참여하고 있음을 알 수 있다. 특히 각 지역에서 결성된 단체들은 향후 민통련의 활동이 전국화되는 데 결정적인 역할을 했다. 물론 민통련 창립 당시 민민협에 참여했던 단체 중 민청련과 기독교 운동단체들은 참여하지 않았는데, 그것은 이들이 당면 연대운동의 목표를 민중역량 강

┃표 1-2┃ 민통련 창립 초기 임원진

구분	3월 창립 시	9월 확대개편 시
임원진	고문: 함석헌, 김재준, 지학순 중앙위원회 의장: 강희남 의장: 문익환 부의장: 계훈제, 김승훈 지도위원: 고영근, 유운필, 이소선, 함세웅, 문정 현, 유강하, 신현봉, 이돈명, 송건호, 김병걸 감사: 호인수, 정동익, 박진관 민주·통일위원장: 김승균 민중생활위원장: 이부영 정책기획실장: 임채정 대변인: 김종철 사무총장: 이창복 사무차장: 장기표 총무국 간사: 홍성엽, 유옥순, 변인식 조직국장: 유영래 사회국 간사: 정선순, 김영중, 이종산 홍보국장: 임정남 홍보국간사: 박계동, 이명식, 임병주, 홍순우 노동상담소 소장: 방용석 민족학교 교장: 김병걸 / 간사: 홍성엽, 진창희	고문: 함석헌, 김재준, 지학순, 홍남순 중앙위원회 의장: 강희남 의장: 문익환 부의장: 계훈제, 백기완 지도위원: 유운필, 김병걸, 송건호, 이돈명, 이소 선, 이호철, 고은, 문정현, 김승균, 유강하, 함세웅, 김지하, 신현봉 감사: 문규현, 박진관, 정동익 대변인: 김종철 상임위원장: 이부영 노동분과위원장: 조춘구 농민분과위원장: 배종열 청년분과위원장: 김희택 언론분과위원장: 성유보 문화교육분과위원장: 채광석 공해분과위원장: 최열 민주발전분과위원장: 이재오 통일분과위원장: 정동년 인권분과위원장: 곽태영 지역운동협의회 대표: 이호웅 정책연구실장: 임채정 / 간사: 이해찬 사무총장: 이창복 / 사무차장: 장기표 총무국장: 장영달 / 간사: 오경렬, 임병주, 변인식 홍보국장: 임정남 / 간사: 박계동, 이달원, 이윤숙 사회국장: 조춘구 / 간사: 정선순, 이명식 보도실장: 박용수

자료: 6월민주항쟁계승사업회·민주화운동기념사업회, 2007b: 334, 339쪽의 기록을 이용하여 작성.

화에 두고 부문운동의 독자성을 보장하는 협의체를 주장했던 반면, 국민회의 측은 반독재 투쟁의 효율적 전개를 위해 단일 지도체제의 연합체적 조직 건설을 주장했기 때문이다(이유나, 2014: 132~133). 그러나 이들 역시 9월 확대개편 시 민통련에 참여했다. 한편, 민통련에는 단체 차원뿐만 아니라 개인 차원에서도 가입할 수 있었다.

민통련 창립과 관련하여 〈표 1-2〉는 그 초기 임원진으로 활동했던 인사들의 면면을 보여주고 있다. 여기에서 알 수 있듯이, 민통련 임원진에는 재야 원로인사들로부터 당시 20~40대의 젊은 층까지 거의 모든 연령대를 포괄하고 있었다. 고문과 의장단 그리고 지도위원 등을 맡았

┃표 1-3┃ 1980년대 주요 운동조직(1983~1986)

결성일	명칭
1983. 9. 30	민주화운동청년연합(민청련)
12. 20	해직교수협의회
1984. 3. 10	한국노동자복지협의회(노협)
4. 14	민족문화운동협의회(민문협)
5. 18	민주화추진협의회(민추협)
6. 29	민중민주운동협의회(민민협)
10. 16	민주통일국민회의(국민회의)
11. 3	전국민주화투쟁학생연합(전학련)
12. 19	자유실천문인협의회(자실)*
12. 19	민주언론운동협의회(민언협)
1985. 3. 29	민주통일민중운동연합(민통련)
5. 4	민중불교연합(민불련)
8. 25	서울노동운동연합(서노련)
12. 28	민주화실천가족운동협의회(민가협)
1986. 2. 7	인천지역노동자연맹(인노련)
5. 15	민주교육실천협의회(민교협)
6. 21	한국출판문화운동협의회(한출협)

주: * 자유실천문인협의회는 1974년 11월 18일 문인들이 광화문 사거리에서 유신체제에 반대하는 내용의 「문학인 시국선언문」을 발표함으로써 발족되었다. 그러나 광주민중항쟁 이후 그 활동이 중단되었기 때문에 이날 재발족되었다.

자료: 정대화, 1995: 86쪽의 〈표 3-1〉 "재야운동 조직현황, 1983~1986"을 일부 수정하여 작성.

던 재야 원로들은 이미 1960년대, 1970년대부터 민주화운동을 전개해 왔던 대표적 인사들이라 할 수 있으며, 실무 책임을 맡았던 젊은 운동가들 역시 학생운동과 현장운동을 통해 배출된 인사들이라 할 수 있었다. 그런 점에서 민통련의 임원진은 당시 운동권의 주요 인사들을 상당부분 망라하고 있었고, 특히 1970년대와는 달리 젊은 운동가들을 대거 실무진에 배치함으로써 향후 활발한 활동을 전개할 수 있는 조건을 갖추었다.

다른 한편, 1980년대 민주화운동이 다시 강화되고 그 결과 민민협과 국민회의 그리고 이 두 조직의 통합을 통해 민통련이 결성될 즈음 각 분야에서는 다수의 운동조직들이 만들어졌는데, 〈표 1-3〉은 이를 정리한 것이다. 여기에서도 알 수 있듯이, 유화국면 이후 각 분야에서 다수의 운동단체들이 연합조직 형태로 대거 등장하고 있었다.

4. 민통련 등 재야 민주화운동의 전개

그렇다면 민통련 및 재야세력의 민주화운동은 어떻게 전개되었나? 1985년 3월 29일 출범으로부터 1989년 1월 25일 전민련 창립을 위해 그 발전적 해산이 이루어질 때까지 민통련 활동을 기준으로 그 시기를 구분하면 다음과 같다. 첫째는 민통련이 결성되고 그 활동이 활발하게 전개되었던 1985년 3월 출범 이후 1986년 5·3인천항쟁 전까지의 시기이다. 둘째는 민통련을 비롯한 민주화운동 전반에 걸쳐 전두환 정권의 대대적인 탄압이 이루어지는 가운데 어렵사리 그 활동을 전개해 나갔던 5·3인천항쟁 이후부터 그해 말까지의 시기이다. 셋째는 박종철군 고문치사사건이 발생하고 이에 대한 항의로서 대중들이 본격적으로 시위에 동참하면서 결국은 6월 민주항쟁의 분출로 이어졌던 1987년 전반기의 시기이다. 넷째는 6월 민주항쟁 이후 헌법 개정에 따라 대통령 선거가 시작되었던 시기부터 1989년 1월 민통련이 해산할 때까지의 시기이다.

1) 제1기: 1985년 3월 29일 창립~1986년 5·3인천항쟁 이전

민통련이 창립되었던 1985년 초는 1983년 말 유화조치 이후 1984년 내내 학생운동과 노동운동 그리고 재야운동이 급속히 부활함에 따라 민주화운동이 분출하기 시작했던 시점이었다. 더구나 관제적 성격의 민한당 대신 선명 야당으로서의 신민당이 제도권의 제1야당으로 부상하게 만들었던 1985년 2·12총선의 결과는 전두환 정권에 대한 대중들의 반감이 매우 광범위하게 확산되어 있음을 새삼 확인시켜 주었다. 따라서 민통련은 그 창립과 함께 당면한 민주화운동뿐만 아니라 민중생존권 투쟁 지원과 민중운동 탄압에 대한 공동대응 등을 통해 그 활동을 적극적으로 전개해 나갈 수 있었다. 특히 1986년 초부터 본격화되기 시작했던 개헌운동의 전국적 확산에서 민통련이 수행했던 역할은 주목할 만한 것이었다.

창립 직후 민통련이 펼친 대표적인 활동은 다음과 같다. 우선 1985년 5월에는 광주항쟁 5주년을 맞아 학생운동을 중심으로 5월투쟁이 활발히 전개되었는데, 그 과정에서 미문화원점거농성사건이 발생했다. 5개 대학의 73명 학생들이 1980년 광주항쟁 진압에 대한 미국의 책임을 묻기 위해 미문화원에 진입하여 농성 투쟁을 전개했던 것이다. 이에 민통련은 즉각 지지를 표명하는 등 이들을 지원했다. 또한 6월에는 구로지역 10개 사업장의 노동자 2500명이 참여했던 구로동맹파업이 발생했는데, 민통련을 비롯한 범민주세력은 이에 대한 지원 투쟁을 적극 전개했다. 7월과 8월에는 전국 각지에서 소와 경운기를 앞세운 농민들의 소몰이투쟁이 전개되었는데, 민통련은 지역별 조직을 통해 이를 지원하는 투쟁을 전개했다.

유화조치 이후 급속히 성장했던 민주화운동이 1985년 상반기에 들어 이처럼 특정한 사건들을 통해 분출되자 전두환 정권은 이를 억압하기 위한 대책 마련에 나섰다. 우선 전두환 정권은 7월 미문화원점거농성사건의 배후로 삼민투위(민족통일·민주쟁취·민중해방을 위한 투쟁위원회)사건을 발표했는데, 이 사건을 통해 전국 19개 대학의 63명이 검거되고 그중 56명이 구속되었다(정해구, 2011: 123~124). 그뿐 아니라, 전두환 정권은 8월 '좌경 의식화' 학생에 대해 선도교육을 실시할 수 있도록 한 학원안정법을 제정하고자 했다. 급속히 확산되고 있었던 학생운동을 통제하기 위해서였다. 그러나 민통련을 비롯한 39개 단체들은 이에 반대하는 학원안정법반대투쟁위원회를 결성하고, 그 대표단 50여 명은 무기한 농성에 들어갔다. 또한 민통련은 지역 조직망을 통해 학원안정법의 부당성을 전국적으로 전파하고자 했다. 이에 따라 학원안정법 제정에 대한 반대 여론이 급속히 확산되자 정부당국은 결국 학원안정법 제정을 포기했다.

한편 전두환 정권은 민주화운동 인사에 대한 탄압에도 나섰는데, 그 대표적 사례가 1985년 9월 전 민청련 의장 김근태에 대한 고문사건이었다. 김근태 의장이 치안본부 대공분실에 끌려간 것은 9월 4일이었다. 이후 김근태는 9월 20일까지 모두 10여 차례의 물고문과 전기고문을 당하며 공산주의자임을 자백하라고 강요당했다. 이에 민청련과 구속학생학부모협의회가 그 사실을 폭로하는 한편 민통련 등 재야세력과 함께 이에 대한 전면적인 항의에 나섰다. 물론 민청련에 대한 전두환 정권의 강력한 탄압이 있었지만, 이러한 항의 노력은 결국 10월 17일 민주화운동에대한고문수사및용공조작저지공동대책위원회(고문공대위) 구성으로 이어졌다. 고문공대위의 구성에는 민통련을 비롯하여 민추협과 종교계 등이 참여했다.

창립 이후 민통련이 이상과 같은 활동을 전개해 나가는 동안 그 지역 기반도 급속히 확산되었는데, 그것은 각 지역에서도 민통련 참여의 연합운동단체들이 결성되었기 때문이다. 민통련 참여의 지역운동단체들은 거의 대부분 민통련 창립 전후에 결성되었는데, 그것은 크게 다음과 같은 세 가지 형태를 통해 이루어졌다. 첫 번째 형태는 민주·통일국민회의 지부로 창립되어 민통련 출범과 더불어 지역 민통련으로 자리를 잡았던 경우이다. 경남민통련, 경북민통련, 강원민통련, 서울민통련 등이 그것들이다. 두 번째 형태는 지역의 부문운동을 포괄하는 지역적 부문협의체가 등장하고, 그 협의체 자체가 지역운동의 중심으로 실행력을 갖춘 경우이다. 충남민주운동협의회(충남민협), 충북민주운동협의회(충북민협), 전북민주화운동협의회(전북민협) 등이 그것들이다. 세 번째 형태는 명칭에는 부문협의체의 성격을 지녔더라도 실질적으로는 지역 내 타 부문운동과는 별도의 대표성을 가짐으로써 하나의 운동조직으로 그 역할을 수행했던 형태이다. 인천지역사회운동연합, 부산민주시민협의회 등이 그것들이다.[4]

앞의 〈표 1-1〉이 보여주고 있는 것처럼 이들 지역운동단체들은 일부는 민통련 창립 시기에, 민청련과 기독교운동단체 등 다른 단체들은 9월 민통련의 확대개편 시에 민통련에 참여했다. 따라서 민통련은 적어도 1985년 9월 이후 제주도를 제외한 전국적인 조직망을 갖추게 되었다. 민통련의 이 같은 지역운동단체들의 결성에는 가톨릭 사제와 개신교 목사들의 참여와 지원 그리고 가톨릭농민회와 기독교농민회 등 종교계 운동단체들의 참여가 큰 역할을 했다. 지역사회에 뿌리를 내리고 있는 교회와 성당 그리고 그간의 활동을 통해 지역 기반을 가지고 있던 농민운동의 참여와 지원이 민통련 지역운동단체 결성에 큰 도움이 되었기 때문이다. 또한 1970년대의 민청학련 사건, 긴급조치 9호, 그리고 1980년의 계엄포고령 등에 의해 함께 고초를 겪고 경험을 공유했던 각 지역의 학생운동 출신 운동가들이 민통련 지역운동단체들에 참여함으로써 민통련을 중심으로 한 지역운동 간 연대도 활발히 이루어질 수 있었다.[5]

---

4 「민통련, 지운협, 지역 국본, 6월항쟁」, 1, 10~12쪽.
5 「민통련, 지운협, 지역 국본, 6월항쟁」, 12~13쪽. 민통련은 그 산하에 부문운동협의회와 지역운동협의회(지운협)를 조직하여 운영했는데, 서울에서 수시로 회의를 가질 뿐만 아니라 각 지역을 순회하면서 숙식을 함께하는 자리를 만들 기회가 많았던 지운협은 이러한 계기들을 통해 짧은 기간의 밀도 높은 교류를 구축할 수 있었다. 「민통련, 지운협, 지역 국본, 6월항쟁」, 10쪽. 또한 지운협의 끈끈한 유대에 대해서는 민통련창립20주년기념사업행사위원

민주화 투쟁이 분출하고 이에 대한 전두환 정권의 억압이 다시 강화되기 시작했던 1985년 상황이 이어지는 가운데, 1986년 초부터 가장 첨예한 현안으로 떠올랐던 것은 개헌문제였다. 전두환 정권의 임기 후반기로 들어서면서 민주화의 가장 핵심적인 문제로 개헌문제가 대두되었기 때문이다. 더구나 전두환은 1986년 초 국정연설을 통해 개헌 논의를 1988년 서울올림픽 개최 이후까지 유보하겠다는, 즉 임기 중 개헌 논의를 사실상 봉쇄하겠다는 입장을 밝힘으로써 국민의 분노를 야기시켰다. 이에 신민당과 민추협은 2·12총선 승리 1주년인 2월 12일 대통령 직선제 개헌을 위한 1천만 명 서명운동에 돌입하기로 결정했다. 그리하여 개헌서명운동에 대한 각계의 지지와 시국선언이 급속히 확산되는 가운데, 신민당과 민추협은 3월 8일 헌법개정추진위원회 서울시지부 현판식을 시작으로 전국 순회의 장외투쟁에 진입했다. 그리고 그 결과는 헌법개정추진위원회 각 시도지부 결성식에 대규모 군중이 참여하는 것으로 나타났다. 즉 3월 23일 부산대회에는 10만 명, 3월 30일 광주대회에는 30만 명, 4월 5일 대구대회에는 10만 명, 4월 19일 대전대회에는 10만 명, 26일 청주대회에는 2만 명의 군중이 모였던 것이다(6월민주항쟁계승사업회·민주화운동기념사업회, 2007b: 348~349).

대통령 직선제 개헌 1천만 명 서명운동과 이를 위한 헌법개정추진위원회 각 시도지부 결성식에 이처럼 대규모 군중이 운집한 것은 1년 전 2·12총선 결과를 통해 드러났던 전두환 정권에 대한 국민의 광범위한 반감을 다시 한 번 드러내준 것이라 할 수 있었다. 이러한 상황에서 민통련 역시 이에 적극 동참할 것인지 여부를 결정해야 했다. 당시 민통련 내부에서는 개헌문제에 대해서는 민통련이 신민당과 민추협과는 다른 입장을 가지고 있는 만큼 별도로 행동해야 한다는 부문운동 측 주장과,

회(2005: 163) 참조.

여야 중심의 개헌문제 타협을 저지하고 개헌문제에 대한 민통련의 입장을 널리 선전하기 위해 신민당과 민추협 주도의 집회에 민통련이 주도적으로 참여할 필요가 있다는 지역운동협의회(지운협) 측의 두 주장이 엇갈리고 있었다. 특히 지운협의 전남민주주의청년연합 지도부는 이미 3월 30일 광주대회에 적극 참여하여 그 시위를 성공적으로 주도했고, 이에 기초하여 각 지역의 개헌 현판식 대회에 민통련이 조직적으로 참여할 것을 민통련 중앙위원회에 건의했다(민통련창립20주년기념사업행사위원회, 2005: 163~164). 이에 민통련은 지운협 측 주장대로 신민당과 민추협 주도의 집회에 적극 참여하기로 결정했다(6월민주항쟁계승사업회·민주화운동기념사업회, 2007b: 348~349).

사실 민통련은 1985년 11월 20일 그 산하에 민주헌법쟁취위원회(민헌쟁위)를 구성하고, '개헌운동의 다섯 가지 기본원칙'을 다음과 같이 발표한 바 있었다. ① 민주제 개헌운동은 국민의 주권과 기본권의 보장을 위한 민권투쟁이다. ② 민주제 개헌운동은 분배의 정의를 실현하고 국민의 생존권을 보장하기 위한 투쟁이다. ③ 민주제 개헌운동은 국민의 주권이 보장됨으로써 현 단계에서 민족의 최대 과제인 통일의 문을 여는 열쇠로서의 헌법을 쟁취하는 운동이다. ④ 현 독재 정권의 퇴진은 민주제 개헌을 위해 불가피하다. ⑤ 이러한 민주헌법의 쟁취를 위하여 모든 민주세력과 연대하여 범국민적 투쟁을 전개할 것이다(6월민주항쟁계승사업회·민주화운동기념사업회, 2007b: 347). 현 군사독재 정권의 퇴진을 통한 민주제 개헌의 실시를 주요 내용으로 하는 이 같은 원칙은 전두환 정권과의 타협을 통해 민주화를 추진할지도 모를 신민당에 대한 우려를 반영하고 있었다.

그러나 신민당과 민추협이 대통령 직선제 개헌 1천만 명 서명운동을 시작하고 헌법개정추진위원회 각 시도지부 결성식을 통해 대규모 군중을 결집시키자, 민통련은 여기에 같이 참여할 것인지, 아니면 별도의 민주헌법쟁취 운동을 전개할 것인지 고민하지 않을 수 없었던 것이다. 그러한 상황에서 민통련은 3월 5일 군사독재 퇴진 촉구와 민주헌법 쟁취를 위한 범국민서명운동 선언을 발표했고, 3월 17일에는 신민당과 민주화를위한국민연락기구(민국련)가 구성했다. 그리고 3월 31일 민통련은 2차 총회를 통해 마침내 지역가맹단체를 비롯한 전 조직역량을 투입하는 등 신민당의 개헌 현판식 집회를 적극 활용하기로 결정했던 것이다. 그리하여 민통련은 4월 5일 대구대회와 19일 대전대회 그리고 26일 청주대회에서 신민당 주도의 시도지부 대회에 적극 참여했다. 물론 각 대회에서 민통련은 독자적인 민중대회를 개최했는데, 이는 자신을 신민당과는 다른 민중적 요구를 반영하는 세력으로 부각시키고자 했기 때문이다(민통련30주년기념행사준비위원회, 2015: 34~35).

2) 제2기: 1986년 5·3인천항쟁~1986년 말

1986년 5월 3일은 헌법개정추진위원회 경기인천지부 결성식 대회가 예정된 날이었다. 이날 대회는 그간 전국을 순회하며 진행되었던 결성식 대회의 열기가 매우 고조되었던 상황에서 개최된다는 점에서, 그리고 서울과 인천의 다수 학생들과 운동단체들이 대거 참여할 수 있는 대회가 되리라는 점에서 주목되었다. 이러한 상황에서 인천대회는 극도의 혼란 속에서 치러졌고, 운동권과 경찰의 격렬한 충돌을 야기했다. 그리고 그것은 정치권과 운동권에 의한 개헌운동의 급속한 확산에 직면하여 그렇지 않아도 이에 대한 탄압의 기회를 기다리고 있던 전두환 정권에게 그 탄압의 빌미를 제공해주는 결과로 이어졌다. 그런 점에서 5·3인천항쟁[6]은 정치권과 재야세력에 의한 개헌운동의 급속한 확산 국

---

6   이와 관련하여 5·3인천항쟁의 명칭은 아직 분명하게 정리되어 있지 않다. 즉 일부에서는 이

면이 이에 대한 전두환 정권의 전면적인 탄압 국면으로 전환되는 계기로서 작용했다고 할 수 있다.

인천대회의 원래 계획은 다음과 같았다. 신민당의 경우 헌법개정추진위원회 결성 대회를 시민회관에서 열고 이어 신민당 인천시지부까지 행진하는 것이 그것이었다. 인천사회운동연합(인사련, 당시 민통련은 인천대회 준비를 인사련에 일임하고 있었다)과 민통련의 경우 그것은 신민당 행사가 끝나면 시민회관 앞 사거리를 점거하고 민주헌법 제정을 요구하며 무기한 철야 연좌농성에 돌입하는 것이었다. 따라서 민통련은 피켓과 플래카드 외에는 그 어떤 시위용품도 준비하지 않았다. 그러나 인천대회는 신민당과 민통련의 원래 계획대로 진행되지 않았다. 각종 운동단체들은 제각각 자신의 구호를 외쳤으며, 특히 서울노동운동연합(서노련)과 인천지역노동자연맹(인노련)의 노동운동권 그리고 학생운동권은 이 대회를 신민당의 기회주의적 속성을 폭로하는 장으로 삼고자 했다. 따라서 신민당은 시민회관에 입장하지도 못했고, 민통련 역시 그들의 계획대로 대회를 진행시킬 수도 없었다.[7] 그 결과 인천대회는 50여 종의 수많은 유인물이 뿌려지는 가운데 보도블럭과 화염병이 날아다니고 경찰의 최루탄이 난사되는 혼란스러운 대회가 되지 않을 수 없었다(민주화운동기념사업회·한국민주주의연구소, 2010: 263).

5·3인천항쟁을 계기로 드러난 민주화운동진영의 분열상과 그로 인한 혼란은 사실 그 이전부터 잠재되어 있었다. 우선 학생운동이 급진화되

를 '항쟁'으로 지칭하는데[예컨대, 민주운동기념사업회 한국민주주의연구소(2010: 260)의 '인천 5·3항쟁'], 이러한 지칭은 민주운동으로서의 5·3인천항쟁을 강조한다. 반면 일부에서는 '5·3인천사태'라는 표현을 사용하는데, 이는 상대적으로 가치 판단을 배제한 표현이라 할 수 있다.

7   당시 인사련 집행국장이었던 이우재는 이 같은 상황에 대해 다음과 같이 표현하고 있다. "당시 운동권의 분열과 만연한 극좌맹동주의 영향으로 철야농성은 이야기도 꺼낼 수 없는 상황이 되었고, 시위는 거의 폭동 수준으로 발전했다"(민통련창립20주년기념사업행사위원회, 2005: 234).

면서, 그 급진성은 점차 노동운동 등 외부로 확산되고 있었다. 즉 1985년에 민족통일, 민주쟁취, 민중해방의 삼민노선에 머물렀던 학생운동은 1986년에 들어 민족해방을 중시하는 자민투(반미자주화반파쇼민주화투쟁위원회) 계열과 민족민주혁명을 강조하는 민민투(반제반파쇼민족민주투쟁위원회)로 분화하고 있었으며,[8] 특히 전자는 당시 반전반핵투쟁과 전방입소반대투쟁에 집중하고 있었다. 그리고 그 과정에서 4월 28일 서울대생 이재호와 김세진이 분신 사망하는 사건이 발생했다. 다음으로 신민당과 재야세력도 개헌운동에서 그 협조를 시작하자마자 학생들의 반미 투쟁을 둘러싸고 서로 분열되는 모습을 드러냈다. 즉 김영삼과 김대중은 학생들의 반미 분신 등에 우려를 표시했고, 민국련 역시 "일부 급진세력의 반미 반핵 해방논리 등의 주장에 반대한다"는 내용의 성명을 발표했다. 이에 민통련은 이 성명이 민통련의 입장과 기본적으로 배치된다며 민국련을 탈퇴하는 한편 이에 대한 책임을 지고 지도부가 총사퇴했다(민주화운동기념사업회·한국민주주의연구소, 2010: 262).

그런 점에서 5·3인천항쟁은 2·12총선 이후 대통령 직선제 개헌 1천만 명 서명운동을 통해 민주화에 대한 대중들의 관심이 고조되는 가운데 개헌문제로 집중되었던 민주화운동세력의 입장 차이와 분열이 분명하게 드러난 사건이었다. 서노련과 인노련 그리고 학생들은 반미 운동을 이유로 급진파 운동권과 거리를 두고자 했던 신민당을 기회주의적 세력으로 규정했고, 민통련은 민국련을 탈퇴하기는 했지만 아직 신민당과의 관계를 포기하지 않은 상태였다. 따라서 민통련은 5·3인천항쟁을 자신의 의도대로 주도할 수 없었다. 반면 전두환 정권은 민주화운동세력 내에 존재하는 이 같은 분열을 정확히 파악하여 이를 십분 이용했

---

8 자민투는 반미투쟁의 관점에서 개헌문제를 바라보았고, 민민투는 민중 관점에서 개헌문제를 바라보았으며 이는 이후 헌법제정민중회의 주장으로 이어졌다.

다. 즉 그들은 5·3인천항쟁의 혼란을 빌미로 재야세력과 학생운동에 대해 대대적인 탄압을 가하는 한편, 신민당에 대해서는 개헌 협상을 빌미로 국회 내로 끌어들이고자 했던 것이다. 특히 후자의 국회 개헌 협상과 관련하여 전두환 정권은 이미 4월 30일 청와대 3당 대표회담에서 국회가 합의한다면 임기 내 개헌을 반대하지 않겠다는 입장을 표명하고 있었는데, 이는 미국의 개헌협상 압력에 의한9 것이기도 했지만 개헌운동을 매개로 결합된 신민당과 재야세력을 분리시키기 위한 것이기도 했다(정해구, 2011: 125~127).

5·3인천항쟁을 계기로 그 직후부터 1986년 말에 이르는 동안 재야세력과 학생운동에 대한 전두환 정권의 탄압은 전면화되었다. 우선 전두환 정권은 5·3인천대회 직후인 5일과 8일에 민통련과 인사련 간부 그리고 다수 학생과 노동자들에 대한 수배령을 내렸다. 21일에는 민통련 문익환 의장이 구속되었고, 22일에는 민통련의 정책실장 장기표를 비롯한 주요 간부 전원이 구속되었다. 서노련의 핵심 인물들 역시 5·3인천항쟁의 배후로 지목되어 구속되었다. 그 결과 5·3인천항쟁과 관련하여 구속된 숫자는 모두 129명에 달했고, 수배자는 60여 명에 달했다(민주화운동기념사업회 한국민주주의연구소, 2010: 265). 이렇듯 5·3인천대회 직후부터 시작된 민주화운동권에 대한 정부당국의 전면적인 탄압은 10월 초 서울아시안게임이 종료된 이후 다시 강화되었다. 그중 대표적인 사례가 건국대 애학투사건이었다. 당시 전국 26개 대학의 2000여 명의 학생들은 10월 28일 건국대에 모여 전국반외세반독재애국학생투쟁연합(애학투) 발대식을 가졌는데, 정부당국은 이를 '애학투 공산혁명분자점거난동사건'으로 규정하고 이에 대한 대대적인 진압작전에

---

9   4월 14일 미국의 슐츠(George Pratt Shultz) 국무장관은 어떠한 독재세력도 반대하고 민주적 중도세력의 필요성을 언급했는데, 이는 반미운동의 부상을 우려하는 한편 전두환 정권과 신민당이 상호 양보 하에 국회에서 개헌협상을 촉구하기 위한 것이었다.

나섰던 것이다. 그 결과 1525명의 학생들이 연행되고 그중 1290명이 구속되었다.[10]

5·3인천항쟁 이후 민주화운동권에 대한 정부당국의 전면적인 탄압 속에서 민통련 역시 집중적인 탄압을 받지 않을 수 없었다. 우선 민통련 본부의 간부들이 대거 구속되고 수배되었는데, 5·3인천항쟁 이후 1986년 말에 이르기까지 그 숫자는 문익환 의장, 이창복 부의장, 이부영 사무차장, 임채정 상임위원장, 장기표 정책실장 등 거의 20여 명에 달했다.[11] 민통련 지방운동조직 역시 광주대회 이후 대구대회, 대전대회, 청주대회, 인천대회를 거치면서 다수의 간부들이 구속되거나 수배되었다. 따라서 민통련 조직은 전국적으로 큰 타격을 받지 않을 수 없었다. 그럼에도 민통련은 다음과 같은 조치를 통해 그 활동을 유지시켜 나가고자 했다. 하나는 민통련 본부와 지역운동단체들의 간부 다수가 구속되거나 수배된 상황에서 고립분산적인 지역 활동을 펼치기보다는 민통련 본부 사수를 중심으로 민통련 활동을 유지하고자 했다는 점이다. 다른 하나는 민통련이 건제하다는 것을 국민에게 알리기 민통련의 기관지인 ≪민중의 소리≫를 계속 발간하고자 했다는 점이다. 따라서 중앙에서의 이러한 노력을 위해 지방에서 수배된 간부들이 서울에 올라와 민통련 활동을 지원했다.[12]

5·3인천항쟁 이후 전두환 정권의 전면적인 탄압 속에서 민통련은 이렇듯 어려운 활동을 지속해 나갔다. 그러한 가운데 1986년 10월 16일 민통련은 3차 총회를 통해 그 조직을 재정비했고, 이날 총회에서 여성

---

10 이 시기 정부당국은 대대적인 '좌경·용공 소동'을 벌였는데, 신민당 유성환 의원 통일국시 발언(10.14), 전국노동자연맹추진위원회 사건(10.18), 마르크스·레닌주의(ML)당 사건(10.24), 남한 수공을 위한 금강산댐 사건(10.30), 반제동맹단 사건(11.12), 김일성 사망설(11.17) 등이 그것이었다.

11 그 명단은 6월민주항쟁계승사업회·민주화운동기념사업회(2007b: 354) 참조.

12 「민통련, 지운협, 지역 국본, 6월항쟁」, 23~25쪽.

평우회가 민통련에 새로이 가입함으로써 그 가맹단체는 24개가 되었다. 그러나 민통련에 대한 전두환 정권의 탄압은 여기에서 멈추지 않았다. 11월 7일 전두환 정권은 한국노협, 서노련, 청계피복노조, 인노련 등 14개 노동단체를 해산시켰다. 이어 8일에는 민통련 본부와 서울·강원·경북·경남지부에 대해서도 해산 명령을 내렸다. 그리고 11월 12일에는 해산 명령에 항의하여 장충동 분도건물의 사무실에서 농성을 벌이고 있는 민통련 간부들을 강제로 끌어내고 사무실을 폐쇄시켰다. 물론 이는 건대 애학투사건을 계기로 민통련을 비롯한 운동권 단체들을 궤멸시키고자 했던 조치들이었다(6월민주항쟁계승사업회·민주화운동기념사업회, 2007b: 356~357).[13]

3) 제3기: 1987년 초~1987년 6월 29일

1987년 말의 시점에서 볼 때 민주화운동진영은 전두환 정권의 전면적인 탄압으로 인해 그 활동이 크게 위축되지 않을 수 없었다. 학생운동은 건대 애학투사건에 대한 정부당국의 강경한 진압으로 인해 크게 약화되었으며, 민통련 역시 사무실 폐쇄에 이를 정도로 강력한 탄압을 받고 있었다. 또한 개헌 협상을 위해 원내에 들어갔던 신민당 역시 이민우 파동[14]으로 그 내분을 드러내고 있었다. 그러나 학생운동 및 재야세력에 대한 전두환 정권의 전면적인 탄압은 새로운 문제를 야기하고

---

13 「민통련, 지운협, 지역 국본, 6월항쟁」, 25~26쪽.

14 1986년 12월 24일 신민당 이민우 총재는 다음과 같은 자신의 구상을 밝혔다. 전두환 정권이 언론자유 보장, 구속자 석방, 사면복권, 공무원의 정치중립 보장, 국회의원 선거법 협상, 지방자치제도 도입 등 7개항의 민주화 조치를 수용한다면 전두환 정권의 내각제 개헌에 응할 용의가 있다는 것이 그것이다. 그러나 그러한 타협책은 대통령 직선제를 주장하고 있던 김영삼 김대중 양김의 의견과 다른 것으로 신민당 내외의 파동을 야기했다. 결국 이 파동으로 인해 김영삼과 김대중을 따르는 의원들을 신민당을 탈당하여 1987년 5월 1일 통일민주당을 새로이 창당했다.

있었다. 탄압 과정에서 이루어졌던 고문과 그 고문에 대한 폭로는 전두환 정권에 대한 국민적 항의를 불러일으켰던 것이다. 우선 전 민청련 의장 김근태에 대한 고문은 많은 사람들의 분노를 야기했고, 이는 고문 공대위의 결성으로 이어졌다. 1986년 6월에는 부천서성고문사건이 발생하여 세인들의 공분을 샀다. 나아가 1987년 1월 14일 발생한 박종철 고문치사사건과 이를 둘러싸고 전개되었던 은폐 및 폭로의 과정은 민주화운동세력 전체를 결집시켰을 뿐만 아니라, 그동안 누적되었던 전두환 정권에 대한 대중들의 분노를 분출시켰다. 그리고 그것은 결국 6월 민주항쟁의 발생으로 이어졌다.

구체적으로 박종철 고문치사사건이 6월 민주항쟁으로 이어졌던 과정은 다음과 같다. 우선 박종철의 사망이 고문에 의한 것임이 드러나는 가운데, 2월 7일 개최되었던 고박종철군범국민추도회와 3월 3일의 고문추방민주화국민평화대행진은 박종철 고문치사사건에 대한 시민들의 광범위한 항의를 보여주었다. 전국 16개 지역의 69개소(운동단체 사무실 4, 교회와 성당 13, 신민당 지구당사 52)에서 행해진 2·7집회에는 약 6만 명의 시민들이 참여했고, 그 과정에서 798명의 시민이 연행되었다. 이어 전국 10여 개 지역에서 개최된 3·3집회에서는 439명이 연행되었다(정해구, 2011: 137). 그렇지만 시민들의 항의는 여기에서 그치지 않았다. 전두환 정권에 의해 발표된 4·13호헌조치는 개헌을 통한 민주화를 바라던 사람들에게 또 한 번의 분노를 야기했기 때문이다. 4·13 호헌조치 직후 사회 각계각층에서 호헌반대성명이 봇물처럼 터져 나왔다. 그러나 박종철 고문치사사건과 4·13호헌조치로 인해 증폭되었던 시민들의 분노와 항의를 최종적으로 폭발시켰던 것은 5월 18일 김승훈 신부에 의해 폭로되었던 박종철 고문치사사건에 대한 정부당국의 은폐·축소 조작사태였다. 이를 계기로 마침내 대규모 시민 참여의 전국적 항의 시위, 즉 6월 민주항쟁이 발생하지 않을 수 없었기 때문이다.

그렇다면 민통련은 6월 민주항쟁 과정에서 어떠한 역할을 했나? 민통련은 6월 민주항쟁을 주도했던 국민운동본부의 결성에 있어 중심적인 역할을 수행했다. 우선 전두환 정권의 4·13호헌조치가 나오자 민통련은 이를 돌파하기 위한 내부 논의를 서둘렀다. 즉 이해찬 기획실장의 제안을 논의한 결과 3대 기본원칙이 결정되었는데, 첫째 전국동시다발 시위를 한다, 둘째 재야, 정계, 종교계의 대연합전선을 형성한다, 셋째 일반사람들이 참여할 수 있도록 최저 수준의 행동강령을 내세워야 한다 등이 그것이었다. 그러나 이 원칙 중 재야, 정계, 종교계의 대연합전선을 실현하는 문제는 쉽지 않았다. 정계와의 연합전선을 개신교와 천주교 측이 반대하고 있었기 때문이다. 당시 기독교의 KNCC와 천주교의 사제단에서는 김대중과 김영삼 등 정계를 빼고 비정치적 세력만이 연대하자는 의견이 우세했다. 그러나 민통련은 그렇게 할 경우 대중적 시위에 한계가 있기 때문에 정계를 반드시 포함시켜야 한다고 그들을 설득했다. 결국 천주교에 이어 기독교 측도 이에 동의했다.[15]

민통련이 대연합전선의 원칙을 관철시키고자 했던 것은 투쟁의 성격이 정치화된 민중운동의 성격보다는 민주화운동의 성격이 더 강하다고 판단했기 때문이다. 물론 당시 학생들은 NL이니 PD니 관념화되어 있었고, 재야운동은 도덕적 순결성 때문에 정치권하고는 연합을 하지 않으려는 분위기가 있었다. 그러나 민통련은 이러한 분위기를 깨고 대연합전선을 이루는 데 앞장섰다. 이처럼 대연합전선 원칙의 실현이 쉽지 않았다면, 최저 수준의 행동강령을 합의하는 문제는 어렵지 않았다. 1986년 필리핀의 2월혁명 그리고 같은 해 국내의 신민당 개헌 현판식 때의 시민 참여를 고려했을 때, 최저 수준의 행동강령이 다수 대중들의

---

15 이하 국민운동본부 결성에서 민통련의 역할에 대해서는 6월민주항쟁계승사업회·민주화운동기념사업회(2007c: 173~177, 332~335) 참조.

참여를 촉진시킬 것은 분명했기 때문이다. 전국동시다발 시위도 쉽게 합의되었다. 박종철 고문치사사건에 대한 2·7 및 3·3투쟁 당시 경찰의 동원체제를 감안했을 때 전국에서 30개 이상의 지역에서 동시다발 시위가 발생할 경우 이에 대한 대처가 쉽지 않을 것이라는 이해찬의 설득이 있었기 때문이다(6월민주항쟁계승사업회·민주화운동기념사업회, 2007c: 333~335; 민통련창립20주년기념사업행사위원회, 2005: 68~69).

그 결과 5월 27일 민주헌법쟁취국민운동본부(국본)가 결성되었다.[16] 그리고 결성 당일 국본은 박종철고문살인은폐조작규탄및민주헌법쟁취범국민대회(범국민대회)를 6월 10일 개최하기로 결정했다. 이후 대통령 직선제 개헌 수용의 6·29선언이 발표될 때까지 20일간에 걸쳐 전개되었다. 6월 민주항쟁은 다음과 같은 과정을 거쳤다. 우선 6월 10일에는 범국민대회가 개최되었는데, 여기에는 전국 22개 지역에서 24만 명의 시민들이 참여하였다. 6·10대회 직후에는 15일까지 6일간에 걸친 명동성당 농성투쟁이 전개되었는데, 이는 6·10대회가 이후에도 항쟁을 지속시키는 한편 이를 전국적으로 확산시키는 데 결정적인 역할을 했다. 6월 민주항쟁의 두 번째 파고는 6월 18일에 개최되었던 최루탄추방결의대회에 의해 이루어졌다. 이날 대회에는 전국 16개 지역에서 150만 명의 시민들이 참여했는데, 특히 부산에서는 30만 명의 대규모 인파가 집결했다. 6월 민주항쟁의 마지막 파고는 6월 26일 거행된 국민평화대행진에 의해 이루어졌는데, 이날 집회에는 전국 33개 도시와 4개 군·읍에서 150만 명의 시민들이 참여했다(서중석, 2012: 434; 민통련

---

16 국본에는 부문 지역 그리고 각계를 대표하는 민주인사 2191명이 참여했다. 이를 구체적으로 살펴보면 지역 발기인 352명(경기 11명, 충남 29명, 전북 54명, 전남 40명, 부산 56명, 경북 89명 등), 기층 민중 발기인 228명(농민 171명, 노동 39명, 도시빈민 18명), 종교계 683명(천주교 253명, 개신교 270명, 불교 160명), 그리고 여성계 162명, 청년 12명, 교육 55명, 문화예술 66명, 문인 34명, 언론출판 43명, 민통련 35명, 민가협 308명, 정치인 213명 등이었다(6월민주항쟁계승사업회·민주화운동기념사업회, 2007c: 430~431).

창립20주년기념사업행사위원회, 2005: 71).

6월 민주항쟁의 전개 과정에서 민통련은 국본의 일원으로 활동했다. 그러한 과정에서 민통련의 역할이 좀 더 두드러졌던 것은 6월 26일 국민평화대행진의 강행을 둘러싸고 야기되었던 내부 이견에서였다. 당시 비상조치설이 흘러나오고 신민당의 김영삼 총재가 19일 전두환에게 영수회담을 제안한 상태에서 야당과 개신교 측 일부에서 신중론이 제기되었던 것이다. 그러나 이 같은 상황에서 민통련은 국민평화대행진의 강행을 주장했다. 국민평화대행진이 야당의 협상력을 높여줄 뿐만 아니라, 설사 군이 출동한다 해도 88올림픽을 앞두고 '광주학살의 전국화'를 벌이기는 어려울 것이라는 것이 국민평화대행진 강행에 대한 그들의 논거였다(서중석, 2012: 434; 민통련창립20주년기념사업행사위원회, 2005: 71). 사실 1980년 광주민중항쟁 당시 광주만의 고립으로 그 처절한 패배를 맛보아야 했던 경험에 비추어 보았을 때, 민통련이 전국적 시위의 6월 민주항쟁의 마지막 순간에 그 고삐를 늦출 수는 없는 것이었다. 6월 민주항쟁의 마지막 파고로서 6월 26일 국민평화대행진이 전국 각지에서 대대적으로 전개된 직후, 전두환 정권은 마침내 대통령 직선제 수용의 6·29선언[17]을 발표했다.

---

17 8개항으로 구성된 선언의 주요 내용은 ① 여야 합의에 의한 조속한 대통령 직선제 개헌과 대통령 선거를 통한 1988년 2월 평화적인 정권 이양, ② 자유로운 출마와 공정한 경쟁이 보장되는 대통령 선거법 개정, ③ 국민적 화해와 대단결을 도모하기 위해 김대중 씨 등의 사면 복권과 극소수를 제외한 시국사범 석방, ④ 인간 존엄성을 존중하기 위해 개헌안에 기본권 강화조항 보완, ⑤ 언론자유 창달을 위한 관련 제도와 관행의 획기적인 개선과 언론 자율성 최대한 보장, ⑥ 사회 각 부문의 자치와 자율을 최대한 보장, 지방자치 및 교육자치 실시, 대학의 자율화, ⑦ 정당활동 보장과 대화와 타협의 정치풍토 조성, ⑧ 밝고 맑은 사회건설을 위해 사회정화 조치의 강구 등이다.

4) 제4기: 1987년 6월 29일~1989년 1월 21일

1980년대 민주화운동 과정에서 재야세력, 특히 그 중심을 이루었던 민통련의 역할은 결정적이었다. 재야세력의 전국적 연대를 구축하는 한편, 이를 바탕으로 1986년 개헌 투쟁을 거쳐 1987년에는 최대 민주화연합의 국본 결성을 통해 6월 민주항쟁을 성공시키기에 이르렀기 때문이다. 그러나 6·29선언에 의해 대통령 직선제가 수용되고 이에 따라 헌법 개정과 대통령 선거의 정치일정이 진행됨에 따라 정국의 주도권은 제도정치권으로 넘어가지 않을 수 없었다. 이에 따라 국본과 민통련도 점차 그 주도권을 잃어갔고, 그런 과정에서 후보단일화를 둘러싼 민통련의 분열도 그 주도권 상실을 더욱 가속화시켰다.

우선 6·29선언 이후 국본은 7월 13일 그 산하에 헌법개정특별위원회를 설치했고, 8월 4일에는 「헌법개정요강」이라는 자료를 발간하기도 했다. 이 요강은 헌법개정의 기본원칙으로 통일 지향성, 권력 분립, 기본권 보장 확립, 경제적 평등을 바탕으로 하는 균등사회 구현 등을 제시했다. 이에 뒤이어 국본은 24일 민주협법 쟁취를 위한 개헌안 쟁점 토론회를 개최했다. 그러나 헌법 개정에 대한 국본의 관심은 여기에서 그쳤고, 헌법 개정의 문제는 국회의 여야 협상에 전적으로 맡겨졌다 (민주화운동기념사업회 한국민주주의연구소, 2010: 289~230). 한편 국본은 8월 4일 개최된 1차 전국총회를 통해 민주화운동의 조직 확대와 이를 바탕으로 한 국민운동 전개의 방침을 결정했고, 9월 7일에는 정책협의회를 통해 김영삼과 김대중의 양김이 합의 방식에 의해 가능한 한 빨리 후보단일화를 이루어줄 것을 요구하는 결정을 했다. 그러나 대연합전선체로서 국본은 내부 갈등의 소지를 지닌 후보단일화 문제보다는 곧 치러질 대통령 선거의 공정성 문제에 치중하고자 했다. 10월 13일 국본 상임공동대표·상임집행위원회 연석회의는 후보단일화를 다시 한

번 촉구하기는 했지만, 국본이 거국중립내각 수립과 선거감시운동에 치중할 것을 결정했다(민주화운동기념사업회 한국민주주의연구소, 2010: 394~395).

이처럼 대연합전선체로서의 국본이 후보단일화 문제에서 거리를 두는 가운데, 국본의 주도세력인 민통련은 후보단일화 문제를 둘러싸고 분열되었다. 이와 관련하여 민통련은 9월 초 이래 "추상적인 단일화 촉구가 아니라 현실적이고 구체적인 단일화 방안을 마련"하고자 산하 단체들의 의견을 수렴해왔고, 9월 28일에는 정책을 비교하기 위해 양김 초청세미나를 개최했다. 그리고 10월 12일 민통련 중앙위원회는 특정 후보를 지지할 것인지와 지지한다면 누구를 지지할 것인지를 놓고 투표를 했다. 전자에 대한 투표 결과는 찬성 25, 반대 10, 기권 6이었고, 후자에 대한 투표 결과는 김대중 29, 김영삼 2, 기권 8이었다(조현연, 1997: 206).[18] 따라서 김대중에 대한 비판적 지지가 결정되었다(한국기독교사회문제연구원, 1988: 41~43). 10월 13일 민통련은 "범국민적 대통령 후보로 김대중 고문을 추천한다"는 성명을 통해 김대중 후보에 대한 비판적 지지를 다음과 같이 밝혔다(6월민주항쟁10주년기념사업범국민추진위원회, 1997: 593).

민통련은 김대중 고문이 민주화를 실현하기 위한 구상, 군사독재 종식의 결의, 민생문제 해결책, 평화적 민족통일의 정책, 5월 광주민중항쟁의 계승과 그 상처의 치유책 등에서 상대적으로 적극적인 자세를 보이고 있다는 판단을 근거로, 김 고문을 범국민적 후보로 추천하는 것이 현 단계에서 택할 수 있는 바람직한 정책이라는 데 합의했다.

---

18 토론 과정에서 민통련의 22개 가맹단체 가운데 13개 단체가 반대했음에도 불구하고, 각 가맹단체와 중앙위원 개개인에게 동일한 권한을 부여하는 규약으로 인해 이상과 같은 투표 결과가 나왔다(조현연, 1997: 206).

그렇지만 이러한 결정은 민통련의 분열을 초래했다. 우선 민통련의 비판적 지지 결정 직후 민통련 가맹단체 중 6개 단체가 그 결정 과정에 대해 의문을 표시하면서 총회 소집을 요구했고, 민통련 회원 44명 역시 그 결정에 반대하는 내용의 성명서를 통해 "단순다수결에 의해 내려진 특정 후보의 지지표명은 바람직하지 못하다"는 의견을 밝혔다. 이어 10월 31일에는 각계 민주인사 122명이 성명을 발표하여 민통련의 특정 후보 지지를 비판하고 후보단일화를 주장하였다(한국기독교사회문제연구원, 1988: 84~85). 후보단일화 문제에 대한 민통련의 이러한 결정 이후 재야세력은 급속히 분열했는데, 결국 그것은 대선 과정에서 다음과 같은 세 흐름으로 귀결되었다. 첫째는 김대중 후보에 대한 비판적 지지의 흐름으로, 그것은 11월 20일 김대중선생단일후보범국민추진위원회(김추)로 귀결되었다. 둘째는 후보단일화의 흐름으로, 그것은 11월 23일 결성된 군정종식단일화쟁취국민협의회(국협)로 귀결되었다. 셋째는 독자후보론의 흐름으로, 그것은 11월 27일 민중대표백기완선생대통령후보선거운동전국본부(백본)로 귀결되었다(민주화운동기념사업회 한국민주주의연구소, 2010: 397~399).

사실 한국의 민주화는 1987년 6월 민주항쟁을 통해 그 문이 열렸다. 그런 점에서 전두환 정권으로 하여금 대통령 직선제를 수용케 만든 6월 민주항쟁은 일단 성공적이라고 할 수 있었다. 그리고 그러한 과정에서 민통련이 수행했던 역할은 결정적이었다. 그렇지만 헌법 개정에 의해 선거국면이 시작되었을 때 재야세력의 국본은 양김의 후보단일화를 강제할 수 없었다. 나아가 민통련이 김대중 후보에 대한 비판적 지지를 결정함으로써 내부 분열에 직면했을 때 민통련 역시 그동안 유지해왔던 재야세력의 구심적 역할을 더 이상 수행하기는 어려웠다. 그뿐 아니라 민통련이 비판적으로 지지했던 김대중 후보가 대선에서 패배하고 독재세력의 후계세력인 노태우 정권이 들어섰을 때, 민통련의 책임은 더욱 커지지 않을 수 없었다. 따라서 이후 민통련의 활동은, 비록 그 일상적인 활동을 유지했다 할지라도, 과거와 같이 재야세력의 구심점으로서 그 영향력을 행사하기는 어려웠다.

1989년 1월 21일 전국민족민주운동연합(전민련)이 창립되었는데, 노동자와 농민 등 8개 부문단체와 전국 12개 지역단체가 연합하여 결성된 전민련은 해방 이후 최대의 민족민주운동단체라 할 수 있었다. 전민련은 그 결성문을 통해 "자주 민주 통일을 민주의 힘으로 달성한다는 민통련의 이념을 계승"함을 밝혔는데, 이는 전민련이 민통련을 한층 더 발전시킨 후속 조직임을 보여주고 있었다(민주화운동기념사업회 한국민주주의연구소, 2010: 456). 사실 6월 민주항쟁 이후 민통련이 계속 이어지지 못하고 결국은 전민련으로 변모하지 않을 수 없었던 것은 다음과 같은 사정과 상황 변화가 반영된 결과였다. 우선 김대중에 대한 비판적 지지를 결정한 이후 그로 인한 민통련의 분열과 민주화운동진영의 대선 패배는 민통련이 더 이상 과거와 같은 강력한 구심적 역할을 할 수 없게 만들었다. 다음으로 대선과 총선 이후 전개된 문익환 목사와 전대협 임수경의 방북 등 일련의 통일운동에 대해 그리고 민주화 이후 강화된 노동운동에 대해 노태우 정권의 공안탄압이 이루어지는 등 새로운 상황이 조성되었기 때문이다. 그리하여 민통련은 전민련의 등장과 더불어 자연스럽게 해소되었다. 1985년 3월 29일 민통련이 창립된 지 45개월 만이었다.

5. 민통련 등 재야 민주화운동의 성과와 한계

1980년대 민주화운동 속에서 재야세력의 민주화운동은 이상에서 살펴본 바와 같이 민통련을 중심으로 전개되었다. 그렇다면 1980년대 재야세력의 활동은 어떻게 평가될 수 있을까? 민통련을 중심으로 그 활동을 평가해본다면, 우리는 다음과 같은 점들에 주목할 필요가 있을 것이다. 첫째는 재야세력의 결집체로서 민통련의 창립 자체가 갖는 의미이다. 즉 1980년대 민주화운동에서 민통련의 창립은 어떠한 의미를 갖는가? 둘째는 개헌운동 과정, 특히 5·3인천항쟁에서의 민통련의 역할에 관한 것이다. 개헌운동이 대중적으로 확산되는 한편 운동의 급진화가 이루어지고 있었던 상황에서 민통련의 전략과 판단은 적절한 것이었나? 셋째는 6월 민주항쟁에서 민통련이 수행했던 역할인데, 여기에는 6월 민주항쟁을 주도했던 국본의 탄생 과정에서 민통련이 지향했던 방향과 역할 그리고 6월 민주항쟁의 전개 과정에서 민통련이 수행했던 역할이 포함된다. 넷째는 1987년 대선의 후보단일화 문제와 관련하여 민통련이 취했던 입장에 대한 평가의 문제이다. 그것은 과연 옳은 결정이었나? 그 결정의 의미는 무엇이었나?

한국에서 권위주의체제의 민주화는 정당 활동과 선거 등 정상적인 정치 과정을 통해 이루어지기는 어려웠다. 오히려 민주화가 성공하기 위해서는 민주화운동의 지속적인 전개뿐만 아니라, 그것을 매개로 특정의 계기를 통해 대규모 시민들이 동참하는 민주화 항쟁이 필요치 않을 수 없었다. 이와 관련하여 3·15부정선거에 항의하여 발생한 1960년의 4월혁명은 목적의식적인 의도와 전략을 가진 주체세력의 주도에 의한 결과는 아니었다. 3·15부정선거에 항의가 이승만 정권의 폭압을 가져왔고 그 폭압은 더 큰 항의로 이어지면서 결국은 이승만 대통령이 하야하지 않을 수 없는 4월혁명으로 이어졌던 것이다. 1980년에 발생한 광주민중항쟁 역시 목적의식적 항쟁의 결과는 아니었다. 공수부대까지 동원한 전두환 정권의 유혈진압이 거꾸로 광주시민들의 자연발생적인 항쟁을 확대시킴으로써 광주민중항쟁으로 이어졌기 때문이다. 그런 점에서 4월혁명과 광주민중항쟁은 지도부 없는 항쟁이었다.

광주민중항쟁의 결과는 참혹했다. 1980년 서울의 봄 시기에 정상적인 절차에 의한 민주화에 실패한 가운데, 신군부의 유혈진압에 항의하여 발생한 광주민중항쟁은 다수의 사상자만을 남긴 채 참담한 실패로 끝났던 것이다. 광주민중항쟁의 이 같은 결과가 1980년대 민주화운동에 미친 영향은 매우 컸다. 그 하나는 운동권이 마땅히 행했어야 할 항쟁 주도의 역할을 다하지 못했고, 그 결과 무고한 다수의 광주시민들이 희생되지 않을 수 없었다는 점이다. 따라서 광주민중항쟁의 결과는 민주화 항쟁이 성공하기 위해서는 항쟁 주도세력의 역할이 매우 중요함을 새삼 드러내주었다. 하지만 광주민중항쟁 당시 운동권은 그러한 역할을 하지 못했고, 따라서 그것은 민주화운동세력의 깊은 죄책감으로 이어졌다. 다른 하나는 고립적이고 자연발생적 항쟁은 성공하기 어려우며, 따라서 목적의식적인 운동을 통해 전국에 걸친 대규모 항쟁을 만들어내지 않는 한 민주화 항쟁의 성공은 어렵다는 사실이다.

그런 점에서 1980년대 민주화운동에 즈음하여 운동을 통일하고 이를 선도할 수 있는 조직으로서 민통련을 창립한 것은 매우 적절하고도 필요한 조치였다. 재야세력 자체를 결집시키고 이를 통해 민주화운동세력 전체를 연합시키는 것은 대규모 대중 참여의 민주화 항쟁에 있어 가장 중요한 과제가 아닐 수 없었기 때문이다. 이와 관련하여 우리는 1980년대 민주화운동세력의 구조를 잠시 살펴볼 필요가 있는데, 여기에는 다음과 같은 세력들이 존재했다. 첫째는 학생운동인데, 거대한 대학생 집단이라는 자원을 가지고 있던 그들은 민주화운동의 최전선에서 돌격대의 역할을 했다. 그런 만큼 그들은 가장 열정적이고 급진적이기도 했다. 둘째는 신민당과 민추협 등 정치권 안팎의 민주 야당인데, 정치 현실을 고려할 수밖에 없는 그들은 가장 온건한, 따라서 가장 타협적인 민주화운동세력이었다. 셋째는 종교계 세력인데, 전국적인 기반을 가지고 있는 이들은 주로 도덕적이고 양심적인 차원에서 민주화운동에 참여했다. 넷째는 순수 재야세력인데, 이들은 사회의 각 부문과 지역 등 각계각층의 운동권 인사들로서 민주화운동의 중심적인 역할을 수행한 세력이었다.

그런 점에서 민통련의 창립은 재야세력 자체를 결집시켰을 뿐만 아니라, 학생운동을 제외한 여타 다른 운동들을 상호 연결시키고 그들 간의 연대와 통일을 도모할 수 있는 민주화운동의 구심점을 마련한 것으로 평가할 수 있다. 또한 민통련을 중심으로 결집한 1980년대의 재야세력은 그 이전의 재야세력과는 달랐다. 1960년대, 1970년대 재야세력은 원로 중심의 개별적 인사들이 일정한 계기를 통해 결집했던 세력이었다. 게다가 그들은 운동의 실행력을 갖추지 못했기 때문에 선언이나 성명을 발표하는 것 이상의 활동을 지속적으로 전개할 수 없었다. 그러나 1980년대 재야세력은 달랐다. 개인들뿐만 아니라 단체가 민통련에 가입했고, 원로들뿐만 아니라 운동권의 젊은 인사들도 대거 참여했다. 따라서 민통련은 강력한 실행력을 갖출 수 있었고 상설적인 활동을 지속적으로 전개해 나갈 수 있었다. 나아가 민통련은 정치권과 종교계와 협력하여 민주화운동의 대연합, 즉 최대 민주화연합을 도모할 수 있는 위치에 있었다.

민통련 창립의 의미가 이상과 같다면, 민통련 활동 초기에 직면했던 5·3인천항쟁에 대한 민통련의 판단과 전략은 어떻게 평가할 수 있을까? 이와 관련하여 당시 상황에서는 다음과 같은 두 흐름이 존재했다. 하나는 대통령 직선제 개헌에 대한 대중적 흐름으로, 이는 1986년 초 신민당과 민추협에 의해 추진되었던 헌법개정추진위원회 각 시도지부 결성식에서 그 모습이 드러났다. 다른 하나의 흐름은 신민당의 타협적 태도를 비판하며 반미투쟁 및 민중운동의 차원에서 좀 더 급진적으로 개헌문제를 인식했던 흐름이다. 더구나 인천대회는 그 거리상 서울과 근교의 운동권들이 대거 참여할 수 있는 위치에 있었다. 따라서 인천대회는 개헌 추진의 대중들의 일반적 요구를 넘어서는 급진화된 운동권의 주장들이 난무하는 집회가 되었다고 할 수 있다. 이러한 상황에서 민통련은 양 흐름을 조정하거나 완충시킬 수 있는 판단과 전략을 가지지 못했던 것으로 보인다. 그리고 그 결과는 5·3인천항쟁이 매우 혼란스럽게 진행되는 결과로 이어졌다.

민통련의 통제 수준을 넘어 전개되었던 인천대회는 전두환 정권으로 하여금 민주화운동권에 대해 전면적으로 탄압할 수 있는 빌미를 제공했다. 아니, 전두환 정권은 오히려 확산되어 가던 개헌운동에 대해 반격의 기회를 노렸고, 5·3인천항쟁을 그 절호의 기회를 삼았던 것으로 보인다. 그것은 이후 민주화운동세력에 대해 전두환 정권이 취했던 태도에서 확인할 수 있다. 즉 전두환 정권은 신민당과 분리된 민주화운동세력, 특히 학생운동과 민통련을 위시한 재야세력에게는 강력한 탄압책을 시행했던 것이다. 5·3인천항쟁 이후 학생운동과 재야세력이 전두환 정권의 가혹한 탄압에 직면했던 것은 바로 이 때문이었다. 반면 운동권과 분리된 신민당에게는 국회에서의 개헌협상이라는 회유책을 던졌고, 신민당은 이를 수용하여 국회 내 개헌협상에 참여했다. 요컨대, 전두환 정권은 신민당과 민주화운동세력을 분리시키는 한편, 전자에 대해서는 타협의 회유로, 후자에 대해서는 대대적인 탄압으로 임했던 것이다.

역설적이지만, 학생운동과 재야세력에 대한 전두환 정권의 전면적인 탄압은 운동권 약화라는 결과와는 달리 민주화운동의 새로운 국면을 제공했다. 박종철 고문치사사건으로 이에 항의하는 대중들이 민주화 항쟁에 대거 참여할 수 있는 상황이 조성되었기 때문이다. 더구나 4·13호헌조치는 이 같은 대중들의 분노를 더욱 증대시켰다. 따라서 항쟁 분출의 관건은 이러한 상황에서 운동권의 중심 주체에 의해 대중들의 참여를 실제로 가능케 해줄 방향과 전략이 제대로 제시되고 실천되어야 한다는 점이었다. 민통련은, 5·3인천항쟁 때와는 달리, 그 방향과 전략을 훌륭하게 제시했다. 국본 결성 시 민통련이 견지했던 대연합전선 원칙, 전국동시다발 시위 원칙, 그리고 최저 수준의 행동강령 원칙의 3대 기본원칙이 바로 그것이었다. 그리하여 민통련은 재야와 종교계와 정계 등 학생운동을 제외한 민주화운동 전체를 아우르는 민주대연합의 지도부를 만들어낼 수 있었다. 그뿐 아니라 그들은 대규모 대중이 참여할 수 있는 최저 수준의 강령과 행동방침도 제시했다. 또한 그들은 6월 민주항쟁의 막바지에서 주춤거리는 일부 종교계와 정계를 바로 세웠다. 결국 그 결과는 전두환 정권이 6·29선언을 통해 마침내 대통령 직선제를 수용하는 것으로 나타났다.

6·29선언 이후 민통련은 김대중 후보에 대한 비판적 지지를 결정했고, 이는 재야세력의 분열로 이어졌다. 이와 관련하여 다음과 같은 문제들이 검토될 필요가 있을 것이다. 첫째는 민통련이 양김 중 한 후보를 지지하는 그러한 결정을 할 필요가 있었나 하는 점이다. 물론 그러한 결정을 하지 않더라도 양김이 출마할 경우 민주화운동세력의 선거 승리의 전망은 높지 않았을 것이다. 하지만 그러한 결정을 하지 않았을 경우 민통련은 후보단일화를 보다 강하게 요구할 수 있었을 것이고, 민통련 자신도 분열되는 결과를 피할 수 있었을 것이다. 둘째는 그러한 결정을 할 경우 만장일치가 아닌 다수결로 결정할 필요가 있었는가 하는 점이다. 물론 다수결로 결정했다 하더라도 이에 찬성하지 않은 인사나 세력들이 이 결정에 따르는 것이 원칙이기는 하다. 하지만 사정은 그리 간단치 않았다. 김대중 후보 지지의 민통련 결정에 반대했던 인사나 세력들이 이 결정에 강하게 반발했기 때문이다. 더구나 김대중 후보에 대한 지지의 근거가 되었던 '상대적인 진보성' 역시 지지의 여러 근거 중 하나일 뿐이며, 따라서 그것이 갖는 정당성도 그리 강한 것은 아니라고 할 수 있다.

아무튼, 대선 결과는 양김의 분열 속에서 과거 독재세력인 후보인 노태우 후보가 당선되는 것으로 귀결되었다. 그런 점에서 민주화운동세력 패배의 일차적인 책임은 끝까지 후보단일화를 하지 않았던 김영삼과 김대중의 양김에 있었다. 그러나 김대중 후보 지지를 결정했던 민통련 역시 대선 패배의 책임에서 벗어나기는 어려웠다. 이후 민통련 분열이 남긴 후유증의 상처는 매우 깊었다. 민통련으로 결집했던 다양한 인사들과 세력들은 이후 각자의 사정에 따라 그 노선을 달리했는데, 이는 어쩌면 민통련 분열의 한 결과라고도 할 수 있을 것이다. 만일 민통련이 김대중 후보 지지 결정을 하지 않았거나, 결정을 하더라도 만장일치로 했을 경우 그것은 적어도 민주화의 전환기에서 재야세력이 좀 더 질서 있는 변화를 추구토록 했을 가능성이 크지 않았을까 한다.

요컨대 6·29선언 이후 후보단일화의 전망이 약화되는 가운데 민통련이 한 사람의 대통령 후보를 선택하는 것이 불가피했다 할지라도, 민통련의 결정이 최선이었는지는 의문이다.

참고문헌

6월민주항쟁10주년기념사업범국민추진위원회 엮음. 1997. 『6월항쟁10주년기념자료집』. 사계절.

6월민주항쟁계승사업회·민주화운동기념사업회. 2007a. 『6월항쟁을 기록하다』 1.

_____. 2007b. 『6월항쟁을 기록하다』 2.

_____. 2007c. 『6월항쟁을 기록하다』 3.

_____. 2007d. 『6월항쟁을 기록하다』 4.

구자호 편. 1988. 『민추사』. 민주화추진협의회. 1988.

김금수. 2004. 『한국노동운동사 6: 민주화 이행기의 노동운동/1987~1997』. 지식마당.

김정남. 2005. 『진실, 광장에 서다』. 창비.

뤼시마이어, 디트리히 외(Dietrich Rueschemeyer, Evelyne Huber Stephens & John D. Stephens). 1997. 『자본주의 발전과 민주주의(Capitalist Development & Democracy)』 박명림·조찬수·권혁용 옮김. 나남.

무어, 베링턴(Barrington Moore Jr.). 1985. 『독재와 민주주의의 사회적 기원(Social Origins of Dictatorship and Democracy)』. 진덕규 옮김. 까치.

민족민주운동연구소. 1989. 『민통련: 민주통일민중운동연합 평가서(1) - 자료편』.

민주화운동기념사업회 한국민주주의연구소 엮음. 2010. 『한국민주화운동사 3』. 돌베개.

민주화운동기념사업회. 2006. 『한국민주화운동사 연표』.

민중문화운동협의회. 1985. 「민주·통일국민회의 창립선언서 - 민주통일의 깃발을 드높이자」. 『민중미술과 함께 보는 80년대 민중·민주운동 자료집(II)』.

민통련30주년기념행사준비위원회. 2015. 『민주·통일민중운동연합 창립 30주년 민통련』.

민통련창립20주년기념사업행사위원회. 2005. 『민통련』.

박태균. 1993. 「한국민주주의의 주도세력」. 학술단체협의회 엮음. 『한국민주주의의 현재적 과제: 제도, 개혁 및 사회운동』. 창작과 비평사.

박현채 엮음. 1992. 『청년을 위한 한국현대사』. 소나무.

서중석. 2012. 『6월항쟁』. 돌베개.

이유나. 2014. 『통일의 선각자 문익환의 삶과 분단극복론』. 도서출판 선인.

정대화. 1995. 「한국의 정치변동 1987~1992: 국가-정치사회-시민사회의 관계를 중심으로」. 서울대학교 정치학과 박사학위논문.

정해구 외. 2007. 『한국정치와 비제도적 운동정치』. 한울.

정해구. 2002. 「한국의 민주주의와 재야운동」. 조희연 엮음. 『국가폭력, 민주주의 투쟁, 그리고 희생』. 함께 읽는 책.

정해구. 2011. 『전두환과 80년대 민주화운동』. 역사비평사.

정해구·김혜진·정상호. 2004. 『6월항쟁과 한국의 민주주의』. 민주화운동기념사업회.

조현연. 1997. 「한국정치변동의 동학과 민중운동:1980년에서 1987년까지」. 한국외국어대학교 대학원 정치외교학과 박사학위논문.

최장집. 2002. 『민주화 이후의 민주주의』. 후마니타스.

한국기독교사회문제연구원 엮음. 1987. 『6월민주화대투쟁』. 민중사.

_____. 1988. 『대통령 선거투쟁』. 민중사.

한국사사전편찬회 엮음. 1990. 『한국근현대사사전』. 가람기획.

2장

민주화추진협의회의 구성과
'저항·선명 야당'의 성장[*]

조현연 | 한국정치연구회

1. 제5공화국의 출범과 정당정치 상황

1) 구체제의 반동적 복원과 분할통치전략으로서의 다당제

1979년 10·26사태로 중앙정보부장 김재규에 의해 대통령 박정희가 궁정동 안가에서 사망했다. 10·26사태 이후 박정희 유신독재 정권은 몰락했지만 '박정희 없는 박정희체제'는 계속됐고, 이의 유지 또는 해체를 둘러싸고 정치세력들 간에 다툼이 전개되었다. 이러한 힘의 공백상태 내지는 교착상태를 깨뜨린 것이 전두환·노태우와 육사 11기 중심의

---

[*] 이 글은 민주화추진협의회(약칭 민추협)와 민주당 계열의 정당(신한민주당과 통일민주당) 활동을 중심으로 87년 6월 민주항쟁의 배경 가운데 하나를 살펴보는 것을 목적으로 한다. 구체적으로 다루는 시기는 구체제의 반동적 복원인 전두환 정권의 출범 이후 1987년 5월 27일 민주헌법쟁취국민운동본부(약칭 국본)의 출범까지다. 이 글은 특히 민추협 및 민주당 계열정당의 활동과 정부 여당 간에 이루어진 갈등과 대립, 그리고 재야를 비롯한 1980년대 운동진영과의 사이에 발생한 긴장과 협력의 구체적인 양태에 초점을 맞추고 있다.

'하나회'로 상징되는 신군부의 다단계 쿠데타[1]였으며, 그 결과는 구체제의 반동적 복원이었다.

민주화의 열망과 요구를 억압하고 광주대학살로 권력을 장악한 전두환 신군부 세력은 처음부터 매우 강력한 억압적 철권통치를 구사, 권력기반을 공고하게 하기 위해 일련의 작업을 진행했다. 먼저 전두환은 5월 22일 최규하 대통령에게 국보위라는 비상대책기구가 필요하다고 건의했고, 대통령으로서는 강압적인 상황에서 그것을 재가했다. 5월 31일 국무회의 의결을 거쳐 대통령자문 보좌기관으로 정식 발족된 국보위의 실질적인 권한은 상임위원회(위원장 전두환)에 있었다. 국보위의 출범은 5공화국 탄생을 알리는 전주곡이었다.

한편 8차 개정헌법을 통해 전두환 정권 역시 유신체제와 마찬가지로 대통령의 우월적 지위를 보장하는 국가구조를 채택했으며, 7년 단임의 제한조항을 가미한 대통령 선거인단 제도를 통해 간접선거에 의한 대통령제를 도입했다. 이와 함께 헌법 부칙조항을 이용해 국회와 정당을 해산하고 일체의 정치활동을 금지시켰으며, 각종 악법 제조기구인 '국가보위입법회의'라는 것을 설치하여 국회의 기능을 대신하게 했다. 국보위가 5공화국을 출범시키기 위한 정치적 정지작업을 수행했다면, 국가보위입법회의는 5공 출범 이후 전개될 정치의 틀을 강압적으로 재조정하는 역할을 담당했다. 국가보위입법회의는 신군부의 거수기가 되어 11대 국회가 개원하기까지 156일 동안 215건의 안건을 접수해 100% 가결처리했다.

이런 기반 위에서 1981년 1월 15일 전두환 정권은 신군부 인사들과 유신체제의 구여권 인사들, 그리고 권력지향적이고 순응적인 지식인들을 주축으로 민주정의당(약칭 민정당)을 창당하고, 전두환을 당 총재로

---

1   신군부의 다단계 쿠데타에 대해서는, 정해구(1990: 70~72)와 손호철(1995: 159~160) 참조.

선출하였다. 민정당 창당작업은 1980년 9월 초순경부터 전두환의 지시를 받은 권정달(보안사 정보처장), 이종찬(중앙정보부 총무국장) 등 창당 실무자 5명이 중심이 되어 진행되었다. 신당을 창당하기 위해 보안사와 중앙정보부에서 보관하고 있던 정보자료를 중심으로 대상 인사 선정작업을 했고, 10월 22일부터 대상자들과 본격적으로 접촉하기 시작했다.

전두환은 민정당 창당준비 과정에서 이미 분할통치의 정치기술에 착안한 다당제를 새로운 원내구조로 상정하고 있었다. 분할통치전략에 입각한 다당제 구상이 공식화된 것은 1980년 10월 16일 전두환의 기자회견을 통해서였다. 즉 "양당제는 경험으로 봐 정치의 양극화 내지 극한대립을 초래해왔기 때문에 정당과 정치인이 불신을 받아온 게 사실"이라면서, "상이한 정책을 내건 몇몇 정당이 출현하면 과거의 양극화 현상을 중화하고 조정할 수 있지 않겠느냐"는 것이었다.

그러나 이러한 정치적 수사와는 달리 다당제 전략 채택의 주된 이유는 야당의 힘을 분산시키기 위한 것이었고, 이에 따라 주요 정당을 신군부 스스로 창당하여 위성정당화한 것이다. 이런 의도는 상당수의 구정치인들의 정치활동을 규제하고 교통정리하는 과정에서 잘 드러났다. 1980년 11월 3일 국가보위입법회의는 기성 정치인들의 활동을 8년간 금지하는 것을 주된 내용으로 하는 '정치풍토 쇄신을 위한 특별조치법안'을 가결시킨 뒤, 11월 12일 835명의 정치활동 금지 대상자를 공포하였다. 이들 가운데 569명이 재심을 청구했고, 그 가운데 268명이 5공으로부터 '정치 재개의 허가장'을 받으면서 구제되었다.[2]

---

2   구정치인들에 대한 적격 여부 판정에 적용한 1차적 조건은 정권에 대한 협력 여부였으며, 그 협력은 여당에 참여하는 인사에게는 말할 것도 없고 야당정치를 재개할 경우에도 확보되어야 한다는 것이었다. 전두환 정권은 정치규제에서 구제해주는 대신 5공 헌법안에 대한 찬성의 글을 각 언론사에 게재토록 하는 충성도 검사까지 하였고, 실제로 많은 이들이 그 검사를 통과했다(한국일보 정치부, 1994: 322).

이런 과정 속에서 전두환 정권은 집권당뿐만 아니라 심지어는 야당까지도 직접 창당하는 세계사적으로도 유례를 찾아보기 힘든 관제야당 창당 작업을 진행시켰다. 민정당을 창당한 이틀 뒤에는 유치송을 총재로 한 민주한국당(약칭 민한당), 그로부터 또 일주일 뒤에는 '공화당 이념을 계승'한 한국국민당(약칭 국민당, 총재 김종철)을 창당했다. 이들 정당 창당작업은 정보기관들이 개입하여 주도했다.[3] 민정당 창당은 보안사가 주도했고, 민한당과 국민당 창당은 중앙정보부가 실질적으로 주도했다. 민한당과 국민당이 관제야당이라 불리는 데는 바로 이런 까닭이 있었으며, 정가에서는 '1대대(민정당) 2중대(민한당) 3소대(국민당)'라는 말이 떠돌았다(한국일보 정치부, 1994: 286). 민한당과 국민당은 관제야당답게 저항성과 집권의지를 상실한 충성 야당으로 기능하면서, 1985년 2·12총선까지 야당이 아닌 우당(友黨)으로서 정부 여당과 종속적 밀월관계를 지속하며 권력의 단맛을 일부 향유했다.

1981년 2월 25일 대통령 선거인단의 '체육관 선거'를 통해 전두환이 12대 '체육관 대통령'에 당선되었고, 한 달 뒤인 3월 25일 11대 국회의원 총선거가 실시되었다. 92석의 전국구 의석 배당을 포함해 이들 3개 정당의 최종 의석은 35.6% 득표율의 민정당은 151석, 21.6%의 민한당은 81석, 13.3%의 국민당은 25석이 되었다. 3·25총선으로 그동안 국회 기능을 대행해온 국가보위입법회의는 3월 31일 폐회되었다. 민한당과 국민당은 형식적인 원내교섭단체를 구성했지만 맡은 바 소임을, 즉 관제야당으로서의 들러리 역할을 충실히 수행했다.

---

3   전두환 신군부는 진보적 정치 활동을 하려는 세력이 나타나는 것을 차단하고 분열시키기 위해 관제적인 진보정당도 만들도록 했는데, 고정훈의 민주사회당이 그것이었다.

▌표 2-1▐ 국민화합조치의 주요 내용

일자	주요 내용
1983년 2월 25일	정치활동 피규제자 555명 중 250명 1차 해금
12월 6일	해직 교수 86명 타 대학 복직 허용
12월 21일	학원사태 관련 제적생 1363명 복교 허용
1984년 2월 25일	정치활동 피규제자 202명 2차 해금
2월 29일	학원 투입 경찰병력 철수
3월 2일	구속 학생 161명 석방
11월 30일	정치활동 피규제자 99명 중 15명을 제외한 84명 3차 해금
1985년 3월 6일	김대중과 김영삼 등 미해금자 14명 해금

2. 민주화추진협의회와 신한민주당과 1985년 2·12총선

1) 유화 국면 조성과 민추협 발족

1983년에 들어와 '국민화합조치'라는 이름의 '제한적인 자유화' 선언과 함께 유화국면이 조성되었다. 그것의 일차적인 원인은 나름의 경제적 성과와 법·제도적 안정장치 확보 등 이제까지의 '성공'에 고무되어 정치적 공간을 어느 정도 열어놓은 상태에서도 정치 과정을 자신이 의도하는 대로 이끌어갈 수 있다는 전두환 정권의 자신감, 일종의 '성공의 패러독스'로 나온 것(임혁백, 1994: 460)이라고 할 수 있었다.

이와 함께 1983년 11월 레이건 방한, 84년 5월 교황 방한, 86아시안게임과 88올림픽의 개최를 앞두고 국제여론을 의식하지 않을 수 없었던 전두환 정권은 1983년 2월부터 1년여의 기간에 걸쳐 단계적으로 자유화 조치를 단행하였다. 이 조치는 〈표 2-1〉에서 알 수 있듯이 정치인·학생·교수 등 민주인사의 해금·특사·복학·복직 등을 주요 내용으로 하고 있었다.

이런 상황에서 1983년 5월 18일 가택연금 상태였던 김영삼은 5·18

민중항쟁 3주년을 맞이해 「단식에 즈음하여」라는 제목의 성명을 발표하고 무기한 단식투쟁에 돌입했다. 이 성명에서 김영삼은 자신의 단식은 5·17쿠데타로 민주주의가 파괴되고 광주시민이 무참히 살상당하는 지경에까지 이른 데 대한 자책과 참회의 뜻을 표시하는 것이며, 반민주적인 독재와 인권유린 및 정치적인 탄압에 대한 항의와 규탄의 표시이고, 민주정치를 확립하기 위한 정치적 요구라고 밝혔다.

김영삼의 무기한 단식투쟁은 민주화를 요구하는 정치세력의 연대와 공동투쟁의 계기를 만들어냈다. 5월 26일 신민당 전 국회의원 21명이 '김영삼단식투쟁대책위원회'를 조직한 뒤, 6월 1일 김영삼의 단식투쟁을 지지하는 내용의 시국선언을 발표했다. 5월 31일에는 함석헌, 문익환, 이문영, 예춘호 등이 전두환 정권은 합법성과 도덕성을 결여하고 있어 모든 문제에 대해 전혀 감당할 능력이 없다는 내용의 긴급민주선언을 발표하고, 단식농성에 들어갔다.

또한 미국으로 추방된 상태였던 김대중은, 한국 정부는 김영삼의 단식을 국민들에게 알려야 하며, 미국은 한국의 민주 회복 없이는 한국의 안전보장을 기대할 수 없다는 것을 알아야 한다는 내용의 성명을 발표했다. 단식투쟁을 계기로, 박정희 정권 후반부터 경쟁과 협력을 반복하던 김영삼과 김대중 사이에 조직적이고 실질적인 연대를 위한 논의가 진행되었다. 1983년 8월 15일 김영삼과 김대중 두 김씨는 공동명의로 "민주화투쟁은 민족의 독립과 해방을 위한 투쟁이다"라는 부제가 붙은 성명을 서울과 워싱턴에서 동시에 발표했다. 두 김씨는 이 성명에서 1980년 '서울의 봄' 당시 분열했던 것을 사과하고 "온 국민의 민주화에 대한 열망 앞에서 우리 두 사람은 백의종군하는 자세로 하나가 되어 손잡고 우리 민족사의 지상과제를 향하여 함께 나아가려 한다"면서 민주화를 위해 손을 굳게 잡고 공동투쟁 대열에 앞장서겠다고 천명했다.

두 김씨의 연합전선은 광주항쟁 4주년과 김영삼의 단식투쟁 1주년

이 되는 1984년 5월 18일에 서울 외교구락부에서 민추협이 발족되는 것으로 결실을 맺었다. 이어 6월 14일 김대중을 고문으로, 김영삼을 공동의장으로, (김대중이 귀국할 때까지) 김상현을 공동의장 대행으로 하는 지도부를 구성했으며, 운영위원 64명의 명단도 발표되었다. 발족식에서 민추협은 「민주화투쟁선언문」을 통해 "전두환 정권은 소수의 부패한 특권층만을 위해 절대다수 국민들을 핍박하고 수탈해오고 있다. 우리는 우리 국민의 긍지와 자존심을 회복시키고 국가의 존엄을 해치는 군부독재를 청산해서 국민이 자신의 정부를 선택할 수 있고 시민의 참여가 보장되는 민주 정부의 수립을 위하여 민주화는 더 이상 지체할 수 없다는 판단 아래 이를 위해 민주화추진위원회를 발족한다"고 밝혔다 (민주화추진협의회, 1988: 82).

민추협은 결별했던 김영삼계와 김대중계가 통합해 공동으로 반정부 투쟁을 전개하는 기반이 되었다. 정당도 재야단체도 아닌 민추협은 전두환 5공 독재 시절 반독재 민주화투쟁의 전위 역할을 한 재야의 특수 정치단체라고 할 수 있다. 민추협 스스로 밝힌 것에 따르면, 민추협은 정치인들의 모임이고, 국회와 '순수' 재야를 잇는 가교역할을 위해 결성되었다. 민추협은 발족에서부터 1987년 12월 31일 해산될 때까지 3년 반여 동안 정관이나 회칙 없이 불문율로 운영하고 양측의 협의를 통해 의사를 결정하는 특수성을 보여주었다. 이로 인해 운영의 혼선과 비능률, 갈등이 가시지 않았지만 협의와 합의 과정을 통해 민주적 운영을 시도했다. 한편 발족 당시 채택한 행동강령에서도 알 수 있듯이, 선거제도 등 규격화된 정치제도의 개선, 근로자·농민·도시 소시민들의 기본적 인권과 생존권 보장, 정치활동 피규제자에 대한 전원 해금과 복권, 민주화를 위한 대화, 비폭력 평화적 방법을 통한 민주화운동 전개 등은 현실정치에의 참여를 통한 '체제 속의 개혁'이라는 정치적 논리가 짙게 깔려 있는 것으로, 기존 지배질서를 전면 부정하고 있는 것은 아니었다.

민추협은 각 도별로 지부를 설치하여 지방조직을 확대하는 한편, 각종 현실정치의 문제에 대한 성명서 발표, 기자회견 등의 방식으로 민주화운동을 전개해 나갔지만, 정부당국의 철저한 방해공작으로 제대로 된 활동을 전개하기는 쉽지 않았다. 당시 관계자들은 민추협의 발족과 활동에 대해, 5·17쿠데타 이후 민주화 움직임이 미미하던 시기에 야당 인사들에게 투쟁의지를 촉구하는 시발점이 됐을 뿐 아니라, 동교동과 상도동이 공동전선을 형성했다는 데서 민주화에 대한 희망과 가능성을 국내외에 과시할 수 있었다고 자평한다. 그러나 자평과는 달리 민추협은 당시 실정법인 정치활동규제법에 저촉되었고 전두환 정권의 철저한 방해공작으로 주목할 만한 활동을 벌일 수 없었다. 또한 보도통제 속에서 국내 언론에는 이들의 활동이 전혀 보도되지 않아 당사자들의 열기와는 달리 일반 대중의 관심을 끌지 못했고, 발표한 성명은 선언적 의미밖에 없었다. 결국 유일한 현역의원인 민한당 출신의 황명수가 민추협에 대한 탄압문제를 국회에서 거론하는 것이 고작이었고, 그나마 눈에 띄는 것은 변호사들로 구성된 민추협 산하 인권옹호위원회가 무료 변론을 통하여 이름을 알리는 정도였다.[4] 민추협의 존재가 일반 대중들에게 알려지게 된 것은 1984년 11월 30일 3차 해금 후 신한민주당 창당을 전후해서였다.

---

4 박찬종, 김명윤, 홍영기, 김정두, 용남진, 윤철하, 신기하, 김수, 조승형 등 민추협 소속 변호사들은 그동안 대구 택시기사 시위 사건, 민정당사 농성 사건, 서울대 프락치 사건 관련자의 무료 변론을 통해 민추협의 존재를 간접적으로 알릴 수 있었다.

2) 신한민주당 창당, 1985년 2·12총선과 신한민주당의 돌풍

(1) '자생적인 선명 야당' 신한민주당 창당

1985년 초로 예정된 국회의원 총선거가 다가오면서 정치활동 피규제자들에 대한 해금 요구가 날로 거세졌다. 이에 전두환 정권은 선거를 목전에 둔 1984년 11월 30일 제3차로 정치활동 규제를 해제, 남은 규제대상 정치인 99명 가운데 84명을 해금했다.[5] 재야나 학생들의 요구를 받아들이는 척하면서 야당의 분열을 노린 것으로, 이로써 이민우, 조윤형, 이기택, 박한상, 송원영, 김녹영, 김동영, 이철승, 신도환, 김재광, 정해영 등이 정치활동을 재개할 수 있게 되었다. 이 3차 해금을 전후해 민추협 주요 간부들과 비민추협 해금인사들 간의 신당 창당을 위한 접촉이 빈번하게 이루어졌다. 비민추계 측에서는 이철승, 신도환, 이충환, 김재광, 이기택, 김수한 등이 중심이 되어 범야권통합야당을 추진하면서 민추협과의 제휴를 모색했으며, 민추협 측에서는 김상현, 김녹영, 조연하, 최형우, 김동영 등이 중심이 되어 민추협의 총선과 신당 참여문제에 대한 의견 조정에 나섰다(이영훈, 2000: 169~170).

12월 8일 민추협의 진로문제를 위임받은 김영삼은 비민추계를 대표하는 이철승과 만나 "두 사람은 국민이 원하는 참신한 야당을 창당해 민주거점의 구축을 위해 뒷받침해야 한다는 인식을 같이했다"는 공동발표문을 공표했다. 이어 12월 11일 민추협은 김대중 고문, 김영삼 공동의장, 김상현 공동의장대행 등 3인의 이름으로 군사독재의 종식을 위해 새로운 정당을 창당하여 12대 총선에 참여한다고 공식 선언했다. 12월 12일 민추협은 상임운영위원회를 통해 선명·통합신당 창당의 3

---

5 3차 해금된 84명 가운데 권력형 부정축재자로 규제된 김종필과 이후락 등 옛 여권 인사 6명을 제외하면 모두 옛 야권의 정치인들이었다.

원칙을 발표했다. 창당 3원칙의 내용은 이러했다. ① 군사독재의 종식과 민주 정부 수립을 향한 민주화 투쟁에서 투옥 또는 정치규제된 인사를 비롯한 민주세력이 중심되는 정당이어야 한다. ② 모든 민주인사들이 통합·단결하고 선명한 민주투쟁을 전개하는 야당으로 그 성격을 분명히 하며 타력이 아닌 자생적으로 결성되어 당원의 순수한 의지에 의해 운영되는 민주정당이어야 한다. ③ 민주화추진협의회 등 반독재 민주세력의 투쟁이 평가되고 그 정신이 계승되며, 노동자, 농민, 청년학생, 종교인, 지식인 및 민주, 통일운동권과의 민주화 투쟁을 위한 연대를 지속·강화시키며 대변하는 정당이어야 한다(민주화추진협의회, 1988: 161).

12월 15일 서울 외교구락부에서 상도동계의 이민우, 최형우, 김동영, 동교동계의 김상현, 김녹영, 조연하 등은 실무대표회의를 갖고 창당발기인 선정기준 등 구체적인 실무협의에 들어갔으며 이민우를 소집책에 선정했다. 이후 신당 흐름은 이민우, 김녹영, 조연하, 최형우, 김동영, 박종률 등 민추협 인사 6인과 신도환, 이기택, 송원영, 김수한, 노승환, 박용만 등 비민추협 인사 6명 등 총 12명으로 실무대표기구를 구성해 본격적인 창당 준비작업에 들어갔다. 12월 19일에는 신당 창당 바람에 동요한 민한당 소속 국회의원 10명과 전직 의원 3명이 집단탈당하여 신당 흐름에 합류했고, 부총재 신상우를 비롯한 다수 의원들의 추가탈당 움직임이 가시화되었다.

12월 20일 신당 흐름은 서울 동숭동 흥사단 강당에서 발기인 121명 중 115명이 참석한 가운데 신한민주당(약칭 신민당) 창당발기인대회를 열고[6] 창당준비위원장에 이민우, 부위원장에 김녹영, 조연하, 이기택,

---

6   신민당이라는 당명을 쓰지 못하고 고심 끝에 신한민주당이라고 정한 이유는, 1980년 12월 3
     일 중앙선거관리위원회에서 "이미 해산된 정당의 명칭을 다시 사용할 수 없다"고 유권해석
     을 내렸기 때문이다.

김수한, 노승환, 박용만을 선출, 본격적인 창당 작업에 들어갔다. 민추협 인사들과 해금된 옛 신민당 인사들, 각계 민주인사들로 구성된 창당 발기인들은 발기취지문을 통해 문민정치 확립을 내걸고, 평화적 정권 교체를 위한 제도개혁, 정치활동규제법 폐지와 전면해금, 2·12총선승리 등 5개 항의 결의문을 채택했다.

1985년 1월 18일 총선을 불과 25일 앞두고 서울 앰배서더호텔에서 대의원 532명이 참석한 가운데 신민당 창당대회가 열려 총재에 이민우, 부총재에 김녹영, 조연하, 이기택, 김수한, 노승환 등 5명을 선출하고 정식으로 출범하게 되었다. 김영삼은 해금이 되지 않아서 당직을 맡을 수 없었으며, 두 김씨의 민추협 계열과 비민추협 계열은 5 대 5의 지분으로 당에 참가했다. 이날 대회는 당 운영을 총재단합의제로 하기로 하고 총선 후 6개월 내에 정기전당대회를 열어 당의 체제를 개편하기로 하는 당헌을 채택하였다. 일반 당직은 총선이 임박했기 때문에 별도로 임명하지 않고 임시기구로 선거대책본부를 구성하여 당무를 집행하는 것으로 했다(이영훈, 2000: 171~172).

신민당은 창당선언문에서 "민주화의 열망과 민주적 역량을 총집결, 민족의 주체세력으로 모든 반민주적 세력과 요소들을 과감히 제거하는 데 앞장서겠다"고 다짐하면서, 대통령중심제와 대통령 직선제, 일체의 독재와 독선 배제, 지방자치제 조기실시, 언론기본법 폐기, 군의 정치적 엄정중립 등을 정강정책으로 채택했다. 창당 과정에서 이철승 등 특정 인사들의 참여문제를 두고 내부 논란이 일기도 했는데, 실제로 신민당은 이후 개헌문제를 둘러싸고 격렬한 노선투쟁에 휘말리게 되었고 그 중심에는 이들이 있었다.

(2) 1985년 2·12총선과 신한민주당의 '황색 돌풍'

신속하게 이뤄진 신민당 창당작업은 2월 12일로 예정된 12대 총선을 대비한 것이었다. 그러나 2·12총선 당시 선거제도는 의석 수 확보의 싸움에서만큼은 이미 집권여당인 민정당의 승리를 확정짓고 있었다. 즉 1구 2인의 동반당선을 제도적으로 보장하고 있는 중선거구제 아래에서 민정당은 지역구 의석의 절반가량은 이미 확보해놓은 상태였다. 더구나 비례대표제란 명분 아래 총 276석의 1/3에 해당하는 전국구 92석 가운데 2/3인 61석은 제1당에게 우선 배정하도록 되어 있었다. 전두환 정권 때의 비례대표제란 이처럼 제1당에게 과도한 프리미엄을 주는 '비(非)비례적' 비례대표제였다. 또한 선거법에 규정된 선거운동방법의 극심한 제약이나, 지역구 선거인 수의 불균형 상황을 그대로 유지하고 있는 불균형한 선거구제도 역시 집권여당에게 유리한 것이었다.

그러나 이러한 불리한 제반 조건에도 불구하고 신민당은 예상외의 '민의의 돌풍'을 몰고 왔으며, '정치 1번지'로 불리는 서울의 종로·중구는 돌풍의 진원지였다.[7] 유세 벽두부터 선거 열기는 예상을 뛰어넘는 상황 속에서 진행되었다. '동토선거'였음에도 불구하고 자발적으로 유세장에 몰려든 엄청난 인파는 그 유례를 찾아보기 어려울 정도였다. 이전의 11대 총선 당시 약 360만 명으로 추산되었던 유세장 인파가 정부측 통계에 따르더라도 2·12총선에서는 열흘 남짓한 동안 490만 명으로 집계되었다. 단지 숫자상으로만 따진다면 총투표자 중 4명에 1명꼴로 후보자들의 합동연설을 들은 것으로, 혹한기인 2월로 선거일을 정한 전두환 정권의 의도는 완전히 빗나간 것이었다(조현연, 1997: 83).

2·12총선 선거유세가 시작되자마자 특히 합동 유세장은 정권에 의해서 불온시되어왔던 언어가 분출되는 공간으로 바뀌었다. 국회는 있

---

7 김영삼은 특유의 정치감각으로 2·12총선의 승부처를 종로·중구로 잡고, 신민당을 대표하는 이민우를 출마시켜 돌풍을 일으키고자 했다. 선거운동에서 당선에 이르기까지 종로·중구는 신당 돌풍의 진원지가 되었다. 특히 2월 6일 종로·중구의 마지막 유세에 모여든 10만 인파와 뒤이은 종로거리 행진은 2·12총선의 절정으로 신민당 바람을 전국적으로 확산시키는 중요한 계기가 되었다.

으되 국민을 대변하지 못했고, 언론은 있으되 제대로 알려주지 못한 상황에서 그동안 말도 못 하고 듣지도 못했던 답답함과 불만이 선거공간을 통해 표출된 것이었다. 정부 여당이 한목소리로 평화적 정권이양을 주장한 데 반해, 신민당 후보들이 전두환 정권의 정통성을 문제 삼으면서 내건 "대통령을 내 손으로 뽑자"는 대통령 직선제가 큰 호응을 받았다. 그것과 표리관계지만 군의 정치적 중립과 광주항쟁문제도 뜨거운 이슈로, 특히 그동안 금기시되어온 광주학살문제는 집권세력에게 큰 타격을 주었다(정해구·김혜진·정상호, 2004: 58). 여기에 전두환 정권의 실정, 특히 권력형 부정부패[8]가 대중들의 감정을 부채질했다. 또 민정당과 함께 민한당과 국민당 등 관제야당들은 '1중대, 2중대, 3중대'로 조롱당했다. 말조심과 불신풍조가 사회 곳곳에 자리 잡고 정치 이야기가 금기시되었던 상황에서, 이런 이야기를 유세장에서 공공연하게 들을 수 있다는 것은 그 자체만으로도 커다란 충격이었다.

민정당 후보 낙선을 외치는 대학생들의 유세장 활동도 신민당이 황색 돌풍을 일으키며 승리를 거두는 데 큰 역할을 했다. 한마디로 젊은 세대는 2·12총선에서 대세를 판가름한 '태풍의 눈'이었다. 그것은 동토선거를 뒤엎은 폭발적인 인파의 주류가 총유권자의 58%를 차지하는 20대와 30대라는 사실과, 개표 직전까지 각 유세장에서 '반민정당·군부독재 재집권 결사반대·민중생존권 쟁취' 등의 구호를 외치며 전개한 총선투쟁의 구체적인 실천 과정에서 여실히 드러났다. 이와 함께 선거 4일 전인 2월 8일 정권 차원의 협박에도 불구하고 김대중이 미국에서 귀국하여 신민당 돌풍에 상당한 힘을 보탰다. 이경재(1987: 183)는 김대중의 귀국

---

8   1982년 5월 나라 전체가 소용돌이에 휘말렸던 이철희·장영자의 어음사기 행각과, '별들의 전쟁'으로 알려진 1984년 정래혁 축재 사건, 그리고 이정식 토지투기 사건 등이 그 대표적인 사건이었다. 이 일련의 사건들은 정부 여당에게 정치적 타격을 주었는데, 예컨대 2·12총선에서 신민당은 정래혁 사건과 이정식 사건을 두고 "현 정권이 내거는 '정의사회'란 것이 '정·이사회'를 말하는 것이냐'고 비꼴 정도였다.

┃ 표 2-2 ┃ 2·12총선과 각 정당의 득표율과 의석수

당명	득표율(%)	지역구	전국구	총의석수	의석수 비율(%)
민주정의당	35.2	87	61	148	53.6
신한민주당	29.3	50	17	67	24.3
민주한국당	19.7	26	9	35	12.7
한국국민당	9.2	15	5	20	7.2

효과에 대해 "총선을 불과 4일 앞둔 그의 귀국은 신민당의 바람에 열기를 더해주었다. 각 후보들은 유세장에서 연설이나 팸플릿을 통해 김대중 씨의 귀국을 붐 조성에 연결했던 것"이라고 말하고 있다.

2·12총선은 11대 총선의 78.4%를 훨씬 상회하는 84.2%의 높은 투표율을 나타내면서 '5·16군사쿠데타 이후 최대 투표율'이라는 신기록을 세우면서 신민당의 승리로 '동토에 핀 꽃'을 가져왔다. 2·12총선은 "죽었던 정치가 부활하는 시대가 왔음을 알린" 선거였으며, "정국의 흐름을 바꾼 분수령"이었던 것이다(서중석, 2016).

선거 결과는 "신민당의 압승, 민한당의 궤멸, 민정당의 부진"으로 요약되며, 창당된 지 3주 만에 신민당은 제1야당으로 올라섰다.[9] 신민당은 지역구 50석(전국구 17석)을 차지하고, 서울에서는 42.7%의 득표율로 민정당 27.7%보다 15.7%를 더 앞섰으며, 14개 선거구에서 전원 당선 및 12개 지역 1위 당선의 개가를 올렸다. 부산, 인천, 광주 등 대도시에서도 압승했다. 지역구 당선의석은 민정당 87석, 신민당 50석, 민한당 26석, 국민당 15석, 신정사회당 1석이었으며, 전국구는 민정당 61

---

[9] 선거 다음날인 2월 13일 보안사령관 안필준이 감찰실장인 한용원 대령에게 친위쿠데타라는 극약처방 계획을 수립케 할 정도로, 전두환 정권은 큰 충격을 받았다. 이에 한용원은 '친위쿠데타 불가'라는 결론이 담긴 육필 보고서를 제출하였다. 결국 친위쿠데타에 대한 신군부 내부의 논란 끝에 안기부가 적극적인 정치공작을 추진하기로 했고, 이는 2·18개각에 반영되어 초강경파이자 전두환의 심복인 경호실장 장세동이 안기부장을 맡게 되었다(한용원, 1993: 418~419 참조).

석, 신민당 17석, 민한당 9석, 국민당 5석으로 배분되었다. 선거 직후 민한당 의원들은 대거 신민당에 입당하게 되었고, 5월 9일 신민당은 헌정 이후 최대 의석인 103석을 확보하게 되었다.

한편 총선 이후에도 민추협은 원외에 남아 조직을 유지하며 일정 기간 동안 신민당의 정치행보를 주도했다. 공식적인 신민당 대표는 이민우였지만, 실질적인 의사결정 권한은 두 김씨가 대표하고 있는 민추협이 갖는 이중적인 형태의 권력구조였다. 민추협과 신민당 간의 형식적인 역할 분담도 이루어져 신민당은 대여 협상 등 공식적인 정치활동을 하고, 민추협은 재야와 연대해 세력을 확장하고 공동투쟁을 주도했다(이용마, 2015: 71).

3. 신한민주당·민추협과 '직선제 개헌' 운동

1) '대통령 직선제 개헌 1천만 명 서명운동'

2·12총선 승리를 계기로 급부상한 저항·선명야당으로서의 신민당은 대안 부재상태에 있던 국민들에게 의미 있는 정치적 대안으로 다가가게 되었다. 그것은 대중들의 민주화에 대한 열망 및 정부 여당에 대한 거부감이 그만큼 크다는 것을 의미하며, 나아가 12대 총선을 계기로 전두환 정권의 권력기반이 와해되기 시작한 것을 의미한다. 신민당의 부상에 따라 여야 간의 역학관계가 변하기 시작하였다. 당시 이루어진 한 좌담은 11대와 12대의 정치구도의 차이를 이렇게 말하고 있다(≪월간조선≫, 1985.3: 116).

1중대, 2중대, 3중대로 호칭되는 의회구성에서도 느낄 수 있듯이 11대

(국회)는 현 5공화국 정치체제를 긍정하고 참여하는 정치였고, 아스팔트 위로 뛰어나가는 정치는 안 하겠다는 무언의 약속 위에서 이루어졌던 온실 속의 한계적인 정치구도였습니다.…… (그러나) 12대 신민당을 중심으로 한 야권은 우선 지난 4년간 정부 여당의 실력과 성격을 모두 맛보고 그에 적절히 대응할 태세와 지혜를 갖춘 정치세력입니다. 민정당으로서는 목장 울타리 속에서 길들인 말을 타고 즐기던 때가 11대였다면, 펄펄 날뛰는 야생마를 타고 낙상하고 다치는 사태가 비일비재할 것이 예상되는 게 12대 정국입니다.

2·12총선의 성과를 바탕으로 신민당은 개헌운동에 나서게 되었다. 신민당이 개헌운동에 돌입하게 되는 시점은, 1985년 가을 정기국회에서 대표연설을 통해 여야합의에 의한 국회개헌특위 설치로 대통령 직선제 개헌을 달성할 것이라고 밝히면서 전반적인 국회 운영을 개헌문제와 연계시키면서부터였다. 당시 신민당은 "85년 가을까지 여야 간 개헌합의 → 86년 봄까지 정부의 민주화 일정 공개 → 86년 가을까지 개헌이행 → 87년 가을까지 새 헌법에 의한 대통령 선거 → 새 민주 정부 아래서 88올림픽 거행"이라는 민주화 청사진을 갖고 개헌투쟁에 임하였다. 이러한 청사진에 근거하여 신민당은 크게 2단계 개헌투쟁을 상정하였다. 즉 '원내투쟁의 단계'로서 국회 내 개헌공세를 강화하여 집권세력으로부터 개헌에 관한 공감대를 도출하여 개헌특위를 구성하도록 노력하는 것이 1단계이고, 제2단계는 1단계 투쟁이 실패할 경우 원내투쟁과 원외투쟁을 적절히 병행하여 범국민운동으로서 개헌운동을 전개한다는 것이었다.

이런 야당의 전열 분산을 위해 전두환 정권은 '1985년 고대 앞 시위 사건'을 빌미로 한 신민당 국회의원 박찬종과 조순형에 대한 기소와 함께, '조연하 의원 부의장 선출파동' 등 정치공작을 계속했다. 이어 전두환은 1986년 1월 16일 국정연설을 통해 "대통령 선거 방법의 변경에 관한 문제는 평화적 정권교체의 선례와 서울올림픽 개최라는 긴급한 국가적 과제가 성취되고 난 1989년에 가서 논의하는 것이 순서"라고 밝히면서, 1989년 개헌 입장으로 맞섰다.

신민당과 민추협으로서는 정국 분위기를 바꿀 전기가 필요했다. 2월 12일 총선 1주년 기념식 자리에서 당 총재 이민우는 '대통령 직선제 개헌 1천만 명 서명운동'의 돌입을 선포했다. 두 김씨와 이민우 간에 극비리에 추진된 서명작업 계획과 개헌서명 착수는 정부 여당의 허를 찌른 일종의 기습작전이자, 사전에 치밀하게 준비된 신민당과 민추협의 합동작전이었다. 신민당과 민추협은 1986년 말까지 국민 1천만 명의 서명 확보를 목표로 3월부터 5월까지 전국 주요 대도시에서 개헌추진 시도지부 결성대회 및 현판식을 갖기로 했다. 이에 맞서 정부의 탄압이 가중되었다. 1천만 명 서명운동과 관련하여 민추협 사무실에 압수수색 영장이 발부되어 12일간 사무실 출입이 봉쇄되고, 김대중 공동의장은 다시 자택에 연금되어 전화 단절, 외부인 출입이 봉쇄되었다. 김영삼 공동의장도 수차례 가택연금과 강제귀가 조치를 당했으며 45명의 회직자가 연행되기도 했다.

2월 24일 3당 대표의 청와대 회동에서 전두환이 평화적 정권교체를 앞세워 호헌 의지를 고수하자, 신민당은 3월 8일 헌법개정추진위원회 서울시지부 현판식을 기점으로 장외에서 개헌운동을 본격적으로 시작했다. 당사 수색 및 봉쇄, 지도부 가택연금 및 강제귀가 조치 등 정부당국의 가중되는 탄압에도 불구하고, 2월 12일부터 시작된 신민당과 민추협의 대통령 직선제 개헌 1천만 명 서명운동은 사회 각계의 지지 성명으로 큰 힘을 얻게 되었고, 경색된 정국에 돌파구를 여는 기폭제가 되었다.

2) '개헌추진 시도지부 결성대회'와 5·3인천투쟁[10]

각 지방에서 신민당의 개헌추진위원회 지부 결성대회와 개헌현판식이 본격적으로 열리자 수많은 시민과 학생들이 모여들었다. 이는 전두환 정권의 비민주적인 억압통치에 얼마나 많은 사람들이 염증을 느끼고 있으며 민주 정부를 얼마나 간절히 원하는지를 단적으로 보여주는 것이었다. 1986년 3월 23일 부산대회는 4만 명의 시민들이 참여했고, 대회가 끝난 뒤 대학생들이 중심이 되어 가두시위를 벌였다. 10만 명이 참가한 3월 30일 광주의 개헌추진위 전남도지부 결성대회에서 그 열기는 정점에 달했다. 2만 명이 참가한 4월 5일 대구 대회부터 대회장소 밖에서는 민통련 본부와 경북지부, 학생운동세력이 신민당과는 별도의 집회를 열고 거리투쟁을 전개했다. 4월 19일과 4월 26일 대전과 청주에서도 수만 명이 참가하는 대규모 집회가 열렸다. 시민들은 1972년 10월 유신쿠데타 이후 빼앗긴 대통령 직접선거를 바라고 있었고, 더 이상 '체육관 선거·체육관 대통령'을 용납하려고 하지 않았다.

정부당국의 교묘한 집회 방해와 청중 분산작전에도 불구하고 집회 장소 주변은 늘 인산인해를 이루었으며, 외신들은 1980년 5·17 이후 최대의 반정부 집회였다고 보도하기도 했다. 특히 두 김씨의 이름을 연호하면서 두 김씨의 단합이 강조될 때는 박수와 함성이 터져 나왔다. 이런 열기에 화답하듯 개헌투쟁을 위해 신민당과 재야단체 간에 '민주화를 위한 연락기구'(약칭 민국련)를 구성하였는데, 이 모임에는 민통련 의장 문익환, 가톨릭정의평화위원장 이돈명, 한국기독교협의회인권위원장 박형규 등이 참여했다. 그러나 신민당과 재야단체의 공조는 불과

---

10 명칭과 관련해 서중석(2017a)은, 여러 측면이 있지만 1986년 5월 3일 그날 일어난 일과 그 영향으로 그날 이후 일어난 일 전체를 포괄해서 볼 때 '5·3사태' 또는 '5·3인천사태'라고 부르는 것이 적절하다고 지적하기도 한다.

며칠 만에 해체되었는데, 이는 학생들의 투쟁 방식 및 강도와 관련된 이견 때문이었다.[11] 그리고 처음에는 민통련의 참여에 대해 집회에 참가한 대중의 분위기를 고조시키는 촉매로서 긍정적 시각으로 바라보던 신민당은, 대회 참여 대중들의 구호가 직선제보다는 군사독재 타도를 요구하고 그런 분위기를 촉발하는 데 민통련이 일정한 몫을 한다고 인식하자 민통련에 대해 '남의 잔치에서 판을 벌리는 불청객'마냥 불편함을 느끼게 되었다.

이런 와중에 열린 4월 30일 청와대에서 열린 3당대표 회동에서 전두환은 국회에서 여야가 합의하면 임기 중에도 개헌할 용의가 있음을 밝힘으로써 신민당에 일정한 정치적 양보를 하였다. 이 '4·30 청와대 타협'은 개헌논의 수용 불가와 원천적 탄압이라는 정부당국의 전략이, 개헌논의는 허용하되 신민당의 개헌집회와 가두 개헌서명운동은 하지 말 것을 촉구하는 정치협상으로의 궤도수정을 의미하는 것이었다.[12]

전두환의 노림수는 야당과 재야의 분리, 그리고 야당 자체를 분리시키는 데 있었으며, 이것은 실제 꽤 효과적인 것으로 나타났다. 신민당 총재 이민우는 "소수이겠지만 좌익학생들을 단호히 다스려야 하며 민주화운동에 이런 사람들이 끼어서는 안 된다"(이경재, 1987: 196~197에서 재인용)면서 과격한 학생운동과 결별하겠다는 의사를 표시하였다. 급진적인 학생운동권에 대한 정권 차원의 탄압을 묵인하겠다는 입장을 천명한 것이었다. 이후 신민당은 여당과의 정치협상에 주력하게 되었

---

11 4월 29일 열린 민국련 회의 직후 김대중은 "최근 일부 소수학생의 과격한 주장에 대해 참석자들은 우려를 표명하고 그와 같은 과격 주장은 국민다수가 지지하고 있지 않을 뿐 아니라 자칫 독재 정권에 이용될 우려가 있기 때문에 지지할 수 없다"고 말했다(이경재, 1987: 196에서 재인용).

12 4·30 청와대 타협은 첫째 '국회에서'라는 표현이 말해주듯이, 국회 이외의 개헌 요구는 수렴하지 않겠다는 것으로, 즉 사회 각계의 범민중적인 개헌 요구는 염두에 두지 않겠다는 것과, 둘째 '여야가 합의하면'이란 표현에서 나타나듯이, 여야가 합의하지 않을 경우에는 개헌할 의사가 없다는 것을 함축하는 것이었다.

고, 재야와 운동권에서는 이를 "보수야당의 본질을 드러낸 것"으로 규정하였다.[13]

1986년 5월 3일로 예정된 신민당 인천 개헌추진위원회 경기·인천지부 결성대회는 4·30 청와대 타협이 이뤄지기 전에 예정된 것이었다. 전두환과의 타협이 이뤄지자 신민당은 대회의 규모를 축소하고 대회를 정권으로부터 양보를 이끌어낸 성공을 자축하는 축제로 이끌어가려고 한 데 반해, 운동진영은 신민당과 정권 간의 보수대연합 움직임에 쐐기를 박기 위한 공세의 장으로 활용하려고 했다. 이에 따라 신민당만이 아니라 재야와 노동운동, 학생운동단체들도 모두 촉각을 곤두세우고 준비했다. 집회를 한 시간 앞두고 발생한 학생들과 경찰들의 충돌과 '폭력사태'는 바로 그런 배경을 밑에 깔고 있었다. 신민당 부총재 최형우는 5공이 프락치를 넣어 과격한 행동을 유발하는 등 갖가지 사건을 조작했다고 주장했다(최형우, 1993: 285). 5월 31일 신민당은 개헌추진 전북대회를 끝으로 장외투쟁을 일단 마무리하고, 개헌투쟁의 일정한 성과를 바탕으로 국회 내에 개헌특위를 구성하고 원내투쟁 단계에 들어갔다.

5·3 인천투쟁의 파장과 후유증은 심각했다. 전두환 정권은 일련의 조작극을 연출하여 이 집회를 '좌경·용공·극렬·폭력' 등으로 매도함으로써 민주화운동에 대한 탄압의 빌미를 잡으려 했으며, 이에 따라 배후 조종과 주동 혐의자에 대한 대대적인 수배령이 내려지고 구속사태가 속출했다. 결국 5·3인천투쟁과 관련해 민통련 의장 문익환 등 모두 129명이 구속되고 60여 명이 수배되었다. 5·3인천투쟁은 한편으론 1980년 5월 이후 최대의 시위였으며, 민주화운동세력들의 대중동원능

---

13   특히 민통련은 5월 1일 긴급성명을 발표, 신민당의 자세에 대해 "외세의존적이고 타협적인 보수야당이 본래의 모습을 드러낸 것이며 보수대연합의 기도 또는 보수대야합의 전조"라고 비난하면서 민국련 탈퇴와 의장단을 비롯한 집행부 총사퇴를 결의했다.

력을 보여준 투쟁이었다. 그러나 다른 한편으론 민주화운동 내부의 분열을 여실히 드러내고 관념적 급진성을 드러냄으로써, 대중적 차원의 개헌 열기를 약화시키면서 정국 역전의 빌미를 제공한 사건이라는 평가를 듣기도 했다.

3) 국회 개헌특위의 난항과 신민당의 자중지란

개헌투쟁이 급속하게 확산되자 전두환 정권은 '임기 내 개헌 불가'라는 당초 입장에서 후퇴해, 신민당과 운동진영을 분리시키고 개헌논의를 제도정치권 안으로 끌어들이고자 하였다.[14] 4·30 청와대 타협으로 기존의 호헌론에서 개헌론으로 바뀌게 됨에 따라 전두환 정권은 5월 7일 민정당 내에 개헌특위를 설치하고 신민당에 대해 국회 내 개헌특위 설치를 촉구하고 나섰다. 그러나 신민당이 김대중의 사면·복권 등을 전제조건으로 내세우게 되자 협상은 초기부터 난항에 봉착했다. 이러한 난항에서 벗어나 여야 간 정치협상이 이루어지게 된 직접적인 계기는 5월 27일 개헌특위에 신민당 참여를 결정한 두 김씨의 공동기자회견이었다. 5·27회견의 핵심 내용은 신민당이 김대중의 사면과 복권을 개헌특위 설치의 전제조건으로 하던 방침을 철회하고, 그것을 개헌특위의 과제로 바꾸어 여야합의에 의한 개헌의 길을 순탄하게 하자는 것이며, 개헌운동을 국회에서 여당과 야당이 주도하자는 것이었다.

6월 3일 전두환은 이민우와 단독회담을 갖고 "여야가 합의하면 개헌

---

14 민통련에 따르면 당시 정부당국은 안정적인 정권 재창출을 통한 장기집권을 위해 세 가지 카드를 가지고 있었다(≪민주통일≫, 제4호). 첫째는 현 권력구조를 그대로 유지한 채 단임 조항만 삭제하고 재집권하는 '독점적' 방식이고, 둘째는 보수야당 내 기회주의세력이 제기하는 것처럼 기만적인 권력의 분화나 과점을 통해 군사독재를 영구화하는 '과점적' 방식이며, 셋째는 신민당이 주장하는 직선제 개헌안을 받아들여 경선을 거쳐 재집권하는 '경쟁적' 방식이다.

은 빠를수록 좋다"는 여야 합의를 전제한 조기개헌 방침을 명백히 하면서, '임기 내 개헌 불반대' 입장을 표명했다. 이에 따라 6월 21일에는 이민우와 민정당 대표 노태우가 국회에서 회담을 갖고 국회 개헌특위 구성에 합의했고, 6월 24일 임시국회 본회의에서 민정·신민·국민 3당이 공동발의한 개헌특위 구성 결의안을 만장일치로 정식 의결했다. 7월 30일 국회 개헌특위 첫 회의를 개최함으로써 개헌문제의 공식 논의가 본격화되었다. 신민당은 국회 개헌특위의 구성과 함께 직선제 개헌투쟁의 무대를 장내로 옮겼다. 이것은 한편으론 신민당의 전략선택이 정부 여당과 운동권 사이에서 상당 정도 자유롭게 이동할 수 있음을 의미하는 것으로, 이후에도 신민당의 이 같은 유동적 태도는 끊임없이 나타났다. 다른 한편으론 그것은 국회 개헌특위 구성으로 신민당의 장외공세를 차단한 것과 같이, 정부 여당이 반독재 민주화운동과의 대립관계에서 신민당 선택의 폭을 탄력적으로 조절하고 있음을 의미하는 것이기도 하다.

　국회 개헌특위는 공전할 수밖에 없었다. 정부 여당이 주장하는 내각제로의 '합의'개헌과, 두 김씨가 추진하는 대통령 직선제 개헌 사이에는 타협의 여지가 없었기 때문이다.[15] 당시 전두환 정권 내에는 권력구조의 형태를 둘러싸고 의원내각제, 이원집정부제, 직선제와 이원집정부제의 절충형, 대통령중심제, 현행 헌법으로의 재이행 등 다양한 경향이 존재(≪한국일보≫, 1986.6.21)하고 있었는데, 분명한 것은 대통령 직선제에 대한 극단적인 부정적 시각이었다. 6월 25일 민정당 확대당직자 회의에서 "대통령 직선제는 내란을 방불케 하는 극심한 사회혼란을 유

15　그러나 7월 7일 여권의 당·정·청 핵심 인사들이 청와대에 모여 "내각제 개헌안을 야당에 제시하되, 야당이 거부하면 기존 헌법으로 차기 대통령을 선출하고 88올림픽을 치른 다음 개헌한다"는 방안에 합의했다는 사실, 그리고 회의를 마친 뒤 "(타결이) 안 된다는 전제로 준비하라, 더 이상 타협이 어렵다고 판단하는 시기가 중요하다"는 전두환의 발언(서중석, 2017a)에 비춰볼 때 국회 개헌특위 활동의 결말은 특위 구성 때부터 이미 예정된 것이었다.

발, 나라를 망친다"는 노태우의 발언은 그것을 잘 보여주었다. 민정당이 내각책임제를 주장한 것은 당시 정치상황에서 그것만이 선거경쟁을 통해 안정적인 정권재창출을 이루어낼 수 있는 유일한 승리공식이라고 판단하고 있었기 때문이다. 반면 대중지지도 면에서 압도적인 우위를 차지하고 있다고 믿는 신민당에게는 대통령 직선제만이 유일한 승리공식이었다(임혁백, 1994: 469).

이처럼 '집권 확률 높이기'를 그 핵심으로 하는 권력구조 문제에 대해 서로 입장이 첨예하게 맞서면서 개헌특위가 벽에 부딪치자, 정부당국과 신민당은 각각 장외로 나가 직접적인 대국민 홍보전략으로 전환했다. 정부 여당은 8월 28일 대전을 시발로 전국 10개 시·도 13개 지역에 걸쳐 노태우가 직접 지방순회에 나서 내각책임제 홍보에 열을 올렸다. 신민당도 8월 30일 부산시 3개 지구당 단합대회를 시작으로 당원단합대회 형식의 집회를 열어 직선제 열기를 재현하려 했다. 이와 함께 신민당은 문제의 타결을 위한 실세대화를 제의했으나 정부 여당의 반응은 냉담한 것이었다. 결국 아시안게임으로 정치휴전 중인 9월 29일 이민우와 김영삼과 김대중은 "전두환과의 직접 실세대화에 의한 권력구조 합의가 전제되지 않는 한 국회 내 개헌특위에 당분간 불참하겠다"면서 개헌특위 활동 중단을 선언하였다.

10월 14일 신민당 국회의원 유성환의 이른바 국회 본회의장 '통일국시' 발언 ― "우리나라의 국시는 반공보다는 통일이 되어야 한다." ― 파문이 발생한 것은 바로 이런 정국 상황에서였다. 이 파문을 개헌 논쟁에 찬물을 끼얹을 수 있는 호재로 판단한 전두환 정권은 '반국가단체 찬양 고무' 혐의를 씌웠고, 민정당은 유성환 체포동의안을 날치기로 통과시킴으로써 현역 의원이 회기 중 구속되는 사태가 벌어졌다. 이는 국회의원이 회기 중 원내 발언으로 구속된 첫 사례로, 유성환은 의원직을 상실하고 270일간 감옥생활을 해야 했다.

"체제 도전에 촌보의 양보도 있을 수 없다"는 노태우의 발언에서 드러나는 것처럼, 정부당국은 강경대응 자세를 분명히 했고, 이에 따라 여야 간 정치는 계속 경색되어갔다. 10월 28일 발생한 '건국대 사태'에 대해 '황소 30'으로 명명된 진압작전을 통해 1525명의 학생을 연행했고, 그 가운데 1290명을 구속시켰다. "건국대 집회는 현 정권의 장기집권음모 분쇄와 직선제에 의한 민주정부 수립을 주장하기 위한 것"이라는 민추협의 성명과 관련해, 한광옥(민추협 대변인)이 국가보안법 위반으로 구속됐고 일각에서는 민추협의 해산도 고려하고 있다는 얘기가 흘러 나왔다.

전두환 정권은 건국대 사태를 공포통치의 계기로 삼기 위해, 학생들을 '공산혁명분자'로 규정하고 용공세력이 개입하여 학생들을 선동하여 체제 전복을 노린다고 대대적으로 홍보했다. 11월 4일 검찰은 이 사건을 '공산혁명분자 건국대 점거 난동사건'으로 규정해 발표했으며, 일부 제도언론이 이에 부화뇌동했다.[16] 이런 '한파정국'의 도래와 함께, 당시 세간에는 '비상선진계획'이라는 이름의 '비상계엄 선포와 친위쿠데타', '김대중 재수감설' 등 위기설이 나돌기도 했다.

국회 개헌특위의 난항, 건국대 사태의 발생, 민통련의 해산명령, 민정당의 87년 예산안 단독처리, 이에 항의한 신민당 국회의원 전원의 의원직사퇴서 작성 등 긴장감이 고조된 상황에서, 12월 24일 대통령 직선제 개헌 당론에 역행하는 이른바 '이민우 구상'이라는 것이 돌발적으로 터져 나왔다. 그것은 '선 민주화, 후 내각제 협상', 즉 민주화 조처가 선행된다면 내각제 개헌을 긍정적으로 검토하겠다는 것을 핵심으로 하

---

16 학생들의 건국대 점거 농성이 벌어지던 중인 10월 30일 정부당국은 구상부터 발표까지 안기부장 장세동이 직접 주도한 '북한 금강산댐 건설 조작' 사건을 터뜨렸다. 정권의 홍보부대로 전락한 신문·방송은 이 발표를 아무런 검증도 없이 그대로 보도해 온 나라를 공포의 도가니로 몰고 갔다. 금강산댐 사기극이 한창일 때, '세계적인 특종'이라고 자화자찬한 조선일보의 '김일성 사망 허위보도 소동'까지 발생해 사회를 큰 혼란에 빠뜨리기도 했다.

는 것이었다.[17]

사실 내각제 개헌은 대권을 꿈꾸고 있는 두 김씨와 그 계열의 정치인들을 제외한 야당 정치인들에게 있어 대통령 직선제 못지않게 수용 가능한 합리적 대안이기도 했다. 당시 신민당 내에서 표명되었던 선택 가능한 대안은 대통령 직선제와 내각제 두 가지였다. 개헌에 대한 신민당내의 입장 차이는 당내 계파들의 권력 지분 경쟁과 밀접한 관련을 갖고있었으며, 특히 비민추협계는 내각제를 오히려 선호하고 있었다. 그것은 내각제 개헌이 이루어질 경우에만 비민추협계가 적어도 신민당 내 일정 지분을 유지할 수 있을 것이며, 만약 직선제 개헌이 이루어질 경우에는 두 김씨의 대통령 당선 가능성 때문에 자신들은 그 영향력과 세가 위축되고 축소될 수밖에 없을 것이라는 판단 때문이었다.

이민우 구상은 두 김씨에게는 사실상의 쿠데타였다. 이로 인해 신민당은 자중지란에 휩싸였고 개헌문제는 혼미상태로 빠져 들어갔다. 이런 상황에서 1987년 1월 12일 전두환은 연두국정연설을 통해 '합의개헌 촉구'와 함께 '중대조치'를 경고하고 나섰다. 그것은 한 손에는 '당근'을 들고 여야협상을 촉구하는 한편, 다른 한 손에는 '채찍'을 들고 중대사태의 도래를 협박하는 것에 다름 아니었다. 헌법상 대통령은 세 가지의 '공포의 칼'을 보유하고 있었는데, 국회해산권(제57조)과 비상조치권(제51조), 계엄선포권(제52조)이 그것이었다.

이런 와중에 '박종철 고문치사사건'이 발생하자 두 김씨는 이 사건에 직선제 개헌을 접목시켜 대여투쟁을 강화하고자 했다. 1월 19일 신민당은 내무부장관과 치안본부장 파면을 요구했다. 1월 20일 민추협은

---

17 '7개항의 조건부 내각제 구상'으로 알려진 이민우 구상이란 ① 지자제 실시, ② 언론기본법 폐지 등 언론자유 보장과 집회결사의 자유 등 기본권 보장, ③ 공무원의 정치적 중립, ④ 국민에 뿌리내린 두 개 이상의 정당제도 보장, ⑤ 공정한 국회의원 선거법, ⑥ 용공분자를 제외한 구속자 석방, ⑦ 사면복권 등으로 이루어져 있었다.

김대중·김영삼 공동의장이 참여하며 농성에 들어갔다. 이에 앞서 1월 17일 '고문 및 용공조작 저지 공동대책위원회'에서는 박종철의 죽음과 관련해 고문폭로대회를 갖기로 했다. 이 대회는 별다른 주목을 받지 못했지만, 그럼에도 박종철 사건과 관련해 야당과 재야가 고문공대위를 중심으로 공동투쟁을 전개하고, 여기에 학생들이 가담한 것은 새로운 형태의 민주대연합이 이뤄진 것을 의미했다.

1월 27일 민추협 사무실에서 김대중, 김영삼, 계훈제, 송건호 등이 참석해 '고 박종철 군 국민추도회 준비위원회'를 발족, 2월 7일 국민추도대회를 '전국 동시다발 시위투쟁'으로 진행했다. 이어 49재 날인 3월 3일에는 '고문추방 국민평화대행진'을 열었는데, 행동지침으로 각별히 '평화'를 강조한 것은 전두환 정권이 민주화운동을 폭력, 좌경용공으로 몰아붙이는 것에 대한 대응이자, 전두환 정권이 얼마나 폭력적이고 고문을 일삼는 정권인지를 폭로하기 위한 것이었다. 2·7추도대회와 3·3 평화대행진은 6월 민주항쟁에서의 행동의 기본 지침을 제시해줬고, 또 민주연합의 기본 틀을 형성했다는 점에서 큰 의미가 있었다.

4. 통일민주당 창당과 '민주헌법쟁취국민운동본부' 출범

1) 신한민주당 분당과 통일민주당 창당

1987년 2월 13일 두 김씨는 민추협 사무실에서 공동기자회견을 갖고 신민당의 입장을 포괄적으로 정리, 5개항으로 이루어진 '난국타개를 위한 제언'을 전두환에게 제안했다. 그 핵심적인 내용은 대통령 직선제와 의원내각제 중 어느 것을 택할 것인지 국민투표를 통해 국민에게 물어보자는 것으로, 두 김씨는 "자유롭고 공정한 국민투표가 행해진다면 그 결과가 어떻게 나오든지 이에 이의 없이 복종할 것"라고 밝혔다. 그러나 이에 대해 비민추협 계열의 이철승은 의원내각제 지지와 함께 선택적 국민투표 거부선언을 통해 정면으로 반대하고 나섰다. 이처럼 '대통령 직선제 개헌 대 내각제 개헌', '선택적 국민투표에 대한 찬반', '이철승·이택희 의원 징계', '김영삼 총재 추대 대 총재 경선' 등 산적한 문제로 신민당의 내분은 점점 더 깊어져만 갔다.

이런 당내 상황에서 4월 6일 마침내 두 김씨는 민추협 사무실에서 회동을 갖고 신민당 탈당과 신당 창당을 결정했다. 두 김씨의 결단에 결정적인 영향을 끼친 것은 이택희 측의 당사봉쇄조치와 김영삼에 대한 가처분신청이었는데, 이로 인해 그동안 분당에 소극적이었던 김영삼이 마침내 분당을 결심하게 된 것이었다. 4월 8일 김영삼과 김대중은 신당 창당을 공식 선언했다. 4월 13일 창당준비위는 김영삼을 중심으로 통일민주당(약칭 민주당) 발기인대회를 개최했다. 발기인대회는 원래 예정된 장소가 원천봉쇄되어 민추협 사무실에서 열렸다. 신당에는 69명의 의원(상도동계 37명, 동교동계 32명)과 원외 지구당위원장 16명 중 12명이 참여하였다. 발기인대회에서는 신당 노선에 대한 원칙이 제시되었는데, 그 핵심 내용은 "88년 2월의 평화적 정권교체를 기해 이 땅에 군사독재는 영원히 추방되어야 하며, 정권교체의 방법은 국민의 의사에 따라 대통령 중심 직선제로의 합의개헌이어야 한다"는 것이었다. 그리고 전두환 정권에 대해 대화 제의와 선택적 국민투표 제의를 수락할 것을 촉구한다는 것과, 민주세력과 연대한 대통령 직선제 개헌 관철 및 평화적 정권교체를 달성한다는 결의문이 채택되었다.

4·8 분당선언을 통한 두 김씨의 신속한 역공에 의해 이민우 구상은 완전히 무산되었으며, 신민당의 분당 드라마는 단순히 야당 내부의 재정비에 머물지 않고 결과적으로 개헌정국에 새로운 국면을 여는 하나의 계기가 되었다. 전두환 정권의 입장에서 봤을 때 내각제 개헌의 현

실화 가능성이 사라졌음을 의미하는 것이었기 때문이다. 즉 두 김씨 중심의 신당 창당 움직임과 이에 따른 신민당의 와해는 정부 여당이 선택할 수 있는 대안의 폭을 대통령 직선제와 호헌에 따른 간선제 두 가지밖에 없도록 하였다.

전두환은 민주당 창당발기인대회 날인 4월 13일에 맞춰 특별담화를 발표했다. 전두환은 "이제 본인은 임기 중 개헌이 불가능하다고 판단하고, 현행 헌법에 따라 내년 2월 25일 본인의 임기 만료와 더불어 후임자에게 정부를 이양할 것"이라고 밝히면서, 그동안 전개되어온 개헌논의의 중지와 88올림픽 이후로 개헌을 연기했다. 사실상 이것은 전두환이 자신의 후임을 직접 지명하겠다는 것을 의미하는 것이었다. 노태우의 말처럼 '기도드릴 시간도 없이' 4·13조치가 전격적으로 발표되자, 민정당은 논평을 통해 "정국안정과 단임 의지 실천을 위한 최선책"이라고 환영하면서 4·13조치의 불가피성을 대대적으로 홍보하기로 했다. 4월 14일에는 법무부장관 김성기가 "개헌논의라는 이름을 내건 불법행동이나 사회혼란 책동은 엄단하라"는 지시를 전국 검찰에 내렸으며, 내무부장관 정호용도 경찰에게 시위나 집회를 강력히 저지하도록 명령했다. 이러한 일련의 조치는 힘에 의한 정면대결을 벌이겠다는 의사의 공개적 천명을 의미했다. '김대중 가택연금', '이철 의원 전격 기소와 김용오 의원 구속' 등 신당에 대한 정부당국의 탄압은 노골적으로 집요하게 가해졌다.

전두환이 퇴임 후 자신의 안전을 보장하기 위해 한 4·13호헌조치는, 특정한 전략적 선택의 결과에 대한 예측 불가능성과 의도하지 않은 결과의 산출 등 고도의 '우연적'인 요인들의 작용이 종종 정치변동을 좀 더 역동적인 과정으로 만들 수 있다는 것을 증명했다. 전두환 정권은 재집권 과정에서 제기되는 위험을 최소화하기 위해 기존 헌법에 의한 재집권 방안을 선택하게 되는데, 그것이 구체화된 것이 바로 4·13호헌조치였다. 그러나 그것은 전두환의 치명적인 실수이자 자살골이었다 (서중석, 2017b). 민의의 흐름을 역행한 악수이자 엄청난 정치적 오판인 4·13은, 역설적이게도 6·29선언의 모태이자 민주화의 하나의 분수령이었다.

4·13호헌조치는 3·3평화대행진 이후 뚜렷한 정치 이슈가 없어 고민하던 민주화운동세력을 크게 자극했고, 또 5·3인천투쟁 이후 잠복해 있던 양심적인 시민들의 개헌 열망을 다시 깨웠다. 4·13호헌조치 반대투쟁은 전국 각지에서 그야말로 각계각층이 참여하면서, 1919년 3·1운동 이후 처음 보는 놀라운 현상을 연출해냈다. 이런 가운데 신당은 전열을 정비해갔다. 신당 창당 작업의 속도도 빨라졌지만, 그 과정은 순조롭지 못했다. 이철승·이택돈·이택희 등 비주류 세력 일부의 사주를 받은 깡패들이 신당의 지구당 창당 행사장에 난입해 각목과 쇠파이프로 당원들을 무차별 폭행하면서 난동을 부렸기 때문이다. 이른바 '용팔이 사건'이 터진 것으로 세칭 용팔이라고 불린 김용남이 이들의 두목이었다. 나중에 밝혀진 사실로 이들 배후에는 안기부 등 정부기관의 공작정치가 있었다(최형우, 1993: 301).

이와 같은 방해공작과 시련 속에서 민주당 창당작업은 진척되어 문민정치, 대통령 직선제, 국민저항권 등이 명시된 정강시안 발표에 이어 4월 29일 소속의원 67명이 원내교섭단체 등록을 마쳤고, 5월 1일 창당대회를 열어 김영삼을 총재로 선출하고 사면복권이 안 된 김대중을 상임고문으로 추대했다. 부총재에는 상도동계의 박용만, 김동영, 최형우와 동교동계의 이중재, 노승환, 이용희, 양순직을 선출하고, 개헌투쟁의 길에 나서게 되었다.

민정당은 원내 제1야당인 민주당을 대화의 파트너로 인정하려 하지 않았고, 검찰은 김영삼 총재 취임사[18] 및 군사독재 종식, 대통령 중심 직선제 개헌, 문민정치의 전통 확립 등을 핵심 골자로 하는 정강정책이

'국가모독'이라며 관계자들을 조사하겠다고 계속해서 위협을 가했다.

2) 통일민주당·민추협과 '민주헌법쟁취국민운동본부'

신민당을 탈당해서 민주당 창당을 추진 중이던 두 김씨의 4·13조치에 대한 초기 대응은 시기적으로 늦고 그 강도도 매우 미약한 편이었다. 강력한 탄압공세로 수세에 몰린 두 김씨는 가능한 한 대화를 통해 정국의 분위기를 변화시키려는 노력을 보였다. 이것은 민주당이 당시 상황을 안이하게 판단한 나머지 정권의 의도나 국민들의 반응을 보고 대응전략을 결정한다는 기회주의적 판단을 하고 있었음을 의미한다(정대화, 1995: 96~97). 그것은 5월 1일 민주당이 창당대회에서 '4·13조치의 철회를 전제로 한 난국수습을 위한 실질대화'를 투쟁노선으로 설정한 데서도 드러났다.

이런 와중에 한국 민주화운동사에서 또 하나의 전기를 마련한 의미 있는 사건이 발생했다. 5·18민중항쟁 7주년이 되는 1987년 5월 18일 오후 6시 30분 명동성당에서, 2000여 명의 신자와 재야인사들이 참석한 가운데 '광주민중항쟁 제7주기 미사' 2부 행사에서 정의구현전국사제단을 대표해 김승훈 신부(홍제동성당 주임신부)가 "박종철 군 고문치사사건의 진실이 조작되었다. 진범이 따로 있다"라는 내용의 폭탄발언을 했다. '죽음' 그 자체에 대한 충격도 충격이었지만, 죽음에 대한 의도된 '조작'은 범국민적 차원에서 전두환 정권에 대해 도덕적 심판을 요구했을 뿐 아니라, 전면적 투쟁을 통한 단죄로 나아가게 했다.

민심은 걷잡을 수 없이 악화되었으며, 민주당은 내각 총사퇴를 거듭

---

18   김영삼은 취임사에서 "독재권력의 자기선전을 위한 올림픽이라면, 나치하의 베를린 올림픽을 오늘에 재현시키는 것"이라고 말하기도 했다.

요구하고 나섰다. 5월 26일 오전 긴급 소집된 임시국무회의에서 민심 수습용 차원의 내각 일괄 사표 제출이 있었고, 국무총리와 부총리, 안기부장, 내무부·법무부·재무부 장관, 법제처장, 검찰총장 등에 대한 대규모 개각이 진행되었다. 특히 '전두환의 분신'이자 5공독재의 2인자로서 그동안 정국을 좌지우지해왔던 안기부장 장세동의 퇴각은 의미심장한 사건이었다.[19] 그러나 그 폭이 아무리 넓다하더라도 개각만으로는 이미 불이 붙은 범국민적 차원의 반독재 민주화투쟁의 폭발적 열기를 가라앉히면서 정국을 '안정화'시키는 것은 불가능했다.

한편 5월에 들어 야당·재야·학생들의 연대 활동이 강화되었고 새로운 조직 구성 논의도 진행되었다. 4·13호헌조치 이후 호헌철폐투쟁이 치열하게 전개되면서 새로운 투쟁기구를 조직하는 것이 절실한 상황이었기 때문이다. 이에 기존의 '고문공대위'의 실무 논의틀을 확대한 논의구조가 민주세력 내의 의견들을 조정하는 역할을 하면서 새로운 조직의 틀에 대한 구도를 구체화시켰다.

새로운 조직을 결성하는 데 가장 크게 논란이 된 것은 ① 직선제 슬로건의 채택 여부와 ② 창당 과정에서 "재야와는 연대해서 투쟁할 것이지만 단일한 조직에 참여하지는 않겠다"면서 운동진영과 일정한 거리를 유지하고자 한 민주당의 직접적인 참여문제였다(최웅, 1987: 297). 이 가운데 직선제 슬로건의 채택문제는 직선제의 내용적 수렴으로 이견이 조정되었다. 민주당의 참여문제는 민주당이 직접적인 참여의사를 공식적으로 결정하고 다른 부분에서 합의함으로써 해결되었다. 개신교 측은 정치인과 협력은 하되 같은 틀에 묶는 것은 문제가 있다고

---

19 안기부장과 함께 "안기부 제1차장, 치안본부장, 서울시경 국장까지 바뀌어 시위 대응과 관련된 부처의 책임자가 전부 바뀜으로써 '권력 핵심'에서 새로 팀워크가 이뤄지는 데 시간이 필요했다는 점도 6월민주항쟁과 관련해 생각"(민주화운동기념사업회 한국민주주의연구소, 2010: 301)해봄직한 대목이다.

보았고, 민통련은 민주당이 책임 있게 참여하는 연합전선이 필요하다고 역설했다. 민주당도 망설였으나 천주교 측이 민주세력을 총망라하자고 주장해 정치인이 조직에 참여하는 것으로 합의를 보았다. 5월 20일 각 부문의 실무대표 약 15명이 서울 우이동 개나리산장에서 비밀리에 모여 명칭을 '호헌철폐 및 민주헌법쟁취 국민운동본부'로 하기로 합의했다(황인성, 1997: 41~42).

5월 27일 오전 7시 발기인대회 장소인 향린교회[20]에는 전국에서 2191명의 발기인을 대표해 계훈제, 박형규, 김상근, 최형우, 김동영, 양순직 등 150여 명의 각계 인사들이 모였다. 애초 다음날 가질 예정이었던 결성대회도 전두환 정권의 방해공작을 생각해 발기인대회와 같이 열렸다. 발기인대회/결성대회에서는 조직명칭을 '민주헌법쟁취국민운동본부'(약칭 국본)로 확정하고, 4·13호헌조치는 건국정신과 민주화를 부정하는 것이므로 도덕적·법적으로 당연 무효라고 선언했다. 1987년 6월 민주항쟁의 구심적 역할을 한 국본이 탄생하는 역사적 순간이었다. 비록 낮은 수준의 조직이었지만 전국적 차원의 공개운동체로서 반독재투쟁을 선도하는 한국전쟁 이후 최대 규모의 '범민주연합전선'적 조직이 비로소 출범한 것이다. 결성대회는 「민주헌법 쟁취하여 민주정부 수립하자」는 결성 선언문 낭독과 만세삼창으로 무사히 끝났다. 국본의 선언문은 이렇게 밝히고 있다.

민주화는 이 땅에서 그 어느 누구도 거역할 수 없는 도도한 역사의 대세가 된 것이다. 이제 우리는 지금까지 고립분산적으로 표시되어 오던 호헌반대 민주화운동을 하나의 큰 물결로 결집시키고, 국민을 향해, 국민

---

20 향린교회로 대회장소가 결정된 것은 명동성당, 성공회대성당, 기독교회관 등에는 모두 경찰이 배치되어 있었는데, 향린교회만큼은 경찰이 없었기 때문이다.

속으로 확산시켜 나가야 한다는 데 뜻을 모았다. 우리들 사제, 목사, 승려, 여성, 민주정치인, 노동자, 농민, 도시빈민, 문인, 교육자, 문화예술인, 언론출판인, 청년 등 민주시민들은 하나되어 이 땅의 민주화를 위해 몸 바쳐야 한다는 뜻에서 '민주헌법쟁취국민운동본부' 설립을 발기하는 바이다.

5. 맺는 글

국본의 주도하에 전개된 87년 6월 민주항쟁은 "40여 년 한국현대정치사에 있어 국가권력 및 지배세력의 힘과 민중의 힘이 역사상 가장 광범위한 반군부독재전선을 형성하면서, 최초의 힘의 균형상태로 들어간 혁명적 대사건"(최장집, 1993: 134)이라고 할 수 있었다. 6월 민주항쟁은 6월 10일의 '박종철군 고문살인 및 호헌철폐 규탄 시민대회', 6월 18일의 '최루탄 추방의 날', 6월 26일의 '민주헌법쟁취 국민평화대행진'으로 이어지면서 마침내 대통령 직선제 개헌을 수용하는 노태우의 6·29선언을 이끌어냈다.

6월 10일부터 6월 29일 전까지 20여 일 동안 한국에서 발생한 일들에 대해, '6월사태', '6월항쟁', '6월혁명', '정치혁명', '명예혁명' 등등 그 어떤 말로 표현하든, 그 변화의 폭과 깊이는 "1987년 6월 10일 이전을 구시대라고 부르고 싶을 만큼 상황은 변했다"는 말이 나올 정도로 가히 '혁명적'이었다. 그리고 "시위의 소용돌이 속에서도 이 나라는 끄떡없이 굴러가고, 많은 사람들이 더 행복해 보이고 더 희망에 차 있으며, 주식시장은 뜨겁게 뜨겁게 달아오르고 있다"(≪월간조선≫, 1987.08: 146)는 점에서도 그것은 놀라운 충격이었다.

6·29선언 이후 민주당과 민정당은 개헌협상을 벌였고, 대통령 직선

제를 핵심 골자로 하는 9차 개헌이 10월 27일 국민투표로 확정됨으로써 숨 가쁘게 대선국면에 돌입했다. 그 와중에 민주당은 대통령 선거에 나설 후보자 선출문제를 놓고 대립하다가, 김대중의 동교동계 의원들이 10월 29일 집단탈당하여 평화민주당을 창당함으로써 분당되었다. 이른바 김대중의 '4자필승론'과 김영삼의 '4자불사론'이 충돌한 가운데 12월 16일 13대 대통령 선거가 실시되었다. 선거는 36.6%(828만 표)의 지지를 획득한 민정당 노태우 후보의 승리로 막을 내렸다. 그것은 두 김씨가 그토록 약속해왔던 후보단일화 실패의 필연적 귀결이었으며, 또한 향후 우리나라 정당정치의 왜곡과 민주주의 발전의 험로를 예고하는 것이기도 했다.

참고문헌

민주통일민중운동연합(민통련). ≪민주통일≫, 각호.

민주화운동기념사업회 한국민주주의연구소 엮음. 2010.『한국민주화운동사 3』. 돌베개.

민주화추진협의회. 1988.『민추사(民推史)』.

서중석. 2016.「민주의 돌풍에 청와대 '2중대'는 추풍낙엽이었다」. ≪프레시안≫, 12월 18일.

_____. 2017a.「전두환의 영구집권 꿈, 내각제 개헌 속내는?」. ≪프레시안≫, 1월 8일.

_____. 2017b.「때맞춰 터진 전두환의 자살골」. ≪프레시안≫, 2월 5일.

손호철. 1995.『해방 50년의 한국정치』. 새길.

이경재 1987.「민중의 승리: 5·17에서 6·29까지」. ≪신동아≫, 8월호.

이영훈 2000.「김영삼과 김대중의 파벌경쟁」.『파벌로 보는 한국야당사』. 에디터.

이용마. 2015.「야당정치와 민주화추진협의회」. 강원택·조성대·서복경·이용마.『한국의 민주
    화와 민주화추진협의회』. 오름.

임혁백. 1994.「5공의 민주화투쟁과 직선제 개헌」. 동아일보사.『5공평가 대토론』.

정대화. 1995.「한국의 정치변동, 1987-1992: 국가-정치사회-시민사회의 관계를 중심으로」. 서
    울대 정치학 박사학위 논문.

정해구. 1990.「한국 사회의 정치변동과 민중투쟁」. 정해구 외.『광주민중항쟁연구』. 사계절.

정해구·김혜진·정상호. 2004.『6월항쟁과 한국의 민주주의』. 민주화운동기념사업회.

조현연. 1997.「한국 정치변동의 동학과 민중운동: 1980년에서 1987년까지」. 한국외국어대학교
    정치학 박사학위논문.

최웅. 1987.「재야세력의 민주화운동」. 조진경 외.『한국 사회의 성격과 운동』. 공동체.

최장집. 1993.『한국민주주의의 이론』. 한길사.

최형우. 1993.『더 넓은 가슴으로 내일을』. 깊은수랑.

한국일보 정치부. 1994.『빼앗긴 서울의 봄』. 한국문원.

한용원. 1993.『한국의 군부정치』. 대왕사.

황인성. 1997.『투쟁의 구심-민주쟁취국민운동본부』. ≪역사비평≫, 여름호.

3장

학생운동의 발전과 6월항쟁

이기훈 | 연세대학교 국학연구원

1. 1980년대 초반 대학의 변화와 학생운동(1981~1983)

1) 대학생의 증가와 학원 통제

1970년대 학생운동의 조직은 소규모 서클의 구성원들을 중심으로 하는 엘리트적인 결사체였다. 대학생의 수도 얼마 되지 않았고, 그중에서도 명문대학 학생들은 서울과 지방의 소위 일류 고등학교 출신들이 대부분이었다. 상대적으로 적은 수의 고등학교 출신들로 대학생 사회가 이루어지다 보니, 학생운동에 참여하는 학생들도 고등학교나 서클 등 사적인 인맥을 따라 가담하게 되는 경우가 적지 않았다. 그러나 고등학교의 평준화와 대학정원의 급속한 확대는 대학과 대학생 집단의 성격을 변화시켰다. 우선 1974년은 서울과 부산에서, 1975년부터는 대구, 대전, 광주에서 고등학교 경쟁 입시가 없어지고 평준화가 실시되었다. 이렇게 평준화된 고등학교를 졸업한 학생들이 1970년대 말부터 대학에 입학하기 시작했다.

┃표 3-1┃ 대학생 수와 대학 교육 환경의 변화

	대학교* 수	학생 수(명)	여학생 수(명)	교원 1인당 학생 수 (명)
1965	70	105,643	23,761	22
1970	71	146,414	32,641	22
1975	72	208,986	55,439	24
1980	85	402,979	90,643	28
1982	97	661,125	169,128	43
1985	100	931,884	250,088	46
1988	104	1,003,648	270,343	44

주: *전문대학과 교육대학을 제외한 일반 대학.
자료: 한국교육개발원, 『한국교육 60년 성장에 대한 통계적 분석』, 2005, 43~46쪽 재구성.

졸업정원제가 실시되면서 대학은 더욱 크게 변화했다. 1981년부터 졸업정원의 30%를 추가 선발하게 되면서 대학생 수가 급격히 늘어났다. 〈표 3-1〉에서 볼 수 있듯이 1980년대 중반 대학생 수가 이미 100만에 육박하게 되었고, 일부에서는 이미 대학이 보편교육 단계에 이르렀다고 보기도 했다.

원칙적으로는 입학 정원의 30%가 탈락해야 했지만, 군 입대나 중퇴, 그리고 이후 규정 완화 등으로 실제 탈락 학생 수는 많지 않았다. 학생 수의 증가, 특히 신입생들이 대폭 늘어난 것은, 1980년 서울의 봄 이후 큰 타격을 받았던 대학의 학생운동이 새로운 구성원들을 받아들이면서 성장을 도모하는 계기가 되었다. 또 입학 정원의 갑작스러운 증가는 대학 교육의 전반적인 상황을 열악하게 했다. 입학생들은 갑자기 늘어났지만, 사전에 준비한 것이 아니라 신군부 정권의 깜짝쇼 같은 정책이었으므로 학교의 교육과 편의 시설, 교수진은 여기에 맞춰 증설하거나 늘릴 수 없었기 때문이었다. 1970년대 20명대 초반이었던 교수 1인당 학생 수는 1980년대 중반에는 40명대로 늘어났고, 교육 시설과 설비는 태부족이었다. 1980년대 초반 신입생들은 대학 교육의 현실에 대해 불만을 가지지 않을 수 없었다.

탈락자가 많지 않았다고 하더라도 졸업정원제는 운동에 참여하는 학생들에게 강한 심리적 압박요인이 되었다. 의대나 공대, 여자대학 등 자연적인 정원의 감소나 이동이 적은 대학의 학생들이 정원제의 덫을 피하기 쉽지 않았다. 이런 대학이 아니더라도, 정원제는 정권에 대한 정치적 저항에 관심을 가진 학생들이, 학생운동에 참여하다 강제로 대학에서 퇴출되는 한 요인이 되었다.

1980년대 들어서 여학생의 수가 크게 늘어난 것도 중요한 변화였다. 1970년 약 3만 2000여 명이던 일반 대학의 여학생은 1980년 약 9만 명, 1982년 약 17만 명, 1985년에는 약 25만 명까지 급증했다. 거의 8배 가까이 크게 늘어난 셈이다. 여학생 집단의 숫자가 늘어났을 뿐 아니라 이들의 학생운동 참여가 활발해졌다. 여자대학의 학생운동 활성화는 1970년대 후반부터 두드러진 현상이었는데, 1980년대 들어와 더욱 활발해졌다. 남녀공학 대학에서도 여학생들이 적극적으로 시위에 참여했고 고학년들은 시위를 주동하기도 했다(유경순, 2015).

1980년대 초 대학에 대한 정권의 감시와 억압은 1970년대 후반 긴급조치 9호 시대의 정책과 제도를 그대로 계승했다. 대학에 대한 통제와 학생운동 대책은 국가안전기획부, 경찰, 문교부 등 여러 기관들이 참여하는 협의체를 통해 수립되었는데, 학생운동 대책에서는 국가안전기획부가 주도적인 역할을 했다. 1980년대 초반 대학 통제는 1970년대보다 전반적으로 더 가혹하고 엄격해졌다(허은, 2013). 전국의 주요 대학에는 관할 경찰서의 정보과 담당 경찰관과 지원 경찰들, 그리고 사복을 입은 전경들이 캠퍼스 곳곳에 진을 치고 있었다. 이들은 대학생들의 동향을 감시하고, 교내에 시위가 발생하면 조기에 진압하고 주동자를 체포하는 역할을 맡았다.

시위 감시와 폭력 진압은 1980년대 초반 대학의 일상이었다. 관할 경찰서만이 아니라 안기부, 보안사, 치안국 등에서 나온 이른바 기관원들이 학교 도처에 자리 잡고 학생들의 동향과 학교 전반을 감시했다. 심지어 총장 비서실에도 기관원 10여 명이 상주하고 있을 지경이었다 (김준엽, 1990). 학생들은 경찰, 기관원, 전경들이 감시하는 속에서 강의 실을 오가며 생활해야 했고, 심지어는 사복 전경들과 함께 등교해야 할 때도 많았다. 이렇게 진을 치고 있던 경찰병력은 학생 시위가 발생하면 조기에 진압하는 역할을 맡았다. 심지어는 교수들조차도 학생시위 해산에 동원되었다. 학생운동에 참여한 학생들은 등급을 나누어 학과장 이나 지도교수가 정기적으로 지도하고 보고하도록 했으며, 지도학생이 문제를 일으키면 교수들이 징계를 받기도 했다(전재호, 2002).

시위는 무자비한 폭력과 구타로 진압되었으며, 연행된 학생들은 구 타와 불법 감금, 가혹행위에 시달렸다. 특히 학내에 상주하는 경찰을 피하면서 교내 시위를 벌이는 일은 몹시 위험한 일이었다. 시위를 주동 하는 학생들은 학교 안의 도서관이나 학생회관, 강의실 건물의 창이나 옥상 등 경찰들이 접근할 수 없는 장소에서 위험을 무릅쓰기도 했다. 1983년 11월 7일 서울대 도서관에서 줄을 타고 내려오면서 시위를 주 도하던 황정하가 추락하여 11월 16일 사망한 것도 이런 와중에 일어난 비극이었다.

시위는 많은 희생을 낳았다. 단순 참가자도 중징계를 당하고 군대에 끌려갔다. 대표적으로 1981년 11월 고려대 학생들은 이른바 문무대 사 건으로 19명이 제적되고 89명이 강제로 휴학, 입영당하는 등 109명이 무더기 징계를 받았다. 1981년 11월부터 1983년 말까지 전국 대학에서 모두 447명의 학생들이 강제징집되었다. 병역법상의 정상적인 절차라 면 징병검사 20일전에 통지서를 받고, 입영 30일 전에 입영통지서를 받아야 했지만, 시위현장에서 체포된 학생들은 그 자리에서 바로 입대 해야 했다. 이들 중에는 만 20세가 되지 않아 입영대상이 아닌 학생, 시 력이나 체력이 약해 신체검사에서 면제를 받은 학생, 2대 독자라 원래 입영대상이 아니었던 학생들도 포함되어 있었다(김정남, 2005).

이렇게 강제징집된 학생들은 부대 내에서도 '특수학적변동자'라고 하여 특별한 관찰 대상이 되었다. 보안사령부는 이들에게서 빨간 물을 빼고 푸른 물을 들이겠다는 이른바 '녹화사업'을 실시했다. 1982년부터 시위 등으로 강제징집된 대학생 출신의 병사들은 보안사령부에 연행되어 사상적인 전향과 프락치 역할을 강요당했다. 보안사령부 요원들은 이들 병사에게 학생운동권의 동향이나 선후배에 대한 정보를 요구했고, 휴가를 내보내 정보를 수집해올 것을 강요했다. 운동권 출신이라는 이유로 이들은 외부에서 도움을 전혀 받지 못한 상태에서 끝없이 강요와 압박, 신체적인 고통에 시달리게 되었다. 강제징집과 녹화사업으로 입영한 대학생 가운데 많은 수가 목숨을 잃었고, 그 가족들은 돌이킬 수 없는 상처를 입었다.

1980년대 초반 대학 신입생들은 이런 폭력적인 대학 통제의 현실과 열악한 교육 환경 속에서, 광주 5·18의 진실을 접하게 되었다. 정의감 강한 젊은이들이 불의한 정권에 분노를 느끼는 것은 당연했다. 거의 모든 대학생들이 '군부독재 타도'라는 목표에 동의했고, 학생운동의 반독재 민주화 구호에 공감하게 되었다(김원, 1999). 많은 학생들이 운동에 참여하면서, 1970년대보다 학생운동의 외연은 더욱 확장되었고 이념과 조직에도 변화가 발생했다.

2) 학생운동의 조직과 방향

1980년대 초 대학가에서 저항의 조직을 처음 재구성할 때는 1970년대 후반 언더 서클 중심의 운동조직 방식을 그대로 계승했다. 1960~1970년대 학생운동세력들은 오랜 전통을 지닌 학회 형태의 서클에서 배출되는 경우가 많았다. 그런데 유신체제, 특히 1970년대 후반 긴급조치 9호가 선포되면서 이런 학회나 서클들이 모두 해산되고 공개적으로 활동하기가 어려워지면서 비합법적인 언더 서클들이 운동의 중심이 되었다. 또 학생운동이 활발했던 대학에는 언더 서클 대표자들의 협의체나 운동을 주도한 고학번들이 연계한 학생운동의 비공식 지도부가 구성되어 있었다. 유신체제의 붕괴 이후 찾아온 1980년 서울의 봄 시기 학생운동이 공개적으로 민주화운동을 치열하게 전개할 때에도 언더 서클들을 연계한 다양한 형태의 '언더' 지도부가 구성되어 활동했다.

그리하여 1980년대 초반에는 1970년대 말 학번들이 1980년대 입학생들을 규합하여 학생운동세력을 구성했다. 우선 79학번들이 1981년 하반기부터 1982년 초반에 각 대학에서 지도부를 구성했다. 공개적이고 자율적인 학생활동이 어려웠던 1980년대 초반 상황에서, 이들이 주도한 언더 서클들은 학생운동의 핵심 인자들을 양성하고 투쟁을 수행하는 역할과, 운동의 대중적 기반을 계속 확장하며 민주화 투쟁의 당위와 필요를 알리는 역할을 동시에 수행해야 했다(허은, 2013). 언더 서클에서 학생들은 철학, 역사, 정치경제학, 혁명론 등 이론 학습과 함께 선전물의 배포, 시위 참여 및 주도, 농촌 활동이나 공장 활동을 경험했다(유경순, 2015). 학생들은 학년에 따라 서클에서 마련한 훈련 프로그램 속에서 동료들과 학습과 토론, 투쟁의 경험을 공유했다. 이 속에서 그들은 매우 강력한 유대감과 동지의식을 형성할 수 있었다. 민주주의에 대한 열망, 학살 주범인 독재 정권에 대한 분노와 정의감과 함께, 이런 공동체와 동지적 연대의식이야말로 가혹한 탄압 속에서도 학생운동이 끝까지 버틸 수 있었던 원동력이 되었다.

그러나 언더 서클이 핵심적인 학생운동의 의식적 조직원을 양성하는 역할과, 학내외 대중 투쟁을 직접 조직하고 실행하는 역할을 함께 수행하면서 많은 어려움을 겪었다. 학생들은 이 언더 서클을 패밀리라고 불렀는데, 생활공동체로서의 유대와 운동 조직의 성격을 함께 지니고 있음을 보여주는 호칭이기도 했다. 이렇게 비밀 지하 조직의 성격과 대중적 투쟁 조직의 성격을 함께 지니다 보니, 조직의 운영은 체계적이지도 효율적이지 못했다. 일부 구성원들은 지나친 부담을 안아야 했고 학생 대중들을 적극적으로 참여시키는 데도 한계가 있었다.

구체적인 상황을 살펴보자. 서울대의 경우 1980년 무림 사건으로 학생운동권이 큰 타격을 받았지만, 1981년부터 곧바로 새로운 구성원들을 맞아들이면서 활력을 되찾았다. 서울대의 대표적인 언더 서클인 농촌법학회는 1981년 신입회원이 급격히 늘어 2, 3학년 선배 2명이 신입생 10명 이상을 지도하게 되었다. 이렇게 신입생이 늘면서 자연스럽게 학습모임이 많아지자 많은 언더 서클들은 산하에 여러 개의 팀을 만들고 각각의 팀들을 따로 운영하게 했다(농촌법학회 50년사 발간위원회·민주화운동기념사업회, 2012). 고려대 학생들도 1981년부터 서클별로 언더 조직을 강화하고자 했다(정태헌, 2012). 연세대도 1981년 79학번들이 주도하여 만든 언더 연합 지휘부가 교내외 투쟁을 기획하고 동원하는 역할을 수행했다. 성균관대에서는 1982~1983년 사이에 다양한 언더 서클과 공개적인 동아리, 학과 등에 흩어져 있던 학생운동세력들을 모아 10개의 학습팀을 구성하고 분야별로 책임자를 정하는 체계를 구성하여 운영하기도 했다. 정확한 수를 파악하기는 어렵지만, 언더 서클들이 계속 늘어나고 있었던 것은 사실이며 이전에 없었던 대학에서도 나타나기 시작했다(허은, 2013).

그런데 1980년대 들어서 언더 서클과 다른 공개 조직인 '학회'가 등장하기 시작했다. 처음에는 학교에 등록하고 활동하던 공개된 동아리들이 각자 '학회'를 만들기 시작했다. 이어서 각 학과마다 학생들이 자기 전공을 살린 학회들을 만들었고, 이 학회가 학습과 조직활동을 통해 학생운동의 대중적 기반을 확대시키는 핵심적인 역할을 수행하기 시작했다. 1981~1982년 무렵 언더 서클에 참여하고 있던 학생들이 단과대나 학과에서 학회를 결성하는 일에 적극적으로 나서기 시작했다. 1983년 무렵 학회는 더욱 많이 늘어나 학생운동에서 점점 더 중요한 단위가 되었고, 학회를 위한 학습 프로그램이나 현실 참여의 체계가 필요하게 되었다.

이렇게 1970년대와 다른 상황이 전개되면서 학생운동 주도층도 이전의 언더 서클만이 아니라 단과대학이나 학과를 학생운동의 단위로 고려하기 시작했다. 핵심적인 조직원을 양성하는 언더 서클은 그대로 유지했지만, 학회가 많은 학생들의 학습과 생활의 중심이 되자 학회 조직을 동원할 수 있는 조직체계가 필요하게 되었다. 1982년 서울대 학생들은 핵심적인 조직 재생산은 여전히 언더 서클을 중심으로 하되, 각 단과대학마다 '포(post)'라고 불리는 책임자를 정하고 교내 시위 등의 투쟁에서 동원을 맡겼다. 운동권 선배들이 후배들 가운데 신망이 두터운 사람을 포로 지명했고, 포들은 여러 가지 방법으로 언더 서클에 포섭되지 않는 학생 대중 전체의 투쟁을 조직하고자 했다(은수미, 2003).

나아가 학교 간의 연대가 추진되었다. 1970년대 학교 간 연대가 없지는 않았지만, 그리 오래 지속되지 못했고 극단적인 탄압 속에서 금세 해체되었다. 흥사단 아카데미 같은 단체 소속의 동아리 정도만이 명맥을 유지할 수 있었던 것이다. 그러나 1983년 상반기부터 서울대, 성균관대, 고려대의 운동권 대표자들로 구성된 학교 간 연대 모임은 실질적인 공동 투쟁을 지속적으로 전개하며 이후 학생운동의 영향력 확대에 크게 기여했다. 1983년 9월 30일 서울 지역 대학생들의 연합 가두시위가 대표적이다.

한편 1980년대 초반 인문 사회과학 전문 출판사들이 늘어났고, 대학가에는 이런 책들을 전문적으로 취급하는 서점들이 생겼다. 1970년대 해직당한 언론인이나 학생운동에 참여했던 선배 그룹들 중 다수가 출판사업이나 서점 운영에 참여했다. 대학가마다 생긴 인문 사회과학 전문 서점들은 이론적인 자양분을 제공할 뿐 아니라, 운동권 학생들의 사랑방 역할을 했다. 언더 서클들은 이런 서적들을 적극적으로 활용하여 체계적인 학습 프로그램을 구성하기 시작했다(은수미, 2003). 언더 서클들이 의견을 교환하며 구성한 학습 프로그램은 여러 학교들로 확산되며 더욱 풍성해졌고, 학생운동의 이념적 확산에도 기여했다.

그런데 1984년 이른바 '학원자율화 조치'가 시행되면서 학교 내외의 환경이 급격히 변화했다. 신입생들의 의식도 달라졌으며, 정치 상황도 변했고 노동운동과 농민운동, 재야의 활동도 활발해졌다. 확대된 합법 공간을 활용하고 운동을 대중적으로 확산시키기 위해서는 조직과 이념의 모든 영역에서 변화가 필요했다. 쉽게 답을 찾을 수 있는 문제가 아니었으니 많은 시행착오와 논쟁이 불가피했다.

3) 학생운동의 전개

1980년 5월 이후 학생운동 지도부가 구속되고 휴교령이 내려진 상황에서도, 서강대 학생 김의기가 광주 5·18의 진상을 알리기 위해 투신하는 등 대학생 개인이나 소규모 그룹이 유인물을 배포하는 투쟁을 벌였다. 2학기 개학 이후에는 대학가에서 학생운동 조직이 재건되기 시작하여, 여러 대학에서 전두환 정권을 규탄하는 조직적인 시위가 벌어졌다.

1980년 2학기 휴교령이 해제된 후 학생운동 조직은 학교별로 1970년대 말의 언더 서클 지도부가 다시 결성되어 움직였다. 서울대의 경우 언더 서클의 지도부는 희생이 많은 투쟁을 지양하고 역량을 보존하며 집단적, 조직적으로 장래 운동에 투신할 수 있는 인자들을 양성할 것을 방침으로 삼았다. 그러나 운동 현장에 참여하고 있던 학생들은 전두환 정권에 대한 즉각적인 투쟁을 요구했고, 조직 보존의 방침만으로는 운동의 역량을 유지하기가 어렵다고 판단한 지도부도 시위를 감행하기로 결정했다. 1980년 11월 말부터 서울대 언더 서클 연합 조직은 시위대의 조직과 선언문 작성 등을 준비했다. 12월 11일 서울대 학생회관 앞에서 학생들이 모여 "전두환 타도" 등의 구호를 외치고 「반파쇼학우투쟁선언」을 뿌리며 시위를 감행했다(유시춘 외, 2005). 그러나 이 시위로 주동자와 언더 지도부는 물론이고 서클들의 회원과 연락체계까지 모두 드러났다. 대규모 검거사태가 벌어졌고 이미 학생운동 현장에서 떠났던 사람들까지 속속 체포되었다. 당시 공안당국은 이 조직이 마치 안개처럼 모호하게 연결되어 있다고 해서 이들을 '무림(霧林)'이라고 불렀다.

이 무림 그룹과는 대조적인 운동 방향을 주장하는 학생운동세력이 있었다. 이들은 학생운동의 선도성을 강조하면서 즉각적이고 선도적인 정치투쟁을 전개할 것을 주장했다. 대학 간 연합서클인 흥사단 아카데미를 기반으로 한 이 그룹은 학생들은 끊임없는 정치투쟁을 통해 문제를 제기하고, 노동운동은 그 성과를 받아 역량을 강화하면서 궁극적인 문제해결 집단이 되어야 한다고 주장했다. 1980년 9월부터 서울대, 성균관대, 이화여대 등에 따로 조직을 구성한 이들은, 1981년 2월 27일 전국민주학생연맹(전민학련)을 결성했다. 전민학련은 중앙위원회를 구성하고 그 산하에 도 단위의 지부를 만들었으며 지역별로 지회를 두고 12개 대학에 지반을 결성했다. 전민학련은 비합법 조직으로 철저한 비밀주의를 유지하려 했다.

1981년 신학기가 되자 전민학련이 전국의 대학에서 시위를 주도했다. 이들은 서울대에서 3월 19일 첫 시위를 일으킨 다음, 5월 11일까지 부산대, 동국대, 성균관대 등 여러 대학에서 모두 30여 차례의 반정부 시위를 벌였다. 그러나 1981년 6월 10일경 이태복, 이선근을 비롯한 관계자 30여 명이 연행 구속되었고 중형을 선고받았다. 경찰은 전민학련을 학생들의 조직이라는 의미에서 '학림(學林)'이라고 불렀다(이기훈,

2013).

광주항쟁 1주기를 맞이한 1981년 5월 전국 각지의 대학에서 광주항쟁을 기리면서 전두환 정권의 타도를 외치는 집회가 벌어졌다. 5월 12일 성균관대학 학생들이 "5월 광주항쟁을 기억하자"는 플래카드를 내걸고 종로 4가까지 진출해 가두시위를 벌였고 서울대생들도 반파쇼 시국선언문을 배포하며 교내 시위를 벌였다. 5월 15일과 20일에는 고려대 학생들이, 18일에는 서강대생들이, 22일에는 고려대와 성신여대 학생들이, 5월 27일에는 동국대 학생들이 시위를 벌였다. 5월 27일 서울대에서는 학생 1000여 명은 광주항쟁 희생자 위령제를 지내려 했으나 경찰의 제지로 실패하자 아크로폴리스 광장 주변에서 침묵시위를 벌였고, 중앙도서관 6층에서 경제학과 4학년 김태훈이 "전두환 물러가라"를 세 번 외치고 창밖으로 몸을 던졌다. 1981년 하반기에는 서울대, 전남대, 경희대, 한국외국어대, 성균관대, 서강대, 한양대, 이화여대, 고려대, 연세대 등 전국의 많은 대학 학생들이 학내 경찰의 감시 속에서도 전두환 정권 타도를 주장하는 시위를 벌였다.

1982년 하반기에는 대학가의 시위가 활발했다. 일본 교과서 왜곡에 대한 정부의 소극적 대응을 규탄하는 대규모 가두시위가 벌어졌고, 대학별 투쟁도 활성화되었다. 1983년에는 광주학살규탄시위, IPU 총회 반대 연합시위, 11월 12일로 예정된 미국의 레이건 대통령의 방한에 대한 연합반대시위를 벌였다. 1981년 56건, 1982년 40건이던 학생 시위는 1983년에는 134건으로 크게 늘어났다. 대학가의 반정부 시위 격화 양상을 단적으로 보여주는 것은 학생운동으로 제적되는 학생들의 숫자였다. 1981년 300명, 1982년 198명이던 제적생의 수는 1983년 327명으로 늘어났다.

1980년대 초 학생운동은 부산 미문화원(현재 부산근대역사관) 방화 사건이 가장 충격을 주었다. 1980년 이후 민주화운동 진영에서는 광주항쟁의 진실을 알리고, 미국이 이 학살에 책임이 있다는 사실을 국민들에게 알리고 미국에 경고를 보내야 한다는 생각을 가진 사람들이 점점 더 늘어났다. 이들은 대도시마다 있던 미국문화원을 타격하여 이 문제를 공개적으로 제기하고자 했다. 먼저 광주 미문화원에 대한 방화가 시도되었다. 1980년 12월 9일 밤 가톨릭 농민회원 정순철이 회원들과 함께 광주 미문화원에 불을 질렀으나 금세 불길이 잡혔다. 광주항쟁이나 미국에 대한 쟁점이 부각되는 것 자체를 꺼렸던 전두환 정권은 이 사건에 대한 보도를 완전히 통제했고, 시민들은 전혀 알지도 못했다. 그러나 광주 미문화원 방화사건은 광주항쟁의 진실을 알리고자 하는 학생들에게 자극이 되었다.

1982년 3월 18일 오후 2시 부산의 고신대 학생 문부식의 지휘하에 김은숙, 이미옥, 최인순, 김지회 등이 부산 미문화원에 뛰어 들어가 인화물질을 복도에 붓고 불을 붙였다. 유승렬과 박원식, 최충언은 부근 시내에서 두 종류의 유인물을 뿌렸다. 유인물은 광주시민을 무참하게 학살한 전두환 정권을 타도할 것을 호소하는 한편, 미국과 일본이 한국에서 물러날 것 등 9개 조항을 요구했다. 또 해방 이후 미국의 대한 정책을 수탈을 위한 것이라 규정하고 반미투쟁을 전개할 것을 호소하기도 했다. 불을 지른 것 자체는 사람들의 이목을 끌기 위한 것이었으나, 예상보다 화재가 크게 나는 바람에 동아대학교 학생 장덕술이 목숨을 잃고 세 사람이 중경상을 입는 희생이 있었다.

사건 직후 전국에 검문검색이 강화되고 고액의 현상금이 걸린 가운데 관련자들이 구속되었고, 투쟁을 주도한 문부식과 김은숙도 원주에서 함세웅 신부의 주선으로 자수했다. 그런데 경찰은 4월 2일 문부식의 배후로 광주항쟁 수배자 김현장을 검거했고 5일에는 원주교구의 최기식 신부를 김현장의 은닉혐의로 구속했다. 김현장이 1981년 가을 문부식에게 광주 미문화원 방화사건을 알려주고 광주항쟁에 대한 미국의 책임을 거론하기는 했으나 3월 18일의 방화 사건에 직접 관여한 것은 아니었다. 그러나 경찰은 이것을 기회로 최기식 신부를 구속하는 한편 가톨릭에 대한 공세를 강화하고자 했던 것이다.

1982년 8월 11일 이 사건 관련자들에게 중형이 선고되었다. 그러나 이후 광주항쟁과 그에 대한 미국의 책임이 동시에 핵심적인 문제로 떠오르면서 민주화운동의 반정부 투쟁은 더욱 강화되었다(유시춘 외, 2005).

2. 학생회의 부활과 학생운동의 고조, 총선투쟁(1984~1985)

1) 학원자율화와 학생회의 부활

1983년 대학가에서 시위가 연일 계속되면서 전두환 정권으로서는 특단의 대책을 세우지 않을 수 없었다. 특히 대학생들이 정치적 쟁점에 대한 목소리를 높이고 학교 밖으로 진출을 시도하면서 학생 시위에 대한 대책이 필요했다. 그런데 1986년 아시안 게임과 1988년 올림픽을 앞둔 전두환 정권으로서는 더 이상 강경한 대처방안을 내놓는 것은 현실적으로 어려웠다. 그렇지 않아도 국민을 살육하고 집권한 독재자라는 이미지로부터 벗어나야 할 상황에서 더 무자비한 탄압을 강행할 수는 없었다. 그 결과 1983년 12월 이후 정부는 일련의 '학원자율화 조치'를 내놓게 되었다. 권이혁 문교부 장관은 전국 대학 총·학장 회의에서 1984년 1학기에 제적 학생들의 복교를 허용하겠다는 방침을 밝히고 학원대책도 처벌 위주에서 '선도' 위주로 바꿀 것이라고 했다. 이어 12월 22일 학생운동으로 수감 중이던 131명이 특별사면과 형집행정지로 석방되었고 해직 교수에 대한 부분적인 복직 허용도 거론되기 시작했다.

1984년 2월 29일에는 학원에 상주하던 사복 경찰병력이 철수했다(민주화운동기념사업회, 2010).

학원에서 공공연하게 학생 활동을 감시하던 경찰이 물러나고, 학생운동으로 쫓겨났던 학생들이 돌아오면서 학생운동은 새로운 전기를 맞이했다. 학교마다 새로운 학생회를 건설하기 위한 조직이 등장했다. 1984년 3월 9일 서울대를 시작으로 해서 많은 학교에서 학원자율화추진위원회나 학원민주화추진위원회가 결성되었다. 이들의 집회는 학생들의 열렬한 성원 속에 열렸다. 4월 12일 서울대 집회에 학생 2000여 명이 참여했고, 4월 17일 고려대 집회에도 1500여 명이 참여했다. 4월의 학원 자율화, 혹은 민주화 투쟁은 4·19를 거쳐 자연스럽게 5월 투쟁으로 연결되었다. 1984년 5월 16일 전국 26개 대학에서 광주 학살 규탄대회와 가두시위를 전개했고, 이후 5월에는 당연히 광주 학살 규탄과 진상 규명 투쟁을 전개하는 것이 상례가 되었다(서중석, 2011).

학생들의 학원자율화 투쟁은 1984년 2학기 어용조직인 학도호국단을 폐지하고 자율적인 학생기구로서 학생회를 부활시키는 것으로 귀착되었다. 고려대가 먼저 총학생회를 부활시켰다. 고려대는 총학생회 선거준비위원회를 구성하고 단과대학 학생회장 선거를 거쳐 총학생회장 선거를 실시하여 9월 20일 고려대 총학생회(총학생회장 김영춘)가 출범했다. 9월 27일 연세대(총학생회장 송영길), 서울대(총학생회장 이정우)에서도 총학생회가 탄생했다. 이어 경희대, 외국어대, 건국대, 전남대 등 여러 대학들이 학도호국단을 해체하고 총학생회를 설립했다.

2) 학생운동의 노선과 조직 논쟁과 투쟁

학생운동 역량이 증대되고 운동의 대중적 기반이 확대되던 가운데, 1983년 12월 이후 환경의 변화는 학생운동의 조직과 위상에 대한 새로운 고민과 논쟁을 불러일으켰다. 예를 들어 부활한 총학생회를 이끌고 있던 서울대 학생운동의 주류는 학생운동 내부의 역량 축적을 위한 '학생회 강화'를 주된 목표로 삼았다. 총학생회, 단과대 학생회, 학과 학생회 등 학생회 조직과 함께 과의 학회, 공식적인 동아리 등 학생 일반이 참여하는 대중 조직에서 구성원들을 의식화하고 투쟁에 참여하도록 조직하고자 했던 것이다. 이들도 기존의 포(post)를 중심으로 하는 동원 조직 자체가 더 이상 효과적이지 않다고 보았지만, 이 무렵의 유화국면이 지속될 것으로 보고 언더 서클의 구성원들이 학생회 조직에 적극적으로 참여할 것을 모색했다(허은, 2013). 그동안 포들이 과 학회와 같은 조직들을 활성화시켜 학생운동의 대중적 기반을 강화했으므로, 우선 '(공개) 학생회 + (비공개) 포 시스템'을 유지하는 것을 선택했다.

이에 반해 학생 대중들이 적극적으로 참여하는 선도적 투쟁을 조직화하고 이를 위한 조직을 만들어야 한다고 주장하는 그룹이 등장했다. 이들은 『깃발』이란 소책자를 발간하던 민주화추진위원회(민추위) 그룹의 문제의식을 수용한 학생운동 활동가들이었다. 이들은 사회주의적 변혁 이론을 도입하여 한국 사회를 분석하고, 노동자, 농민 중심의 전위 조직을 건설하여 민족민주혁명(NDR)을 수행하는 것을 목표로 삼았다(안병용, 1990; 고원, 2013). 이들은 학생운동의 임무는 선도적 정치투쟁을 수행하는 것이며, 학생 대중 전체를 투쟁 전선에 내세우기 위해서 의식화와 투쟁을 함께 수행할 수 있는 반합법 투쟁 조직을 결성해야 한다고 주장했다. 이를 위해서 대중적인 투쟁위원회를 만들고 이를 중심으로 연합전선을 결성하여 독재 정권과 싸워야 한다는 것이었다.

이 선도적 정치투쟁론이 학생운동 내에서 점점 많은 지지를 얻게 되면서 1984년 10월 12일 서울대를 시작으로 연세대, 고려대, 성균관대학 등에서 『깃발』의 노선에 동조하는 학생운동가들이 총학생회와 별개로 '반독재민주화투쟁위원회(약칭 민투)'를 조직했다. 이들을 흔히 '민투'의 영문 약자인 MT라고 불렀다. 이 MT 그룹의 비판 대상이 되었던 주류 그룹은 흔히 MC(Main Current)라고 했다. MT-MC 논쟁은 학생운동의 기반이 확대되면서 현실 인식과 투쟁방향, 조직노선의 차이가 본격적으로 드러나기 시작했음을 보여준다(박종운, 1989). MT-MC 그룹 간의 논쟁 과정에서 각 대학별로 투쟁위원회가 구성되는 등 MT 계열이 우세해지기는 했지만, 완전히 주도권을 장악한 것은 아니었다. 서울대는 포 시스템이 유지되면서 투쟁위원회와 공존했고, 두 그룹은 학교 전체를 대표하는 대표자를 따로 선출하기로 합의하기도 했다(고원, 2013).

학교 대표자가 따로 필요했던 것은, 1983년 서울 시내 대학 간 학생운동 대표자 연대 조직이 상설화되고 1984년부터 대학 간 연합시위가 학생운동의 일반적인 투쟁 양상으로 자리 잡았기 때문이었다. 1984년 5월 4일 서울 지역 5개 대학의 학원민주화추진위원회와 학도호국단이 연합하여 '강제 징집 사망학생 6인에 대한 합동위령제'를 거행했다. 또 7월 전두환의 일본 방문계획이 발표되자 대학 연합으로 반대투쟁을 전개했다.

이어 1984년 2학기 각 대학에서 총학생회가 부활하고 학교마다 반독재 민주화투쟁위원회가 구성되자, 1984년 11월에는 이 투쟁위원회들이 주축이 되어 공식적인 학교 간 연대 기구를 출범시켰다. 11월 3일 연세대에서 학생의 날 기념연합집회에서 서울대, 연세대, 고려대, 성균관대 학생들이 민주화투쟁학생연합(민투학련)을 결성했다. 같은 날 전국 대학 학생회의 협의체로 전국대학생대표기구회의를 조직했고, 11월 20일 전국학생총연맹으로 이름을 바꾸었다(서중석, 2011).

민투학련은 공개적인 투쟁조직이었으나 실제로는 기존의 서울 시내 대학 간 학생운동 대표자 연대조직의 연장선상에 있었다. 민투학련의 이름으로 대학생들은 11월 14일 여당 민정당 중앙당사를 점거하고 농성을 벌였다. 이 투쟁 자체는 서울대 일부 학생들이 먼저 제안했으나 서울대 내부 논의에서 혼선을 보이자, 고려대, 연세대, 성균관대 학생들이 민정당사 점거를 실행했다(허은, 2013). 이들 학교 학생 264명은 13시간 동안 안국동의 민정당 중앙당사를 점거하고 민정당의 해체를 요구하며 당사 철문에 "노동법 개정하라", "전면 해금 실시하라"는 현수막을 내걸었다. 이들은 「우리는 왜 민정당사를 찾아왔는가」라는 유인물에서 총학생회 인정, 문교부 장관 문책, 전면 해금, 민중생존권 보장 등을 내걸고 민정당 대표와 면담을 요구했으나 일언지하에 거절당했다. 11월 15일 새벽 4시 30분 중무장한 경찰대가 이들을 전원 연행하여 19명이 구속되고 180명이 구류처분을 받았다(민주화운동기념사업회, 2004a). 이후 대학 간 연합시위는 더욱 활발하게 전개되었다. 1984년 한 해만 21개 대학이 참여한 35회의 연합시위가 열렸다. 이런 연합시위를 통해 학생들은 개별 대학만으로는 불가능한 대규모의 투쟁을 수행할 수 있었다.

한편 학생운동과 노동운동 연대 투쟁도 본격적으로 시작되었다. 1984년 5월 18일과 25일, 1980년 이후 최초로 공단지역인 가리봉 오거리에서 가두시위가 벌어졌다. 이 시위에 대한 평가서로 나온 『생산지역 정치투쟁론』이라는 팸플릿은 기층민중 속에서의 직접적인 시위 투쟁이 격렬하게 전개될 때 노동대중의 잠재적 혁명성이 폭발할 것이라고 주장했다. 학생운동세력은 모두 장차 변혁운동에서 노동계급의 중요성을 강조하고 현실의 미약한 세력을 강화할 필요성을 인식했지만, 특히 MT 그룹은 학생들의 지속적인 민중지원투쟁이 노동자계급의 급격한 계급의식화를 촉진할 수 있다고 보았다. 학생운동이 가두 투쟁을 비롯한 선도적 정치투쟁에 나서야 한다는 것이었다. 이 무렵 학생운동 세력에서는 '민중생활조사위원회', '민중생존권투쟁위원회'같이 노동자, 농민의 생활을 학생들이 직접 체험하고 민중들의 생존권 투쟁을 지원하는 공개적이고 대중적인 조직을 만들기 시작했다. 이런 위원회 활동을 통해 많은 학생들은 공장이나 농촌의 투쟁현장을 방문하여 지원하거나 농촌활동, 공장활동을 벌일 수 있었다. 이 무렵의 대표적인 노학연대 투쟁이 청계천 피복노조 합법성 쟁취투쟁이었다. 1984년 9월 19일 노동자와 학생들이 연대하여 도심에서 2000여 명이 참여하는 대규모 1차 가두시위를 벌였다 1차 시위가 성공을 가두자 자연스럽게 10월 2차 투쟁과 대음해 3차 투쟁으로 이어질 수 있었다(유경순, 2015). 노동운동에 대한 연대 투쟁이나 공단 지역에서의 시위는 1980년대 중반 이후 학생운동의 중요한 투쟁 양상이 되었다.

3) 2·12총선과 전면적인 대중 투쟁

1985년 2·12총선을 앞두고 대학가에서도 선거에 어떻게 참여할지 논쟁이 시작되었다. 우선 선거가 제국주의와 집권 세력의 의도대로 진행될 것이므로 거부해야 한다는 입장이 있었다. 이들은 민정당과 군부의 장기 독재 구도에서 총선 또한 징검다리 역할만을 할 것이며, 국회의원 총선거 또한 군부와 집권 민정당의 장기 독재를 실현하는 징검다리 역할만을 할 뿐이라고 예측했다. 집권당의 승리가 확정되어 있는 상태에서 김대중, 김영삼의 신당 또한 특별한 역할을 할 수 없으며 미·일과 야합할 가능성이 높다고 보았다. 이 입장에서는 야당과의 제휴도 물론 거부해야 하는 것이었다.

반면에 선거 자체가 대중들의 투쟁의 산물이며 정치의식을 고양시킬 수 있는 기회이므로 적극적으로 활용해야 한다는 활용론도 강하게 대두했다. 야당의 이념적 한계나 기회주의적인 속성을 간파해야 하지만, 야당과 군부 정권과 갈등을 잘 활용하고 야당을 포함한 모든 부문 운동과 연대해야 한다는 것이었다. 야당을 활용한다는 연대론이 힘을 얻으면서 학생운동은 총선참여론으로 기울었고, 1985년 총선거 유세장에는 학생들이 대거 등장하게 되었다. 학생들은 전국대학연합 선거대책위원회를 만들어 1985년 1월 14일 제1차 보고대회를 열었으며, 이후 선거 유세장 곳곳에서 다양한 선거투쟁을 전개했다. 학생들은 민주총선을 주장하는 집회와 가두시위와 홍보전을 벌였고, 각지의 유세장을 돌면서 군부 독재 반대, 민정당·민한당 반대, 민중생존권 쟁취 등의 구호를 외쳤다. 유세장에서 학생들의 구호와 여당 후보에 대한 야유는 시민들의 큰 호응을 얻으며 야당 바람을 일으키는 데 큰 역할을 했다 (서중석, 2011).

2·12총선 결과 신민당이 돌풍을 일으키면서 1985년의 학생운동은 더욱 활발히 전개되었다. 대부분 합법적인 지위를 획득한 각 대학의 학생회들이 연대하여 전국적 조직을 구성하고자 했다. 1985년 4월 17일 전국 62개 대학 학생회가 참여하는 전국학생총연합(의장 김민석 서울대 총학생회장, 약칭 전학련)이 출범했다. 전학련은 1984년에 만들었던 전국학생총연맹보다 더 많은 학교들이 참가하고 조직도 체계적이었다. 전국을 4개 지역으로 나눠 지역별 학생 연합을 구성했고, 서울에는 4개의 지구별 평의회를 구성했다. 출범 직후 4월 19일 전학련은 대학생 7000명이 모인 가운데 독자적인 4·19 기념식과 가두시위를 수행하고 전두환의 매국방미규탄대회를 열었다. 이날 시위로 대학생 360여 명이 경찰에 연행되었다(이기훈, 2008).

전학련은 산하에 투쟁위원회를 따로 조직했다. 1984년 민투학련이 그랬던 것처럼 '민족통일·민주쟁취·민중해방투쟁위원회(삼민투, 위원장 허인회 고려대 총학생회장)를 두었고, 다시 삼민투 산하에 광주학살진상규명위원회, 광주학살원흉처단위원회, 광주민중항쟁 계승위원회를 두어 바로 5월의 광주학살 원흉처단투쟁을 전국적으로 수행했다. 그 결과 1985년 5월의 광주학살 진상규명 투쟁은 이전에 비해 더 큰 규모로 전국에 걸쳐 일어났다. 거의 모든 대학에서 광주학살 진상규명과 원흉처단을 요구하는 시위가 벌어졌다. 5월 10일 서울 시내 15개 대학 6000여 명이 광주학살 진상규명을 요구하며 시위를 벌였고, 5월 17일에는 전국 80개 대학 4만여 명의 학생이 시위에 참가했다.

1985년 5월 23일에는 서울 미문화원 점거 투쟁이 벌어져 광주의 문제를 국내외에 널리 알리게 되었다. 서울대, 고려대, 연세대, 성균관대, 서강대 등의 5월 투쟁위원회가 중심이 된 서울시내 5개 대학 학생 73명이 서울의 미문화원에 집결하여 정문 경비 병력을 밀치고 진입, 2층 도서관을 점거하고 농성을 시작했다. 함운경 등 농성 학생들은 '전국학생총연합 광주학살원흉처단 투쟁위원회' 명의의 유인물을 뿌렸는데, 광주학살을 지원한 것에 대한 미국 행정부의 공개 사과, 전두환 군사독재 정권에 대한 미국의 지원 중단, 한미 관계의 올바른 정립에 대한 노력 등을 요구하고 국민대토론회를 제안했다. 미국 정부 시설을 공개적으로 점거하면서 학생들의 광주항쟁에 대한 진상규명 및 미국의 책임을 묻는 주장은 내외신을 통해 널리 알려지게 되었다.

미 대사관 측은 학생들과 협상을 진행했으나 미국은 학생들의 철수를, 학생들은 미국의 성의 있는 답변을 요구하며 단식농성을 계속했다. 25일 주한 미대사 워커는 미국이 광주학살에 책임이 없다는 내용의 친서를 보냈다. 더 이상 투쟁을 계속하기 어렵다고 판단한 학생들은 1985년 5월 26일 자진하여 미문화원을 나와 경찰에 연행되었다. 73명의 학생 중 25명이 구속되고 43명은 구류 처분을 받았으며 5명은 훈방되었다.

한편 2·12총선 이후 돌풍을 일으킨 야당이 직선제 개헌을 들고 나오면서, 학생운동도 이 문제에 대한 입장을 정리해야 했다. 대체로 학생들은 야당의 역할에 대해 크게 신뢰하지 않았지만, 정치권에서 진행되는 개헌논의에 대중들이 큰 관심을 보이는 현실을 부정할 수 없었다.

1985년 여름까지 '민중 민주화운동 탄압 저지 투쟁', '학원안정법 저지 투쟁' 등에 주력하던 학생운동에서는 9월 민주제 개헌론이 등장했다. 군부독재 정권을 물러나게 하고 민중(노동자, 농민, 빈민, 청년, 학생)들의 대표가 참여하는 헌법제정회의에서 '민주제 헌법'을 새로 제정해야 한다는 주장이었다. 10월에는 민주제 헌법을 더 구체화하여 민중, 민주, 민족통일의 삼민헌법을 쟁취하는 것을 목적으로 하되, 이를 위해서 매판헌법, 분단헌법을 철폐해야 한다는 주장이 대두했다. 이렇게 당시 5공화국 헌법을 '파쇼 헌법'으로 규정하고 그 철폐와 민중, 민주, 민족통일의 헌법 제정을 요구하는 삼민헌법쟁취투쟁론이 확산되면서, 삼민헌법쟁취투쟁위원회가 각 대학에서 조직되었다. 이들은 국회에서 진행되던 개헌 논의를 부정하고, 군사독재를 타도하여 파쇼헌법을 철폐하고 민중이 주체가 되어 민주 헌법을 제정해야 한다고 보았다. 그리하여 1985년 11월 18일 전학련 소속인 '파쇼헌법철폐 투쟁위원회'의 14개 대학 학생 180여 명이 민정당 중앙정치연수원을 점거하고 군사독재 정권 퇴진과 파쇼헌법 철폐를 요구하다 전원 구속되었다. 또 1986년 2월 4일에는 전학련 소속 학생들이 서울대에 모여 헌법 철폐를 위한 서명운동을 결의하기도 했다(고원, 2013).

3. 개헌정국에서 학생운동의 전개와 시련

1) 운동 노선의 분화와 투쟁의 고양

(1) 반미 노선의 등장과 확산

1986년 학생운동의 이념적 지형과 판도가 급격히 변했다. 반미주의 노선이 등장한 것이었다. 1980년대 초반에도 본격적인 반미주의를 주장한 그룹들은 있었다. 1983년 나온 팸플릿 『인식과 전략』은 미·일 제국주의와 한국 민중 간의 대결이 한국 사회의 기본모순이며 군부 파쇼는 제국주의의 대리 세력이라는 주장을 펼쳤고, 1984년 김성만 등이 작성한 『예속과 함성』은 해방 이후 한미관계를 지배-종속 관계로 설명하고 모든 불행의 근원은 미국에 있다는 미국 주적론을 내세웠다. 그러나 반미주의가 학생운동에서 본격적으로 등장하여 급속히 확산되기 시작한 것은 1985년 하반기부터였다.

1985년 10월 이후 반미투쟁을 강조한 '반제민중민주주의변혁론(AIPDR)'이 급속히 학생들 사이에서 세력을 확대해갔다. 이들은 미제국주의야말로 한국의 비민주적이고 예속적인 현실을 규정하는 근본적인 힘이며, 군부 정권은 미제국주의의 대리인에 지나지 않는다고 파악했다. 현실에서 진행되는 개헌 논의 등도 미제국주의의 식민지 파쇼 지배체제 안정화를 위한 술책에 지나지 않으므로 민주화운동의 본질은 반미자주화투쟁이어야 한다는 주장이었다.

또 이들은 기존의 서클 중심의 운동방식을 강력히 비판했다. 비공개 조직이었던 언더 서클이 주도한 많은 투쟁에서 운동에 참여한 학생들은 대부분 비밀리에 아래로 전달되는 조직의 지시에 따라 투쟁에 참여하는 경우가 많았다. 1984년 이후 공개된 조직인 학회에서 학습하고 생활했던 많은 학생들에게 이런 하향식 조직과 투쟁은 수긍하기 힘든 운동 방식이었다. 반미자주화 투쟁 그룹이 급속히 세력을 확대할 수 있었던 것은, 서클주의의 폐쇄성을 비판하고 대중적 활동 중심의 새로운 운동방식을 제시했기 때문이었다. 서울대에서 본격적으로 등장하기 시작한 반미투쟁론은 기존의 삼민혁명론이나 파쇼헌법철폐 투쟁을 비판하면서 부각되었고, 1986년에는 민족해방민중민주주의혁명론(NLPDR)을 정립하면서 이 계열의 학생운동세력을 NL이라 부르게 되었다.

이 NL 계열은 학생회나 학회 등 학내 대중조직을 운동의 중심으로 삼아 적극적으로 강화하고 대중 활동을 강화해 나가야 한다고 주장했다. 또 기존의 언더 서클을 해체하는 대신, 더 확대되고 공통의 이념에 기반을 둔 비합법 활동가 조직을 결성했다. 서울대 구국학생연맹, 연세대 반미구국학생동맹, 고려대 애국학생회 등이 대표적인데, 공개되지 않은 비합법적 조직이지만, 정치전위라기보다는 애국적 청년학생들을 키우고 반미 투쟁을 통해 신식민지 해방을 추구하는 혁명적 대중조직으로 스스로를 규정했다.

NL 계열의 학생운동 진영에서 실제 투쟁을 담당한 것은 각 대학의 반미자주화 반파쇼민주화 투쟁위원회(자민투)였다. 1986년 서울대 자민투는 기관지 ≪해방선언≫을 발간하는 한편, 먼저 조직되어 있던 반전반핵 평화옹호 투쟁위원회(반전반핵투위)를 산하로 두고, 개학 이후 전방입소 교육 거부 투쟁을 주도했다. 당시 대학 2학년 남학생들은 교련 수업과 함께 의무적으로 1주일간 최전방 부대에서 입소교육을 받아야 했다. NL계 학생운동 세력은 이 전방입소 훈련을 미제국주의의 용병교육이라고 규정했다. 서울대 총학생회와 자민투는 2학년들의 전방입소가 다가오자 '전방입소훈련 전면거부 및 한반도 미제 군사기지화 결사저지를 위한 특별위원회'를 만들었다. 특별위원회는 입소대상 학생들이 도서관 또는 의대 캠퍼스에서 농성하며 입소를 거부할 계획을 세웠으나 무산되자 입소 당일인 1986년 4월 28일 신림사거리에서 연좌농성을 시도했다. 이날 서울대 반전반핵투위 위원장 이재호와 자연대 학생회장 김세진은 "양키의 용병교육 전방입소 결사반대"를 외치며 2학년 학생들과 함께 신림사거리에서 시위를 벌이며 경찰의 해산 시도에 끝까지 저항했다. 경찰이 다가오자 김세진과 이재호는 온몸에 신너를 뿌리고 다가오지 말라고 했다. 이를 무시한 경찰이 체포를 시도하자 두 사람은 불을 붙였고, 결국 5월 3일과 26일 숨을 거뒀다.

NL계는 대학에서 대학으로 영향력을 확대했다. 먼저 NL의 반미자주화 이념을 받아들이고 조직을 구성한 대학의 학생들은 주변 대학으로 유인물을 보내고, 직접 다른 학교 학생들을 만나면서 활발한 선전 사업을 벌였다. 반미자주화투쟁의 중요성, 대중과 함께하는 노력, 학생운동의 도덕성을 강조한 자민투 계열의 노선과 방침은 학생들에게 비교적 쉽게 받아들여졌고, 1986년 상반기와 여름 방학을 거치면서 자민투의 노선은 여러 대학에서 운동권 주류가 되었다.

한편 한때 학생운동의 노선과 투쟁 방침에서 주도권을 장악했던 MT 계열은 1985년 10월 29일 '민주화추진위원회 사건'으로 핵심 지도부가 구속되고 학내외 조직이 파괴되면서 타격을 받았다. 그러나 다시 조직의 재건을 추진하여 1986년 3~4월 각 대학별로 반제반파쇼민족민주투쟁위원회(민민투)를 결성했다. 1986년 4월 29일 30개 대학 민민투가 연세대에서 모여 반제반파쇼민족민주학생연맹(전민학련)을 결성하였다. 이들은 이 시기 개헌문제에 대해 국민들의 열기가 고조되고 대중투쟁이 폭발적으로 늘어날 것이라 보고 민중적 헌법 제정을 위한 헌법제정민중의회 소집 요구를 중심에 놓고 투쟁을 벌였다.

2) 개헌 정국과 반독재 투쟁의 고양

2월 12일 신민당과 민추협은 대통령 직선제 개헌서명운동을 본격적으로 시작했다. 개헌서명운동이 본격화되자 검·경은 개헌 서명을 위한 옥내집회에도 집회 및 시위에 관한 법률을 적용하며 가두서명을 받을 경우 1년 이하의 징역에 처하고, 호별방문으로 서명을 권유하면 주거침입죄를 적용할 것이라고 했다. 심지어 시민들이 서명 용지에 단순히 서명하는 것도 불법행위 방조죄로 처벌할 것이라고 위협했다.

그러나 개헌서명운동은 급속도로 확산되었다. 3월 8일 헌법개정추진위원회 서울시지부 현판식을 시작으로 하여 개헌운동은 장외에서 본격화되었다. 직선제 개헌에 대한 야당과 각계의 요구가 고양되는 속에서, 학생운동은 다른 행보를 보였다. 1985년 말, 그리고 1986년 NL 계열이 작성한 대자보나 문건에서는 강경하고 급진적인 반미구호들이 그대로 노출되어 있었다. 개헌을 위해 원내외에서 정부 여당과 싸우면서도 접촉을 계속하던 야당은 이를 기화로 학생운동과 분리를 선언하게 되었다. 1986년 4월 29일 김대중 민추협 공동의장, 민통련 문익환 대표, 신민당 이민우 총재가 '민주화를 위한 국민연락기구(민국련)' 회의를 열고 학생들의 반미 투쟁을 지지하지 않는다고 선언하기에 이르렀다. 내부의 반발로 민통련은 이 선언을 취소하고 민국련을 탈퇴했으나, 학생운동은 야당에 대해 더욱 강한 의구심을 가지게 되었다.

학생운동세력 가운데서도 민민투 계열은 수미일관 파쇼헌법 철폐와 헌법제정민중회의 소집을 요구하며, 야당과 연대하기보다 야당을 고립시키고 약화시키는 것이 더 우선되어야 한다고 주장했다. 4월 29일 전국의 민민투 계열이 결집하여 '전국반파쇼민족민주투쟁연합(민민학련)'을 결성했는데, 이들은 혁명적 민중은 자유주의 부르주아의 타협적 '개헌'이 아니라 혁명적 방식으로 '제헌'해야 한다고 주장했다.

자민투(NL) 계열도 야당에 대한 불신이라는 점에서는 크게 다르지 않았다. 이들 중 일부는 1986년 4월 말부터 직선제 요구가 가장 광범위하게 대중을 결집하고 투쟁 역량을 고취시킬 수 있는 슬로건이라고 보았지만, 직선제 만능론이라는 비판에 직면해야 했다. NL의 투쟁노선은 반미투쟁에 집중되어 있었고, 이것은 5·3인천집회에서도 그대로 드러났다.

1986년 봄 전국을 순회하며 개헌추진위원회 결성대회를 열던 신민당은, 5월 3일 인천시민회관에서 행사를 열었다. 그전에 부산, 광주, 대구, 대전 등 도시들을 순회하며 열린 신민당의 개헌추진위 지방 지부 결성대회는 수많은 인파들이 모여들면서 전두환 정권을 성토하는 장이 되고 있었다. 그러므로 수도권에서 집회가 열리자 학생운동과 노동운동세력들은 거의 모든 역량을 이 인천대회에 집결시켰다. 1986년 5월 3일 인천집회 현장에는 학생운동, 노동운동의 모든 조직들이 참여해 자신들의 구호를 내세웠다. 민민투는 '헌법제정민중회의' 혹은 '제헌의회' 소집을 주장했고, 자민투(NL)는 미제축출, 반전반핵을 내세웠으며 신민당에 대한 불신, 특히 여당과 협상에 대한 반대구호가 봇물 터지듯 쏟아져 나왔다. 운동세력을 결집하고 야당을 견제하며 민중의 지지를 얻을 것이라는 학생운동세력의 기대와 달리, 이날 시위는 정부 여당에게 공격의 빌미를 주었고, 보수적인 언론은 선정적인 보도로 민주화운동세력에 과격하고 폭력적이라는 이미지를 입혔다. 많은 사람들이 체포, 구속되기도 했으니 성과보다는 타격이 큰 결과를 초래했다.

여름방학 동안에도 NL 계열은 계속 세력을 확대했다. 이들은 1986년 2학기 각 학교마다 선진적인 학생운동 대중들이 조직적으로 투쟁하는 상설적인 반(半)합법 투쟁위원회를 구성하고 이 투쟁위원회들로 지역조직을 건설하여 기존의 전민학련을 대신하는 전국적 연대조직을 결성하려 했다. 그 결과 '반외세반독재 애국학생투쟁연합(애학투)'이 출범하여 1986년 10월 28일 건국대에서 발족식을 거행했다. 이 애학투에는 자민투만이 아니라 민민투도 많이 참가했고, 지방 대학의 투쟁 조직도 다수 참여했다. 그러나 애학투의 결성식은 당국의 대대적인 탄압을 받았다. 외부 출입을 통제하거나 교외 진출을 막는 수준에 그쳤던 일반적인 대학연합집회와는 달리 정부 당국은 건국대에 모인 학생들을 일망타진하려 들었다. 경찰 병력이 집회가 열린 건국대를 완전히 포위하고 집회 참여 학생은 물론, 일반 학생들까지 모두 연행했다. 학생 2000여 명이 참여한 집회에 근 8000명의 경찰 병력이 투입되어 1525명을 연행하고 1288명을 구속했으며 395명이 기소되는 대기록을 세웠다(서중석, 2011).

건대 사건으로 큰 타격을 입은 자민투(NL) 계열에서는 1986년 학생운동이 일반 대중으로부터 유리되어 진행된 것에 대한 반성의 목소리가 높아졌다. 학생운동 내에 설치된 상설적인 반합법투쟁위원회를 해소하고 공개적이고 합법적인 학생대표기구인 학생회를 중심으로 하며, 그 주변에 다양한 대중조직을 구성해야 하며 투쟁의 형태와 방법도 대중의 요구에 맞추어 구사되어야 한다는 것이었다.

한편 민민투 계열은 5·3 인천집회를 한국 민중의 혁명적 상황을 그대로 반영한 것이라고 평가하고 민중봉기가 도래할 수 있다고 판단했다. 이들은 1986년 하반기 제헌의회(Constitutional Assembly; CA) 소집을 요구하는 투쟁을 전개하기 시작했다. 이들은 무엇보다 먼저 민중이 스스로 권력의 주인이 될 수 있도록 정치적으로 각성하고 조직되어야 한다고 주장했다. 이를 위해 학생들은 적극적인 가두시위 투쟁을 전개해야 한다고 보았는데 대표적인 것이 1986년 11월 13일의 신길동 가두시위였다. 민민투(CA) 학생들과 제헌의회소집투쟁위원회 소속의 노동자들은 "군사독재 타도하고 제헌의회 소집하자", "민중혁명 가로막는 미·일 제국주의 축출하고 제헌의회 소집하자" 등의 구호를 외치며 격렬히 투쟁했으나 대규모 구속 사태로 학생운동의 역량이 급속히 약화되는 결과를 초래했다(이기훈, 2008). 자민투와 민민투의 분열은 운동노선과 방침에 대한 인식을 심화시켰다는 면에서는 긍정적이었지만 두 집단 간의 대립은 학생들 사이에서 운동권의 신뢰를 떨어뜨리는 결과를 가져왔다. 학생운동의 대중적 동력이 약해지고 고립되는 양상을 보이자 공안기관들은 탄압을 더욱 강화했고, 큰 희생을 치룬 학생운동은 학생 대중들의 관심과 열정을 다시 끌어들여 조직을 강화하는 데 주력하지 않을 수 없었다.

4. 1980년대 학생운동의 의미

1986년 말 학생운동은 위기 상황에 처해 있었다. 정부의 탄압이 갈수록 거세지며 엄청난 희생을 치르고 있는데, 야당이나 재야 등 반정부 세력과 연합전선은 제대로 형성되어 있지 않았다. 고립된 노선 투쟁과 관념적인 과격성 때문에 학생 대중들의 관심도 멀어지고 있었다. 그러나 이런 현상은 1980년 이후 학생운동이 대중적 운동으로 급성장하면서 나타난 일종의 필연적인 부작용이었다. 학생운동의 기반은 급격히 확대되고 있었고, 대중적 동원력 또한 1970년대나 1980년대 초반과 비교할 수 없을 정도로 확대되어 있었다. 급격히 과격한 주장들이 여과 없이 그대로 노출되고, 이론 투쟁이 선명성 경쟁이 되어버렸던 것은 기반이 확대된 운동이 노선과 방향을 찾아가는 과정이었다.

1980년대 학생운동은 스스로의 대중적 기반인 학생들로부터 꾸준히 지지를 받았으며, 조직적 기반을 확대했다. 운동권 학생들의 헌신과 희생은 학생들의 심정적인 지지를 얻었고, 학회와 같은 공개적인 대중 조직 속으로 학생들을 끌어들이는 원동력이 되었다. 한편 관념적인 과격성이 일부 드러나기도 했지만, 운동의 논리와 시각을 대중들에게 확산시키려는 시도도, 적어도 학생 대중들 사이에서는, 설득력을 가졌다. 1980년대 중반 많은 대학생들은 학생운동의 시각을 어느 정도 신념화하기 시작했으며, 이것이 장차 폭발적인 대중 투쟁을 가져오는 동력이 되었다.

1980년대 학생운동은 노선이 나눠지고 계파들 사이에 극단적인 대립이 벌어진 시기였다. 장기적으로 학생운동이 점점 힘을 잃는 원인일 수도 있지만, 이론과 사상으로 무장한 조직적인 투쟁 전위를 확보한 것도 이 시기 학생운동의 중요한 성과였다. 나름대로 재생산 구조를 확보하면서 학생운동은 어지간한 탄압에도 버틸 수 있는 조직적인 힘을 확보하게 되었다. 건국대 사태와 같은 대규모 탄압 국면에도 학생운동은 나름의 일상적 활동을 수행할 수 있었던 것이다.

학생운동의 주장은 학교 밖의 일반 시민들에게도 설득력을 가지고 있었다. 정부와 보수 언론의 왜곡과 과장 속에서 이들의 일부 주장은 사회적인 파장을 몰고 오기도 했지만, 대부분의 시민들은 이들의 '순수성' 자체를 의심하지는 않았다. 관념적 과격성은 순수함을 역설적으로 보여주는 사례라고 생각하기도 했다. '순수한 학생들'이라는 각인 효과는 이후 학생들의 투쟁이 큰 대중적 지지를 이끌어내는 중요한 계기였다. 이것이 가능했던 것은 수많은 학생들의 희생과 헌신이 있었기 때문이었다.

참고문헌

강신철 외. 1988. 『80년대 학생운동사』. 형성사.

고원. 2013. 「민중민주(PD)파 학생운동의 집합적 특성과 메커니즘」. 『학생운동의 시대』. 선인.

국정원 과거사건 진실규명을 위한 발전위원회 엮음. 2007. 『(과거와 대화)미래의 성찰 1. 국정원「진실위」보고서』.

권형철 엮음. 1990. 『한국 변혁운동 논쟁사』. 일송정.

기쁨과 희망의 사목연구소. 1997. 『암흑 속의 햇불 1970, 80년대 민주화운동의 증언』 4, 5권.

김용기·박승옥 엮음. 1989. 『한국 노동운동 논쟁사』. 현장문학사.

김민호. 1988. 「80년대 학생운동의 전개과정」. ≪역사비평≫, 3.

강형민. 1990. 「1980년대 조직운동의 전개과정에 대한 연구」. ≪경제와 사회≫, 6.

김도종. 1992. 「학생운동연구의 현황과 문제점: 한국학생운동을 중심으로」. ≪사회과학연구≫, 제3집.

_____. 1997. 「1980년대 한국의 정치변동과 학생집단」. ≪명지대 사회과학논총≫, 13집 2호.

김동춘. 1997. 「1980년대 민주변혁운동의 성장과 그 성격」. 『6월민주항쟁과 한국 사회 10년』 1. 당대.

김원. 1999. 『잊혀진 것들에 대한 기억』. 이후.

김정남. 2005. 『진실, 광장에 서다』. 창비.

김정한. 1999. 『대중과 폭력. 1991년 5월의 기억』. 이후.

김준엽. 1990. 『장정 3: 나의 대학총장 시절』. 나남.

민주화운동자료관 엮음. 2000. 『한국 민주화운동의 전개와 구조』. 성공회대 출판부.

민주화운동기념사업회. 2004a. 『민주화운동 관련 사건·단체 사전 편찬을 위한 기초조사연구(1980년대) 보고서 I』.

_____. 2004b. 『민주화운동 관련 사건·단체 사전 편찬을 위한 기초조사연구(1980년대) 보고서 II』.

민주화운동기념사업회 엮음. 2010. 『6월항쟁을 기록하다』 1~4. 푸른 나무.

민주화운동기념사업회·학술단체협의회. 2007. 『한국 민주주의의 현실과 도전−6월항쟁 그 이후』. 한울아카데미.

박종운. 1989. 「학생운동의 변혁운동의 정립」. 『80년대 사회운동논쟁』. 한길사.

서중석. 2011. 『6월항쟁』. 돌베개.

송병헌. 2003. 「한국학생운동연구의 현황과 과제」. 『한국학생운동관련문헌해제』. 민주화운동기념사업회.

안병용. 1990. 「깃발논쟁」. 『80년대 한국 사회 대논쟁집』. 중앙일보사; 고원. 2013.

유경순. 2015. 「1980년대 학생운동가들의 노학연대활동과 노동현장투신 방식의 변화」. ≪기억과 전망≫, 32.

유시춘 외. 2005. 『우리 강물이 되어』 1, 2. 경향신문사.

은수미. 2003. 「의식화 조직. 사회운동. 그리고 대항이데올로기」. 김진균 엮음. 『저항, 연대, 기억의 정치』. 문화과학사.

이기훈. 2008. 「전두환 정권 하의 반독재 민주화투쟁」. 『한국민주화운동사』 3.

_____. 2013. 「학생운동의 기억과 경험, 그리고 역사: 1970-1980년대 광주·전남의 경우」. 『학생운동의 시대』. 도서출판 선인.

이신행. 1997. 『한국의 사회운동과 정치변동』. 민음사.

이재원 엮음. 1998. 『오래된 습관 복잡한 반성』 1, 2. 이후.

이삼성. 1998. 『20세기의 문명과 야만』. 한길사.

이성형·김수행·조희연·박현채 엮음. 1989. 『한국 사회구성체 논쟁』 1-4. 죽산.

이창언. 「NL(민족해방)계열 학생운동의 주류화와 한계: 전국대학생대표자협의회와 한국대학총학생회연합」. 『학생운동의 시대』. 선인

이희덕 감수. 1990. 『대학생의 이념성향 조사연구』. 현대사회연구소

장준오. 1995. 「사회운동 및 환경사회학 : 80년대 학생운동의 담론 분석 – 분석의 대준거틀로서의 민주주의」. 『한국 사회학회 95년 전기사회학대회』.

전재호. 2002. 「한국민주주의와 학생운동」. 『국가폭력, 민주주의 투쟁, 그리고 희생』. 함께 읽는 책.

조희연. 1988. 「80년대 학생운동과 학생운동론의 전개」. ≪사회비평≫, 창간호.

조희연 엮음. 1990. 『한국 사회운동사』. 죽산.

전국대학생대표자 협의회. 1991. 『전대협』. 돌베개.

전국교직원 노동조합·민주화를 위한 교수협의회·전국대학강사협의회 공저. 1989. 『민주화를 위한 교육백서』. 풀빛.

정철희 외. 2007. 『상징에서 동원으로 – 1980년대 민주화운동의 문화적 동학』. 이학사.

정태헌. 2012. 「1970~80년대 고려대학교 학생운동을 이끈 청년문제연구회, 고전연구회, 겨레사랑회, 현대철학회」. 『고려대학교 청우회 40년 발자취』. 고려대학교 청우회.

조대엽. 1999. 「학생운동: 현실적 관심과 연구의 심화를 위하여」. ≪한국 사회학≫, 33집 4호.

조희연. 1998. 『한국의 민주주의와 사회운동』. 당대.

_____. 1998. 『한국의 국가·민주주의·정치변동』. 당대.

조대엽. 2002. 「386 세대의 문화와 세대경험」. 『한국의 문화변동과 가치관』. 나남출판.

최장집. 2003. 『민주화 이후의 민주주의』. 후마니타스.

편집부. 1988. 『팜플렛 조직노선』 1, 2, 3. 일송정.

편집부. 1988. 『팜플렛 정치노선』 1, 2. 일송정.

편집부. 1988. 『한국 학생운동 논쟁사』. 일송정.

한상진 엮음. 2003. 『386세대. 그 빛과 그늘』. 문학사상사.

허문성. 2003. 「한국 사회와 학생운동: 전통. 근대. 그리고 탈근대」. ≪한국정치연구≫, 제12집 제1호. 한국정치학회.

학술단체협의회. 1989. 『1980년대 한국 사회와 지배구조』. 풀빛.

한용. 1989. 『80년대 한국 사회와 학생운동』. 청년.

한국교육개발원. 2005. 『한국교육 60년 성장에 대한 통계적 분석』.

한국기독교교회협의회 인권위원회. 1987. 『1980년대 민주화운동』 Ⅷ.

허은. 2013. 「1980년대 상반기 학생운동 체계의 변화와 학생운동 문화의 확산」. 민주화운동기
    념사업회 엮음. 『학생운동의 시대』.

4장

6월항쟁과 시민운동의 태동

정상호 | 서원대학교 사회교육과

1. 문제제기

6월항쟁과 시민운동의 관계를 다룬 기존 연구들의 주장은 대개 이러하다. 사회운동의 관점에서 1987년 6월항쟁 이전과 이후를 구분할 수 있는 중요한 지표는 '시민운동(NGO)'의 존재 여부이다. 6월항쟁 이전에 존재하였던 사회운동은 둘 중 하나였다. 하나는 해방 이후 면면히 이어져왔던 정부에 종속된 사회단체, 즉 관변단체이다. 새마을운동중앙회, 자유총연맹, 바르게살기운동협의회 등 과거의 대표적인 관변단체는 권위주의 정권의 정당성 부재를 보완하기 위해 정부로부터 조직화된 동원형 민간조직이라 할 수 있다(정상호, 2013). 다른 하나는 변혁적 민주화운동이다. 1980년대 중반 올림픽 개최를 염두에 둔 권위주의 정부의 개량적 자유화 조치와 1985년의 2·12총선을 계기로 노동운동을 비롯한 기층 민중운동이 현저하게 성장하였다. 이렇듯 1980년대 민주화운동은 조직화·대중화·의식화의 여러 측면에서 그 이전의 보수적 또는 소부르주아적 민주화운동과는 질적인 차이를 가진 민중 주도의 체제 변혁적 운동이라는 특징을 보여주었다. 이 같은 견지에서 보았을 때 1980년대 중반은 독재에서 민주주의로의 전환기인 동시에 체제변혁의 가능성을 보여주었던 시기로서 6월항쟁과 노동자대투쟁은 바로 그러한 기회를 제공하였던 투쟁이라고 할 수 있었다(조현연, 1997).

그렇지만 1987년 6월항쟁은 보수적 관변단체나 변혁적 민중·민주화 운동과도 다른 새로운 시민운동의 역사적 출현을 가져왔다. 여기에 기여한 가장 큰 원인은 6월항쟁 이후 개방된 정치공간 속에서 급속히 제도화되어 나갔던 정당정치의 복원에 있었다. 한 연구자의 지적대로 "우리 운동이 합법공간의 확대, 더 명확히 말하면 제도정치권의 확립과 이를 지지하는 제도언론, 그리고 국민에 대한 이들의 강력한 일상적 영향력이라는 조건하에서 앞으로의 실천을 전개"해야 하는 상황에 놓이게 되었다(정태인, 1991: 13). 구체적으로 민주주의 이행 이후의 정치상황을 틀 지우는 두 차례의 정초(定礎)선거, 즉 1987년 대선과 1988년 총선은 시민운동의 출현에 다음과 같은 긍정적 효과를 발휘하였다. 하나는 선거의 결과 민주화를 담당할 새로운 엘리트 세력과 제도들을 출현시키게 된다는 점이다. 좀 더 주목해야 할 것은 주기적이고 공정한 선거를 통한 시민들의 학습효과이다. 정초선거의 성공적 진행은 모든 주요 행위자들이 권력을 획득하는 데 민주적 과정 이외의 방법은 없다고 생각하며, 어떤 제도나 집단도 민주적으로 선출된 정책결정자들에 대해 거부권을 주장하지 않는 수준에 이르도록 만든다(Mainwaring, O'Donnell, & Valenzuela, 1992).

그 결과 정부 억압의 높은 수준 때문에 불가피하게 지녔던 1980년대 민주화운동의 전략, 즉 급진적 이념지향성, 비공개·반(反)합법 운동조직의 난립, 폭력적 저항방식을 폐기하고 합법적이고 평화적인 운동방식을 채택한 새로운 시민운동이 출현하게 되었다는 것이다. 이러한 주장을 뒷받침하는 강력한 사례로 경실련(경제정의실천연합)의 창립(1989

년 7월)이 자주 거론되어 왔다. 경실련의 등장은 이제 한국의 시민사회가 민중운동과 시민운동, 변혁운동과 개량운동, 구사회운동과 신사회운동, 진보노선과 개혁노선의 분화를 예고하는 중요한 사건이라는 것이다(정상호, 2007). 필자 역시 이러한 주장을 전면 부정하는 것은 아니다. 한국의 시민운동은 분명 군사권위주의 정권과 맞서 간단(間斷)없는 투쟁을 전개함으로써 정치사회의 개방과 근대적 시민권(citizenship)을 가져온 민주화운동에 그 뿌리를 두고 있다. 그런 점에서 한국의 "시민운동은 6월항쟁의 결과"라는 주장(정해구·김혜진·정상호, 2005)은 전적으로 타당하다.

그러나 이러한 단절론은 1980년대 중반 또는 1970년대 후반 이후 시민운동의 등장에 작용한 시민사회의 구조적 변화와 사회운동의 기반을 간과하고 있는 아쉬움이 있다. 실제로, 1980년대 중반에 이르면 노동과 농민운동을 비롯한 기층 민중운동뿐만 아니라 출판·문화운동, 청년운동, 여성운동, 인권운동 등이 서울은 물론 지방에서까지 성장하기 시작하였다. 바로 그런 점에서 1980년대 운동은 교회와 대학을 중심으로 야당과 명망 있는 재야인사들에 의존했던 1970년대 운동이 지닌 운동영역의 제한성, 상층부 중심성, 정당세력 중심성과는 뚜렷이 구별되는 특성을 보여주었다고 할 수 있다(정철희, 2003). 그런 점에서 이 글은 1980년대 후반 경실련(1989), 환경운동연합(1993), 참여연대(1994)의 창립 등 시민운동의 뿌리를 6월항쟁 이후가 아니라 그 이전에 자생적으로 성장하고 있던 부문운동에 초점을 두고 해명하며, 시민운동의 싹을 틔었던 이러한 단체들이 6월항쟁에 미친 영향을 밝히고자 한다.

2. 시민운동의 발아와 형성

1) 인권운동

(1) 인권운동의 전개 과정

인권운동의 관점에서 볼 때 유신부터 1987년 민주화 항쟁 이전까지는 소극적 저항단계라고 할 수 있다. 한국기독교교수협의회가 발족(1963.12)되어 그리스도교 정신에 입각한 사회정의운동이 시작되었다. 전태일의 분신사건(1970.11.13)은 한국에서 인권운동의 획기적 계기가 되었다. 특히 기독교에서는 이후 도시빈민선교회를 위한 수도권선교위위원회가 결성(1971.9)되었고, 한국교회는 NCC(National Christian Council)를 통해 인권선언을 채택한 데 이어 1974년 인권위원회를 발족하였다. 박정희 정부 특히 유신체제하에서는 군부독재에 저항하는 사회민주화운동에서 출발하였기 때문에 인간 권리의 측면을 주장하기보다는 공권력에 의한 물질적·정신적 폭력에 저항하는 성격이 강했다. 1970년대 초반의 국제엠네스티 한국 지부나 정의구현사제단, NCC 인권위원회는 모두 신체, 사상, 양심의 자유를 억압하는 국가권력에 투쟁한 단체였다. 인권 개념에 따라 이 시기를 분류하자면, 주로 국제인권조약의 '시민·정치적 권리에 관한 규약' 중심의 자유권적 인권운동 단계라 할 수 있다(이정은, 1999: 56~57).

1980년 5·18로 인권 말살이 정점에 이르렀다. 광주민주화운동 과정에서 나타난 비인권적 행위는 인권의 중요성을 국민에게 각인시킨 계기가 되었다. 이후 국가부문이 가하는 억압이 지속되면서 인권운동은 전문화되었다. 지속적인 국가폭력에 보다 적극적으로 대응하기 위해 구속자 가족들이 민주화운동가족협의회(민가협)를 설립하고 변호사들이 민변을 조직화하는 등 전문 인권운동단체로써의 면모가 갖추어지기 시작했다. 하지만 이 기간의 인권운동은 정치권력으로부터의 인권보호라는 소극적 측면이 여전히 강했다. 기본권 이외의 사회권과 환경권과 같은 차원의 인권 개념이 형성되지 않았고 국가권력과 자본만을 인권 침해의 주체로 인식하였다. 이 시기를 대표하는 주요 인물과 사건, 그리고 인권단체의 활동사항을 살펴보자.

(2) 주요 인물과 사건, 그리고 단체

1987년 6월항쟁 이전 인권운동의 발전에 가장 큰 영향력을 미친 두 가지 사건은 김근태 고문 사건과 권인숙 성고문 사건이었다.

김근태 고문사건은 1985년 12월 19일 민청련 사건 첫 재판에서 김근태가 모두진술을 통해 고문의 진상을 폭로함으로써 세상에 알려졌다. 1985년 9월 한 달 동안 매일 5시간에 걸쳐 발가벗긴 채 남영동 대공분실에서 전기고문과 물고문을 당했다는 김근태의 모두진술은 충격적이었다. 사실 전두환 정권은 1985년부터 1987년 정권교체기를 앞두고 장기집권의 걸림돌이 되는 민주화운동권에 대한 대대적인 탄압을 계획하고 있었다. 그중에서도 삼민투로 대변되는 학생운동과 그들과 가장 밀접한 관계를 맺고 있는 민청련이 1차 대상이었다. 물론 그 뒤를 이어 민통련과 민추협, 그리고 최종적으로는 김대중까지도 잡아넣겠다는 것이 그들의 시나리오였다(서중석, 2011). 독재 정권이 민주화운동을 탄압하기 위해 전가의 보도로 사용하는 것이 국가보안법이었고, 민주화운동을 북한과 내통하여 공산혁명을 기도하는 세력으로 용공조작하는 것이 그들의 상투적인 수법이었다. 그리고 그러한 용공조작을 위해서는 이근안 같은 고문기술자를 동원해야 했다. 이러한 그들의 작전에 1차로 걸려든 것이 민청련이고, 김근태 의장이었다. 어쨌든 김근태의 충격적인 진술은 당시 민주진영을 아연 긴장시켰고, 신민당을 포함한 광범위한 세력들이 연합하여 '고문 및 용공조작 저지 공동대책위원회(고문공대위)'를 결성하기에 이른다. 이 고문공대위는 나중에 박종철 열사가 물고문으로 사망했을 때 광범위한 세력들이 힘을 합쳐 대응할 수 있게 하는 원동력이 되었고, 결국 전두환 정권을 굴복시킨 '국민운동본부'의 모태가 되었다(민주화운동기념사업회, 2012.12.13).

우리나라의 인권 및 여성운동에 미친 또 하나의 중요한 사건은 권인숙 성고문 사건이었다. 1986년 인천 5·3항쟁 이후 민주화운동 진영은 '100만인 서명운동' 등 다양한 종류의 헌법개정투쟁을 대중적으로 전개하기 시작하였다. 이에 정부는 정권안보 차원에서 경찰력을 동원하여 인천 5·3투쟁의 배후를 색출하는 데 주력하였는데, 이 과정에서 구속·수배·고문 등을 자행하였다. 서울대 의류학과 출신인 권인숙은 1985년 봄 부천의 한 가스배출기 제조업체에 '위장취업'하였다가 1986년 6월 4일 부천경찰서에 연행되었다. 조사관들은 권인숙에게 공문서 위조 혐의 외에 인천 5·3항쟁 관련 수배자들에 대한 정보를 얻고자 하였다. 그 과정에서 부천서의 문귀동 형사는 수갑을 채운 채 옷을 벗기는 등 성고문과 협박, 공갈을 자행했다. 이에 권인숙은 "여성으로서의 앞길을 희생해서라도 그러한 끔찍한 일이 재발하지 않도록 끝까지 싸우겠다"는 결의를 밝혔다. 이러한 사실이 세상에 알려지자 고영구·조영래·박원순 등 변호인단은 문귀동(부천경찰서 수사과형사), 옥봉환(부천경찰서장), 성명미상 4인(부천경찰서 수사과장과 입회인) 등 6명을 인천지방검찰청에 고발했다. 웃지 못할 진풍경은 그때 벌어졌다. 검찰은 발표를 통해 성고문은 없었고 수치심을 유발하기 위한 몇 차례 단순 구타만이 있었을 뿐이라고 변명하였다. 또한, 문귀동은 독실한 기독교 신자인 자신이 어떻게 그런 짓을 할 수 있겠느냐며, 명예훼손 및 무고혐의로 권인숙을 인천지검에 맞고소하였다. 두고두고 논란이 된 것은 소위 공안당국의 분석이라는 것과 이를 그대로 받아 적은 언론의 행태였다. 1986년 7월 17일 주요 신문의 10면에는 소위 '공안정국의 분석'이라는 것이 일제히 실렸다. 핵심 내용인즉 "용공좌경급진 학생운동세력은 혁명을 위해서는 성(性)도 도구화"하는데, "피해자 권양은 급진좌경 노선을 신봉하는 행동대원"이기 때문에, "권양의 성 모욕 주장은 사실이 아닌 조작"이라는 것이다(편집부, 1986.7: 33~34). 정권이 기소유예와 무혐의 처분 등 무책임한 발뺌과 변명을 일삼자 사법사상 단일사건으로는 최대로 구성(166명)된 변호인단은 재정신청을 하였다(편집부, 1986.9: 19). 또한, 민주통일민중운동연합과 신민당 그리고 여성단체들은 7월 19일 '성고문·용공조작 폭로 규탄 대회'를 개최하였다. 결국 6월항쟁 이후인 1988년 2월 9일이 되어서야 대법원은 재정신청을 받아들였고, 문귀동은 1988년 4월에 구속되어 징역 5년을 선고받았다. 사건 발생 3년 만의 일이었다. 한 여성의 희생적 결단으로 세상에 알려진 이 사건은 군사독재 정권의 부도덕성과 인권 유린의 실상이 적나라하게 드러난 사건이었다. 경찰뿐 아니라 사법부와 언론까지 독재 정권의 시녀 노릇을 했음이 국내외에 밝혀졌다. 또한, 그동안 민주화 진영에서도 소외되었던 여성인권 문제가 진지하게 논의되는 계기가 되었다(민주화운동기념사업회, 2006). 이제 1980년대 중반까지 활동하였던 주요 인권단체들을 살펴볼 차례이다.[1]

① NCC 인권위원회(1974.4.11 창립)

국내 6개 개신교 교단(기독교장로회, 감리교, 예수교장로회통합 측, 성공회, 대한복음교회, 구세군)이 가입된 NCC 인권위원회는 우리나라 민주화 운동 및 인권운동의 방향타 역할을 해왔다고 할 수 있다. 특히 NCC 인권위원회 산하 고문대책위원회는 김근태 고문사건(1985.12)을 계기로 기존의 인권문제 중 고문문제를 더욱 깊이 있게 다루어야 한다는 의도

---

1   이하 인권단체에 대한 내용은 윤일웅(1987)을 참조하였다.

하에 총회가 잠정적인 상설기구로 인정한 위원회이다.

집행부는 김상근 목사(위원장), 금영균 목사(서기, 시청료거부운동집행위원장), 조승혁 목사(위원), 오충일 목사(위원), 이우정 교수(위원), 김재열 신부(위원)로 구성되어 있다. 고문대책위는 NCC 인권위원회로부터 고문사건에 대한 보고를 접수하거나 고문피해자로부터 진정을 받게 되면 이와 관련된 조사활동을 전개한다. 조사위원을 지정하여 조사하고 관계기관에 항의, 조사보고서의 작성, 재판진행에 도움이 되게 하고 여론을 환기하는 역할을 하고 있다. 또 고문반대 캠페인의 일환으로 전국 각 교회에 고문 사실을 알리고 국내외 기자회견을 통한 홍보활동도 전개하여왔다. 그밖에 엠네스티, 유엔인권위, 세계교회협의회(WCC), 아시아기독교협의회(EACC), 미국 NCC 등의 국제기구의 인권담당 부서와 연대하여 고문방지를 위한 연대활동에 참여하고 있다. 매주 목요일 ≪인권소식≫이란 인권위 기관지를 통한 고문사례 고발도 빼놓을 수 없는 활동이다. 1981년 6월 '전국민주학생연맹' 사건에 연루된 이태복에 대한 고문 사실을 6개 교단 공동명의로 작성하여 국무총리에 항의하기도 하였다. 1985년 10월17일 6개 교구단장 주최형식으로 '고문 및 용공조작 저지 공동대책위원회'를 발족한 바 있다.

② 민주화실천 가족운동협의회(민가협, 1985.12.12 창립)

민가협은 기존의 6개 구속자 가족 모임(구속학생부모협의회, 구속노동자협의회, 청년구속가족자협의회, 재야인사가족협의회, 구속장기수가족협의회, 민주화운동유가족협의회)이 모여 결성한 단체이다. 민가협은 "민주화운동을 하다가 정치적으로 탄압받는 사람들의 인권을 수호하고 가족 상호 간의 연대와 상호 부조 및 올바른 현실인식과 실천을 위해 노력하며, 민주주의와 민중생존권 보장, 자주적 민족통일을 위해 전진함"을 목적으로 규정하였다.

민가협은 6개 구성단체의 상위기관이 아닌 공동사안에 연대하여 활동하는 협의체의 성격을 갖고 있다. 전국적으로 400여 명의 회원이 있으며, 광주·청주·전주·부산 등에 지부를 두고 있다. 고문사건에 대한 지체 없는 관계기관 및 언론에 대한 고발과 유인물 배포, 연행 소재지 파악 및 가혹행위 근절에 대한 압력 활동에 주력하여왔다. 민가협의 살림은 각 협의체의 회비와 인권단체, 개인들의 성금으로 이루어진다. 지출의 주 용도는 회지 ≪민주가족≫의 발행과 인쇄비, 상근 직원 두 명의 인건비, 일반 유인물대, 수감자 영치금 지원 등이다. 다른 인권 및 재야단체와 마찬가지로 재정 해결이 당면 과제이다. 회의는 보통 2주일에 한 번 종로구 연지동의 기독교회관 2층에서 갖는 것이 통례이다.

③ 대한변호사협회 인권위원회

대한변협의 상설 기구로서 매주 월요일 12시 회의를 갖고 있다. 다른 단체와 달리 고문사례에 대한 진상조사, 가해자나 책임이 있는 상급자를 상대로 민·형사 고발을 취하고 고문 피해자의 재판을 직접 참관하는 구체적이고 전문적인 역할을 수행한다. 동시에 각종 인권침해 사례에 대해 사직당국에 항의하고 시정을 촉구한다. 김근태 사건, 부천서 성고문 사건, 서울노동운동연합(서노련) 사건(1986.5) 등에서 관련 경찰관을 고발하고 재정신청, 증거보전신청 등 법적 대응을 취해왔다. 1985년부터 각종 인권관계 사건을 취합, 전후 과정을 객관성을 유지·정리하면서 판결을 내린 판사 이름까지 수록한 『인권보고서』를 발간하고 있다. 발간 당시부터 지금(2015년 제30집)까지 『인권보고서』에 대한 내외의 관심이 지대하였는데, 1985년의 경우 총발간 비용 1500만 원 가운데 미국 아시아 재단에서 800만 원을 지원받았다.

④ 신민당 인권옹호위원회

국회의원 겸 변호사 자격을 지닌 7명과 15명의 재야변호사를 합쳐 원내외 도합 22명의 위원으로 구성되어 있다(위원장은 박찬종 의원). 인권침해 사례를 직접 의정 단상에서 언급할 수 있어 문제제기에 따른 사회적 영향력이 크다. 서울대 복학생 우종원, 인천 연안가스 근로자 신호수, 서울대생 김성수 군의 의문의 변사사건 재조사를 의정단상에서 신임 정호용 내무장관에게 촉구해 답변을 얻어내기도 하였다. 1985년 12월에는 구속자 가족들에게 800만 원을 지원했고, 1986년 말에는 의원들이 세비에서 5만 원씩 갹출하고 당의 예산지원을 얻어 1000만 원을 마련해 구속자 가족들에게 전달하기도 했다.

⑤ 민추협의 인권위원회

1983년 민추협 창설 당시 산하부서로 설치되었다. 신민당 의원과 일반 변호사 22명으로 구성되어 있는데, 야당과 민간단체라는 법률적인 차이 외에 신민당 인권옹호위원회와 큰 차이는 없다. 민추협 인권위원회는 재야와 연대, 성명서를 발표하고 지원하는 업무가 주요 역할이다.

⑥ 가톨릭 정의평화위원회

교황청에서는 1970년에 교황청 정의평화위원회(정평위)가 조직되었고, 1976년 한국천주교에서도 정평위가 결성되었다. 정평위는 전국본부(회장은 구속된 이돈명 변호사, 윤공희 대주교가 담당주교직)와 함께 각 교구본부가 있다. 가톨릭의 사제, 수도자, 평신도들이 이끌어가고 있으며 전국본부의 중앙위원 48명이 실무를 진행하며, 48명의 중앙위원들은 사제, 수녀, 사회사업가, 변호사, 신학자, 작가 등 각계각층의 전문직으로 구성되어 있다. 해마다 한두 차례의 헌금을 통해 기금을 마련하고 구속자 가족의 생계보조, 영치금, 재판비용 지원, 석방자의 생업 알선 등을 주선한다. 세계 각국의 정평위에서 보내온 양심수 지원 성금의 배분 역할도 맡고 있다. 고문사건 발생 시 동 위원회 소속 변호사나 민간단체를 통해 조사와 진상공개, 여론조성, 시정 요구와 압력을 펼친다. 경비는 한국천주교주교회의 산하 공식기구로서 그해의 사업계획에 따라 예산지원을 받고 있어 타 인권단체보다 나은 편이다.

2) 언론·출판·문화·학술운동

(1) 언론·출판·문화·학술운동의 전개 과정

1980년대에 들어 문화예술운동은 민주화운동이 고조됨에 따라 이론적으로 심화되고 조직적으로 확장되는 양상을 보인다. 1970년대의 민족·민중적 지향 때문에 널리 유행되었던 탈춤운동으로부터 1980년 광주민주화운동을 거치면서 이를 영상화할 수 있는 시와 문학, 노래로 주도 양식이 변화한다. 1980년대 문화예술운동의 두드러진 특징은 지배적인 대중문화와 저항문화의 대립이 이념과 조직 수준에서 첨예하게 드러나기 시작하였다는 점이다. 사실상 대학에서의 탈춤과 마당극 중심이었던 1970년대 문화운동과 달리 1980년대에 들어서는 예술영역 거의 모든 부분을 넘어 민중문화운동이 확산되었다. 이는 당시 문화운동의 노동계급 지향성에서 분명하게 드러났다. 이미 1980년대 중반에 들어 노동조합과 교회 중심으로 여러 지역에 노동자 문화 공간이 설치되어 노동자 문화교실과 소규모 문화 행사가 열렸다. 1987년 7·8월의 폭발적 노동쟁의와 함께 노동대중의 문화적 욕구 또한 크게 증가하였다. 노래·연극·미술·영화 등 다양한 매체들이 요구되었으며, 전문 문화운동 집단의 활발한 창작이 이루어짐으로써 노동문화운동의 고양을 이루는 계기가 되었다(김창남, 1989: 1339).

하지만 가장 큰 변화는 조직 차원에서 나타났다. 1984년 4월 '민중문화운동협의회'(민문협)가 창립되었다. 1983년 5공 정권이 '자율화조치'를 선택함에 따라 도래한 '유화국면'에서 민중문화운동을 효과적으로 수행하기 위한 단체였다. 언론·출판·종교·교육 등 넓은 의미의 문화 범주와 문학·미술·연극 등의 예술 분야에서 상층 실행위원회를 구성하였고, 연희단체를 비롯한 10여 개 안팎의 창작소집단들이 협의체 수준의 참가를 하였다. 그 후 한두 해 사이에 '민주언론운동협의회'(민언협), '한국출판문화운동협의회'(한출협), '민주화를 위한 전국교수협의회'(민교협), 그리고 '자유실천문인협의회'(자실협), '민족미술협의회'(민미협) 등이 생겨남에 따라 '문화6단체'를 구성하게 되었다. 이 문화6단체들은 따로 조직적 구성을 갖추지는 않았지만 1987년 6월항쟁 전야까지 정치적 사안에 대한 공동성명서 발표 등 연대활동을 전개했다. 이러한 발전은 얼마 후 진보적 예술운동의 상징적 구심이자 예총에 맞설 수 있는 '한국민족예술인총연합'(민예총)의 결성(1988.12)으로 이어졌다.

(2) 주요 인물과 사건, 그리고 단체

이 시기에 소위 '문화6단체'의 출범에 가장 큰 영향을 끼친 것은 '보도지침' 사건이었다. 1970년대의 해직 언론인 중심의 '민주언론운동협의회'가 설립한 《월간 말》은 1986년 9월 특집호를 통해 소위 '보도지침' 사건을 전면 게재하여 세상을 깜짝 놀라게 했다. 보도에 따르면 보도지침(홍보조정지침)은 문화공보부 홍보정책실이 하루도 빠짐없이 각 신문사에 은밀하게 시달하였던 보도통제 가이드라인이었다. 알려진 대로 전두환 정권은 언론 통폐합 조치(1980.11)에 이어 언론기본법을 제정(1980.12)함으로써 언론통제의 고삐를 바짝 쥘 강력한 규제 장치를 마련하였는데, 그 주무부서가 홍보정책실이었다.

1985년 10월 19일부터 1986년 8월 8일까지 688개의 보도지침에 따르면, 홍보정책실은 뉴스의 비중이나 보도 가치와 상관없이 모든 신문의 보도 운명(가, 불가, 절대 불가)은 물론이고 보도의 내용과 형식마저 결정하였다. 실례로 검찰이 부천경찰서 성고문사건을 발표하였던 7월 17일의 보도지침을 보면 우선 "기사를 사회면에 신되, 기자들의 독자적인 취재 내용은 싣지 말고 검찰의 발표내용만을 보도하고 사건의 명칭을 '성추행'이라 하지 말고 '성 모욕 행위'로 표현"하라고 지시한다. 또 공안당국의 배포자료에서 제목('혁명 위해 성까지 도구화')을 뽑아주고 시중에 나도는 변호인단의 고발장 내용이나 NCC, 여성단체 등의 성명은 일체 보도하지 말라고 시달하였다(편집부, 1986.9: 3). 이 사건이 세간을 놀라게 한 이유는 지시내용이 매우 치밀하고 구체적이었다는 점만이 아니었다. 그것은 주요 신문과 방송이 정권의 시녀가 되어 아무런 저항도 없이 보도지침을 충실히 따라왔다는 사실 때문이었다. 보도지침 사건이 알려지자 사회적 반향은 뜨거웠다. 독재 정권은 늘 하던 대로 이를 폭로한 김주언(한국일보 기자)과 김태홍(민주언론운동협의회 사무국장), 그리고 신홍범(실행위원)을 국가보안법 위반으로 구속했다.[2] 이에 대해 정의구현사제단과 외국의 언론기관, 그리고 인권단체들이 이들의 석방과 언론의 독립을 요구하며 성명서를 발표하거나 시위를 전개하였다.

이와 같은 맥락에서 '문화6단체'의 등장을 가속시킨 또 하나의 사건은 'KBS 시청료납부거부운동'이었다. 공영방송인 KBS는 전두환 정권 하에서 공익성을 상실하고 정부의 지침만을 충실히 전달하는 관제언론으로 전락했다. 이른바 '땡전뉴스'를 만드는 등 전두환 군부 정권의 하수인으로 전락한 KBS에 대한 국민들의 실망과 분노는 커져만 갔다. 이런 가운데 TV 시청료 납부 거부운동이 1980년대 초·중반에 농민들부

---

2 이들은 사건 발생 10년 만인 1996년 12월 11일 대법원으로부터 "이들이 ≪월간 말≫지를 통해 공개한 사항은 이미 외신을 통해 언론에 공개된 것으로 외교상 기밀누설행위로 볼 수 없다"며 무죄선고 원심을 확정하였다. 이에 대해선 김주언(1996)을 참조.

터 시작하여 재야와 종교단체로 확산되기 시작했다. 그 발단은 1984년 전주의 고산성당에서 "TV 시청료는 민정당과 정부만 내라"는 성명서 발표였다. 이 운동은 특히 종교단체와 여성단체가 초기부터 앞장섰다. 왜냐하면, 한국기독교교회협의회(KCC) 등 1970년대 이후 개신교를 중심으로 형성되어왔던 교회 내 민주화 세력이 이 운동을 적극적으로 주도해 나갈 준비가 되어 있었기 때문이었다. 또한, 시청료를 내는 당사자가 주로 주부라는 점, 부천서 성고문 사건으로 인권과 민주화에 대한 요구가 높아져 있었기 때문에 여성단체들이 그다음 선두에 서게 되었다(편집부, 1992.7). 어쨌든 1986년 1월 20일 'KBS-TV 시청료 거부 기독교 범국민운동본부'(본부장 김지길 한국기독교교회협의회장)가 발족되면서 새로운 전기를 맞이하였다. 2월 14일 운동본부는 "KBS-TV를 보지 않습니다"라는 문구의 스티커 5만 부와 홍보 유인물 1만 부를 제작·배포하면서, "KBS-TV가 1985년의 2·12 국회의원 선거 보도의 경우에서처럼 여당인 민주정의당의 홍보·선전매체로 전락하여 대중의 정치의식 잠재우기로 일관하고 있다"고 규탄하였다.

시청료 거부운동에 대한 당시 국민들의 호응과 지지는 매우 높았다. 3월 25일에는 '민주화추진협의회'에서 김대중·김영삼 공동의장 명의로 '회직자(會職者)에게 드리는 서신'을 통해 '정권의 여론조작에 이용당하여 언론의 본질을 망각한 채 왜곡, 편파 보도를 일삼는 KBS, MBC TV를 규탄하며, TV 시청료 납부 거부운동이 범국민운동으로 확산되도록 하기 위하여 서신과 전화를 통한 캠페인의 전개'를 당부했다. 4월 8일에는 신민당 정무회의에서 'KBS 뉴스 안 보기'와 시청료 납부 거부운동을 국민운동으로 확산시키기로 결의했다.

이에 대해 전두환 정부는 시청료 거부운동을 정권 안보에 대한 불안 요인으로까지 인식하면서 '반체제적 공세'라고 규정하는 한편, 운동의 범국민적 지지를 의식하여 KBS 운영개선방안을 내놓았다.[3] 하지만 그것은 미봉책에 불과한 것이었고, 시청료 거부운동에 대한 김수환 추기경의 공개적 지지 발언 이후 이 운동은 더욱 확산되어갔다. 5월 15일 김 추기경은 기독교방송과의 대담에서 "언론의 자유를 떼어놓고는 신앙의 자유를 비롯해 모든 다른 자유도 완전할 수 없다"며 "현 정부는 공영방송인 KBS와 MBC의 보도태도 때문에 신뢰를 잃고 있다"고 지적했다. 7월 11일에는 운동본부 임원단을 중심으로 가두 홍보 캠페인까지 전개했다. 이러한 활동들의 결과 9월 29일 '시청료 거부 및 언론자유 공동대책위원회' 결성이 결의되었다. 여기에는 기독교 범국민운동본부와 민주통일민중운동연합, 민주언론운동협의회, 천주교 정의평화위원회, KBS시청료폐지운동 여성단체연합 외에 신한민주당과 민추협까지 참여하였다. 이들은 "KBS는 공영방송임을 자처하며, 국민의 시청료와 방대한 독점적 광고료 수입으로 운영하면서도 계속하여 현 정권의 하수인으로 왜곡·편향보도를 일삼는 등 공정한 보도와 건강한 공영방송으로서의 회귀를 포기하고 있다"고 지적했다. 또 '시청료는 공정보도를 하고 그 대가로 받는다는 국민과의 계약이며 의무로서 KBS가 이를 지키지 아니할 때 시청료 납부를 거부하는 것은 원천적으로 정당한 국민적 권리'임을 확인하면서 시민불복종운동을 본격적으로 전개했다.[4] 그 결과 1984년 1148억 원이었던 시청료 징수액이 계속 떨어져

---

3 정부는 시청료 거부운동의 확산을 막고자 1985년 12월 「한국방송사법」을 개정했다. 개정된 법안의 주요 내용은 한국방송공사를 법인으로 하고(제2조), 납부기한을 경과할 경우 부과하는 가산금을 종래의 10%에서 5%로 낮추고(제12조 2항), 시청료 가산금 및 추징금을 징수함에 있어서 체납이 있을 경우 문공부장관의 승인을 얻어 국세체납 처분의 예에 따라 이를 징수(4항)할 수 있도록 하는 것이었다.

4 불공정한 보도와 더불어 방만하고 폐쇄적인 운영 역시 시민들의 시청료 거부운동 동참을 이끌어낸 요인이었다. 1985년 정기국회에서의 이철 의원의 질의에 의하면 KBS는 광고수익과 시청료 수입 합계 254억 6200만 원의 불법 유출을 확인하였다. 이런 이익금으로 KBS는 MBC의 주식 70%, 연합통신 주식 30%, 데이터통신 주식 25%를 사들여 전파매체의 독점을 꾀하는 한편 전체 국민을 위한 공공사업과는 거리가 먼 언론인 해외시찰, 언론인 자녀 장학금, 프레스센터 건립(200억 원), 양평수련원 건립(50억 원), 예술의 전당 건립(800억 원) 골프장 건설회사 출자(10억 원)하는 등 방대한 자금을 국민의 규제와 감독을 거치지 않고 임

1988년에는 785억 원으로 급감하였다. 이 운동은 국민들의 광범한 지지를 받았고 6월항쟁의 기반 형성에 큰 역할을 했다.

이러한 과정을 배경으로 탄생하였던 소위 '문화6단체'의 주요 활동과 참여 인사는 다음과 같다.

① 민중문화운동협의회(민문협)

'민문협'은 "오늘의 반민중적문화를 극복하고 민중의 적절한 자기훈련으로서의 주체적이고 생명력이 넘치는 생명의 문화를 창조하고자 결성"되었다고 창립(1984.4.17) 발기문에서 밝히고 있다.[5] '민문협'은 문화운동의 전개를 위한 기초적 작업의 일환으로 기관지 ≪민중문화≫를 발간하였으며 연 2~3회에 걸쳐 '민중문화의 날' 행사를 개최하였다. 임원진으로는 ▲ 공동대표: 송기숙, 김종철, 황석영, 여익구, 허병섭, 호인수, 원동석, ▲ 사무국장: 박인배, ▲ 실무(유인택), 기획(김봉준), 홍보조사연구(김영철), 연구(정희섭), 제작(장진영) 등이다. '민문협'은 재야단체 중 가장 활발한 단체로 평가받고 있다. 하지만 다른 단체와 마찬가지로 재정문제가 가장 큰 부담이었다. 재정의 대부분은 자료와 회보의 제공 정도에 따라 3단계 회비(연 1만 원: 회보회원, 3만 원: 자료회원, 5만 원: 특별회원)로 충당되고 있다.

② 민주언론운동협의회(민언협)

1984년 12월 19일 1970년대 중반의 양대 일간지 해직 언론인과 1980년도 해직언론인협의회 회원 및 출판계 인사로 구성된 27명의 발기인

의로 남용하였다. 이에 대해서는 박인혜(1985: 80~81)를 참조.

5   민문협은 이날 창립총회에서 대표위원을 선임할 11명의 실행위원을 선출했다. 이날 선임된 실행위원은 송기숙·황석영(이상 작가), 허병섭(목사), 호인수(신부), 김종철·채광석(이상 문학평론가), 여익구(전불교사회문제연구소장), 채희완·박인배(이상 연극인), 최민화(기독교 사회문제연구소 간사), 김학민(출판인) 등이었다(≪중앙일보≫, 1984.4.17).

그리고 회원 등 70여 명이 모여 '민주언론운동협의회'를 발족시켰다. 이들은 창립선언문을 통해 단체의 성격을 "어떠한 정치단체도 아니며 기성의 여당이니 야당이니 하는 개념과도 무관하게 자주독립을 표방"하는 '재야언론인의 모임' 또는 '재야언론인과 출판인들의 새로운 인식과 자각에서 발족하게 된 순수한 자주적 문화단체'로 규정하였다. 또한 자신들의 과제를 '민주민족 언론의 창조 및 언론민주화운동과 사회민주화운동과의 연대'로 설정하였다. 이날 모임에서는 규약을 만장일치로 채택하고 대표위원 5명과 실행위원 8명, 감사 2명의 임원을 뽑았다. 선출방식은 회원들의 추천과 찬동에 따라 1970년대 해직 언론인, 1980년 해직 언론인 그리고 출판계 인사 등에 각각 안배 형식으로 2명씩을 선임했다. '민언협'의 재정은 150여 명 회원이 내는 회비로 운영되며, 회지이자 진보적 대중잡지인 ≪월간 말≫을 발행(창간호, 1985.6.15)해왔다.

임원진으로는 ▲ 의장(대표위원겸임): 송건호, ▲ 대표위원: 김인한, 최장학, 김태홍, 김승균, ▲ 실행위원: 윤활식, 이부영, 신홍범, 성한표, 노향기, 방우정, 이호웅, 김도연, ▲ 감사: 이경일, 나병식, ▲ 사무국장: 성유보 등이 있다(윤재걸, 1985).

③ 자유실천문인협의회

'문화6단체' 중 가장 오래된 단체이다. 문학인의 실천적 현실참여를 표방하는 '자유실천문인협의회'는 유신치하에서 개헌서명지지와 표현의 자유를 내걸고 집단적 공동보조를 취하던 문인들에 의해 1974년 11월 18일 결성되었다. 이날 고은, 백낙청, 신경림, 조태일, 박태순 등 문인들은 '자실'을 결성하고 대표 간사(고은)를 선출하고 이른바 '자유실천문인협의회 101인 선언'을 발표하고 곧바로 데모에 돌입했으나 경찰에 의해 저지되었다. 이후 '자실'은 1970년대 후반까지 '민족문학의 밤', '구속문인을 위한 문학의 밤' 등을 개최하며 꾸준히 활동을 전개했다.

'자실'이 재출발을 한 것은 1984년 12월 19일 서울 동숭동 소재 흥사단 강당에서 '자유실천문인협의회 84회의'를 개최하고, 새로운 정관과 임원진을 구성하면서부터이다. 정관에서는 회원의 확대를 꾀하여 기성 문인이 아닌 문학 독자들도 회원으로 가입할 수 있게 하였으며, 무크지 ≪실천문학≫ 등을 펴냈다. 1984년 재창립 당시 임원진은 다음과 같다. ▲고문: 김정한, 김병걸, 고은, 이호철, 백낙청, 문병란, 김규동, 천승세, 문영, ▲대표: 이호철, ▲집행위원: 이호철, 김규동, 천승세, 박태순, 이문구, 조태일, 황석영, 양성우, 채광석, 이시영, 김정환, ▲사무국: 채광석(총무 및 수석간사), 김정환(재정), 임정남(홍보), 이시영(섭외), 송기원(복지), 이은봉(연구), 김진경(교육), 나종영(지방) 등이다(윤재걸, 1985).

④ 민주화를 위한 전국교수협의회(민교협)

1987년에 들어 직선제 개헌을 둘러싼 민주화운동이 고양되면서 교수들의 학교별 시국선언문이 1986년에 이어 다시 발표되었다. 그 과정에서 학원 및 사회 민주화를 위해 교수들의 조직화된 협의기구가 필요하다는 인식이 보다 널리 확산·정착되었다. 이러한 인식을 배경으로 복직 교수·소장 교수·사회과학 분야의 교수들을 중심으로 조직화의 시도가 이루어져왔으며, 그것은 '민주화를 위한 전국교수협의회' 창립으로 수렴되었다. 본래 6월 26일 평창동에서 창립대회를 치르려고 했으나, 경찰의 저지로 연기되어 7월 21일 정식으로 창립되었다. 민교협은 이날 채택한 규약에서 "대학과 사회의 민주적 발전을 위해 노력"한다고 설립 목적을 밝혔다. 민교협의 주요 활동은 크게 교육민주화운동과 사회민주화운동으로 나뉜다. 민교협의 첫 번째 사업은 교육관계법을 민주적으로 개정하는 일이었다. 1987년 11월 5일에는 교육관계법의 민주적 개정을 촉구하였으며, 전국교직원노동조합 결성을 지지하고 여기에 참여하였다. 그리고 사회민주화운동 중 학문과 사상의 자유를 위한 투쟁을 전개하였다. 민교협은 1988년 서관모 교수의 논문 관련 검찰 소환, 조국 교수의 '사노맹 사건' 관련 직위 해제 등에 대해 공동대 책위원회를 결성, 적극 대응하였다(민주화운동기념사업회, 2006).

⑤ 한국출판문화운동협의회(한출협)

'한출협'의 창립은 출판문화업계가 당면한 두 과제 과제에 대한 공동 대응에 대한 필요에서 비롯되었다. 하나는 당연히 정부의 억압적 금서 정책과 판금도서 유통 단속, 출판사 탄압에 대한 공동 대응의 요구였 다. 당시 출판계는 문화서적과 잡지 등을 출판하면서 은유와 풍자로 정 부를 매섭게 비판하여 대중의 관심을 받았다. '한출협'에서 발행한 『출 판탄압백서』(1987)에 따르면 5·6공화국에서 구속된 출판인이 무려 110명, 판매 압수된 출판서적이 1300여 종 300만 권에 이르렀다.

또 하나의 시급한 현안은 당시 미국이 강력하게 요구하였던 '지적재 산권의 보호' 문제였다. 외국인 저작권 보호문제는 1984년 2월 23일 서 울에서 열린 한미경제협의회에서 우리 정부가 외국인의 저작권을 적극 적으로 보호할 방침이라는 내용이 언론에 보도되어 공론화되었고, 1985년 7월 초 워싱턴에서 열린 제5차 한미경제협의회에서 미국 측은 지적재산권 보호 문제를 정식으로 제기하고, 조속한 시일 안에 보호조 치가 없으면 보복조치도 불사 하겠다는 뜻을 분명히 했다. 1985년 10 월 16일, 드디어 미국은 통상법 3조를 적용하여, 한국 안에서 지적재산 권의 불공정 거래행위에 관한 조사를 선언하였다. 주요 내용은 이듬해 4월까지 국내 저작권법 개정안을 국회에 상정하여 1987년부터 시행하 며, 1988년에는 국제저작권조약에 가입하라는 요구였다. 당시 국내 출 판시장은 연간 4230억 원 정도로 추산되었는데, 외국인의 저작물은 금액 에서 7분의 2 정도를 차지하는 것으로 추산되었다. 미국의 요구를 따른다 면, 번역 및 복제 사용료만 연간 최소 470억 원에서 최대 940억 원까지 외국에 지불해야 할 것으로 예상했다(대한출판문화협회, 1998: 115~120).

이러한 문제의식을 안고 출범한 '한출협'은 창립총회에서 정동익(아침출판사 발행인)과 최영희(석탑출판사 발행인)를 공동회장으로 선출하고, 의결과 집행기관으로 실행위원회를 설치했다. 이 실행위에는 공동회장, 출판사의 발행인과 편집자, 영업자들이 모두 참여했으며, 제1기 사무국장으로는 유대기(거름출판사)가 선임되었다.

⑥ 민족미술협의회(민미협)

1985년 당시 이원홍 문화공보부장관의 불순한 문화예술 경향을 경계해야 한다는 7월 20일 경주 발언 직후 종로 경찰서는 아랍미술관에서 전시 중인 '20대의 힘' 전시장에 난입하여 36점의 작품을 강제 철거하고 이에 항의하는 작가 19명을 연행했다. 5명의 작가를 입건한 후 의외로 이 문제가 확대되어 공안당국은 여론의 호된 비판을 받게 된다. 이 사태 이후 미술가들은 미술운동을 위한 미술가 대중조직의 필요성을 논의하면서 1985년 11월 22일 '민족미술협의회'(민미협)를 발족시켰다. 이들은 창립선언문에서 "민족미술의 창조적 발전을 향한 다양하고 통일적인 이론과 실천"의 지향을 통해 "민족분단의 현실과 삶을 갈라놓은 제도적 억압 장치와 방해공작으로부터 벗어난 공동체적 삶, 통일의 삶"을 모색하며, 동시에 "회원 상호간의 친목도모, 권익옹호, 복지향상"을 실천할 것을 천명하였다.

손장섭 대표, 김용태 사무총장, 홍선웅 총무로 임원진을 갖춘 '민미협'은 곧이어 불어 닥친 '깡순이 작가 이은홍 구속사건', '신촌벽화 및 정릉벽화 파괴사건'에 대항하고 기관지 ≪민족미술≫을 창간하여 민중미술의 정당성을 홍보하는 한편, 전문 전시 공간 '그림마당 민'을 개관(1986년)하여 이후 민중미술의 전시와 집회, 교육의 장으로 무수히 활용함으로써 민중미술 진영의 저항 거점을 형성하였다.[6]

3) 여성운동[7]

(1) 여성운동의 전개 과정

1980년대 여성운동의 특징은 해방 이후 줄곧 지녀왔던 소비자운동에서 벗어나 민주화운동으로 전환하였다는 점이다. 즉 1980년대는 한국 여성운동이 민족·민주·통일운동과 접목되어 여성문제의 해결을 사회의 민주화와 사회변혁에서 찾았던 시기이다. 광주민주화운동을 계기로 진보적 사회운동단체와 연대한 여성운동이 생기면서 이전 시기와 질적 차별성을 갖는 여성단체를 만들어가기 시작했으며, 여성운동을 주도하는 단체들은 대중조직으로 성장했다. 이 시기에 여성문제를 본격적으로 다루기 시작한 여성운동단체들은 정부에 순응적이고 보수적이었던 과거의 여성단체와는 달리, 가부장제에 대한 본격적인 도전과 민족민주운동에 동참하는 여성운동으로 자신의 정체성을 규정했다.

아울러 여성운동 내부에서는 합법적인 법 개정이나 정책을 요구하는 운동에 대한 관심이 점차 높아졌으며 이러한 단초는 1980년대 중반부터 나타나기 시작한다. 대표적인 것이 「남녀고용평등법」의 제정이다. 1980년대에는 여성정책을 담당하는 정부기구에도 상당한 변화가 일어났다. 1970년대까지 여성 관련 정부부서는 보건사회부산하 부녀국과 가정복지국이 유일하였으나 1980년대 중반부터 여성정책에 남녀평등이나 차별철폐와 같은 새로운 정책 의제가 도입되면서 한국여성개발원(1983)이 설치되었다. 또한 여성정책심의위원회(1983), 정무장관실(1988) 등이 설립되어 여성정책을 담당하는 정부기구의 위상이 높아졌다.

정리하자면 1980년대 중반의 여성운동은 남녀평등과 여성해방을 한

---

6   이상의 내용은 민족미술인협회 홈페이지(http://www.minart.org/new/sub1.html)를 참조.
7   여성운동과 환경운동의 일부 내용은 정상호(2017)를 참조.

국 사회의 기본적인 모순구조를 변화시키지 않고는 달성할 수 없는 것으로 보았다. 민주화운동으로서 여성운동의 전개는 당시 여성들의 현실을 규정했던 한국 사회의 역사적·시대적 요구에 충실하게 부응하고자 한 것이라는 점에서 분단 이후 한국여성운동이 기여한 점이라고 평가할 수 있다. 하지만 한계 역시 분명하게 노정하였다. 무엇보다도 1970년대와 1980년대 전반기의 여성지위향상운동은 과거에 비해 서구의 자유주의 여권운동방식에 근접하여갔지만, 비참한 현실과 동일한 시기에 진행되었던 여성노동자의 치열한 노동투쟁을 감안한다면 상대적으로 미온적인 운동이었다고 말할 수 있다. 이런 현상은 한편으로는 한국 중산층의 허약성과 밀접히 연계된 것이나, 다른 한편으로는 군부독재 아래에서 여성운동이 지닐 수밖에 없는 한계를 노정한 것이기도 하다(정현백, 2006: 17). 비슷한 맥락에서 1980년대 여성운동은 소수 진보적인 여성들의 활동이 지배적이었다. 여전히 여성운동은 조직의 대중적 기반이 약하였고, 현실적으로 부딪치는 여성 문제에 대한 현실적인 대안을 모색하는 데에서 일정 정도 한계를 지녔다. 이와 같은 문제를 해결하기 위해선 1987년 민주화와 개방화라는 역사적 계기가 필요했다(박채복, 2005: 240).

(2) 주요 인물과 사건, 그리고 단체

1980년대 초에 이르러서는 지식인 중심의 여성단체들이 잇달아 창립되는데 여신학자협의회(1980), 여성평우회(1983, 여성민우회로 개칭), 또 하나의 문화(1984), 기독교여민회(1986) 등이 그것이다.[8] 또한 여성

---

8 '여성평우회(여평)'는 1983년 6월 18일 '여성의 평등, 발전, 평화'를 목표 이념으로 삼고 '가부장적 성차별 문화의 개혁, 남녀 모두의 인간다운 삶을 위한 사회 건설, 민주통일사회 건설'을 활동지침으로 삼고 창립하였다. 분단 이후 여성운동 이념을 바탕으로 운동 목적을 사회, 정치적인 문제와 결합하여 실천 지침을 제시한 최초의 단체이기도 하다. 이에 대해서는 유영산(2003.9.1)을 참조.

의 전화(1984)는 아내 구타 및 성폭력 피해자들에 대한 상담 사업을 전개했으며, 1987년에는 독자적인 여성노동단체로서 여성노동자회가 결성되었다. 그러나 무엇보다도 1980년대 여성운동의 가장 큰 특징은 이전과는 달리, 주도적으로 여성정책 의제들을 제기하고 요구하기 시작했다는 점이다. 특히, 가족법 개정과 여성에 대한 폭력근절운동을 활발하게 진행하였다. 1984년 7월에는 '한국여성단체협의회'를 중심으로 41개 여성단체가 발기하여 '가족법개정을 위한 여성단체연합'을 결성하고 가족법 개정을 제13대 국회에서 통과시키기도 하였다. 1958년에 제정된 가족법이 30여 년 동안 여성단체의 지속적인 노력에 힘입어 개정됨으로써 가부장적 조항들이 상당히 개선되었다.[9] 또한 여성에 대한 폭력근절운동으로 전개하면서 여성운동은 여성의 성희롱과 성폭력문제를 사회문제로 공론화하는 데 주력했다. 그동안 여성에 대한 강간이라든가 폭력에 관한 이슈는 여성단체들의 관심을 별로 끌지 못했다. 그러나 전문여성단체, 여성의 전화, 한국성폭력상담소가 발족되면서 인간 중심적인 성 문화 정착을 위한 노력이 시작되었다.

앞서 보았듯이 1986년 부천서 성고문 사건이 폭로되면서 '성고문 대책위원회'가 결성되고 'KBS시청료거부여성연합' 등의 활동을 통해 여성운동은 국민운동의 차원으로 폭을 넓혀가게 되었다. 결국 민주화운동 과정에서 각 계층별, 지역별로 확산되고 성장한 진보적인 여성운동은 1987년 2월 '한국여성단체연합'(이하 여연)의 결성으로 그 정점을 이루게 되었다.

---

9 요컨대 1950년대부터 1980년대까지의 가족법 제정 및 개정사는 가족법에서 개인의 자유와 평등에 반하는 전근대적인 요소, 즉 성차별적 규정, 개인의 인격에 반하는 규정, 개인의 자유를 지나치게 억압하는 규정을 배제시키는 지난한 과정이었다. 이러한 의미에서 '가족법 개정사는 여성인권운동의 역사'였다(안경희, 2014: 124).

4) 환경운동

(1) 환경운동의 전개 과정

1980년대 이후의 환경운동은 두 가지 점에서 이전까지의 자연보호운동과 분명한 차이를 지녔다. 첫 번째 차이는 관 주도의 자연보호 운동을 넘어서 민간단체 중심의 사회운동 성격을 갖게 되었다는 점이다. 1980년대 이전의 환경운동은 각종 결의대회와 헌장 제정 등 관주도 자연보호운동의 성격이 강했다. 정부의 공식 문서들은 공통적으로 우리나라 자연보호운동의 맹아로서 새마을운동을 지목하고 있다(내무부, 1980: 44). 새마을운동의 마을진입로, 소하천, 소유지(小留池)의 주변정비와 이제껏 버려진 폐경지에 마을동산을 만들어 주민의 정서를 정화시키는 '국토 가꾸기와 자연보호' 사업이 자연보호운동의 시작이라는 것이다.

두 번째 차이는 1960~1970년대의 환경운동이 재산피해의 경제적 보상에 집중된 발아기에 해당되었다면, 1980년대는 이주나 건강피해에 대한 대책 등 사회적 이슈를 중심으로 다양화하는 양상을 보인 성숙기로의 진입 시기라 할 수 있다. 1970년대 중화학공업화가 본격화되면서 울산지역을 중심으로 반공해 주민운동이 최초로 등장하였다. 울산지역에서 1967~1969년의 한국알루미늄, 한국비료 등 공장건설이 본격가동되면서 공해피해가 집중적으로 나타나기 시작하였고, 울산 인근 삼산평야의 벼 피해에 대한 주민운동이 최초로 발발하였다. 하지만 운동 형태는 물론 조직에서도 뚜렷한 중심세력이 없어 조직형태를 갖추지 못했고 지역유지를 중심으로 공장 측에 피해보상을 요구하는 경제투쟁의 성격에 그쳤다. 그럴 수밖에 없던 이유로는 첫째, 주민들 자신이 공해에 대한 낮은 인식과 피해의 지속성과 입증방법을 알지 못했다. 둘째, 집단적인 대응방법, 여론형성이나 의사결정에 대한 주민은 물론이고 학계와 전문가단체의 해결 역량도 부재하였기 때문이었다(환경과 공해연구회, 1991: 270~272). 하지만 1980년대에 이르러 환경운동은 전문가의 역량과 지역의 심각한 현안이 결합하면서 단기간에 급성장하게 되었다.

(2) 주요 인물과 사건, 그리고 단체

1980년대 환경운동은 온산·여천의 주민운동을 빼놓을 수가 없다. 1979년 12월 5일 온산 비철금속단지에서 동 제련 시험가동 중 심각한 악취와 매연이 발생하는 사고가 발생했다. 이에 대해 지역주민들을 중심으로 치열한 보상투쟁이 전개되었는데, 6차례의 협의와 3차례의 시위 및 중재(지역 국회의원)를 걸쳐 보상요구액의 50%에 달하는 1억 9000만 원을 지급받게 되었다. 여천 낙포리의 경우는 1979~1980년까지 8회의 이주대책에 대한 진정서 발송 등과 여러 차례의 집단농성으로 집단이주가 최초로 결정된 사례이다. 우리나라 환경운동의 역사에서 온산병과 이주투쟁이 차지하는 의미는 적지 않다. 왜냐하면, 온산병 투쟁은 반공해운동단체들이 주민운동을 직접 지원한 첫 번째 사례이기 때문이다. 1983년부터 광주민주화운동의 여파로 한국공해문제연구소(공문연)를 필두로 공해반대청년운동협의회(공청협), 공해반대시민운동협의회(공민협) 등이 조직되었다. 1983년부터 공문연은 온산을 답사하면서 그동안 무시되었던 피해를 객관적으로 조사하기 시작했다. 그동안 우리나라는 중금속에 의한 공해병 문제는 정부에서 철저하게 통제하였고, 학계의 조사도 은밀하게 제제를 가했다. 현지조사단 파견과 건강조사를 위한 설문조사, 각 종교단체와 연합을 통해 온산의 공해피해가 사회문제화됨으로써 환경운동의 확실한 전환점이 되었다(환경과공해연구회, 1991: 274).

1980년대, 특히 86아시아게임과 88올림픽을 앞두고 환경운동은 그

| 표 4-1 | 1980년대 중반의 환경운동단체

구분	사례
지역주민 환경단체	서울시공해피해주민공동대책위원회/ 골프장건설반대주민대책회의/ 산업폐기물매립지건 설반대주민대책회의/ 서해안개발지역주민대책회의/ 고리 · 월성 · 울진 · 영광 · 고흥 등 핵 발전소 인근 지역주민들의 생존권대책위원회
환경전문 기능단체	공해추방운동연합/ 부산공해추방운동협의회/ 울산공해추방운동연합준비위원회/ 광주환경 공해연구회/ 목포녹색연구회/ 공해추방과 핵발전소 건설저지를 위한 여수 · 여천 시민의 모 임/ 한국반핵반공해평화연구소
환경연구 전문인단체	환경과공해연구회/ 공해추방운동연합 연구위원회
대중단체	인도주의실천의사협의회/ 건강사회를 위한 치과의사회/ 건강사회를 위한 약사회

자료: 환경과공해연구회, 1991: 280.

간의 농촌 중심에서 공장의 유독가스, 분진이나 소음, 공장의 폐수배출 등 생활환경의 오염에 의한 도시지역의 주민운동으로 확대되었다. 1983년 목포시 주민들에 의한 영산강 보존운동, 1985년의 동두천지역 상수원인 신천의 오염심화에 대한 주민운동, 1987년 구로공단 주변 주 민운동, 1987~1988년 상봉동 연탄공장 부근 주민운동, 1988년 신정동 오쇠동의 항공기소음피해 운동 등이 대표적인 사례이다. 차이점은 농 어촌 운동이 재산피해에 의한 경제투쟁이라면, 도시는 건강피해에 대 한 반대운동의 성격이 강하고, 조직에서도 농어촌이 한두 개 단체나 지 역유지 중심이라면, 도시지역은 여러 사회단체들의 연합형태(라이온스, 의사회, 약사회, 각종 종교단체와 청년회 등)가 주류를 이루었다. 예를 들 어 상봉동 연탄공장 주변의 주민운동은 반공해운동단체와 인도주의실 천의사협의회(인의협)의 연계투쟁으로 검진에 의해 진폐증 규명에 성 공한 사례이다. 〈표 4-1〉에서 알 수 있는 것처럼 1980년대 중반을 거치 면서 반공해운동단체들이나 과학자, 의료계, 법조계 등 전문성을 확보 한 조직들의 연계활동과 지원활동이 활성화되었다.

이 시기에 활동하였던 대표적인 환경운동단체들은 다음과 같은 것 들이 있다.

① 한국공해문제연구소

1982년 5월 3일 최열의 주도하에 한국 최초의 환경운동단체인 한국
공해문제연구소가 창립되었다. 여기에는 정문화·김태현 등이 참가하
고, 박우섭·이범·이필렬 등이 실무진으로 참가하였다. 이사장에 함세
웅(가톨릭), 이사에 권호경·조승혁·조화순(개신교), 김승훈·김택암(가
톨릭), 김병걸·성내운·유인호(학계), 이돈명·한승헌·홍성우(법조계), 오
재길·이길재·임채정(사회운동) 등 1970년대 반정부 인사들이 대거 참
가하는데, 이로 말미암아 안기부 등 당국에서는 창립을 저지하는 등 갖
은 형태의 탄압을 가했다. 한국공해문제연구소는 반월공단 등 도시공
단과 괴산·의성 등 농촌 공해지역 실태조사를 시발로, 단행본『내 땅
이 죽어간다』(일월서각, 1983),『삶이냐 죽음이냐』(형성사, 1985),『한국
의 공해지도』(일월서각, 1986) 등 국내 공해서적의 고전으로 통하는 서
적들을 발간하는 등 1980년대 환경운동을 주도하였다(민주화운동기념
사업회, 2006).

② 공해추방운동연합

앞서 보았듯이 우리나라에서 공해문제를 민간 차원에서 해결하려고
한 최초의 시도는 공해문제연구소의 설립이었다. 또한 1984년 12월에
는 공해문제의 심각성을 인식한 대학생 청년들이 중심이 되어 '반공해
운동협의회'가 만들어졌으며, 1987년에는 공해문제를 사회구조적인 문
제로 파악하고 사회운동의 차원에서 전개하고자 '공해추방운동청년협
의회'가 발족되었다. 이에 앞서 주부 등 여성들이 중심이 된 '공해반대
시민운동협의회'가 결성(1986.9.13)되어 각종 공해대책 강좌 및 공해고
발 전화를 개설했다. 이들 3개 단체는 공해 문제와 관련된 사안들을 공
동으로 해결하기 위해 연대활동을 자주 벌였는데, 이러한 활동을 기반
으로 이들 3개 단체가 통합하여 공해추방·반핵운동의 이념적 조직적

통일을 기한 '공해추방운동연합'을 결성(1988.9.10)하였다. 공추련은 결성 이후 공해문제를 유발하는 기업들을 사회문제화시킴으로써 공해의 심각성을 널리 알리기 시작했고, 원전 건설, 영덕의 핵폐기물처리장 건설 반대사업에 적극적으로 동참하였다. 전국핵발전소추방운동본부 창설(1990.4.15)에 적극 가담하면서, 핵발전소 건설 반대 100만인 서명운동을 벌여 정부가 동해안에 핵폐기물 처분장을 건설하려던 계획을 백지화시키는 성과를 거두는 등 괄목할 만한 활동을 했다. 이 과정을 통해 공추련은 조직을 정비하고, 또한 많은 지역의 민간 환경운동단체를 발족시키는 모태 역할을 했다(민주화운동기념사업회, 2006).

③ 인도주의실천의사협의회

엄밀히 말하면 의료보건단체이지만 환경운동과 밀접한 연관이 있는데가 인도주의실천의사협의회(인실협)이다. 인실협은 의사 최초의 시국선언 사건으로 보도되어 관심을 끈 '서울·경기·전북 의사 137명 시국선언'(1987.6.8)이 계기가 되었다. 이 일을 계기로 '의사의 사회적 책임'과 '국민 건강권'을 모토로 한 단체인 인의협이 그해 11월 21일 종로구 연지동 여전도회관에서 창립대회를 열었다. 하지만 인의협의 뿌리는 6월항쟁 이전부터 싹트고 있었다. 무엇보다도 그 배경에는 1970~1980년대 영등포 도시산업선교회를 통한 빈민의료봉사, 무의탁진료 등 사회참여를 통해 성장한 여러 대학 의대생들의 민주의식이 있었다. 그리고 서울 의대 내부 언더 서클의 존재도 빼놓을 수 없다. 1970년대 초반의 '사회의학연구회'와 1970년대 후반~1980년대 초의 '한국의료문제연구회'가 그것이다. 두 단체의 핵심 멤버였던 양길승, 심재식, 고한석, 황승주, 홍영진, 김기락, 양요환, 김용익 등은 청계천 빈민 건강실태조사 등의 의료 활동과 반유신운동을 병행하고 있었다(≪중앙일보≫, 1999.11.29).

창립 30년을 맞아 현재까지도 인의협은 의료의 사회적 책임을 일관되게 실천하고 있다. 1988년 상봉동 연탄공장 주민 진폐증 조사, 수은 중독 문송면 군 사건 이슈화,[10] 1989년 조선대생 이철규 씨 의문사 부검 참여, 1999년 원진레이온 직업병 치료 병원 설립 등 환경 및 보건의료 이슈를 주도하여왔다. 이밖에도 1988년부터 성남지역에 자체 진료소를 설치하고 1989년부터는 매년 수해지역을 찾아 10여 년 이상 진료를 해왔다. 그리고 인의협의 최근 관심은 외국인노동자·장애인·노숙자 진료소 설치, '북한의약품 지원 사업' 그리고 '의료민영화 저지 및 공공성 확대 활동'으로 확대되고 있다.[11] 전문성과 현장성을 결합한 이러한 활동은 왜 인의협이 6월항쟁 이후 쇠락한 다른 민주화단체와 달리 1200여 명의 회원을 거느린 채 여전히 활발하게 활동하고 있는가를 잘 설명해준다.

3. 맺음말

이제 두 가지 논의를 정리하면서 글을 마무리하고자 한다. 첫 번째 질문은 1980년대 구체적인 모습을 드러낸 이들 단체의 활동이 왜 우리나라 시민운동의 뿌리에 해당하는가의 대답이다. 물론 '문화6단체'를

---

10 충남 서산 출신인 문송면은 야간고등학교 진학을 위해 1987년 12월 5일 영등포의 한 공장 (협성계기)에 입사했다. 그는 수은 증기가 가득 찬 작업실에서 액체 수은을 온도계에 주입하는 일을 맡았다. 하지만 그는 입사 두 달 만에 수은에 중독되어 고열과 두통, 전신 발작을 일으켰다. 공장에 항의하고 정부에 산재를 신청했지만 그의 요구를 받아주는 곳은 아무 데도 없었다. 인의협(김록호와 박희순)의 도움과 동아일보의 보도(1988.5.11)로 이 문제는 사회문제가 되었고 노동부는 1988년 6월 29일 그의 산재를 인정했다. 그리고 사흘 뒤 문송면은 만 15세의 나이로 눈을 감았다. 그의 죽음으로 이 사회는 한 발 앞으로 나아갔다. 산업재해 전문병원인 녹색병원이 세워졌고 현장에서의 산재교육을 포함한 산업안전 보건대책의 수립과 직업병 판정위원회 설립 등 법적·제도적 변화까지 만들어냈다(권경원, 2017).

11 이에 대해서는 인의협의 홈페이지 참조(http://www.humanmed.org/page/0103.php).

비롯한 이들 단체가 6월항쟁 직후 시민운동을 목적의식적으로 지향했다거나 NGO로 바로 전환했다는 것은 아니다. 그들은 여전히 운동의 목표와 가치라는 점에서 민주화운동의 성격과 범주에 놓여 있었다. 1980년대까지의 민주화운동이나 민중운동의 궁극적 목표는 총체적 사회변혁을 위한 국가권력의 장악에 있었다. 국가권력을 직접 목표로 삼는 운동은 그 자신이 권력의 주체가 되어야 하고, 정치투쟁을 중심적 과제로 삼게 되며, 이에 따라 국가권력과 사회운동의 관계는 화해하기 어려운 적대(antagonism)를 기본 틀로 삼는다. 이 글에서 살펴본 단체들은 여전히 활동의 목표와 중심 전략을 국가정책이 공공이익이나 공공선에 부합하도록 압력을 극대화하는 '영향력의 정치'보다는 계급이익의 실현에 두는 '민중의 정치'와 민주적 사회변혁을 추구하였던 '급진노선'에 두었다. 그렇지만 다음 두 가지 점에서 이들은 시민운동의 뿌리와 전사(前史)를 구성한다고 평가할 수 있다.

첫째는 운동 방식의 차이였다. 1980년대의 운동방식은 광주민주화운동이 상징하듯이 국가공권력의 무자비한 폭력적 진압과 저항세력의 물리적 대항으로 점철되었다. 우선, 1980년 민주화 과정이 쿠데타에 의해 봉쇄되고, 광주민주화운동이 폭력적 비극에 의해 종결되면서 심리적 좌절과 분노가 운동의 기본 정서로 각인되었고, 강압적 국가기구를 중심으로 하는 공안 통치에 의해 주요 사회운동은 불법화되었다. 이처럼 1980년대의 민주화운동은 높은 수준의 정부 억압 때문에 불가피하게 급진적 이념지향성, 비공개·반합법 운동조직의 난립, 폭력적 저항방식이라는 특징을 지니게 되었다. 그렇지만 1980년대 중반에 생겨나기 시작하였던 문화예술운동, 환경운동, 여성운동, 인권운동 등등은 비교적 온건하고 합법적인 운동방식을 선호하였다. 이들은 화염병이나 점거, 농성보다는 정부를 비판하고 자신들의 입장을 옹호하는 성명서·전시회·공청회·기자회견 등을 중시하였고, 자신들의 전문성을 활용하여 실태파악과 대안제시에 역점을 두었다. 둘째는 참여 주체의 변화이다. 1980년대까지 사회운동의 기본 성격은 정치적 차원에서는 권위주의에서 민간 정부로의 정치권력의 변화를 추구하였던 민주화운동이었으며 사회경제적 차원에서는 독점재벌을 비롯한 기득 세력의 착취와 수탈 속에서 신음하고 있던 노동자, 농민, 빈민 등 기층 민중의 이해를 대변하였던 민중운동이었다. 그렇지만 사회개혁을 기치로 내건 이들 단체들은 자신들의 지지 및 활동기반을 전문직이나 중산층에서 찾았다. 이들의 활동은 '보도지침'이나 'KBS 수신료 거부운동', '개헌지지 서명운동'에서 드러나듯이 일반 시민들의 뜨거운 지지 속에서 급속히 확대되어 나갔다.

이제 마지막으로 두 번째 문제제기에 답할 차례이다. 이들의 활동은 6월항쟁에 어떤 영향을 미쳤을까? 이들의 가장 중요한 기여는 6월항쟁의 성공을 이끌었던 관제탑의 주춧돌이 되었다는 점이다. 전국적 단위에서 조직적이고 체계적으로 6월항쟁을 이끈 지도부는 물론 '민주헌법쟁취 국민운동본부'(국본)였다. 국본은 일제 강점기 "민족해방운동 최대의 연합전선이었던 신간회"처럼 "우리의 운동이 이루어낼 수 있는 최대역량 결집"을 반영한 획기적인 사건이었다(민족민주운동연구소, 1989: 167). 출범 이후 국본은 '박종철군 고문살인은폐조작 규탄 및 민주헌법쟁취 범국민대회', 즉 6·10대회를 이끌었고, 이에 앞서 직선제 개헌을 위한 전국적인 서명운동을 시작했다. 하지만 국본의 형성은 두 해전에 결성된 '민주통일민중운동연합'(1985.3.29)이 없었더라면 불가능했을 것이다. '민통련'은 1984년에 설립된 '민중민주운동협의회'와 '민주통일국민회의'가 1985년 총선에 대한 적극적 대응을 목표로 통합한 것인데, 재야의 형성 이래 최대 연합조직이라 할 수 있다. 민통련은 부문별·지역별 23개 재야민주운동단체의 가맹으로 이루어져 있었는데, 이들 가맹단체는 독자적인 영역을 구축한 뒤 가맹하는 형태였기 때문에 자율성을 갖고 있었다. 연대성과 대행 기능을 갖기 때문에 한두 단체의 와해에도 불구하고 민통련의 활동을 지속할 수 있다는 장점을 가졌다(서영석, 1986: 201).

6월항쟁과 관련하여 기존의 대부분의 연구들은 6월항쟁의 승리 요인으로써 국본이 지닌 민주대연합의 투쟁기구라는 성격을 주목하여 왔다. 그런 점에서 국본에 참여한 단체의 다양성과 포괄성 그리고 그 전국성은 1970년대와 비교해 1980년대 사회운동의 조직적, 인적 성장의 기반을 잘 보여주고 있었다. 즉 1980년대 민주화운동의 성과를 바탕으로 등장했던 국본은 야당과 운동세력의 연대뿐만 아니라 여기에 국민대중의 광범위한 참여를 가능토록 만듦으로써 최대민주화 연합의 구축을 이룰 수 있었던 것이다(최장집, 1989: 295). 필자는 본 논문에서 살펴본 단체들이야말로 민통련 결성이나 국본의 형성을 가능하게 했던 요인이자, 국본이 일부 재야인사와 민중운동을 넘어선 최대연합으로 발전할 수 있었던 동력이었다고 평가하고 싶다. 특히 강조하고 싶은 것은 이들 단체들이 민주화운동의 수평적 확대뿐만 아니라 수직적 확산, 즉 중앙을 넘어 지역에 뿌리를 내리는 데 결정적으로 기여했다는 점이다. 좁게는 이들 새로운 시민운동의 맹아들은 1987년 국민운동본부 결성의 지역적 기반으로 이어졌다.[12] 그리고 넓게는 1987년 이후 지역을 근거로 한 다양한 시민운동이 발전할 수 있는 조직적·인적 기반의 토대를 제공하였다.

---

12 지방조직의 건설 과정은 지역별로 조금씩 차이가 있었다. 이해찬의 회고에 따르면, "서울의 경우는 각 부문운동이 전문화되어 나타나고, 인천은 노동운동세력을 중심으로 하여 인천지역사회운동연합을, 충남은 농민운동을 중심으로 종교계와 학생·청년운동이 결합하여 충남민주운동협의회의 발족"으로 나타났다. 어쨌든 6월항쟁의 와중에서 각 시도마다 그 지역의 정치투쟁단체가 성장하는데, 이것이 국본이 각 지역에 설치될 수 있었던 인적자원과 투쟁공간을 만들어주었다. 국민운동의 발족 이후 그 조직이 시군단위까지 확대되었는데, 이것은 1970년대와 1980년대 민주화운동의 가장 중요한 차이였다(편집부, 1987: 130).

참고문헌

권경원. 2017.3. 「열다섯 살 노동자 문송면」. 참여사회연구소. 《월간참여사회》.

김주언. 1996.1. 「대법원의 보도지침 무죄확정에 부쳐」. 《월간 말》, 138~141쪽.

김창남. 1989. 「80년대의 문화와 문화운동」. 《문학과 사회》, 통권 제8호, 1330~1345쪽.

내무부. 1980. 『자연보호백서』.

대한출판문화협회. 1998. 『대한출판문화협회 50년사』.

민주화운동기념사업회. 2006. 『한국민주화운동사 연표』. 민주화운동기념사업회 연구소.

_____. 2012.12.13. 「함께 쓰는 민주주의: 인물·열사이야기」(http://www.kdemo.or.kr/blog/people/post/595).

민족민주운동연구소 엮음. 1989. 『국민운동본부: 민주쟁취국민운동본부평가서(1)』.

박인혜. 1985.12. 「TV 시청료 내야 하나?」. 《새가정》.

박채복. 2005. 「한국 여성운동의 전개와 과제」. 《한·독사회과학논총》, 15(1), 231~252쪽.

서영석. 1986.9. 「명동집회와 재야 33개 단체」. 《정경문화》, 경향신문사.

서중석. 2011. 『6월항쟁』. 돌베개.

안경희. 2014. 「가족법 개정사와 여성운동」. 《이화젠더법학》, 6(2), 73~128쪽.

유영산. 2003.9.1. 「한국의 진보적 여성운동과 여성평우회」. 민주화운동기념사업회 (http://www.kdemo.or.kr/blog/dictation/post/617).

윤일웅. 1987.3. 「인권운동 단체들」. 《月刊朝鮮》, 84호.

윤재걸. 1985. 「재야민주·민중운동단체들」. 《신동아》, 8월호, 167쪽.

이정은. 1999. 「한국에서의 인권 개념과 인권 운동에 관한 연구」. 서울대학교 대학원 사회학과 석사학위논문.

정상호. 2013. 『시민의 탄생과 진화』. 한림대출판부.

_____. 2007. 여름. 「6월항쟁과 시민사회운동」. 《내일을 여는 역사》, 통권 제28호, 42~52쪽.

_____. 2017. 『한국시민사회사 1961-1986』. 학민사.

정철희. 2003. 『한국시민사회의 궤적: 1970년대 이후 시민사회의 동학』. 아르케.

정태인. 1991. 「5월투쟁의 평가와 민족민주운동의 과제」. 《월간 말》, 7월호.

정해구·김혜진·정상호. 2005. 『87년 6월항쟁과 한국의 민주주의』. 민주화운동기념사업회.

정현백. 2006. 「한국의 여성운동 60년」. 《여성과 역사》, 4권 1호.

조현연. 1997. 「6월 민주항쟁의 이념. 주체. 전략」. 학술단체협의회 엮음. 『6월 민주항쟁과 한국 사회10년 1』. 당대.

최장집. 1989. 「과대성장국가의 형성과 정치균열의 전개」. 『한국현대정치의 구조와 변화』. 까치.

편집부. 1992.7. 「KBS 시청료 거부운동 그 후」. 《월간 길》.

편집부. 1986.7. 「부천서 성고문 사건」, 26~33쪽. 《월간 말》.

_____. 1986.9. 「성고문 사건 권양의 메시지와 재정신청서」. 《월간 말》, 19~24쪽.

_____. 1986.9.「보도지침이란 무엇인가」.≪월간 말≫, 2~4쪽.

편집부. 1987.『전환─6월투쟁과 민주화의 진로』. 사계절.

한국출판문화운동협의회. 1987.『출판탄압백서』.

환경과공해연구회. 1991.『공해문제와 공해대책』. 한길사.

Mainwaring, S., G. O'Donnell, & J. S. Valenzuela. eds. 1992. *Issues in Democratic Consoli-dation*. Notre Dame. Indiana: University of Notre Dame Press.

제2부
6월항쟁의 전개:
성과와 한계

5장

1987년 민주화투쟁과 6월항쟁

허은 | 고려대학교 한국사학과

1. 들어가며

'6월항쟁'은 길게는 '고 박종철 국민추도회'가 개최된 2월 7일에서부터 전두환 정권이 호헌철폐와 직선제 개헌안을 수용한 6월 29일까지, 짧게는 '박종철군 고문살인 은폐 규탄 및 호헌철폐 국민대회'(6·10국민대회)가 개최된 6월 10일부터 6월 29일까지의 기간을 지칭한다. 6월 10일부터 6월 29일까지 한정하더라도 6월항쟁은 전국 37개에 달하는 시·군에서 연인원 400~500만 명이 폭력적인 탄압을 두려워하지 않고 반독재 민주화를 위해 치열한 투쟁을 전개한 거대한 항쟁이었다.

민주화를 위해 싸우던 한 대학생이 물고문 치사를 당한 사건이 의문사로 묻혀버리지 않고 항쟁의 기폭제가 될 때까지, 또한 6·10국민대회가 단발성 시위로 그치지 않고 군부독재세력의 직선제 개헌 수용을 이끌어내는 전국적인 항쟁이 되기까지 의도치 않은 우연한 계기들이 있었다. 이 우연한 계기들은 전국적인 항쟁을 전개하기 위한 각 지역의 민주화운동가들의 준비와 연대구축 모색, 진실을 규명하려는 개인들의 양심과 결단, 그리고 권력을 유지하기 위해 고문살인을 자행하는 정권에 분노하며 거리로 나선 수많은 이들의 헌신적인 투쟁과 맞물리며 민주화를 위한 필연으로 바뀌어 갔다.

'민주헌법쟁취 국민운동본부'라는 전국적인 연대 조직이 수립되어 동시다발적인 시위가 이어지면서 대학생들뿐만 아니라 사무직 노동자, 공장 노동자, 서비스업 종사자, 자영업자, 농민 그리고 고등학생에서부터 가정주부와 어린이들까지 시위에 동참했다. 6월항쟁의 현장은 단지 투쟁의 공간으로서만 그치지 않았다. 이는 살인 정권에 대한 분노에서부터 각자의 계급, 계층적인 이해가 표출되면서 파시즘적 독재체제를 위한 주체가 아닌 민주공화국을 만들어갈 새로운 주체가 형성되는 거대한 공론장, 당시 항쟁에 참여한 시민들의 표현을 빌리면 '민주광장'이었다.

2. 항쟁의 촉발—박종철 고문치사와 국민운동본부의 결성

1) 박종철 고문치사와 국민추도회 개최

1987년 1월 14일 남영동 치안본부 대공분실 취조실에서 조사를 받던 서울대학교 언어학과 3학년생 박종철이 물고문을 받다가 사망했다. 이 경악할 사건은 다행히도 15일 중앙일보 신성호 기자에 의해서 특종 보도가 되었고, 오후에는 이 기사를 받은 외신기자들에 의해 전 세계로 타전되었다. 이날 오후 경찰은 수사관이 "주먹으로 책상을 탁치며 혐의사실을 추궁하자 억하며 쓰러졌다"는 어처구니없는 발표를 하며 국민들의 의혹을 증폭시켰다. 경찰의 압력에도 불구하고 공안부장 최환은 민간병원(한양대 병원)에서 부검을 실시하고, 부검의 황적준은 사인을 사실대로 적은 부검 소명서를 제출했다. 16일 동아일보는 시신을 최초로 본 내과의 오연상과 부검에 관여한 한양대 병원 의사 박동호의 증언을 확보해 박종철의 죽음이 단순 쇼크사가 아니라 고문치사임을 보도했다.

박종철의 고문사가 보도된 16일부터 학생, 재야 민주단체, 종교계 등에서 고문살인 정권을 규탄하는 성명이 이어졌다. 박종철의 고향인 부산에서는 16일 부산대 학생 300여 명이 고문살인을 규탄하는 시위를 벌였고, 부산민주화연합회 지도부는 진상규명과 책임자 처벌을 위해 노력하겠다는 결의를 밝혔다. 다음날 신민당이 자체 진상조사단의 조사결과 박종철의 죽음은 고문치사사건임이 분명하다고 발표하며 국회 진상조사특위의 구성을 요구했다. 1월 20일에는 서울대 학생들이 추모제를 개최했고, 1000여 명의 학생들이 합류하여 '고문살인 자행하는 전두환 정권을 타도하자'라는 구호를 외치며 시위를 벌였다. 1월 23일에는 전국 17개 대학에서 언론 추산 1000여 명의 대학생들이 박종철 고문치사에 항의하는 시위를 벌였다. '전국 반외세 반독재 애국학생투쟁연합'(애학투) 동부지구 9개 대학 학생 700여 명은 고려대에 모여 '고 박종철 학우 추모제'를 개최했고, 서울대, 중앙대, 단국대 등 서울시내 6개 대학 학생 200여 명도 서울 중구 신당동 중앙시장에서 박종철 고문치사에 항의하는 기습가두시위를 벌였다. 분향과 추모제 그리고 시위들이 전개되며 박종철 고문치사에 대한 분노와 항의는 각계로 확산되어 갔다.

언론이 박종철 고문치사사건을 경쟁적으로 폭로하고 학생, 재야 민주단체뿐만 아니라 야당까지 정치 쟁점화할 기미를 보이자, 전두환 정권은 사건의 파장을 최소화하기 위한 조치들을 재빨리 취했다. 19일 치안본부는 자체 수사결과를 발표하고 경관 2명을 고문치사의 책임자로 구속했다. 이날 치안본부는 박종철의 죽음을 "빨갱이를 잡으려다

저지른 실수"이며, '좌경용공분자 척결'이란 책무에 더욱 성실히 임하
겠다고 언급했다. 상투적인 이념논리를 동원해 책임을 면하려는 경찰
의 안이한 대처에 대해 천주교정의구현전국사제단은 '깊은 반성의 자
세'를 전혀 찾아볼 수 없다고 비판했다.[1] 경찰이 수사관 2명을 구속한
조치는 이후 4개월 뒤 천주교정의구현전국사제단의 폭로로 여실히 드
러났듯이 고문치사사건을 축소, 조작, 은폐하려는 시도에 불과했다. 1
월 20일 전두환 정권은 김종호 내무부장관과 강민창 치안본부장을 경
질하고 신임 내무부 장관으로 정호용, 치안본부장 이영창을 임명했다.
정호용은 광주학살을 자행한 책임자들 중 하나로 지탄을 받는 인물이
었고, 이영창은 1986년 10월 서울시경국장으로 건국대 사건을 처리하
며 시위 학생들을 용공분자로 몰아 초유의 대량 구속 사태를 낳은 인물
이었다.

전두환 정권이 정권유지를 위해서라면 민주화인사들을 용공·좌경세
력으로 몰아 상상을 초월하는 고문을 자행하는 폭력적인 정권이자 도
덕적으로도 타락할 대로 타락한 정권이라는 사실은 1985년 민주화운
동 청년연합 초대의장 김근태와 상임위 부위원장 이을호에 대한 고문
수사, 1986년 부천서 권인숙 성고문 사건, 이외에도 대전·대구 교도소
에서 자행된 양심수 폭행사건 등으로 여러 차례 드러났다. 하지만 철저
한 언론 통제로 이러한 사실이 대중적으로 공론화되기 힘들었다. 이와
달리 박종철 고문치사사건은 언론에 의해 사실이 폭로되어 다행히 의
문사로 묻히지 않고, 전 국민이 충격적인 사실을 접할 수 있었다.

민주인사들에게 자행되는 무자비한 고문에 대응하기 위해 1985년
11월에 '고문 및 용공조작 저지 공동대책위원회'(고문공대위)라는 연대

---

1   천주교 정의구현 전국사제단, 「고문살인의 종식을 위한 우리의 선언」(1987.1.24), 1쪽, 6월
     민주항쟁10주년사업범국민추진위원회, 1997: 98에서 재인용.

조직이 결성되어 활동을 전개해왔다. 고문공대위에 참여해온 각 단체의 실무자들은 박종철 고문치사사건에 대한 대처를 놓고 여러 차례 모임을 갖고 국민 개개인이 추도위원으로 참여하는 방식의 국민추도회를 열기로 결정했다. 1986년 1월 27일 서울 중구 민주화추진협의회 사무실에서 '고 박종철 군 국민추도회 준비위원회'(이하 준비위원회)가 발족했다. 준비위원회는 "박종철의 죽음이 4·19 때 김주열 학생의 죽음이나 박정희 정권 말기의 노동자 김경숙 양의 죽음보다 더욱 참담한 죽음이며, 우리 국민 모두의 오랜 굴종과 체념의 타성을 뒤흔들며 깨우는 하나의 불씨가 되었다"고 언급하며 박종철의 죽음을 애도했다. 더불어 준비위원회는 군사독재 정권이 자행한 가택연금, 불법연행, 장기구금, 그리고 고문과 성고문을 수수방관하지 않고 강력히 규탄했다면 박종철의 희생을 막을 수도 있었을 것이라고 자성하며, 시민들에게 2월 7일로 예정된 '고 박종철 국민추도회'(이하 2·7국민추도회)의 참여를 호소했다.

1월 27일경 1차 집계에서 9782명으로 확인된 국민추도회 준비위원은 대회 직전 7만 2000명으로 크게 확대되었다. 2·7국민추도회 직전까지 수많은 이들이 소액의 추도성금을 보내왔다. 경찰은 국민추도회를 막기 위해 전날부터 대대적인 검문검색 실시, 재야단체 압수수색, 민주인사 가택연금 등을 전국적으로 실시하고, 당일에는 서울에만 5만 3000여 명이 넘는 대규모 인원을 동원하여 봉쇄작전을 펼쳤다.

준비위원회가 비폭력 평화시위를 강조했지만 경찰의 봉쇄에 막혀 전국 어느 곳에서도 국민추도회는 정상적으로 개최되지 못했다. 서울에서는 경찰이 추도회장인 명동성당 접근을 철저히 차단하여 국민추도회가 명동성당이 아닌 가두에서 개최되었다. 이날 시위 양상은 비록 산발적인 수준을 넘어서지 못했지만 '살인정권·고문정권 규탄시위'가 시민항쟁으로 진전될 조짐을 보여주었다. 시내 곳곳에서 산발적으로 벌어진 시위에서 시민들은 학생들의 시위를 지지하고 나아가 적극 동참했다. 시민들은 청년·학생들을 불심검문하는 경찰에게 강력히 항의했고, 신세계 백화점 앞에서는 함께 노래를 부르고 구호를 외치며 동참했다. 남대문극장 앞 사거리에서는 청년·학생들과 남대문시장의 영세상인, 점원, 짐꾼 등 시민들이 한데 어울려 집회를 가졌다(황광우, 2007: 189).

부산에서는 다수의 시민들이 동참한 시위가 전개되었다. 경찰의 철저한 원천봉쇄로 예정된 추도회장인 광복동 대각사에서 추도식은 개최되지 못했다. 하지만 부산극장 앞에 재집결한 추모 군중이 부산민주화협의회 임원들의 주도하에 추도회를 가졌고, 경찰이 최루탄을 발사하며 추도회 해산을 시도하자 시위가 전개되었다. 박종철의 죽음에 분노한 시민들이 동참하며 1만여 명이 넘는 시위군중이 충무동에서 시청으로 이어진 간선도로를 꽉 메웠다. 이날 부산에서는 저녁까지 2만 명이 넘는 시민들이 시위에 참여했다. 이는 집회를 준비한 민주화운동단체들의 예상을 뛰어넘는 양상이었다. 2월 7일 부산의 시위는 시민들이 더 이상 방관자가 아닌 시위의 주체로 변화하는 양상을 분명히 보여주었다(6월항쟁계승사업회·민주화운동기념사업회, 2007b: 29~30). 광주에서도 추도회가 원천 봉쇄되자 1500여 명이 넘는 시민, 학생들이 시위를 벌였다. 전국에서 동시에 개최된 2·7국민추도회는 비록 경찰의 강력한 원천봉쇄로 추모식을 제대로 개최할 수 없었지만 운동의 고립·분산성을 극복하고 동시다발 집회가 대중투쟁의 전형으로 자리 잡는 계기가 되었다(6월항쟁계승사업회·민주화운동기념사업회, 2007a: 102).

준비위원회는 2월 9일 박종철의 49재인 3월 3일까지를 '고문추방 및 민주화를 위한 국민결의기간'으로 선포하고, 이 기간 동안 2월 7일에 행하지 못한 행사를 개최할 것을 촉구했다. 박종철의 희생을 애도하는 추도행사는 2·7국민추도회 이후 중소도시들에서 개최되었다. 경상북도의 경우 2월 9일 안동시 안동문화회관에서 신부, 수녀, 가톨릭농민회원 및 일반신자 등 300여 명이 참석한 가운데 '고 박종철 추모제 및 고문 규탄대회'가 열렸고, 2월 18일 의성군 의성읍 의성천주교회에서 신부, 수녀, 가톨릭 농민회원 및 일반신자 등 200여 명이 참석한 가운데 '고 박종철 군 추모제 및 고문규탄 대회'가 개최되었다. 같은 날 영주시에서도 200여 명의 불교신자 등이 모인 가운데 고 박종철의 명복을 비는 영가천도 기원법회가 개최되었다. 또한 3월 2일 경북 상주시 남성동 천주교회에서는 신부 16명과 수녀 등 성직자와 신자 300여 명이 모인 가운데 '고 박종철 추모미사 및 고문규탄대회'가 열렸다(6월항쟁계승사업회·민주화운동기념사업회, 2007b: 119).

준비위원회는 2월 23일에 기독교회관에서 공동위원장단 연석회의를 갖고 3월 3일 '고문추방 민주화 국민평화대행진'을 개최하기로 결정했다. 준비위원회는 3월 3일 '고문추방 민주화 국민평화대행진'(이하 3·3국민평화대행진)을 벌여야 하는 이유로 "첫째, 박종철 군 등 고문 희생자들에 대한 추모, 둘째, 불법연금, 강제연행, 검문검색 거부, 셋째, 단기구금(구류), 압수수색영장 남용 항의, 넷째, 일체의 고문수사 반대, 다섯째, 고문에 의한 자백증거에 의한 재판 반대, 여섯째, 고문살인사건 및 고문용공조작사건 진상규명과 책임자처벌 요구, 일곱째, 고문자백을 근거로 구속 복역 중인 양심수 전원 석방 요구, 여덟째, 고문근절을 위한 민주화 실현, 아홉째, 입법, 제도개선(국정조사권 있는 국회기구 등) 요구"를 열거했다.

3월 3일 평화대행진도 경찰의 강력한 원천봉쇄로 제대로 이루어질 수 없었고, 대학생들의 주도하에 시민들이 참여하는 산발적인 시위가 벌어졌다. 이날도 시민들은 학생들의 연행을 막는 모습을 보였다(≪동아일보≫, 1987.3.3, "'3·3대행진의 날'의 거리"). 부산에서는 2·7국민추도회 진압에 실패한 부산시경이 강력한 봉쇄 조치를 실시했고, 이도 모자라 현역 국회의원과 시위가담 용의자를 시 외곽으로 실어 날라 시위를 차단하는 이른바 '퍼내기 작전'을 펼쳤다. 이날 부산 준비위 실무자들은 시위대가 분산되자 상황실을 두고 모니터를 가동시켰다. 모니터들의 보고는 현장지도부가 신속하게 상황 대처를 할 수 있도록 했다(김하기·제성욱, 1995: 8). 부산의 운동 주체들은 산발적으로 전개되는 시위의 효과를 극대화하는 방안을 찾아갔고, 이러한 대응방안은 이후 6월항쟁 기간까지 이어져 큰 효과를 보았다. 경찰에 따르면 3·3국민평화대행진과 관련하여 전국에서 439명(학생 239명, 일반인 146명)이 연행되었다.

2) 4·13호헌조치와 국민운동본부의 발족

3·3국민평화대행진을 '성공적'으로 봉쇄한 뒤 전두환 정권은 '살인정권 규탄 정국'을 '개헌 정국'으로 다시 전환하여, 정국의 주도권을 쥐고 내각제를 통한 정권연장을 추진하고자 했다. 전두환 정권은 1987년 새해 초부터 제기한 내각제 합의개헌에 대해 신민당이 성의를 보이지 않을 경우 현행 헌법을 고수하겠다는 입장을 밝히며 압박했다. 미국 정부도 전두환 정권의 합의개헌을 지지하는 입장을 일찍부터 밝혀왔다. 2월 7일 미 국무부 동아시아·태평양 담당 차관보 개스턴 시거(Gaston J. Sigur)는 뉴욕에서 개최된 한미협회 모임에서 합의개헌을 지지한다고 발언했으며(≪경향신문≫, 1987.2.7, "시거 미 국무부차관보 한·미협회 연설 요지"), 3월 4일 방한한 윌리엄 클라크(William Clark Jr.) 미 국무부 동아시아·태평양 담당 부차관보도 김영삼, 김대중과 이민우 신민당 총재, 이만섭 국민당 총재 등 야당 지도부와 폭넓게 회동하며 '이민우 구상'을 살리고자 시도했다. 1986년 12월 연말에 신민당 총재 이민우는 민주화 7개항을 이행한다면 전두환 정권과 내각제 합의개헌을 검토할 수 있다는 구상을 밝힌 바 있다. 주한 미대사 릴리(James R. Lilley)도 이민우의 구상을 지지했다.[2]

미국 정부에게는 당연히 안정적인 친미 보수 정권을 재창출하는 것이 가장 중요한 사안이었다. 합의개헌을 친미 정권 재창출의 유용한 방안으로 여긴 미국 정부는 한국인들의 비판에 귀를 기울이지 않았다. 1987년 초부터 민주화운동세력들은 전두환 정권이 제시한 내각제 개헌안에 대해 영구집권을 위한 치졸한 기만책일 뿐이라고 강력히 비판했고, 미국 정부에 대해서도 "현 정권이 보수정당간의 합의개헌을 통해 정통성이 보강되어 현재의 위기를 모면하고 '미국의 실익'을 계속 지켜주기를 원하고 있다"고 비판했다.[3]

그러나 정국의 추이는 전두환 정권과 미국 정부가 의도한 대로 흘러가지 않았다. 4월 8일 김대중·김영삼은 전두환 정권이 제시한 내각제 개헌을 수용하는 이민우 구상에 반대하며 신민당에서 탈당했다. 전두환 정권은 야당을 끌어들여 내각제 개헌을 통한 장기집권 플랜의 실현 가능성이 없어져 버리자 바로 호헌과 공안통치를 통한 재집권 노선으로 회귀했다. 이에 따른 변화는 4월 10일부터 드러나기 시작했다. 4월 10일 경찰은 김대중의 자택을 봉쇄하고 정치활동을 금지시켰으며, 검찰총장은 노사분쟁과 학내문제 주동자들을 철저히 엄단할 것을 전국 검찰에 지시했다. 한편 여당대표 노태우는 정국불안, 사회불안의 책임이 신당을 창당한 양김에게 있다고 호도하며 '중대결단'이 임박했음을 강조했다(≪동아일보≫, 1987.4.10, "합의개헌 어려운 상황, 호헌 여부 등 곧 결단 예상").

4월 13일 전두환은 '국론을 분열시키는 개헌논의'를 유보하고 현행헌법으로 권력을 이양한다는 특별담화를 발표했다. 전두환의 발표가

2   "미정부 기밀해제 문서 단독 입수 〈7〉 —제임스 릴리 전 주한미대사 문서로 본 미 입장과 국내상황," ≪국민일보≫, 2016년 6월 15일 자(http://news.kmib.co.kr).
3   민주통일민중운동연합 외, 「(성명서) 영구집권음모 내각제 개헌을 분쇄하자(1987.1.13)」 (기쁨과 희망 사목연구원, 1996: 416).

있자마자 정부는 호헌조치에 불응하는 세력들을 엄단하겠다고 엄포를 놓았다. 경찰은 13일 밤부터 14일 사이 대규모 인력을 동원하여 주요 대학을 대대적으로 수색했고, 14일 법무부는 '개헌논의를 빙자한 불법 행동'에 대해 최고형의 구형을 지시했다.

그러나 이러한 엄포에도 불구하고 학계, 종교계, 문화계, 법조계, 언론계 등 각계에서 4·13호헌조치에 대한 규탄이 연이어 쏟아졌다. 먼저 각 대학 교수들의 반대성명 발표가 줄을 이었다. 1986년 개헌청원을 위한 서명운동이 전국적으로 전개될 때 지지성명을 발표했던 교수들이 다시 나서 4·13호헌조치의 즉각 철회와 민주적 개헌의 실시를 요구하는 성명서들을 발표했다. 4월 22일 고려대 교수 20여 명의 성명서 발표를 시작으로 이후 전국의 50여 대학에서 1000여 명이 넘는 교수들이 5월 말까지 반대성명 발표를 이어갔다. 천주교에서는 4월 21일 광주교구 사제들의 단식을 시발로 전국 14개 각 교구에서 수십 명의 사제들이 단식기도에 동참했다. 5월 4일까지 단식에 서명한 사제들이 571명에 달했다. 개신교에서도 반대성명 발표, 삭발, 단식농성이 이어졌다. 불교계에서도 700여 명 이상의 승려들이 반대성명에 서명했다(민족민주운동연구소, 1989: 11). 대중 예술계에서는 유명 배우와 가수까지 반대성명 발표에 동참할 정도였다. 5월 17일 부산에서는 노동자 황보영국이 "독재타도, 광주학살 책임지고 전두환은 물러가라", "호헌책동 저지하고 민주헌법 쟁취하자"를 외치며 분신했다. 황보영국은 5월 25일 운명했다.

한편, 신민당에서 탈당한 정치인들은 전두환이 호헌조치를 발표한 4월 13일 당일 통일민주당 창당 발기인대회를 갖고 직선제 개헌을 골간으로 하는 신당 창당을 추진해 나갔다. 정치 깡패를 동원한 안기부의 집요한 지구당 창당 방해에도 불구하고, 5월 1일 중앙당 창당대회가 개최되어 통일민주당이 정식 출범했다. 통일민주당은 4·13호헌조치 철회를 요구하면서도 정치세력의 대표자들 간의 '실질 대화'를 통한 난국 수습을 도모했다. 하지만 전두환 정권은 박종철 고문치사사건의 축소 은폐조작이 폭로되기 전까지 대화를 거부하고 고압적인 자세를 견지했다(한국기독교사회문제연구원, 1987: 5~6).

5월 18일 명동성당에서 '5·18광주항쟁 제7주기 미사' 후 김승훈 신부가 천주교정의구현전국사제단의 명의로 박종철 고문치사사건의 진상이 조작되었다는 성명을 발표했다. 이는 박종철 고문치사 범인으로 구속된 경관 2명 외에 실제 물고문을 가한 경관 3명이 더 있으며 이들은 여전히 경찰관 신분을 유지하고 있다는 충격적인 발표였다. 치안본부 5차장 박처원 치안감, 대공수사 2단 박원택 경정 등이 축소조작을 모의하고, 여기에 법무부와 검찰 고위관계자도 가담했다. 박종철 고문치사사건에 관한 은폐·축소·조작의 폭로는 전두환 정권하에서 국가권력의 도덕적 타락상을 여실히 보여주며 4·13호헌조치 이후 폭발한 시민들의 공분에 기름을 들이붓는 격이 되었다.

5월 26일 전두환 정권은 민심을 수습하기 위한 전면 개각을 단행했다. 전두환의 최측근이라 할 수 있는 노신영 총리와 장세동 안기부장이 물러나고 그 자리를 이한기 감사원장과 안무혁 국세청장이 대신했다. 노태우와 3각 체제를 구성하던 노신영과 장세동의 퇴진으로 여권은 노태우 중심으로 재편되기 시작했다(한국기독교사회문제연구원, 1987: 6). 5월 21일 고문경관 3명이 추가 구속되었고, 5월 29일 박처원 치안감과 유정방·박원택 경정이 범인도피혐의로 구속되었다. 재수사 결과 물고문을 주도한 경관들이 추가 구속되었지만, 박종철 고문치사사건의 최고책임자인 치안본부장 강민창은 재수사 대상에서 제외되었다. 이는 박종철 고문치사사건이 축소, 은폐되었다는 사실이 폭로된 상황에서도 진상을 은폐하려는 시도가 계속되었음을 보여준다(6월항쟁계승사업회·민주화운동기념사업회, 2007a: 159).

한편 국민추도회를 주도했던 민주화운동 인사들은 5월 23일 NCC인권위원회 사무실에 모여 기존의 '박종철 국민추도회 준비위원회'를 '박종철 군 고문살인은폐조작 규탄 범국민대회 준비위원회'로 전환하고, 민정당의 전당대회일인 6월 10일 전국적인 범국민 규탄대회를 개최하기로 결정했다.

5월 27일 '민주헌법쟁취국민운동본부'(이하 국본)가 발족했다(황인성, 1997: 40~46). 국본은 6월항쟁 기간 동안 전국적인 동시다발 시위를 만들어내며 항쟁의 구심체로서 역할을 했다. 국본의 결성은 전두환 정권 시기 민주화운동단체들이 공동투쟁을 통해 연대의식과 신뢰를 쌓아놓았기 때문에 가능했다. 재야 민주화운동단체들은 1985년 김근태 사건 이후 고문공대위 활동과 '2·7국민추도회' 준비위원회 활동을 함께하면서 효과적인 연계망과 상당한 신뢰를 형성하고 있었다.[4]

범국민적인 운동기구를 조직하려는 시도는 박종철 고문치사가 폭로된 직후부터 구체적으로 추진되었다. 1987년 1월 16일 한국기독교교회협의회 인권위원회는 위원장 조용술 명의로 각 단체에 범국민운동연합의 결성을 촉구하는 협조문을 발송했다. 그는 '고문 및 용공조작대책위원회'를 모체로 제 민주세력을 총망라한 '고문살인정권퇴진촉구 범국민운동연합'을 결성하여 강력하고도 지속적인 '고문살인정권 퇴진촉구운동'을 전개하자고 제안했다.[5]

민주화운동단체들의 실무자들은 비밀회합을 이어가며 각 부문의 입

---

4 개신교를 대표해 고문공대위에서 활동했던 황인성에 따르면 김근태 고문사건, 부천성고문 사건을 거치면서 고문공대위의 활동은 재야, 야당, 양심수, 가족, 즉 재야운동권의 연대를 이어주는 '모태' 역할을 했다고 한다. 또한 이 과정에서 고문공대위에 참가하는 구성원들도 바뀌어 개신교 황인성, 민주당 김도현·한영애, 민통련의 성유보 등이 실무자로서 참여하며 일을 기획하는 차원까지 신뢰를 쌓을 수 있었다고 한다(신진화, 1993: 56).
5 한국기독교교회협의회 인권위원회 조용술, 「(문서) 고 박종철 고문치사 사건 대책에 대한 제안」(1987.1.16); 김도현(기증자), 2008: 3.

장을 조율하며 합의를 이루어 나갔다. 가톨릭을 중심으로 한 종교계는 운동의 순수성을 보장하기 위해서 야당과의 조직적인 결합을 반대했다 (이해찬, 2005: 69). 5월로 접어들며 이견이 보였던 '정당인 포함 여부 문제'는 정당 정치인을 포함시키는 방향으로 정리되었다.[6] 기구의 명칭은 호헌조치 철폐와 민주헌법 쟁취라는 중기적 과제실현을 위한 국민운동 조직이라는 점을 고려하여 '위원회'나 '연합'이 아닌 '운동본부'로 결정 되었다. 5월 20일 15명의 대표들이 모여 조직구조와 구성 원칙, 발기인 대회 날짜 등을 확정하고, 발기인대회 전까지 지역, 종교계, 부문대표, 정치인 대표 2191명이 발기인으로 참여했다. 5월 27일 발기인을 대표 하는 150명이 경찰의 감시를 따돌리고 명동 향린교회에 모여 발족식을 개최했다. 6월항쟁이 전국적 국민항쟁으로 만드는 데 견인차 역할을 한 범국민연합전선, '민주헌법쟁취 국민운동본부'(이하 국본)가 출범한 것이다.

5월 27일 발족식에서 발기준비위는 군사독재 정권이 민주화운동세 력을 좌경·용공분자로 매도하며 "모든 폭력적 수단을 통해 국민과 차 단시키고, 공포분위기로 국민들을 짓누르고 굴종을 강요"하고 있다고 비판했다. 더불어 역사의 대세인 민주화 달성을 위해 "지금까지 고립 분산적으로 표시되어오던 호헌반대 민주화운동을 하나의 큰 물결로 결 집시키고, 국민을 향해, 국민 속으로 확산시켜 나가야 한다는 데 뜻을 모았다"고 발족의 취지를 밝혔다.[7]

국본은 '민주헌법 확립과 이에 기반을 둔 민주 정부 수립'을 운동의 목표로 삼았다. 국본은 적어도 다음과 같은 최소 요건들, 즉 '독재정치

---

6   통일민주당 창당 시 김영삼 총재는 재야와 연대하지만 단일 조직에 참여하지 않는다는 입장 을 취했다가, 호헌반대 열기 압박과 당사 구입조차 막는 전두환 정권의 탄압을 받으면서 국 본에 참여하는 방향으로 입장을 정리했다(한국기독교사회문제연구원, 1987: 86).
7   민주헌법쟁취 국민운동본부 발기준비위 일동, 「민주헌법쟁취 국민운동본부를 발기하면서」 (1987.5.27).

의 청산', '시군읍면에서부터 중앙정부에 이르기까지 명실상부한 주민
자치와 국민자치제도의 확립', '공무원, 군인, 경찰의 엄정한 정치적 중
립과 국민주권에 대한 복종을 실현하며 신체의 자유, 언론, 출판, 결사,
사상, 학문 등 모든 시민적 자유의 완벽한 보장', '노동자, 농민, 도시빈
민의 생존적 기본권 확립', '독과점적 부의 편중 시정과 중소상공업의
육성 보장', '여하한 독재를 획책하는 세력에 대해서도 국민들의 저항이
합법적으로 보장되는 국민저항권 확립', '헌법 및 제도에 배치되는 각종
실정법들의 개정 및 폐지' 등을 갖추어야 민주 헌법에 기반 한 민주 정
부라고 부를 수 있다고 강조했다.[8]

국본은 국민운동을 위한 조직과 실천 원칙을 크게 세 가지로 잡았다.
첫째, '국민 주체의 원칙'이다. 이는 국민에 의해 국민의 힘으로 정부선
택권을 비롯한 모든 권력기구의 주권자로서의 권리를 회복하고, 주민
자치를 실현함을 의미했다. 둘째, '국민 조직화와 개방의 원칙'이다. 이
는 인간의 존엄과 권리회복, 민주화를 염원하는 모든 지역, 주민을 참
여시켜 민주 실천 역량을 조직화함을 의미했다. 셋째, '생활실천의 원
칙'이다. 이는 생활과 운동을 일치시켜 일상의 삶 속에서 잘못된 제도
및 정책과 지시를 비판, 거부하는 것을 의미했다. 또한 생존권의 쟁취
와 민주적 권리쟁취를 통하여 국민적 각성을 이루고 국민의 각성 속에
서 구체적인 실천역량을 강화함을 의미했다.

이처럼 국민이 주체가 되고, 계급, 계층을 넘어 전 지역의 국민을 포
괄하는 개방적 조직 건설을 목표로 삼았던 국본은 도 본부(각 도, 특별
시, 직할시 본부), 시·군·구 지부, 읍·면·동 위원회로 구성되는 조직을

---

8   「민주헌법쟁취국민운동(본부)의 목표, 조직, 운영 대강」[김도현(기증자), 2008: 165]; 「(자료
1) 민주헌법쟁취국민운동(본부)의 목표, 조직, 운영 대강」(한국기독교사회문제연구원.
1987: 272쪽). 김도현 기증본에 검토되었던 내용이 『기사연리포트』에서 삭제된 것으로 보
아 전자에 실린 안이 국본 건설 시 작성된 초안으로 판단된다.

건설하는 것을 목표로 삼았고, 도 본부와 긴밀한 연대를 구축하여 국민운동 조직의 본부로서 대표성을 확보하고자 했다. 전국 본부는 각 지역이 지닌 운동의 독자적 경험과 인적 기반을 무시하며 획일적이고 위계적인 조직을 구성하려고 하지 않았다.[9] 각 지역에서 도 본부가 건설되고 전국적인 연계 조직망을 정비할 시간을 갖지 못했던 국본은 6월항쟁 기간 연락체계 강화에 부심했다.[10] 국본의 미흡한 조직적 연계는 재야 민주인사들이 참여한 국본의 상징적 지도력, 국본에 참여한 종교단체의 조직망, 그리고 각 지역의 조직적 연계를 강화해온 민통련의 경험 등으로 채워졌고, 이는 국본이 전국적 동시다발 항쟁을 이끄는 지도부로서의 역할 수행을 가능하게 만들었다(한국기독교사회문제연구원, 1987: 87).

국민운동 부산본부는 전국본부가 5월 27일 발족하기 이전에 이미 결성되었고, 6·10국민대회 이전에 부산, 대구, 마산, 울산, 춘천, 원주, 광주, 전주, 인천, 대전, 청주에 국민운동 지역본부들이 결성되었다. 6월 8일에는 산하기구로 민주헌법쟁취 문화인공동위원회가 발족했다.

건국대 사건으로 커다란 충격을 받았던 학생운동권은 1987년에 들어서서 기존의 선도적 정치투쟁이나 전위조직노선을 비판하며 대중투쟁노선 입각한 민주 정부 수립을 당면과제로 상정했다. 선도적 정치투쟁노선의 폐기와 서클주의 극복의 강조로 조직 활동의 무게중심이 투쟁위원회에서 총학생회로 이동했고, 대중투쟁노선에 선 총학생회들은 학생들의 대표기구로서 위상을 확보하고자 힘을 쏟았다. 학생들의 이

---

9   주 8)에서 언급한 초안에서는 전국본부와 도본부의 관계가 '대표성과 지도성'의 관계로 언급되었으나, 『기사연리포트』에 발표된 안에는 '지도성'이 삭제된 것으로 보아, 국본 건설 주체들이 위계적 관계 설정을 국민운동 조직 원칙과 부합하지 않는다고 판단하여 삭제한 것으로 보인다.

10 「전국운동본부에서 파견된 조직간사의 임무」, 6월항쟁 기간 작성(6월 23일 직전); 민주화운동기념사업회 오픈아카이브(http://archives.kdemo.or.kr).

해를 대변하려는 대중투쟁노선은 학원민주화투쟁의 폭발적인 전개로
이어졌다(이인영, 1997: 69~70).

부산은 학원민주화투쟁이 폭발적으로 터져 나온 대표적인 지역이었
다. 부산대 학생들은 대학당국이 학보사 주필을 학부생에서 대학원생
으로 바꾸려하자 이를 대학언론 어용화 정책으로 받아들였다. 총학생
회가 단식을 전개하며 1만 5000여 명의 학생 중 1만여 명이 모일 정도
로 지지를 이끌어냈다. 당시 부산대 총학생회장이었던 김종삼은 4월
학원민주화투쟁이 있었기에 6·10국민대회에서 1만여 명의 부산대 학
생들이 바로 모여 시위를 할 수 있었다고 회고했다(부산대학교 부산울산
경남지역 산업 및 문화전문인력양성사업단, 2007: 46~47). 동아대에서도 5
월 말부터 학원민주화투쟁이 전개되었고, 6월로 이어지면서 학원민주
화투쟁과 사회민주화투쟁이 동시에 진행되었다.[11] 이처럼 부산지역 대
학들의 총학생회는 6월항쟁 이전부터 학원민주화 투쟁을 전개하며 전
체 학생을 대표하는 총학생회로 거듭나고 있었다.

전북지역의 전북대, 전주대, 군산대에서도 1학기 초부터 학원민주화
투쟁이 전개되었다. 5월 15일 어용총장 퇴진을 요구하던 전북대 학생
들을 경찰이 전원 연행하여 학생들의 공분을 샀다. 2000여 명에 달하는
전북대 학생들이 15일 밤늦게까지 '연행학생 석방'과 '4·13호헌조치 반
대 서명교수 탄압 중지'를 외치며 시위를 벌였고, 이후 매일 4000~5000
명에 달하는 학생들은 잡혀간 학생들이 풀려날 때까지 항의집회를 계
속했다(6월항쟁계승사업회·민주화운동기념사업회, 2007b: 314). 학원민주
화투쟁을 치열하게 전개한 부산, 전북 지역 대학생들은 6월항쟁에 대

---

11   당시 동아대 총학생회 부회장이었던 윤준호는 부산대와 동아대의 경우 학원민주화 투쟁으
      로 학생들로부터 큰 신뢰를 받았고, 학원민주화투쟁이 학생 대중을 중간간부로 양성하는 계
      기가 되었다고 한다(부산대학교 부산울산경남지역 산업 및 문화전문인력양성사업단 편,
      2007: 95).

규모로 참여하며 그 어느 지역들보다 격렬한 항쟁을 이어 나갔다.

대중투쟁노선을 지향한 서울지역 각 대학의 총학생회장들은 4·13호
헌조치 이후 총학생회연합조직의 건설을 추진하여 5월 8일 서울지역
대학생대표자협의회(서대협)를 발족시켰다. 각 지역에서도 지역 대학
간 연대조직이 만들어졌다. 호남지역에서는 5월 15일 호남학련건설준
비위원회를 결성했고, 부산에서는 6월 5일 부산지역총학생회협의회의
결성식이 있었다. 충남지역 대학교들도 6월 8일 충남애국학생연합투
쟁위원회를 결성했다(6월항쟁계승사업회·민주화운동기념사업회, 2007b:
280).

서대협은 4·13호헌철폐를 위한 투쟁을 전개하기 위해 '호헌철폐와
민주쟁취를 위한 서울지역학생협의회'(서학협)를 신설하고, 5·18주간
문화행사와 대중교육 프로그램 진행과 5월 23일 '5·18 민주영령 추모
제' 참석 후 종로에서 평화적 연와투쟁 등을 벌였다. 국본의 6·10대회
발표 이후에는 학생회 간부들의 혈서, 단식, 삭발, 철야농성, 연합 대동
문화제 등을 벌이며 학생들의 대회 동참을 이끌어 내고자 했다(6월항쟁
계승사업회·민주화운동기념사업회, 2007a: 192~193). 서울뿐만 아니라 각
지역의 대학들도 가능한 수준에서 가두 선전전, 학생회장단의 삭발, 단
식투쟁 등을 전개하며 6·10국민대회를 준비해 나갔다.

3. 항쟁의 전개－전국 동시다발 시위의 지속과 시민항쟁의 전개

1) 6·10국민대회 실시와 시민들의 동참

6월 1일 국본은 기독교회관에서 현판식을 갖고 '박종철군 고문살인

은폐 규탄 및 호헌철폐 국민대회', 즉 6·10국민대회를 본격적으로 준비했다. 6월 5일 국본은 '6·10국민대회에 즈음하여 국민께 드리는 말씀'에서 전두환 정권의 "용납할 수 없는 부도덕성, 기만성, 범죄성을 준열히 규탄하고", "독재권력의 영구집권에 대한 단호한 국민적 거부를 다짐"하기 위해 국민대회를 개최한다고 취지를 밝혔다.[12] 더불어 '6·10대회 행동요강'을 발표하여 경찰의 폭력진압에 비폭력으로 저항하며 평화시위를 펼치자는 요청을 거듭했다. 국본은 이후 6월 18일 최루탄 추방대회, 6월 26일 국민평화대행진에서도 매번 '행동강령'을 전달하여, 전국의 각 운동조직들이 통합적인 행동을 취하는 데 기여했다(정철희, 1997: 111).

서울지역대학생협의회 소속 29개 대학 1500여 명이 고려대에 모여 '서울지역연합 대동문화제'를 갖고 개사곡 경연대회, 촌극, 시낭송대회를 가진 뒤 '6·10대회'를 상징하는 모의 가두시위를 벌이고 "10일 모든 대학생들은 시청 앞으로 집결하자"고 결의를 다졌다.[13] 광주항쟁이 실패로 끝났던 가장 큰 원인을 광주지역만의 고립적 투쟁에서 찾았던 학생들은 전국적인 연대와 전민중적 항쟁을 전개하자고 호소했다.[14]

각 대학에서도 별도의 출정식이 개최되었다. 6월 9일 오후 연세대 학생들은 '구출학우 환영 및 6·10대회 출정을 위한 연세인 총궐기대회'를 개최했는데, 시위 도중 이한열이 최루탄에 피격되어 중태에 빠졌다. 6월항쟁 기간 내내 병상에서 사투를 벌이던 이한열은 7월 5일 운명했다. 물고문으로 고문치사 당한 박종철과 최루탄에 맞아 중태에 빠진 이한열은 시민들에게 공권력을 더 이상 두려워하지 않고 항쟁을 벌이게

---

12 민주헌법쟁취국민운동본부 고문공동대표회의, 「6·10국민대회에 즈음하여 국민께 드리는 말씀」(1987.6.5), 6월민주항쟁10주년사업범국민추진위원회, 1997: 226~227 재인용.

13 "20개 대 7백 명 고대서 철야농성", 《동아일보》, 1987년 6월 6일 자.

14 부산대학교 총학생회, 《절규》, 특집호(1987.6.8); 부산지역 유월항쟁 자료발간위원회, 1995: 165.

만든 기폭제 역할을 했다.

박종철 고문치사와 이한열 최루탄 피격의 보도가 전국적으로 대중의 항쟁 참여를 촉발했다면, 부산에서는 '광주학살'의 진실보도가 시민들의 항쟁의식 고취에 큰 기여를 했다. 천주교 부산교구 정의평화위원회는 6월 5일부터 13일까지 부산가톨릭센터에서 '5·18광주민중항쟁 영령추도사진전'을 개최했다. 광주교구에서 검문을 피해 운반된 사진과 항쟁 비디오는 광주학살의 참혹한 실상을 부산시민들에게 전달했다. 6만여 명에 달하는 인원이 이 사진전을 관람했고, 사진을 본 이들은 빨갱이 폭도로 알고 있었던 이들이 사실은 똑같은 시민들이었으며, 진압군에 의해 잔혹하게 학살당했다는 사실을 확인하고 커다란 충격을 받았다(부산대학교 부산울산경남지역 산업 및 문화전문인력양성사업단, 2007: 345). 당시 가톨릭노동청년회(J.O.C.)에서 활동하고 있었던 노동자 조현호는 "군사독재 아래 알면 안 될 것처럼 쉬쉬하고 있었지만 그래도 아는 사람은 다 아는" 광주학살의 진상이 세상에 드러나자 사람들은 경악했다고 기억했다(부산대학교 부산울산경남지역 산업 및 문화전문인력양성사업단, 2007: 313). 대부분 대학에서는 이미 5월 광주항쟁 추모제 기간에 사진전이나 비디오 상영이 있었고, 이를 접한 대학생들도 분노하여 6월항쟁을 '자신의 일'로 여기게 되었다(김봉철, 2008: 67; 부산대학교 부산울산경남지역 산업 및 문화전문인력양성사업단, 2007: 105).

한편, 민정당은 국본에 참여한 통일민주당을 장내로 끌어들이고자, 기존 대화거부방침을 철회하는 자세를 보였지만 4·13호헌조치는 그대로 고수했다. 하지만 야당이 전 국민적인 공분이 폭발하는 상황에서 호헌조치 불변이라는 원칙을 전제로 한 대화 제안을 수용할 리 없었다. 6월 3일 민정당 중앙집행위원회는 노태우를 대통령 후보로 결정하고, 6월 10일 민정당 전당대회 개최를 밀어붙였다.

6월 10일 국민대회 날이 29일까지 이어지는 6월항쟁의 첫 날이 될 줄은 누구도 예상치 못했다. 국본은 오전 10시 무교동 민추협사무실에서 '영구집권음모 규탄대회'를 개최했다. 사전 배포된 선언문에서 국본은 '국민합의 배신한 4·13호헌조치는 무효'라 선언하고 국가권력의 주체는 국민이며 따라서 전 국민적 여망인 민주헌법쟁취를 통한 민주 정부의 수립의지를 정면으로 거부한 폭거를 결코 용납할 수 없다고 강조했다. 또한 광주학살 이후 계엄령하에서 급조된 현행 헌법에서조차 대통령은 오직 헌법 개정 발의권 밖에 없는데도 "(대통령이) 국회의 개헌 논의 중지를 선언하고 이를 재개하는 자를 의법 조치하겠다고 엄포를 놓은 것은 민주주의의 요체인 3권 분립을 파기한 폭군적 망동"이라고 강력하게 비판했다(「대회선언문」, 1987.6.10, 6월민주항쟁10주년사업범국민추진위원회, 1997: 252에서 재인용).

서울에서는 5시로 접어들며 을지로 사거리 3000여 명, 롯데 쇼핑센터 2000여 명 등 학생·시민이 합세해 도로를 일시 점거하기 시작했고, 6시 이후에는 서울시 전역에서 숨바꼭질 시위가 전개되었다. 6시 30분경에는 스님, 학생, 시민 4500여 명이 서부역과 염천교 사이에서 연좌농성을 벌였고, 청계고가도로 주변에서는 상인들이 시위에 합세하여 학생들과 연좌농성을 벌이기도 했다. 7시 30분경에는 신세계 로터리에서 전경들이 무장해제를 당했고, 이후 퇴계로 2가 파출소, 충무로 5가 파출소 등이 점거되고 각종 장비가 소각 당했다. 관철동 일대에서 숨바꼭질 시위가 11시까지 이어졌다.

부산에서는 10시까지 격렬한 시위가 전개되었고, 11시가 넘어서도 산발적인 시위가 이어졌다. 8시 이후 보수동 로터리에 1000여 명이 집결하여 투석전과 연좌시위를 전개하였고, 이 와중에 전경 1개 소대를 무장해제 시키기도 했다. 마산의 경남대 학생들은 교내사찰을 담당하던 안기부 차량을 발견, 전소시킨 후 가두시위에 나섰다. 또한 경찰에 밀린 시위대가 한국-이집트 대표팀 축구경기가 벌어지는 마산 공설운동장으로 진입하고, 경찰의 최루탄 투척으로 경기가 중단되자 격분한 관중이 합세하여 시위대가 한때 3만여 명으로 불어나기도 했다. 경기까지 중단된 마산의 상황은 전국적인 주목을 받으며 타 지역 학생들을 고무시켰다.[15]

인천에서는 노동자들의 시위 참여가 두드러졌다. 인천의 학생, 시민들은 두 번에 걸쳐 대중집회를 개최하며 시위를 이어갔고, 8시 이후에는 경찰의 저지 없이 집회를 열며 가두행진을 벌일 정도였다. 잔업을 끝낸 노동자들이 집단적으로 시위에 참여했고, 시위대가 부평4공단을 지날 때는 '노동3권 쟁취', '임금인상', '잔업철폐', '민주노조 쟁취' 등을 외쳐 공단 노동자들로부터 박수를 받았다. 6월항쟁 기간 동안 인천지역 시위 양상은 부평4공단 노동자들이 퇴근하며 시위대에 합세한 날(10일, 18일, 26일)에 특히 격렬하게 전개되는 양상을 보였다(한국기독교사회문제연구원, 1987: 120).

전국 22개 지역에서 동시 다발적으로 전개된 6·10국민대회에는 24만여 명의 학생 시민이 참여했다. 이날 시민들은 방관자적인 지지를 넘어 적극 동참하기 시작했다. 2·7, 3·3 대회와는 확연하게 다른 시위 양상이 전개되기 시작했다. 이날 전국에서 3831명(서울 2392명)이 연행되었으며, 또한 경찰이 쏜 최루탄 직격탄을 맞아 실명한 외국어대 대학생 김종필을 포함하여 여러 명이 크고 작은 부상을 입었다(경찰 추산 28명).

---

15 당시 경남대 총학생회장을 맡았던 박재혁에 따르면 축구 중계방송 중단으로 서울의 각 대학 학생회로부터 많은 전화를 받았으며, 치열한 마산시위 상황을 접하며 '드디어 마산이 터졌다!'라고 상당히 고무된 반응을 보였다고 한다. 박재혁(당시 경남대 총학생회장 당선자)은 6월 10일 마산의 상황은 6월항쟁을 연장시키는 '조그만 동기부여'가 되었을 것이라 판단했다(6월민주항쟁 20주년기념 경남추진위원회 자료편찬위원회, 2008: 234).

2) 서울, 부산 농성투쟁과 전민항쟁의 고조

6월 10일 서울 을지로, 퇴계로와 명동 일대에서 밤늦게까지 시위를 벌이던 학생, 시민들이 명동성당으로 모여들어 철야농성에 돌입했다. 명동성당에서는 이미 오후부터 상계동 철거민들이 국민대회 참가에 앞서 자체 집회를 열고 있었고, 일부 학생들도 성당 앞으로 모여 시위대열을 형성하고 있었다. 학생 500여 명, 노동자 26명, 도시빈민 80명, 일반시민 150명 등으로 구성된 농성단은 서대협의 동서남북 지역대표 1명씩과 청년단체협의회 대표, 시민대표 등으로 지도부를 급조했다.

국본과 서대협은 계획에 없던 명동성당 농성투쟁에 대해 계엄령 선포의 계기로 활용될 수 있다는 우려 속에 초기에는 농성을 적극적으로 지지하는 입장을 취하지 않았다(≪월간 말≫, 1987.8: 7). 민통련과 국본은 6월 11일 이명식과 김부겸을 파견하여 농성단과 협의를 계속했고 농성투쟁을 선전전 중심으로 전환하자고 제안했다. 이러한 논의를 수용한 농성단은 12일부터 선전전 위주의 평화적 집회를 했고 이로 인해 명동의 넥타이부대를 포함한 많은 시민들의 참여를 이끌어낼 수 있었다(이명식, 2005: 189).

공안당국은 명동성당 농성 참여자들을 '극렬난동분자'로 호도하며 외부로부터 철저히 고립시키고자 했다. 그러나 명동성당 농성투쟁단은 천주교계와 상계동 철거민으로부터 헌신적인 지원을 받고, 여기에 도시락에서부터 생필품까지 건네주는 여고생과 남대문 시장상인, 성금을 내는 일반 시민, 호헌철폐·독재타도를 연호하는 '넥타이부대'들의 지원을 받으며, 15일까지 5박 6일의 농성투쟁을 이어갔다. 농성에 참여한 이들은 성별과 나이, 직업과 계층을 초월하여 농성투쟁을 전개했고, 특히 농성에 참여한 막노동자, 노점상, 농민, 고등학생, 식당 종업원들은 끝까지 함께했다.

농성 투쟁이 지속되며 국본과 학생운동 지휘부, 천주교계, 그리고 농성단 안에서도 농성지속 여부에 대해 의견이 갈렸고, 14일 정부가 안전귀가를 보장하자 마지막까지 남은 200여 명의 농성단은 논의 끝에 해산을 결정했다. 농성단은 '4·13 호헌조치 철회', '6·10대회 관련 구속자 및 양심수의 전면 즉각 석방', '미국의 독재 조종-호헌 지지에 대한 즉각적인 중단'을 촉구하는 성명서를 발표하고 해산했다. 명동성당 농성투쟁은 태풍의 눈과 같이 전국적인 관심을 모으고 반독재 투쟁 의식을 고조시켜, 6·10국민대회가 단발성 투쟁으로 끝나지 않고 거대한 항쟁으로 이어지는 디딤돌 역할을 했다.

경찰의 강경진압과 무차별 최루탄 난사로 이한열 열사를 포함하여 많은 학생, 시민들이 부상을 입었다. 6월 12일 국본은 문동환 목사를 위원장으로 하는 '연대생 이한열군 등 독가스탄 희생자 대책위원회'를 구성했다. 6·10국민대회에 놀란 정부와 여당은 12일 당정회의, 13일 고위대책회의 등을 연이어 개최하며 수습대책을 논의한 뒤, '최근의 시위사태'가 '국가기본질서에 심각한 문제를 야기'한다고 규정하고, 정당 해산 제소 등 강경조치도 취할 수 있다고 엄포를 놓았다. 강경탄압 입장을 취한 정부는 6·10국민대회와 관련하여 국본 핵심 관계자 13명을 13일 새벽 불법집회, 시위선동 혐의로 구속했다. 이에 통일민주당은 규탄 성명을 발표하고 이들을 즉각 석방하지 않을 경우 정권에 대한 전면투쟁을 벌이겠다는 입장을 밝혔다. 한편 명동성당 농성투쟁 해산 전날인 6월 14일 전두환은 농성단의 안전귀가를 지시하면서도, 안보장관 및 군·치안책임자회의에 참석한 군 지휘관들에게 향후 경찰력으로 감당할 수 없는 상황이 발생하여 비상조치를 실시하게 되면 즉각 군 투입이 가능하도록 만반의 준비를 하라고 지시했다(김성익, 1992: 395~396).

여당은 명동성당 농성 해산 이후 상황을 극한대립으로 몰아가기보다 '대화국면'을 만들어 야당을 장내로 끌어들이고자 했으나 뜻대로 되지 않았다. 6월 16일 국본은 18일을 '최루탄 추방의 날'로 정하고 평화시위를 예고했으며, 민주당도 '6·10 관련 구속자 석방', '김대중 연금 해제', '민정당의 일방적인 정치일정 백지화'를 요구하며 쉽게 장내로 들어가지 않았다. 통일민주당 총재 김영삼은 여당 대표 노태우보다 전두환과의 영수회담을 원했다.

명동성당 농성단 해산 이후에 지방 곳곳에서는 오히려 격렬한 시위가 전개되었다. 대전지역의 시위는 경찰의 무차별적인 해산시도에 성난 시위대가 관공서를 공격하는 양상으로 전개되었다. 15일 오전부터 교내에서 집회를 벌이던 대학생들이 4시 이후 유성 시내로 진출하여 대중집회를 열었고, 저녁 8시에는 1만여 명의 시민, 학생들이 합세 서대전으로 진출하여 페퍼포그차량 2대를 전소시키는 격렬한 시위를 벌였다. 경찰은 시위를 감당할 수 없게 되자 평화행진을 허락했다. 시위대는 대전역까지 행진하고 대중집회를 개최했다. 시위대 중 100여 명은 한남대에서 철야농성을 전개했다. 16일에도 대규모 시위가 이어졌다. 밤 9시 이후 1만여 명의 학생, 시민들이 중앙로를 행진하여 시청 정문에서 연좌농성과 집회를 벌였다. 경찰이 최루탄 등을 난사하자 격렬한 시위가 벌어졌으며, 흥분한 시위대는 파출소, 교통신고센터들을 공격했다(6월항쟁계승사업회·민주화운동기념사업회, 2007b: 291). 17일에도 군중시위가 저녁 6시경부터 시작되었고, 8시경 1만여 명으로 불어난 시위대는 폭력정권규탄대회를 열고 도청 진출을 시도했다. 10시 이후에는 여러 파출소들을 공격했다. 이날 저녁에는 파출소 이외에도 민정당 지구당사와 KBS가 시위대의 공격을 받았다. 이러한 상황은 최루탄 추방 범국민대회 개최일인 18일까지 이어졌다. 19일에는 11시경 시위대가 몬 경찰버스에 경찰 1명이 사망하고 3명이 부상당하는 일이 벌어졌고, 시위대는 연행을 피해 대전시 외곽을 돌며 시위를 벌이고 파출소를 공격했다. 시위대와 경찰 간의 충돌은 격화일로의 양상을 보였고,

이에 6월 20일 국민운동 충남본부가 양측에 충돌 자제를 요청할 정도였다(6월항쟁계승사업회·민주화운동기념사업회, 2007b: 292~294).

부산에서는 부산가톨릭센터에서 16일부터 22일까지 장기간의 농성투쟁이 전개되었다. 명동성당 농성투쟁이 종료된 15일, 부산국본 현장 지도부는 심야평가회의에서 시민들의 참여가 급격히 늘어가는 상황에서 명동성당농성을 대신하는 새로운 투쟁의 구심점이 필요하다고 의견을 모았다. 다음날 시위대 중 일부가 부산가톨릭센터에 고립되었고, 여기에는 전날 심야평가회의에 참여한 부산국본 사무국장, 부산대 총학생회 사회부장 등이 있었다. 고립된 시위대는 농성투쟁에 돌입했다. 350명으로 구성된 부산가톨릭센터 농성투쟁은 명동성당농성투쟁과 마찬가지로 많은 부산시민들로부터 지지를 받으며 장기농성으로 이어졌다.[16] 부산가톨릭센터 농성이 시작된 다음날인 17일 부산에서는 '농성 학생·시민을 구출하자'는 여론이 비등해졌고, 부산시민 10만여 명이 남포동, 국제시장, 서면 일대, 가톨릭센터 등에 집결하여 시위를 벌였다. 이후 22일 농성단의 안전귀가를 약속했던 부산 경찰은 운송버스에 무차별 최루탄 투척, 이후 집단 구타와 전원 연행이라는 만행을 저질렀다. 이에 천주교 부산교구 사제단 전원이 강력히 항의하고 무기한 농성에 들어갔다.[17] 농성을 이어간 부산 사제단은 이후 6월 26일 '폭력종식과 민주화를 위하여'라는 미사를 개최하고, 28일에는 '제2차 민주화를 위하여' 미사를 올렸다. 28일 미사에서 사제단은 '직선제 개헌'이 관철

---

16 농성투쟁은 서울과 부산과 같은 대도시에서만 전개되지 않았다. 부산 가톨릭센터 농성이 끝나갈 무렵인 21일 안동에서는 안동대, 상지대, 안동간호전문대생이 주도한 시위가 전개되었고, 오후 6시 반쯤 경찰의 무차별 최루탄 난사로 밀린 학생, 시민 80여 명이 안동 목성동 성당 안으로 후퇴하여 농성을 전개했다. 이들은 26일까지 매일 저녁 6시 하기식과 동시에 성당 앞 도로로 진출, 새벽까지 격렬한 시위를 벌였다(「(안동) 경찰진압 포기 속 1만여 시민 평화대행진」(≪월간 말≫, 1987.8: 82).

17 민주헌법쟁취 국민운동 부산본부, ≪민주부산≫, 창간호(1987.6.26); 부산지역 유월항쟁 자료발간위원회, 33쪽.

될 때까지 농성을 이어가겠다는 발표를 하여 특별미사에 참여한 1만여 명의 대중들로부터 큰 환호를 받았다(≪월간 말≫, 1987.8: 17).

'최루탄 추방대회' 당일인 6월 18일 부산에서는 새벽부터 헬기가 선회했고, 계엄령설이 파다하게 퍼졌다. 이날 부산시민은 시민봉기라 할 수 있는 항쟁을 전개했다. 오후 7시가 넘어서며 부산 서면 일대에 20~30만 명에 이르는 대규모 시위대열이 형성되어 경찰력을 무력화시키고 부산시를 해방구로 만들었다. 이날 시위대열에는 사상공단 노동자까지 합세했다. 2·7, 3·3국민대회 당시에도 남포동 지역 현장 노동자들이 기습시위를 벌이기도 했지만, 이날 사상공단 노동자들은 경찰의 눈치를 보며 소규모 기습시위를 벌이던 노동자들이 더 이상 아니었다(부산대학교 부산울산경남지역 산업 및 문화전문인력양성사업단 엮음, 2007: 287~288). 노조의 깃발이 없었을 뿐 노동자들은 부산지역 6월항쟁을 이끈 주체 중 하나였다. 10시경 부산역에서는 10만여 명의 시민들이 자발적으로 대중정치집회를 2시간에 걸쳐 개최했다. 한편 같은 시간 부산시 오버브리지 고가도로에서는 10만여 명의 시위대와 전투경찰의 치열한 대치가 있던 와중에 회사원 이태춘이 경찰의 최루탄 집중발사로 고가도로에서 떨어져 혼수상태에 빠졌다. 이한열을 혼수상태로 만든 최루탄을 추방하자는 대회가 개최된 날 최루탄을 난사하는 경찰의 강경진압에 의해 또 다른 한 명이 혼수상태에 빠진 것이다. 이태춘은 6월 24일 운명했다. 이날 부산시민의 항쟁은 평화적인 집회 주도에 역할을 한정한 국본이 통제할 수 없는 수준으로 확대되었다. 심야에 부산 시내 12곳의 파출소가 방화, 파손되고, 자정을 넘어서 택시 200여 대를 포함한 차량들이 시청으로 돌진하기도 했다.

'최루탄 추방대회'가 개최된 6월 18일 하오부터 다음날 19일 새벽까지, 국본 추산에 따르면 전국 16개 도시에서 247개소 150만여 명이 시위에 참여했다(경찰 추산 7만 3000여 명). 부산에서와 마찬가지로 서울,

인천, 성남, 대구 등 전국 여러 지역의 시위 군중은 경찰의 봉쇄를 돌파하면 즉석에서 대중정치집회를 개최하고 '호헌철폐·군부독재타도'와 '최루탄 추방'을 결의했다(한국기독교사회문제연구원, 1987: 120).

전국적으로 격화되는 항쟁 양상에 위기감을 느낀 전두환 정권은 19일 시국대책회의를 열고 '중대국면'을 돌파할 방안을 강구했다. 오전에 전두환은 안기부장, 국방장관, 육군참모총장, 보안사령관, 수방사령관 등을 불러 군 병력배치 계획을 지시하고, 한미연합사령부에 사단 이동을 통보하도록 했다(김성익, 1992: 418). 오후 2시에 주한 미대사 제임스 릴리가 전두환을 예방하여 레이건 대통령의 친서를 전달하고 무력사용을 반대하는 의사를 전달했다(릴리, 2005: 398~399). 군 투입 지시는 오후 4시경 유보되었다. 하지만 미국의 개입으로 군 투입이 중단되었던 것은 아니다(서중석, 2011: 429~430). 이날 전두환이 군 병력을 실제 투입하려 했는지가 분명하지 않기 때문이다. 전두환은 치안본부장에게서 경찰력으로 감당할 수 있다는 답변을 듣고 군 투입 계획을 취소했다고 전해진다. 하지만 시위진압에 실패하고 있던 치안책임자의 언급을 믿고 군 투입을 취소했다는 설명은 설득력이 없다(서중석, 2011: 559~560). 이날 비상조치 가능성을 전두환 정권이 적극 유포한 점 등을 고려할 때, 이는 실제 군 투입을 하기보다는 공포분위기를 조성하여 고조되는 항쟁의식을 꺾고, 야당과의 관계에서도 주도권을 쥐려는 의도가 컸다고 하겠다. 이날 저녁 이한기 국무총리서리가 "법과 질서의 회복이 불가능해진다면 정부로서는 비상한 각오를 할 수밖에 없을 것"이라는 강경한 내용의 담화를 발표했다.

여하튼 18일부터 퍼진 진압군 투입설로 정국은 초긴장상태로 들어갔고, 국본에 참여한 통일민주당 정치인사들은 신중론을 제기했다(유시춘 외, 2005: 223~224). 야당은 격렬하게 항쟁을 전개하는 시민들과 강경조치를 모색하는 정권 사이에서 향후 대책을 놓고 고민했다. 18일의 상황을 접한 야당은 다음날 학생들에게 폭력적 투쟁의 중단을 강력히 요구하는 성명서를 냈다. 하지만 경찰의 무차별적인 폭력에 직면했던 시민들에게 비폭력의 강조는 정의와 불의를 가르는 기준도, 시위 동참을 이끄는 조건도 더 이상 아니었다. 학생들이 시민과 유리되지 않기 위해 비폭력 구호를 계속 외쳤지만, 시민들은 오히려 자발적으로 돌과 화염병을 던졌다. 시민들은 정권의 가혹한 폭력에 대항하는 폭력, 즉 '방어적 폭력'의 행상에 대해서는 정당한 대처로 여겼다.[18]

이러한 상황에서 폭력적 투쟁의 중단을 요구하는 야당의 성명발표는 항쟁을 '폭력', '비폭력'의 프레임에 가두며 민중항쟁보다 정치협상에 무게를 두고 있음을 의미했다. 김영삼 민주당 총재는 19일 오전 전두환과 영수회담 개최를 제안하며 정치협상을 통해 정국의 돌파구를 찾고자 했다. 여당은 노태우-김영삼 회담을 추진했지만, 야당은 '노-김 회담'을 "현 사태를 적당히 호도"하려는 미봉책이라 비판하며, 20일 오전 4·13호헌조치에 대해 실질적인 책임을 져야 할 전두환과의 회담을 요구했다(≪동아일보≫, 1987.6.20, "노-김 회담 거부, 실무회담 수락").

한편 국본 내부에서는 민주당이 정치협상에 무게를 두기 시작하자 향후 투쟁방향을 정리해야 했다. 19일 밤부터 20일 새벽까지 국본은 비밀리에 상임공동대표와 상임집행위원 연석회의를 개최하여 향후 투쟁방침을 논의했다. 이 자리에서는 17일 상임집행위원회가 결정한 '민주헌법 쟁취를 위한 국민평화대행진'의 26일 개최 안을 놓고 열띤 토론이 전개되었다. 재야 민주화운동단체는 투쟁의 열기를 더욱 고조시켜 나가야 한다고 주장했고, 정당 인사나 개신교 측은 정치협상을 통해 파

---

18 「(부산) 학생시위에서 거대한 시민주도투쟁으로 폭발」(≪월간 말≫, 1987.8: 19); 「(광주) 80년 경험 통해 성숙한 투쟁양상 돋보여」(≪월간 말≫, 1987.8: 24). 6월 19일 부산대 학생들 내에서도 '비투쟁적인 투쟁구호'가 투쟁의지를 식히는 결과를 가져오고 있다는 비판들이 제기되었다(≪절규≫, 제15호(1987년 6월 19일), 부산대학교 총학생회; 부산지역 유월항쟁 자료발간위원회, 1995: 187].

국을 막아야 하다는 주장을 제기했다. 논의 끝에 연석회의 참석자들은 22일까지 전두환 정권의 반응을 기다려보고 아무런 조치가 없으면 23일에 평화대행진 실시계획을 국민에게 공표한다고 의견을 모았다(황인성, 1997: 56).

20일 오전 국본은 성명서를 발표하여 '4·13철회', '6·10대회 관련 구속자 및 양심수 석방', '집회, 시위 및 언론자유 보장', '최루탄 사용중지' 등 4개항의 이행을 재차 촉구하고, 이러한 요구가 22일까지 받아들이지 않을 경우 '민주헌법쟁취를 위한 국민평화대행진' 일정을 23일 공표한다고 밝혔다.

더불어 국본은 성명서에서 미국 정부의 애매한 태도에 비판을 가했다. 20일 언론 보도에 따르면 동남아를 순방중인 조지 슐츠(George P. Shultz) 미 국무부장관은 19일 한국의 상황에 대해 여야 간의 대화를 촉구하며 계엄령 선포에 대해서는 반대 입장을 명확하게 표명하지 않았다. 동아일보에 따르면 슐츠는 계엄령 선포 가능성에 관한 기자들의 질문에 "폭력의 잠재력을 억제시키고 대화 재개에 부합하는 일련의 조치들을 바란다"는 우회적인 답변을 하며, "어려운 일이 있을 때마다 경제제재조치를 들고 나오는 것은 부적절하다"는 모호한 발언을 덧붙였다.[19] 이를 놓고 언론은 비상사태에 이르더라도 미국 정부가 개입하지 않겠다는 의사를 내비친 것이라 평했다(≪동아일보≫, 1987.6.20, "시위 억제 위한 계엄반대 시사"). 한편, 19일자 중앙일보에는 릴리 주한 미대사가 한국 대학생들이 북한의 위협을 경시한다는 발언을 했다는 보도가 실렸다. 국본은 '광주사태'의 책임을 지고 있는 미국이 또다시 계엄령

---

[19] 경제제재조치 실시에 대한 슐츠 국무장관의 언급은 미 상하양원들의 '한국민주주의법안' 제출과 연관이 있다. 18일 오후 미 상원의원 3명과 하원의원 1명이 한국에서 민주화가 구체적인 진전을 보일 때까지 경제제재조치를 취해야 한다는 내용을 담은 '한국민주주의법안'을 상·하 양원에 제출하고 레이건 행정부의 소극적인 외교를 비판했다("'한국민주주의법안' 미 상하원 제출", ≪동아일보≫, 1987년 6월 19일 자).

을 용인하여 '제2의 광주사태'가 발생하게 해서는 안 된다고 경고했다.[20] 미국에 대한 비판이 고조되자 미 국무부는 21일 슐츠 국무장관의 발언을 한국의 언론이 '계엄선포 용인'으로 보도한 것은 과잉해석이며 권력 남용에 반대해온 미 행정부의 일관된 입장과도 상치된다고 해명하며 진화에 나섰다.

3) 6·26국민평화대행진과 중소도시·군으로 항쟁 확산

전두환 정권이 강경대처를 시사하며 항쟁에 참여한 시민들에게 압박을 가했지만, 항쟁은 오히려 더욱 고조되었다. 19일 이후에는 6·10국민대회 이후 큰 시위가 일어나지 않았던 광주, 전주에서 격렬한 시위가 연일 계속되었고, 그동안 소강상태에 있던 강원도와 제주도에서도 격렬한 시위가 전개되어 6월항쟁은 말 그대로 전국적인 항쟁이 되었다. 춘천에서는 18일부터 20일까지 격렬한 시위가 계속되었고, 원주에서는 18~20일에 이어, 22~24일 연속 시위가 벌어졌다. 제주도에서도 6월 21~23일 제주대 학생들이 연이어 출정식을 갖고 가두시위를 벌였다. 23일에는 제주대 학생들이 경찰저지선을 뚫고 시내에 진출하자 시민들이 가세하여 시위대는 1000여 명으로 불어났다. 이들은 자정까지 시내 곳곳에서 시위를 이어갔다.

광주지역은 6·10대회 이후 서울, 부산지역처럼 항쟁이 고조되는 양상을 보이지 않았다. 이에 전남대 학생들은 15, 16일 연이은 비상총회를 개최하고 학생회장단을 포함한 23명이 삭발을 단행하며 투쟁결의를 다졌다. 학생들이 가두시위를 벌이자 항쟁열기가 다시 고조되었다.

---

20 「성명서」(1987.6.20), 민주헌법쟁취 국민운동본부 공동대표, 상임집행위원 일동; 6월민주항쟁10주년사업범국민추진위원회, 1997: 295~296에서 재인용.

19일 오후 5시경부터 학생, 시민 1만여 명이 모여 시작한 시위는 다음 날 아침까지 이어졌다. 한편, 20일 새벽 4시를 기해 군 투입이라는 비상조치가 취해질 것이라는 소문이 광주에 퍼지자 광주 국본 산하 비상대책위원회는 긴급대책회의를 열었다. 대책회의에서 군 투입으로 1980년 5월처럼 살육전이 벌어지더라도 끝까지 항쟁하자는 의견이 중론을 이루었고, 참석자들은 군 투입을 예측할 수 없는 상황에서 매일 도청 앞에서 5시에 시위를 벌이는 방안을 정했다.[21]

광주에서는 주말인 20일, 21일 이틀 동안 도심이 마비될 정도로 격렬한 시위가 벌어졌다. 20일에는 10만 명에 달하는 광주시민들이 시위에 참여했으며, 이후 29일까지 연일 수천 명에서부터 수만 명의 학생, 시민들이 밤을 새워가며 시위를 벌였다. 특히 21일에는 광주지역 고등학생들이 '민민투'라는 투쟁조직을 만들어 '조직적'으로 항쟁에 참여하는 양상을 보였다. 이날 저녁 광주공원에서는 1만여 명이 시위를 벌였고, 고등학생들이 큰 역할을 했다. 이후 광주에서는 28일까지 남녀 고등학생들이 집단적으로 시위에 참여했다.[22]

6·10국민대회부터 고등학생들이 산발적으로 시위에 결합하는 모습이 각 지역 시위양상에서 확인되었는데, 이후 열흘 만에 광주에서 고등학생들이 조직적인 참여 양상을 보이기 시작한 것이다. 같은 날 순천의 시위에서도 고등학생들이 시위를 주도하며 전경들을 무장해제시키는

---

21 ≪시민의 소리≫, 2007.6.18, "군 투입설 불구, '끝까지 투쟁하자'-(다시 보는 6월항쟁 ③) 대공세로의 전환, 6.19~23 밤샘 시위,"(http://www.siminsori.com).

22 22일에 새벽 고교생 50여 명 화염병 시위, 24, 25일 밤 서현교회 앞 연좌시위 참여, 26일 동신여고생 300여 명 서현교회 앞 연좌시위 참여, 28일 광주공원시위 참여「[광주] 80년 경험 통해 성숙한 투쟁양상 돋보여」(≪월간 말≫, 1987.8: 24)] 등이 기록되었고, 또한 6월 24일 발간된 '민주화를 위한 공동전선' 속보 3호에 따르면 23일 오후 7시 광주상고 학생 200여 명이 '독재타도, 최루탄 추방' 등의 구호를 외치며 시위를 전개했다(〈민주화를 위한 공동전선〉 속보 3호(1987.6.24), 3~4쪽; 민주화운동기념사업회 오픈아카이브(http://archives.kdemo.or.kr)].

상황을 만들었다(≪월간 말≫, 1987.8: 73). 순천에서는 19일부터 순천대생들의 주도하에 KBS방송국을 점령할 정도로 격렬한 시위가 지속되었는데, 이날은 학교당국의 저지에도 불구하고 500여 명의 고등학생들이 참여하여 시위를 주도했다. 고등학생들이 항쟁의 주체로서 전면에 등장하는 조짐은 여러 지역에서 이미 나타나고 있었다. 인천에서는 17일 시위에서 1000여 명의 중고등학생이 연좌농성에 참여했다(≪월간 말≫, 1987.8: 27). 목포에서도 20일 고등학생 200~300여 명이 시위에 동참했다(≪월간 말≫, 1987.8: 69).

국본이 제시한 기한인 6월 22일까지 정부는 국본이 요구한 조치를 이행하지 않았고, 단지 노태우가 영수회담 개최를 시사하는 데 그쳤다. 영수회담을 고려했던 김영삼 총재는 국본 상임공동대표들을 만나 23일 아침으로 예정된 평화대행진 일정 발표를 연기해줄 것을 요청했다. 하지만 국본 회의에서는 예정대로 평화대행진 계획을 발표해야 한다는 재야의 주장이 강세를 보여, '6·26 민주헌법 쟁취를 위한 국민평화대행진' 실시가 예정대로 공표되었다. 다만 발표문에 영수회담을 개최하여 전 국민의 민주화 요청을 수용한다면 환영한다는 언급을 담아, 영수회담을 추진하는 김영삼 총재 측에 여지를 주었다(황인성, 1997: 57).[23]

24일 전두환 대통령과 김영삼 민주당 총재의 영수회담이 개최되었다. 이 자리에서 김영삼 총재는 사태수습 방안으로 직선제 실시에 대한 선택적 국민투표안의 수용과 양심수 석방 등 민주화 조치를 요구했지만 전두환은 개헌논의의 즉각 재개와 김대중의 가택연금 해제 이외에는 일체 언급하지 않았다. 회담 후 김영삼은 아무것도 합의된 것이 없으므로 회담은 결렬되었다고 공표했다.

---

23 「국민의 힘으로 민주헌법 쟁취하자」(1987.6.23), 민주헌법쟁취 국민운동본부 상임공동대표, 상임집행위원; 6월민주항쟁10주년사업범국민추진위원회, 1997: 304에서 재인용.

미국 정부는 19일부터 슐츠 미 국무장관의 발언이 보여주듯 공개적으로 한국의 상황에 개입하여, 전두환 정권이 진압군을 동원하는 파국적인 카드를 빼드는 것을 견제하고자 했다. 19일 릴리(James R. Lilley) 대사가 레이건 미 대통령의 친서를 전달했고, 20일에는 더윈스키(Edward Derwinski) 국무부 차관과 23일에는 개스턴 시거(Gaston J. Sigur) 동아시아·태평양 담당 차관보가 연이어 방한하여 군부개입에 반대하는 미국 정부의 입장을 밝혔다. 미 국무부 대변인도 '군사적 해결'을 원치 않는다는 입장을 공개적으로 밝혔고, 방한 중인 더윈스키 차관도 24일 한국을 떠나기 직전에 군의 개입 필요성을 느낄 수 없고, 88올림픽의 성공을 위해서는 파국적 상황을 피해야 한다고 언급하며 전두환 정권을 압박했다. 시거도 25일 출국 직전 계엄령 선포와 군 개입을 반대한다는 뜻을 전두환에게 분명히 전달했다고 기자들에게 밝혔다.

하지만 전두환은 진압군 투입이라는 카드를 끝까지 배제하지 않았다. 6월 24일 오전 김영삼과의 영수회담을 마친 전두환은 오후에 시거 미 국무부 차관보와 면담하며 '무정부 상태'가 발생할 경우 '무력 동원'이 필요하다고 언급하며, '내전'이란 최악의 시나리오가 전개될 경우 "미국은 국가를 파괴하려는 반란세력의 편을 들어서는 안 된다"고 강조했다.[24] 이러한 발언에는 군 동원에 대한 미국 정부의 반응을 살펴보고, 사전에 암묵적인 지지를 확보하려는 의도가 깔려 있었다고 할 수 있다. 6월항쟁이 정점으로 치닫는 시점에서 형식적인 영수회담만으로는 국면 전환이 어렵다는 사실을 확인한 전두환이 진압군 투입이란 파국적인 방안을 끝까지 염두에 두고 있었던 것이다. 6월 중순부터 6월 29일까지 특전사, 특공대 등은 계엄령 발포와 함께 즉각 투입될 수 있도록

---

[24] "전두환 '6월민주항쟁 진압' 군투입 검토했다", ≪국민일보≫, 2016년 6월 29일 자(http://news.kmib.co.kr).

준비태세를 갖추고 있었다(부산대학교 부산울산경남지역 산업 및 문화전
문인력양성사업단, 2007: 356~357).

그러나 전두환 정권은 계엄령 선포와 진압군 투입이라는 방안을 끝
내 쓸 수 없었다. 이를 막았던 요인은 여러 가지였다. 앞서 언급했던 미
국 정부의 공개적인 반대와 함께 군부 및 정권 내 이견 표출이 거론된
다. 시위진압 준비태세에 놀란 영관급 장교들은 군 동원을 반대하는 메
시지를 민정당의 차기 대권후보인 노태우 측에 전달했고, 노태우는 향
후 자신의 정치 진로에 악영향을 미칠 것을 우려하여 군 투입을 반대했
다.[25] 그러나 전두환 정권의 군 투입을 막은 가장 주요한 요인은 군 투
입설이 유포되자 더욱 항쟁의 결의를 다진 광주 국본의 사례처럼 계엄
령 선포와 군 투입이라는 비상조치설을 흘리며 압박한 군사독재권력에
위축되지 않고 항쟁을 이어간 이들이었다. 1980년 5월 광주항쟁을 진
압하며 전두환을 위시한 신군부는 민주화 열망을 군대를 동원하여 진
압하는 조치가 얼마나 큰 민중항쟁을 불러일으키는지, 또한 철저히 고
립된 지역에서조차 무장투쟁을 전개하는 민중항쟁의 진압이 얼마나 어
려운지를 절감했다. 이러한 경험을 한 신군부 세력은 특정지역이 아닌
전국적으로 전개되는 '전민항쟁'을 군대를 투입하여 진압한다는 방안
은 곧 자멸을 초래하는 선택일 수 있다는 점을 누구보다 잘 알고 있었
을 것이다.

'6·26국민평화대행진' 직전인 25일 전두환 정권은 김대중의 가택연
금을 해제하고, 김수환 추기경, 강원룡 목사를 청와대로 불러 면담을
나누는 모습을 보이며 대화국면을 조성하고자 시도했으나 민심을 돌릴
수 없었다. 이날도 전국 42개 대학에서 9000여 명의 학생들이 교내 시

---

25 "전두환 '6월민주항쟁 진압' 군투입 검토했다", ≪국민일보≫, 2016년 6월 29일 자(http://
news.kmib.co.kr).

위를 벌였고, 광주 등 5개 도시에서 가두시위가 있었다. 국본은 여야 영수회담이 결렬되자 '단호하고 결연한 의지'로 국민평화대행진을 결행하자는 성명서를 발표했다.[26]

드디어 6월 26일, 전국 37개 시·군에서 국본 추산 130만 명(경찰추산 5만 8000명)이 평화대행진에 참여하며, 사상 최대의 전국 동시다발 시위가 전개되었다(⟨표 5-1⟩[27] 참조). 6·26국민평화대행진은 기존 대도시는 두말할 것도 없고, 중소도시와 군·읍 단위로 항쟁이 확산되는 양상을 보여주었다. 대부분의 중소도시에서는 시위 군중에 의해 경찰력이 무력화되는 상황이 벌어졌다(민족민주운동연구소, 1989: 6). 이날 전국에서 3467명(서울 2139명)이 연행되었다.

26일 광주에서는 30만~50만 명에[28] 달하는 시민이 시위에 참여하여 '광주시민 대동단결, 독재타도, 미국반대'라는 구호를 외치며 하나가 되었다. 광주 시민들이 군부독재타도에서 그치지 않고 미국반대까지 외치기 시작한 것이다. 27일 광주 국본은 군부독재를 옹호하는 미국을 용인하면 진정한 민주화가 불가능하다는 점을 시민들도 인식했고, '미국은 물러가라'라는 구호가 더 이상 소수 과격학생들의 무분별한 구호가 아니라 민주화를 바라는 전 국민의 구호가 되었다고 평가했다.[29] 다음날 새벽까지도 금남로와 서현교회 앞에서 각각 3만여 명과 2만 5000여 명이 남아 시위를 전개했다. 광주시를 중심으로 순천 1만여 명, 완도 5000여 명, 여수 1만 5000여 명, 목포 1만여 명 등 군소도시에서도

---

26 「성명서─6·26국민평화대행진을 앞두고」(1987.6.25), 민주헌법쟁취 국민운동본부 상임공동대표; 6월민주항쟁10주년사업범국민추진위원회, 1997: 310에서 재인용.

27 「소식」, ≪국민운동 소식지≫, 제1호(1987.6.28)에서 재인용; 민족민주운동연구소, 1989: 390.

28 1987년 6월에 작성된 ⟨표 1⟩에는 광주 시위대의 규모가 50만 명으로 적혀 있으나, 1987년 8월 ≪월간 말≫ 12호에는 30만 명이 참석한 것으로 언급되고 있다(≪월간 말≫, 1987.8: 24).

29 ≪민주화를 위한 공동전선≫, 제5호(1987.6.27), 1쪽; 민주화운동 기념사업회 오픈아카이브(http://archives.kdemo.or.kr).

┃표 5-1┃ 국민평화대행진 지역별 참가 인원

지역		주 시위장소	참가 인원
서울		서울역광장, 서부역, 영등포역, 동대문, 남대문, 안국동로터리, 광교, 신세계, 세종문화 뒷골목, 민추협 앞, 을지로입구 외 30개 지역	255,700명
경기	수원	역전, 시외버스 터미널 북문	30,000명
	안양	중앙로, 경찰서, 시청 앞	10,000명
	성남	종합시장, 시청 앞, 인하병원 앞, 주종점, 성호시장	40,000명
	안산		300명
인천		부평역, 백마장, 중앙로, 롯데리아 앞, 부평시장, 개선문예식장, 송림동 로타리, 청천시장	25,000명
강원	춘천	8호광장, 국민은행 앞, 강원은행 앞, 명동입구	2,000명
	원주	농협 앞, 시청광장	1,000명
	태백	구영암운수 종점, 시청 앞	300명
충남	대전	중앙로, YMCA 앞 원동4거리, 가톨릭문화회관 앞, 선화교 등	50,000명
	천안	역광장	3,000명
충북	청주	국민은행 앞, 남궁병원 앞, 터미널, 수아사, 육거리	5,000명
전남	순천	시청 앞, 시외버스터미널	10,000명
	여수	중앙동로타리 진남관 앞	15,000명
	완도	완도경찰서 앞	5,000명
	목포	가톨릭센터 앞, 시청 앞 2호광장, 중앙시장, 목포극장	10,000명
광주		금남로 3,4,5,6가 태평극장~광주공원, 중앙4거리－하일은행, 서현교회 앞 유동삼거리, 도청 800미터 밖 전 지역	500,000명 인근지역 시군민 합세
경북	안동	목성동성당 앞, 시청 앞, 시외터미널, 안동역 앞	30,000명
	영천		
	김천		
	포항	국민은행 4거리, 6거리, 시청 앞	3,000명
전북	전주	팔달로, 전주역, 관통로, 금암동로타리, 코아백화점, 중앙성당 앞, 서중 앞 로터리, 시청 앞	150,000명
	군산	시청 앞, 군산역, 경찰서 앞, 법원 앞	15,000명
	이리	장인동성당 앞, 이리역, 모현동	15,000명
대구		중앙통 일대, 대구고운동장, 제일극장, 대한극장, 아카데미극장, 반월당 앞, 동아백화점 앞	40,000명
경남	마산	마산역－불종거리(?)	20,000명
	진주		20,000명
	울산	학성동, 역전시장	2,000명
부산		범내골, 부전시장, 중앙시장, 남포동일대, 가야시장, 부산진시장	50,000명
제주도		중앙로	1,000명
		합계	1,308,300명

시위가 벌어졌다. 완도의 경우 1만여 명이 되지 않는 주민 중에서 거의 반 이상이 시위에 참여했다(≪소식≫, 제1호).

전북에서는 대규모 시위를 전개해왔던 전주 이외에 군산, 이리에서도 시위가 벌어졌다. 6·10국민대회 이후 원광대, 군산대 학생들의 소규모 시위 외에 별다른 시위가 없었던 군산에서는 26일에 시민이 대거 참여하여 시위를 벌였다. 이날 오후 7시 이후 1만 8000여 명의 시위대가 KBS 앞에서 관제언론에 대한 규탄대회를 가졌고, 9시 이후 시민, 학생 1만 6000여 명이 모여 시국토의를 개최하고 노래와 춤을 함께 추었다. 군산시민들의 민주화 열기를 확인한 민주헌법쟁취국민운동 군산옥구지부는 대회가 끝날 즈음에, 27~29일을 민주화실천기간으로 선포했다(≪월간 말≫, 1987.8: 65). 군산시민은 경찰의 28일 무자비한 진압에 분개하여 '6·29선언'이 발표된 29일 이후에도 저녁까지 격렬한 시위를 벌였다. 이리에서는 장인동 성당에서 신부, 목사, 재야인사 100여 명이 발대식을 갖고 6시에 행진했다(≪소식≫, 제1호). 이리에서는 6·10국민대회 이후 거의 매일 시위가 있었지만, 6·26국민평화대행진에는 이리 시민 20만 명 중 4만여 명이 참여했다.

포항, 안동의 6월 26일 시위는 영남지역에서 항쟁이 중소도시로 확산되고 있음을 잘 보여준다. 안동에서도 예정한 시간에 목성동 성당 앞에서 학생, 시민 1000여 명이 집결, 대행진을 시작했다. 오후 6시 50분경에는 시위군중이 1만여 명으로 불어 도로를 점거하고 행진을 하였으며 안동역에 이르렀을 때는 2만여 명으로 증가했다. 시민들은 평화적으로 시외전역을 행진하였고 시청 앞 광장을 '민주광장'이라 명명했다(≪월간 말≫, 1987.8: 82). 포항지역은 인구가 50만 명에 달했음에도 불구하고 대학이 없었고 종교단체의 활동도 강하지 않았다. 대신 포항민주화운동연합으로 결합한 민주화운동 인사들이 항쟁을 이끌었다.[30] 포항 민주인사들과 시민들은 6월 26일 6시 50분 죽도시장 입구 광장에서

'국민운동 포항지부' 결성식을 갖고, 시위를 전개했다. 이날 저녁 어린이, 유흥음식점 여종업원까지 참여하며 시위대는 1만여 명으로 불어났고 무방비 상태의 시청에 들어가 연좌시위를 벌이기도 했다. 집행부가 시위를 공식 해산한 이후에도 3000여 명에 달하는 인원이 남아 평화행진을 하고 시국토론회를 개최했다(≪월간 말≫, 1987.8: 79~80).

인천, 수원, 성남, 안양, 안산 등 경기지역에서도 대중 집회 및 시국토론회, 시위와 행진이 벌어졌다. 6·10국민대회 이후 대규모 참여와 격렬한 시위가 전개되었던 성남에서는 26일 밤 9시에 5만여 명이 행진을 벌였고, 11시 이후 공식 해산 이후에도 1000여 시민, 노동자들이 시위를 벌였다. 안양에서도 노동자들의 참여 속에 시민들이 격렬한 시위를 전개했다. 동료 10여 명과 시위에 참가한 한 노동자는 "잔업, 특근, 철야작업 없이도 먹고 살 수 있게 힘을 쓰자"고 말했다. 10시 이후 전개된 시위에서 민정당사, 경찰초소, 노동부 안양출장소가 불탔다. 격렬한 시위가 다음날 새벽까지 이어졌다.

6월 29일 노태우 민정당 대표가 6·29선언을 발표하자, 다음 날 30일 국본은 대통령 직선제, 구속자 석방, 김대중의 사면복권 등 민주화 조치들은 여당대표가 '선물로 줄 수 있는 것'이 아니라 국민대중이 쟁취해야 하는 것이며, "실제 우리의 피와 땀, 그리고 숱한 젊은 생명들을 희생의 제물로 바쳐서 얻은 소중한 결실"이라는 성명을 발표했다(민주헌법쟁취국민운동본부, 「국민에게 드리는 글」, 1987.6.30, 6월민주항쟁10주년사업범국민추진위원회, 1997: 332에서 재인용).

---

30 포항민주화운동연합(포민련)은 반합법 공개 기구로서 4월 25일 결성되어 포항지역의 민주화운동을 이끌었다. 포민련은 ≪영일만 함성≫이라는 기관지를 만들어 배포했다(민통련창립 20주년 기념행사위원회, 2005: 116~118).

4. 항쟁의 주체 ― 전국적 연대 구축과 전민항쟁의 역동성

1) 지역 국본 결성과 고립·분산적 운동의 극복

전국적으로 연이어 동시다발적인 집회의 개최가 가능했던 요인은 무엇보다 각 지역에 국본이 조직되었기 때문이다. 6월항쟁 당시 국민운동본부도 스스로를 '반독재민주화 세력의 총결집체'로서 민주헌법을 쟁취할 수 있는 '책임 있는 구심점'으로 여겼다(≪국민운동≫, 창간호: 7).

서울에서 전국 국본이 발족되기 이전에 여러 지역에서 지역 국본이 먼저 결성되었다. 이러한 흐름을 기반으로 서울에서 5월 27일 국민운동본부 발족 때 각 도 대표들이 발기인으로 참여했다.[31] 각 지역 국본은 주로 민통련 산하의 조직들을 통해 연락망이 구성되었고 연락담당자들은 상경하여 전국적인 동시 항쟁을 위한 연락망을 구축했다(정철희, 1997: 111). 1985년 초 전국적으로 지역운동단체들이 건설되었고, 이들 조직은 민통련 내에 지역운동협의회를 구성해 각 지역운동의 실천을 공유했다. 지역운동협의회는 이후 전국적인 공동투쟁을 조직하는 중요한 모임으로 발전했다(장갑수, 2005: 163; 이명식, 2005: 187~189).

충북지역 국본의 결성이 5월 15일로 가장 빨랐다. 곧이어 5월 18일 전남본부가 발족하고, 부산본부가 20일, 대구·경북과 전북본부는 21일, 그리고 충남본부가 28일 발족했다. 6·10국민대회 직전인 6월 4일 강원본부가 발족했고, 대회 당일에는 경남본부가 발족했다. 이처럼 거의 모든 도 본부가 6·10대회 전까지 결성되었다. 경기도본부만은 예외적으로 꽤 늦은 7월 24일에 가서야 발족했다. 도 본부 구성단체들은 지

---

31   전국 국민운동본부 결성에 참여한 지역 대표들의 숫자는 다음과 같다. 강원 73명, 경기 11명, 충남 29명, 전북 54명, 전남 40명, 부산 56명, 경북 89명 등이다.

역운동을 주도하는 민주화협의회나 민통련을 중심으로 노동자, 농민, 천주교, 기독교, 불교 단체들이 참여했다.[32] 서울의 대학생협의회는 국본에 참여하지 않으면서 국민대회를 함께하는 방침을 정했는데, 부산, 전남, 충남 지역의 주요 대학 총학생회들은 서대협과 달리 지역 국본에 공식적으로 참여했다(〈표 5-2〉참조). 이는 각 지역 국본이나 학생운동이 자율적으로 움직인 측면이 컸음을 보여준다.

충북지역 운동권은 4월 말경에 전국적인 연대를 염두에 두고 장기집권 분쇄투쟁위원회의 결성에 관한 논의를 했다. 이들은 재야 정치세력 및 종교계가 참여하고 실무진을 중심으로 한 논의 틀로서 기구 결성이 필요하다고 보았다. 충북민주화협의회의 주도하에 종교계, 정치계, 운동단체, 시민 등을 상대로 조직 착수에 들어가 전국에서 가장 빠른 5월 15일 90여 명으로 구성된 '장기집권·호헌책동 분쇄 투쟁위원회'가 결성되었다. 이 투쟁위원회는 5월 27일 전국 단위 민주헌법쟁취 국민운동본부가 발족한 후 6월 5일 지역 의장단 연석회의에서 전국적 명칭통일을 기한다는 원칙을 결정하자 '민주헌법쟁취 국민운동 충북본부'로 개편했다(민족민주운동연구소, 1989: 217; 6월항쟁계승사업회·민주화운동기념사업회, 2007b: 263). 한편 충남에서도 5월 28일 지역의 모든 민주, 인권운동세력들이 연대해 '호헌반대 민주헌법쟁취 충남도민운동본부'를 결성했다(민족민주운동연구소, 1989: 239).

전남지역에는 1984년 말에 전남민주청년운동연합회와 전남사회운동연합회가 결성되어 명망가 중심의 운동에서 탈피한 지역운동이 이루어지기 시작했다(6월항쟁계승사업회·민주화운동기념사업회, 2007b: 351).

32　국민운동본부에서 불교 단체가 상대적으로 큰 비중을 차지했던 곳은 광주지역이었던 것으로 보인다. 일례로 광주 불교단체들은 5월 27일 1만여 명이 모인 '5·18불교탄압규탄대법회'를 오전에 개최했고, 법회가 끝난 후 5000여 시민들이 오후 3시까지 중앙로에서 시위를 벌였다(《민주화를 위한 공동전선》, 제1호(1987.6.5), 2쪽; 6월민주항쟁10주년사업범국민추진위원회, 1997: 824].

┃표 5-2┃ 각 도 국본 결성 현황

지역	결성 날짜	참여 단체
부산	5월 20일	부산민주시민협의회, 부산인권위원회, 부산지역 목회자정의평화실천협의회(목정평), 부산민주산악회, 부산민주헌정연구회(민헌연), 부산기독교청년협의회(기청협), 통일민주당 부산 1,2,3,6지구당, 부산민주노동자투쟁위원회, 부산지역 총학생회협의회, 불교승려 부산 정의구현사제단
대구·경북	5월 21일	경북민통련, 천주교 안동교구 정의평화위원회(정평위), 안동 가톨릭농민회(가농), 대구가농, 경북기독교농민회(기농), 대구기청협, 우리문화연구회, 한국가톨릭노동청년회(가노청, JOC) 대구교구연합회, 대구인권위원회, 포항민주운동연합, 경북 목정평, 천주교 대구교구 사회운동협의회, 민주화실천가족운동협의회(민가협) 경북지구
경남	6월 10일	경남민통련, 통일노동자 생존권 투쟁위원회, 경남가농, 의창군 농민협회, 운수노조, 가톨릭 노동장년회, 민헌연 경남지부, 민주당 경남1지구당 한자리사제단, 한교회
전남	5월 18일	전남사회운동협의회, 광주노동자위원회, 전남기청협, 전남기농, 전남기장청년회, 전남민문연, 가농전남연합회, 5·18유가족회, 5·18광주의거청년동지회, 전남민청련, 가노청 청년연합회, 기노전남지역연맹, 불교승가회, 송백회, 전남 목정평, 광주가톨릭 교구청년회, 예장청년전남연합회, 민가협 광주지부, 목포대 총학생회, 전남대 총학생회, 나주 기독교협의회
전북	5월 21일	전북 민협, 인권선교협의회, 예장전북노회 교회와 사회위원회, 전북 정의실천 성직자협의회, 남원지역 정의실천협의회, 전주교구 근로자의 집, 전북가농, 전북기농, 전북기청협, 전북문화운동단체연합, 전북민가협, 가톨릭대학생 전북연합회, 민헌연 전북지부, 민주산악회 전북지부, 민추협 전북지부
충남	5월 28일	대전 정의구현사제단, 충남 목정평, 대전·금강·천안 인권위, 충남민헌연, 충남민교협, 충남민협, 충남가농, 충남기농, 충남가노청, 가톨릭청년연합회, 대전기청협, 충남민청연, 충남문화운동협의회, 충남민가협, 충남대 총학생회, 공주사대 총학생회, 대전대학 총학생회
충북	5월 15일	충북민주운동협의회, 충북기청협, 청주산선, 가농 충북연합회, 가톨릭 대학생 청주교구연합회, 충북기농, 충북교회협의회, 충북기장 청년연합회 청주지역 인권위, 단양·제천지역 인권위, 충북농촌발전 목회자협의회, 중원지역 인권위, 충북 목정평
강원	6월 4일	강원 민통련, 강원인권위, 강원 기청협, 가농강원연합회, 강원기농, 가톨릭 사제
경기	7월 24일	수원지구 인권위원회, 경기북부 인권위원회, 강화지구 인권위, 여주·이천 인권위, 성남지역 인권위, 경기남부 인권위, 경기 서부지역 교회협의회, 김포지역 교회협의회, 가톨릭 수원교구 사제단, 감리교 중부지구 민주화선교협의회, 감리교 중부연회 농촌선교 목회자협의회, 감리교 도시목회자협의회, 성공회, 남부교무구, 가톨릭농민회 경기연합회, 수원지구 노동선교회, 안산지구 노동목회자협의회, 가톨릭여성연합회, 수원기청협, 수원지구 불교청년연합회, 경기지구 원불교청년회, 감리교 중부연회 청년연합회, 수원·화성지구 민주청년회, 수원지구 학생공동대책위원회, 용성지구학생공동대책위원회

자료: 민족민주운동연구소(1989: 72~73).

전남사회운동연합회(전사협)에 참여한 단체들은 1987년 초 통일적인 연합운동 차원에서 전민항쟁이 필요하다는 데 공감했고, 4·13호헌조치 이후 범도민운동본부 결성에 총력을 기울였다. 전남 범도민운동본부는 4·13호헌조치 이후 광주사제단의 단식농성과 각계의 호헌철폐를 주장하는 시국성명 정국 속에서 잉태했다고 볼 수 있다. 한국기독교농민회총연합회(기농) 회장이었던 배종열이 의장을 맡은 전사협은 '전남민주회복국민회의'와 함께 전남 국본을 발족시키려 했으나 성사되지 못했다(배종열, 2005: 77). 범도민운동본부 결성을 추진한 단체들은 5월 18일 망월동 묘역에서 개최된 '5·18 제7주기 추모식'에서 기습적으로 '범도민운동본부 발족선언문'을 낭독하고 발족식을 거행했다.

선언문은 "한국 내 정치문제에 대한 미국의 내정간섭에 의해 민족적 자존심은 무참히 짓밟히고 있으며, 국민경제는 송두리째 외세에 예속되어 있고 그나마 남은 부는 소수 특권재벌에 의해 완전히 장악되고 있다"고 비판하고 1980년 5월의 상황은 여전히 지속되고 있다고 규정했다. 또한 "우리의 노력이 분산되어 이루어지기보다는 더 많은 국민이 참여하고 모든 반독재 투쟁의 세력이 함께 공동으로 투쟁해 나가야 할 때"라고 강조했다.[33] 민주개헌 쟁취, 군부독재 타도, 독재 정권을 지원하는 미국은 물러나라는 요구를 담은 선언문에서 알 수 있듯이(6월항쟁계승사업회·민주화운동기념사업회, 2007b: 363~365), 광주지역은 타 지역과 달리 '미국'에 대해 명시적이고도 강도 높은 비판을 제기했다. 전남 범도민운동본부는 전국 국민운동본부가 결성된 뒤 명칭을 '민주헌법쟁취국민운동 광주전남본부'로 바꾸었고, 전사협을 중심으로 문화계, 가톨릭 등 종교계, 각 대학총학생회 등 21개 단체 연합조직으로 확대되었

---

33 「4·13호헌조치 반대 및 민주헌법 쟁취 범도민운동본부 발족 선언문」, 1987.5.18, 4·13호헌조치 반대 및 민주헌법 쟁취 범도민운동본부; 민족민주운동연구소, 1989: 161에서 재인용.

다. 광주전남본부는 출범 초기 운동단체 간의 역할이나 관계 설정을 둘러싼 논의를 해결하지 못하다가 6월 25일 6·26국민평화대행진을 앞두고 운동본부를 재편성하며 이 문제를 해소했다(6월항쟁계승사업회·민주화운동기념사업회, 2007b: 366).

전북본부는 5월 21일 '호헌반대 민주헌법 쟁취 전북위원회'라는 명칭을 걸고 발족했다. 이는 4월 23일부터 전개된 전주교구 사제단의 단식농성, 5월 7일 전북대, 원광대, 전주대 교수들의 시국성명 발표, 남원지역 목회자정의평화실천협의회 시국성명 발표 등의 저항이 모인 결과였다. 전북위원회는 지역운동 역량을 효과적으로 결집하여 민주헌법쟁취를 위한 일관된 투쟁을 벌이는 것을 목표로 삼았다(6월항쟁계승사업회·민주화운동기념사업회, 2007b: 313).

부산에서는 5월 20일 부산민주화협의회와 종교계, 통일민주당, 학생, 노동자들이 모여 '호헌반대 민주헌법쟁취 범국민운동 부산본부'를 발족했다. 1986년 말부터 노동, 학생, 재야(공개기구)의 대표들이 비공개적인 루트를 통해 부산지역의 민주화투쟁을 조직적으로 이끌어왔고, 이 세 부분운동 대표들은 또한 부산 국본에 비공개로 실무에 참여해 국본의 활동을 활성화했다. 부산 국본에는 각 부문운동의 결정을 통해 인원을 동원할 수 있는 인물들이 참여했다(김하기·제성욱, 1995: 74~75). 부산본부는 발족 선언문에서 일부의 권력자를 제외한 전 국민이 '자유와 생존의 위협'을 받는 상황이라고 지적하고 광주민중항쟁의 정신으로 계승하여 대동단결해야 하자고 호소했다.[34] 부산 지역운동의 핵심기구였던 부산민주화협의회를 중심으로 한 부산 민주화운동가들은 6·10국민대회 이후 대중이 폭발적으로 결합하기까지 2·7, 3·3대회를

---

34 「선언문─호헌반대 민주헌법쟁취 범국민운동 부산본부 발족에 즈음하여」(1987.5.20), 호헌반대 민주헌법쟁취 범국민운동 부산본부; 민족민주운동연구소, 1989: 131~132에서 재인용.

조직하고 대중의 동참을 유도하고자 많은 노력을 기울였다. 이들이 볼 때 부산지역의 6월항쟁은 결코 '갑자기' 일어난 일이 아니었다(부산대학교 부산울산경남지역 산업 및 문화전문인력양성사업단, 2007: 400).

경남지역에서는 6월 3일 결성준비위원회 모임이 개최되었다. 마산지역을 중심으로 한 노동, 농민, 종교계 대표단체와 통일민주당, 민주헌정연구회가 참여하여 준비위원회를 구성했다.[35] 결성준비위원회를 이끈 실무자들은 마산지역의 인쇄소들이 사전 봉쇄되자, 대구까지 가서 대회 당일 배포할 전단 등을 인쇄해 올 정도로 대회 준비에 힘을 쏟았다.[36] 준비위원회는 6·10국민대회 시작과 함께 경남 국본의 발족을 공식화했다(6월항쟁계승사업회·민주화운동기념사업회, 2007b: 66).

대구·경북지역본부의 배경은 1985년 1월에 지역의 명망가들과 청년운동가들이 총결집해 결성한 '민주통일국민회의 경북지부' 결성까지 올라간다. 이 조직은 이후 1985년 3월 29일 서울에서 민중민주운동협의회와 민주통일국민회의가 민주통일민중운동연합(민통련)으로 통합되자, 그 이름을 경북민주통일민중운동연합(경북민통련)으로 바꾸었다(6월항쟁계승사업회·민주화운동기념사업회, 2007b: 113~114). 1987년 4월 말부터 호헌철폐와 군사독재 타도를 위한 범국민적 연합전선의 구축 움직임이 진행되자 경북에서는 경북민통련을 중심을 종교계, 문화계, 통일민주당 등 70여 명의 지역 민주인사들이 5월 21일 죽전 천주교회에 모여 '호헌반대 민주헌법쟁취 범국민운동 대구경북본부'를 결성했다(6월항쟁계승사업회·민주화운동기념사업회, 2007b: 123). 이날 공동대표로 선출된 하기락 교수는 "통일은 다양한 것이 모여서 하나가 되는 것

---

35 「경남 민주통일 민중운동연합 5·6 평가서」(6월민주항쟁 20주년기념 경남추진위원회 자료 편찬위원회, 2008: 265).

36 같은 글; "6·10대회를 막아라", ≪경남도민일보≫, 2007년 10월 18일 자(http://www. idomin.com).

이며, 신부님, 목사님, 스님 등도 모두 위치는 다르지만 민족적 차원에서 이해가 일치되는 사람끼리 손잡고 일하는 것이 통일"이라고 언급하며 "6천만 민족이 먼 미래에 함께하는 것을 상정"하고 항쟁에 임하자고 역설했다(≪국민운동소식≫, 창간호, 1; 민족민주운동연구소, 1989: 145).

대구·경북본부는 6월 1일 제1차 실행위원회를 개최하고 조직의 확대를 최우선 과제로 정했다. 이를 위해 시·군단위의 지부를 포함하는 지역 조직사업의 확대와 민주인사단체의 확대에 주력하고자 했다. 또한 전국 운동본부 및 타 지역 운동본부와도 긴밀한 관계를 맺어 공동보조를 취해 나가고, 자체의 신문발간과 더불어 강연회·집회 등을 통하여 대민홍보와 대면접촉을 확대하는 데 힘을 쏟겠다고 다짐했다(≪국민운동소식≫, 창간호, 2; 민족민주운동연구소, 1989: 146).

강원지역에서는 1987년 6월 4일 오후 1시 가톨릭센터에서 민주헌법쟁취국민운동 강원본부 발기인대회 겸 창립준비총회가 개최되었다. 강원본부에는 춘천과 원주의 가톨릭, 개신교(KNCC), 강원민통련, 청년 및 농민운동 인사들이 참여했다(6월항쟁계승사업회·민주화운동기념사업회, 2007b: 171). 강원본부 발기인들도 기존 '고립, 분산적'인 민주화운동의 전개를 반성하며 '혼연일체'가 된 운동의 필요성을 강조했다.[37]

대구·경북 국본이 제시한 사업 방향에서 알 수 있듯이 각 지역의 국본이 항쟁기간 특히 역점을 둔 사업이 시민에게 정확하고 빠른 소식을 전달하기 위한 소식지나 기관지를 발행하는 일이었다. 어용화된 대부분의 신문, 방송 매체들은 항쟁기간에 상황을 왜곡보도하는 데 앞장서고 있었다. 부산에서 발행된 부산 국본 기관지 ≪민주부산≫은 그 창간호에서 "그동안 독재정권 치하에서 눈이 있어도 볼 수 없었고, 입이 있

---

37 . 「민주헌법 쟁취 강원도민 운동본부 발기 취지문」(1987.6.4), 민주헌법쟁취 강원도민 운동본부 발기인 일동; 민족민주운동연구소, 1989: 258에서 재인용.

어도 말할 수 없었던, 귀가 있어도 들을 수 없었던 부산 시민들의 눈과 귀와 입이 되고자" 한다고 발간의 취지를 밝혔다(≪민주부산≫, 창간호). 부산 국본에서는 5월 말에 대중기관지를 만들어야 한다는 의견이 대두되어 선전팀이 만들어졌다(부산대학교 부산울산경남지역 산업 및 문화전문인력양성사업단, 2007: 98).[38] 항쟁기간에는 시위현장에서 모금된 성금으로 ≪민주부산≫이 제작되었기 때문에 ≪민주부산≫ 편집부의 "시민 스스로가 만드는 시민 스스로를 위한 신문"이라는 언급은 과장이 아니었다. '민주부산' 이외에도 항쟁기간에 '속보'가 거의 매일 제작되었다. 이외에도 6월항쟁 이전에 부산민주협의회가 발간한 ≪민주시민≫, 부산대 총학생회가 발간한 ≪절규≫ 등의 소식지가 있었다.

대구·경북본부는 ≪국민운동소식≫을 기관지로 발간했다. 대구·경북본부는 1987년 6월 5일 발간된 창간호에서 ≪국민운동소식≫은 정치적 사안뿐만 아니라 "생활과 밀접한 관련을 맺고 있는 문제들을 폭로하고 그 의미를 재조명해" 나가며 시민들의 생활현장으로 들어가는 데 힘쓰겠다는 취지를 밝혔다.[39] 이외에도 강원본부가 소식지 ≪민주강원≫을 발간 배포했고, 경남본부에서 ≪민주경남≫을 발간했음이 확인된다. 광주 국본은 기관지 ≪민주화를 위한 공동전선≫을 6월 5일 제작 배포했고 항쟁기간에는 호외와 속보 형식으로 발간했다.[40] 이외에도 광주에서는 전남민주청년운동연합이 1985년부터 제작 배포했던 ≪광주의 소리≫와 광주노동자위원회·전남지역기독노동자연맹이 발간한 ≪노동자

---

38 1987년 6월항쟁 기간 ≪민주부산≫ 편집위원이었던 양은진에 따르면 별도의 편집, 인쇄 팀이 가동되어 신문을 항쟁 이전부터 비밀리에 제작 배포했다고 한다(부산대학교 부산울산경남지역 산업 및 문화전문인력양성사업단, 2007: 395).

39 ≪국민운동소식≫, 창간호(1987.6.5), 2쪽; 민족민주운동연구소, 1989: 146. 경북에서는 민통련이 1986년부터 기관지 ≪경북의 소리≫를 배포하고 있었다.

40 정규판으로서 ≪민주화를 위한 공동전선≫ 제2호는 8월 1일에 배포되었다[≪민주화를 위한 공동전선≫, 제2호(1987.8.1), 민주헌법쟁취 국민운동 전남본부; 민주화운동 기념사업회 오픈아카이브(http://archives.kdemo.or.kr)].

의 소리≫ 등이 있었다.

소도시와 군단위 국본의 발족은 6월항쟁 직후인 7, 8월에 대대적으로 이루어졌다. 즉, 대부분의 군소도시와 군에서는 6월항쟁 기간에 항쟁이 확산되고, 이를 기반으로 항쟁 이후 국본 지부들이 결성되는 경로를 밟았다. 하지만 일부 지역에서는 6월 29일 이전에 국본지부가 발족되기도 했다. 강원도에서는 6월 21일 민주쟁취국민운동 태백시 지구가 결성되었고, 뒤이어 정선지부가 6월 29일 발족했다. 태백에서는 6월 21일 노동자, 기독교 신자, 목사 등 70여 명이 태백지역 최초의 가두시위를 벌였는데, 이들은 시민들의 지지를 확인하고 곧바로 지부를 결성했다. 태백시에서는 2월 16일 '고 박종철 추모기도회'가 개최되었고 이 기도회를 주도한 이들을 중심으로 3월 30일 '태백지역 인권선교위원회'가 발족하여 인권운동, 노동운동을 전개했다. 5월에도 개신교 목사와 신도들이 호헌철폐, 민주개헌, 군부독재 퇴진을 요구하는 결의문을 채택했다. 태백시 국본은 이러한 전사를 배경으로 등장할 수 있었다.

대구·경북에서는 포항·영일지부가 항쟁기간인 6월 26일 발족했으며, 경남에서는 울산지부가 6월 초순경 결성되었다. 포항·영일지부는 포항공단이 있어서 노동문제 해결을 특히 강조했다. 발족 당일인 6월 26일 포항·영일지부는 지역 주민들에게 배포한 글에서 양심수 석방, 국민기본권 즉각 단행과 함께 '노동3권 및 민중생존권 보장'을 대정부 요구사항으로 제기했다.[41] 전북에서는 군산·옥구지부가 6월 10일, 이리·익산지부가 6월 22일 결성되었고, 전남에서는 무안군지부가 6월 중순경, '무안군 민주화와 농민생존권 쟁취협의회'를 주축으로 발족했다. 한편, 국본은 6월 3일 해외동포에게 메시지를 보내며 해외지부 결성을

---

41 「포항영일 지역 주민에게 드리는 글―민주화 촉진을 위한 시민 대강연회에 즈음하여」(1987년 6월 26일), 민주헌법쟁취 국민운동본부 경북 포항지부; 민족민주운동연구소, 1989: 149에서 재인용.

촉구했다. 6월 14일 '미주지역 지부'가 결성을 보았다.

2) 각계·각층의 참여와 새로운 주체의 형성

6월항쟁 동안 거리로 나섰던 학생들은 거대한 '대중의 역동성'을 직접 눈으로 확인했다. 부산의 경우 학생들이 항쟁초기라 할 수 있는 6월 10일부터 16일까지 시위를 이끌었지만, 학생이 주축이 된 시위는 큰 힘을 발휘할 수 없었다. 부산에서는 6월 16일 이후 시민들 스스로 시위 대열을 형성하며 항쟁을 전개했다(≪월간 말≫, 1987.8: 14~15). 당시 학생운동을 이끌었던 이들은 수십만 명이 거리를 메우며 시위를 벌였던 18일 이후부터 부산의 시위는 학생운동이 아닌 시민운동이었다고 기억한다(부산대학교 부산울산경남지역 산업 및 문화전문인력양성사업단, 2007: 47). 국민운동본부가 항쟁이 전개될 수 있는 판을 만들고, 대학생들이 시민의 시위 동참을 견인하는 역할을 했다면, 이후 6월 29일까지 항쟁을 전민항쟁으로 만들고 지속적으로 끌고 갔던 이들은 연령, 계층, 계급, 직분을 떠나 결합했던 시민이었다.

항쟁기간 노동자들은 생산현장 밖에서 일반 민주주의의 쟁취를 위한 항쟁에 적극 참여하고, 생산현장 내에서는 생존권을 말살하는 노동탄압에 힘겨운 투쟁을 벌여야 했다(〈표 5-3〉[42] 참조). 노동현장의 민주화를 위한 투쟁은 7월 이후 본격적으로 전개되었지만, 그렇다고 인천, 부산, 마산, 성남 등지에서 확인되듯이 노동자들은 6월항쟁에서 소극적인 참여자가 아니었다. 항쟁기간 동안 전국에서 노동자들이 구속되었던 상황은 노동자들이 적극적으로 참여했음을 보여준다.[43]

---

42   ≪노동자의 소리≫, 제3호(1987.7.1), 한국노동자복지협의회, 민주화운동 기념사업회 오픈 아카이브(http://archives.kdemo.or.kr).

43   6·26평화대행진으로 전국에서 구속된 인원은 39명인데, 이 중 노동자가 9명이었다(한국기

┃표 5-3┃ 6월항쟁 기간 노동 관련 사건과 노동자들의 시위 양상

일시	지역	노동탄압과 시위내용
6.6	경남 거제군	통일산업 노조위원장 문성현이 대우조선소의 노동자들과 노동관계 학습을 했다는 이유로 거제경찰서에 국가보안법의 이적단체구성죄로 구속됨
6.9	충남 대전	신도실업 박명자, 신미선이 전 근무처 호전실업의 생산부장에 의해 '회사를 배신했다'는 이유로 폭행당함
6.10	경남 창원	창원공단 노동자들 퇴근길에 '노동3권 보장하라', '쪽바리는 물러가라'며 공단파출소를 부수는 격렬한 시위 전개
6.10	인천	인천 4공단 노동자들 '노동3권 쟁취', '임금인상'을 주장하며 시위
6.17	주안	청년노동자들 시위
6.18	인천	숭의동 로터리에서 노동자·시민·학생 1만여 명 대중집회 개최
6.18	부산	1000여 명의 택시기사들이 차량과 함께 10만여 시위대의 선두를 섬
6.18	대전	대전 호전실업 J.O.C회원 등 노동자 11명이 퇴사 때 기숙사 짐을 빼달라는 요구를 담은 유인물을 배포했다는 이유로 폭행을 당함. J.O.C에서 8일간의 단식농성 돌입
6.18	마산	마산수출자유지역 내 ㈜협진 노동자 1400여 명 부도로 폐업한 회사에서 미지급 임금 및 퇴직금 지급을 요구하며 대책위원회 구성
6.20	서울	논노상사 노동자 38명 기독회관에서 '회사 이전계획 철회', '노동조합 활동의 자유보장', '노동조합 인정' '임금인상' 등을 주장하며 농성
6.20	서울	구로지역 노동자 200여 명, 가리봉 시장에서 10000여 명의 시민들과 민주화 토론회를 1시간가량 진행하고 가리봉 오거리에서 격렬한 가두시위 전개
6.24	서울	오후 6시 영등포에서 노동자 수백 명이 '노동자가 앞장서서 군부독재 끝장내자'를 외치며 시위
6.26	서울	영등포역 시장 주위에서 노동자와 시민 2만여 명 대중토론 개최
6.26	인천	인천지역민주노동자연맹(인민노련) 결성
6.29	성남	성남 26개 택시회사 기사들 200여 명 월급제를 주장하며 500여 대의 차량 시위

　　노동자들의 6월항쟁 참여 양상은 지역에 따라 상당한 차이를 보였다. 넥타이부대의 참여가 서울지역 6월항쟁의 주요한 특징이라면, 대규모 공단이 위치한 인천이나 부산 지역에서는 공단노동자의 대거 참여가 있었다(김석준, 1997: 248~249; 김원, 2009: 115~116). 부산은 화이트칼라층이 산업노동자의 절반 정도일 정도로 사무직 노동자의 구성비가 높지 않았다(김석준, 1997: 248~249). 이는 공장노동자의 비율이 높은 인천과 같은 지역에서도 마찬가지 상황이었다고 할 수 있다. 부산에서 노

독교사회문제연구원, 1987: 89~90).

동자들이 항쟁에 적극 참여한 이유는 공장노동자들의 인적 구성비가 높고 이들의 노동조건이 열악했다는 점에 찾을 수 있다. 여기에 사상공단의 위치라는 공간적 측면도 무시할 수 없었던 요인이었다. 부산 최대 공단인 사상공단 노동자들의 출퇴근길은 항상 시위가 벌어지는 서면 로터리로 이어져 있었고, 시위로 버스가 운행을 하지 않기 때문에 수많은 사상공단 노동자들이 걸어서 퇴근하다 시위대와 조우하며 자연스럽게 시위대의 요구를 알게 되었다. 18일 이후에는 적극적 참가자가 늘어났고 이것이 6월항쟁 이후 전개된 노동자대투쟁의 밑거름이 되었다(6월항쟁계승사업회·민주화운동기념사업회, 2007b: 50).

마산수출자유지역과 창원공단을 끼고 있었던 마산지역 역시 노동자들의 참여가 주목된다. 수출자유지역은 노동운동의 치외법권지대였지만, 1980년대 상반기부터 공단 밖에서 여러 소그룹 모임들이 노동운동을 전개했다.[44] 여기에 1986년부터 (주)통일 해고노동자들이 생존권 투쟁을 지속적으로 전개하고 있었다. 이러한 배경이 있어 마산지역 노동자들은 6월항쟁 기간 비록 소규모지만 독자적인 가두투쟁까지 전개했다(김동민, 2008: 61). 6·26국민평화대행진을 앞둔 6월 25일에는 '민주헌법 쟁취를 위한 마·창노동자위원회'의 이름으로 "모두 잔업을 거부하고 대행진에 적극 참가하여 흔들거리는 군부독재를 끝장내고 인간이 인간답게 사는 사회를 건설하자"며 노동자들의 동참을 호소했다.[45] 6월 26일 150여 명이 노동자들이 모여 독자적으로 시위를 벌인 경험은 여기에 참여한 노동자들에게 상당한 자신감을 불어넣었다고 한다. 이들 노동자 대부분은 노동자대투쟁 이후에 만들어지는 노동조합에서 주요한 역할을 했다(여영국, 2008: 346).

---

44 "우리네 형·누나들 '학습으로 깨어나다", ≪경남도민일보≫, 2007년 7월 4일 자.
45 "'군부개입설' 긴장 속 6·26총궐기 임박", ≪경남도민일보≫, 2008년 1월 9일 자.

농민들의 6월항쟁 참여는 주로 농민운동이 활성화된 지역들을 중심으로 이루어졌다. 천안지역에서는 6·10국민대회부터 6·26평화대행진까지 농민들이 지속적으로 항쟁에 참여했다. 이 지역 농민운동가들은 6·10국민대회에 앞서 온양, 예산, 홍성 등에 대회를 알리는 전단을 배포하며 농민들의 참여를 끌어내고자 힘을 쏟았다(≪월간 말≫, 1987.8: 55). 6월 26일 광주에서는 전남 각지에서 올라온 농민 200여 명이 광주공원 광장에서 사전 집회를 개최하고, 시위에 동참했다(6월항쟁계승사업회·민주화운동기념사업회, 2007b: 375). 한편 안동에서는 가톨릭농민회 소속 농민들이 시위에 적극 참여했다. 6·10국민대회 때 연행된 이들의 석방을 요구하며 안동 가톨릭농민회원 20여 명이 안동경찰서에서 농성을 전개하기도 했다(≪월간 말≫, 1987.8: 81). 진주지역에서도 가톨릭농민회가 중심이 되어 농민들이 항쟁에 적극 참여했다. 진주지역 농민들은 1985년 소값 파동에 항의하며 소몰이 시위를 전개한 경험을 가지고 있었다.

전국에서 최초로 소몰이 시위를 전개했던 경남 고성군 두호마을은 6월항쟁 때도 전국에서 유일하게 마을 성명서를 발표했다. 전 마을 주민이 동참한 성명서를 발표하며 두호마을 주민들은 정부의 지시에 맹종하는 것은 "결코 농민과 나라를 위한 일이 아니라 오히려 농민과 나라를 망치게 하는 것"이라고 역설하며 국민에 의한 개헌실시, 지방자치제 실시, 공정한 법 집행 등을 요구했다(6월민주항쟁 20주년기념 경남추진위원회 자료편찬위원회, 2008: 274; 6월항쟁계승사업회·민주화운동기념사업회, 2007a: 446~447). 6월항쟁을 거치면서 농민운동의 흐름은 가톨릭, 기독교에 기반을 둔 농민운동보다 '자주농'을 지향하는 농민운동이 강화되는 방향으로 나아갔다. 종교의 외피를 벗고 독자적인 농민운동을 전개하려는 흐름은 이후 1987년 말 '부당수세거부 나주농민 결의대회'와 같은 움직임으로 표출되었다(강병기, 2008: 19~20).

앞서 광주지역 고등학생들의 시위참여 양상에서 확인했듯이 항쟁이 지속되면서 고등학생들은 우발적인 참여에서 벗어나 조직적으로 시위에 참여하고 한발 더 나아가 시위를 주도하기까지 했다. 학교당국의 단축수업 실시, 시위현장 참여 감시 등 조치에도 불구하고 고등학생들이 항쟁 참여를 막을 수 없었다. 고등학생들이 항쟁에 참여한 가장 큰 이유는 당연히 '살인 정권'에 대한 분노였을 것이다. 여기에 고등학생들의 동참을 호소하는 대학생들의 노력도 확인된다. 6월 26일 대구의 영남대생 500여 명은 대구고등학교 운동장에 뛰어 들어가 고등학생들에게 독재타도에 동참하자고 호소했다.[46]

극히 소수이지만 학원민주화를 위한 시위 경험도 학생들을 개별적, 집단적으로 항쟁에 참여하게 만들었다. 1987년 3월 전국에서 최초로 대아고등학교 학생들이 학내 민주화 시위를 벌였다. 이들은 학생들의 자치활동을 박탈하고 학원을 군사동원기관으로 만들기 위해 군사독재 정권이 만든 교육체제와 교육방식을 학생들이 더 이상 묵과하지 않는다는 점을 보여주었다(박동주, 2008: 190~192). 이는 6월항쟁 시기 고등학생들의 조직적인 시위참여가 갖는 역사적 의미를 알려주는 사건이라 하겠다. 고등학생 이외에도 교사, 중학생, 초등학생까지 시위현장에 적극적으로 동참했으며(≪월간 말≫, 1987.8: 67~68), 시민들은 어린 학생들도 시위 현장에 당연히 함께해야 한다고 여겼다(≪월간 말≫, 1987.8: 79). 이 모든 이들은 6월항쟁을 전민항쟁으로 만들어갔다.

---

46 「(대구) '대구폭동'이래 최대인파 시민들 적극호응」(≪월간 말≫, 1987.8: 36). 1987년 6월 25일 부산대 총학생회는 고등학생들을 대상으로 다음과 같은 내용을 담은 문건을 배포했다. "여러분은 부모님의 보호아래 공부만 하는 기계가 되어서는 안 됩니다. 여러분은 바로 이 땅의 미래를 짊어져야 할 젊은이들이며 우리의 부모형제 누이가 그리고 우리가 민주의 세상, 자주의 세상, 통일의 세상에 살기 위해 일익을 담당해야 합니다. 애국시민과 같이 지금 군부독재종식을 위한 투쟁에 함께합시다"[「부산지역 고교 후배님들께 드리는 글」(분단 42년 6월 25일), 부산대학교 총학생회; 부산지역 유월항쟁 자료발간위원회, 1995: 155에서 재인용].

6월항쟁에 참여한 수많은 이들은 새롭게 자각하며 주체적인 시민으로서 거듭났다. 자영업자와 신문배달, 식당종업원과 같이 다양한 분야에서 서비스업에 종사하는 노동자들도 시위에 누구보다 적극 참여했다.[47] 중국집 주방장을 하던 한 시민이 같은 업종 종사자들과 함께 일상적으로 시위에 참여하고,[48] 가게종업원을 하던 시민이 항쟁기간 동안 지속적으로 동참하면서 단순 참여자에서 시위를 주동하는 인물로 변신하기도 했다.[49] 택시기사들은 항쟁기간 곳곳에서 시위현장을 가장 근접해서 지켜보고 경적시위를 전개했다.[50]

항쟁기간 부산, 마산, 포항, 진주 등 여러 곳에서는 사회에서 가장 멸시받는 계층이라 할 수 있는 이른바 집창촌 여성들이 시위대를 보호해주거나, 폭력을 행사하는 전경들에 항의하며 항쟁에 동참한 사례들이 다수 확인된다(부산대학교 부산울산경남지역 산업 및 문화전문인력양성사업단, 2007: 328). 6월 29일 군산에서는 기지촌 여성들이 태극기를 들고 시위에 동참했다.

집창촌 여성과 같이 이른바 사회하층민으로 분류되어 냉대와 차별

---

47 6월 20일 광주에서 오후부터 다음날 아침 5시까지 전개된 시위 과정에서 81명이 연행되었는데, 이 중 '식당 등 종업원'으로 분류된 이들이 16명이나 되어 학생 19명 다음으로 많았다(한국기독교사회문제연구원, 1987: 89). 광주 경찰 당국은 이러한 상황을 '불순분자들의 가담이 증가하는 폭력시위'가 되고 있다고 해석하며 민중항쟁의 확산을 왜곡하고자 했다. 경찰은 이날 전체 연행자 학생은 19명에 불과하고, 반면 24명의 전과자가 포함되어 있어 불순세력이 가담해 폭력 시위를 주도하는 상황을 보여주고 있다고 해석했다("전과자 24명 시위 앞장서, 광주서 81명 연행조사 학생은 19명뿐", ≪경향신문≫, 1987년 6월 22일 자).
48 당시 마산에서 중국요리점 주방장을 하던 최정구는 항쟁 기간 동안 지역의 같은 업종자들이 일과가 끝나면 자연스럽게 함께 시위에 참여했다고 한다(6월민주항쟁 20주년기념 경남추진위원회 자료편찬위원회, 2008: 584).
49 마산에서 가게 종업원을 하던 공명욱은 박종철 고문치사에 분노하여 시위에 자발적으로 참여했고, 이후 지속적으로 참여하며 시위현장에서 자주 만나는 이들과 시위를 함께 계획하기도 했다(6월민주항쟁 20주년기념 경남추진위원회 자료편찬위원회, 2008: 31).
50 18일 저녁 부산에서 대규모 시위가 전개될 때 시내 곳곳에서 200~500대 단위의 택시들이 경적시위를 벌였고, 다수의 기사들이 자발적으로 바리케이드를 치고 시위에 참여했다(≪월간 말≫, 1987.8: 17). 또한 광주에서는 23일 오후 3시경 신흥택시 소속 기사 100여 명이 50여 대의 택시에 분승하여 2시간 동안 경적시위를 벌였다(≪월간 말≫, 1987.8: 25).

을 받았던 이들이 항쟁에 동참하고, 일부는 가장 투쟁적으로 싸웠다. 이들은 모든 이들과 마찬가지로 부정한 공권력에 분노하고, 그 누구보다 사회의 부조리를 체감하며 사회개혁을 열망하는 존재였다. 이와 관련하여 다음 언급이 주목된다.

28일 그날은 시위하다가 잡힌 사람들이 경찰에게 엄청나게 폭행을 당했다. (마산경찰서에) 들어가니까 이미 많이 잡혀와 있대요. 그날 시위가 화염병도 많이 있었고 되게 과격하게 벌어졌어요. 대략 보니까 운동한다는 사람은 같이 끌려갔던 우리 네 사람뿐이었고, 대부분의 사람들은 그야말로 사회 불만세력들, 세상이 바뀌기를 진짜 온몸으로 느끼는 사람들, 흔히 양아치라고 불리는 그런 사람들도 많이 잡혀와 있더라고요(박영휘, 2008: 224).

5. 나가며

6월항쟁을 전민항쟁으로 만들었던 이들은 적극적으로 항쟁에 동참하고 때로는 시위를 주동하며 군사독재 정권이 만들어 놓았던 굴종적인 국민상을 해체하고 주권자로서 새로운 주체상을 만들어갔다. 노동자, 농민, 고등학생, 서비스업 종사자, 그리고 어린이들까지 이들은 더 이상 기존의 군사독재에 순응적인 존재들이 아니었다.

6월항쟁은 한국현대사에서 전개되었던 민주·민중항쟁의 경험을 공유, 전수하는 공간이었다는 점을 짚고 넘어갈 필요가 있다. 1987년 6월항쟁시기 40대 중반 이후 50대 장년들은 4월혁명의 경험을 생생히 기억하고 있는 이들이었다. 이보다 밑인 30대는 유신시대의 폭압적인 체제를 경험했고, 부산, 마산 그리고 광주 시민들은 부마항쟁과 광주항쟁을 직접 겪었던 이들이다. 이러한 역사적 시간대의 중첩으로 4·19에 직접 참가했다는 60대 할아버지가 시민들의 동참을 호소하면서 '독재 타도'를 외치자 시민들은 다 같이 따라 외치는 모습이 나타났고(≪월간 말≫, 1987.8: 87), 마산에서는 거제에서 올라온 60~70대 할머니가 시위 시작을 주저하는 이들 앞에서 애국가를 선창하는 모습을 보였다. 부마 항쟁이나 광주항쟁을 기억하며 6월항쟁에 참여했다는 회고들은 더 많이 확인된다. 6월항쟁은 분단 이래 한국현대사에서 전개된 민주항쟁의 경험이 다시 모여 전파되고 새로운 민주화를 위한 소통 방식을 만들어 가는 자리였다.

참고문헌

≪동아일보≫, ≪경향신문≫, ≪경남도민일보≫
≪소식≫(민주헌법쟁취 국민운동본부), ≪국민운동소식≫(민주헌법쟁취 국민운동 대구·경북본부)
≪국민운동≫(민주헌법쟁취 국민운동본부), ≪민주부산≫(민주헌법쟁취 국민운동 부산본부)
≪절규≫(부산대학교 총학생회), ≪민주화를 위한 공동전선≫(민주헌법쟁취 국민운동 전남본부)

6월민주항쟁10주년사업범국민추진위원회 엮음. 1997. 『6월항쟁 10주년 기념 자료집』. 사계절.
6월민주항쟁 20주년기념 경남추진위원회 자료편찬위원회. 2008. 『항쟁의 시대와 그 기록』 1(증
　　　언록)·2(자료모음). 6월민주항쟁 20주년기념 경남추진위원회.
6월항쟁계승사업회·민주화운동기념사업회. 2007a. 『6월항쟁을 기록하다』 3.
_____. 2007b. 『6월항쟁을 기록하다』 4.
기쁨과 희망 사목연구원. 1996. 『암흑속의 횃불』 8.
김도현(기증자). 2008. 『1987 6월항쟁 사료집―민주헌법쟁취국민운동본부를 중심으로』. 민주
　　　화운동기념사업회.
김동민(당시 지역활동가). 2008. 「6월항쟁 세대. 한국 자본주의와 민주주의」. 『항쟁의 시대와
　　　그 기록』 1. 6월민주항쟁 20주년기념 경남추진위원회.
강병기(가톨릭농민회 경남연합회 총무). 2008. 「민중들의 여망은 아직 실현되지 않아」. 『항쟁
　　　의 시대와 그 기록』 1. 6월민주항쟁 20주년기념 경남추진위원회.
김봉철(당시 창원대학보사 기자). 2008. 「6월의 거리에서 느낀 회열」. 『항쟁의 시대와 그 기록』
　　　1. 6월 민주항쟁 20주년 기념 경남추진위원회 자료편찬위원회.
김석준. 1997. 「6월항쟁 주체의 계급적 성격」. 『한국 민주주의와 부산의 6월항쟁』. 부산민주항
　　　쟁기념사업회.
김성익. 1992. 『전두환 육성증언』. 조선일보사.
김원. 2009. 『87년 6월항쟁』. 책세상.
김하기·제성욱. 1995. 『6월항쟁―항쟁일지』. 부산지역 유월항쟁 자료발간위원회.
릴리, 제임스. 2005. 『아시아 비망록』. 월간조선사.
민족민주운동연구소. 1989. 『국민운동본부―국민운동본부 평가서(1)』.
민통련창립 20주년 기념행사위원회. 2005. 『민통련』.
박동주(당시 진주 대아고등학교 3학년). 2008. 「세상은 변한다!」. 『항쟁의 시대와 그 기록』 1. 6
　　　월민주항쟁 20주년기념 경남추진위원회.
박영휘(당시 의창군농민협회 간사). 2008. 「장마철, 유치장에서 보낸 열흘」. 『항쟁의 시대와 그
　　　기록』 1. 6월민주항쟁 20주년기념 경남추진위원회.
배종열. 2005. 「한 농투성이의 회고」. 『민통련』. 민통련창립 20주년 기념행사위원회.
부산대학교 부산울산경남지역 산업 및 문화전문인력양성사업단 엮음. 2007. 『6월민주항쟁증언

록』. 부산민주항쟁기념사업회·민주화운동기념사업회·민주공원.

부산민주항쟁기념사업회. 1997. 『한국 민주주의와 부산의 6월항쟁』. 도서출판 유월자료.

부산지역 유월항쟁 자료발간위원회. 1995. 『6월항쟁—자료모음집』.

서중석. 2011. 『6월항쟁』. 돌베개.

신진화. 1993. 「6월항쟁의 역사를 쓰고 싶습니다」. ≪월간 길을 찾는 사람들≫, 6월호.

여영국(당시 ㈜통일 해고 노동자). 2008. 「신자유주의에 대한 투쟁, 6월항쟁 정신의 계승」. 『항쟁의 시대와 그 기록』 1. 6월민주항쟁 20주년기념 경남추진위원회.

≪월간 말≫. 1987.8(제12호).

유시춘 외. 2005. 『(70·80 실록민주화운동 II) 우리 강물이 되어』. 경향신문사.

이명식. 2005. 「민통련 시절, 열정·그리움··아쉬움」. 『민통련』. 민통련창립 20주년 기념행사위원회.

이인영. 1997. 「학생운동: 선도투쟁에서 대중성 강화로」. ≪역사비평≫, 37.

이해찬. 2005. 「역사의 물줄기에는 우연이 없다」. 『민통련』. 민통련창립 20주년 기념행사위원회.

장갑수. 2005. 「지역을 넘어 전국으로」. 『민통련』. 민통련창립 20주년 기념행사위원회.

정철희. 1997. 「조직적 동원과 6월항쟁」. 『한국의 민주주의와 부산의 6월항쟁』. 부산민주항쟁기념사업회.

최정구(당시 마산 시민). 2008. 「이 세상의 근본적인 모순을 바로 잡아야」. 『항쟁의 시대와 그 기록』 1. 6월민주항쟁 20주년기념 경남추진위원회.

한국기독교사회문제연구원. 1987. 『(기사연리포트 2) 6월 민주화대투쟁』. 민중사.

황광우. 2007. 『젊음이여. 오래 거기 남아 있거라—시대의 격랑을 헤쳐나간 젊은 영혼들의 기록』. 창비.

황인성. 1997. 「투쟁의 구심, 민주쟁취국민운동본부」. ≪역사비평≫, 37.

6장

5공화국 헌법과 6·29선언

정일준 | 고려대학교 사회학과

1. 머리말: 6·29선언을 둘러싼 논란

6월항쟁이 절정으로 치닫고 있던 1987년 6월 29일 민주정의당(이하 민정당) 대선후보 노태우는 다음과 같은 〈국민화합과 위대한 국가로의 전진을 위한 특별선언〉(이하 6·29선언) 8개항을 발표했다(조갑제, 2007: 162 강조 필자).

1. 대통령 직선제로 개헌하고 새 헌법에 의한 대통령 선거를 통해 1988년 2월 평화적 정부 이양을 실시한다.
2. 직선제 개헌뿐만 아니라 민주적 실천을 위해 자유로운 출마와 공정한 경쟁이 보장되도록 대통령 선거법을 개정한다.
3. 국민적 화해를 위해 김대중 씨 등을 사면복권하고 시국 관련 사범들을 석방한다.
4. 국민의 기본권을 최대한 신장시키기 위해 제도적 개선을 촉구하며 인권침해 사례의 즉각적 시정을 통해 실질적인 효과를 거둔다.

5. 언론 자유의 창달을 위해 관련 제도와 관행을 획기적으로 개선하며 언론의 자율성을 최대한 보장한다.
6. 사회 각 부문의 자치와 자율을 최대한 보장한다. 지방자치체와 대학의 자율화 및 교육자치제를 조속히 실현한다.
7. 정당의 활동을 보장하며 대화와 타협의 정치 풍토를 마련한다.
8. 밝고 맑은 사회의 건설을 위해 과감한 사회정화조치를 강구한다. 서민 생활 침해사범을 척결하고 고질적인 비리와 모순을 과감히 시정한다.

6·29선언은 내용과 형식 모두에서 파격적이었다. 먼저 야당이 줄곧 주장해왔지만 전혀 타협의 여지가 없는 듯이 보였던 직선제 개헌을 집권여당 대통령 후보가 전격 수용했다. 둘째, 정치규제에 묶여 있던 야당 지도자 김대중의 대통령 출마 길을 열어주었다. 셋째, 전두환 대통령과 상의 없이 노태우 후보 자신의 고독한 결단인 것처럼 보였다. 이 선언에 대해서 정치권인 여당과 야당은 물론이고 일반 시민, 그리고 미국을 비롯한 외국 여론도 거의 모두 환영 일색이었다. 1987년 정초부터 6월까지 줄곧 한국 사태에 깊은 관심을 기울이던 ≪뉴욕타임스(New York Times)≫지는 고려대학교 정치외교학과 최장집 교수의 말을 빌려서 6·29선언은 "노태우의 쿠데타"라고 보도했다(*NYT*, June 30, 1987). 여야합의로 개헌을 통한 민주화의 문이 열린 것이다.

개헌이 이루어지면서, 1971년 박정희-김대중 후보 대결 이후 16년 만에 대통령 직선이 이루어졌다. 그 결과 제5공화국 출범 당시 전두환과 쿠데타 동지였던 노태우 민정당 후보가 36.6%의 득표율로 제13대 대통령에 당선되었다. 독재타도를 위해 싸워온 범 민주진영은 대선결과를 받아들이기 힘들었다. 16년 만의 대선에서 김영삼, 김대중 양김 씨가 동시에 출마하지 않았더라면 선거결과를 달랐을지 모른다. 양김 씨는 대선패배의 책임론에서 자유로울 수 없었다.

돌이켜보면 6·29선언은 시민사회의 도전에 전두환 정권이 완전 굴복한 것이 아니었다. 직선제를 통해서도 충분히 정권을 재창출할 수 있다는 치밀한 계산이 깔려 있었다. 집권당 대선 후보인 노태우를 주연으로 내세운 '대담한 도박'이었다. 이보전진을 위한 일보후퇴라고 볼 수 있었다. 그런데 당시에는 지배블록의 이런 노림수를 제대로 파악하지 못했다. 집권세력에게 한편으로는 도전이자 다른 한편으로는 기회이기도 했던 6·29선언의 양면성을 이해하지 못했기 때문에 이후에도 평가는 일면적일 수밖에 없었다.

학계에서의 기존 연구는 밑으로부터의 시각이 지배적이다(윤상철, 1997; 학술단체협의회, 1997; 김원, 2009; 민주화운동기념사업회, 2010; 서중석, 2011). 시민사회세력의 밑으로부터의 저항에 전두환 정권이 굴복했다는 점을 강조한다. 재야 정치세력 등 사회운동세력과 야당의 역할에 초점을 맞춘다. 이러한 입장을 '6·29 전통주의'라 부를 수 있다. 다른 한편 이미 당시부터 언론계를 중심으로 지배블록 내부의 동향과 미국의 역할을 강조하는 다양한 목소리가 있었다(남찬순, 1987; 김충식, 1987; 변용식, 1987a, b; 이경재, 1987a, b; 이도성, 1987b; 조용택, 1987). 시간이 흐르면서 6월항쟁기 정권과 군부 그리고 미국의 동향에 대한 보다 정확한 사실관계들이 드러나기도 했다(김동현, 1989; 김대곤, 1991, 1992; 권영기, 1993; 박보균, 1994; 오병상, 1995). 그러다가 전두환, 노태우, 박철언 등의 회고록과 인터뷰가 발간되면서 기존 해석에 도전하는 입장이 나타났다(김성익, 1992; 박철언, 2005; 조갑제, 2007; 노태우, 2011; 전두환, 2017). 거칠게 '정권주도론' 또는 '미국역할론'이라 명명할 수 있다. 시민사회로부터의 도전을 상대화시키고 정치사회와 국가권력 나아가 미국의 역할을 강조한다. 이러한 입장을 '6·29 수정주의'라고 부를 수 있다.

6월항쟁 30주년을 맞는 올해는 기존의 6월항쟁에 대한 연구를 더 거시적이고 입체적인 시각에서 파악할 수 있는 시점이다. 시민사회(재야와 학생운동단체)와 야당(김영삼과 김대중)의 역할을 정권의 역할(전두환과 노태우), 미국의 역할(행정부와 의회 및 언론)과 균형 있게 재평가할 수 있는 적절한 거리가 확보되었다고 본다. 6월항쟁은 6·29선언과 여야 간 합의개헌 그리고 집권당 노태우 후보의 당선으로 종결되었다. 이는 '타협에 의한 민주화'이다(Im, 1989; 윤상철, 1997; Cho, 2000). 집권세력은 애초에 5공화국 헌법이 기획한 절차대로 정권이양을 하지는 못했다. 그렇지만 정권재창출에 성공했다. 야당과 재야 그리고 학생운동과 노동운동을 포함하는 시민세력은 정권의 양보를 통한 직선제를 끌어내는 데는 성공했다. 그렇지만 지배연합을 무너뜨리거나 단일대오를 이뤄서 선거에서 이기지는 못했다. 5공화국 헌법에 규정된 대통령 간접선거라는 게임의 규칙을 직선제로 바꾸는 데는 성공했지만 정작 대선이라는 게임에서는 졌다. 정권교체에 실패했다.

이 글에서는 사실관계를 입체적으로 재배치하고, 기존의 일면적 해석을 보완함으로써 '6·29 수정주의'를 비판하고자 한다. 이를 '탈 6·29 수정주의' 입장이라 부를 수 있을지 모른다. 민주주의로의 이행 30년이 지나도록 한국 민주주의는 공고화되지 못하고 있다. 이는 민주화 이행 경로(path)와 시퀀스(sequence)를 제대로 파악하지 못하고 있기 때문이다. 이는 6월항쟁이라는 결정적 국면(critical juncture)과 이후의 경로의존(path dependence)을 제대로 파악하지 못했기 때문이기도 하다. 한국 민주주의를 둘러싼 대내외 권력관계에 대한 정확한 이해야말로 한국 민주주의를 공고화하는 출발점이 될 것이다.

2. 제5공화국 출범과 권력승계 구상(1981년 전반기~1983년 전반기): 부과된 정치질서, 급조된 정당체제

1979년 '10·26사건'으로 박정희 대통령이 서거하면서 유신체제는 끝났다. 한국 시민 대다수는 18년간의 박정희 독재 정권이 끝나면 민주주의가 회복되기를 기대했다. 최규하 총리는 정권을 물려받고 정치범 석방, 긴급조치 해제, 유신헌법 개정 착수, 언론자유 회복 등의 조치를 취했다. 김대중·김영삼·김종필 등 '3김' 대권주자들의 정권경쟁이 시작되었다. 그러나 박정희 사후 6개월 정도에 걸친 '서울의 봄'은 전두환을 중심으로 한 신군부에 의해 좌절되었다. 신군부는 1979년 12·12쿠데타를 통해 군권을 장악했다. 이어 1980년 5·17계엄령 확대조치를 통해 정치사회와 시민사회를 장악하고자 했다(Chung, 2009). 신군부의 반동은 광주민주화운동을 불러일으켰다. 광주민주화운동은 학생을 중심으로 한 민주화운동세력과 신군부 세력의 전면 대결이었다. 신군부는 무력을 동원해 광주항쟁을 진압했다. 그들은 민주화운동세력에게 일시적으로 승리를 거둔 것처럼 보였다. 그렇지만 총격전까지 벌어지는 폭력적 대결 끝에 수많은 희생을 치렀다. 이 때문에 광주민주화운동은 5공화국 전두환 정권 내내 지속된 시민사회의 엄청난 저항에 결정적 선례(critical precedent)로 자리 잡았다. 광주학살과 광주민주화운동 그리고 광주진압으로 이어지는 전체 과정에서 미국 정부와 주한 미군 그리고 주한 미국대사관의 역할에 대해 한국 시민들은 의구심을 가졌다. 이는 1980년대 내내 사회운동권의 격렬한 논쟁의 초점이 되었다. 제4공화국에서 제5공화국으로 넘어가는 과도기에 미국 정부는 신군부의 행위를 묵인 내지 지지했다. 미국은 한국에서 민주주의보다 안보를 우선하는 것으로 여겨졌다. 미국 정부는 신군부의 강경노선이 민주주의의 발전과 인권에 어긋나는 것은 틀림없지만 안보상의 공백보다는 덜 나쁜 것으로 인식했다(정일준, 2010).

'12·12사건'이 국가 내부의 권력구조를 뒤바꾼 격변이었다면, 광주학살과 뒤이은 광주민주화운동은 한국의 국가-시민사회 관계뿐 아니라 한미관계를 재구조화하는 전환점이었다. 민주주의 수호자로서의 미국의 위신은 땅에 떨어졌다. 미국은 반공을 지향한다면 그 정권이 비록 독재 정권이라 할지라도 지원하는 지극히 현실주의적인 노선을 드러냈다. 전두환 정권의 등장으로 자유와 민주라는 풍부한 가치동맹의 외양은 붕괴했다. 한미관계에서 남은 것이라고는 반공과 경제성장이라는 앙상한 국익동맹뿐이었다. 미국이 신군부의 광주항쟁 강경진압에 적극적으로 동의한 것은 아니었다. 그렇지만, 안보 차원에서 사태의 조속한 안정을 원했던 것은 사실이다. 신군부의 광주민주화운동 진압에 대한 미국의 지원은 결과적으로 신군부의 정권장악을 도와준 셈이었다. 이는 군부와 야당세력의 대립과 각축에서 미국이 전자를 선택하고 후자를 포기한 결과였다(이삼성, 1993). 미국으로서는 야당 정치세력의 반발과 시민사회에서의 도전을 어떻게 무마할지가 중·장기적인 과제였다. 특히 야권 지도자인 김대중의 안위는 민감한 문제였다. 미국은 신군부를 선택하는 과정에서 발생한 김대중 석방 문제를 해결함으로써 균형을 맞추고자 했다. 5·17계엄 확대조치에 이은 야당 지도부에 대한 전격적 체포와 구금에 대해 미국은 반발했다. 주한 미국대사관은 김대중이 체포된 이튿날부터 강력한 항의를 담은 외교성명을 필두로 모든 수단을 동원하여 신군부의 조치를 비판했다. 그리고 김대중을 석방시키는 데 몰두했다. 미국의 김대중 석방 노력은 레이건의 대통령 당선으로 말미암아 복잡해졌다. 그렇지만 카터 행정부에서 레이건 행정부로 권력이양이 이루어지면서 미국의 입장은 신속히 정리되었다. 레이건의 공화당 정권은 카터의 민주당 정권과 대외정책에서 무척 달랐다. 신냉전이 시작되었다. 한미관계는 다시 한 번 안보동맹을 최우선 가치로 강조하는 국면에 접어들면서 전두환 정권은 안정되어갔다(오버 도퍼, 2002).

전두환 정권은 김대중 석방을 담보로 미국의 승인을 요구했다. 미국은 김대중에 대한 선고 대폭 감형을 조건으로 레이건 대통령 취임 직후 전두환 대통령의 방미를 수락했다. 1981년 1월 23일 전두환 대통령은 김대중을 무기로 감형했다. 1월 24일 456일 만에 비상계엄이 전면 해제되었다. 1월 28일 전두환 대통령은 레이건 대통령의 초청으로 미국을 공식 방문했다. 2월 3일 전두환과 레이건의 정상회담에서 주한 미군 철수계획 백지화 등 14개항 공동성명이 발표되었다. 레이건이 전두환을 백악관으로 초청하고 환대하면서 한미동맹은 공고해졌다. 그렇지만 한국 시민사회에서는 반미감정이 고조되었다. 미국은 민주화를 향한 불안정한 정세보다 확실한 대외, 대내안보를 보장할 권력 중심이 회복되기를 바랐다. 그 결과 1980년 광주항쟁을 전환점으로 반미의 불모지였던 한국에도 반미운동이 나타나게 되었다(심양섭, 2005, 2008; 이창언, 2008). 1982년 부산의 대학생들에 의한 부산 미문화원 방화사건, 1985년 대학생연합세력에 의한 서울 미문화원 점거농성, 1986년 NL계열의 서울대생 김세진, 이재호 분신사건 등 일련의 반미투쟁이 이어졌다.

전두환과 신군부는 권력 접수 시나리오대로 1980년 5·17쿠데타에 이어 국가비상기구로 '국가보위비상대책위원회(이하 국보위)'를 설치했다. 5월 31일 전두환을 상임위원회 위원장으로 한 국보위가 발족했다. 국보위는 일종의 군사혁명위원회였다. 국보위가 발족한 31일 계엄사는 5월 22일 발표한 바와 같이 '광주사태'는 김대중이 배후조종해 발생했다고 주장했다. 7월 4일 김대중과 문익환 등 36명이 유혈혁명 사태를 유발해 현 정부를 타도하려고 했다면서 내란음모, 국가보안법, 반공법 등의 위반 혐의로 군법회의에 이송했다. 김대중은 9월 계엄보통군법회의, 11월 육군본부고등군법회의에서 사형을 선고받았다. 대법원은 1981년 1월 원심을 확정했다.

광주학살을 묵인한 미국은 군부라는 제도와 시민의 마음 중에서 단기적으로는 전자를 선택했다. 그런데 미국은 전두환 정권을 승인하기로 결정한 순간부터 김대중 구하기에 나섰다. 전두환 정권에 대한 사후 승인이 현찰이라면, 김대중 구명은 신용이었던 셈이다. 미국은 김대중을 석방시켜 야권세력을 무마하고, 광주시민들의 반미감정을 다독일 필요가 있었다.

국보위는 먼저 언론계와 출판계를 숙정했다. 6월 9일 당국의 '광주사태'에 대한 보도 강요에 이의를 제기했거나 진실을 알리기 위해 노력한 언론인들을 악성 유언비어 유포 혐의로 구속했다. 7월 31일에는 ≪창작과비평≫ 등의 잡지를 포함해 정기간행물 172종을 폐간시켰다. 이어서 언론대책반은 298명의 언론인을 언론사에서 추방했다. 보안사는 언론사주로부터 TBC-TV, DBS 방송 등을 빼앗고, 언론사를 대규모로 통폐합했다. 다른 한편, 신군부는 시대적 요구를 일부 수용하여 사회자유화 조치를 시행했다. 1980년 12월부터 컬러 TV를 방영했고, 1982년 1월에는 통행금지를 해제했다. 중고등학생 두발과 교복도 자유화했다. 신군부는 국민의 환심을 사기 위한 조치도 병행했다. 6월 18일 계엄사는 김종필, 이후락 등 권력형 부정축재자 9명의 명단을 공개하고, 부정축재액을 환수했다. 국보위는 7월 9일부터 공직자를 숙정했다. 국보위는 7월 30일 대학입시 본고사 폐지, 졸업정원제 실시, 과외 금지 등의 조치도 발표했다. 사회악을 일소한다고 하면서 6만여 명을 무차별 연행했다. 이 중 노동운동가, 농민운동가 등이 포함된 4만여 명을 군대에 보내 '삼청교육'을 받게 했다(민주화운동기념사업회, 2010).

1980년 8월 16일 최규하 대통령이 사임했다. 8월 27일 통일주체국민회의에서 제11대 대통령 선거가 실시되었다. 선거인수 2540명 중 투표자수 2525명, 유효투표수 2524표를 얻어 전두환이 대통령에 당선되었

┃표 6-1 ┃ 제11대 국회의원 선거 결과

	정당			
	민정당	민한당	국민당	무소속
합계	35.6%	21.6%	13.2%	10.7%

다. 제5공화국 헌법은 10월 22일 국민투표로 확정됐다. 대통령은 5000명이 넘는 선거인단이 뽑게 되어 있었다. 대통령은 임기는 7년 단임이었고 비상조치권과 국회해산권을 가졌다. 국회의원은 유신체제처럼 한 선거구에서 두 명씩 3분의 2를 뽑고, 3분의 1은 전국구로 뽑는데, 그중 제1당이 3분의 2를 가져가게 만들었다. 10월 27일에는 '국가보위입법회의(이하 입법회의)'를 만들었다. 입법회의는 사회보호법, 언론 통제를 용이하게 한 언론기본법, 노동 통제를 훨씬 강화한 노동관계법을 제정하거나 개정했다. 11월에는 정치풍토쇄신위원회를 만들어 국회의원 등 811명을 정치 활동 피규제자로 묶었다.

제5공화국 헌법에 의해 대통령이 되기 전에 전두환은 미국의 지지를 확인하고자 했다. 1981년 1월 김대중에 대한 대법원 확정판결이 있던 그날로 무기로 감형했다. 다음날 비상계엄령을 해제했다. 28일 전두환은 미국에 가서 레이건 대통령을 만났다. 김대중 석방을 둘러싼 한미 간의 줄다리기는 이후 한국정치의 자유화를 통한 미국의 전두환 정부 길들이기로 이어진다. 2월 11일 대통령 선거인단 선거에서 선거인 수 5277명, 투표자 수 5271명, 유효투표 수 5270표 중 전두환 후보가 4755표를 득표하여 제12대 대통령에 당선되었다. 이어서 3월 25일에는 국회의원 선거가 실시되었다. 전두환과 신군부는 보안사를 중심으로 준비를 해서 여당으로 민주정의당(이하 민정당)을 조직했을 뿐 아니라, 제1야당으로 민주한국당(이하 민한당), 제2야당으로 한국국민당(이하 국민당)을 만들게 했다. 또한 진보세력을 대변하는 민주사회당(이하 민사당)도 만들도록 했다. 선거 결과는 민정당 90석, 민한당 57석, 국민당 18

석, 민사당 2석 등이었다. 민정당은 전국구 61석을 합쳐 151석으로 과반을 넘었다.

전두환 정권은 박정희 정권과 다른 정책을 추진했다. 박정희 정권에서 계속 추진된 고성장 정책을 포기했다. 대신 물가 안정을 바탕으로 한 안정정책으로 기조를 바꾸었다. 전두환 정권은 강력한 지도력을 발휘하여 물가 안정을 위해 예산을 전년 대비 동결시켰고 통화량도 엄격히 관리했다. 1980년대 중반에 불어 닥친 저달러, 저금리, 저유가의 3저시대는 세계경제의 호황과 함께 한국경제에도 엄청난 호황을 가져왔다. 그 결과 1979년에 1500달러 수준이었던 1인당 GNP는 1988년에는 3700달러로 뛰어올랐고 1980년대 연평균 경제성장률은 10%를 기록하였다. 1979년에는 수출 147억 달러, 수입 191억 달러로 경상수지 적자가 41억 달러를 넘었으나 1988년에는 수출 600억 달러, 수입 525억 달러로 경상수지도 138억 달러 흑자로 돌아섰다. 1979년에 20%대에 달했던 도매물가상승률 역시 1980년대에는 연평균 2.7%를 기록했다. 이러한 고도성장을 바탕으로 한국 사회에 중산층이 두텁게 성장했다. 1980년대 말 자신이 중산층이라고 생각하는 국민의 비율이 약 70%가 되었다. 경제호황과 중산층 확충은 전두환 정권이 자신감을 가지고 정치일정을 주도적으로 이끌어 갈 수 있는 거시적 조건이 되었다.

그렇지만 전두환 정권에 대한 시민사회의 도전은 정권 초기부터 나타났다. 전두환 정권은 1980년 12월에 있었던 광주 미문화원 방화사건을 은폐했다. 그런데 1982년 3월 18일 부산 미문화원 방화사건이 발생했다. 이때 뿌려진 전단에서는 미국의 광주학살지원 책임을 묻고 반미투쟁을 전개할 것을 촉구했다. 1982년 4월 22일 강원대생들은 반미시위를 벌이며 성조기를 불태웠고, 1983년 9월에는 부산 미문화원 폭발사건이 발생했다. 미국도 반미감정이 확산되는 현상을 우려하면서 미국의 입장을 적극적으로 해명하고자 했다(Gleysteen, 1999; Wickham,

1999).

3. 자유화 조치와 권력승계 차질(1983년 하반기~1985.2.12): 자유화 조치의 의도치 않은 결과

전두환 정권은 집권 초기 국가안전기획부와 사회정화위원회 등을 통해 억압적으로 통치했다. 주요 야당 정치인들의 정치활동을 금지했다. 선별된 일부 정치인들만 관제야당을 할 수 있었다. 언론을 철저히 검열했다. 학생, 지식인, 노동자를 비롯한 사회운동세력들은 철저히 억압하고 감시했다. 1980년 5월부터 1983년 후반 유화국면이 시작되기까지 강권통치로 일관했다. 이 시기 반정부 시위로 투옥되거나 구속된 학생 수는 유신 때보다 많은 1400여 명에 달했다. 이러한 정치적 암흑기는 1983년 하반기에 시작된 '유화국면'을 계기로 변화하기 시작했다. 유화국면이란 전두환 정권이 정치적 반대세력을 제도 안으로 끌어들이기 시작한 것을 말한다. 사실 7년 단임제 헌법 아래서 전두환 대통령은 억압정책만으로 시종할 수는 없었다. 국내적으로는 1985년에 총선거가 예정되어 있었다. 국제적으로는 1986년 아시안 게임과 1988년 올림픽 게임을 유치해놓고 있었다. 따라서 억압정책만으로는 사회질서를 유지하고 국민통합을 도모할 수는 없었다. 전두환 정권은 1983년 말부터 서서히 정치적, 사회적 유화조치들을 단행하기 시작했다. 이것은 민주주의로의 이행 과정에서 민주화 이전 단계인 자유화(liberalization) 조치에 해당한다(Cumings, 1989). 그런데 유화조치는 전두환 정권이 아래로부터의 압력에 굴복하여 억압체제의 자유화에 양보한 것이 아니었다. 오히려 이제까지의 성공에 고무되어 정치공간을 어느 정도 열어준 것이었다. 전두환은 정치 과정을 자신이 의도하는 대로 이끌어갈 수 있다는 자신감에서 자유화 조치를 취했던 것이다. 유화조치로 정권에 도전하는 사회운동세력을 분할통치하고자 했다. 온건 반대세력은 매수하여 포섭하고, 급진적 학생운동, 노동운동세력은 철저히 분쇄하고자 했다. 정치인 해금조치를 통해 야당을 분열시킴으로써 패권적 지배 정당인 민정당과 다수의 무력한 소수 정당으로 구성된 다당제 구조 아래서 총선에 대비하자는 계산도 했다. 1984년 초 구속자를 일부 석방하고, 정치 피규제자 일부에 대해 사면 복권 등 해금을 단행했다. 또 학원 상주 경찰을 철수시키고 제적생을 복교시키며, 해직 교수를 복직, 시위 주도 학생의 구속을 유보하는 등 학원자율화 조치를 취했다. 이 조치들로 두 차례에 걸쳐 200여 명의 정치 피규제자 해금이 이루어져 정치사회가 활성화되었다. 또 학생운동 관련 제적생 1300여 명의 복교가 허용되었고, 공안사범 300여 명이 사면, 복권되었다. 그런데 전두환 정권이 취한 유화조치는 잠재된 정치사회와 시민사회의 정치적 저항을 활성화시키는 계기가 되었을 뿐이다.

전두환 통치 초기 김영삼, 김대중을 비롯한 주요 야당 정치인의 강압적인 퇴출로 정치사회는 활력을 잃었다. 1983년 5월 광주항쟁 3주년을 맞아 당시 자택연금 상태에 놓여 있었던 야당 지도자 김영삼이 정권반대 단식농성을 벌였다. 20여 일 동안 지속된 김영삼의 단식은 정치활동이 규제되어 있었던 과거의 야당세력들을 통합시켰다(김영삼, 2000). 이를 계기로 김대중과 김영삼 지지자들은 1년 뒤인 1984년 5월 18일 민주화추진협의회(이하 민추협)를 발족시키고 본격적인 민주화운동에 돌입했다. 민추협은 민주화운동의 두 지도자였던 김영삼과 김대중 지지자들을 한데 모은 유일한 조직이었다. 민추협을 모체로 하여 총선을 불과 한 달 앞둔 1985년 1월 18일 신한민주당(이하 신민당)이 창당되었다. 신민당은 당시 어용야당이라 불리고 있던 민한당과 국민당을 대신하여 진정한 야당을 내걸었다. 민주개헌과 정권교체를 달성하려는 도전세력의 구심체를 자임했다. 아직 양김씨와 직계 정치인들은 해금되지 않았지만 그들을 지지하는 많은 정치인들이 규제에 풀려 총선에 출마했다. 1985년 총선이 다가오자 사회운동세력들은 선거 전략을 둘러싸고 딜레마에 빠졌다. 선거를 거부할 것인가 아니면 선거정치 공간을 이용할 것인가를 선택해야 했다. 사회운동 지도부는 대부분 선거 참여가 전두환 정권의 권위주의 지배를 정당화해줄 것이라고 우려했다. 그렇다고 선거를 포기할 수는 없었다. 1984년 말 사회 운동권 내부에서 2·12총선 참여 여부를 둘러싼 치열한 논쟁이 전개된 결과 선거를 이용하기로 했다. 사회운동세력들은 신민당의 선거운동을 적극적으로 지원하여 신당 바람을 일으켰다. 당시에는 언론통제가 극심했다. 그렇지만 선거운동이 시작되자 양김씨 지지자들과 대학생들이 합동연설회장으로 모여들고 일반 시민들이 폭발적으로 호응했다. 신당 돌풍이 일어났다.

5공화국 헌법 아래서 전두환 정권이 두 번째 치른 1985년 2월 12일의 총선은 집권세력의 권력승계 시나리오에 커다란 차질을 가져왔다. 선거를 불과 며칠 앞 둔 2월 8일 김대중이 미국에서 귀국했다. 2·12총선은 민정당 88석(전국구 포함 149석), 신한민주당 50석(67석), 민한당 26석(35석), 국민당 14석(19석)이라는 결과를 낳았다. 집권 민정당은 제1당의 자리를 유지하기는 했지만 실질적으로는 충격적인 패배를 당했다. 반면 1개월 전에 창당된 신민당은 대도시에서 돌풍을 일으키며 압승을 거두고 제1야당이 되었다. 그러자 민심의 향방을 확인한 민한당과 국민당 소속의 당선자들마저 대거 신민당에 입당함으로써 신민당의 의석은 곧바로 100석을 넘기게 되었다.

전두환 정권은 2·12총선을 집권전반기 치적에 대한 평가기회로 보고 여당의 승리로 집권 후반기를 밀고 나가고자 했다. 그렇지만 선거결과 정권의 기대가 민심과 상반된 것이었음이 드러났다. 특히 20대, 30

▌표 6-2 ▌제12대 국회의원 선거 결과

시도명	정당			
	민정당	신민당	민한당	국민당
합계	35.2%	29.3%	19.7%	9.2%

대의 젊은 유권자층과 전문직 종사자 등 화이트칼라들이 광범위하게 형성되어 있었던 도시지역을 중심으로 전두환 정권에 대한 중산층의 반란이 시작되고 있었다. 선거 결과는 전두환 정권의 권력창출 과정에서의 정당성에 대한 국민의 불만이 적지 않으며, 정치적 민주화를 바라는 국민들의 열망이 널리 퍼져 있다는 점을 보여 주었다. 결과적으로 2·12총선을 전환점으로 전두환 정권은 권력이양 시나리오를 수정할 수밖에 없었다. 선거 결과 더욱 강력하고 선명한 야당이 정치사회의 상대방으로 등장했다. 이제 전두환 정권의 일방적인 정치일정 주도는 붕괴되었다.

한국 민주화 과정에서 2·12총선이 갖는 의미는 컸다(임혁백, 2014). 첫째, 무엇보다도 2·12총선으로 신민당이라는 강력한 자율적 야당이 출현함으로써 시민들에게 정치적 대안을 제시했다. 둘째, 제도권 내의 강성 야당이 한국 민주화의 의제를 설정하고 전략을 수립할 때 주도권을 잡게 되었다. 셋째, 신민당의 급부상은 선거를 통한 민주화전략이 실현 가능하다는 희망을 국민들에게 심어주었다. 선거를 통한 민주화전략은 가능한 최대다수의 형성이 지상과제였다. 따라서 민주화에 대해 이중적 태도를 지닌 중산층을 포섭하는 전략이 당위성을 획득하게 되었다. 그렇지만 민주화의 의제는 실질적 사회경제적 개혁에서 절차적 수준으로 하향 조정되며, 비폭력적인 온건한 수단을 선호하게 되었다. 끝으로, 2·12총선에서 신민당은 사회운동권의 도움을 받았다. 따라서 이후 신민당이 민주화 전략을 마련할 때 사회운동세력의 입장을 고려하지 않을 수 없었다. 2·12총선 결과 한국 시민들은 제도권 야당을 중심으로 제도개혁을 통한 민주화전략을 선택할 수 있다는 전망을 얻었다. 제도개혁의 핵심 과제는 직선제 개헌이었다. 2·12총선 결과 신민당이라는 강력한 야당이 제도정치권 안에 등장함으로써 전두환 정권은 더 이상 일방적으로 정국을 이끌어갈 수 없게 되었다. 이제 집권세력과 도전세력 사이에 밀고 당기는 공방이 시작되었다. 총선 결과 지배블럭 안에 야당과의 대화와 설득을 주장하는 온건파가 집권당을 중심으로 등장했다. 집권당인 민정당 운영에 대한 책임은 온건파가 지게 되었지만 군과 경찰 등 국가기구는 여전히 강경파의 수중에 놓여 있었다.

4. 권력승계 혼란(1985.2.12~1987.4.13): 호헌에서 개헌 가능, 그리고 다시 호헌으로

1985년 5월 18일 신민당과 국민당은 5·18광주민주화운동 5주년에 즈음하여 진상규명을 요구하는 성명을 발표했다. 5월 23일 서울대·연세대·고려대·서강대·성균관대 등 5개 대학 학생 73명이 서울 미문화원을 점거하고 광주민주화운동에 관한 미국의 사과를 요구하며 농성에 들어갔다. 5월 26일 대학생 73명은 미문화원 점거농성을 해제했다. 서울시경은 서울 미문화원 점거사건 관련 25명을 구속했다. 5월 30일 미국무부는, 미문화원에서 농성한 학생은 비폭력적이었으며 자진해산했다는 점을 한국 정부가 참작해주기 바란다고 밝혔다.

신민당과 국민의 요구에 떠밀린 전두환 대통령은 1986년 1월 16일 국정 연설을 통해 개헌에 대한 자신의 구상을 발표했다. 그는 기존 헌법으로 새 대통령을 선출하고, 새 헌법 제정에 대한 논의는 1988년 10월로 예정된 서울 올림픽 이후로 미룰 것을 천명했다. 이에 신민당은

1986년 2월 12일 기습적으로 '1천만인 개헌서명운동'을 선언했다. 직선제개헌투쟁을 시작한 것이다(김철, 1986; 백화종, 1986; 이경재, 1986a). 개헌서명운동은 전국 각지에서 뜨거운 호응을 얻었다. 개헌추진운동본부 현판식이라는 이름을 빌려 직접 대중동원에 나섰다. 이를 위해 신민당은 사회운동세력들과 '민주화운동국민연합'(이하 민국련)이라는 연합조직을 결성했다. 신민당과 사회운동세력 간의 연합에 의한 대중동원은 성공적이었다. 이러한 압력에 굴복하여 전두환 정권은 여야가 합의하면 임기 말 이전에라도 개헌을 반대하지 않겠다는 정치적 양보를 했다. 이는 민주화 연합세력이 원하는 개헌에 양보한 것이 아니라 일단 개헌 협상 테이블을 여는 데 양보한 것이다. 그런데 1986년 4월 30일 정치사회에서의 여야합의는 제도권 야당과 사회운동권을 분열시키는 효과를 낳았다.

5월 3일의 직선제 개헌 추진을 위한 인천대회는 4월 30일의 타협이 이뤄지기 전에 예정되었다. 여당과의 타협 이후 신민당은 대회의 규모를 축소하고자 했다. 반면에 사회운동세력은 신민당과 정권 간의 타협 움직임에 쐐기를 박고자 했다. 사회운동세력은 직선제 개헌 투쟁이라는 신민당 주도의 민주화를 거부했다. 전두환 정권타도와 민중권력을 창출할 수 있는 민중민주헌법의 제정을 요구했다. 신민당은 정부 여당과의 협상의 정치를 유지시키기 위해 급진파에 대한 탄압을 묵인했다. 신민당은 정당 사이의 대화와 타협을 통한 민주화 전략에 몰두했다. 그 결과 여야 간에 헌법 개정을 위한 특별위원회가 발족하였다.

4월 28일 서울대 학생 김세진과 이재호가 전방부대 입소거부 시위 도중 "반전반핵 양키 고홈"을 외치며 분신했다. 4월 30일 전두환 대통령은 여야 3당 대표와의 회담에서 여야가 개헌에 합의하여 건의하면 수용할 의사가 있다고 말했다. 5월 21일 서울대 반미자주화반파쇼민주화투쟁위원회 부위원장 박종진 등 서울대·고려대생 21명이 부산 미문화원을 점거하고 농성했다. 5월 29일 노태우 민정당 대표는 이민우 신민당 총재와 6월 임시국회에서 헌법개정특별위원회 구성에 합의했다. 8월 4일 신민당은 4년 중임제와 대통령 직선제를 골자로 하는 개헌안을 의결했다. 8월 18일 민정당은 내각책임제를 핵심으로 하는 헌법개정안 요강을 발표했다. 9월 16일 제임스 릴리 신임 주한 미국대사는 미 상원 인준 청문회에서 미국의 대한정책은 한반도 긴장완화, 민주 발전, 미국의 경제이익 신장 등 세 가지라고 설명했다.

전두환 정권은 야당과 학생운동을 분리시키고자 했다. 1986년 국회의 가을 회기 종료 이전에 신헌법의 초안을 작성한다는 것으로 후퇴하고 2월에 개헌 논의를 시작할 것을 허용했다. 그 결과 국회는 6월 24일 헌법개정특별위원회를 설치하고 논의를 시작했다. 그러나 개헌의 내용과 시기에 관한 의견 대립으로 9월에 들어서며 신민당은 대통령 직선제 개헌 합의를 촉구하면서 헌법개정특별위원회에 불참할 것을 선언했다. 이로써 국회에서의 개헌논의는 교착상태에 빠졌다. 민정당과 집권세력은 내각제를 주장했다. 전두환 대통령이 '단임정신'을 강조하는 상황에서 다른 대안을 찾기는 어려웠다. 전두환이 물러나더라도 내각제를 통해 민정당이 국회에서 다수 의석을 차지하면 정권을 계속 장악할 수 있을 것으로 계산했다. 집권당이 내각책임제를 주장한 것은 그것이 선거경쟁을 통해 권력을 계속 유지할 수 있는 선거 공식이기 때문이었다. 1구 2인제의 선거제도하에서 현직의 프리미엄을 가진 여당이 낮은 득표율에도 불구하고 다수를 유지하는 데 실패한 적이 없었다는 제도의 힘을 집권당은 믿었다. 반면에 대중 지지도에서 압도적인 우위를 차지하고 있다고 믿는 신민당에게는 대통령 직선제만이 유일한 승리 공식이었다. 반면 집권당으로서는 대통령 직선제를 택할 경우 김대중과 김영삼이라는 대중적 지도자들의 존재 때문에 선거에서 패배할 가능성이 크다고 판단했다.

전두환 정권은 1986년 10월부터 체제 수호를 위해 강경대응으로 나왔다. 10월 국회에서 신민당의 유성환 의원이 반공보다 통일이 국시라고 주장했다가 체포당했다. 유성환 의원은 국회 회기 중 원내 발언으로 구속당한 첫 번째 사례였다. 10월 28일 건국대에서 20여 대학 학생 2000여 명이 모여 "전국반외세·반독재애국학생투쟁연합"을 결성할 때 경찰의 진입으로 학생들이 건물 안으로 들어가 농성하자 당국은 단수·단전 조치를 취했다. 나흘째 되던 10월 31일에 경찰 8000여 명이 투입되어 헬기에서 최루탄 등을 쏘고 쇠파이프 등으로 두들겨 패며 입체 진압작전을 펼쳤다. 학생 등 1525명을 연행하여, 그중 1290명 구속에 397명을 기소하는 초강경대응을 했다(10·28 건대항쟁계승사업회, 2016). 이 시기에 발생한 '금강산댐 소동'이나 '김일성 사망설'도 정권 수호를 위한 지배블럭의 기획이었다. 정국이 급격히 경색되자 김대중은 공안정치 부활의 저지와 민주화를 위하여 정권이 직선제를 받아들이면 본인은 불출마하겠다고 선언했다(이경재, 1986b). 한편 사회운동에서는 위장취업 중이던 권인숙이 1986년 6월 부천경찰서에 연행되어 경찰로부터 성고문을 당했다. 이 사실이 세상에 알려지면서 파문이 확대되었다. 변호인단으로 조영래 등 166명의 변호사가 참여했다. 학생·노동단체 외에도 인권·종교·여성단체 등이 합세했다. 전두환 정권은 1986년 하반기 이후 초강경정책으로 직선제개헌운동 등 민주화운동을 철저히 봉쇄하고자 했다.

제도권 야당의 협상의 정치, 운동권의 거리의 정치 모두 정권으로부터 민주화를 위한 양보를 얻어 내기에는 불충분했다. 결국 신민당의 양김씨는 아시안게임이 끝난 직후 사회운동세력과의 연합을 통해 대중동원을 통한 민주화에 나서기로 결정했다. 11월 29일 인천사태 이후 처음으로 야당과 사회운동세력은 공동으로 서울에서 개헌촉구집회를 개최했다. 그러나 제도권 야당과 사회운동권 세력 사이에는 간극이 있었다. 대중동원에 실패했다. 이는 8만 명에 달하는 경찰의 원천봉쇄 탓도 있었다. 그렇지만 대중동원 능력이 뛰어난 사회운동세력들이 신민당을 불신했기 때문이기도 했다. 이후 신민당의 지도부는 사회운동세력과의 연합전선 재건에 나섰다. 양김씨와 사회운동 지도자들은 1986년 12월 12일 야당과 사회운동세력 간의 연합전선을 재구축하기로 합의했다.

야당이 다시 제도권 협상의 정치를 버리고 거리의 정치로 나서자, 정권은 야당분열 공작에 나섰다. 이런 맥락에서 '이민우 구상'이 나왔다. 1986년 12월 24일 신민당 이민우 총재는 외교구락부에서 가진 송년기자간담회에서 7개항의 민주화 조치가 선행되면 내각제 개헌을 받아들일 수 있다는 이른바 '이민우 구상'을 발표했다. 이민우 총재가 제시한 7개항의 민주화 조치는 ① 지방자치제 실시, ② 언론 및 집회 결사의 자유 등 기본권 보장, ③ 공무원의 정치적 중립, ④ 2개 이상의 건전한 정당제도 확립 보장, ⑤ 공정한 국회의원 선거법, ⑥ 용공분자를 제외한 구속자 석방, ⑦ 사면복권 등이었다. 이민우 구상은 이후 '민주화 7개항' 또는 '선(先)민주화론'이라고도 불렸다. 이민우 구상에 대해 민정당과 국민당은 긍정적인 반응을 보였다. 그러나 김영삼 신한민주당 상임고문과 김대중 민추협 공동의장은 대통령 직선제 당론은 어떠한 경우에도 변할 수 없다고 강조했다. 신민당의 두 지도자는 이민우 구상을 사실상의 내각제 개헌 수용으로 받아들였다.

1987년 1월 14일 박종철군 고문치사사건이 발생했다. 이는 민주주의로의 이행국면에서 전환점이었다(Cho, 2000). 박종철의 죽음에 대한 진상규명을 요구하는 대규모 집회가 열렸다. 재야단체와 야권이 결성한 '고 박종철 군 국민추도회 준비위원회'가 주최한 추도식 집회가 2월 7일에 열렸다. 3월 3일에는 '고문추방 민주화국민평화대행진'이 열렸다. 이 시위에 시민들의 호응이 상당했다. 거리에서 경찰에 대한 비난이나 항의 등의 형태로 시민들이 점차 시위에 참여하는 양상이 나타났다.

1987년 2월 13일 김영삼 상임고문과 김대중 공동의장은 공동기자회견을 갖고 개헌정국을 타개하기 위해 전두환 대통령에게 자신들과의 실세대화를 촉구했다. 다른 한편, 대통령중심제와 내각책임제의 두 개헌안을 국민투표에 부치자는 이른바 '선택적 국민투표'를 제의했다. 양 김씨는 이민우 구상에 동조하는 여당에 협조적인 당내 분파를 숙청하기 위해 신민당을 해체하고 통일민주당이라는 신당을 조직했다(이종각, 1987). 그러나 이는 지배블록 안에서 강경파의 득세를 가져왔다. 미국이 배후에서 지원한 이민우 구상의 좌절은 집권세력과 협상 가능한 대안의 소멸을 의미했다(≪국민일보≫, 2016년 6월 16일 자). 그러자 전두환 정권은 협상을 일방적으로 종료했다. 그리고 5공화국 헌법에 의해 대통령직을 후임자에게 승계하겠다는 4·13호헌 선언을 했다. 이는 당시까지 진행되던 모든 개헌논의를 올림픽대회 이후까지 유보하고 연내에 현행 헌법으로 대통령 선거를 실시하여 정부를 이양한다는 내용이었다. 이 조치와 더불어 전두환 정권은 김대중을 다시 가택연금하고, 야당 의원을 구속하는 한편, 폭력배들을 동원하여 통일민주당의 창당을 노골적으로 방해했다.

5. 권력승계 전환(1985.4.13~1987.6.29): 호헌에서 직선제 개헌으로

1987년 1월 1일 전두환 대통령은 1988년 평화적 정부이양과 올림픽의 성공적 개최를 위한 평화와 안정의 필요성을 강조했다. 1월 14일 서울대 학생 박종철이 치안본부 대공수사2단에 연행되어 조사 중 고문으로 숨지는 사건이 발생했다. 1월 20일 전두환은 박종철 고문치사사건에 유감을 표시하고 김종호 내무부장관과 강민창 치안본부장을 경질했다. 1월 23일 릴리 주한 미국대사는 고문행위를 절대 반대한다는 의사를 표명했다.

2월 6일 개스턴 시거(Gaston J. Sigur) 미 국무부 동아시아·태평양 담당 차관보는 "이행기의 한국정치"라는 연설을 통해 한국 개헌에 여야 타협이 필요하다고 강조했다. 더 영속할 수 있는 헌법은 "폭력이나 물리적 힘 또는 대결 분위기 속에서 나오는 것이 아니고 타협과 합의에 의해 마련될 수 있다"고 지적하고, 합의에 도달하기 위해서는 "개인적인 야심이나 상대에 대한 비난, 불만 등은 접어두고 미래를 위해 함께 노력해야 한다"고 충고했다. 한국이 직면한 "끊임없이 정치를 '문민화(civilianizing)'할 도전"을 언급한 시거는, 미국이 한국의 개헌 노력에 대해 다음과 같은 몇 가지 방법으로 내정간섭 없이 적극적으로 지원할 것(positive support, not interference)이라고 밝혔다. "첫째, 미국은 한국을 방위하기 위해 한국 군부와 계속 협력한다. 동시에 남한의 북한과의 긴장완화 노력을 지원할 것이다. 둘째, 개방적인 국제경제체제를 계속 지원할 것이다. 셋째, 미국은 한국의 모든 정파들이 새로운 정치제도를 만드는 데 함께 노력하고 일하도록 계속 격려할 것이다." 이 연설은 한국에서도 비상한 관심을 모았다. 릴리 대사는 2월 9일 이민우 신민당 총재와 만난 데 이어, 2월 10일에는 김영삼 신민당 고문과도 만나서 정치현안을 논의했다. 주한 미국대사의 이러한 행보는 전임 워커 대사 때와 극명하게 대비된다. 미국이 한국 민주화 과정에 공개적으로 개입하기 시작한 것이다.

3월 3일 경찰은 박종철 49재와 '고문추방 민주화 국민평화대행진'을 원천봉쇄하고 전국적으로 439명을 연행했다. 3월 4일 미 국무부는 3·3 평화대행진을 저지한 한국 정부의 처사에 유감을 표명했다. 3월 13일 이민우 신민당 총재는 릴리 대사와 개헌정국 문제를 논의했다. 3월 24

일 머코스키(Frank Murkowski) 미 상원의원은 미 의회에 "한국 민주화 촉구 건의안"을 제출했다. 4월 8일 김영삼과 김대중 두 야당지도자가 신당 창당을 선언하자 신한민주당 의원 73명이 탈당했다.

이러한 정국의 소용돌이 속에서 '4·13호헌조치'가 발표되었던 것이다. 그러자 대한변협·개신교·민통련 등이 호헌반대선언을 하고, 정의구현사제단과 천주교신자들이 단식투쟁에 들어갔다. 각 대학교수, 문인, 전·현직 의원, 변호사, 교사, 대학원생, 의사, 약사, 한의사, 간호사, 영화인, 연극인, 미술인, 대중연예인 등 각계에서 4·13호헌조치 반대 성명서가 나오고 기자들은 자유언론쟁취운동을 벌였다(김철, 1987; 문명호, 1987). 4·13호헌조치가 범국민적인 개헌운동과 민주화운동을 촉발시켰다. 미 국무부는 개헌논의 중단에 대해 유감을 표명했다. 4월 19일 솔라즈 미 하원의원은 여야 간 조속한 대화로 국민합의를 달성할 것을 강조했다. 5월 12일 미 상원 외교위원회에서 "4·13조치의 재고를 촉구하는 대한결의안"이 통과되었다. 5월 14일 조지 슐츠(George Shultz) 미 국무부장관은 한국 여야에 대화를 촉구했다. 이런 와중에 5월 18일 정의구현사제단의 김승훈 신부가 박종철 고문치사사건 범인이 조작되었다고 폭로했다. 전두환 정권은 박처원 치안감 등 경찰 간부를 구속했다. 이어 대폭적인 개각을 단행했다. 이한기를 국무총리에 임명하고 국가안전기획부장과 내무장관, 법무장관, 검찰총장 등을 바꾸었다. 이를 통해 지배블록 안의 강경파 입지가 크게 축소되었다. 5월 27일 야당이 포함된 각계 인사로 '민주헌법쟁취국민운동본부'가 발족해 6월 10일 '박종철 군 고문살인조작 범국민규탄대회'를 열기로 결정했다.

5·3 인천대회 이후 야당과 결별했던 학생운동은 민주대연합을 추진했다. 5월 18일 각 대학에서 수만 명이 참가한 가운데 광주항쟁추모집회와 시위가 있었다. 5월 29일 '서울지역대학생대표자협의회(이하 서대

협)'가 결성되었다. 각 대학 특위 및 투위연합체로 '호헌철폐와 민주개헌쟁취를 위한 서울지역학생협의회(이하 서학협)'를 출범시켜 6월 9일과 10일에 총궐기할 것을 다짐했다. 6월 9일 연세대 시위에서 이한열 학생이 최루탄에 맞아 피를 흘리며 쓰러졌다.

6월 10일 잠실체육관에서는 민정당 대통령후보 지명대회가 열려 노태우가 대통령 후보로 선정되었다. 서울을 비롯한 전국에서는 국본의 방침에 따라 '박종철 군 고문치사 조작·은폐 규탄 및 호헌철폐 국민대회'가 열렸다. 오전부터 각종 시위가 여기저기서 일어났다. 오후 6시 대한성공회 성당 종이 울리는 것을 신호로 성당 구내 차량들이 경적을 울렸고, 거리의 차량도 경적을 울렸다. 6월 민주 대항쟁이 시작되었다. 야당 의원들과 학생들도 서울 도심지 곳곳에서 시위를 벌였다. "호헌철폐", "독재타도"를 외치면서 시위를 벌이던 학생들은 오후 7시 30분경 신세계 앞 광장을 점거해 퇴계로 일대의 교통을 마비시켰다. 시민들은 버스 속에서 손수건을 흔들거나 박수를 쳤다. 전국 각지에서 학생과 시민들이 집회를 열었다. 이날 22개 지역에서 수십만 명이 시위에 참여했다. 경찰은 전국에서 3800여 명을 연행했고 국본 간부를 포함해 220명을 구속했다. 미 국무부는 한국의 시위사태에 대해 논평하며 대화와 타협을 촉구했다.

6월 10일의 시위는 하루로 그치지 않았다. 시위하던 학생과 시민 수천 명이 명동성당에 들어가 농성했다. 서대협은 명동성당투쟁지원투쟁을 벌였다. 점심시간을 이용해 회사원 등 '넥타이부대'가 명동 일대를 메우며 시위를 지원했다. 상인 등 일반 시민들은 격려금과 물품을 제공했다. 명동 일대는 학생과 시민의 시위장이 되었다. 추기경과 정의구현사제단은 경찰의 강제연행을 몸으로 막았다. 6월 15일에 농성은 평화적으로 끝났다. 5일간의 명동성당 농성은 시위를 전국적으로 확산시키는 데 구심점이 되었다. 지방에서도 12일부터 시위가 다시 일어났다. 6월 15일부터 시위는 다시 커지기 시작했다. 국본은 6월 18일에 최루탄추방대회를 전국 각 도시에서 동시다발적으로 전개하기로 결정했다. 국본집계에 따르면 6월 18일 시위에 16개 도시에서 약 150만 명이 참가했다. 경찰력으로는 감당할 수 없는 시위규모였다. 6월 18일 미 하원 외교위원회 아시아·태평양소위원회는 여야 대화 재개를 촉구하는 한국결의문을 채택했다. 시거 미 국무부 차관보는 한국 사태에 군부 개입은 적절한 해결책이 아니라고 천명했다. 미 국무부는, 군의 개입은 한국 국익에 심각한 해가 될 것이라고 경고했다. 6월 23일 치안본부는 6·10대회 이후 연인원 70만여 명이 시위에 참가해 1만 2686명이 연행되고, 21일 현재 336명이 구속되었다는 집계를 발표했다. 같은 날 시거 차관보가 한국을 방문했다. 이 무렵부터 군이 다시 정치에 개입한다는 설이 나돌았다. 6월 19일 전두환 정권의 정부·여당이 긴급 고위비상시국대책회의를 열었다. 최루탄추방대회와 부산시위의 영향을 받으며 지방에서 연일 대규모 시위가 열렸다. 19일에도 전국 79개 대학이 시위를 벌였다. 20일에는 전국적으로 시위규모가 더욱 커졌다. 이날 전두환 대통령은 군 고위지휘관회의를 소집해서 비상조치를 전제로 한 병력파견 계획을 시달했다. 이 지시에 따라 20일 새벽 4시까지 전국 주요 도시와 대학, 언론사를 장악하기 위한 병력출동 작전이 시위진압 부대인 충정부대에서 진행되었다. 그렇지만 군 병력은 출동하지 않았다.

군의 개입을 막는 데 미국이 일정한 역할을 했다. 19일 오후 릴리 주한 미국대사가 전두환 대통령을 면담하여 레이건 대통령의 친서를 전달하고 군 출동의 위험성을 경고했다. 연이어 방한한 더윈스키 미 국무차관이나 시거 동아시아·태평양 담당 차관보 등도 군부 개입은 적절한 해결책이 아니며 백악관과 국무부는 평화적 해결을 원하고 있다고 말하는 등 공개적인 직접 개입을 마다하지 않았다. 미국이 한국군의 출동을 적극적으로 반대한 데는 1980년 광주민주화운동의 영향이 컸다. 한

미동맹의 밑으로부터의 균열을 가져올지도 모를 한국 시민사회에서의 급속한 반미감정 확산을 미국은 두고 볼 수 없었다. 이후 전두환 정권은 온건론으로 선회하여 통일민주당이 제의한 여야영수회담을 수용하는 등 야당 정치세력과의 협상에 치중하게 되었다.

최루탄추방대회를 전후해 국본에 참여한 정당세력과 운동권 세력의 견해는 갈라졌다. 김영삼·김대중 등 정치인들은 전두환 정권과의 정치협상을 주장했다. 운동권은 시위를 계속할 것을 주장했다. 국본은 26일 평화대행진을 연다고 발표했다. 이날 연세대에서 25개 대학 2만여 학생이 모인 가운데 서대협의 평화대행진 참가 결의대회가 열렸다. 민주대연합을 위해 "직선제쟁취"가 "호헌철폐", "독재타도"와 함께 핵심 구호로 채택되었다. 24일 전두환 대통령과 김영삼 총재의 영수회담에서 전 대통령이 4·13조치의 철회를 선언하였을 뿐 직선제 개헌, 선택적 국민투표 등에 대한 확실한 언급이 없자 통일민주당과 국민운동본부는 협상결렬을 선언했다. 국본은 영수회담으로 두 차례 연기한 평화대행진을 26일부터 개최하기로 하였다.

6월 26일 '민주헌법쟁취 국민평화대행진'이 33개 도시와 4개 군·읍 등에서 열렸다. 전두환 정권은 서울에 2만 5000명을 배치하는 등 전국 34개 지역에 6만여 명의 전투경찰을 배치했다. 서울의 경우 곳곳에서 연인원 수십만 명이 참여한 것을 비롯해, 전국적으로 백만 명이 넘는 인원이 참여한 사상 최대의 전국 동시다발 시위였다. 서울을 비롯해 부산·대구·대전·광주·인천 등 대도시는 시가전을 방불케 하는 최루탄과 화염병 투척의 공방전이 벌어졌다. 곳곳에서 전투경찰이 무장해제를 당했다. 6·26시위는 전두환 정권이 경찰력만으로는 시위에 대처할 수 없다는 점을 보여주었다.

이러한 정국 흐름 속에서 6월 29일 노태우 민정당대표가 8개항의 특별선언, 즉 '6·29선언'을 발표했던 것이다. 여기에는 민주화를 위한 거의 모든 조치들이 망라되어 있었다. 이 가운데에서 특히 대통령 직선제의 수용은 가장 핵심적이고도 가시적인 타협안이었다. 국본과 양김 등 사회각계는 즉시 6·29선언을 환영한다고 밝혔다. 다음날 전두환 대통령은 노태우 민정당 대표의 8개항을 전폭 수용하는 특별담화를 발표함으로써 6월항쟁은 일단 종결되었다.

7월 3일 이한열이 사망해 7월 9일 장례식이 있었다. 서울에서만 100만 명 가까운 인파가 신촌에서 시청 앞까지 가득 메웠다. 광주에서 약 50만 명, 부산에서 약 30만 명이 모여 추모했다. 이한열의 시신은 광주항쟁 사망자들이 묻힌 광주 망월동 묘역에 안장되었다.

6·29선언과 함께 한국정치는 민주주의로의 이행을 시작했다. 정치지형은 새로운 국면으로 접어들었다. 통일민주당 등 정치세력은 정치활동으로 복귀하여 개헌과 대통령 선거를 준비했다. 도시의 중산층은 일상생활로 복귀했다. 사회운동세력은 새로운 역할을 모색해야 했다. 6월항쟁에 참여하기는 했지만 충분히 조직되고 대표되지 못한 노동운동세력은 민주주의로의 이행 공간에서 새로운 요구를 쏟아냈다.

개헌정국하에서 첨예하게 대립했던 여야 정치세력은 6·29선언으로 긴장이 해소되자 일단 제자리로 돌아갔다. 전두환 정권은 7월 9일 김대중을 포함한 2335명의 시국사범을 사면 복권시켰다. 김대중은 7년만에 정치인으로 돌아왔다. 전두환은 7월 10일 민정당 총재직을 사퇴했다. 13일에는 국무총리 등 일부 부처의 개각을 단행하여 거국내각을 구성했다. 노태우 민정당 대통령후보는 9월 13일 미국을 방문하여 레이건 대통령을 만나 대선 과정에서 미국의 지지를 얻는 데 주력했다. 야당은 통일민주당을 맡고 있는 김영삼을 대선후보로 미는 당권파와 복권된 김대중을 대선후보로 미는 비당권파 사이에 대립이 나타났다. 민정당과 통일민주당은 개헌협상을 위한 8인 회담을 가동시켜 대통령 직선제 개헌안을 서둘러 국회에서 통과시켰다. 이 개헌안은 10월 27일

국민투표에 회부되어 78% 투표율에 93%의 찬성을 얻어 헌법으로 확정되었다.

그러나 6월항쟁은 6·29선언에 의해 갑작스럽게 종결됨으로써 이후의 민주화가 '불완전한 민주화'로 귀결되는 한계를 안게 되었다. 민주화 과정이 구지배세력과의 타협에 의해 이루어졌기 때문이다. 또 정치적 민주화에 몰두해 사회경제적 민주화라는 과제를 소홀히 했다. 6·29선언은 집권세력이 야당과 중산층의 요구를 일부 수용한 타협적 방식을 선택한 것이었다. 따라서 6월항쟁은 비민주적 잔재를 일소하지 못하고 구지배세력을 그대로 존속시킨 상태에서 권력의 극히 일부만 민주화세력이 차지하는 형태로 귀결되었다. 이러한 타협안은 물론 민주화를 요구한 국민의 참여와 요구에 밀려서 나온 것이었다. 그러나 여기에는 제한된 민주화를 통해 집권세력의 지배를 지속할 수 있다는 계산이 깔려 있었다. 민주주의 절차를 보장하여 국민저항을 약화시키고 저항세력을 분열시켜 권력을 유지할 수 있으리라는 계산이었다. 특히 이는 김대중과 김영삼의 뿌리 깊은 경쟁과 정부, 여당의 막강한 조직, 자금으로 대통령 직선 경쟁에서도 승리할 수 있다는 계산이 깔려 있었다. 이로써 거리의 정치는 제도권으로 들어갔다. 민주화를 향한 권력투쟁은 이제 제도권 안에서의 선거경쟁으로 변화했다.

6. 6·29선언 재평가: 미국-전두환 정권-야당-운동권 복합 국면 분석

6·29선언이 6월항쟁의 결과라는 점에는 이견이 없다. 다만 개헌과 대통령 선거 결과 항복한 지배블록의 후보가 대통령에 당선되었기 때문에 6·29선언에서의 주도권을 둘러싸고 여러 가지 사후적인 해석이

덧붙여지고 있을 따름이다. 먼저 전두환 측근을 중심으로 노태우 주도설에 대한 이의제기가 있었다(김성익, 1992). 둘째, 노태우 측근들이 서로 자신의 기여를 강조하고 나섰다(박철언, 2005). 셋째, 주한 미국대사를 비롯한 미국 관리들이 6·29선언을 전후한 미국의 역할을 적극적으로 증언하고 나섰다(Lilley & Lilley, 2004). 최근에는 전두환 자신이 회고록을 통해 노태우에게 직선제를 받아들이라고 설득했음을 밝혔다(전두환, 2017: 629~643). 그런데 전두환을 중심으로 한 지배블록이 대통령 직선제 개헌을 받아들인 데는 나름대로의 계산이 있었다. 직선제를 해도 이길 수 있다는 자신감이 있었던 것이다. 이러한 판단의 근거는 다음과 같다.

박정희의 유신체제 아래서 집권당이었던 민주공화당과 비교할 때 전두환의 5공화국에서 민주정의당은 상대적으로 잘 조직되었다. 박정희가 '민주주의 없는 국가안보'를 추구한 데 비해 전두환은 어쨌든 '민주주의를 무시할 수 없는 국가안보'를 추구해야 했다(정일준, 2006). 박정희는 국회의원 3분의 1을 직접 지명하고 통일주체국민회의에 의한 간접선거를 통해 사실상 종신 대통령이 보장되었다. 이에 비해 전두환은 국회에서 중선거구제와 비례대표제를 통해 안정적 과반의석을 확보할 수는 있었지만, 5공화국 헌법은 7년 단임제였다. 5공화국도 간접선거를 통해 대통령을 뽑도록 되어 있었다. 그렇지만 결정적 차이점도 있었다. 아무튼 선거가 예정되어 있었다. 이는 집권당을 강화하도록 만드는 정치조건이었다. 박정희는 집권기간 내내 집권당인 공화당을 약화시키면서 후계자가 대두할 가능성을 원천봉쇄했다. 전두환은 달랐다. 쿠데타 동지인 노태우를 일찌감치 전역시켜 다양한 공직을 섭렵하면서 후계자 수업을 시켰다. 나름대로 문민화(civilianizing)의 수순을 밟은 셈이다. 노태우는 꾸준히 경력관리를 받았다. 정무 제2장관, 체육부장관, 내무부장관 그리고 서울올림픽과 아시안게임의 조직위원장 등을 거쳤다. 2·12총선 이후에는 전국구 의원으로서 민정당 대표를 맡았다. 이를 전두환 정권의 후계구상과 관리라고 할 수 있다. 전두환 정권이 인기가 없기 때문에 직선제를 하면 야당이 이길 것이라 대부분 전망했다. 그런데 6·29선언을 통해 노태우는 자신에 대한 대중의 이미지를 쇄신했다. 이전에 그는 전두환의 쿠데타 동지인 장군 출신 정치인에 불과했다. 6·29선언을 통해 그는 '노련한 정치인' 또는 '민주주의자'로 다시 태어났다. 그리하여 한국 시민들로 하여금 아직 검증된 바 없는 야당에게 국가경영을 넘길지 여부를 심사숙고하게 만들었다(NYT, July 5, 1987).

또한 미국이 구상하는 한국정치발전이 있었다. 한미관계는 광주민주화운동을 전후로 많은 도전을 받았다. 이미 광주민주화운동 직후부터 광주학살에 대한 미국 책임론이 제기된 바 있다. 1980년 12월 광주 미문화원 방화를 시작으로 1982년 3월 부산 미문화원 방화사건이 일어났다. 또 1985년 5월에는 서울 미문화원 점거농성사건이 벌어졌다. 광주민주화운동을 한미관계의 전환점이라고 보기에는 부족하다. 그러나 대중의 정서와 의식 수준에서 하나의 분기점이 되었음을 부인할 수 없다(Drennan, 2005). 1980년 광주항쟁을 기점으로 하여 반미감정과 반미주의가 확산되기 시작했고, 반미운동이 싹텄기 때문이다.

1980년 5월 광주민주화운동 이후 1987년 전국적인 6월항쟁의 복합 국면에서 한미관계가 재구조화되는 과정을 살펴보면 1980년 광주민주화운동이 결정적 국면으로서 이후의 역사에 경로의존성을 부과했음을 알 수 있다. 미국의 전두환 정권에 대한 지지는 애초부터 조건부였다. 미국은 비록 상황변화에 떠밀려 전두환 정권을 승인하기는 했지만 통치스타일까지 무조건 인정한 것은 아니었다. 전두환을 정점으로 한 신군부는 구정치질서와 여야 국회의원을 비롯한 구정치인, 그리고 학생운동을 비롯한 사회운동세력을 정치불안의 원천으로 지목하고 조치를 취할 수 있었다. 그러나 집권한 뒤에는 달랐다. 더 이상 남 탓을 할 수 없게 된 것이다.

박정희 정부의 군부 개입은 전두환 정부의 그것과 달랐다. 전자가 제도로서의 군부(military as institution)가 민간정치에 개입한 것이었다면, 후자는 하나회를 핵으로 하는 파당으로서의 군부(military as clique)가 그러한 것이었다(Chung, 2009). 12·12군사반란을 통해 운명공동체가 된 전두환과 노태우는 권력을 분점하는 대신, 승계하는 데 합의했다. 전두환·노태우의 역할 분담은 박정희·김종필의 역할 분담과 달랐다. 박정희는 유신체제 수립과 유정회를 통해 정당정치를 부정하고 집권여당인 공화당을 약화시켰다. 이에 반해 전두환은 민정당을 창당하고 끊임없이 강화시켰다. 이는 7년 임기를 채운 뒤 물러날 수밖에 없는 헌정질서 속에서 전두환과 파당으로서의 신군부가 행한 합리적 선택이었다. 전두환은 집권기간 내내 '단임 정신'을 강조하면서 후계자의 경력 관리를 하는 한편 정치기구로서 당을 확장했다.

한국의 군사 정권을 가장 먼저 승인한 미국의 레이건 행정부는 '민주주의 증진(promoting democracy)' 프로그램을 가동했다. 미국은 이를 통해 제3세계 국가들에서 민주주의로의 이행 과정에 개입한 바 있다. 1980년 5월 광주학살 이후 집권한 전두환 정권은 국가안전기획부, 사회정화위원회 등을 통해 억압통치를 행했다. 주요 야당 정치인들의 정치활동을 금지했고 일부 온건한 인사들에게만 어용야당을 만들 수 있는 기회를 허용했다. 언론은 철저히 검열당했고 학생과 지식인, 노동자와 사회운동세력은 가혹한 탄압을 받았다. 그렇지만 이러한 정치적 암흑기는 1983년 하반기에 시작된 '유화국면'을 계기로 변화하기 시작했다. 전두환 정권이 반대파에 대해 유화책을 쓰기 시작한 것이다.

일련의 미국의 공개 개입과 시민사회의 지속적 압박을 받으며 퇴로가 차단된 상황에서 6·29선언이 나왔다. 이는 "일종의 기획 상품이며 각본과 감독에 전두환, 주연은 노태우였다. 노 대표는 발표만 했을 뿐이지만 모든 공은 노 대표에게 돌아가게 만들었다. 전 정권의 치밀한 각본임에는 틀림없지만 이는 6월 민주항쟁으로 얻어낸 귀한 결과물이다"(김대중, 2010: 521). 7월 1일 전두환 대통령은 특별담화에서 노태우 민정당 대표의 6·29제안을 전폭적으로 수용한다고 발표했다. 미 하원은 노태우의 6·29시국수습방안을 지지하는 한국결의안을 통과시켰다. 7월 2일 노태우는 김영삼 야당총재와의 첫 공식회동에서 개헌협상 재개 방향 등 의견을 교환했다. 7월 8일 법무부는 김대중 등 2335명을 사면복권하고, 시국 관련 사범 357명을 가석방 또는 형집행정지로 석방했다. 10월 27일 대통령 직선제의 새 「헌법 개정안」이 국민투표에서 찬성 93.1%로 확정되었다. 김대중과 김영삼은 후보단일화를 이루지 못하고 나란히 대선에 출마했다. 11월 29일 대한항공 여객기가 승객 등 115명을 태우고 바그다드에서 서울로 오던 중 미얀마 안다만 해 상공에서 폭발해 추락했다. 12월 15일 정부는 대한항공기 폭파혐의자 김현희를 바레인에서 서울로 이송했다. 12월 16일 제13대 대통령 선거가 실시되었고, 노태우 민정당 후보가 당선되었다. 12월 17일 통일민주당과 평화민주당 양당은 대통령 선거를 무효로 규정하고 선거무효화투쟁을 결정했다. 12월 19일 레이건 대통령은 한국의 야당에게 국민화합과 정치안정을 위해 노태우 후보의 당선을 받아들이라고 촉구했다.

1987년 6월항쟁을 전후한 한국 민주화 과정에서 미국은 정권 압박, 야당 회유, 선거 감시라는 세 가지 역할을 수행했다(정영태, 2006). 먼저 미국은 전두환 대통령으로 하여금 평화적인 방식으로 정권을 이양하도록 회유하고 압력을 가했다. 야당의 개헌투쟁이 국민의 지지를 받게 되자 야당과의 협상을 통한 개헌을 한국 정부에 종용했다. 그러나 전두환의 4·13호헌조치가 나오고 6월항쟁이 시작되자 직선제 개헌을 주장하는 야당으로 지지를 전환했다. 시민사회에서 학생들뿐 아니라 일반 시민들에게도 반미감정이 확산되는 기미가 나타나자 공개개입으로 자세를 전환한 것이다. 시민사회의 도전이 거세지고 한국의 정치상황이 파국적 균형에 이르자 미국은 정권보다 시민을 선택했다. 미국은 4·13호헌조치의 철회와 획기적인 민주화 조치를 요구했다. 5월 12일에는 미상원 외교위원회가 「4·13조치의 재고를 촉구하는 대한결의안」을 통과시켰다. 슐츠 미 국무장관은 5월 14일 스탠퍼드대학 연설을 통해 "우리는 한국의 여당과 야당이 타협을 통해 자유롭고 공정한 선거제도 도입을 위한 대화를 진지하게 해 나가길 바란다"고 말했다. 이러한 일련의 공개발언을 통해서 미국 정부는 평화적인 방식으로 군부 정권을 민간화하도록 전두환 정부에 지속적으로 압력을 가했다. 1987년 6월 10일 '박종철 고문살인 은폐조작 및 민주헌법 쟁취를 위한 범국민대회'에 모인 수십만 명의 시민들이 도심에서 시위를 벌이고 있는 상황임에도, 릴리 대사는 민정당 전당대회에 참석하여 노태우 후보가 후계자로 지명받는 장면을 지켜봤다. 그 와중에도 그는 시위대에 대한 강제진압에는 반대한다는 입장을 계속 밝혔다.

미국이 6월항쟁 국면에서 전두환 정부에 대해 결정적인 영향력을 행사한 것은 군의 정치개입을 차단한 것이다. 미국은 한국의 군부가 다시 정치에 개입하는 것을 막고 정치의 민간화를 실현하기 위한 조치를 취했다. 전두환 대통령이 시위대 진압을 위해 군부대의 이동 명령을 내릴 기미가 보이자, 미국 정부는 군의 서울 진입을 막도록 조치했다. 다른 한편, 릴리 주한 미국대사를 통해 군의 정치개입 반대 입장과 정치적 민주화를 위한 추가조치를 촉구하는 내용을 담은 레이건 대통령의 친서를 전달했다. 릴리 대사는 6월 19일 90분 동안 이루어진 전두환 대통령과의 면담에서 "나는 그에게 상황의 심각성을 얘기해주면서 계엄선포에 관한 미국의 입장을 확고하고 분명하게 전달했다"면서 "만일 총리가 계엄선포가 임박했음을 발표한다면 그는 한미동맹을 훼손할 위험을

│표 6-3│ 제3·4·5공화국 권위주의 정권 시기 거시경제지표

	GNP 변동 (%)	1인당 GNP		수출규모 (미국 달러)	실질임금 변동 (%)	절대 실업 (%)	소비자 물가지수 변동 (%)
		양 (미국달러)	변동 (%)				
1963	9.1	100	6.4	87	-7.9	8.1	20.7
1964	9.6	103	3.0	119	-6.5	7.7	29.5
1965	5.8	105	19.0	175	0.8	7.4	13.6
1966	12.7	125	19.0	250	10.9	7.1	11.3
1967	6.6	152	21.6	320	10.9	6.2	10.6
1968	11.3	184	21.1	455	14.1	5.1	10.9
1969	13.8	224	21.7	623	19.3	4.8	12.5
1970	7.6	265	18.3	835	9.3	4.5	16.0
1971	9.1	276	4.2	1,068	1.7	4.5	13.5
1972	5.3	304	10.1	1,624	5.2	4.5	11.7
1973	14.0	377	24.0	3,225	8.0	4.0	3.2
1974	8.5	484	28.4	4,460	6.1	4.1	24.3
1975	6.8	574	18.6	5,081	3.3	4.1	25.3
1976	13.4	757	31.9	7,715	17.5	3.9	15.3
1977	10.7	950	25.5	10,047	19.9	3.8	10.1
1978	11.0	1,285	35.3	12,711	18.0	3.2	14.4
1979	7.0	1,616	25.8	15,056	8.4	3.8	18.3
1980	-4.8	1,528	-5.4	17,505	-4.1	5.2	28.7
1981	6.6	1,719	12.5	21,254	-0.5	4.5	21.6
1982	5.4	1,773	3.1	21,853	7.9	4.4	7.1
1983	11.9	1,914	8.0	24,445	7.4	4.1	3.4
1984	8.4	2,044	6.8	29,245	6.3	3.8	2.3
1985	5.4	2,047	0.1	30,283	5.6	4.0	2.5
1986	12.3	2,300	12.4	34,715	5.4	3.8	2.8
1987	12.0	2,826	22.9	47,281	7.1	3.1	3.0
평균	8.8		14.3				

감수해야 할 것"이고, "1980년 광주의 재난적 사건의 재발을 자초하게
될 것"이라고 말했다. 면담이 끝난 직후 최광수 외무장관이 전화해서
"전 대통령이 나를 만난 직후 계엄을 선포하지 않기로 결정했다"고 전
했다 한다(Lilley & Lilley, 2004).

미국의 그러한 조치로 전두환 정부는 호헌조치를 관철할 수 있는 군대동원이라는 결정적인 수단을 사용할 수 없게 되었고, 결국 야당과의 협상을 통해 직선제 개헌과 선거를 수용할 수밖에 없었다. 미국 정부는 전두환 정부에 대해서 군대 사용을 경고하는 것과 동시에 야당과 시위대의 폭력 사용도 경고했다. 그러면서 국회에서의 대화와 협상을 강조했다. 미국은 이를 통해 제도권 야당과 재야세력, 나아가 사회운동권과의 연대를 해체시키고자 했다. 그 결과 야당이 직선제 개헌을 수용하고 1987년 15년 만에 대통령 직접선거가 가능해졌다.

1980년의 광주민주화운동은 엄청난 희생에도 불구하고 실패로 끝났다. 그렇지만 1987년의 6월항쟁은 전국적인 범위에서 훨씬 대규모로 시위가 벌어졌음에도 상대적으로 희생은 적었고 일정한 성과를 거둘 수 있었다. 광주민주화운동을 전기로 시민사회의 저항이 전국적으로 광범위하게, 또 지속적이고도 강도 높게 전개되었기 때문이다.

전두환 정권이 직선제 개헌이라는 양보를 하게 된 이유는 대체로 다음과 같다(임혁백, 2014). 첫째로 경찰력만으로 시위를 진압할 수 없게 된 상황 아래서 군대의 동원에 실패했다. 1980년 광주학살의 경험이 다수의 군부 지도자들로 하여금 또다시 엄청난 인명의 희생을 가져올 군대에 의한 시위 진압을 회피하게 했다. 또한 한국 정부에 여전히 막강한 영향력을 행사하고 있었던 미국이 군사적 해결보다는 정치적 협상에 의해 문제를 해결하라는 압력을 계속 넣고 있었다. 경찰력으로 동원된 대중을 진압할 수 없는 상황하에서 전두환 정권은 6·29선언에서 돌파구를 찾으려 했던 것이다. 둘째로 직선제 개헌이라는 타협 공식은 집권당으로서 차악으로 고려할 수 있는 대안이었다. 전두환 정권이 선택할 수 있는 최선의 대안은 5공화국 헌법 아래서 노태우 후보에게 권력을 물려주는 것이었다. 그러나 집권당 안에서의 권력승계는 6월항쟁으로 인해 불가능한 대안이 되고 말았다. 한국의 권위주의 정권이 선거에서 확보할 수 있는 지지율은 1/3을 웃도는 수준이었다. 6·29선언이 발표된 시점은 한국 경제가 유례없는 호황을 누리고 있던 시기였다. 앞의 〈표 6-3〉은 박정희 정권기와 전두환 정권기 거시경제지표를 보여준다. 이러한 경제적 성공을 바탕으로 전두환 정권은 민주적 경쟁이 회복되었을 때 중산층의 지지를 기대할 수도 있었다. 마지막으로 만약 현직의 이점이 유지된다면, 그리고 야당의 지도자인 김대중과 김영삼이 동시에 출마한다면 집권 여당이 누리고 있는 엄청난 프리미엄으로 분할된 민주화연합의 표를 누르고 승리할 수 있다는 전략적 계산이 가능했다. 6·29선언의 내용에 김대중의 사면 복권이 포함된 것은 이러한 전략적 계산에 따른 것이었다.

한편 제도권 야당이 6·29선언을 받아들인 이유는 제도권 야당과 사회운동세력이 공동으로 조직하고 동원한 6월항쟁이 전두환 정권으로 하여금 직선제라는 선거경쟁을 회복하게 동의하게 만드는 데는 충분할 정도로 강력했을지 모르나 정권을 타도하기에는 약했기 때문이다. 1987년의 6·29 민주화 대타협은 정권과 반대세력 간의 파멸적 균형(catastrophic balance)의 결과다. 민주화 연합세력은 제도 정치권 내의 조직적 기반에다 대중을 동원할 수 있는 능력을 보유하고 있었지만 권위주의 정권을 전복시킬 만한 물리적 힘을 보유하고 있지는 못했다.

한국 민주주의 이행은 1985년 2·12총선거를 계기로 정권과 시민사회 사이에 권력의 대칭관계가 형성되면서 시작되었다. 그러나 신민당이라는 민주적 대안세력의 등장과 시민사회의 부활은 권위주의 정권을 몰아낼 정도는 아니었다. 국가와 시민사회 사이의 장기적 대치상태가 지속되며 일 년이 지나갔다. 이런 교착상태를 깬 것은 전두환 정권의 4·13호헌선언이었다. 4·13선언이 발표된 후 항의 시위가 전국에서 벌어졌다. 미국도 이에 반대했다. 그 와중에 박종철 고문치사사건이 은폐되었다는 사실이 밝혀지면서 전두환 정권에 반대하는 전 국민적 저항운동이 일어났다. 박종철 고문치사사건을 계기로 종교계와 중산층이 대규모로 민주화를 위한 시위에 적극 가담하게 되었다. 이로써 야당, 사회운동세력, 학생, 중산층을 포함하는 최대 민주화 연합이 형성되었다. 6월항쟁이라는 결정적 국면에서 국가와 시민사회 간의 긴 줄다리기 끝에 6·29선언으로 상징되는 차선적인 타협점을 찾은 끝에 한국의 민주화의 물꼬가 트였던 것이다.

참고문헌

10·28 건대항쟁계승사업회. 2016. 『학생운동 1980』. 오월의봄.

권영기. 1993. 「비사 6·29전야의 권부」. ≪월간조선≫, 6월호, 196~237쪽.

김대곤. 1991. 「6·29 미스터리」. ≪新東亞≫, 6월호, 180~192쪽.

_____. 1992. 「'6·29'의 배후는 미국이었는가」. ≪新東亞≫, 6월호, 242~251쪽.

김대중. 2010. 『김대중 자서전 1』. 삼인.

김동현. 1989. 「이한기 전 총리가 말하는 6·29전야 "군 출동명령 내려졌었다"」. ≪월간조선≫,
    10월호, 302~309쪽.

김성익. 1992. 『전두환 육성기록』. 조선일보사.

김영삼. 2000. 『김영삼회고록 3』. 백산서당.

김원. 2009. 『87년 6월항쟁』. 책세상.

김철. 1986. 「개헌공방, 어떻게 풀릴 것인가」. ≪新東亞≫, 5월호, 162~168쪽.

_____. 1987. 「'4·13 개헌유보결단'과 정국방향」. ≪新東亞≫, 5월호, 158~165쪽.

김충식. 1987. 「'6·29선언'과 미국의 막후 역할」. ≪新東亞≫, 8월호, 312~325쪽.

남찬순. 1987. 「미국의 대한시각, 4·30에서 4·13까지」. ≪新東亞≫, 7월호, 162~181쪽.

노태우. 2011. 『노태우 회고록 상권: 국가, 민주화 나의 운명』. 조선뉴스프레스.

문명호. 1987. 「개헌논의 재개를 주장하는 사람들」. ≪新東亞≫, 6월호, 320~338쪽.

민정기 엮음. 1987. 『전두환 대통령 어록: 영광의 새 역사를 국민과 함께』. 동화출판공사.

민주화운동기념사업회 한국민주주의연구소 엮음. 2010. 『한국민주화운동사 3』. 돌베개.

박보균. 1994. 『청와대비서실 3』. 중앙일보사.

박철언. 2005. 『바른 역사를 위한 증언 1』. 랜덤하우스중앙.

백화종. 1986. 「신민당의 '개헌강공'과 양김 씨의 신포석」. ≪新東亞≫, 6월호, 170~176쪽.

변용식. 1987a. 「4·13 이후 미국이 달라졌다」. ≪월간 조선≫, 6월호, 440~448쪽.

_____. 1987b. 「6월 사태, 미국은 어떻게 움직였나」. ≪월간 조선≫, 8월호, 358~367쪽.

서중석. 2011. 『6월항쟁』. 돌베개.

심양섭. 2005. 『한국의 반미, 대안은 있는가』. 삼성경제연구소.

_____. 2008. 『한국의 반미: 원인·사례·대응』. 한울.

오버도퍼(이종길) 옮김. 2002. 『두 개의 한국』. 길산.

오병상. 1995. 『청와대비서실 4』. 중앙일보사.

윤상철. 1997. 『1980년대 한국의 민주화이행과정』. 서울대학교출판부.

이경재. 1986a. 「김영삼 신민당의 기습서명 드라마」. ≪新東亞≫, 3월호, 152~177쪽.

_____. 1986b. 「김대중 불출마 선언과 신민 '직선제' 투쟁」. ≪新東亞≫, 12월호, 142~163쪽.

_____. 1987a. 「88겨냥한 미국의 '강한 발언'과 파문」. ≪新東亞≫, 3월호, 162~181쪽.

_____. 1987b. 「민중의 승리: 5·17에서 6·29까지」. ≪新東亞≫, 8월호, 170~203쪽.

이도성. 1987a. 「고문'에 강타당한 불투명 정국」. ≪新東亞≫, 3월호, 138~143쪽.

_____. 1987b. 「노태우체제 출항의 막전막후: '6·29선언'은 노태우의 '쿠데타'였나」. ≪新東亞≫, 8월호, 152~169쪽.

이삼성. 1993. 『미국의 대한정책과 한국의 민족주의: 광주항쟁·민족통일·한미관계』. 한길사.

이종각. 1987. 「야당분열과 사꾸라 시비」. ≪新東亞≫, 5월호, 200~219쪽.

이종률. 1991. 「4·13과 6·29, 전두환과 노태우」. ≪新東亞≫, 5월호, 342~387쪽.

이창언. 2008. 「한국 학생운동의 급진화에 관한 연구: 1980년대 급진이념의 형성과 분화를 중심 으로」. 고려대학교 대학원 사회학과 박사학위논문.

임혁백. 2014. 『비동시성의 동시성』. 고려대학교출판부.

전두환. 2017. 『전두환회고록』. 자작나무숲.

정영태. 2006. 「1987년 민주화와 미국의 역할」. 한국산업사회학회 제9회 비판사회학대회 발표문.

정일준. 2006. 「유신체제의 모순과 한미갈등: 민주주의 없는 국가안보」. 한국사회사학회. ≪사 회와역사≫, 제70집 3호. 149~178쪽.

_____. 2010. 「전두환·노태우 정권과 한미관계」. ≪역사비평≫, 봄호, 296~332쪽.

조갑제. 2007. 『노태우 육성회고록』. 조갑제닷컴.

조용택. 1987. 「주한 미대사관의 여야접촉」. ≪월간 조선≫, 4월호, 234~245쪽.

학술단체협의회 엮음. 1997. 『6월 민주항쟁과 한국 사회 10년, 1·2』. 당대.

Cho, Jung-Kwan. 2000. "From Authoritarianism to Consolidated Democracy in South Korea." Ph. D. dissertation, Yale University.

Chung, Il Joon. 2009. "Demilitarizing Politics in South Korea: Toward A Positive Consolidation of Civilian Supremacy." Caforio, Giuseppe ed., *Advances in Military Sociology: Essays in Honor of Charles C. Moskos, Part B*, Emeral, pp. 527~555.

Cumings, Bruce. 1989. "The Abortive Anertura: SOuth Korea in the Light of Latin American Experience." *New Left Review*, 173, pp. 5~32.

_____. 2001. 『브루스 커밍스의 한국현대사』. 창비.

Drennan, William M. 2005. "The Tipping Point: Kwangju, May 1980." Steinberg, David I. ed., Korean *Attitudes Toward the United States: Changing Dynamics*, New York: M. E. Sharpe, pp. 280~306.

Gleysteen, William H. Jr. 1999. *Massive Entanglement, Marginal Influence: Carter and Korea in Crisis.* Brookings Institution Press/윌리엄 글라이스틴. 1999. 『알려지지 않은 역사』. 황정일 옮김. 중앙M&B.

House of Representatives, Committee on Foreign Affairs, Subcommittee on Asian and Pacific Affairs. 1987. *Assessing the Prospects for Democratization in Korea.* June.

Im, Hyug Baeg. 1989. "Politics of Transition: Democratic Transition from Authoritarian Rule in South Korea." Ph. D. dissertation. University of Chicago.

Lilley, James & Jeffrey Lilley. 2004. *China Hands*. Public Affairs/김준길 옮김. 2005. 『제임스 릴리의 아시아비망록』. 조선일보사.

Sigur, Gaston J. Jr. 1987. "Korean politics in transition." Assistant Secretary for East Asian and Pacific Affairs, Gaston J. Sigur, Jr.'s address before the U.S.—Korea Society in New York City on February 6(US Department of State Bulletin, April, 1987).

Wickham, John A., Jr. 1999. *Korea on the Brink: From the "12/12 Incident" to the Kwangju Uprising*. Washington D. C.: National Defense University/김영희 감수. 2000. 『12·12와 미국의 딜레마』. 중앙 M&B.

New York Times.

제3부
6월항쟁 이후
민주화운동의 발전과 변화

7장

제13대 대통령 선거와 국회의원 선거

전재호 I 서강국제한국학선도센터

1. 6·29 이후 정국의 전개

6월항쟁 기간 동안, 국민운동본부(이하 국본)에서 결합했던 야당과 운동세력은 6·29선언 직후 차이를 드러내기 시작했다. 국본은 6·29선언을 국민적 투쟁의 승리로 규정하고 환영 성명을 발표한 데 비해, 김대중과 김영삼을 중심으로 한 야당 세력은 한 걸음 더 나아가 여야 간의 즉각적인 개헌협상과 대통령 선거 일정 제시를 요구했다. 이는 양자 간의 현실 인식차를 드러낸 동시에 민주화 이행 과정에서 양자의 결별을 예고한 것이었다.

6·29선언 이후 진행된 민주화 이행 과정은 6월 민주항쟁을 주도했던 운동세력이 제외되고 정치사회에 의해 주도되었다. 심지어 타도 대상이던 5공 세력조차 6·29선언을 발표한 것을 계기로 야당과 함께 정치사회의 일원으로 민주화 이행을 주도했다. 이는 6·29선언의 역설적 효과를 잘 보여준다. 곧 6·29선언은 6월항쟁 시기의 '선악(善惡)' 구도를 무력화시키면서 타도 대상이던 전두환과 노태우를, 전자는 대통령

선거의 관리자로, 후자는 민정당의 대통령 후보로 만들었다. 이러한 역설은 '타협에 의한 민주화'라는 한국 민주화 이행이 낳은 불가피한 결과였지만 6월항쟁을 이끌었던 운동세력이 민주화 이행 과정에 참여하여 보다 적극적으로 5공세력을 견제하지 못했던 데도 일부 책임이 있다.

이 장에서는 6·29선언 이후 진행되었던 민주화 이행 과정을 헌법 제정 과정, 제13대 대통령 선거, 그리고 제13대 국회의원 선거를 중심으로 살펴본다.

1) 헌법 제정 과정: 8인 정치회담

6·29선언이 발표되자 통일민주당(이하 민주당)의 김영삼 총재는 즉시 환영을 표한 것과 동시에 개헌과 대통령 선거 등 "정치일정은 여야 합의로 운영되어야 할 것"을 강조했다. 민주화추진협의회 공동의장 김대중도 "연내에 대통령 선거를 실시, 민주화가 연내에 기필코 달성될 수 있을 것으로 본다"고 말했다. 그리고 바로 다음날 민주당은 '헌법개정안 시안마련을 위한 특별위원회'(위원장 이중재)를 구성하여 개헌 협상을 준비했다(김대영, 2006: 281).

이후 개헌 협상은 정치사회를 중심으로 진행되었는데, 그 핵심은 민정당과 민주당의 8인 정치회담이었다. 8인 정치회담은 신속하고 책임 있게 개헌협상을 추진하기 위해 부총재급으로 구성되었는데, 민정당에서 권익현, 윤길중, 최영철, 이한동 등 4인과 민주당에서 이중재, 이용희, 김동영, 박용만 등 4인으로 구성되었다(조지형, 2010: 26). 민정당은 8인 정치회담과 병행하여 신한민주당 및 한국국민당과 각각 4인 정치회담을 진행했다(현경대, 2005: 69).

이렇게 두 정당이 개헌 과정을 주도했던 데 비해, 6월항쟁의 주도 세력이던 국본은 개헌 과정에서 거의 아무런 역할도 하지 못했다. 국본은

7월 13일 산하에 '헌법개정특별위원회'를 설치하고, 8월 4일 전국총회를 개최하여 '헌법개정요강'을 발표했다. 그런데 전국총회에서 헌법 개정에 참여하는 것이 아니라 '선거혁명론'에 따라 대통령 선거에 야당을 지원할 것을 결의했다. 이는 국본이 헌법 개정 과정에서 스스로를 주체가 아닌 보조라고 생각했다는 사실을 보여준다. 곧 개헌협상에 참여해야 한다는 인식이 거의 없이, 그것이 정치권의 몫이라고 생각했다. 그래서 야당에게 정치적 역할을 위임하고 일찍부터 대통령 선거로 운동 방향을 선회했던 것이다(김대영, 2006: 293).

6·29선언 이후 진행되었던 개헌협상 과정은 3시기로 구분된다. 첫 번째 시기는 6·29선언 이후 7월 24일 민정당과 민주당의 8인 정치회담 구성 합의가 이루어지기까지의 개헌협상 준비기로, 양당이 각각 자당의 개헌안을 마련했다. 두 번째 시기는 개헌협상이 집중적으로 진행되었던 시기로, 8월 3일 8인 정치회담이 개시되어 8월 31일에는 개정헌법 전문 및 본문 130개 조항의 완전 합의에 도달했다. 세 번째 시기는 9월 2일 노태우·김영삼 회담 이후 9월 16일까지의 헌법 부칙 협상기로, 개정헌법에 따른 정치 일정이 합의되었다(동아일보사, 1988: 50~53; 민주화운동기념사업회 한국민주주의연구소, 2010: 379 재인용).

개헌협상의 첫 시기에 민정당과 민주당은 각자 자신의 개헌안 시안을 마련했는데, 주요 쟁점별 현행 제5공화국 헌법, 양당의 시안, 그리고 합의 개헌안은 〈표 7-1〉과 같다.

양 당의 개헌안 시안은 모두 권력분산, 기본권 신장, 사법권 독립강화, 의회 활성화 등에서 유사한 방향성을 보였다(김영수, 2000: 686). 양당 시안의 유사성을 살펴보면, 첫째, 기본권 조항에 붙어 있던 유보조건 또는 단서조건을 약화시키거나 삭제함으로써 기본권을 강화하려 했다. 둘째, 권력집중으로 인한 독재의 가능성을 줄이고자 대통령의 권한을 약화시키려 했다. 셋째, 삼권 간의 견제와 균형이 가능하도록 국회

분야	항목	현행	민정당 안	민주당 안	합의 개헌안
전문	계승정신	3·1운동	대한민국임시정부 (3·1운동), 4·19	대한민국임시정부 (3·1운동), 4·19, 5·18	3·1운동, 대한민국임시정부
	제5공화국	명시	명시	삭제	없음
총강	저항권/문민정치/정치 보복 금지	없음	없음	신설	불의에 항거한 4·19민주이념 계승
	군인의 정치개입 금지	없음	없음	신설	국군의 정치적 중립성의 준수
	평화통일 노력 여부	전문에 명시	전문에 명시	신설	평화적, 자유민주주의 입각한 통일정책 노력
	위헌정당 해산 제도	인정	인정(헌법재판소)	불인정	인정(헌법재판소)
기본권	선거연령	20세	20세	18세	법률에 위임
	공무원의 노동3권	법률로 정한 자만 인정	법률로 정한 자만 인정	삭제	법률로 정함
	단체행동권의 제한 또는 불인정 범위	국가, 지방자치단체, 국·공영기업체, 방위산업체, 공익사업체	방위산업체	삭제	주요 방위산업체
	최저임금제	없음	없음	명시	명시
	근로자의 경영참가권, 이익균점권	없음	없음	신설	없음
국회	국정조사·감사	국정조사	부활, 감사대상 범위와 절차는 법률에 위임	전면 부활	조사·감사 인정
	대통령의 지위	국가원수, 행정부 수반	국가원수, 행정부 수반	국가원수 조항 삭제	국가원수, 행정부 수반
	부통령제	없음	없음	신설	없음
대통령·정부	대통령 임기, 중임 제한	7년 단임	6년 단임	4년 1차 중임	5년 단임
	대통령의 입후보 조건	정당 또는 대통령 선거인 추천	5년 이상 국내 거주	정당 추천	국내거주 요건 삭제, 그 밖의 요건은 법률로
	비상조치권	비상조치권	긴급재정·경제처분 및 명령권, 긴급명령권	긴급재정·경제처분 및 명령권, 긴급명령권	긴급재정·경제처분 및 명령권, 긴급명령권
	국회해산권	인정	인정	불인정	불인정

법원·헌재	위헌법률심사	법원에서 위헌으로 인정된 때 헌법위원회에 제청	헌법재판소에 제청	대법원에서 최종 심사	재판의 전제가 된 경우 헌법재판소에 제청
	헌법재판기관	헌법위원회	헌법재판소	대법원, 탄핵심판위원회	헌법재판소
경제	경제에 대한 규제·조정	사회정의 실현 및 국민경제의 균형발전을 위하여 필요한 규제·조정 및 독과점 폐단 규제·조정	분배의 균형 유지, 시장지배와 경제력 남용 방지, 산업민주화를 위한 규제·조정	현행과 동일 (다만 경제력 남용에 의한 분배구조 왜곡에 대한 규제·조정)	균형 있는 국민경제의 성장, 적정한 소득의 분배, 경제력 남용의 방지, 경제민주화를 위한 규제·조정

자료: 김영수(2000: 687~698)와 민주화운동기념사업회 한국민주주의연구소(2010: 381)를 참고하여 작성.

와 사법부의 권한을 강화하려 했다(민주화운동기념사업회 한국민주주의연구소, 2010: 382).

그러나 양당 시안 간에는 다음과 같은 차별성도 존재했다. 첫째, 헌법 전문에서 민정당은 3·1운동과 상해임시정부의 법통성, 4·19와 함께 '제5공화국 창건'을 삽입하고자 했다. 그러나 민주당은 5·18 정신과 문민정치, 국민저항권, 정치보복 금지 등을 명시함으로써 민주주의의 정신을 더욱 분명하게 천명하고자 했다. 둘째, 민주당은 기본권 조항 관련 단서조항을 대부분 삭제하여 기본권의 보장범위를 확대하고자 했으나 민정당은 그 확대의 폭을 제한하고자 했다. 특히 19세로 선거연령 조정, 공무원의 노동 3권 및 단체행동권 제한 범위, 그리고 근로자의 경영참여권과 이익균점권 등에 대해서는 양자의 차이가 분명했다. 또한 신체의 자유 보장과 관련하여 양당은 불법 수집된 증거의 증거능력배제 및 민간인에 대한 군사재판의 축소에 대해서도 견해차를 보였다. 셋째, 양당은 국회의 국정감사권 부활 범위 및 헌법재판의 관할기관 소재를 두고 상이한 견해를 보였다. 마지막으로 가장 결정적 차이는 대통령 임기와 부통령제 신설 문제였다. 민정당은 부통령 없는 6년 단임의 대통령제를 주장했고, 민주당은 4년 중임의 대통령제와 부통령제 도입을 주장했다(김영수, 2000: 686~687; 민주화운동기념사업회 한국민주주의연구소, 2010: 382).

개헌협상의 두 번째 시기는 8월 3일부터 약 한 달간의 시기로, 양당 시안을 바탕으로 8인 정치회담에서 새로운 헌법안이 만들어졌다. 8인 정치회담에서는 먼저 8월 14일까지 1차 독회를 통해 110개의 이견 조항 중 55개 조항에 합의하거나 의견 접근에 다다랐다. 그리고 8월 말까지 2차 협상을 통해 부칙의 정치일정을 제외하고 헌법 전문, 대통령 임기, 부통령제 도입 여부, 대통령 후보의 국내 거주 요건, 선거연령 등 양당이 이견을 보였던 쟁점을 타결했다. 헌법 전문과 관련하여 민주당이 5·18 부분을 양보하는 대신 민정당도 '제5공화국 창건' 명기를 양보했고, 총강에서 군의 정치적 중립을 명기하기로 했다. 또한 대통령의 임기는 5년 단임제로 하고, 부통령제는 도입하지 않으며, 선거연령은 헌법이 아닌 하위법에서 규정하기로 합의했다(민주화운동기념사업회 한국민주주의연구소, 2010: 383).

이 시기 양당의 견해가 가장 첨예하게 대립한 부분은 권력구조, 특히 대통령의 임기였다. 민정당은 "단임 정신은 절대 양보할 수 없다"고 주장하면서 6년 단임제를 주장했다. 이에 비해 민주당을 비롯한 야3당은 4년 중임제와 부통령제 신설을 주장했다. 그들은 1차 임기 중 대통령의 치적에 대한 평가가 재선에 반영되므로 국정 비판과 감시 기회를 확대할 수 있고, 유능한 지도자를 다시 선택할 수 있는 기회가 부여되며, 계속적이고 일관성 있는 정책 수립이 가능하고, 국회의원 선거와 같은 시기에 대통령 선거를 실시하게 되어 국민의 국가권력 전체에 대한 종합적인 평가를 할 수 있으며, 그 결과 정국안정을 기할 수 있고 단임제에서 오는 행정부의 부패를 방지할 수 있다고 주장했다. 그러나 결국 대통령 임기는 5년 단임제로 결정되었다. 이러한 결론이 도출된 데는

각 정당의 대통령 후보들 모두 이번 선거에서 실패하더라도, 5년이라
는 상대적으로 짧은 기간 만에 다시 도전할 수 있다는 '정략적' 계산이
깔려 있었다(민주화운동기념사업회 한국민주주의연구소, 2010: 384).[1]

다음으로 사법부의 구성과 위헌법률심사권의 소관 문제 역시 여야
가 충돌했던 쟁점이었다. 민정당은 대법원장과 대법관은 대통령이 국
회의 동의를 얻어 임명하고, 최고 헌법수호기관인 헌법재판소를 신설
하여 법관 자격이 있는 헌법재판관으로 구성하고 위헌법률심사권, 탄
핵심사권, 위헌정당해산심판권, 기관간권한쟁의심판권 등을 가지는 안
을 제안했다. 이에 비해 야3당은 대법원장을 법관추천회의 제청으로
국회의 동의를 얻어 대통령이 임명하고 위헌법률심사권과 위헌정당해
산심판권을 대법원에 주고 탄핵심판은 별도로 탄핵위원회를 부여하는
안을 제안했다.

결국 여당이 국가권력 등으로부터 국민의 기본권이 침해당했을 경
우 권리구제제도로서 독일 헌법의 헌법소원제도를 도입하자는 야당의
제안을 받아들이고, 야당은 대법원장의 법관추천회의 제청을 양보함으
로써 협상의 물꼬가 열렸다(현경대, 2005: 73). 그 결과 새로운 헌법에는
대법원장은 국회의 동의를 얻어, 그리고 대법관은 대법원장의 제청으
로 국회의 동의를 얻어 대통령이 임명하도록 했고, 헌법재판소를 신설
하여 위헌법률심사권, 탄핵심판권, 위헌정당해산심판권, 기관간권한쟁
의심판권 및 헌법소원심판권을 부여했다.

개헌협상의 세 번째 시기에는 부칙의 정치일정에 관한 협상이 진행
되었다. 노태우와 김영삼은 9월 2일 회담을 갖고 10월 말까지 개헌안
의 국회 통과와 국민투표를 마무리 짓고, 12월 20일 전에 대통령 선거

---

[1]   현경대는 양김이 5년 단임제를 제안했다고 주장했다(현경대, 2005: 70). 그러나 노태우 정
      부의 실세로서 김영삼 정권 시기 '정치적 탄압'을 당했던 박철언은 김영삼이 "임기 5년의 대
      통령 단임제를 제의"했다고 주장했다(박철언, 2005: 279).

를 실시하기로 합의했다. 이후 개헌안은 9월 1일부터 활동한 국회의 헌법개정안기초소위원회(이하 소위)에 의해 만들어졌다. 소위는 8인 정치회담에서 합의한 큰 틀을 기준으로 세부 내용을 결정했다. 소위는 개정 헌법의 시행 시기를 헌법 시행 당시 대통령의 임기 만료 다음날인 1988년 2월 25일로 합의했다. 그러나 새로운 헌법에 따른 제13대 국회의원 총선은 12대 국회의원 임기보장 문제로 인해 쉽게 합의하지 못했다. 대통령 임기가 보장되므로 국회의원 임기도 당연히 보장되어야 한다는 의견이 있었지만, 현 상황이 국민들의 대통령 직선제 요구로 조성된 '혁명적 상황'이라는 인식하에, 새 국회의원 선거는 새 헌법 공포일로부터 6개월 내로 실시하기로 합의되었다(현경대, 2005: 74).

결국 9월 16일 개헌협상이 완전 타결되었다. 이에 9월 17일 헌법개정특별위원회가 전문과 본문 10장 130조와 부칙 6조로 구성된 개헌안을 국회에 제출했고, 이는 10월 12일 여야 합의로 국회를 통과했다. 그리고 개헌안은 10월 27일 국민투표에서 93.1%의 찬성을 얻어 10월 29일 최종적으로 공표되었다(민주화운동기념사업회 한국민주주의연구소, 2010: 382~383).

이번 9차 개헌은 제헌헌법과 제2공화국 헌법을 제외하고는 정통성이 부재했던 이전의 개헌과 달리 국민의 민주화 열망을 반영하여 국회에서 제 정파 간의 합의에 기초하여 합법적 절차에 의해 진행되었다는 점에서 한국 헌정사에서 큰 의미를 지녔다. 또한 대통령 직선제가 채택되었고 국민이 자유와 권리가 일정 정도 신장되는 등 내용에서도 국민들의 민주화 요구가 일정 정도 반영되었다는 점에서도 큰 의미를 지녔다.

2) 제6공화국 헌법의 주요 내용과 의미

1987년 헌법은 첫째, 전문에서 대한민국임시정부의 법통과 불의에 항거한 4·19 민주이념 계승 및 조국의 민주개혁 사명을 명시했다. 이는 독재 권력에 대한 국민의 저항권과 민주주의 발전을 위한 개혁의지를 천명한 것이다. 또한 총강에서 군의 정치적 중립 준수를 명시하여 군부의 정치 개입을 근본적으로 차단했다.

둘째, 1987년 헌법은 국민의 기본권을 강화했다. 법률과 적법한 절차에 의하지 않고서는 처벌·보안처분을 받지 않도록 했고, 체포·구속·압수·수색에는 적법한 절차에 따라 발부된 영장을 제시하도록 했으며, 체포·구속 시 그 이유와 변호인의 조력을 받을 권리를 고지할 의무 및 가족에게 통지할 의무를 신설했고, 구속자에 대해 구속적부심사 청구가 가능하도록 했다. 또한 언론·출판의 허가·검열 금지, 집회·결사에 대한 허가 금지 규정을 신설했다. 이외에도 재산권의 수용 등에 대해 법률의 규정에 의한 정당한 보상을 지급하도록 했고, 군사시설에 관한 죄를 범한 민간인에 대해 군사법원의 재판관할에서 제외했으며 타인의 범죄행위로 인해 생명·신체에 피해를 받은 국민에 대한 국가의 구조제도를 신설했다

또한 노동자의 인간다운 생활권을 확충하여 노동 기본권을 신장시켰다. 노동자의 최저임금제를 실시하도록 했고, 여자의 근로는 특별한 보호를 받으며, 고용·임금 및 근로조건에서 부당한 차별을 받지 않도록 했다. 그리고 단체행동권 행사에 대한 법률유보조항을 삭제했다. 그러나 법률이 정하는 주요 방위산업체에 종사하는 근로자에 대해서는 단체행동권을 제한하거나 인정하지 않을 수 있도록 했고 노동계에서 요구했던 근로자의 경영참여권이나 이익균점권은 수용하지 않았다. 기타 국가는 여성의 복지와 권익향상을 위해 노력하도록 하고, 노인과 청소년의 복지향상을 위한 정책을 실시할 의무 및 재해예방노력의무를 부여했으며, 혼인·가족·건강에 관한 권리에 모성보호규정을 추가했다 (김영수, 2000: 701~702).

셋째, 1987년 헌법은 통치구조와 관련하여 5년 단임제의 대통령 직선제를 채택했다. 대통령 직선제는 6월 민주항쟁에서 제기된 국민들의 요구를 반영한 것으로 그동안 빼앗겼던 국민들의 직접적인 정부 선택권을 회복시켰다. 5년 단임제에서 단임은 장기집권을 위해 헌정질서를 파괴했던 과거의 과오를 반복하지 않고 평화적 정권교체의 전통을 확립하겠다는 명분으로 채택된 것이었지만, 5년이라는 임기는 '타당한' 근거 없이 채택되었기에 이후 지속적인 변경 요구에 직면하게 되었다.

넷째, 1987년 헌법은 대통령의 권한을 축소하고 국회와 사법부의 권한을 강화하여 그동안 왜곡되었던 3권 간의 견제와 균형을 회복하려 했다. 우선 대통령의 권한을 축소하기 위해 비상조치권과 국회해산권을 폐지했다. 그러나 대통령의 국가원수 조항은 물론 대통령의 권위주의적 권력을 구성했던 조항들은 폐지되지 못했다. 특히 대통령에게 "국가의 독립, 영토의 보존, 국가의 영속성과 헌법을 수호할 책무" 조항은 유신헌법(제43조 제2항)에서 처음 도입되었던 것으로, 대통령에게 정부 3권의 조정자이자 헌법 수호자라는 역할을 부여했다. 따라서 6·29 직후 이런 조항들의 삭제가 고려되었다. 그러나 8인 정치회담을 거치면서 조항들은 삭제되지 않았다.

또한 6·29선언 직후 민주당은 이전의 대통령들이 개헌발의권을 악용하여 권력을 연장했기 때문에 대통령의 개헌안 발의권을 삭제하고 국회만 개헌안을 발의하도록 규정하려 했다. 그러나 협상 과정에서 민주당은 집권 후 통치의 용이성을 고려하여 적극적으로 대통령의 권한을 축소하지 않았다. 그 결과 1987년 헌법에서 대통령의 개헌안 발의권은 여전히 존속되었다(조지형, 2010: 36~38). 따라서 이후 1987년 헌법의 대통령 권한에 대해 지속적으로 비판이 제기되고 있다.

다음으로 1987년 헌법은 국회의 권한을 강화했는데, 국회임시회 소집요건을 '재적의원 3분의 1 이상'에서 '재적의원 4분의 1 이상'으로 완화했고, 정기회 회기를 90일에서 100일로 연장했으며, 연간개최일수 제한규정을 삭제했고, 대통령이 요구한 임시회에서의 처리안건 제한규정을 삭제했다. 또한 국정감사권을 부활하고 국회의 국무총리국무위원에 대한 해임결의권을 해임건의권으로 변경했다. 이는 입법부의 행정부 견제 권한을 이전보다 훨씬 강화한 것이었다(김영수, 2000: 702).

마지막으로 1987년 헌법은 사법부의 실질적 독립을 도모하고 헌법의 실효성을 제고하기 위해 법관의 임명절차를 개선했다. 대법관은 대법원장의 제청으로 국회의 동의를 얻어 대통령이 임명하도록 했고, 일반법관은 대법관회의의 동의를 얻어 대법원장이 임명하도록 했다. 그리고 헌법재판제도와 관련하여 헌법위원회를 폐지하고, 헌법재판소를 신설하여 법원의 제청에 의한 법률의 위헌여부심판, 탄핵의 심판, 정당의 해산 심판 및 국가기관 상호 간의 권한쟁의에 관한 심판과 법률이 정하는 헌법소원에 관한 심판을 관장하도록 했다(김영수, 2000: 703).

다섯째, 1987년 헌법은 경제 질서와 관련하여 자유경제체제의 원리를 근간으로 하면서 적정한 소득 분배, 지역경제의 균형발전, 중소기업과 농어민 보호 등을 통해 모든 국민의 복리를 증진시키고, 국민생활의 기본적 수요를 충족시키는 사회정의를 실현하도록 규정했다(김영수, 2000: 700).

2. 제13대 대통령 선거

6·29선언 이후 정치사회에서는 8인 회담을 중심으로 헌법 개정이 진행되는 것과 동시에 다가올 대통령 선거를 둘러싸고 치열한 경쟁이 전개되었다. 당시 선거 경쟁은 개정 헌법이 공표되었던 10월 말까지 야권 대통령 후보 단일화를 중심으로, 그리고 그 이후에는 각 정당 후

보들 간의 유세대결을 중심으로 전개되었다.

1) 야권 후보 단일화 추진 시기: 6·29선언 이후부터 10월 말까지

6·29선언 이후 헌법 개정 협상이 진행되는 과정에서 가장 먼저 대통령 선거를 준비한 것은 민정당의 노태우였다. 그는 6월항쟁 기간 중인 6월 10일 민정당의 대통령 후보로 선출되었고 집권 여당의 막강한 프리미엄을 등에 업고 7월부터 본격적으로 선거를 준비했다. 당시 그는 군부 권위주의 정권의 후계자라는 이미지를 지우고 민주화 시대에 걸맞은 지도자라는 이미지를 확산시키기 위해 노력했다. 사실 그가 6·29선언을 발표한 것 자체가 전두환 정권과의 차별성을 보이려는 전략적 포석이었다. 전두환은 자신이 결정한 6·29선언을 노태우의 독자적 제안으로 발표하도록 의도적으로 연출했다. 이를 이용하여 노태우는 자신을 '민주화 대장정의 기수'라고 내세웠다(박철언, 2005: 270).

노태우는 8월 5일 전두환의 후임으로 민정당의 제2대 총재에 취임했고 20일에는 민정당과 별개로 사조직 월계수회를 발족시켰다. 그의 최측근 박철언은 민정당이나 관변단체가 대규모 유세에는 유리하지만 비용이 많이 들며, "강한 소명의식을 갖고 '일대일'로 유권자를 설득하고, 또 험한 일을 하기에는 한계"가 있다고 지적하면서 '노태우를 위한 특공대'로 월계수회를 결성했다고 진술했다(박철언, 2005: 270~271). 월계수회는 전국에 204개의 거점을 정하고 각 거점별로 적게는 30여 명에서 많게는 200명 가까운 이사진을 구축했고, 안양 새마을교육원에서 이른바 '노태우 스쿨'을 개설하여 주말마다 회원 교육을 실시했다. 그리고 교육받은 이사들을 거점으로 전국 조직을 구축하여 불과 5개월 만에 180만여 명의 회원을 확보했다(박철언, 2005: 273~274).

노태우는 우방국인 미국과 일본으로부터 인정받는 지도자라는 이미지를 창출하기 위해 9월 14일부터 16일까지 미국을, 그리고 17~18일 양일간 일본을 방문했다. 또한 성사되지는 못했지만, 대통령 후보로서의 이미지를 높이기 위해 중국 덩샤오핑과의 회담도 추진했다(박철언, 2005: 280).

한편 이 시기 6월항쟁을 주도했던 운동세력은 물론 군부 권위주의통치에 반대했던 사람들에게는 야당 후보의 단일화, 곧 김대중과 김영삼의 후보 단일화가 절대적인 과제로 대두되었다. 특히 1980년 '서울의 봄' 시기 양김이 분열했던 전례가 있었기 때문에, 양김의 후보 단일화는 민주화 세력에게 절체절명의 과제로 인식되었다. 그러나 6·29선언 직후부터 양김의 후보 단일화는 삐걱거리기 시작했다.

6·29 직후의 정치적 상황은 김영삼에게 유리했다. 그는 6월항쟁 시기에도 전두환과 개헌협상을 하는 등, 정치활동이 규제되었던 김대중에 비해 훨씬 더 활발히 활동했고, 총재로서 민주당을 장악했다. 이에 비해 김대중은 조작된 내란음모사건으로 인한 투옥과 미국 망명 등으로 국내 정치활동을 거의 하지 못했고 민주당 내부에서도 절대적으로 열세였다. 그래서 그는 이런 불리한 상황을 바꾸기 위해 여러 가지 시도를 했다.

우선 7월 10일 사면 복권되었던 김대중은 7월 17일 대통령 불출마 선언을 번복했다. 1986년 11월 5일 그는 전두환 정권의 민주화운동 탄압을 완화하고 교착된 개헌협상에 돌파구를 마련하고자 대통령 불출마를 선언했다. 그런데, 그것은 이후 그의 대통령 출마에 일종의 '족쇄'로 작용했다. 그래서 그는 자신의 불출마 선언이 전두환 정권이 자발적으로 수락했을 경우에 유효한 것인데, 4·13호헌조치로 전 정권이 이를 거부했기 때문에 자신의 대선 불출마 선언은 무효라고 주장했다(김삼웅, 2010: 63).

다음으로 김대중은 양김의 단일화를 요구하는 여론이 비등하자,

1980년 초와 달리 8월 8일 민주당에 입당했다. 이로써 야권의 후보 단일화는 민주당 내부의 경쟁을 통해 이루어질 것으로 기대되었다. 그러나 민주당 내 경선을 둘러싸고 양김의 입장은 팽팽히 대립했다. 김영삼은 조기에 대통령 후보를 선출할 것을 주장한 데 비해, 김대중은 조기에 후보가 정해지면 여권이 집중적으로 공격할 것이기 때문에 이를 피하기 위해 선거 직전에 선출해야 한다고 주장했다. 또 김영삼은 기존 대의원으로 전당대회를 열자고 한 데 비해, 김대중은 민주화에 기여도가 큰 재야 민주인사들을 영입하여 범야 단일후보를 선출하자고 맞섰다(김삼웅, 2010: 63). 곧 민주당 내부 경쟁에서 우위를 점했던 김영삼은 가능한 한 빨리 대통령 후보 선출을 마무리 지으려한 데 비해, 열세였던 김대중은 시간을 끌면서 여론을 통한 반전을 꾀했다.

김대중은 단일화 경쟁에서 주도권을 잡기 위해 민주당 외부에서 대규모 대중 집회를 개최했다. 9월 8~9일 자신의 연고지인 광주와 목포를 방문하여 50만 명 이상의 인파를 결집시킴으로써 자신의 세를 과시했다. 그리고 9월 12일에는 대전을, 9월 26일에는 인천을 방문하여 대중 집회를 개최했다. 이에 비해 9월 12일 민족문제연구소 이사회는 김영삼을 대통령 후보로 추대할 것을 선언했고, 김영삼의 사조직이었던 민주산악회는 조직 강화에 나섰다.

9월 14일 양김이 만나 단일화 문제를 협의했지만 여전히 합의에 이르지 못했다. 김대중은 민주당 내 최소한의 공정 경쟁의 틀과 꼴을 갖추어야 한다고 주장하면서 취약한 자신의 당내 기반을 보완하기 위해 36개 미창당 지구당 조직책 임명권을 달라고 요구했다. 그러나 김영삼은 이를 거부했다. 또한 김대중은 텔레비전 토론이나 전국 공동 유세를 하고 국민의 지지가 높은 사람이 후보가 되도록 하자고 제안했지만 이 역시 김영삼은 받아들이지 않았다(전재호, 2016: 273).

9월 29일 양김은 다시 만났다. 이 회합에 대해 양자의 진술이 엇갈리는데, 김대중은 김영삼에게 양보를 요구했지만 김영삼은 김대중에 대한 군부의 비토를 내세우며 반대하여 협상이 결렬되었다고 주장했다(김대중, 2010: 493). 반면 김영삼은 자신에게 후보를 양보할 것을 권고했지만 김대중이 양보하지 않음으로써 협상이 결렬되었다고 주장했다(김영삼, 2000: 103). 양자의 주장이 일치하지 않지만, 결국 양자 모두 후보를 포기할 생각이 전혀 없었고 그로 인해 단일화가 무산되었다는 사실은 분명하다.

　이후 양김은 독자적인 선거유세에 돌입했다. 김영삼은 10월 10일 민주당 후보로서 대통령에 출마할 것을 공식 선언했고, 10월 17일 부산 수영만에서 100만 명이 넘는 인파가 참여한 '군정종식을 위한 부산대회'를 개최했다. 10월 22일 양김은 다시 만났다. 김영삼은 9월 14일 김대중이 요구했던 36개 미창당 지구당 결성 요구를 수용할 의사를 밝히고 당내 경선을 제안했지만, 김대중은 답변을 유보하다가 10월 26일 당내경선제의 거부 의사를 밝히고 같이 돌아다니며 국민의 뜻을 물어보자고 역제의를 했다(이영훈, 2000: 200~202). 결국 10월 28일 김영삼은 "당총재로서의 기득권을 포기하고 경선을 제의했으나 이를 거부한 것은 국민의 뜻을 무시한 것"이라며 자신의 대통령 선거 출마를 공식 선언했다(이영훈, 2000: 202). 김대중은 10월 30일 대통령 선거 출마와 신당 창당을 공식 선언하고 평화민주당(이하 평민당) 창당 발기인 대회를 개최했다. 이로써 1983년 김영삼의 단식 투쟁을 계기로 연대하여 1985년 2·12총선과 1987년 6월 민주항쟁을 성공적으로 이끌었던 양김은 다시 결별했다.

　이렇게 후보 단일화를 둘러싸고 양김이 계속 갈등을 빚는 동안 운동 세력들도 야권 후보 단일화를 위해 노력을 기울였다. 국본은 9월 7일 후보는 첫째, 단일화되어야 하고, 둘째, 방식은 합의에 의해, 셋째, 시기는 가급적 빨리라는 후보단일화를 위한 3대 원칙을 결의했다. 이어

21일 국본 상임공동대표·상임집행위원 연석회의도 양김에게 10월 5일까지 합의에 의해 단일화할 것을 공식 요구했다. 그러나 후보단일화를 강제할 수 있는 수단이 없었기 때문에 국본의 이러한 요구는 실효성이 없었다. 결국 국본은 10월 13일 거국중립내각 수립과 선거감시운동을 결의함으로써 활동 방향을 전환했다(민주화운동기념사업회 한국민주주의연구소, 2010: 395).

게다가 국본의 주축이었던 재야 세력은 후보 단일화를 둘러싸고 분열되기 시작했다. 민통련은 이미 9월 초부터 "추상적인 단일화 촉구가 아니라 현실적이고 구체적인 단일화 방안을 마련"하고자 산하 단체들의 의견을 수렴했고, 9월 28일 양김의 정책을 비교하기 위해 '양김씨 초청 세미나'를 개최했다. 그리고 10월 12일 특정 후보를 지지할 것인지와, 지지한다면 누구를 지지할 것인지를 놓고 투표했고, 그 결과 김대중에 대한 비판적 지지를 결정했다(민주화운동기념사업회 한국민주주의연구소 2010: 396). 그러나 이에 대해 내부에서 반발이 등장했다. 일부 세력들은 김대중에 대한 비판적 지지론에 맞서 단일화되지 않으면 대통령 선거에서 결코 이길 수 없다고 주장하면서 후보 단일화를 촉구했고, 일부 급진세력은 민중 독자 후보론을 주장하면서 재야인사 백기완을 대통령 후보로 추대했다(서중석, 2005: 332~333).

2) 유세 대결의 시기: 11월 초부터 12월 16일까지

10월 27일 새로운 헌법이 국민투표로 통과되면서 제13대 대통령 선거 경쟁이 본격적으로 시작되었다. 노태우가 일찍부터 민정당 대통령 후보로 선출되어 활발히 활동한 데 비해, 유력한 야권 후보인 김영삼과 김대중은 후보 단일화에 실패한 채 11월에서야 각기 자당의 대통령 후보로 선출되었다. 민주당은 11월 9일 임시전당대회를 열어 김영삼을 대통령 후보로 지명했고, 평민당은 11월 12일 김대중을 총재 및 대통령 후보로 추대했다. 한편 김종필은 10월 30일 구 공화당 세력과 일부 한국국민당 의원들을 결집하여 신민주공화당(이하 공화당)을 창당하여 대통령 후보가 되었다. 이로써 제13대 대통령 선거의 구도는 민정당의 노태우, 민주당의 김영삼, 평민당의 김대중, 공화당의 김종필의 4파전의 양상을 띠었다.

선거 초반 후보들의 선거 전략은 자신의 연고지에서 유권자를 동원하여 자신에 대한 지지세를 과시하고, 그 기세로 다른 지역 유권자의 지지를 끌어들이는 것이었다. 그러나 연고 지역의 지지자를 동원하는 유세 방식은 타 지역 유권자의 반감, 특히 영호남 간의 지역감정이 충돌하는 부작용을 가져왔다. 11월 1일 부산 유세를 마친 김대중의 숙소에 300여 명의 폭도들이 몰려가 호텔 현관을 부수고 각목을 던지는 등 난동을 벌여 평민당원 15명이 부상하고 차량 10여 대가 파손되는 사건이 발생했다. 11월 14일 김영삼의 광주 유세에서는 김영삼이 군중들로부터 돌 세례를 받고 피신하는 사태가 발생했다. 11월 15일 김대중의 대구 두류공원 유세에서도 폭력 사태가 발발했고, 11월 29일 노태우의 광주 유세에서도 연설 도중 각목이 날아들고 시위대가 연단으로 몰려들어 10분 만에 연설이 중단되는 사건이 발생했다. 이는 언론에 의해 '지역감정의 폭발'로 보도되었지만, 일부에서는 보안사의 정치공작으로 본다. 곧 보안사가 '반(反) 호남' 정서를 건드려 영호남의 지역감정을 악화시키기 위해 폭력 사태를 기획했다는 것이다(강준만, 2003: 234~234).

또한 전두환 정권은 영호남 간의 갈등을 부추겨 양김에 대한 지지를 분산시키는 '분할지배'(divide & rule) 전략을 추구했다. 이를 위해 그들은 자신들이 장악한 공영방송을 통해 지역감정을 조장했다. 곧 텔레비전 방송에서 노태우 후보와 김영삼 후보의 호남 유세 때 발생했던 집회 방해 장면과, 김대중 후보의 부산 유세 때 발생했던 집회 방해 장면을 번갈아 보여줌으로써, 영호남 유권자들이 상대 지역을 '적대시'하도록 만들었다(민주화운동기념사업회 한국민주주의연구소, 2010: 391~392).

보수언론들도 '의도적인' 왜곡 보도를 통해 지역감정을 선동했다. ≪조선일보≫는 11월 14일 김영삼의 광주 유세장 폭력사태에 대해서는 1면, 2면, 사회면 머리기사로 매우 크게 보도한 데 비해, 11월 15일 김대중의 대구 유세장에서의 폭력 사태에 대해서는 1면 4단 보도기사로 작게 취급하고 관련 기사도 게재하지 않았다. 이는 일방적으로 호남의 지역감정만을 부각시켜 다른 지역의 '반(反) 호남' 또는 '반(反) 김대중' 정서를 조장하는 보도였다. 또한 11월 17일자 2면과 3면에 각각 "삼국시대의 '재판(再版)'인가", "이것이 민주주의인가"라는 사설과 칼럼을 내보냈다. 여기서는 폭력 사태에 대해 노태우 후보는 전혀 거론하지도 않은 채, "현재 전라도와 경상도 사이에 부각된 지역감정의 문제는 단일화를 못한 양김씨에게 직접 원인이 있다"고 주장하면서 일방적으로 양김만을 비난했다(강준만, 2003: 244).

이렇게 양김이 지역주의 조장한다는 비난에 직면하자, 그들은 반(反)지역주의를 내세워 이를 비판했다. 양김은 '유세장의 폭력사태'는 "정보기관의 공작"(김대중)이고 "민정당 정부가 고의로 만들어낸 조작행위"(김영삼)라고 비판하면서 "지역감정에 좌우되는 것은 노태우 후보를 도와주는 것"이라는 입장을 발표했다. 나아가 상대후보가 자신의 지역에서 유세할 경우, 두 당은 지구당을 통해 유세방해 행위가 발생하지 않도록 조치하기로 했다(박상훈, 2009: 155).

이에 따라 김대중은 집권당의 지역주의 동원 전략이 등장한 이후 호남 지역에서의 대규모 유세를 피했고, 김종필도 대규모 대중 유세는 하지 않겠다고 선언했다. 김영삼은 유일하게 자신의 지지 기반에서 대규모 유세를 했는데, 이는 지역주의 동원을 위한 것이 아니라 지역주의가 부산·경남 유권자에게 미치는 부정적 효과를 피하기 위한 것이었다.

곧 지역주의의 영향력이 크면 클수록 김대중 후보의 당선을 막고자 유권자가 집권당 후보, 곧 노태우 호보를 지지하는 경향이 커질 것이기 때문에 김영삼은 이를 막기 위해 자신의 지지기반에서 지역주의를 동원한 것이다(박상훈, 2009: 157).

이러한 설명은 양김이 지역주의를 동원했다는 일반적 인식이 잘못되었다는 점을 보여준다. 곧 한국의 지역주의는 후보와 해당 지역 유권자가 동일한 지역 연고를 갖는다는 사실을 바탕으로 하는 '긍정적(positive) 지역 정체성'이 아니다. 그 핵심적 성격은 특정 지역 혹은 특정 지역 후보에 대한 '배타적'(negative) 의식으로 나타나고, 그 기초에는 급진적 변화에 대한 두려움이 존재한다. 따라서 지역주의의 개입은 야당의 세 후보 가운데 하나를 지지할 가능성이 높은 유권자를 집권당으로 향하게 하는 효과를 갖는다. 김대중의 경우 지역주의는 호남 이외의 지지 시장을 확대하는 데 부정적으로 작용한다. 비호남 유권자가 지역주의에 의해 영향을 받을수록 그 피해자는 김영삼과 김종필이 된다. 이들 후보를 지지할 가능성이 높은 유권자가 지역주의의 영향을 받을 경우, 그들은 김대중의 당선을 막기 위해 집권당 후보를 지지할 가능성이 높아지기 때문이다. 따라서 이것이 제13대 대선 과정에서 야당의 세 후보가 집권당의 지역주의 이슈를 회피하고자 했던 전략적 근거이다(박상훈, 2009: 154~155).

한편 각 후보들은 독자 논리를 내세워 지지 확대를 꾀했다. 노태우는 '안정론'을 내세워 보수적인 유권자 층의 지지를 끌어내려 했다. 곧 "안정이냐, 혼란이냐"라는 캐치프레이즈를 내걸고 "야당이 집권하면 나라가 떠내려간다"느니 "대안 없는 투쟁경력만으로 나라를 이끌어갈 수 없다"는 등 겁주기 전략을 구사했다. 또 김대중과 김영삼에 대해 "야당이 집권을 위해 불순한 좌익 폭력혁명 세력과 손을 잡고 있"다는 식으로 '색깔 공세'를 취했다(강준만, 2003: 217). 이러한 노태우의 색깔 공세는 전두환 정권이 장악한 공영방송의 측면 지원을 받았다. KBS와 MBC는 투표가 임박한 시기에 이데올로기 비판 프로그램과 함께 캄보디아·월남의 공산화와 필리핀 사회의 혼란을 다룬 프로그램을 집중 방영했고, 〈TV특강―민중민주주의란 무엇인가〉라는 프로그램을 여러 차례 방영했다. 또한 앞서 지적했듯이 그들은 지역감정을 악화시키면서 반(反) 호남 정서를 유포시키는 데 결정적 기여를 했다(강준만, 2003: 240).

김영삼은 '군정종식론'을 내거는 동시에 김대중과의 차별성을 부각시키면서 부산·경남 지역의 지지 기반에 더해 비교적 온건한 지지층을 결집시키고자 했다. 또한 신군부의 12·12 군사정변으로 인해 제거되었던 전 육군참모총장 정승화 및 야당 정치인 김재광, 김상현, 이기택 등을 영입했고 동교동계로 분류되던 박종률, 송천영, 박왕식을 민주당에 잔류시켰으며, 광주항쟁시민학생총위원장 출신인 김종배와 전 중앙정보부장이었던 김재춘을 민주당에 입당시키는 등 지지 세력 확대를 꾀했다.

김대중은 '4자 필승론'을 내세워 지지 확대를 꾀했다. 곧 자신은 호남과 서울지역에서 확실한 우위를 점할 수 있으며, 여기에 더해 재야세력, 근로자, 학생층의 광범위한 지지를 받을 수 있다. 이런 상황에서 영남에서 김영삼 후보가, 충남에서 김종필 후보가 노태우 후보의 표를 분산시켜줄 경우 자신들에게 승산이 있다고 주장했다(민주화운동기념사업회 한국민주주의연구소, 2010: 391).

한편 민통련의 김대중에 대한 비판적 지지 표명 이후 분열되었던 운동세력의 흐름은 선거유세 국면에서도 지속되었다. 첫째, 김대중 후보에 대한 비판적 지지를 선언한 세력은 11월 20일 '김대중 선생 단일후보 범국민추진위원회'를 결성했다. 이 위원회는 창립선언문에서 군부독재 종식과 군의 정치 개입 금지, 광주학살 해결, 농민과 노동자 생존권 보장, 민족통일의 네 가지 과제를 해결하는 데에서 김대중 후보가 더 적합하다는 판단에서 그를 범국민세력의 단일후보로 추대한다고 밝혔다. 그리고 선거운동 결과, 국민의 지지가 약한 후보를 사퇴시켜 군부독재를 청산해야 한다고 주장했다. '서울지역대학생대표자협의회'(서대협)와 '전국대학생대표자협의회'(전대협)도 이 흐름에 동참했다(민주화운동기념사업회 한국민주주의연구소, 2010: 397~398).

둘째, 비판적 지지에 반대하는 흐름도 후보 단일화를 주장하며 지속적으로 활동을 전개했다. 10월 12일 민통련의 김대중 비판적 지지 결정에 이후 6개 가맹단체가 그 결정 과정에 의문을 표하면서 총회소집을 요구하고, 회원 44명이 그 결정에 반대하는 내용의 성명서를 발표하는 등, 민통련 내부에서 반대 의견이 속출했다. 10월 31일에는 각계 민주인사 122명이 민통련의 특정 후보 지지를 비판하고 후보단일화를 주장하는 성명서를 발표했다. 그들은 선거경쟁이 4파전으로 갈 경우 민주화운동 진영의 선거 승리가 불가능하다고 주장했다. 이 움직임은 가톨릭농민회(약칭 가농)의 주도에 의해 또 하나의 흐름으로 결집되었는데, 가농 회장단은 11월 5일 후보단일화를 위한 단식농성에 돌입했고, 11월 13일에는 가농 주최로 명동성당에서 '군부독재 종식을 위한 후보단일화 쟁취대회'가 개최되었고, 11월 23일에는 각계 인사 1000여 명이 모여 '군정종식 단일화쟁취 국민협의회'(약칭 국협)를 결성했다. 12월 6일 국협은 연세대에서 5000여 명이 모인 가운데 가농, 국본 노동자위, 국본 부천지부, 노동자 선대위, 서울지역 비상 대학생대표자협의회, EYC, 전국 구속청년학생협회의, 기독교도시빈민선교협의회 등 13개 단체와 함께 '군정종식 단일화쟁취 비상국민대회'를 개최했다(민주화운동기념사업회 한국민주주의연구소, 2010: 398).

셋째, 일부 운동세력은 민중의 독자후보를 내세울 것을 주장하고 백기완을 대통령 후보로 추대했다. 그들은 양김의 후보단일화에 대한 의

구심과 민중의 정치세력화에 대한 관심, 그리고 일부 운동단체들의 김대중 지지 결의에 대한 반발 등을 계기로 결집했다. 그들은 백기완을 중심으로 한 선거운동본부 상층부, 범제헌의회 계열, 인천지역민주노동자연맹 등이 주축을 이루었다. 그들은 11월 12일 '백기완 선생 대통령 후보 임시추대위원회'를 결성하고, 10월 27일에는 '민중대표 백기완 선생 대통령 후보 선거운동 전국본부'(약칭 백본)를 결성했다. 백본은 결성 직후인 12월 6일 서울 대학로에서 10만여 명의 시민들이 참여한 가운데 '군정 종식과 민주연립정부 쟁취 범국민결의대회'를 개최하는 등 지지세 확산에 힘썼다(민주화운동기념사업회 한국민주주의연구소, 2010: 398).

이렇게 운동세력조차 분열된 가운데 선거일에 임박하자 후보단일화를 위한 마지막 노력이 시도되었다. 12월 8일 서울지역 대학생 140여 명은 민주당사와 평민당사에 몰려가 양김의 후보단일화를 요구하며 사무실 점거 농성을 벌였으며, 일부는 김영삼의 상도동 집과 김대중의 동교동 집으로 가서 철야농성을 벌이기도 했다. 12월 9일에는 백기완 후보와 13개 재야단체들로 구성된 '단일화쟁취국민협의회'에서 후보단일화 논의를 위한 비상정치회담을 제의했다. 12월 10일에는 김영삼과 백기완이 전격 회동하여, "군정종식을 위한 민주세력의 대연대를 추진한다"는 대원칙에 합의하고, 김대중과 재야 13개 단체 대표로 민주연립정부 구성을 위한 4자 비상 정치회담을 갖는 데 합의했다. 그러나 김대중은 이를 거부했고, 12월 12일 국협은 후보단일화 노력이 최종적으로 실패했음을 밝히고 국민들에게 승리에 가까운 쪽으로 투표해줄 것을 호소했다. 이에 백기완은 "민주세력의 대연대를 이룩하지 못한 책임을 지고 대통령 후보직을 사퇴"했다(이영훈, 2000: 205). 이로써 재야세력의 후보단일화를 위한 노력은 최종적으로 실패했다.

다른 한편 선거일이 가까워지자, 각 후보들은 대규모 대중을 동원하여 세몰이 대결을 전개했다. 11월 29일 김대중은 서울 여의도 광장 유세에 130만 명 이상, 12월 13일 보라매공원 제2차 서울대회에서도 150만 명의 인파를 동원했다. 그리고 12월 5일 김영삼은 여의도 광장 유세에서 130만 명, 12월 12일 노태우는 유세에서 150만 명을 동원되었다. 여기서 노태우는 자신이 당선되면 '올림픽 후 중간평가'를 하겠다며 마지막 카드를 던졌다.

그런데 선거가 얼마 남지 않았던 시기 유권자들의 반공 안보 심리를 자극하는 사건이 발생했다. 그것은 11월 29일 이라크 바그다드에서 출발하여 서울로 향했던 대한항공 858편 여객기가 인도양 상공에서 폭파되어, 115명의 탑승자 전원이 사망한 사건이었다. 그리고 12월 1일 바레인에서 KAL기 폭파범 마유미가 검거되어, 선거 바로 전날인 12월 15일, 김포공항으로 입국했다. 이는 북한의 위험을 상기시킴으로써 유권자들의 보수 안정 심리를 자극하여 노태우 후보에게 유리한 상황을 조성하려던 전두환 정권의 마지막 작업이었다(민주화운동기념사업회 한국민주주의연구소, 2010: 393).

3) 결과와 의미

12월 16일 실시된 제13대 대통령 선거는 8,282,738표(선거 참여 유권자의 36.6%)를 획득한 민정당의 노태우가 당선되었다. 2위는 6,337,581표(28.0%)를 획득한 김영삼, 3위는 6,113,375표(27.1%)를 획득한 김대중, 4위는 1,823,067표(8.1%)를 획득한 김종필이었다. 그런데 투표 결과는 각 후보들이 자신의 출신 지역에서 다른 후보에 비해 훨씬 많은 지지를 획득한 지역주의 투표가 이번 선거의 주요한 특징임을 보여준다. 곧 노태우는 대구와 경북 지역에서 70.7%와 66.4%를, 김영삼은 부산과 경남에서 56.0%와 51.3%를, 김대중은 광주, 전남, 전북에서

| 표 7-2 | 제13대 대통령 선거 결과(지역별)

지역/후보		노태우	김영삼	김대중	김종필
수도권	서울	30.3	29.1	32.6	8.2
	인천	39.4	30.0	21.3	9.2
	경기	41.5	27.5	22.3	8.5
강원		59.3	26.1	8.9	5.4
충청권	충남	26.2	16.1	12.4	45.0
	충북	46.9	28.2	11.0	13.5
호남권	광주	4.8	0.5	94.4	0.2
	전남	8.2	1.1	90.3	0.3
	전북	14.1	1.5	83.5	0.8
경북권	대구	70.7	24.3	2.6	2.1
	경북	66.4	28.2	2.4	2.6
경남권	부산	32.1	56.0	9.1	2.6
	경남	41.2	51.3	4.5	2.6
제주		49.2	26.8	18.6	4.5
전국		36.6	28.0	27.1	8.1

자료: 정해구·김혜진·정상호, 2004: 134.

94.4%, 90.3%, 83.5%, 김종필은 충남에서 45.0%의 지지를 획득했다.

대선 결과는 1987년 6월 민주항쟁에서 표출되었던 군부 권위주의 세력의 청산이 아닌 그들의 재집권을 가져왔다. 이로 인해 민주화 세력으로 정권 교체를 원했던 많은 국민들은 커다란 상실감에 시달리게 되었다. 또한 일부 세력들은 선거 결과를 부정했다. 선거 당일 일부 시민과 학생들은 구로구청에서 개표소로 이송되는 투표함을 둘러싸고 부정투표의혹을 제기하면서 사흘간 항의농성을 전개했고, 일부 세력들은 '민주쟁취국민운동 선거무효화투쟁본부'를 결성하고 12월 24일 명동성당에서 '부정선거규탄 선거 무효화 및 군부독재 즉각 퇴진대회'를 개최하기도 했다.

그러나 이러한 움직임은 시민들의 큰 호응을 얻지 못했다. 그 이유는 대부분의 사람들이 노태우의 승리는 양김의 분열 때문이라고 생각했기 때문이다. 따라서 선거 패배에 대한 비난은 양김에게로 돌아갔다.

또한 이 선거는 각 후보자들의 연고 지역에서 상당히 많은 표를 얻었기 때문에 유권자들의 지역주의 투표 성향 역시 비난의 대상이 되었다.

그런데 양김의 분열이 노태우 후보 승리에 결정적으로 기여했다는, 곧 양김이 분열되지 않았다면 승리했을 것이라는 일반적 인식에 대해서는 이견이 존재한다. 정치학자 이갑윤과 문용직은 양김의 야권 분열이 노태우 후보의 승리를 용이하게 했다고 하여, 야권 통합이 승리를 보장할 수는 없었을 것이라고 주장했다. 왜냐하면 김대중 후보로의 통합은 그에 대한 비호남인의 낮은 지지 때문에 노태우 후보의 일방적 승리로 귀결될 것이며, 김영삼 후보로의 통합은 결과를 점치기 힘들 정도로 김 후보와 노 후보와 득표율이 비슷했을 것이라고 주장했다(이갑윤·문용직, 1995: 226). 곧 양김이 후보 단일화에 성공했다 하더라도 승리를 보장할 수 없다는 것이다. 이는 대선 패배의 책임을 단일화하지 못했던 양김에게만 돌리는 일반적 인식이 오류일 가능성을 보여준다. 물론 당시 결선투표제가 존재했다면 상황이 달라질 수 있었을 것이다. 만일 김영삼이 2위를 했다면, 김대중을 지지한 유권자는 2차 투표에서 노태우를 선택하거나 기권을 선택하기보다는 김영삼에게 투표할 가능성이 높았을 것이다. 따라서 대선 결과는 헌법 개정 과정에서 결선투표제를 도입하지 않은 것이 야당이 승리하지 못한 요인 중 하나라는 점을 잘 보여준다.

3. 1988년 13대 국회의원 선거

1) 대통령 선거 이후의 정국 전개

대통령 선거 이후 여권에서는 전두환 정권과 신임 당선자 노태우측

간에 정권 인수·인계 작업이 순조롭게 진행되는 것처럼 보였다. 그런데 1988년 2월 25일 대통령에 취임하자, 노태우는 전두환 및 제5공화국과 '거리두기'를 시작했다. 우선 전두환이 퇴임 이후 정치적 영향력을 행사하기 위해 만든 국가원로자문회의를 대폭 축소하여 유명무실한 기구로 만들었다. 둘째, 3월 18일 4·26총선을 위한 민정당의 공천에서 권익현, 권정달, 김상구 등 5공 실세들을 탈락시켰다. 대신 박철언, 나창주, 박승재, 강재섭, 이재황 등 대선에서 핵심적 역할을 했던 사조직 월계수회 멤버들을 전국구 상위권에 포진시켰다(강준만, 2003: 252~253). 셋째, 3월 31일 전두환의 동생이자 전임 새마을본부 회장인 전경환을 구속시켰다. 새마을운동본부는 5공 후반기부터 비판 대상이 되었고, 1987년 7월 말부터 8월 중순까지 감사원이 감사를 실시했다. 그 결과 전경환은 회장직 사임, 관련 공무원과 간부들은 경고나 주의, 훈계 등 경징계를 받는 선에서 마무리되었다. 그러나 전두환이 퇴임하고 난 후, 언론에 연일 새마을본부와 관련된 비리가 보도되자, 이는 노태우 정부에게 정치적 부담이 되었다. 그런데 3월 19일 전경환이 비밀리 출국했고, 이 사실이 언론에 보도되자 전두환은 귀국을 지시하였다. 전경환은 이틀 만에 귀국했다. 이 사건을 계기로 비난 여론이 비등하자 노태우 정부는 신속히 수사를 진행하여 전경환을 구속시켰다. 그럼에도 불구하고 언론과 야당은 축소수사 의혹을 제기했고, 또한 전두환의 국가원로자문회의 의장직 사퇴를 요구했다. 결국 전두환은 선거 직전인 4월 13일 국가원로자문회의 의장직과 민정당 명예총재직 등 모든 공직에서 물러나겠다고 발표했다(강준만, 2003: 253~257).

전경환 구속은 노태우 정부로서는 전두환 세력의 힘을 약화시키고 5공 정권과의 차별성을 드러낼 수 있는 기회였다. 특히 이는 4·26총선에서 민정당에 유리하게 작용할 것이라고 예상되었다.

한편 당시 야권에서는 대통령 선거 패배의 책임론과 함께 야당 체질 개선 및 세대교체론, 그리고 4·26총선에 대비한 야당 통합 움직임이 등장했다. 대통령 선거 패배 이후 야권에서는 4·26총선에서도 패배할 것이라는 위기의식이 고조되었다. 그래서 반드시 야당이 통합하여 4·26총선에 대비해야 한다는 인식이 확산되었다.

김영삼의 민주당과 김대중의 평민당은 선거 패배의 후유증을 극복하고 새로운 활로를 모색하기 위해 당 체제 정비에 착수했다. 민주당은 1월 6일 임시전당대회를 개최하여 김영삼을 총재로 재신임하고 대의원 경선을 통해 김명윤, 김영관, 권오태, 김상현을 부총재로 선출하여 전열을 정비했고, 평민당은 2월 3일 문동환, 박영숙, 이상수, 이해찬, 양성우, 이길재, 박상천, 박석무, 서경원 등 재야인사 91명을 입당시켜 당을 재정비했다(이영훈, 2000: 206).

이와 별개로 야권에서 통합 움직임은 다시 등장했다. 먼저 1월 26일 양순직, 유제연, 김현수, 김성식, 장기욱 등이 야권 통합을 촉구하며 평민당을 탈당했다. 또한 박찬종, 조순형, 허경구, 이철, 장기욱 등은 야권통합추진위원회를 결성하고, 2월 6일 한겨레사회연구소 등 재야 인사들과 결합하여 범민주통합신당추진위원회를 발족시켰다. 이에 2월 8일 김영삼은 "야권의 신속한 단일화를 위해 총재직을 사퇴하고 평당원으로 백의종군 하겠다"고 말하면서 야권통합 논의에 적극 호응했다(이영훈, 2000: 206).

다른 한편 국회에서 민정, 민주, 평민, 공화 4당은 1988년 1월 18일 임시국회 개의와 함께 국회의원 선거법 협상을 시작했다. 그러나 2월 말까지도 선거구제를 둘러싸고 정당 간 이견이 조율되지 않으면서 협상이 진척되지 못했다. 민정당은 소선거구제와 중선거구제를 혼합한 1구 1~4인제를, 민주당과 공화당은 현행 중선거구제를 다소 보완한 1구 2~4인제를, 평민당은 철저한 소선거구제도를 주장했다(《동아일보》, 1988.2.5).

이런 움직임에 발맞추어 2월 초 민주당과 평민당은 통합실무협의기구를 발족시켰고, 선거구제 조정문제와 재야인사 입당 등을 놓고 이견을 보였지만, 민주당의 박용만, 김동영, 최형우와 평민당의 이중재, 노승환, 양순직, 이용희 등 7명이 별도 모임을 통해 단시일 내에 야권통합을 이루어야 한다는 원칙에 전격 합의하면서 통합 작업이 진행되었다. 그런데 평민당 측은 민주당에게 소선거구제를 확실히 당론화할 것과 재야와의 3자 통합을 촉구한 데 비해, 민주당은 양당만이라도 먼저 통합해 나가면서 재야를 받아들이자고 주장했다. 이후 무소속의원들까지 포함하여 양당이 합동의원 총회를 개최하기로 결정했으나 평민당이 불참을 결정함으로써 통합 작업은 중단되었다(이영훈, 2000: 207~208).

이후 양당은 각자 선거법 협상에 주력했는데, 민주당은 통합이 되지 않았으니 당연히 중선거구제로 돌아가야 한다며 민정당과의 협상에 나섰고, 평민당은 계속 소선거구제를 주장했다. 2월 23일 김영삼이 갑작스럽게 소선거구제 수용과 야권통합 작업 재개를 요구하는 기자회견을 개최한 후 김대중과 전격회동을 갖고 민주당의 소선거구제 당론 환원, 재야의 신당창당 중지 및 통합 동참 권고, 양당의 통합추진기구 조속 재가동 등 3개항에 합의함으로써 통합협상에 새로운 돌파구를 마련했다. 이후 양당은 협상기구 모임을 갖고 2월 29일 소선거구제를 공동 발의하고, 3월 3일 각기 임시전당대회를 열어 합당을 결의하기로 합의했다. 여기에 재야의 한겨레민주당 역시 참여하기로 합의했다(이영훈, 2000: 208~209).

그러나 양당의 통합작업은 평민당이 통합신당의 지도체제로 양김공동대표제를 고집하면서 벽에 부딪쳤다. 3월 17일 김대중이 야권통합을 위해 총재직을 사퇴하면서 돌파구가 열리는 듯했으나, 3월 19일 양당 통합협상회의장에 200여 명의 청년 학생들이 난입하여 폭력을 행사하고, 이에 대해 양당의 감정이 악화되어, 3월 21일 민주당이 야권통합협상을 중단하면서 결국 야권통합은 무산되었다(이영훈, 2000: 210).

이 시기 민정당은 주로 민주당 및 공화당과 국회의원 선거법 개정 협상을 진행하다가 갑자기 당론을 소선거구제로 변경했다. 또한 전국구 의석 배분 방식에 대해 제1당에게 무조건 의석 과반수를 부여하는 것으로 내용을 확정하고 3월 임시국회에서 선거법 단독 처리에 나섰다. 야당들은 1당에게 일방적으로 유리한 의석 배분 방식에 반대했지만, 3월 8일 민정당이 단독으로 선거법 개정안을 강행 처리함으로써 제1당에 유리한 선거법이 확정되었다(≪동아일보≫, 1988.3.8).

4·26총선을 앞두고 노태우와 민정당은 승리를 확신하고 있었고 여론 역시 민정당의 승리를 점쳤다. 민정당은 대선에서와 마찬가지로 조직과 자금에 앞서 있고 야권은 분열로 지리멸렬했기 때문에 민정당이 고정표만 얻어도 어부지리로 승리할 것이라는 전망이 일반적이었다. 이에 따라 민정당은 전체 의석의 55% 이상, "득표율은 대통령 선거 때보다 약간 상회하는 유효득표의 40% 정도를 목표로" 제시했다(≪경향신문≫, 1988.4.2). 민정당은 이런 결과를 통해 노태우와 민정당에 대한 지지도를 과시하는 동시에 정통성 시비를 차단하여 대선 공약인 올림픽 이후의 중간평가에 대비할 수 있을 것이라 생각했다. 또한 서울, 부산, 광주 등 일부 대도시와 호남지역 이외의 전 지역에서 압승하여 야당의 분화와 몰락을 촉진하고 이를 통해 6공화국 정권의 안정성을 확보할 것이라고 예상했다. 당시 여론조사에 따르면 정당별 지지도는 민정당 42%, 평민당 19.1%, 민주당 22.4%였고, 민정당은 전체 224개 지역구 중 53%인 119개 지역구에서 당선될 것으로 예상되었다(박철언, 2005: 311).

반면 야권은 분열되어 선거에 임했기 때문에 총선 승리보다는 제1야당의 지위 확보를 통해 훗날의 야권통합에서 유리한 입지를 차지하는 것을 목표로 했다. 특히 대선 패배에도 불구하고 4·26총선에서도 두 야당이 통합에 실패함으로써 비판 여론이 고조되었고 지지자들의 실망도 배가되었다. 이러한 상황에서 야권은 주로 자당 우세 지역과 수도권에서 집중적으로 유세를 전개했다. 민주당은 김명윤 총재대행과 김영삼 전 총재를 각기 서울과 부산에 출진시켜 이번 총선을 민주당 대 민정당의 대결로 몰아가려했다. 또한 군소정당이 다수 출현하면 민정당을 견제할 수 없으니, 제1야당인 민주당에 표를 몰아달라고 호소했다. 이에 비해 평민당은 김대중 전 총재, 박영숙 선거대책위원장, 문동환 상임고문을 축으로 경인과 호남지역을 오가며 선거유세를 전개했다. 그리고 서울을 6개 권역별로 나누어 당원단합대회 형식으로 옥외집회를 개최하여 '서울 바람'을 조성하려 했다. 또한 야당은 새마을운동 비리를 빌미로 노태우 정권을 전두환 정권의 상속자로 규정하고 6공화국이 아닌 5.5공화국이라고 비판했다(≪경향신문≫, 1988.4.9). 곧 야당은 '민주 대 반민주'의 대결구도를 통해 민주화를 선호하는 유권자들을 끌어들이려 했다.

2) 결과와 의미: 여소야대

1988년 4월 26일 16년 만에 중선거구제에서 소선거구제로 바뀌어 실시된 제13대 국회의원 총선거는 예상을 뒤엎고 헌정사상 최초로 여소야대 국회를 탄생시켰다. 야당은 득표율에서 66%를 얻어 34%인 여당에 비해 거의 두 배에 달하는 압승을 거두었고, 의석도 172대 125로 1.4배나 많이 획득하는 성과를 거두었다. 정당별 득표율은 민정당 34.0%, 평민당 19.3%, 민주당 23.8%, 공화당 15.6%였고, 전국구를 포함한 정당별 의석수는 민정당 125석, 평민당 70석, 민주당 59석, 공화당 35석, 한겨레민주당 1석, 무소속 9석이었다.

▮표 7-3▮ 제13대 총선 결과

		민정당	평민당	민주당	공화당	기타	합계
득표율(%)		33.9	19.2	23.8	15.5	7.3	100
의석수	지역구	87	54	46	27	10	224
	전국구	38	16	13	8	0	75
	합계	125	70	59	35	10	299
지역별 의석수	서울	10	17	10	3	2	42
	부산	1		14			15
	대구	8					8
	인천	6		1			7
	광주		5				5
	경기	16	1	4	6	1	28
	강원	8		3	1	2	14
	충북	7			2		9
	충남	2		2	13	1	18
	전북		14				14
	전남		17			1(한겨레당)	18
	경북	17		2	2		21
	경남	12		9		1	22
	제주			1		2	3

이번 선거에서는 지역주의 투표 성향이 제13대 대통령 선거보다 더 두드러졌다. 평민당은 광주와 전남북 37개 선거구 중 36개에서, 민주당은 부산의 15개 중 14개에서, 경남의 22개 중 9개에서, 민정당은 대구의 8개 모두, 경북의 21개 중 17개에서, 그리고 공화당은 충남의 18개 중 13개에서 당선되었다. 대신 지역적 기반이 없었던 한겨레당은 전남에서 1명이 당선되는 데 그치고, 민중의 당은 아예 한 명도 당선되지 못했다.

선거 결과에 대한 일반적 인식은 지역주의가, 여당이 압승할 것이라는 예상을 깨뜨리고, 여소야대의 선거 결과를 가져왔다는 것이다. 곧 지역주의가 민주당, 평민당, 공화당이 우세한 지역에서 선거 구도를 민정당과 야당의 일대일 구도로 만듦으로써 야당분열로 인해 여당이 누릴 수 있는 이점을 무력화시켰다는 것이다(이갑윤·문용직, 1995: 227). 이런 측면에서 보면, 지역주의는 야당에 대한 호남, 충청, 경남 지역 유권자들의 압도적 지지를 이끌어냄으로써 여당의 승리를 막은 일등 공신이다. 그럼에도 불구하고 언론을 비롯한 일반의 인식은 지역주의에 대해 아주 부정적이었다. 예를 들어 ≪중앙일보≫는 "지역의식의 강력한 표출과 그에 따른 각 정당의 지역당적 성격 강화는 실로 경악할 만한 일"(≪중앙일보≫, 1988.4.27)이라고 비판했다. 이런 인식은 일반적이었기에 지역주의에 대해 '망국적'이라는 수식어가 자주 붙게 되었다.

그러나 제13대 총선 결과를 지역주의의 표출로 해석하지 않는 견해도 존재한다. 정치학자 정대화는 제13대 총선보다 4개월 전에 치러진 대통령 선거에서 당선자 노태우 후보를 지지하지 않은 유권자가 63.4%에 이르고, 특히 전체 유권자의 55%가 양김을 지지했다는 사실을 강조한다. 곧 지지도의 분포만 고려할 때 대선이나 총선 모두 명백히 여소야대였으며, 이를 가져온 1차적 동인은 지역주의가 아닌 유권자들의 민주지향성이라고 주장했다(정대화, 1995: 177). 또한 정치학자 박상훈은 13대 총선 결과가 '경악할만한 지역감정'이나 '민주화에의 열망'이라기보다 소선거구제에 따른 '제도의 의도하지 않은 결과', 곧 득표율과 의석점유율의 커다란 격차를 가져오는 소선거구제의 승자독식 효과로 설명했다(박상훈, 1999: 154). 일반적으로 소선거구제는 1등만 당선되기 때문에 지역과 밀착된 정당의 후보에게 상대적으로 유리한 결과를 가져오는 경향이 강하다.

따라서 총선 결과를 무조건 지역주의의 결과라고 비난하는 것은 국민들의 민주화 의지나 선거제도의 효과와 같은 다른 요인들을 고려하지 못한 단견이다.

한편 총선 결과는 새로운 정치세력의 원내 진입을 가져왔다. 특히 그동안 시민사회에서 비판세력으로 머물러 있던 재야세력들이 개인적으로 또는 조직적으로 선거에 참여했는데, 그들 중 일부만 성공했다. 곧 평민당의 이해찬, 이철용, 양성우, 문동환, 박영숙 등, 그리고 민주당의 노무현, 장석화, 김광일 등 기성 정당에서 출마했던 인물들은 의회 진출에 성공했지만, 한겨레민주당이나 민중의 당과 같이 독자 정당으로 출마한 인물들은 대부분 실패했다.

다른 한편 총선 결과는 정국 구도에 큰 변화를 가져왔다. 우선 의정사상 처음으로 여당이 과반수 의석을 확보하지 못하고 야당이 다수를 차지하게 된 여소야대 국회는 민주화를 촉진시킬 수 있는 계기가 되었다. 또한 4·26총선은 이제 관권이나 선심공약이 위력을 발휘하던 시대가 가고, 금권선거도 이전보다 약화되었다는 점을 보여주는 선거였다(서중석, 2005: 334).

다음으로 평민당이 제2당으로 부상하면서 정국 주도권이 김대중에게로 넘어갔다. 제13대 대통령 선거에서 김영삼에 이어 3위를 함으로써 정치적 위상이 추락했던 김대중은 이번 총선 결과로 다시 정국의 중심으로 부상하게 되었다. 대신 민주당이 제3당이 됨으로써 김영삼의 정치적 위상은 약화되었다. 이는 1990년 그가 민정당, 공화당과 함께 3당 합당에 참여하는 계기가 되었다. 그리고 대선에서 4위를 함으로써 정치적 위상이 크게 추락했던 김종필도 공화당이 충청권을 기반으로 원내교섭단체를 구성할 수 있는 의석을 확보함으로써 재기에 성공했다.

마지막으로 총선 이후 평민당은 5월 7일 임시전당대회에서 김대중을 총재로 재추대했고, 민주당도 5월 12일 전당대회에서 김영삼을 총재에 재추대함으로써 양김이 다시 정치사회를 주도하게 되었다.

4. 나가는 말

1987년 6월 민주항쟁은 민주화 조치를 담은 6·29선언을 가져왔다. 그러나 이는 군부 권위주의 세력의 완전한 청산이 아닌 '타협에 의한 민주화'였기 때문에 많은 한계를 지닐 수밖에 없었다. 특히 민주항쟁의 실질적 요구를 담아야 할 헌법 개정이 민주화운동의 실질적 주역이던 재야와 학생 세력을 배제하고, 보수 야당과 청산대상인 민정당에 의해 진행된 점은 민주화의 진전을 더디게 한 결정적 원인이었다. 물론 새로운 헌법은 그동안 억압되었던 국민 기본권을 신장시키는 등 상당히 개선되었지만 기성 정치권의 이해관계에 따라 대통령 임기와 선출 방법이 왜곡되고, 노동자의 권익이 제대로 보장되지 못하는 등 많은 한계역시 노정되었다.

헌법 개정 이후 전개된 대통령 선거 과정은 양김의 후보 단일화 논란이 지속되면서 민정당 노태우가 독주하게 되었다. 양김의 후보 단일화 실패는 민주화를 원하던 유권자들의 실망과 함께 분열을 가져왔고 전두환 정권에 의해 조장된 유세장 폭력 사태와 영호남 간 지역감정 악화는 양김에 대한 비난으로 이어졌다. 결국 민주화 이후 정초선거는 36.6%의 지지만을 얻은 민정당 노태우 후보의 당선을 가져왔다. 곧 선거결과는 한국의 민주화 이행을 가져왔던 민주화 세력이 타도하려던 군사 권위주의 세력의 재집권을 가져왔다. 이는 타협에 의한 민주화가 낳은 역설이라 할 수 있다.

선거 이후 모든 비난은 후보 단일화를 가져오지 못한 양김에게 쏟아졌다. 그러나 노태우의 당선에는 전두환 정권과 보수 언론의 지원과 지역주의 조장, 대한항공기 폭발 사건이 가져온 안보 불안 심리, 보수 성향 유권자들의 지지, 대구, 경북 지역의 지역주의 투표 등 다른 요인들도 중요한 역할을 했다.

1988년 제13대 국회의원 선거를 준비하면서 야권에서는 다시 통합 논의가 진행되었다. 그 결과 공화당을 제외하고 민주당과 평민당 등 민정당에 반대하는 대부분의 세력들이 결합하는 통합이 실현될 뻔했지만 통합은 실패했다. 따라서 지배적인 전망은 여당의 압승과 야당의 패배였다. 그러나 4·26총선 결과는 예상치 못한 여소야대의 결과를 가져왔다. 투표 결과는 각 정당이 자신의 연고지역을 석권하는 지역주의 투표 성향을 보여주었는데, 야당의 승리는 국민들의 민주화 욕구와 소선거구제라는 구조가 지역에서 야당과 민정당의 일대일 구도를 형성시킴으로써 나온 결과였다.

결국 1987년 6월 민주항쟁에서 드러난 국민들의 민주화 열망은 1987년 대통령 선거에서 노태우의 승리로 인해 좌절되었지만, 1988년 국회의원 선거에서 여소야대 정국을 가져옴으로써, 이후 민주화의 동력이 되었다.

참고문헌

강원택 엮음. 2010. 『헌법개정의 정치』. 인간사랑.

강준만. 2003. 『한국 현대사 산책: 1980년대편』 3권. 인물과 사상사.

김대영. 2006. 「87년 개헌협상과 국민운동본부의 정치행위」. ≪정신문화연구≫, 29(1), 275~301쪽.

김대중. 2010. 『김대중 회고록』 1. 삼인.

김삼웅. 2010. 『김대중 평전』 1, 2. 서울: 시대의창.

김영명. 2013. 『대한민국 정치사: 민주주의의 도입, 좌절, 부활』. 일조각.

김영삼. 2000. 『김영삼 회고록』 3. 백산서당.

김영수. 2000. 『한국헌법사』. 학문사.

동아일보사 엮음. 1988. 『동아연감 1988』.

민주화운동기념사업회 한국민주주의연구소. 2010. 『한국민주화운동사 3』. 돌베개.

박상훈. 1999. 「한국 지역정당체제의 합리적 기초에 관한 연구」. 고려대학교 정치외교학과 박사학위논문.

_____. 2009. 『만들어진 현실』. 후마니타스.

박철언. 2005. 『바른 역사를 위한 증언 1』. 랜덤하우스중앙.

서경석. 2007. 「87년 헌법체제와 헌법정치」. ≪민주법학≫, 제34호, 137~167쪽.

서중석. 2005. 『사진과 그림으로 보는 한국현대사』. 웅진지식하우스.

_____. 2008. 『대한민국 선거이야기』. 역사비평사.

안승국. 2009. 「한국에 있어서 권위주의체제의 해체와 민주적 이행」. ≪한국정치외교사논총≫, 31(1), 211~236쪽.

이갑윤·문용직. 1995. 「한국의 민주화: 전개과정과 성격」. ≪한국정치학회보≫, 29(2), 217~232쪽.

이영훈. 2000. 『파벌로 보는 한국야당사』. 에디터.

전재호. 2016. 「한국 민주화 이행에서 김대중의 역할: 1980~1987년」. ≪기억과 전망≫, 35호, 243~281쪽.

정대화. 1995. 「한국의 정치변동: 1987~1992: 국가-정치사회-시민사회의 관계를 중심으로」. 서울대학교 정치학과 박사학위논문.

_____. 2005. 「민주화 과정에서 민통련과 국민운동본부의 역할에 대한 평가」. ≪민주사회와 정책연구≫, 8, 213~291쪽.

정해구·김혜진·정상호. 2004. 『6월항쟁과 한국의 민주주의』. 민주화운동기념사업회.

조지형. 2010. 「1987년 헌법의 역사화와 시대적 소명」. 강원택 엮음. 『헌법개정의 정치』. 인간사랑.

한상휘·오연호. 1992. 『김영삼·김대중 경쟁과 공존의 역사』. 의암출판.

현경대. 2005. 「정략적 개헌 논의를 경계한다: '87년 제9차 개헌과정을 되돌아보며」. ≪국회보≫,
　　7월호(464호), 67~75쪽.

≪동아일보≫.
≪경향신문≫.

8장

87년 노동자대투쟁과 노동운동의 성장

이원보 | 한국노동사회연구소 이사장

1. 문제의 제기[1]

1987년 6월 민주항쟁과 노동자대투쟁으로부터 30년이 되었다. 그 사이 정권은 일곱 번이나 바뀌었고 1997년 외환위기라는 끔찍한 고비를 넘기도 했다. 당시 태어난 사람은 청년시대를 넘어섰고 치열한 투쟁에 앞장섰던 주인공들은 이미 장년을 지나 있기도 하다. 옛말대로라면 강산이 세 번 바뀌게 되는 이 연륜 동안 우리 사회가 지향해야 하는 최고의 가치로서의 민주주의는 얼마나 발전했는가? 국민의 절대다수를 차지하는 노동자 대중의 삶과 노동운동은 어떻게 개선되어 있는가?

1987년 노동자대투쟁은 이 나라 노동운동의 분수령이었다. 노동자들의 투쟁은 노사관계와 노동운동의 지형을 변화시켰을 뿐만 아니라 노동자들이 민주주의의 외연을 넓히고 내용을 충실하게 채움으로써 이 사회의 핵심적인 발전축의 하나임을 분명히 하였다. 그러나 지난 10년

---

1   이원보(2016)를 수정 인용.

가까이 민주주의는 퇴행을 거듭했고 노동자들의 삶은 전반적으로 피폐해졌다. 노사관계는 파행을 거듭하고 노동운동의 환경은 훨씬 악화했다. 그 배경에는 이명박·박근혜정부의 경제살리기를 명분으로 한 반민주·반노동·반평화의 지배전략이 강하게 자리하고 있었다. 경제살리기란 독점 대자본에 의한 경제성장 신화의 재현이었다. 이를 위해 두 정부가 추구한 것은 이른바 '개혁'을 내세운 수구 보수화로 치닫는 안하무인의 불통·독단의 파시즘적 통치이었다. 여기서 말하는 개혁이란 대대적인 규제완화와 공공부문의 사유화 그리고 노동유연화의 확충을 통한 대자본의 이익증대의 다른 표현이었으며 위로부터의 독단의 통치는 민중의 저항을 봉쇄하기 위한 반민주적 책략이었다. 이 과정에서 노동운동에 대한 권력과 자본의 잔혹한 탄압은 거의 전면적이었다. 전교조와 공무원노조 등 거대한 기간조직들은 불법화되고 자율 교섭에 의해 형성된 단체협약은 곳곳에서 훼손되었으며 민주적 노조들은 자본의 폭력으로 파괴되고 단체협약의 해지와 막대한 금액의 손해배상 가압류사태로 노동조합은 질식상태에 몰려 있다. 노동조합운동에 대한 정부의 공격은 2013년 12월 민주노총 본부에 대한 공권력 투입에 이어 한상균 민주노총 위원장 등 노조간부들에 대한 대량구속과 장기간에 걸친 실형선고를 감행함으로써 절정에 달했다.

이처럼 이명박, 박근혜 정부는 경제살리기를 내세우며 노동개혁이라는 이름의 '노동의 유연화'를 확장하고 노동운동의 무력화를 강하게 추진했다. 그러나 경제는 살아나지 않았고 사회양극화는 더욱 심해졌다. 경제성장률은 매년 2% 수준에 머물렀고 한국은 OECD 가입국 가운데 국민의 삶에 관한 지표에서 최하위 수준에서 허우적거렸다. 고용 없는 저성장체제하에서 노동대중의 삶의 조건은 더욱 열악해졌고 그 결과는 2016년 4월 총선거에서 야당의 무능에도 불구하고 박근혜 정부의 새누리당 참패로 나타났다. 이 배경에는 노동자들과 연대세력들의 처절한 투쟁들이 있었다. 노동조합은 민주노총의 총파업과 한국노총의 사회적 합의 파기 등 치열한 저항 과정을 통해 "쉬운 해고, 더 낮은 임금, 더 많은 비정규직"을 만들어내려는 박근혜 정부의 '노동개혁'을 일단은 저지했다. 박근혜 정권은 반동적인 정치행태와 '노동개혁'을 계속 고집하다가 결국 촛불혁명의 엄혹한 탄핵을 받아 자멸하고 말았지만 노동운동상에 나타난 몇 가지 변화의 조짐들도 전체 운동정세를 발전시키는 데까지는 이르지 못했고 노동운동이 극복해야 할 과제는 여전히 엄존한다.

이제 한국의 노동자들은 총자본의 공세 앞에 더 이상 물러설 여지가 별로 없어 보인다. 그 일차적인 원인은 권력과 자본의 잔혹한 탄압에서 비롯되고 있다. 물론 상황은 변화하기 마련이다. 그러나 그것은 어디까지나 조건일 뿐 그것을 주체적으로 활용하여 힘을 키워가지 않으면 안 된다는 것이 노동운동사의 오랜 가르침이다. 당면한 과제들에 대한 투쟁이 불가피하지만 노동운동의 중장기적인 대응전략을 수립하고 실천하는 것이 갈수록 더욱 더 긴요해지고 있다는 의미다.

이 글은 87년 민주항쟁 30주년을 맞이하여 87년 노동자대투쟁을 돌이켜보고 오늘의 노동운동 상황 진단과 미래의 노동운동 발전을 모색하는 데 기여하고자 마련한 것이다.

2. 87년 노동자대투쟁의 의미

1987년 6월 29일, 노도와 같은 민주대항쟁에 밀려 마침내 전두환 정권이 항복을 선언했다. 노태우 민정당 대표위원의 입을 통해 공개된 특별선언은 대통령 중심 직선제 연내 개헌 등 8개항으로 구성되었다. 격렬한 분노의 함성과 최루탄 포연으로 뒤덮였던 온 나라가 정적 속에 잠

거들었고 민주화투쟁은 숨고르기에 들어간 것처럼 보였다. '6·29선언'에 대해 환영의 성명이 잇따르고 수많은 구속자, 연행자들이 석방되어 풀려나왔다. 정치권에서는 후속조치 논의에 나서고 연세대학생 이한열군의 사망으로 또 다시 분노의 열기가 피어오르고 있었으나 혁명전야를 방불케 했던 격동의 시간들은 민주화를 향한 순조로운 항해에 나설 것처럼 조용했다.

그러나 6·29선언은 노동자들에게는 탄압의 주인공이 바뀔 것이라는 예상만 던져주었을 뿐, 절박한 삶의 과제나 권리문제를 해결할 수 있는 구체적인 계기로 제시된 것은 아니었다. 마침내 노동자들은 정치적 정적을 깨고 자신의 문제 해결을 위해 분노와 저항의 함성을 터트리며 스스로 떨쳐 일어나기 시작하였다. 1987년 여름, 휴화산의 폭발처럼 터져 나온 '노동자대투쟁'이 그것이다.

노동자들은 '6·29선언' 직후부터 3개월여 동안 전국적으로 투쟁을 전개했다. 노동자들은 여러 형태의 투쟁을 통해 그야말로 질풍노도처럼 권력과 자본의 견고한 전제와 억압의 성채를 무너뜨리면서 전국의 사업장 대부분을 휩쓸었다. 6월 29일부터 10월 4일까지 노동자들이 일으킨 노동쟁의는 총 3255건이었고, 여기에 참가한 노동자는 121만 8000여 명이었다. 노동쟁의 건수는 전년도인 1986년의 276건에 비해 12배나 늘어난 것이고, 1977년부터 1986년까지의 10년 동안 발생한 노동쟁의 발생 건수와 참가자 수 1638건, 22만 8000여 명에 비하면 각각 2배, 5.3배에 이르는 수준이었다(노동부, 1988: 15). 가히 전례를 찾아볼 수 없는 폭발적인 투쟁이었다.

87년 노동자대투쟁은 전두환 군사정권의 장기집권 음모에 맞서 "호헌 철폐, 독재 타도"를 외치며 전 국민이 떨쳐 일어나 대통령 직선제를 쟁취한 '6월항쟁의 승리'와 그에 이은 '억압적 통제기구의 이완'이라는 열린 공간을 타고, '3저 호황'임에도 저임금·장시간 노동·병영적 노동통제로 억압받아온 노동자들이 인간다운 삶을 쟁취하고자 떨쳐 일어난 일종의 노동항쟁이었다(김유선, 1998: 27). 이러한 폭발적인 투쟁에 6월 29일의 항복으로 위력을 상실한 국가권력은 과거와 같은 폭압적 제지를 할 수 없었고, 이를 배경으로 노동자들은 투쟁을 확대해갈 수 있었다.

역사적으로 노동자들이 전국적 또는 지역적으로 봉기한 경우는 여럿 찾을 수 있다. 1929년 원산 총파업, 해방 후 철도총파업을 비롯한 네 차례의 파업, 1985년 구로동맹파업 등이 그것이다. 이들 노동자투쟁은 각기 배경, 규모, 내용, 성격을 달리하지만 1987년 여름 투쟁이 규모 면에서 가장 컸으며 종래의 노사관계나 권력관계에 변화를 가져오는 결정적 계기를 이루었다고 할 수 있을 것이다. 이에 근거하여 많은 연구자들은 이 투쟁을 이렇게 표현한다. "6월 민주항쟁의 계승이자 연속"(신금호, 1989: 592), "참으로 '십년을 하루에 뛰어넘은' 거대한 대중운동의 비약"(엄주웅, 1994: 164), "근현대사상의 최대의 민중저항운동"(김동춘, 1995: 100), 노동자들의 "거대한 인권선언"(김동춘, 1997: 99), "질풍노도의 시기"(김유선, 1998)라는 것이다. 또 "인간다운 삶을 쟁취하고자 항거한 일종의 노동항쟁"이라는 규정도 있다(김금수, 2004: 137). 이처럼 노동자대투쟁은 노동운동가나 연구자들 사이에 '대사건'으로 찬사를 받을 만한(최영기 외, 2001: 58) 일시적인 현상이 아니라 이후 노동정치 나아가 한국 사회 지형에 큰 변화를 가져오는 거대한 역사적 변곡점의 하나로 평가할 수 있다.

이 글은 1987년 여름의 노동자투쟁을 3단계로 나누어 살펴본다. 먼저 1987년 이전의 노동자 대중의 생활조건들을 투쟁 폭발의 축적된 요인으로서 분석하고 다음으로 1987년 여름 대투쟁의 전개 과정을 특징별로 기술한다. 이어 노동자대투쟁 이후의 노동운동 또는 노동정치의 변화와 과제를 요약하여 제시할 것이다. 물론 1987년 노동자투쟁의 원인으로서 1980년대만이 아니라 한국 자본주의 변화 전 과정을 추적하는 것이 합당할 것이나 그 이전의 상황이 축적되어 1980년대에 나타났다고 보아 1980년대를 중심으로 기술했다. 이 글에서는 1987년 7, 8, 9월에 전개된 노동자대중의 운동을 '87년 노동자대투쟁'으로 표기한다.

3. '87년 노동자대투쟁'의 전사: 1980년대 전반기 노동상황

1) 전두환 정권의 노동운동에 대한 폭력적 탄압

1980년대 이후 한국 사회 변화의 출발점은 1980년 5월의 광주민중항쟁이다. 전두환 정권은 이를 잔혹하게 유혈 진압한 후 권력을 장악하고 폭력적인 무단정치를 자행했다. 민중의 저항투쟁은 끊임없이 이어져 1987년 민주항쟁의 횃불로 타올랐고 "호헌철폐! 독재타도!"를 내세운 6월 민주항쟁의 대장정은 혁명 전야의 상황으로 치달았다. 마침내 6월 29일 전두환 정권은 직선제 개헌 등 8개항의 이른바 '6·29선언'을 발표하기에 이르렀다.

이 같은 폭압적인 독재권력의 물질적 기초는 미국, 일본 보수 정권의 경제적 지원과 국내 노동자, 농민의 수탈이었다. 곧 1970년대 말 엄습한 경제위기에 대해 미국과 일본은 1980년대 중반까지 GDP의 절반에 가까운 외채를 제공했고 군사정권은 강력한 노동통제와 광범한 농업 및 시장의 대외개방과 구조조정을 강행함으로써 대자본에 의한 경제성장정책을 밀어붙였다. 정권은 대폭적인 금리인하와 중화학 부문에 대한 천문학적인 재정·금융상의 특혜를 제공했고 기업경쟁력 강화라는 명분으로 환율을 조정하였다. 이로부터 독점자본의 경제력 집중은 더욱 커지는 대신 농가부채는 급증하고 노동자들의 고통은 크게 가중되었다. 이렇게 '생산 및 분배 과정에서의 민중수탈'과 대기업에 대한 특

혜를 통해 정비된 국내의 축적 조건은 세계경제 상황의 변화에 따른 3
저 현상(저유가·저환율·저금리)과 맞물려 1986년 이후 이른바 '단군 이
래 최대의 호황'과 급속한 고도의 경제성장으로 나타나게 되었다. 1986
년 이후 3년간 경제성장률은 연평균 11.8%에 달했고 장기간의 적자를
벗어나 총 246억 4500만 달러 이상의 경상수지 흑자는 그 상징적인 지
표들이었다(한국노동연구원, 2015: 8).

  이처럼 독점자본의 위기를 극복하기 위한 독재 정권의 전략은 노동
통제정책이 그 핵심이었다. 그것은 1980년 하반기 노동조합 정화조치
와 노동관계법 개정을 통해 노골화하였다. 정권은 '정화'라는 이름하에
1970년대에 사회적 지탄을 받아왔던 한국노총 및 산별노조 위원장 12
명을 사퇴시키고 노조 간부 191명도 사퇴시켰다. 이 정화조치는 부패
와 비리로 가득 찬 노조 상층간부들의 축출을 표면에 내세웠으나 실질
적으로는 1970년대 노동운동을 주도해온 민주노조운동의 파괴를 기본
목표로 한 것이었다. 부패한 어용간부들은 밑으로부터의 저항에 의해
청산될 수밖에 없었으나 확산일로의 민주노조운동은 독점자본과 지배
권력에 대한 직접적인 위협요소로 작용하고 있었기 때문이었다. 독재
정권은 민주노조 간부들을 현장에서 몰아내는 데 그치지 않고 민주노
조운동의 근거지들을 완전히 파괴하거나 해산시켜버렸다. 이어 단행
된 1980년 12월 31일의 노동법 개정은 노동조합운동 자체의 원천 봉쇄
와 일방적인 노사협조주의의 실현을 통한 대자본의 이윤 극대화를 목
표로 했다. 그 주요 내용을 보면, 복수노조금지조항의 확충, 정치활동
의 금지 강화, 노조 결성과 운영 및 노동쟁의와 관련한 제3자 개입금지
조항의 신설, 기업별노조의 강제와 노조설립 요건의 강화, 노조임원 자
격의 제한과 조합비 사용의 제한, 단체교섭 위임의 금지, 단체협약 유
효기간 1년에서 3년으로의 연장, 유니온 샵 규정의 삭제, 쟁의 냉각기
간 및 알선기간의 연장, 직권중재 대상의 무한정 확장, 노사협의회 법

제정 등이었다. 이와 함께 신군부 정권은 임금인상 가이드라인으로 임금을 통제하고 중앙과 지방에 치안기구를 동원한 '노동대책회의'를 설치하여 노동운동을 봉쇄하는가 하면 대량의 '블랙리스트'를 작성 배포하여 노동운동가들을 현장에서 축출했다.

이러한 잔혹한 노동통제정책의 엄호 아래서 기업들에서는 사용자의 힘에 의한 강권적이고 전제적인 노무관리가 일반화됐다. 1980~1987년 부당노동행위 구제신청 건수는 1970년대 10년 동안의 957건보다 2.6배 이상 많은 2515건에 이르렀다(중앙노동위원회, 2003: 226~247). 다른 한편 기업들은 기술혁신과 합리화를 통해 노동강도를 높이고 탈숙련화함으로써 노동 과정에 대한 노동자들의 통제를 철저히 배제했다. 기업들은 자발적 참여를 가장한 다양한 분임조활동, 각종 소그룹활동, 기업 내부교육, 사보의 제작·배포, 각종 사원가족 프로그램 등을 개발하고 독점대기업들에서는 병영적 규율강제와 통제가 일반화했다. 이러한 폭압적 상황에서 노동조합운동은 그야말로 움치고 뛸 수조차 없는 질식 상태에 빠져들었고, 고율의 경제성장과 임금노동자의 증가에도 불구하고 노동자들의 생활조건은 오히려 악화하였다.

1980~1987년 사이에 임금노동자는 646만 4000명에서 919만 1000명으로 42.1% 이상 급증했다. 그러나 노동소득분배율은 1980년 50.6%에서 1986년에는 겨우 1.7% 높아진 52.4% 수준에 머물고 있었다. 이는 낮은 임금에 기인한 것이었다. 임금수준은 이론생계비에 못 미치는 것은 말할 것도 없고 1987년에 정부가 발표한 실태생계비의 90.9%에 불과했다. 제조업 노동자의 실질임금은 연평균 5.0% 증가하여 노동생산성 상승률 12.8%의 절반을 크게 밑돌았다. 이러한 낮은 수준의 임금과 임금상승률은 1980년 전반기 내내 노동력의 재생산 자체마저 어려운 적자 생계를 노동자들에게 강요했다. 게다가 1980년대에는 부동산 투기로 인해 집값과 전월세 값이 폭등했고, 가계는 내구소비재 가격 인

상, 사회보험 부담금 증가, 노동력 상실 대비 등까지 감당해야 했기 때문에 적자 폭은 더욱 늘어날 수밖에 없었다. 제조업 노동시간도 1986년 현재 주 54.7시간으로 1980년의 53.1시간보다 오히려 늘어나고 산업재해는 자본의 이윤추구욕과 함께 생산 과정에서의 새로운 설비와 물질 사용의 증가로 크게 증가하여 산업재해자 수는 1980년의 113,375명에서 1986년 142,088명으로 25.3%나 늘었으며 사망자 수는 같은 기간에 1273명에서 매년 늘어 1660명에 이르렀다(한국노동연구원, 2001: 121). 이처럼 1980년대 전반기 노동자들은 극도의 저임금과 장시간 노동 및 산업재해로 노동력이 재생산되기보다는 마모되는 삶을 살아가고 있었다.

2) 노동운동의 굴곡과 87년 민주항쟁의 전야

전반적으로 악화한 노동상황에 견디다 못한 노동자들은 권력과 자본의 총체적인 탄압을 뚫고 1980년대 전반기 내내 치열한 저항투쟁을 이어갔다. 1980년 서울의 봄에 임금인상, 휴폐업 및 해고 반대, 노조 보장, 어용노조 반대 등을 외치며 407건에 이르는 격렬한 투쟁에 나섰다가 신군부 정권의 잔혹한 노동탄압에 숨을 죽이던 노동자들은, 1983년 말 유화국면을 타고 생기를 찾기 시작했다. 노조 조합원은 1980년 94만 8000여 명에서 1983년 말 100만 명을 돌파하여 1987년 6월 말에는 105만여 명까지 늘어났다. 노조 내부에서는 어용노조 반대투쟁이 빈발했으며 노동쟁의도 증가했다. 1982년 88건으로 급속히 감소했던 노동쟁의는 1984년 113건, 1985년 265건, 1986년 276건으로 4년간 3배나 증가했다(이원보, 2004: 688~692). 또한 한국노총의 위축된 모습과는 대조적으로, 제도권 밖의 노동운동이 활발한 모습을 보이면서 전면에 부상했다. 한국노동자복지협의회와 같은 공개적인 노동운동단체가 구성됐고 블랙리스트 철폐운동과 청계피복노조 합법성 쟁취투쟁과 같은 제도개선투쟁이 등장했다. 그리고 사회적 모순과 노동자의 요구를 알리는 선전 홍보물이 쏟아져 나왔고, 노동 관련 서적이 대량으로 출판되었다.

특히 대학생, 지식인들이 노동현장에 대거 들어가 활동함으로써 노동운동에 큰 변화를 일으켰다. 지식인들은 "한국변혁운동의 주력군은 노동계급"이라는 인식이 확산되며 서울과 수도권지역의 노동현장에 광범하게 들어간 것으로 알려졌다. 그 숫자는 정확하지는 않지만 최소 160명(노동부, 1985년 6월 현재), 198명(≪동아일보≫, 1985.7.26), 302명(≪동아일보≫, 1985.12.15)에서 699명(1986년 현재 부천상공회의소)에서 1만여 명까지 보도되었다(≪월간 중앙≫, 1989년 4월호). 임영일 교수는 서울과 인천 등 수도권지역에 약 3000여 명 정도로 분석했고(임영일, 1997: 58), 송호근 교수는 1987년을 전후하여 인천지역에 약 1000여 명 부천지역에 약 200여 명이 있었다고 추산했다(송호근, 1991: 351). 이들은 공장에 들어가 노동경험을 익히고 야학이나 소그룹활동을 벌이면서, 노조 결성, 노동쟁의 등을 주도하거나 지원했고, 노학연대 투쟁에 참가하기도 했다.

이러한 노동운동 상황의 변화 속에서 현장노동자들의 대규모 투쟁이 연이어 폭발했다. 1984년 6월 대구·부산의 택시 노동자들의 파업시위가 일어났고 1985년 4월에는 국내 굴지의 재벌기업인 대우자동차에서 파업이 폭발하고 서울 구로공단에서는 6월에 동맹파업이라는 새로운 투쟁양식이 등장했다. 구로동맹파업은 대우어패럴 노조간부 구속에 항의하여 인근 사업장 노동자들이 연대투쟁을 전개한 것이었다. 이 투쟁은 정권의 강경탄압으로 패배했지만 이후 '서노련'(서울노동운동연합)을 중심으로 사회변혁을 지향하는 정치적 노동운동으로 발전하는 계기를 이루었다. 이처럼 노동운동이 활성화하자 정권은 1984년 하반기부터 다시 탄압정책으로 전환했다. 정권과 자본은 대량해고, 노조설립 봉쇄 및 파괴, 휴·폐업, 노동운동가에 대한 비방선전, 블랙리스트 강화, 형사처벌 확대, 구사대 투입 등 종래보다 더욱 심한 강압조치들을 취했다.

그럼에도 불구하고 노동조합운동의 총본산을 자처하는 한국노총은 민주화운동 참여나 현장의 불만과 요구 해결에 소극적으로 대응하고 아래로부터 올라오는 내부개혁 요구를 외면했다. 그 상징적인 사례가 노총 회관에 철문을 설치한 것과 직원의 집단해고였다. 1984년 이후 사용자의 부당노동행위에 대항하여 노동자들이 한국노총 회관에 몰려와 농성하는 일이 잦아지자, 회의장으로 올라가는 통로에 철문을 설치하여 농성을 차단해버렸고 1985년 7월에는 전임간부 5명을 노동자들의 투쟁을 지원하고 개혁을 요구한다는 이유로 해고하였다. 민주화를 향한 정세변화에 역류하는 한국노총의 운동기조는 1987년 전두환의 4·13호헌선언을 지지함으로써 결정적인 한계를 드러냈다. 노동자들의 불만은 갈수록 높아졌고 밑으로부터의 저항의 흐름은 끊임없이 꿈틀대면서 진전되고 있었다.

마침내 민주항쟁의 불길이 1987년 연초부터 치솟고 6월 들어서서는 민중의 민주화를 향한 투쟁이 전국 주요 도시에서 벌어져 공권력을 무력화시키고 시민혁명의 전야를 방불케 하는 상황으로 발전했다. 이러한 정치적 변화와 3저 호황이라는 경제적 조건 속에서 노동자들은 1987년 임금인상투쟁에 나섰다. 그러나 6개월간의 노동쟁의는 124건에 그다지 격렬하지 않았고 임금인상 결과도 사용자 측이 제시한 수준인 7.8% 이하로 저조했다(《동아일보》, 1987.6.2). 이런 가운데서도 1987년 상반기 투쟁에서는 새로운 양상이 나타나고 있었다. 현대그룹, 대우그룹의 중화학공업 노동자들과 대양고무, 대한조선공사, 기아산업 등 대기업 노동자들 사이에서 집단행동을 벌이고 새로운 노조 결성과 어용노조에 대항하려는 움직임이 일어났다. 이들 움직임은 중심세력이 분명하게 구축되지 않아 분명한 성과로 나타나지 않았다. 그러나 대부분의 집단행동에 노동자들의 참여도와 결속력이 높게 나타남으로써 일정한 상황변화나 계기만 주어진다면 언제든지 조직적인 투쟁으로 나설 수 있으리라는 점을 예시해주고 있었다(이원보, 2004: 738~739).

한편 '호헌철폐 독재타도'를 부르짖으며 6월 민주항쟁이 전국적으로 확산되어 가는 속에서 재야노동운동가들은 5월 27일 결성된 '민주헌법쟁취국민운동본부' 발기인으로 참가했다. 그러나 현장 노동자들은 6월 10일 이후 민주항쟁이 격화되어가는 상황에서 적극적으로 참가하지 못했고, 참가한 경우도 개별적이었으나 항쟁 후기로 가면서 서울 영등포, 인천, 성남, 부산, 안양, 마산, 울산 등 공업지대 노동자들의 집단적 시위참여가 두드러졌다. 일부 공업지역에서는 지식인 해고자 출신의 활동가들이 투쟁의 일선에서 적극적인 역할을 하기도 했으며 운수노동자들은 시위가 전국적으로 발전하는 데 주된 동력이 되었다(신금호, 1989: 689~690). 또한 서울의 제2금융권 사무직 노동자들은 한국노총의 호헌조치 지지선언에 반발하여 노총탈퇴와 새로운 조직결성의 움직임을 보이는 한편 이른바 '넥타이부대'를 형성하여 시위투쟁과 명동성당 농성에 적극 참여하였고 이들 사무직 노동자들의 항쟁은 6월 10일 국민대회가 6월민주항쟁으로 진전되는 데 결정적인 중요한 계기를 이루었다(민주화기념사업회 한국민주주의연구소, 2010: 316). 넥타이부대는 "처음에 앞장은 서지 않았지만 6월항쟁의 승패가 갈라지도록 확실하게 힘을 보태었다"고 확신하였다(김국진, 2016: 10).

이처럼 노동자들은 6월 민주항쟁 과정에 여러 가지 형태로 참여하였다. 그러나 노동자들은 권력의 통제와, 자본에 의해 강요된 잔업과 철야노동을 떨치지 못한 채 전체적으로 대규모의 조직적인 형태를 보여주지 못했다. 또한 계급적 입장에서 요구를 주장하지도 못했고 파업과 같은 조직적이고 위력적인 고유한 투쟁을 통해 주도적인 역할을 하지 못했다. 넥타이부대의 경우에도 상대적으로 적극적인 모습을 보였으나 비조직적이었다는 점은 다름이 없었다. 다만 민주항쟁의 진전 과정을 지켜보면서 민주주의에 대한 자각과 투쟁의 자신감을 노동자들은 획득해가고 있었다.

이와 같이 87년 노동자대투쟁 이전의 노동운동은 1970년대 축적된 역량을 바탕으로 향후 노동운동의 질적인 전환과 고양을 위한 진통기 내지는 준비기였다. 곧 1980년대 전반기 노동운동은 이념과 노선, 투쟁 전략과 전술, 통일적인 조직역량, 경제투쟁과 정치투쟁의 결합, 민중운동의 주도 등 노동운동의 주요 측면에서 도약을 위한 치열한 모색의 과정이었다. 이 시기의 실천적 모색은 노동운동의 현재적 잠재적 운동역량을 크게 발전시켰으며, 이러한 역량은 1987년 6월민주항쟁을 계기로 하여 87년 노동자대투쟁과 그 이후의 발전 과정에서 발현되었다.

4. 87년 노동자대투쟁의 전개와 특징

1) 투쟁의 전개 과정

87년 노동자대투쟁은 점화·폭발-확산-하강이라는 세 단계를 거쳐 전개되었다. 첫 번째 단계는 6·29선언 직후부터 8월 초순까지의 기간으로 대투쟁의 불이 붙어 폭발하기 시작하였다. 노동자투쟁은 초기에는 크게 세 갈래로 전개되었다. 각 지역 택시노동자들의 연대파업과 시위, 강원도 지역을 중심으로 한 광산노동자들의 투쟁, 그리고 울산 현대엔진노동조합 결성을 시작으로 부산·마산 등지로 번져나간 제조업 노동자들의 투쟁이 그것이었다. 택시노동자들은 임금인상, 어용노조 퇴진, 사납금 폐지와 완전 월급제 등을 내세우고 거의 모든 대도시에서 지역별 총파업을 벌였다. 광산 노동자들은 임금인상, 어용노조 퇴진 등을 요구하며 내걸고 광업소 농성, 가두진출, 철도 및 도로점거로 발전해갔다. 이러한 일련의 투쟁 속에서 전국적인 투쟁을 촉발한 결정적 사건은 현대그룹에 최초의 노조 깃발을 올린 7월 5일 울산 현대엔진 노조 결성이었다. 이후 노동자들은 회사 측의 노조 설립신고서 탈취 등 횡포를 물리치며 8월 초까지 울산의 현대그룹 회사들에 노조를 결성했다. 현대그룹 노동자들의 투쟁은 울산지역 대부분의 사업장과 부산, 마산, 창원 등 공업도시로 번졌고 인천에서도 투쟁의 불길이 솟기 시작했다. 자본 측은 '구사대'를 동원하고 어용노조를 설립하는 등 노동자들의 투쟁을 무력화하기 위해 갖가지 방법을 동원했으나 역부족이었다. 독재 지배의 정점이 무너진 국가권력은 노사분쟁에 개입할 힘을 상실한 채 지켜볼 수밖에 없었다.

87년 노동자대투쟁의 두 번째 단계는 8월 초순부터 8월 말에 이르는 기간으로 투쟁 열기가 최고조에 이르고 민주노조들이 대거 결성되었다. 8월 초순을 지나면서 노동자들의 투쟁은 동·남해안 공단지역으로부터 전국, 전 산업으로 급속하게 확산되었다. 6월 29일부터 10월 31일까지의 노동자대투쟁 기간 동안 벌어진 3235건의 파업 가운데 69%인 2235건이 이 시기에 발생했으며 노조 결성은 6월 29일~7월 15일 동안 33개에 불과했으나 8월 한 달에는 681개에 이르렀다. 노조 결성이 가장 왕성했던 8월에는 하루에 22개 노조가 신설될 정도였고 그 결과로 노조조직률은 1986년의 16.9%에서 1987년 10월 현재 23.1%로 높아졌다(최영기 외, 2001: 109). 이처럼 노동자들은 전국, 전 산업 분야에서 파업농성을 벌이고 노동조합을 결성하는 등 온 나라가 노동자투쟁의 물결로 뒤덮였다. 노동자들의 투쟁이 확산됨에 따라 조직과 투쟁방식에도 새로운 변화가 나타났다. 그 대표적인 예가 8월 8일 현대그룹노동조합협의회의 결성과 8월 17일, 18일 울산에서 벌어진 현대그룹노동자

6만 명이 벌인 연합가두시위였다. 이 연합시위투쟁은 그룹회장 1인 체제에 대응하여 단행된 대규모 단결 투쟁이었다. 시위는 공권력을 무력화시키면서 대공업도시 울산을 뒤흔든 나머지 민주노조 인정, 임금인상 보장 등 요구조건을 쟁취했다. 이 밖에 마산·창원에서도 사업장 노동자들이 가두시위를 벌여 경찰과 격렬하게 대치하기도 하였다. 이러한 노동자투쟁의 폭발에 대해 전면적 개입을 자제해오던 정부는 불순세력 개입, 좌경세력 척결, 폭력 파괴 불법 행동에 대한 강경대응 등을 밝히면서 본격적인 공권력 투입을 위한 준비에 나서기 시작했다.

87년 노동자대투쟁의 세 번째 단계는 국가권력이 파업사업장에 적극적으로 공권력을 동원하여 투쟁을 제압, 파괴하고 투쟁이 수그러드는 시기이다. 8월 28일 국무총리의 '좌경용공세력 척결을 위한 담화' 발표를 계기로 정부는 노동자투쟁에 대해 강경 제압으로 급선회했다. 그 구체적인 기점은 8월 28일 대우조선 사망 노동자 이석규 씨 장례식이었다. 8월 22일 경찰의 최루탄 세례 속에 스물한 살의 노동자 이석규 씨가 가슴에 직격탄을 맞고 사망하자 노조와 재야인사들은 회사 측에 '선협상 후장례'를 요구하며 교섭에 나섰으나 성사되지 못하다가 27일 노사합의가 이루어졌고 8월 28일 장례식이 치러졌다. 그러나 경찰은 장례차를 강제로 끌어가 밤늦게 매장하는 한편, '고 이석규 민주노동열사 추모대회'를 봉쇄하고 933명을 연행하여 64명을 구속했다. 대우조선에서는 이미 해고된 노동자 3명을 비롯해 7명이 구속되었다.

이어 경찰은 9월 1일 삼척탄좌 정암광업소 파업 농성장에서 500여 명을 강제 연행했고, 서울에서는 택시노동자들의 파업, 가두시위를 강제해산시켰다. 또 9월 4일 대우자동차와 현대중공업 파업 농성장에 병력을 투입하고 대우자동차에서 95명, 현대중공업에서 40명을 구속했다(박석운, 1997: 6). 이처럼 노동자들과 민주화운동 인사들에 대한 대규모 수사와 구속조치를 감행하는 등 노동자투쟁에 대한 국가권력의 공세가 적극화하자 노동자투쟁은 빠른 속도로 줄어들었고 9월 말에는 소강상태를 보이게 되었다.

2) 87년 노동자대투쟁의 특징

87년 노동자대투쟁은 휴화산의 폭발과 같은 양상을 보였지만 그것은 결코 일시적으로 돌출된 현상이 아니라 역사의 산물이었다. 즉 1987년 이전의 노동정책과 노무관리 그리고 노동자의 상태에 대한 격렬한 저항이었던 것이다. 그리고 이후 노사 간 힘의 관계를 역전시키는 중요한 계기가 되었다. 노동자들은 법전에만 장식되어 있는 노동기본권을 현실에서 보장할 것을 요구했고, 스스로의 권익을 확보할 수 있는 강력한 수단으로서의 노동조합을 조직했다. 노동자들은 오랫동안 자신들을 억눌러왔던 모순들을 제거하기 위한 투쟁을 통해 스스로 노동정치의 주체임을 확인하였다. 말하자면 한국의 노동자계급이 자발적인 대중투쟁을 통해서 종래 정부와 자본이 구축한 억압적 통제체제를 깨뜨리고, 노동운동의 자율적 공간을 넓힘으로써 노동체제가 새롭게 개편되도록 한 주체적 개입이었다(장홍근, 1999: 79). 노동자대투쟁의 특징을 정리하면 다음과 같다.

(1) 사상 최대의 전국·전산업·전 규모에 걸친 새로운 주도세력의 대중투쟁

87년 노동자대투쟁은 '6·29선언' 이후 7월, 8월, 9월에 집중하여 발생했다. 이 투쟁은 한국에서 노동자계급이 형성된 이래 최대 규모의 노동쟁의이자 대중적 항거였다(김금수, 1995: 30). 그것은 무엇보다 투쟁 건수와 참가 노동자 수에서 잘 나타난다. 참가 노동자 수는 1987년 8월 말 현재 상용노동자 10인 이상 사업체에 종사한 노동자 333만 4000여 명의 36.8%에 해당하는 인원이다(노동부, 1988: 15). 이 시기 노동자들

의 투쟁은 '폭발적 확산과 급속한 위축'이라는 특징을 보였다(노중기, 1997: 189). 그것은 국가권력과의 관계에서 비롯된 측면이 많다. 곧 국가권력의 억압적 통제기구가 후퇴하느냐 개입을 재개하느냐에 따라 노동자들의 투쟁이 폭발적으로 확산되었다가 급속하게 위축된 것이다. 이러한 현상은 사업장 차원에서 막 노동조합을 결성하기 시작한 노동운동 역량을 감안할 때 필연적인 것이었다고 할 수 있다.

다음으로 87년 노동자대투쟁은 울산 현대그룹의 중공업 대기업 사업장에서 촉발되어, 전국으로 확산되었다. 지역별로 보면 파업투쟁은 공단이 밀집한 부산·경남 등 영남권과 서울·인천·경기 등 수도권은 물론, 전라·충청·강원·제주에 이르기까지 전국적으로 전개되었다. 그러나 파업발생 건수는 서울·인천·경기 등 수도권이 1413건(43.7%), 부산·경남 등 영남권이 690건(21.3%)이고, 파업참가자 수는 부산·경남 등 영남권이 53만여 명(43.3%), 서울·인천·경기 등 수도권이 39만여 명(32.1%)에 이르는 등, 이들 2개 권역이 전체 파업발생 건수와 참가자 수의 3분의 2를 차지하고 있다(노동부, 1988). 이것은 수도권과 영남권에 공단이 밀집해 있어 투쟁이 확산되기 쉬운 조건이었기 때문이며, 특히 중공업부문의 거대 사업장이 밀집해 있는 경남권은 파업참가자 수가 39만 명(32.2%), 건별 파업참가자 수가 1120명으로 다른 지역을 크게 상회하고 있다. 따라서 87년 노동자대투쟁은 모든 지역에서 빠짐없이 전개되었으며, 특히 울산·마산·창원 등 경남권의 투쟁이 전체 노동자 투쟁을 촉발시켰을 뿐만 아니라 그 규모와 지속성, 파급력에서 투쟁을 주도했다고 할 수 있다.

한편 산업별로 보면 제조업에서부터 운수업, 광업, 도소매업, 금융업, 서비스업, 전기·가스·수도사업, 건설업에 이르기까지 모든 분야에서 파업이 전개되었다. 이 가운데 파업발생 건수는 제조업이 1740건(53.8%), 운수업이 1186건(36.7%)으로 이들 2개 산업이 90.5%를 차지하고, 파업참가자 수는 제조업이 99만여 명으로 80.8%를 차지하고 있다. 따라서 87년 노동자대투쟁은 모든 산업에서 전개되었으며 제조업 특히 경남지역 중공업 노동자들이 주도했다고 할 수 있다(노동부, 1988: 20).

사업장 규모별 분포와 비중을 살펴보면, 300인 미만 중소영세업체도 파업발생 건수가 2514건(77.8%)일 정도로 파업은 전 규모에 걸쳐 광범위하게 전개되었다. 그러나 규모별 사업체 수 대비 파업발생 건수를 살펴보면, 1000인 이상 대기업은 전체 사업체 374개 가운데 50%가 넘는 200개 사업체에서 파업이 발생했다. 더욱이 건별 파업참가자 수 추이를 살펴보면 노동자대투쟁 초기인 7월 넷째 주에는 5000명을 넘다가 8월 넷째 주 이후에는 100~200명 수준으로 감소하고 있는데, 이것은 초기에 대기업 사업장에서 발생한 파업이 점차 중소영세업체로 확산되었음을 의미한다.

이처럼 87년 노동자대투쟁은 첫째, 중화학 공업지역에서 폭발하여 경공업지역이나 기타 지역으로 확산되는 양상을 보였고, 둘째 전 지역, 전 산업, 전 규모에서 전개되었으며, 셋째, 경남지역, 제조업(중공업), 대기업 노동자들이 주도하여 요구사항 관철에 선도적인 역할을 하였다.

이처럼 전 지역·전 산업·전 규모에 걸쳐 전개된 87년 노동자대투쟁은 그동안 오래도록 억눌려왔던 노동자들의 불만과 요구가 잠재적인 형태로 존재해오다가 거의 동시적으로 표출되었음을 뜻한다. 또한 87년 노동자대투쟁은, 섬유·봉제·전기전자 등 경공업 여성 노동자들이 기존의 한국 노동운동을 주도해왔던 데 비해 향후에는 이전과는 다른 새로운 노동자집단, 곧 자동차·조선·기계금속·화학산업 등 중화학공업 생산직 남성 노동자들이 주도할 것임을 예고해주었다.

(2) 노동자대중의 요구: "인간답게 살고 싶다"(생존권 보장과 노동현장의 민주화)

노동부 집계에 따르면, 87년 노동자대투쟁 과정에서 제시된 노동자들의 요구사항은 총 1만 4957개에 이르고 쟁의행위가 수반된 노사분쟁의 경우만도 1만 4678건에 이르는데, 이는 사업장별로 평균 4~5개의 요구에 해당된다. 이를 분류하면 임금 및 수당·퇴직금 인상에 관련된 것이 7372개로 전체의 50.2%이며, 임금 이외의 노동조건 개선(노동시간단축, 휴일휴가, 작업환경, 후생복지)이 3656건으로 24.9%, 노조활동 및 단체협약에 관한 요구사항(단체협약체결, 노조 결성, 노조활동, 노조민주화 등)과 경영 및 인사에 관한 요구사항(부당해고 지, 해고자 직, 차별제도 지, 인사제도, 휴폐업, 조업단축, 인간적 대우 등)이 각각 1203건과 1202건으로 8.1%씩 차지하고 있다. 이 밖에도 부당노동행위로 인한 불이익사항 구제를 비롯해 체불임금 지급 등 기타 요구사항은 1245건(8.4%)이었다. 이들 요구조건을 통한 87년 노동자대투쟁의 특징은 다음과 같이 요약할 수 있다.

첫째, 노동자들은 생존권과 노동권 등 기본권리 보장을 요구하여 투쟁했다. 이것은 한국 자본주의 변화의 필연적인 산물이었다. 1960년대 이후 한국자본주의의 급속한 전개에 따라 기본적인 사회관계인 노동-자본관계의 모순이 점차 심화·확대되었고 특히 1980년대 진행된 한국자본주의의 전개는 대외 종속의 심화와 독점의 강화를 기반으로 부의 편재와 경제 잉여의 해외 유출을 가져왔고, 노동자계급의 절대적, 상대적 빈곤을 낳았다. 자본의 축적과 한국 자본주의의 재생산기구를 유지하기 위한 자본 측의 논리 관철은 노동자들에 대한 저임금·장시간 노동, 산업재해의 대형화·심각화, 상대적 과잉인구의 광범한 존재와 고용형태의 불안정성, 노동복지의 빈곤을 고착화시킨 한편, 국가권력을 매개로 한 노동통제 기제를 강화하게 되었다(김금수, 1988: 161). 이런 배경 하에 전개된 노동자대투쟁의 주요 목표는 일차적으로 생존권을 비롯한 기본권리 보장이 될 수밖에 없었다.

둘째, 노동자들은 자신들의 일터인 노동현장의 민주화를 요구했다.

곧 노동자들은 군대식 규율 아래, 사무·관리직과 조장·반장의 가혹한 인격적 통제에 의존해온 억압적, 병영적 노무관리 철폐를 요구한 것이다. 이 요구는 구체적으로 조장·반장의 교체, 인격적 모욕 중지, 부당한 인사이동 및 인사고과 철폐, '두발 자유화', 강제 체조시간 폐지, 출퇴근 복장 자유화, 강제 잔업 철폐, 산업재해 방지, 환경보호 시설 설치 등 작업현장에서 나타나는 가부장제·군사문화적 노무관리제도 폐지로 나타났다. '임금 이외의 근로조건 개선'으로 집계된 이러한 요구는 단순한 처우개선 요구가 아니라, 현장 노무관리체제 전반에 대한 강력한 문제 제기였고(노중기, 1997: 198), '현장의 민주화'에 대한 절박한 염원의 표현이라 할 수 있다. 1987년 이전의 작업장 체제는 '권위적 단순통제'의 유형에 드는 것이었다. 갈등의 조절과 합의된 의사소통 기제들이 부재한 가운데 노사 간의 갈등은 그것에 대한 강력한 통제요인이 제거되기만 하면 폭발적으로 분출할 가능성을 항상 안고 있는 상황이었다(박준식, 1996: 39).

셋째, 집단적 노사관계의 민주화가 노동자들의 핵심 요구사항이었으며 구체적으로는 노조 결성과 조합활동 보장, 단체협약 체결, 어용노조 민주화 등으로 나타났다. 현대중공업 등 당시 노동자투쟁을 주도한 대기업에서는 거의 예외 없이 노조 결성 보장이나 어용노조 퇴진을 둘러싼 파업투쟁이 뒤따랐다. 노동자들은 일회성 임금인상이나 노동조건 개선에 머무르지 않고, 지속적으로 노동조건을 개선하고 노동현장을 민주화할 수 있는 조직적 틀로서 노조 결성을 중시했다. 사용자들이 임금인상과 노동조건 개선은 부분적으로 수용하더라도 노조 결성은 최대한 저지하려 한 것은 이 때문이다. 1987년 6·29 이후 10월 31일까지 노사분쟁 발생 사업장 가운데 신규 노조가 결성된 사업장은 총 683건으로 노사분쟁 발생 건수의 20.6%에 해당한다(노동부, 1988: 55).

넷째, 노동자들은 각종 차별철폐를 또 하나의 중요한 요구로 제기했다. 구체적으로는 생산직과 사무직, 남성과 여성 간 각종 차별제도와 비인간적 대우를 철폐할 것을 요구했고(노중기, 1997: 199), 여기에는 관리자의 폭언·폭행, 차별적 식당 이용, 차별적 작업복과 명찰 착용 등 다양한 내용들이 중첩되어 있었다. 이처럼 노동자들은 임금인상 이외에 작업장에서 행해지는 각종 차별대우와 비민주적 관행의 철폐, 전근대적 노동통제의 근절을 절실하게 요구했다. 즉 당시 노동자들은 자신의 생활 터전인 현장의 억압적·병영적 노무관리 체제에서 형성된 각종 불합리한 관리체제 철폐를 집중적으로 제기했는데, 이들 요구는 파업 현장에서 가장 많이 외쳐진 '인간답게 살고 싶다'는 구호가 말해주듯 '생존권 확보와 노동현장 민주화'로 집약할 수 있다.

(3) 투쟁방식: 선 파업 농성-후 교섭의 탈법적 투쟁

1987년에 발생한 3749건의 노사분쟁 가운데 94.1%가 불법 쟁의행위였다. 따라서 87년 노동자대투쟁 당시 3235건의 파업 가운데 합법적 절차를 밟은 쟁의행위는 극소수에 불과한 것으로 볼 수 있다. 노동자들은 사실상 파업이 불가능한 법 절차를 무시하고 파업, 농성, 시위를 벌이면서 노조를 결성하고, 협상을 요구하는 방식으로 대부분 행동했다. 쟁의행위 형태는 단순한 파업 또는 작업거부보다는 대부분 사업장 안팎의 점거농성과 시위 등의 격렬한 집단행동이 수반되었고, 투쟁 양상 또한 완강하고 장기적, 지속적인 것으로 나타났다(노중기, 1997: 202~204).

파업은 기존의 노동조합이 주도하지는 않았다. 노동조합이 있는 사업장에서 54.7%인 1770건인 데 비해 노동조합이 없는 사업장에서도 45.3%인 1465건의 파업이 발생했고 노동조합이 있는 사업장에서도 이제 막 노동조합을 결성했거나 집행부와는 별개로, 또는 대립적으로 현장 노동자들이 파업을 주도한 경우가 대부분이었다. 또한 '선 협상—후

파업'과 같은 절차를 거치는 경우는 드물었고, 대부분 파업을 벌인 후 협상에 들어가는 방식으로 진행되었다. 그런 점에서 노동자대투쟁은 종래의 투쟁들에 비해서는 대중적이고 대규모였지만 계획적이고도 조직적이기보다는 대부분 자연발생적인 투쟁형태를 나타냈다. 노동자들은 자주적 또는 자율적으로 투쟁을 전개했지만 사업장별로 이루어졌고 연대투쟁과 통일투쟁의 면에서는 극히 초보적이거나 취약성을 드러냈다. 파업 전술면에서는 2968개 사업장(92%)에서 사내 농성이 전개되었고, 회사 밖에서 농성을 한 경우도 638개(20%)에 이르렀다. 따라서 당시 파업은 사업장내 연좌농성을 주된 방식으로 취하면서 가두집회와 시위를 부분적으로 병행했다고 볼 수 있다.

(4) 지역·그룹·산업별 연대 조직·투쟁의 시도

87년 노동자대투쟁에서 노동자들은 지역별, 재벌그룹별, 산업별 연대투쟁을 시도했다. 지역별 동맹파업의 형태는 전국 주요 도시의 운수노동자 동맹파업에서 잘 나타났고, 재벌그룹 내 투쟁은 대우중공업의 경우 창원, 인천, 영등포, 안양 등 4개 사업장 동맹파업과 현대그룹 계열회사 내 울산지역 하청업체 노동자들의 동맹파업, 현대정공 울산과 창원공장 동맹파업 등에서 나타났다(한국노동조합총연맹, 1988: 25).

물론 대부분의 투쟁이 조직적이고 체계적으로 진행된 것은 아니었다. 그럼에도 불구하고 파업투쟁의 과정에서 단위 사업장의 범위를 넘어서 주로 지역과 그룹차원에서 노동자들 또는 노조들 사이에 다양한 연대의 형식들이 형성되고 있었다. 한 공장의 파업은 곧바로 인근 사업장들로 확산되었는데 먼저 나선 사업장에서 일어난 투쟁과 조직화는 곧 다른 사업장 노동자의 조직화와 동원의 모델이 되었고, 요구의 내용과 수준, 동원된 노동자들의 행동방향 역시 대부분 이웃 사업장의 그것을 준거로 하고 있었다. 조직적 지도와 조율보다는 '서로가 서로에게 배우는 방식'이 일반적이었으며, 투쟁할 수 있는 사업장과 그렇지 못한 사업장, 성공한 사업장과 실패한 사업장의 노동자들 사이에서 자연스러운 비교가 이루어지고, 이 비교는 곧 다음 행위의 자극제가 되었다(임영일, 1997: 90~91).

이러한 연대투쟁은 국가와 자본의 통제에 대응한 전술적 차원에서 매우 부분적으로 이루어진 것이었지만 향후 조직적 연대와 투쟁의 시발점이 되었다(노중기, 1997: 204). 또한 지역 노조협의회, 그룹 노조협의회 등으로 조직화가 추진되어 이후 민주노조운동을 이끌어가는 핵심적 조직체계로 성장하는 계기를 이루었다(장홍근, 1999: 77~78).

(5) 6월민주항쟁의 역동성을 계승한 민주화투쟁

87년 노동자대투쟁은 6·29선언으로 폭력적인 국가권력이 일시적으로 무력화한 상태에서 폭발하여 전개되었다. 정치적 상황은 민주화를 위한 단초가 제시되었을 뿐인 상태에서 노동자 대중 스스로 요구조건을 내걸고 투쟁에 나선 것이다. 6월 민주항쟁의 과정에서 노동자들은 조직적인 형태로 참가하지는 못하였지만, 민주화투쟁에 광범하게 참여함으로써 자신들의 요구를 확인하고 정치적 자각을 높이게 되었으며, 민주항쟁의 승리를 계승하여 노동자대투쟁을 제기하게 되었다. 따라서 87년 노동자대투쟁은 6월 민주항쟁을 계승·발전시킨 투쟁이면서 민중운동 또는 사회운동의 발전을 촉진했다(김금수, 1988: 163~164).

87년 노동자대투쟁은 당시 제기된 주요 요구사항에서 보듯 생활조건의 향상과 작업장 민주주의를 포함해 넓은 의미의 민주화를 위한 저항이라는 성격을 띠었다. 그리고 6·29선언으로 집약되는 절차적·정치적 민주주의를 넘어서서, 노동자들이 일하는 노동현장에 민주주의를 정착시키고 실질적·사회적 민주주의를 쟁취하기 위한 투쟁의 첫걸음이기도 하였다. 그런 점에서 노동자대투쟁은 투쟁의 장소와 투쟁주체를 달리하여, 보다 불리한 정치적 환경 속에서 노동자들이 수행한 또 다른 6월항쟁이었다. 6·29선언으로 그 성격이 왜곡되고 잘못 해석된 측면이 있지만, 노동자대투쟁은 본질적으로 6월 민주항쟁의 연속선상에서 발생하였던 민주화투쟁이었다. 그러므로 1987년의 민주화투쟁은 6월 민주항쟁과 87년 노동자대투쟁이라는 두 개의 축으로 재규정되어야 할 것이다(노중기, 1997: 213).

3) 87년 노동자대투쟁의 의의와 한계

(1) 의의

1987년 7~9월에 걸쳐 전개된 노동자대투쟁은 한여름 작렬하는 태양만큼이나 뜨겁고 격렬했다. 87년 노동자대투쟁은 전국·전 산업·전 규모에 걸쳐 전개된, 한국에서 노동자계급이 형성된 이래 최대 규모의 노동쟁의이자 대중적 항거였다(김금수, 1995: 30). 그것은 역사적인 맥락에서 볼 때 한국에서 근대적 임노동자가 형성된 이후 노동자 계급이 추진한 최대 규모의 저항활동이었다(김동춘, 1995: 100). 이는 오래도록 자본주의의 변화 속에서 억눌려왔던 노동자들의 불만과 요구가 잠재적인 형태로 존재해 오다가 거의 동시적으로 표출되었음을 뜻한다.

노동자들은 짧은 석 달 동안의 투쟁을 통해 장기간 유지되어온 노동통제체제를 무너뜨리고 노동기본권을 억압해온 노동관계법을 무력화시켰다. 노동자대투쟁을 통해 임금과 노동조건을 사용자 측이 일방적으로 결정해온 관행을 깨고 노사 당사자 사이의 단체교섭으로 결정하는 노사관계 형태를 획기적으로 바꾸어 확산시키는 계기를 만들었다(장홍근, 1999: 79). 노동자들은 새로운 노동조합 결성, 어용노조의 민주화 등을 통해 민주노조운동을 커다란 사회적 흐름으로 만들어 냈고 대대적인 탈법파업을 감행함으로써 사업장 단위 경제파업의 시민권과 합법성 쟁취라는 성과를 확보했다. 이리하여 오랫동안 노동운동의 목줄을 조여왔던 노사 간의 '기울어진 운동장'이 완전히 균형을 잡은 것은 아니지만 자본의 일방적인 횡포와 전횡이 통용되기 어려운 조건이 형성된 것이다. 또한 노동자대투쟁은 노동조합의 지형을 과거 생산직 중심에서 학교, 언론, 병원, 금융 등 사무전문직, 유통 서비스직까지 전 산업 전 직종으로 확대시켰다.

아울러 노동자대투쟁은 광범한 노동자를 단련시키고 의식과 조직을 발전시킨 중요한 계기가 되었다. 노동자들은 스스로 투쟁의 전면에 나섬으로써 자신들을 억압하는 체제와 각종 제도의 구조를 인식하게 되었고 투쟁을 통해 노동자 자신들의 힘과 단결이 갖는 큰 의미를 깨닫게 되었다. 또한 투쟁을 통해 사회적 무력감이나 패배주의를 상당 부분 극복할 수 있었고, 투쟁 과정에서 조직적 지도성의 중요성과 넓은 범위에 걸친 연대의 필요성을 인식하게 되었다. 그리고 노동조합운동은 노동자대투쟁을 통해 비로소 대중조직운동으로서 명실상부하게 자립할 수 있게 되었으며, 이를 바탕으로 권력과 자본으로부터 집중된 엄청난 탄압을 극복하고 민주노조운동의 흐름을 형성하게 된 것이다(박석운, 1997: 12). 이와 함께 노동자대투쟁은 노동자 자신들의 투쟁이 권력과 자본의 집합체로서의 총자본에 대한 대응으로서 성격을 갖는다는 것을 확인할 수 있었고, 정치투쟁의 중요성과 그것의 추진을 위한 조직적 정비의 필요성도 자각할 수 있게 됨으로써 노동자계급의 정치적 진출을 위한 대중적 토대를 마련하는 계기가 되었다(김금수, 1988: 164).

이와 같이 노동자대투쟁은 그야말로 '십 년을 하루에 뛰어넘은' 거대한 대중운동의 비약이었으며, 노동자의 조직, 투쟁, 정치역량, 운동이념 등 한국 노동운동의 여러 측면에서 새로운 변화를 가져오는 역사적 계기를 만들어냈다. 노동자대투쟁은 수십 년에 걸쳐 방치되었던 노동자들의 무권리에 대한 항거였으며, 기업과 정부와 맞부딪쳐 협상함으로써 노동정치의 가능성이 발견된 공간이었다. 그런 점에서 1987년은 정치의 발견, 인권의 발견, 노동자 힘의 발견이 압축적으로 나타났던 '역사적 시간'이었다(최영기 외, 2001: 154).

(2) 한계

87년 노동자대투쟁은 역사상 유례를 찾기 어려운 의의를 남겼다. 그럼에도 불구하고 노동자대투쟁은 몇 가지 측면에서 한계를 드러냈다. 먼저 임금인상 등 노동조건 개선에 있어서 뚜렷한 성과를 거두지는 못했다. 투쟁은 열심히 했지만, 무엇을 얼마나 요구해야 할지 준비와 경험이 없었고, 노동조합이 주도한 투쟁도 아니었기 때문이다(김유선, 1998: 4). 조직과 투쟁의 측면에서 자연발생적 경향이 강했고, 조직적 지도력이 취약하여 매우 강고한 투쟁을 벌이고도 투쟁성과가 조직적 역량의 결집·강화로 이어지지 못했다. 투쟁은 사업장 단위에서 고립, 분산적으로 진행되었으며, 연대투쟁이나 공동투쟁이 전면적으로 추진되지 못했고, 사업장 차원의 열악한 노동조건과 억압적·병영적·비인간적 노무관리에는 저항했지만, 계급적·제도적 요구 관철로 발전시키지 못했다. 이것은 노동자들이 투쟁의 규모와 강도에 비해 작업장 수준에서만 노동정치를 이해한 결과였다(최영기 외, 2001: 152). 특히 투쟁의 후반기로 가면서 지배층의 이데올로기 공세에 대해 노동자들의 대응은 속수무책에 가까웠다. 자신들의 요구가 사회적 공익이나 공동선과 표리관계에 있다는 점에 대한 주체적 인식이나 객관적 인식이 부족한 상태로 진행되다 보니 자칫 '집단이기주의'로 몰릴 위험성도 있었다(박석운, 1997: 13).

노동자대투쟁은 노동자들에게 분명히 인식되거나 투쟁 방향이 목적의식적으로 진행되지는 못했다. 노동자들의 폭발적인 자발적 진출이 사태 전반을 압도한 데 비해, 이를 올바른 방향으로 이끌어갈 조직적

세력은 준비되어 있지 않았거나 역부족이었다. 그 만큼 선진적 노동자 층은 그 기반도 협소했을 뿐 아니라 수년간의 정치주의적 노동운동이 가져다준 편향을 시정하는 데 시간을 보내야 했으며 대중적 지도력을 거의 갖추지 못하고 있었다(엄주웅, 1994: 165~166). 결국 대중투쟁의 추진과 관련하여 활동경험과 지도력을 갖추지 못한 노조 간부와 활동가 들은 장기적인 투쟁을 이끌면서 올바른 전술을 진행하지 못하는 경우 가 많았으며, 심지어 투쟁의 목표와 방향을 바르게 설정하지 못한 나머지 투쟁을 성공적으로 마무리하지 못한 사례도 많았다. 그 결과 투쟁의 장기성, 완고함에 비추어 노동자 대중의 정치적 각성과 진출은 미진한 수준에 머물고 말았다(신금호, 1989: 600).

노동자대투쟁에서 나타난 이들 한계는 당시 노동운동의 전반적 발전 단계를 반영한 당연한 귀결이었다. 그리고 그것은 노동자대투쟁 이후 새로운 조직과 이념, 투쟁전략과 전술의 전개 과정에서 노동자계급 스스로가 해결하지 않으면 안 될 과제이기도 하였다.

5. 87년 노동자대투쟁 이후 노동운동의 변화

1987년 여름 석 달 동안 활화산처럼 폭발했던 노동자대투쟁은 종래 의 자본 일방적이었던 노사 간 힘의 관계를 무너뜨리고 사회변화의 중심축으로서 노동자의 위치를 확인시킨 역사적 항거였다. 노동자대투쟁은 총자본의 전제적인 통제체제를 무너뜨리고 노동기본권을 억제해 온 노동관계법을 무력화하면서 광범한 노동자를 단련시키고 의식과 조직을 발전시킨 중요한 계기였다. 노동자 대중은 질풍노도와 같이 스스로 투쟁의 전면에 나섬으로써 자신들을 억압하는 체제와 각종 제도의 구조를 인식하게 되었고, 투쟁을 통해 노동자 자신들의 힘과 단결이 갖는 큰 의미를 깨닫게 되었다. 이를 바탕으로 노동자들은 조직·투쟁·이념 등 노동운동의 주요한 측면에서 획기적인 변화를 가져왔다.

무엇보다 가장 큰 변화는 민주노조진영이라는 노동운동의 새로운 주체가 형성되고, 민주노조운동이 본격화하기 시작했다는 점이었다. 87년 노동자대투쟁을 전개하면서 노동자들은 재벌그룹의 대기업들과 언론, 병원, 건설, 정부기관, 대학, 경제단체, 유통부문 등에서 노조를 결성함으로써 과거 제조업 중심의 노동운동의 영역을 전 산업부문으로 확대하고 전체 노동조합운동의 판도를 크게 변화시켰다. 이들 새 노조들은 스스로를 민주노조라 부르고 한국노총체제를 벗어나 지역별, 업종별, 그룹별 연대와 협력을 기초로 전국적 통일을 시도하였다. 민주노조들은 전국노동법개정투쟁본부(전국투본, 1988년 8월)에서 지역·업종별노동조합전국회의(전국회의, 1988년 12월)를 거쳐 전국중앙조직으로서 전국노동조합협의회(전노협, 1990년 1월)를 건설하고 비제조업 중심으로 전국업종노동조합회의(업종회의, 1990년 5월)를 결성했다. 국가권력과 자본은 이들 새로운 운동 주체들에 대해 집중적인 공격을 가하지만 민주노조운동의 거센 흐름을 막을 수는 없었다. 민주노조들은 1989~1995년 사이 2290명이 구속되고 수천 명이 해고 수배되는 탄압을 무릅쓰고 조직을 사수하고 노동조건 개선투쟁을 전개했다. 특히 이들은 노동관계법을 노동자 대중의 지위 개선과 민주노조운동의 전진을 가로막는 1차적 요인으로 인식하고 노동법 개정에 총력을 기울였다. 'ILO기본조약 비준 및 노동법 개정과 민주대개혁을 위한 전국노동자공동대책위원회'(ILO공대위, 1991년 10월) 조직과 활동은 그 총체적 실천적 표현이었다. 그러나 권력과 자본의 반대와 공격은 더욱 가중되었고 민주노조진영은 선 노동법 개정, 후 민주노총 건설의 운동 경로를 바꾸어 전국중앙조직 건설에 나서게 되었다. 이에 따라 민주노조진영은 '전국노동조합대표자회의'(전노대, 1993년 6월)와 '전국민주노동조합총연맹준비위원회'(민노준, 1994년 11월)를 거쳐 1995년 11월 11일 전국민주노동조합총연맹(민주노총)을 결성하기에 이르렀다.

민주노조운동의 대두와 확산은 지금까지 노동조합운동의 총본산으로 자처해오던 한국노총을 위기로 몰아넣고 스스로 변화와 개혁을 모색하지 않으면 안 되게 만들었다. 1988년 이래 한국노총은 옥외 대중집회와 시위 투쟁 등 적극적인 행동을 통해 종래와 다른 모습을 모이며 개혁을 추진했으나 1993, 1994년 노총-경총 임금합의를 계기로 대량의 조직이탈이 일어나면서 또 다시 위기에 봉착하였다. 이 위기는 1996년 '현장과 함께하는 강한 노총 건설'을 내세우고 복수노조 금지규정의 철폐를 공식적으로 결의하고 나서면서 타개의 가능성을 보였다. 한국노총의 새로운 개혁시도는 1996년 말 이후 정부와 신한국당의 노동법 안기부법 날치기 처리에 항의한 전국 총파업을 민주노총과 함께 전개함으로써 본격화했다. 이로써 한국노총은 "자본과 정권에 타협적 협조적이라는 한국노총의 과거 이미지를 벗고 조합원 중심으로 우뚝·서서 한국노총의 새로운 장을 열어가고 있다"고 자평했다(한국노동조합총연맹, 1998: 258). 이어 한국노총은 1997년 말 제15대 대통령 선거에서 친노동자적 후보와의 정책연합 전략을 내세우고 야당인 새정치국민회의 김대중 후보를 지지함으로써 창립 이래 지속된 집권여당 편향의 오랜 관행을 깨트렀다.

노동운동의 변화는 광범하게 확대된 투쟁 주체와 투쟁 역량에 의해 두드러지게 나타났다. 투쟁의 주체는 종래의 제조업 노동자들로부터 사무·전문·기술직종 등의 노동자들로 급속히 넓혀졌으며 '언론민주화, 연구자율성 보장, 의료민주화, 학원의 자주화·민주화, 교육개혁' 등 경제적 이해를 뛰어넘는 정치적, 사회적 의제들이 투쟁과제로 제기되었다. 또한 투쟁은 87년 노동자대투쟁처럼 노동자들이 주도했던 것과 달리 노조가 주도함으로써 조직적·계획적 성격을 띠게 되었고 아울러 지역별·산업별·그룹별 연대투쟁과 노동법 개정, 노동운동 탄압저지, 임금억제정책 분쇄, 노동절 부활 등 정치적 성격의 전국적 통일투쟁도 목적의식적으로 전개되었다.

이러한 노동운동의 새 주체 형성과 투쟁의 변화는 노동운동 이념과 기조의 발전과 궤를 같이했다. 1990년 민주노조진영의 중심축으로 등장한 전노협은 스스로를 일방적 노사협조주의 노동조합운동을 극복하고 자주적이고 민주적인 노동운동을 전개해 나갈 수 있는 새로운 조직적 주체라고 규정하고 경제적 이익을 위한 투쟁과 함께 경제사회구조의 개혁과 조국의 민주화·자주화·평화통일을 이룩하기 위한 투쟁을 강조하고 산업별노조체계를 기반으로 하는 전국중앙조직 건설을 목표로 내걸었다. 전노협의 운동이념은 노사협조주의를 배격하고 사회개혁을 지향하고 경제투쟁과 정치투쟁의 결합을 기본 내용으로 하고 있으며 총자본에 대한 적극적인 투쟁의지와 민족문제의 해결을 위한 구체적인 목표를 제시하고 있다. 요컨대 전노협의 운동이념은 자본주의 체제나 임금제도의 철폐를 전략적 목표로 내세우고 있지 않다는 점에서 혁명적 조합주의라고 볼 수는 없지만 투쟁성과 정치성을 강하게 띤 사회개혁적 노동조합주의라고 할 수 있을 것이다(김금수, 1995: 98). 이어 1995년 출범한 민주노총은 노동자를 "생산의 주역이며 사회개혁과 역사발전의 주체"로 규정하면서 스스로를 "자주적이고 민주적인 노동조합의 전국중앙조직"으로 자리매김했다. 민주노총은 "노동자의 정치·경제·사회적 지위향상"과 "전체국민의 삶의 질 개선" 및 "인간의 존엄성과 평등을 보장하는 통일조국·민주사회의 건설"을 목표로 제시하면서 활동원칙으로 자주·민주·통일·연대와 단결·투쟁을 내세웠다. 한편 한국노총은 노동운동의 대내외적 상황변화에 대응해야 할 현실적 요구에서 실리적 조합주의 또는 편협한 경제주의를 극복하고 노조의 자주성·민주성 확립, 한국자본주의의 구조적 개혁, 정책결정기구 참여, 정치활동의 활성화, 시민운동과의 연대강화 등을 표방하였다.

노동운동의 주체 변화와 이념의 변화 발전은 경제투쟁과 정치투쟁의 결합을 높게 만들었다. 이는 임금인상이나 노동조건 개선을 위한 사업장 단위의 단체교섭만으로는 권익 향상에 한계가 많다는 인식이 넓혀진데서 비롯된 것이었다. 이에 따라 정책제도 개선에 대한 요구가 높아졌고 노동운동 탄압에의 대응, 경제정의에 대한 국민적 요구와 함께 정치적 민주화와 경제민주주의의 실현, 민족자주화와 민족통일의 달성 등의 과제가 정치투쟁의 영역 속에 자리 잡게 되었다. 이처럼 투쟁의 주체와 영역이 확대 변화함에 따라 국가권력과의 대결은 갈수록 격렬하게 되었고 국가권력과 노동운동의 대립구도는 정치투쟁의 고양 가능성을 높였다.

아울러 노동운동의 정치적 역량이 크게 증대하고 정치적 진출이 확대된 것도 중요한 변화였다. 1988년 이후 민주노조진영의 투쟁은 조직 결성과 활동을 위한 대정부투쟁, 정책 제도 개선투쟁에 집중되었다. 전노협 사수, 업종회의 소속 연맹들의 합법성 쟁취, 전교조의 교육개혁운동, 노동법 개정, 노동절 부활, 고용보장, 노동운동탄압저지, 총액임금제 철회, 노동정책 경제정책의 개선 등이 그 주요 내용들이었다. 특히 1996/1997 노동법 안기부법 개악반대 총파업투쟁은 87년 노동자대투쟁 이후 노동운동의 급성장을 표현한 것으로 ① 한국정부 수립 이후 최초의 총파업으로 노동운동 역사상 최대 규모였고, ② 노동관계법 개악에 항거한 정치파업이며, ③ 계획적이고 조직적인 형태로 완강하고 장기간 지속되었고, ④ 사회운동에서 노동운동이 주축임을 확인했으며, ⑤ 노동자계급의 정치세력화의 필요성을 확인하는 중요한 계기가 되었고, ⑥ 총자본의 세계화, 신보수주의 공세에 맞선 투쟁으로 세계 노동자의 연대와 지지투쟁을 확보했다는 점 등의 의의를 지녔다(김금수, 2004: 400~402). 아울러 민주노조진영은 민주적 사회·시민단체와 연대투쟁을 주도적으로 확대하고 진보적 조직에 적극 참여하여 활동함으로써 민족 민주운동의 중심세력으로 자리매김했다. 한국노총도 선거참여활동에 주력하면서도 시민운동과의 연대 강화에 힘을 들이는 변화를 보였으며 1996/1997 총파업을 적극 전개함으로써 개혁의 진전을 표출시켰다. 이러한 노조 정치활동의 확대와 활성화는 노동자의 정치적 요구 해결을 위해서뿐만 아니라 노동운동이 목표로 하는 자본주의 체제의 개혁을 위해 중요한 발전적 의미를 갖는다. 더욱이 국가권력과의 대립과 모순이 심화되고 있는 상황에서 노동운동의 정치적 역량의 강화 발전은 노동운동의 발전을 규정하는 주요한 요건이라 할 것이다.

이상에서 보아온 바와 같이 1987년 이후 한국 노동운동은 민주노조운동이 주도하면서 커다란 변화와 발전을 가져왔다. 민주노조운동은 자주성·민주성·투쟁성·연대성·이념성을 특징으로 하고 있다(한국산업사회연구회, 1994: 275~281). 자주성은 노조의 자본과 권력으로부터의 주체성과 독립성을 확보하는 것이며 민주성은 현장대중 중심의 노조운영의 최고원칙이다. 투쟁성은 노동자의 요구와 권리를 쟁취하기 위한 적극적 태세를 강조하며 연대성은 지역별 산업별 그룹별 노조의 결합이며 전국적 통일을 위한 결속을 뜻한다. 이념성은 과거 노사협조주의와 개량주의의 극복을 전제로 한 사회개혁적 사회변혁적 운동기조를 추구함을 말한다.

이러한 성격의 민주노조운동은 한국자본주의의 중심축인 독점대기업과 공공부문의 대부분을 조직적으로 장악하고 정치적·경제적 민주주의의 실현 및 민족문제의 자주적 평화적 해결을 지향하였다. 이것은 보수 기득권세력의 지배질서에 도전한 것으로 독재정치질서의 조속한 종식과 경제성장주의의 근본적 수정 그리고 남북 간 화해와 평화통일을 요구한 것이었다. 이러한 변화는 이를 거부하는 총자본과 민주노조운동이 정면으로 대립할 수밖에 없음을 의미하는 것이었다. 민주화 이행기로 얘기되는 1987년 이후의 정세 하에서도 국가권력과 자본 측이 민주노조운동을 "계급투쟁과 노동해방 이념 아래 폭력혁명 노선을 추구하며 정치투쟁을 목표로 하는 불법 집단"으로 규정하고 극단적인 탄압을 가한 것은 이 같은 본질적 모순구조의 발현이라 할 수 있을 것이다.

민주노조운동은 다른 어떤 사회세력보다 광범한 대중적 지지를 기초로 하기 때문에 계급적 이해의 실현만이 아니라 보수 기득권세력의 방해에 맞서 전반적으로 민주화를 추진해야 하는 현실적 주체로서의 책무를 지게 되었다. 87년 노동자대투쟁을 계기로 형성된 민주노조운동이 조직, 이념, 투쟁 등 노동운동의 주요 측면에서 새로운 방향을 모색하고 실천방안을 추진한 것은 이러한 역사적 변화의 반영이라 할 수 있을 것이다. 이제 노동운동은 사회변혁운동의 외곽세력이나 지원대상이 아니라 그 중심에 서게 된 것이다.

이처럼 한국노동운동은 87년 노동자대투쟁을 분기점으로 하여 급격히 고양되었다. 곧 1960년대, 1970년대 노동자계급의 잠재적 역량축적을 바탕으로 하여 1980년대 전반기의 진통기 또는 준비기를 거치며 진행된 노동운동 발전의 결과이자 성과라 할 수 있다. 그런 점에서 87년 노동자대투쟁은 노동운동 발전에서 획기적인 전환점을 이루었다. 1987년 이후의 노동운동은 침체와 도약의 여러 국면들을 나타내기는 했지만 특히 조직과 투쟁, 운동노선, 정치세력화의 면에서 괄목할 만한 발전을 실현함으로써 이 나라의 발전적 변화에 중심축으로서의 위상과 역할을 규정받게 되었고 절차적 민주화와 함께 경제적·사회적 민주화의 핵심적 추진력으로서의 위치에 서게 되었다. 이는 이 시기 노동운동이 자본의 축적과 노동자계급의 형성, 조직적 결집의 조건을 토대로 하고 패배와 승리, 정체와 비약의 과정을 거치면서 발전하고 있음을 운동사적으로 입증한 것으로 볼 수 있을 것이다.

그럼에도 불구하고 민주노조운동은 계급 내부의 변화와 총자본의 대응 등 운동 안팎의 정세변화에 따른 새로운 과제를 안게 되었다. 먼저 1989년 이래 두드러지고 있는 조합원 감소와 조직률 저하를 저지하는 문제다. 노조조직의 감소는 ① 노동조합의 조직형태가 기업별체계여서 중소 영세업체와 비정규직 노동자 대부분이 사실상 조직대상에서 제외되고 있다는 점, ② 공무원과 교원의 노조 결성권이 금지되고 있었다는 점, ③ 1990년대 들어 구조조정이 본격화되면서 중소 영세업체에서 휴폐업이 잇따랐다는 점, ④ 노동시장 유연화가 빠른 속도로 진전되면서 정규직이 비정규직으로 대체되고 있다는 점, ⑤ 사용자들의 부당노동행위가 끊이지 않았다는 점, ⑥ 기존의 노동조합이 목적의식적으로 조직확대 사업을 전개하지 않았다는 점 등에서 비롯되었다(김유선, 1998: 12~13). 조직률 저하는 노조운동의 기본 성격인 '대중성과 계급성'의 통일을 어렵게 하고 전체 노동자 대중의 생활과 권리보호라는 기본 목표의 실현을 제약한다는 점에서 가장 기초적인 과제이다(김금수, 2004: 523). 또한 민주노조운동은 지역별, 산업(업종)별, 그룹별 통일조직을 추진해왔지만 기업별조직체계가 여전히 지배적인 형태로 온존되고 있으며 조직 확대, 교섭력 강화, 조직적 연대와 통일, 정치투쟁 발전을 근본적으로 가로막고 있었다. 물론 민주노조운동은 그동안 총자본의 공격을 막아내고 민주노총체제를 구축하는 데 총력을 기울일 수밖에 없었다. 그러나 기업별노조체계가 갖는 폐쇄성과 사업장별 투쟁이 지닌 편협성을 뛰어넘어 공동투쟁 통일투쟁을 적극 전개하고 나아가 기업별 노조형태를 근본적으로 개혁하지 않는 한 노동운동의 발전을 기대하기 어려울 것이라는 전망이 자주 제기되었다.

또한 앞서 본 것처럼 투쟁 주체의 광범한 확대와 투쟁역량의 성장, 운동이념과 기조의 사회변혁적 접근, 조직성·계획성·연대성이 강화된 투쟁양태, 급속히 고양된 경제투쟁과 정치투쟁의 결합도 등 노동운동의 주요 측면이 크게 진전되었음에도 불구하고 대중들의 자발적이고 적극적인 참여보다는 대부분 간부들이 주도하고 노동자 대중들은 피동적인 자세를 취하는 모습이나 취약한 조직적 지도역량 상태를 극복하는 것도 주요한 과제로 제기되었다.

아울러 자본의 변화한 공세에 어떻게 대응할 것인가도 당면한 과제였다. 자본은 이미 1990년대에 들면서 신자유주의, 자본의 세계화 공세를 시작했다. 자본은 노동의 유연화를 위한 다양하고 치열한 공작을 진전시키고 있었고 노사 간 모순은 현재화하였다. 1996/1997 총파업 사태가 그것이었다. 자본의 공세는 노동계급 내부에 고용형태의 다양화로 인한 경쟁과 분열을 격화시키고 노동강도의 강화와 임금 및 노동조건의 저하를 초래한다는 것이 지배적인 분석이다. 자본의 세계화 전략이 야기한 고성장-저실업에서 저성장-고실업으로의 전환이라는 새로운 노동환경의 도전에 대해 노동운동은 어떻게 대응해야 하는가, 그 해답을 상황 변화는 요구하고 있었다.

참고문헌

강순희. 1998. 『한국의 노동운동―1987년 이후 10년간의 변화』. 한국노동연구원.

경제기획원. 1980~1990. 『한국통계연감』.

김국진. 2016. 「87년 6월항쟁과 789노동자대투쟁의 역사적 의의와 현재적 의미」. 이인영의원 실. 『6월항쟁 30년 상황 진단 모색 4차토론회: 6월항쟁과 노동』.

김금수. 1988. 「한국노동조합운동의 현단계적 상황과 발전을 위한 과제」. 『한국노동운동의 이념』. 한국기독교산업개발원 엮음. 서울: 정암사.

_____. 1995. 『한국 노동운동의 현황과 과제』. 서울: 과학과 사상.

_____. 2004. 『한국노동운동사―민주화이행기의 노동운동』(제6권). 서울: 지식마당.

김동춘. 1995. 『한국 사회 노동자 연구―1987년 이후를 중심으로』. 서울: 역사비평사.

_____. 1997. 「1980년대 민주변혁운동의 성장과 그 성격」. 『6월민주항쟁과 한국 사회 10년』 1. 학술단체협의회 엮음. 서울: 도서출판 당대.

김유선. 1998. 『노동조합운동의 현황과 과제』. 서울: 한국노동연구원.

노동부. 1988. 『1987년 여름의 노사분규 평가보고서』.

노중기. 1997. 「6월 민주항쟁과 노동자대투쟁」. 학술단체협의회. 『6월 민주항쟁과 한국 사회 10년』 1. 서울: 도서출판 당대.

민주화운동기념사업회 한국민주주의연구소. 2010. 『한국민주화운동사 3』. 서울: 돌베개.

박석운. 1997. 「87년 노동자대투쟁 평가와 의의」. 전국민주노동조합총연맹·한국노동연구단체 협의회. 『87에서 97! 그리고 21세기: 노동운동의 전망을 연다―87년 노동자대투쟁 10주 년 기념 심포지엄 자료』.

박준식. 1996. 『생산의 정치와 작업장 민주주의』. 서울: 한울

송호근. 1991. 『한국의 노동정치와 시장』. 서울: 나남.

신금호. 1989. 「7, 8월 노동투쟁」. 김용기·박승옥 엮음. 『한국노동운동논쟁사: 80년대를 중심으 로』. 서울: 현장문학사.

엄주웅. 1994. 「노동운동의 폭발적 고양과 민주노조운동의 구축」, 한국민주노동자연합 엮음. 『 70년대 이후 한국노동운동사』. 서울: 동녘.

이원보. 2004. 『한국노동운동사―경제개발기의 노동운동』(제5권). 서울: 지식마당.

_____. 2016. 「이소선어머니와 노동운동」. 전태일재단·한국노동사회연구소. 『이소선 어머니 5주기 기념토론회 자료집』.

임영일. 1997. 「한국의 노동운동과 계급정치(1987~1995): 변화를 위한 투쟁, 협상을 위한 투쟁」. 부산대 사회학과 박사학위 논문.

장홍근. 1999. 「한국 노동체제의 전환과정에 관한 연구(1987~1997)」. 서울대학교 사회학과 박 사학위논문.

전국노동조합협의회 백서발간위원회. 1997. 『전노협 백서 제1권―제13권』. 서울: 도서출판 전

노협.

중앙노동위원회. 2003. 『노동위원회 50년사』. 서울: 중앙노동위원회.

최영기·김준·조효래·유범상. 2001. 『1987년 이후 한국의 노동운동』. 서울: 한국노동연구원.

한국노동연구원. 2001. 『KLI 노동통계』.

_____. 2015. 『KLI 노동통계』.

한국노동조합총연맹. 1988. 『1987년도 노동쟁의』.

_____. 1987~1998. 『사업보고』.

_____. 1998. 『'96~'97, 그해 겨울―총파업에서 정책연합으로』.

한국산업사회연구회. 1994. 『산별노조론』. 서울: 미래사.

9장

6월항쟁 직후 통일운동의 분출

홍석률 | 성신여자대학교 사학과

1. 시작하며

6월 민주항쟁 직후인 1988년 대학생들을 중심으로 대대적인 통일운동이 전개되었을 때 일부 사람들은 여기에 대해 '느닷없다'는 반응을 보이기도 했다. 그러나 이러한 상황을 28년 전에 벌어진 일이 다시 자연스럽게 재연되는 것으로 보는 사람들도 있었다(박현채 외, 1988). 여기서 28년 전에 벌어진 상황이란 1960년 4월혁명 직후 민주화운동이 곧바로 통일운동으로 이어지는 상황을 의미한다. 한국에서 민주화운동을 했던 사람들은 대부분 민족분단 상황이 민주화는 물론이고, 한국의 역사발전 전반에 큰 장애를 조성하고 있다고 보았다. 그 때문에 4월혁명, 6월 민주항쟁 등 중요 민주화운동의 고비마다 통일문제가 사회적으로 크게 쟁점화되고, 통일운동이 분출하는 양상이 반복되었다.

1960년 4월혁명은 한국의 역사에서 처음으로 대중적 항쟁에 의하여 집권자가 교체되는 사태를 불러일으켰다. 이승만 정권이 붕괴될 때까지 민주항쟁의 과정에서는 통일문제가 직접 거론되지는 않았다. 그러나 새로운 장면 민주당 정부가 들어서는 과정에서부터 민간 통일논의가 나타나기 시작했고, 4월혁명 7개월 후인 1960년 11월부터 각종 민간통일운동단체들이 결성되면서 대중적 통일운동이 전개되었다. 이때는 민족분단이 발생한 지 15년 밖에 안 되는 시점이었고, 한국전쟁이 휴전으로 마무리된 지 7년 밖에 지나지 않은 시점이었다. 휴전 이후 한반도의 분단은 점진적으로 고착화되는 길로 접어들었지만, 이때까지만 해도 민족분단 상태의 불가피한 장기화가 아직 당시 사람들에게 완전히 내면적으로 수용되어 있지는 않은 상태였다. 당시 사람들은 분단문제를 당장 먹고사는 문제 같은 당면한 현실적인 문제와 긴밀하게 관련지어 사고하는 경향이 있었고, 조속한 시일 내에 남북통일이 가능하다고 믿는 사람들이 많았다. 이에 당시 진보적 사회운동세력과 진보적 정치집단 대부분은 다른 의제보다도 우선적으로 통일운동에 집중해가는 양상을 보였다. 그러나 이러한 움직임은 1961년 5월 16일 발생한 5·16 쿠데타로 철퇴를 맞았다. 박정희 군사 정권은 쿠데타 직후부터 통일운동을 했던 사람들을 철저히 탄압했고, 민간차원의 통일논의와 운동을 말살하려고 했다. 1960년대에는 여전히 정치권에서 분단문제를 둘러싸고 간혹 논란이 일긴 했지만 민간차원의 통일운동은 전개되지 못했다.

그러나 1970년대에 들어오면서 미국과 중국의 관계개선 등 데탕트 국제정세의 조성과 민주화운동의 성장으로 상황이 달라졌다. 특히 1970년대 초에는 분단 이후 처음으로 남북대화가 시작되었는데, 박정희 정부는 이를 빌미로 유신체제를 선포하여 오히려 독재체제를 더욱 강화하였다. 군사독재 정권이 반공, 국가안보, 남북한 체제경쟁 논리 등을 내세워 분단 상황을 활용하여 정권을 강화하는 상황에서 한국의 민주화운동세력은 민주화와 분단극복 문제의 상호 관계에 대해서 더 많은 관심을 갖고, 이를 실천적으로 연결시키기 위해 치열한 논의를 전개했다. 이후 광주민주화항쟁을 거쳐 1980년대에는 민주화운동이 비약적으로 성장하였다. 특히 이 과정에서 대외적 예속/종속의 타파, 분단극복 등 민족문제에 대한 관심도 높아졌다. 그러나 4월혁명 직후와 마찬가지로 광범위한 대중을 구체적인 실천 목표를 내걸고 동원하는 대중적 통일운동을 전개하지 못했다. 1987년 6월 민주항쟁은 4월혁명과 마찬가지로 대중적 통일운동이 분출할 수 있는 새로운 역사의 장을 열었다.

이 글에서는 통일운동과 민주화운동과의 상호 관련성에 유의하여 6월항쟁 직후에 전개된 통일운동을 정리해보려고 한다. 우선 6월항쟁 이전까지 전개된 통일운동의 흐름을 간략하게 살펴보고, 1988년 남북학생회담 추진운동, 1989년 방북 활동을 둘러싼 파문을 거쳐 각 부문에서 광범위한 대중의 참여 속에 다각적으로 전개된 통일운동의 양상을 사실적으로 정리해보려 한다. 그리고 마지막으로 6월항쟁 직후 통일운동의 성과와 한계를 가늠해보고자 한다.

2. 민주화운동과 통일운동

1) 4월혁명과 민간 통일운동의 분출

한국에서 민주화운동을 했던 사람들은 대부분 민족분단 상황이 민주화는 물론이고, 역사발전 전반에 큰 장애를 조성하고 있다고 보았다. 그 때문에 4월혁명, 6월 민주항쟁 등 민주화운동이 분출하였을 때 통일문제가 사회적으로 쟁점화되고, 민간 통일운동이 발흥하는 양상이 이어졌다.

1960년 4월혁명으로 이승만 정부가 붕괴하고, 내각제 개헌과 7·29 총선을 거쳐 장면 정부가 출범할 무렵부터 대학생과 지식인을 중심으로 남북교류론, 남북협상론, 중립화통일론 등 다양한 차원의 통일논의가 사회적 관심을 끌면서 진행되었다. 남북교류론은 7·29총선 때부터 일부 진보정당의 후보들이 개인적으로 주장하기 시작하였고, 점차 진보적 정당과 통일운동단체들이 공유하는 주장이 되어갔다. 남북협상론은 외세의 간섭 없이 남북한 사이의 협상을 통해 통일을 하자는 주장이었고, 중립화통일론은 한국을 스위스나 오스트리아처럼 영세중립화하는 방식으로 통일을 달성하자는 주장이었다. 중립화통일론자들은 한반도를 분단시킨 주변 강대국의 핵심적인 이해관계는 한반도에서 군사적 영향력을 확보하는 것에 있다고 보았다. 주변 강대국이 한국의 영세중립화를 보장하고, 한국은 외군 군대의 주둔과 외국과 군사동맹을 맺지 않을 것을 서약하는 방식으로 중립화함으로써 냉전의 굴레에서 벗어나 한국을 통일하자고 주장했다(엄상윤, 2003; 홍석률, 2001).

1960년 11월 1일 서울대학교 민족통일연맹의 발족을 계기로 대학생과 진보적 사회운동세력들이 각종 통일운동단체를 결성하였다. 한편 통일사회당, 사회대중당, 혁신당, 사회당 등 진보정당들은 평화통일과 남북교류 주장을 공유하고, 통일방안 면에서는 중립화통일론, 남북협상론 등을 주장하며 통일운동에 적극 참여하였다. 1961년 2월 25일 통일사회당을 제외한 나머지 세 개의 혁신정당과 일부 통일운동단체가 연합하여 '민족자주통일중앙협의회(민자통)'를 결성하였다. 민자통은 산하의 5만 명 정도의 회원을 확보하고 있었다. 민자통은 자주, 평화, 민주라는 통일의 기본원칙과 남북교류를 주장했지만 구체적인 통일방안을 확정하지는 못했다. 그러나 내부의 좀 더 온건한 개혁적 인사들은 중립화 통일론을 주장했으며, 좀 더 급진적 그룹은 남북협상론을 주장했다(한역연, 2000; 홍석률, 2001).

1961년 5월 4일 서울대 민족통일연맹은 남북 학생회담을 제안하는 성명서를 발표하였다. 그 내용은 ① 빠른 시일 안에 남북 학생회담을 개최하고, ② 회담 의제는 남북 학생 기자교류, 학술토론대회, 예술과 학문의 교류, 체육대회의 개최이며, ③ 남북의 행정당국은 학생들의 결의를 전폭적으로 지지해달라는 것이었다. 다음날 전국의 학생 통일운동단체를 망라한 '민족통일전국학생연맹(민통전학련)' 결성 준비대회에서 이러한 제안이 전국적인 학생 통일운동단체의 결의로 다시 확인되었다. 민통전학련은 학생회담 장소는 판문점으로 하며, 회담일은 5월 이내로 하고, 민통전학련이 지역별로 회담대표를 선정하겠다고 계획을 좀 더 구체화했다(≪민족일보≫, 1961.5.5; 1961.5.7).

1950년대에는 남쪽이 남북교류에 소극적이었고, 북한은 이때부터 남측에 각종 남북교류 제안을 하고 있는 상황이었다. 북한은 남측 학생들의 남북학생회담 제안에 대해 즉각적으로 호응했다. 5월 6일 김일성대학 강당에서 조선학생위원회와 조선민주청년동맹 대표들과 각 학교 대표 500여 명이 집회를 열고 '조선 학생회담 준비위원회'를 구성하였다. 남북학생회담 제안과 북측의 즉각적인 호응은 남쪽에서 엄청난 파문을 불러일으켰다.

장면 정부는 즉각 이를 허용할 수 없다는 성명서를 발표했고, 윤보선 대통령도 우려를 피력했다. 보수 언론도 남북학생회담에 대한 비판적인 기사를 쏟아 냈다. 문교부는 전국 총·학장 회의를 개최하여 통일운동을 주도하는 학생들을 처벌하는 방안을 논의했다. 반면 민자통은 남북 학생회담 제안을 즉각 환영하고, 5월 13일 서울 동대문운동장에서 이를 지지하는 대규모 군중집회를 개최하였다. 민자통 지방조직도 부산, 대구, 광주, 대전에서 각기 남북학생회담 지지집회를 개최했다(홍석률, 2001: 145~151, 178~180). 이러한 민간 통일운동의 움직임은 1961년 5월 16일에 발생한 쿠데타로 혹독한 탄압을 받았다. 학생 민통련 관계자, 진보정당과 민자통 간부 대부분이 체포되어, 특별재판에 처해졌다.

2) 군사 정권기 민주화운동과 분단문제

5·16쿠데타로 집권한 박정희 군사정부는 4월혁명 직후 민간 통일운동에 가담한 사람들을 철저히 탄압하였다. 박정희 정권은 정부의 입장과는 다른 민간 차원의 통일논의와 통일운동을 철저히 탄압하였다.

군사독재 정권에 맞서 저항한 한국의 민주화운동세력들은 민주화와 분단문제의 극복을 항상 연계시켜 사고하는 경향이 강했다. 4월혁명 직후 민간 통일논의와 통일운동도 민주화, 경제개발 같은 문제와 밀접하게 연결되어 있었다. 그러나 1960년대에는 군사 정권의 혹독한 탄압과 베트남 파병, 1960년대 말 북한의 대남 무력공세로 인한 군사적 위기 국면으로 인하여 민주화운동세력은 통일문제에 대해 적극적인 발언과 행동을 보이지 못했다. 그러나 1970년대에 접어들면서 상황이 바뀌기 시작하였다.

1971년 교련반대운동, 공정선거 감시활동 등 일련의 대학생들의 활동은 평화와 분단 극복을 추구하는 4월혁명 이후 잠재된 한국 민주화운동세력의 지향점들이 되살아나는 조짐을 보여주었다. 당시 박정희 정부는 미국의 닉슨 행정부가 주한 미군 1개 사단 2만 병력의 감축을 일방적으로 단행하자 이를 '안보위기'로 규정하였다. 박정희 정부는 안보위기론을 내세워 대학생들의 교련교육을 유례없이 강화하려 했다. 이에 1971년부터 대학가에는 교련반대운동이 많은 대학생의 호응 속에서 전개되었다.

교련반대운동은 단순히 과도한 군사교육에 반대하는 차원만이 아니라 1970년대 초부터 가시화된 미국과 중국의 관계개선 등 데탕트(긴장완화) 국제정세의 변화에 조응하여 한반도의 평화와 통일을 추구하는 맥락에 놓여 있었다. 대학생들은 자신의 교련반대운동을 데탕트라는 세계정세의 변화 속에서 "민족상잔의 군사적 대결방식을 지양하고 정치적 해결이라는 접근방식을 가능케 하는 평화운동의 일환이다"라고 주장하였다. 또한 같은 맥락에서 "이데올로기의 종언과 함께 동서가 해빙 무드로 접어들고 있는 때에 전체 국민 무장화(武裝化)의 일환으로 학생에게까지 군사훈련을 실시함은 세계사의 발전 조류에 정면으로 충돌하는 것"이라고 박정희 정부를 비판했다. 나아가 정부가 안보위기론을 고조시켜 제한적인 차원의 민주주의마저도 벗어나 군국주의, 파시즘적인 정치체제를 수립하려 획책하고 있다고 경계하였다(허은, 2009; 홍석률, 2012).

대학생들의 교련반대운동은 1971년 4월 거행된 7대 대통령 선거와 겹쳐져 전개되었다. 당시 제1야당인 신민당 대통령 후보 김대중은 여당 후보 박정희의 안보논리에 맞서 남북교류론, 4대국 한반도 안전보장론을 선거 공약으로 내세워 커다란 파문과 호응을 불러일으켰다. 당시 민주화운동세력은 박정희가 선거를 통해 재집권하면 이미 3선개헌(1969)에서 드러난 것처럼 장기집권을 획책하여 기존의 형식적인 민주적인 제도마저도 폐지하고, 총통제 또는 군국주의, 파시즘화에 나설 가능성이 있다고 우려했다. 이에 재야인사들은 '민주수호국민협의회'를 결성하고 공정 선거 감시운동을 전개하였다. 교련반대운동을 하던 대학생들도 1971년 4월 14일 '민주수호전국청년학생연맹'을 결성했다. 그러나 관권과 금권의 대대적인 동원, 지역감정의 대두로 말미암아 1971년 4월 27일의 7대 대통령 선거 결과는 박정희의 승리로 끝났다.

대통령 선거와 총선(5월)이 끝나고 1971년 6월 2일 민주수호전국청년학생연맹은 그 명칭을 전국학생연맹으로 바꾸었다. 전학련은 6월 한 달 동안 사토 일본 수상 및 자위대 간부 방한 반대투쟁을 벌였다. 또한 전학련은 같은 해 9월 남북대화가 시작될 무렵 발표한 성명에서 "민족의 자주적, 평화적 통일"을 강조하였다. 4월혁명 이후 한국의 민주화운동에서 중요한 역할을 했던 학생운동이 교련반대운동, 반독재민주화운동을 넘어 민족자주화운동, 통일운동으로 방향을 전환할 조짐을 보였던 것이다. 민주수호국민협의회도 반공법 개정을 주장하는 성명서를 내는 등의 움직임을 벌였다. 그러나 박정희 정부는 1971년 10월 15일 위수령을 발동하여 177명의 학생운동가들을 제적시키고, 이들 대부분을 군대로 끌고 갔다(홍석률, 2012: 137~139). 나아가 12월에는 국가비상사태를 선포하여 공포 분위기를 조성하며 대탄압 국면으로 갔다. 박정희 정부는 한편으로는 데탕트라는 국제적 상황에 조응하여 1971년 9월부터 이산가족 문제를 해결하기 위한 남북적십자회담을 진행하는 등, 남북대화를 했지만 내부 정치적으로는 민주화운동이 통일운동과 결합해 나가려는 조짐을 원천적으로 차단하였던 것이다.

1972년 2월 미국의 닉슨 대통령이 베이징을 방문하여 동아시아에서 데탕트 분위기가 더욱 고조되었다. 남북한 당국도 이 무렵부터 남북대화에 더욱 적극성을 보여, 1972년 7월 4일 자주, 평화, 민족대단결을 원칙으로 통일을 추진하겠다는 남북 공동성명이 발표되었다. 이후 서울과 평양을 오가며, '남북적십자회담'과 '남북조절위원회회담'이 개최되는 등 남북대화가 본격적으로 진행되고, 한반도에도 긴장완화 국면이 조성되었다. 그러나 1972년 10월 17일 박정희 대통령은 통일에 대비한다는 것을 명분으로 유신을 선포하고, 개헌을 거쳐 유례없이 억압적인 정치 체제를 구축하였다.

1970년대 초 남북대화는 두 당국 사이의 협상과 타협의 분위기보다는 오히려 남북 체제경쟁을 강화하는 방향으로 갖고, 남북의 두 정권은 체제경쟁을 빌미로 분단상황을 권력강화에 더 직접적으로 활용해갔다. 이에 한국의 민주화운동세력은 민주화라는 정치적 문제를 분단극복 문제와 훨씬 밀접하게 연결 짓는 양상을 보였다. 1945년 이후 한국 현대사의 기본 과제를 분단극복으로 설정한 '분단시대론', 통일을 단순한 민족통합이 아닌 '분단체제'의 극복 또는 변혁으로 보는 관점 등이 민주화운동가들 사이에 주목을 받았다. 한편 민주화운동세력 내부에서는 '선민주 후통일론'과 '선통일 후민주론' 등 통일과 민주화운동의 관계 설정을 둘러싼 논쟁이 벌어졌다. 선민주 후통일론은 남한의 민주화가 되어야 통일이 가능하다는 관점이었고, 반면 선통일 후민주론은 통일이 먼저 되어야 민주화도 가능하다는 관점이었다. 두 입장의 차이는 통일과 민주화의 우선순위에만 있는 것이 아니라 사실상 어떤 민주주의를 추구하느냐는 관점의 차이를 반영한 것이었다(고세현, 1992). 선민주 후통일론은 자유주의의 한도 안에 민주화를 상정한 반면, 선통일 후민주론은 자유주의의 틀을 넘어선 민주주의를 상정한 것이었다. 이러한 논쟁에 대해 문익환은 민주화와 통일을 이분법적으로 분리할 수는 없고, 하나로 통합해서 사고하고 실천해야 한다고 주장하였다. 이와 같은 논쟁을 통해 한국의 민주화운동세력은 민주화와 분단 극복, 또한 경제개발 과정에서 소외된 민중의 해방 문제를 1970년대 후반기부터 좀 더 밀접하게 연계지어 사고하는 경향을 보였다(이유나, 2014: 85~131; 홍석률, 2014). 1977년 12월 언론 민주화운동을 하던 해직 기자들의 단체는 다음과 같은 성명서를 발표하기도 했다.

> 통일은 우리 민족의 최고 선이며, 최대의 정치적 과제이다. 나라의 경제
> 성장을 바다 밖에 매어둠으로써 통일에의 열망을 식게 할 우려가 있는
> 경제성장, 민중의 자유를 공허한 숫자의 대가로 유보해야 한다는 경제성
> 장은 그 맹목성 때문에 우리는 그것을 거부한다(통일노력60년 발간위원
> 회, 2005: 135).

또한 당시 재야 민주화운동세력을 결집한 연합체적 단체의 명칭은 1970년대에 '민주수호국민협의회(1971)' → '민주회복국민회의(1974)' → '민주주의와 민족통일을 위한 국민연합(1979)'으로 바뀌어갔다. 1970년

대 말로 갈수록 민주주의와 통일문제를 좀 더 긴밀하게 연계 짓는 양상이 강화되었던 것이다.

1980년대 전두환 정권기에도 민주화운동세력은 분단문제의 극복을 강조하였다. 1985년 3월 '민중민주운동협의회'와 '민주통일국민회의'가 통합하여 재야 민주화운동세력의 연합체로 '민주통일민중운동연합(민통련, 의장 문익환)'이 발족하였다. 이 단체의 명칭 자체가 보여주듯 민주화운동, 통일운동, 민중운동이 결합되는 양상은 1980년대 민주화운동이 성장하면서 더욱 뚜렷해졌다. 민통련은 강령 제1항으로 "조국의 자주적 평화통일을 민중의 힘으로 완수한다"고 발표했다. 또 1985년 5월 발표한 「민주통일민중운동선언」에서 갑오농민전쟁 이후 민족운동의 전통을 이야기하며 "분단시대를 살고 있는 우리에게 민족운동의 전통은 민주화운동과 민족통일을 통한 민족적 숙원의 해결을 요구하고 있다"고 주장했다. 나아가 "민주의 줄기찬 보편적 삶의 일상적인 통합운동을 통해서만 민족은 비로소 숙원인 평화통일에 이를 수 있는 것이다"라고 강조했다(민통련, 2005: 170~171).

한편 1980년대 민주화운동에서 중요한 역할을 한 학생운동 내에서도 통일문제에 대한 관심이 높아졌다. 특히 1986년 무렵부터 NL(민족해방) 계열의 학생운동이 표면화되자 대학가에는 북한, 통일문제를 둘러싼 치열한 논쟁이 전개되었다. 한국 민주화운동의 과제로 민족해방을 강조했던 학생운동 집단은 자주화투쟁을 정점에 놓고, 민주화운동과 함께 '조국통일촉진투쟁'을 주요 투쟁목표로 설정해야 한다고 강조했다. 이에 과거 학생운동이 민주화운동에 집중한 나머지 통일운동을 방기해왔다고 비판하기도 했다. 그러나 6월항쟁 전에는 대학생 학생운동에서 구체적인 실천 목표를 내걸고 광범위한 대중을 동원하는 대중적 통일운동이 직접적으로 전개되지는 못했다(김지형, 2010: 921).

유신체제 이후 민주화운동세력은 분단극복을 강조했지만 반공 이데올로기, 안보논리, 국가보안법 등을 활용한 군사 정권의 혹독한 탄압 때문에 민간 통일운동을 전개하는 것은 대단히 어려웠다. 다만 용공성 시비에서 좀 더 자유로운 종교계 인사들이 통일운동에서 선도적 역할을 했다. 1974년 1월 1일 기독교청년협의회 회원 약 3000여 명이 통일을 기원하는 예배를 한 후 가두 데모를 전개했고, 개신교 인사들이 1980년대부터 해외에서 북한 기독교인들과 대화하는 등의 활동을 했다. 1984년 1월 한국기독교사회문제연구원(기사련)은 통일문제에 관한 교과서 분석 발표를 가졌다. 당시 전두환 정부는 이러한 민간 통일운동의 움직임에 대해 혹독한 탄압을 가했다. 이 모임을 주도하고 참석한 기사연 원장 조승혁, 리영희 교수, 강만길 교수 등이 구속되었다(이만열, 2001: 374~388). 1985년 5월 창립된 '민중불교운동연합(민불련)'은 자주적 평화통일을 위한 노력을 선언하였고, 1986년 5월 조직된 '불교정토구현전국승가회'는 민불련 및 대학생 조직과 더불어 통일운동을 전개하였다(통일노력60년 발간위원회, 2005: 130). 이러한 상황 속에서 1987년 6월항쟁이 발생했고, 그 직후부터 대중적인 통일운동운동이 크게 분출하였던 것이다.

3. 6월항쟁 직후 대중적 통일운동의 분출

1) 1988년 남북학생회담 및 공동 올림픽 추진

6월항쟁은 탈냉전 국면과 겹쳐져 있었다. 1985년 고르바초프가 소련의 최고 지도자로 등장 한 후 미국과 소련 사이에 다시 데탕트 기운이 조성되었다. 1989년 베를린 장벽이 붕괴되고, 이듬해 독일이 통일되었으며, 1991년에는 소련이 해체되었다. 노태우 정부는 집권 초기부터 북방정책을 표방하며, 공산주의 국가와의 관계 개선에 나섰다. 1989년 2월 한국은 공산주의 국가로서는 처음으로 헝가리와 수교하였다. 이어 폴란드, 유고슬라비아 등 공산권 국가들과 연달아 수교하였으며, 마침내 1990년에는 소련과, 1992년에는 중국과 수교하였다. 남북관계도 진척이 되어 남북 고위급 회담이 진행되고, 1991년 12월 남북기본합의서가 채택되기도 했다. 이처럼 급변하는 세계정세와 한반도 정세 속에서 남북관계와 통일문제에 대한 노태우 정부와 민주화운동세력의 갈등도 커져갔다.

당시 민주화운동세력은 남북관계에 대한 정부의 엄격한 통제와 독점을 허물고, 민간이 주도하는 '자주적 남북교류'를 추진함으로써 분단 극복에 기여하려 했다. 또한 남북교류 문제에는 적극성을 보이지만 군축, 평화협정 등 군사적·정치적 문제에는 소극성을 보이는 노태우 정부에 맞서 평화체제의 구축과 탈군사화를 추구하는 차원의 통일운동을 전개하였다.

6월항쟁 직후인 1987년 8월 전국의 대학생을 망라하여 '전국대학생대표자협의회(전대협)'가 결성되었다. 전대협은 활동방향의 하나로 "조국의 자주적, 평화적 통일을 앞당기는 데 기여할 것"을 표방했다(김지형, 2010: 922). 대통령 선거가 끝나고, 노태우 정부가 들어선 1988년 초부터 대학가를 중심으로 대대적인 대중동원을 바탕으로 한 통일운동이 분출하였다.

1988년 3월 서울대학교 총학생회 선거 과정에서 김중기 후보는 남북한 대학생 체육대회, 국토종단 순례대행진을 제안하고, 이를 위해 같은 해 6월 10일 판문점에서 남북학생회담을 개최할 것을 제안하였다. 북한의 김일성대학 학생위원회는 즉각 이를 수락하는 서한을 보냈다. 서울대 총학생회 선거 결과 다른 후보(전상훈)가 당선되었지만, 새로운 총학생회는 산하에 '조국의 평화와 자주적 통일을 위한 특별위원회(조통특위, 위원장 김중기)'를 만들고 남북학생회담의 추진과 올림픽 남북 공동개최를 주장하였다. 4월 16일 서울지역총학생회연합(서총련)은 국민대토론회를 열고 남북학생회담, 공동 올림픽 추진을 주장함과 동시에 팀스피리트 한미 합동군사훈련 반대, 핵무기 철수, 평화협정의 체결 등을 주장하였다. 이렇듯 당시 학생운동은 한반도의 탈군사화, 평화체제의 구축 등 군사적 문제도 거론하는 방향으로 갔다. 5월 14일 전대협은 고려대학교에서 '6·10 남북청년학생회담 성사 및 공동 올림픽 쟁취를 위한 범시민 학생 결의대회'를 개최하여 남북학생회담을 전국 대학생과 시민의 참여 속에서 진행할 것을 결의했다(기사연, 1988: 11~24; 류청하, 1988).

6·10 남북학생회담 추진운동은 4월혁명 직후 민통련의 남북학생회담 제안과 내용은 물론 그것을 제안하는 방식까지도 대단히 유사했다. 다만 남북 공동 올림픽 추진 운동을 병행했고, 4월혁명 직후와는 달리 한반도 평화체제 구축 등 군사적·정치적 문제도 직접적으로 거론했다는 점은 차이가 있었다.

1988년 9월 서울에서 제24회 하계 올림픽이 개최될 예정이었다. 이 문제는 1988년에 전개된 통일운동과 여러 차원에서 긴밀한 관련을 맺을 수밖에 없었다. 1980년 모스크바 올림픽에는 소련의 아프가니스탄 침공에 항의하여 미국을 비롯한 서방 국가들이 대거 불참하였다. 소련을 비롯한 공산권 국가들은 여기에 대한 항의로 1984년 로스앤젤레스 올림픽에 불참하였다. 1988년 서울 올림픽은 반쪽 올림픽이 아니라 동서 화합 분위기 속에서 오래간만에 소련, 중국 등 공산권 국가들도 모두 참여할 것이 거의 확실했다. 한편 올림픽을 맞이하여 남북한 단일팀 구성을 위한 남북 체육회담도 있었다. 88올림픽을 앞두고는 국제올림픽위원회(IOC) 사마란치 의장의 중재하에 스위스 로잔에서 1985년 10월부터 1987년 7월까지 5차에 걸쳐 남북체육회담이 개최되었다. 북한은 올림픽을 남북이 공동 주최하자고 주장하였는데, IOC의 권고에 따라 일부 종목의 경기를 북한에 배정해주는 안이 토의되기도 했다. 그러나 결국 타협에는 성공하지 못했다. 마침내 북한은 1988년 1월 남한의 단독 올림픽 경기에는 불참할 것이라고 선언했다(통일노력60년 발간위원회, 2005: 115~119).

1988년 대학생을 중심으로 민간 통일운동이 분출하던 당시에는 이렇듯 IOC의 중재를 거쳐 올림픽 공동 개최 등을 위한 남북체육회담이 시도는 되었지만 이미 결렬된 상태였다. 또한 예정된 올림픽 개최가 수 개월 밖에 남지 않은 시점이었다. 따라서 공동 올림픽 개최 주장이 현실화될 가능성은 객관적으로 볼 때 매우 희박했다. 그러나 올림픽 공동 주최 주장은 실제 실현 여부보다는 모처럼 동서 화합의 축제가 될 서울 올림픽이 남북의 체제경쟁 논리에 활용되는 것을 경계하고, 민족 분단의 문제점을 대중적으로 환기시키며, 남북의 화해와 협력의 분위기를 고양시킨다는 점에서 의미가 있었다(박현채 외, 1988: 58~63). 한편 88올림픽은 민주화운동세력이 분단체제하에서 아주 민감한 문제인 남북교류, 통일문제를 제기해도 당시 노태우 정부와 보수 집단이 국제여론 때문에 이를 심하게 탄압하거나 완전히 봉쇄하는 것을 어렵게 만들었다. 이에 실제로 광범위한 대중을 동원하는 통일운동을 전개하는 것이 가능한 공간을 마련하는 데도 일조했다.

노태우 정부는 대학생의 통일운동에 맞서 남북교류는 환영하지만 접촉과 교류를 위한 창구는 정부로 일원화되어야 한다는 이른바 '창구단일화' 논리를 내세웠다(노중선, 1996: 302). 당시 창구단일화 논리는 정부가 남북교류를 알선하고, 실행되도록 도와주는 것이 아니라 사실상 창구를 독점하고, 통제하는 차원이었다. 노태우 정부는 실제 창구단일화 논리로 6·10학생회담을 불허하고 저지하였다.

1988년 6월 9일 전대협 학생들은 '남북학생회담 성사를 위한 백만학도 총궐기대회'를 연세대학교에서 개최하였다. 10일 학생들이 판문점을 향해 출발했으나 교문 앞에서 경찰의 저지를 받았다. 오후부터 1만여 명의 학생들은 연세대를 빠져나와 서울역에 재집결했으나 경찰의 봉쇄망을 뚫지 못했다. 이에 학생들은 다시 흩어져 판문점으로 가는 방향인 홍제동에 재집결하여 거리에 드러누워 〈우리의 소원은 통일〉을 제창하였다. 판문점까지의 행진은 결국 좌절되었다. 이날 서울 시내 도처에서 890여 명이 연행되고, 32명이 국가보안법 협의로 구속되었다. 학생들은 8월 15일 광복절에 다시 학생회담을 추진하기로 결의하였다. 8월 15일 역시 연세대에 집결한 학생들이 출정식을 갖고 판문점을 향해갔지만 경찰의 차단에 막혀 도심 곳곳에서 산발적인 시위를 벌였다. 경찰이 무려 2020명을 연행하였다(류청하, 1988: 141~146; 김지형, 2010: 926~928).

당시 재야 운동단체, 종교 단체 일부도 남북학생회담, 남북 공동 올림픽 추진운동을 지지하고 지원하였다. 1988년 5월 11일 함석헌, 문익환 등 재야 인사 35명은 남북의 최고지도자에게 남북 공동 올림픽이 성사되도록 노력하라는 편지를 보냈다. 5월 15일 가톨릭 민속연구회 회장이었던 대학생 조성만이 명동성당에서 군사 정권 퇴진과 공동 올림픽 개최를 주장하며, 할복 투신하여 사망하였다. 5월 19일 서울 시청 앞과 광주 도청 앞에서 열린 조성만의 노제에는 10만 명 이상으로 추산되는 많은 시민이 모였다(노중선, 1996: 293; 류청하, 1988: 139~140).

민통련은 1988년 2월경 산하에 통일위원회를 구성하고, 통일운동에 비중을 두고 활동하였다. 6월 28일 민통련과 민족화합 공동 올림픽추진 불교본부, 서울민주투쟁연합, 서울지역총학생회 연합 등의 단체가 연합으로 '통일염원 범국민평화대행진 추진위원회'를 구성하고 성명서를 발표하였다. 성명서에는 남북 당국이 7월 4일을 민족화해의 날로 제정할 것. 국군작전권 환수, 평화협정 체결, 남북국회 회담을 열어 불가침선언을 채택할 것, 올림픽은 남북한의 자유 왕래와 민족 단일팀이 보장되는 공동 올림픽이 되도록 할 것 등을 촉구하였다. 추진위원회는 7월 4일 경희궁 공원에서 7·4 남북공동성명 기념식을 개최하였다. 정부 당국은 학생들의 행사와는 달리 이 행사를 원천봉쇄하지는 않았다. 여기에는 2000여 명의 군중이 참석하였고, 경희궁에서 종로를 거쳐 대학로까지 인도를 따라 평화적인 시위가 이루어졌다(기사련, 1988: 26~28). 민통련은 1988년 10월부터 11월까지 총 5회에 걸쳐 통일문제 금요강좌를 개최하기도 했다(김선택, 2005). 이렇듯 학생과 민주화운동단체의 주장은 정부가 통제하지 않는 자주적인 남북교류, 남북 공동 올림픽 개최, 평화체제의 구축 등으로 모아졌다.

1988년의 통일운동은 단순한 선전, 계몽 차원이 아니라 남북 학생회담 제안을 중심으로 구체적인 실천 목표를 설정하고, 민주화운동단체가 연대하여 광범위한 대중을 동원하는 방식으로 진행되었다. 5·16 쿠데타 직전 민자통의 남북학생회담 지지집회가 몇 차례 개최된 것을 제외하고는 이처럼 광범위한 대중을 동원하는 통일운동이 분출한 것은 분단 이후 처음이었다. 대중적 통일운동의 가능성을 최초로 열어 보인 것으로 평가되었다. 또한 1988년의 통일운동은 그동안 분단체제하에서 강고하게 작동해오던 반공논리와 냉전논리의 벽을 허물고, 노태우 정부의 통일정책의 문제점과 허구성을 폭로하며 대중적인 차원에서 통일에 대한 관심과 의지를 높이는 등의 성과를 거두었다고 평가되었다. 1988년 통일운동은 대학생들을 중심으로 진행되었는데, 학생운동 차원에서는 대통령 선거에서 정권 교체에 실패한 후 대학가에 만연했던 패배감을 해소하고, 학생운동이 새롭게 의제를 확대하여 재도약하는 계기를 마련했다고 평가되었다(기사연, 1988: 25; 류청하, 1988: 144~146).

그러나 1988년의 통일운동은 제5공화국 비리 청산 문제 등 반독재 민주화 투쟁과 긴밀히 결합하지는 못했다는 평가를 받았다. 특히 6·10

항쟁 1주년의 경우 특별한 의미를 가진 날이었는데, 학생들이 다양한 의제를 모두 제쳐두고 통일운동에만 집중하여 민주화운동을 전반적으로 고양시키는 데 한계가 있었다는 지적이 있었다. 또한 통일운동 차원에서도 남북학생회담 성사 자체에 너무 집중하다 보니, 많은 대중을 동원했음에도 불구하고 이것이 남북 공동 올림픽 개최, 평화체제 구축 및 군축 등의 요구를 증폭하는 계기가 되지는 못했다는 평가도 있었다(기사연, 1988: 26~27; 유창선, 1988: 179; 박현채 외, 1988: 19). 남북한 학생들이 모여 체육대회, 국토순례 대행진 등을 한다는 것도 4월혁명 직후 벌어진 학생운동과 큰 내용적 차이를 보여주지 못했다. 이미 30년 남짓 시간이 경과하여 상황과 조건이 많이 달라졌기 때문에 많은 학생 대중들은 이러한 실천 목표의 현실성과 절박성에 대해 회의적인 태도를 보이기도 했다.

서울대학교 총학생회 산하에 만들어진 '조통특위'는 조직 결성 직후 대학생 770여 명을 상대로 남북청년체육대회에 대한 설문 조사를 실시하였다. 이때 47.8%의 학생들은 통일에 대한 의지는 좋지만 낭만적이며 비현실적이라는 의견을 보였고, 39.7%의 학생들은 통일운동을 위한 획기적인 문제 제기로 범국민운동으로 승화시켜야 한다고 주장했다(류청하, 1988: 132). 취지에는 공감하지만 당면 투쟁 목표에 대해 많은 학생들이 의구심을 피력했던 것이다. 그 때문에 분단 이후 처음으로 광범위한 대중을 동원하는 통일운동이 분출했지만, 1988년의 통일운동은 이를 통해 분단극복과 평화 정착에 대한 대중적인 관심과 참여를 지속적으로 높여가지는 못하는 한계를 보여주었다. 남북학생회담 추진운동 과정에서도 대중동원력이나 파급력이 6월 10일에 비해 8월 15일의 행사가 더 떨어지는 양상이었다(민경우, 2006: 124). 민족분단 상황이 민주화는 물론이고, 민중의 생존권을 확보하는 데에도 근본적인 한계로 작용한다는 것은 당시 민주화운동세력이 대부분 공유했던 인식이었다. 그러나 이 문제를 어떻게 풀 것인지, 통일운동이 민중운동과 어떠한 연계를 가져야 할 것인지에 대해 1988년의 통일운동은 뚜렷한 해법을 보여주지 못했던 것이다.

2) 방북활동과 범민족대회

1989년에 접어들면서 한반도의 내외적 환경은 급변하였다. 1989년 11월 베를린 장벽의 붕괴가 있었고, 이는 독일 통일(1990), 소련의 해체(1991) 등 공산주의권의 붕괴로 이어졌다. 1988년 올림픽을 전후하여 노태우 정부의 대북정책과 외교정책도 동서화해 분위기에 맞추어 전향적으로 변해갔지만 정작 남북관계에서는 특별한 변화가 없었다. 그러나 1988년 12월 강영훈 총리가 북한의 연형묵 총리에게 남북 고위급 회담을 제안하자, 1989년 1월 북측은 '남북고위 정치·군사회담' 개최를 수정하여 제안하였다. 1970년대 남북대화가 시작될 때부터 남측은 이산가족 상봉 등 남북 교류·협력 문제를 중시했고, 북측은 불가침 협정 체결, 주한 미군 철수 등 정치·군사 문제를 우선시하는 경향이 있었다. 남북 양측은 고위급 회담을 진척시키기 위해 1989년 2월 8일부터 8차례에 걸쳐 예비회담을 한 결과 "남북 간의 정치, 군사적 대결상태를 해소하고 다각적인 교류·협력을 실시하는 문제"를 의제로 하는 남북고위급 회담을 개최하기로 합의하였다. 회담의제를 절충하는 데 성공했던 것이다. 1990년 9월 4일부터 양측의 총리를 수석대표로 하는 남북고위급 회담이 열렸고, 마침내 1991년 12월 남북 쌍방은 「남북 사이의 화해와 불가침 및 교류협력에 관한 합의서」(남북기본합의서)를 채택, 서명하였다. 그리고 1992년 2월 19일 제6차 회담에서 남북기본합의서와 「한반도 비핵화 공동선언」을 공식 발효시켰다(통일원, 1992). 남북 간의 중요 현안에 대해 일단 합의가 이루어진 것이었다. 민주화운동세력들은 이와 같은 남북관계의 변화를 추동해가면서 1989년부터 방북활동을 통해 직접적으로 북측 인사와 접촉하고, 범민족대회 등을 통해 남한, 북한, 해외의 통일운동의 3자연대를 시도하는 양상을 보였다.

1989년 1월 새해 벽두부터 남한의 기업인 정주영은 정부의 허가를 받아 북한을 방문하여 금강산 관광개발 등 북과의 경제협력 문제를 논의하였다. 같은 해 1월 30일 북의 최고지도자 김일성은 신년사에서 남북정치협상회의를 제안하며, 남측의 4개 중요 정당 총재와 김수환 추기경, 문익환, 백기완 등에게 초청 편지를 보냈다. 문익환은 1989년 1월 각 분야의 민주화운동단체를 망라하여 결성된 전국민족민주운동연합(전민련)의 고문이었고, 1970년대부터 민간 통일논의와 운동을 주도했던 인물이었다. 문익환은 북한의 조국평화통일위원회(위원장 허담)의 초청에 응해 1989년 3월 평양을 방문하여 김일성과 두 차례 회담을 하는 등의 활동을 했다. 당시 북측은 주변 강대국의 한반도 교차 승인 문제에 대해 이는 분단을 고착화한다며 반대하는 입장이었는데, 문익환은 통일로 가는 과도기적인 조치로서 한시적, 과도적 차원에서 교차승인 문제를 고려해야 한다고 주장했다. 또한 북측이 정치·군사문제의 해결을 선결 조건으로 내세울 것이 아니라 교류·협력 문제에 대해서도 좀 더 적극성을 보여야 한다고 설득했다. 연방제 통일문제에 대해서도 이를 점진적으로 추구할 것을 주장했다. 이와 같은 대화의 결과는 4월 2일 문익환과 허담 공동성명서로 발표되었다(4·2선언). 여기에는 남북의 정치군사적 대결 상태의 종식, 이산가족문제와 다방면에 걸친 남북 교류 노력이 명시되었고, 연방제의 점진적 추구도 모색한다는 내용도 포함되었다. '4·2선언'은 남북관계와 통일문제에 대한 남북의 시각 차이를 좁히고, 상호 이해와 합의를 도모하는 데 기여한 것으로 평가되고 있다(김지형·김민희, 1994: 17~85; 이승환, 2009). 한편 남측의 저명한 작가 황석영도 1989년 4월 북한을 방문하여 최영화 조선문학예술총연맹

제1부위원장과 함께 합의서를 발표하기도 했다.

1988년 남측이 국제올림픽 대회를 유치하자 북측은 1989년 세계청년학생축전[1]을 유치하였다. 1988년 12월 북한의 조선학생위원회는 평양 축전에 전대협 대표를 공식 초청하였다. 노태우 정부는 1989년 초 '남북학생교류추진위원회'를 각계 인사로 구성하고, 여기서 전대협을 포함한 학생 대표들과 교수들을 평양 축전에 보내기로 의견을 모으기도 했다. 그러나 정부는 역시 창구단일화 논의를 내세워, 축전 참가 문제에 대한 북한 측과의 통신 및 회합은 모두 남북학생교류추진위원회를 통해서만 해야 한다고 주장했다. 전대협과 갈등을 빚다가 정부는 남측 학생대표단의 축전 참여를 불허하였다(≪한겨레신문≫, 1989.2.12; ≪동아일보≫, 1989.2.11; ≪경향신문≫, 1989.3.27).

전대협은 1989년 6월 29일 한양대에서 평양축전 결사 참가 백만학도 결의대회를 개최하면서 임수경을 전대협 대표로 평양에 파견하였다고 발표했다. 임수경은 7월 1일 평양 축전 개막식에 전대협 깃발을 들고 단신으로 입장하였고, 7일에는 조선학생위원회 위원장 김창룡과 함께 「1995년까지 조국통일위업을 실현하기 위하여 공동투쟁을 벌여 나간다」는 성명서를 발표하였다. 임수경은 북한에서 각종 행사에 참여한 뒤 8월 15일 문규현 신부와 함께 판문점을 통해 남쪽으로 귀환하였다. 당시 정부는 전대협이 정부의 허가 없이 임수경을 북한에 보내 북한 정권의 선전활동에 활용되었다고 보고, 전대협 관련자들을 체포하였다. 전대협의 평양축전준비위원회를 이적단체로 규정했으며, 귀환한 임수경을 즉시 체포하였다(민경우, 2006: 129~130).

문익환, 임수경의 방북활동은 정치적으로 큰 파장을 미쳤다. 정부와

---

1 세계청년학생축전은 세계민주청년연맹의 주도로 주로 진보 성향이나 좌익 계열의 청년과 학생들이 참가하는 축전으로 1947년 7월 25일 체코슬로바키아의 수도 프라하에서 처음 개최되었다. 평양에서 열린 제13차 축전에는 177개 국가 2만 2000여 명이 참가하였다.

보수 반공세력은 이러한 방북활동을 북한을 이롭게 하는 국가 반역행위로 몰아가며, 민주화운동에 대한 대탄압국면(공안정국)을 조성하였다. 한편 1988년 몰래 평양에 다녀온 야당(평화민주당) 의원 서경원의 방북 사실도 이 무렵 정부 당국에 의해 밝혀져 파문이 더해졌다. 1990년 1월 여당인 민주정의당은 공안정국을 활용하여 보수대연합을 기치로 야당인 김영삼의 통일민주당과 김종필이 이끄는 신민주공화당과 합당하여 민주자유당을 결성하였다. 이렇게 해서 1988년 총선에서 조성된 여소야대 국면이 뒤집혔다.

문익환, 임수경 등 방북인사들의 활동을 북한 정권이 체제 선전에 활용하려 했지만, 공안정국을 조성한 사람들이 주장하듯이 이러한 효과만 발생한 것은 아니었다. 문익환, 임수경의 방북활동은 북한 정권이 예측하지 못한 파문을 북한에 미치기도 했다. 특히 임수경은 한 달 반가량 북한에 체류하며 각종 행사장에 나타났고, 북의 각종 언론매체에 대대적으로 그 모습이 방영되었다. 북한 주민들은 임수경의 거침없는 언변과 자유로운 행동과 옷차림을 보게 되었다. 이는 북한 주민들에게 깊은 인상을 남겼다(조원일, 2012: 173~174).

세계청년학생축전은 급진적인 청년, 학생들이 주로 참여했지만, 국제행사였던 만큼 폐쇄적이었던 공산주의 국가 내부에 당국이 예상하지 못했던 파문을 발생시키는 경우가 많았다. 예컨대 1957년 제6차 세계청년학생축전은 모스크바에서 3만 명의 외국인이 참여하여 대대적으로 거행되었다. 모스크바 거리에 미국, 유럽 등지에서 온 자유롭게 사고하고 멋지게 옷을 입은 젊은이들이 나타나 활보하자, 이를 직접 본 소련 주민들은 소련의 언론 매체들이 심어 놓은 외부 세계에 대한 상투적인 선전과 고정관념에 대해 의문을 품기 시작하였다. 소련 출신 학자의 냉전사 연구에 의하면 축전으로 말미암아 모스크바 시민들에게 "하룻밤 새 외국인 혐오증과 비밀경찰 정보원들에 대한 두려움이 사라져

버렸다"고 했다. 축전은 그동안 폐쇄적인 사회에 살았던 소련 시민들이 처음으로 외부 세계와 직접 접촉할 수 있는 기회를 열었던 것이다(주보크, 2016: 33~35). 평양 축전을 둘러싸고 한국 정부 내에서도 처음에는 전대협을 비롯한 학생들의 참여를 전향적으로 고려하는 흐름도 있었다. 만약 더 많은 남측 청년, 학생들이 축전에 참여했다면 북쪽에 미친 충격은 더 커졌을 것이다.

1989년 방북 열풍 이후 대중적 통일운동은 매년 8월 15일에 남한, 북한, 해외동포의 3자 연대를 추구하는 '범민족대회'의 개최 문제를 중심으로 진행되었다. 범민족대회의 개최는 기본적으로 1988년에 전개된 통일운동의 산물이었다. 1988년 8월 1일 대학생들의 통일운동의 여파 속에서 남측의 각계 인사 1000여 명은 「한반도 평화통일을 위한 세계대회와 범민족대회 추진본부 발기 취지문」을 발표하였다. 이들은 "국내외 반통일 세력의 민족 분열책동을 파탄시키고, 군사적 대결과 긴장을 종식시키며, 민족적 대단합을 이룩하기" 위해 통일운동에 나설 것을 다짐하며 한반도의 평화와 통일을 위한 세계대회와 범민족대회를 열어 "남북한 해외동포들이 범민족적으로 참여한 가운데 남북의 통일방안을 검토하고, 통일을 위한 실천 과제를 진지하게 논의"하자고 제안하였다(노중선, 1996: 324).

1988년 12월 북한의 조평통 허담 위원장은 범민족대회 개최를 지지하는 서한을 보냈다. 1989년 1월 창설된 민주화운동의 연합체적 조직이었던 '전국민족민주운동연합(전민련)'은 출범과 동시에 범민족대회 개최를 위한 예비실무회담을 북측에 제안하고, 북측은 이를 즉시 수락하였다. 노태우 정부는 남한의 통일운동단체들이 3자연대를 통해 북한 인사들과 직접 연락하고, 접촉하는 것을 허락하지 않았다. 당국은 1989년 3월 1일 예비실무회담을 위해 판문점으로 향해가던 전민련 간부들을 전원 연행하였다. 그럼에도 불구하고 1989년 3월 유럽, 북미주,

일본에 범민족대회 추진본부가 만들어졌고, 같은 해 7월 남측에서도 전민련, 전대협 등 21개 단체들이 '범민족축전 추진본부'를 구성하였다 (정해구, 1990; 유인근, 1991).

노태우 정부는 당시 남북고위급 회담을 추진하고 북방정책을 추진하고 있었던 만큼 이러한 움직임을 무조건 원천봉쇄할 수만은 없었다. 1990년 7월 20일 정부는 북측에 8월 12일부터 17일까지 5일간을 '민족대교류 기간'으로 선포하고 판문점을 통해 남북의 주민들이 자유롭게 왕래할 수 있도록 하자고 제안했다. 범민족대회가 평양에서 남측의 진보단체만이 아니라 다른 보수적 통일운동단체들도 참여할 수 있도록 개최된다면 이를 허락한다고 했다. 북한은 7·20 제의에 대해 자유왕래를 위해 휴전선 부근에 있는 콘크리트 장벽부터 제거하라는 전제 조건을 달아 사실상 이를 거부하였다. 7월 26일과 27일 서울에서 범민족대회 개최를 위한 제2차 예비실무회담을 하려고 했지만, 정부 당국이 회담 전날 밤 갑자기 회담 장소를 변경할 것을 요청하여 추진본부와 논박을 벌이다가 결국 예비회담은 성사되지 못했다(정해구, 1990: 77~78; 조성우, 2004: 21~22).

1990년 8월 15일 판문점에서 북한과 해외인사들이 모여 1차 범민족대회를 개최하였다. 범민족대회 남측 추진본부는 8월 13일부터 연세대에 모여 개막식 행사를 하고, 15일에는 관광버스 10대에 분승해서 판문점으로 향해 가려고 했지만 경찰의 저지로 무산되었다. 그런데 판문점에 모인 북한과 해외동포 범민족대회 참여자들은 대회를 정례화하고, 이를 추진하는 상설기구로 '조국통일 범민족연합(범민련)' 결성을 추진하기로 결의하였다. 당시 남측 대표는 판문점에 없었고, 다만 방북 중이었던 소설가 황석영 씨만 이 회합에 참가했을 따름이었다. 1990년 11월 베를린에서 남, 북, 해외 통일운동단체들이 모여 3자 실무회담을 했다. 여기에 참여한 남측 대표들은 각기 조건이 다른 상태에서 성급하게 범민련 같은 조직을 만드는 것에 시기상조라는 의견을 피력했지만, 북측 대표와 해외 대표의 주도로 범민련을 조직하기로 결정하였다(조성우, 2004: 23~25; 이해학, 2004: 159~164). 베를린 3자 실무회담에 참여한 남측 대표들은 귀국 즉시 당국에 체포되었다. 1990년 12월 범민련 해외본부(윤이상 의장)가 만들어졌고, 1991년에는 1월 23일 범민련 남측본부 준비위원회(문익환 위원장)가 결성되었다. 이에 1990년대에는 해마다 8월 15일에 북한과 해외의 대표들은 주로 판문점에서, 남측은 서울의 대학 등에서 범민족대회를 개최하였다(민경우, 2006: 132~133; 김형민, 1990).

범민족대회와 범민련의 통일운동은 남쪽의 민주화운동 진영 내에서도 초기부터 많은 논란을 발생시켰다. 여기에 비판적인 민주화운동인사들은 범민족대회를 주도하는 운동 집단들이 실질적으로 '선통일 후 변혁론'의 관점을 갖고 있고, 이에 이러한 통일운동은 사회변혁운동과 사실상 제대로 관계를 맺기 어렵다고 비판하였다. 이러한 맥락에서 연방제 통일론, 민족대단결론도 비판하였다(김진균, 1992; 김경숙, 1991).

범민족대회와 범민련은 주로 '전대협', '한총련'[2] 등 학생운동단체가 주도했고, 초기에는 전민련, 전국연합[3]이 참가하였지만, 이후 여기서 떨어져 나가기 시작했다. 이에 점점 더 민주화운동 집단 내 특정 정파(NL계)만이 참여하는 집회로 되어갔다(김영수, 1993).

마침내 1993년 하반기부터 범민련 남측 본부 준비위원회 위원장이었던 문익환은 범민련의 발전적 해체 또는 새로운 통일운동체의 결성

---

2 한국대학총학생회연합. 1993년 4월 전대협을 기반으로 결성된 전국 대학의 총학생회를 기반으로 한 연합조직이다.

3 민주주의민족통일전국연합, 전국민족민주운동연합(전민련), 전국노동조합협의회(전노협), 전국농민회총연맹, 전국교직원노동조합, 전국도시빈민협의회, 전국대학생대표자협의회(전대협) 등 재야, 학생운동권의 13개 단체와 12개 지역단체가 연합하여 1991년 12월에 결성된 연합체 조직이다.

을 주장했다. 1993년 김영삼 정부의 등장으로 정치적 상황도 변화하고, 이제 통일운동이 광범위한 대중의 참여 속에 본격적으로 확산되어야 하는 데 북측과의 직접적인 연대 문제 때문에 통일운동이 정권의 대대적인 탄압을 받고, 민주화운동 내에서도 대중적 지지와 참여가 저조한 것이 문제라고 지적했다. 그는 남한, 북한, 해외의 사정이 각기 다르기 때문에 범민련 같은 3자의 연합체적인 조직으로 활동하는 것은 피차가 부담만 되는 것이고, 각기 자기의 조건에 맞는 통일운동을 벌이는 것이 중요하다고 했다(오동렬, 1993; 문익환·김남식, 1994; 이승환, 1993). 1994년 1월 문익환이 사망하고, 범민련 활동에 비판적인 인사들은 1994년 7월 '자주평화통일민족회의'라는 새로운 통일운동 조직을 건설하였다. 범민련과 민족회의는 1994년 5차 범민족대회에 함께 참여하기는 했지만, 핵심 행사는 따로 열고 성명서도 따로 발표하였다(전상봉, 1999: 80). 이후의 범민족대회는 범민련 조직과 3자연대 통일운동을 고수하는 일부 원로 인사와 한총련의 일부 그룹만이 참여하는 행사로 되어갔다.

4. 통일운동의 확산

1) 종교인들의 통일운동

일부 종교계 인사들은 군사독재 정권기 민주화운동에도 중요한 기여를 했고, 일찍부터 통일문제에 관심을 보여왔다. 6월 민주항쟁 직후 통일운동이 고양되는 상황에서 종교계 인사들도 한반도의 평화와 통일, 남북 종교인 교류에 대단히 적극적으로 나섰다.

개신교 단체인 한국기독교교회협의회(KNCC)는 1988년 2월 제37차

총회에서 「민족의 통일과 평화에 대한 한국기독교 선언」을 발표했다. 여기서 "북한 공산정권을 적대시한 나머지 북한 동포들과 우리와 이념을 달리하는 동포들을 저주하기까지 하는 죄"를 범했다고 고백하며, 통일논의에 대한 정부의 독점과 통제 타파, 민족대단결을 위한 남북교류 및 통신개방, 평화협정과 불가침조약의 체결 및 주한 미군의 궁극적인 철수 등을 주장하였다. 또한 1995년을 '평화통일의 희년'[4]으로 선포하고, 민족의 화해와 통일을 위해 적극적으로 대응할 것을 발표하였다. 선언 내용 중에는 주한 미군 문제 등 민감한 내용도 있어 보수적인 개신교 단체는 물론 KNCC 내부에서도 반발이 있었지만, 이는 남한의 기독교계가 그동안 진행해왔던 통일논의를 종합하여 정리한 것이었다. 북한의 조선기독교연맹은 이 선언에 대해 지지 입장을 밝혔다(이만열, 2001: 397~416).

남북의 개신교도들은 6월항쟁 전에도 이미 만남을 지속해왔다. 해외 교포 개신교도들은 1981년부터 북한 기독교인들과 만남을 가졌다. 1986년 9월 스위스 글리온에서 개최된 세계교회협의회 국제문제위원회가 주최한 세미나에 남한과 북한에서 온 개신교도인들이 처음 만나 포옹했다. 분단 이후 남북한 사이에 직접적인 민간교류를 한 것은 이것이 처음이었다. 1988년 11월과 1990년 12월에도 스위스 글리온에서 남북 교회지도자의 회합이 있었다. 여기서 남북교회의 상호 방문 문제가 논의되었다. 이 무렵 동경, 미국에서도 남북 개신교도들의 모임이 성사되었다. 1991년 10월에는 캐나다 토론토에서 남측의 권호경 목사와 북측의 강영섭 조선기독교연맹 중앙위원회 위원장이 서로 만나 1995년

4　희년(jubilee)은 이스라엘에서 50년마다 공포된 안식의 해를 의미한다. 희년이 오면 노예로 팔렸던 사람이 노예에서 풀려나고, 조상의 재산을 저당 잡혔던 사람들이 재산을 돌려받았다고 한다. 따라서 통일의 '희년'으로 삼는다는 것은 분단 50년(1995)을 맞아 민족분단 상태에서 벗어날 수 있는 획기적인 전환점을 마련하자는 것이었다.

'희년' 사업에 대한 방향을 논의하였다. 권호경 목사는 1992년 1월 북한을 방문하여 김일성을 만나기도 했다. 그러나 1993년 북한 핵문제가 불거지면서 남북 기독교인의 만남은 더 이상 진척되지 못하고 중단되었다(이만열, 2001: 385~392).

남한의 천주교(가톨릭) 교회는 1984년 11월 북한선교부를 주교부 산하에 설치했고, 다음 해 10월 이를 '북한선교위원회(북선위)'로 개칭하였다. 북선위는 북한에 성직자를 파견하거나 북한 신자들에게 성서나 성물의 제공하는 활동을 모색하였다. 가톨릭 교단 차원의 이러한 활동은 민족의 화해와 통합보다는 선교와 천주교 교회의 재건에 초점을 둔 것이었다. 남한 천주교 교단은 기본적으로 북한 천주교인들의 모임인 '조선천주교인협회'를 급조된 정치적 어용조직으로 보고, 불인정하는 모습을 보였다(강인철, 1999: 47~49).

1970년대 천주교 민주화운동을 주도한 정의구현사제단은 1989년 무렵부터 본격적인 통일운동을 벌였다. 이해 6월 사제단은 임진각에서 신부 50여 명과 3000명의 신자가 참가한 가운데 통일염원미사를 봉헌했고, 미국에서 유학중이던 문규현 신부를 평양으로 파견하여 북한 신자들과 함께 동일한 미사를 봉헌하도록 했다(노중선, 1996: 376~378). 이 미사에서 사제단은 민족의 화해와 일치를 이루는 것이 그리스도인의 시대적 소명임을 강조하고, 분단을 지속시키는 이데올로기, 법, 제도의 철폐를 주장하였다. 임수경이 평양 축전에 참여하자 정의구현사제단은 문규현 신부를 다시 북한에 파견하여 임수경과 동행하여 귀환하도록 했다. 이 일로 문 신부뿐만 아니라 3명의 신부가 국가보안법 위반으로 구속되어 실형에 처해졌다. 사제단은 이후 사회단체와 연대하여 국가보안법 철폐를 위한 투쟁을 벌였다.

천주교 교단이 만든 북선위는 1989년 10월 세계 성체대회 행사의 일환으로 도라산 전망대에서 평화통일 기원 미사를 가졌다. 1991년 9월 북선위는 평화통일 기원 미사를 봉헌하고 북한 천주교 신학생 지원, 남 북한 합동 성지순례 등을 제안하였다. 북측의 조선천주교인협회를 완 전한 교회로 인정한 것은 아니지만 과거와는 달리 공식 대화와 교류의 상대역으로 인정하는 전향성을 보여주었다(강인철, 1999: 54~55).

6월항쟁 전에도 민불련을 중심으로 통일운동을 전개한 바 있었던 불 교계도 적극적으로 통일운동에 나섰다. 1988년 5월 19일 일부 불교도 들은 '민족화합 공동 올림픽 추진 불교본부'를 구성하여 공동 올림픽 개최를 위해 범국민 서명운동을 전개하였다. 같은 해 6월 12일 이 단체 는 서울 시내 개운사에서 '조국의 자주적 통일을 위한 공동 올림픽 기 원 법회'를 개최하고 조선불교도 연맹에게 8월 15일 광복절에 남측은 서울 조계사에서 북측은 묘향산에서 남북 불교도 공동 통일기원 법회 를 갖자고 제안하는 공개서한을 발표하였다(기사련, 1988: 29~31). 불교 계 단체들은 '통일학교', '월례강연회' 등을 개최하며 남북의 화해와 통 합을 위한 계몽활동을 전개하였다.

1988년 12월에는 '민족자주통일불교운동협의회(통불협)'가 발족하여 "민족자주의 기치하에 민주, 통일된 불국정토를 건설"할 것을 다짐하였 다. 이 단체는 공안정국이 조성되던 1989년 4월 30일 「조국의 평화와 통일을 위한 불교도 선언」을 발표하고, 통일운동에 대한 탄압 중지, 항 구적 한반도 평화구조의 정착 등을 촉구하였다(김지형, 2010: 931~932).

종교인들의 통일운동은 통일논의와 운동을 대중화하고, 확산시키며, 민간 차원의 남북교류를 선도적으로 추진하는 성과를 보여주었다. 특히 종교계 인사들은 반공 이데올로기로부터 상대적으로 자유로운 측면이 있기 때문에 남북교류에 물꼬를 트고, 통일운동에 대한 탄압에 맞서 학 생과 진보적 사회단체의 통일운동을 보호하고 후원해주는 역할을 했다.

2) 각 부문별 통일운동의 전개

1970년대 하반기부터 한국의 민주화운동세력은 민주화운동, 통일운동, 민중운동의 결합을 강조해왔지만 이를 실제 각 부분운동에서 구체적으로 실현하는 것은 쉽지 않은 일이었다. 6월항쟁 이후 노동운동이 비약적으로 고양되는 상황에서 노동자 시인 박노해가 1988년 8월 남북 노동자대표회담을 제안하기는 했지만 이를 구체화하기 위한 활동은 전개되지 못했다(노중선, 1996: 332). 일부 노동자들이 범민족대회 등에 참여한 바 있고(김민우, 1991: 84; 김영수, 1993: 134), 민주화운동단체의 연합체인 전민련, 전국연합이 벌인 통일운동에 당연히 그 산하 단체였던 노동운동단체들도 가담했다고 할 수는 있다. 그러나 당시 노동운동단체들은 다른 부문 운동에 비교해볼 때 통일운동에 그다지 적극적인 관심을 보이지 않았다(김영권, 1991). 당시 통일운동은 7·4공동성명에서 천명된 '민족대단결'의 원칙을 강조하였다. 일부 진보적 노동계 인사들은 보수 인사이든 기업가이든 통일에 찬동하면 모두 통일운동의 주체로 포용한다는 민족대단결 주장이 기본적으로 계급해방을 추구하는 당시 진보적 노동운동의 입장과 충돌한다고 비판하였다(김경숙, 1991; 고세현, 1992).

반면 농민운동단체들은 상대적으로 더 통일운동에 관심을 보여주었다. 군사 정권기 농민운동에서 선도적 역할을 했던 가톨릭 농민회는 1988년 8월 자신들이 이미 1986년부터 남북한 사이의 종자, 농기계, 영농기술의 상호 교환을 제안했음을 재확인하면서 여기에 덧붙여 영농시찰단교류와 남북 추수감사대동제 개최를 제안하였다. 이를 구체화하기 위해 남북 양쪽 모두 5명씩 실무소위원회를 구성해서 국회 또는 최고인민회의 통일 관련위원회와 협력 하에 교류를 단행하자고 주장하였다(권영근, 1991: 160~161).

한편 1989년 1월 전국농민운동연합(전농연) 준비위원회는 미국과 정부 당국의 농수산물 개방정책에 항의하면서 민족 스스로 문제를 해결하기 위해 북측의 옥수수와 콩, 남측의 고추와 쌀을 상호 교환하자고 제안하였다. 한편 같은 해 3월 1일 전농연이 정식 결성될 때 발표된 결성선언문과 결의문에는 "휴전협정을 평화협정으로 대체하고 농민생존권투쟁을 남북농민교류, 반핵군축운동, 조국통일촉진투쟁과 직결하여 농민이 통일운동의 주체가 되게 하자"라는 등의 내용이 있었다(권영근, 1991: 161).

1990년 4월 24일 전국의 모든 농민조직을 결집하여 '전국농민회총연맹'이 결성되었는데, 이 연맹은 같은 해 7월 산하에 조국통일특별위원회를 설치하였다. 범민족대회에도 대표를 보냈고, 남북농민들의 자주적 교류사업, 북한 조선농업근로자 동맹과의 직접 교류 등을 모색하였다. 당시 세계화로 인한 농수산물 개방 압력, 곡가하락 등으로 농민들은 현실적인 이해관계 면에서도 민족문제와 남북교류 문제 등에 좀 더 관심을 보였던 것이다. 그러나 이러한 활동은 제안과 성명서 발표에 그친 것으로 농민운동과 통일운동의 구체적, 실천적 연계를 보여주지는 못했다. 당시에 발표된 여러 농민운동론에 관련된 글에도 통일문제를 농민문제와 직접 결부시켜 언급한 것은 거의 없었다고 한다(권영근, 1991; 김지형, 2010: 932).

일부 문화계 인사들도 통일운동에 관심을 보였다. 1988년 7월 2일 민족문학작가회의는 남북작가회담의 개최를 제안하였다. 1989년 3월 4일 작가회의는 북한 조선작가동맹에 보내는 공개서한을 통해 남북작가회담 성사를 위한 예비회담을 3월 27일 판문점에서 개최하자고 제안하였다. 노태우 정부는 이를 불허하고 시인 고은 등 남측 대표단 5명과 문학인 20여 명을 체포하였다(노중선, 1996: 357~360).

한편 1988년 7월 1일 재독 음악가 윤이상은 기자회견을 통해 민족화합을 위한 남북한 음악합동대제전의 개최를 제안하였다. 남북의 대표적인 교향악단, 합창단, 독창자 등을 양쪽이 선출해 10월경에 휴전선 양쪽의 관중의 참가 속에서 예술행사를 하자는 것이었다. 북측은 이를 수락했고, 남쪽의 주류 예술단체였던 예총도 처음에는 행사 개최에 긍정적으로 반응하였으나, 1989년 3월 결국 남북 공동행사를 위해 윤이상 씨와 교섭하는 것을 연기하기로 했다고 발표했다. 이에 진보적인 성향을 지녔던 '한국민족예술인총연합'은 예총의 이러한 태도가 남북 공동 문화행사의 실질적인 추진을 회피하는 정부 당국의 계책에 놀아나는 것이라고 비판하였다(노중선, 1996: 357).

다음 해인 1990년 10월 평양에서 범민족 통일음악회가 개최되었는데 이때 남쪽에서도 '서울 전통음악연주단(황병기)'이 정부의 허락을 얻어 참가하였다. 같은 해 12월에는 서울에서 개최된 송년 통일전통음악회에 '평양민족음악단'(단장 성동춘)이 참여하였다(통일노력60년 발간위원회, 2005: 200). 박정희 정부시기 남북대화 때부터 한국정부는 남북교류 문제에서 비정치적인 문화교류를 우선적으로 내세우는 경향이 있었다. 그러나 노태우 정부는 문화교류조차도 민주화운동과 관련이 있는 문화단체의 교류는 차단하고, 정치적 부담이 없는 문화교류만 허용하는 양면성을 보였다.

한국의 여성계는 다른 부문에 비해 일찍부터 민족의 화해와 통일, 한반도의 평화정착에 많은 관심을 보여주었다. 1987년 한국여신학자협의회는 "남성 중심적이고 여성의 경험이 배제된 통일운동을 비판하고 오히려 여성 민중이 고난을 딛고 해방되는 주체적 통일운동"을 선언하였다. 한편 1987년 창립된 한국여성단체연합(여연)은 1989년 4월부터 산하에 반전반핵평화위원회를 만들어 평화운동을 시작하였다. 여연은 1990년 조국통일위원회를 산하에 마련했고, 1993년부터는 이를 '평화통일위원회'로 개칭했다. 여성계의 통일운동은 이처럼 반전반핵 등 평화운동에 초점을 둔 것이 특징이었다. 한편 여성계 인사들은 1991년부터 1993년까지 남북한 여성대표와 일본의 여성대표들이 참가하는 "열린 아시아의 평화와 여성의 역할"이라는 토론회를 개최하였다. 이 토론회의 중요 주제는 일본군 '위안부' 문제의 해결이었지만, 남북의 여성대표들이 만나 평화와 이를 달성하기 위한 여성의 역할을 지속적으로 논의했다는 면에서 한반도의 평화와 남북교류에도 기여하였다(통일노력60년 발간위원회, 2005: 202~203).

5. 결론: 6월항쟁 직후 통일운동의 성과와 한계

6월항쟁 직후 전개된 통일운동은 분단의 장벽을 허물어가는 데 많은 기여를 했다. 수많은 군중을 동원한 통일운동 과정에서 통일과 한반도의 평화정착을 위한 대중적 관심과 참여를 끌어냈다. 통일운동의 과정에서 여러 논란과 갈등이 발생하였지만, 이는 분단 상황에서 만연했던 협소한 냉전적 시각, 반공 이데올로기를 허물고 한국 사회가 좀 더 성숙하고 다원화된 가치와 시각을 갖기 위한 진통이었다고 할 수 있다. 통일운동은 분단상황 속에서 장기적으로 지속되고 고착화되어온 북한에 대한 적대감과 두려움, 편견과 고정관념을 허무는 데 기여했다.

당시 민간 통일운동은 밑으로부터의 압력을 형성하여 남북한 정부의 남북관계에 대한 정책과 통일정책을 좀 더 전향적인 방향으로 변화시키는 데도 실질적으로 기여하였다. 남북학생회담 추진 운동이 한참 진행되었던 1989년 7월 7일 노태우 정부는 「민족자존과 통일번영을 위한 특별선언」(7·7 선언)을 발표하였다. 그 내용은 남북 경제교류와 인사교류를 확산하고, 해외동포들이 자유로이 남북을 왕래하도록 문호를 개방하며, 공산권과의 외교관계를 확대하고(북방정책), 북한이 남한의 우방국인 미국, 일본 등과 관계를 개선하는 것을 반대하지 않겠다는 것 등이었다(국토통일원, 1989). 7·7 선언은 군사독재 정권 때 정부가 선전적 목적을 위해 일방적으로 행한 선언과는 차이가 있었다. 이 선언은 4개 정당 대표와의 협의를 거쳐 발표한 것이었고, 곧바로 구체적인 후속조치로 이어졌다(양영식, 1997: 234). 물론 7·7 선언의 내용은 과거 박정희 정권기에 발표된 통일에 초점을 둔 "7·4 남북공동성명"보다는 외교정책과 남북한의 상호 승인 및 교차승인 구도를 피력한 '6·23 선언'에 가까운 것이었다. 그러나 6·23 선언과는 달리 북한과 미국 및 일본의 관계개선을 반대하지 않겠다고 명확하게 언급한 것은 전향성을 인정받을 만하다. 당시 정부의 대북정책에 관여했던 인사들도 학생들의 통일운동이 7·7 선언의 발표에 영향을 미쳤다는 것을 인정하고 있다(박철언, 2005: 27~28; 통일노력60년 발간위원회, 2005: 183).

통일운동의 여파 속에서 정부의 통일방안도 좀 더 전향적인 방향으로 수정되었다. 노태우 정부는 1989년 9월 '한민족공동체통일방안'을 발표하였다. 남북한 국가연합 단계를 거쳐 하나의 국가로 통일하자는 제안이었다. 한국의 민주화운동세력은 1970년대 초부터 한반도에서 통일된 국가는 단일한 체제보다는 좀 더 복합적인 체제를 갖게 될 것(복합국가론)이라 주장해왔다(홍석률, 2014: 477~478). 여기서 말하는 '국가연합'은 북한의 '고려연방제'와는 차이가 있지만 아무튼 남북의 통일방안은 좀 더 상대방의 체제를 인정하고, 단일한 차원의 남북통합보다는 좀 더 복합적인 방식의 통합을 인정해갔다는 측면에서 의미가 있었다. 실제 국가연합이라는 통일방안의 골격 자체는 남북관계에서 전향성을 보였던 김대중, 노무현 정부에 의해서도 기본적으로 계승되기도 했다. 한편 북한의 지도자 김일성도 1991년부터 좀 더 느슨한 형태의 연방제를 인정함으로써 남북한의 통일방안이 좀 더 수렴되는 방향으로 갔고, 이러한 과정 속에서 2000년 남북정상회담과 6·15 선언이 가능했던 것이다(이승환, 2009).

1989년 문익환, 임수경의 방북활동과 3자연대에 입각한 범민족대회 개최와 범민련의 활동은 남한 내의 보수와 진보 사이는 물론이고, 진보 진영 내부에서도 많은 갈등과 충격을 불러일으켰다. 그러나 이러한 갈등과 충격, 진통을 거쳐 남북교류가 활성화되었다는 사실은 부정하기 어렵다. 당시 노태우 정부는 이른바 창구단일화 논리를 내세워 진보적 통일운동단체가 주장하는 자주적 남북교류를 대부분 차단하고 탄압하였다. 그러나 이 과정에서 형성된 밑으로부터의 압력 때문에 남북교류를 비록 선별적이기는 하나 전반적으로 더 많이 허용하는 방향으로 갈 수밖에 없었다. 이에 남북교류를 가능하게 만드는 중요한 제도적 기반이 이때 마련되었다. 노태우 정부는 1989년 2월 「남북교류에 관한 특별법」을 국회에 상정했고, 이 법이 1990년 8월에 공포되었다. 또한 남북교류와 협력을 지원하고 촉진하기 위한 「남북협력기금법」도 함께 공포되었다.

이에 1989년을 기점으로 남북의 인사교류, 경제교류는 비약적으로 증가하는 양상을 보였다. 남북 경제교류는 1989년부터 실질적으로 시작되었는데, 이 해에는 반입과 반출을 합쳐 1800만 달러 정도의 규모였다. 그러나 1991년에는 1억 달러가 넘어섰고, 1993년 이후 김영삼 정부 시기에도 북핵 위기 국면이 있었음에도 불구하고 꾸준히 증가하여 1997년에는 3억 달러를 넘어섰다(통일부, 1999: 16). 정부가 승인한 남북의 인사교류, 즉 상호 방문도 1989년에는 현대그룹 회장 정주영의 방문 딱 1건, 1명의 방북이 성사되는 데 불과했다. 그러나 방북 열풍을 거치면서 1990년에는 183명(3건)의 남한 인사의 방북이 이루어졌고, 291명(4건)의 북한 인사의 공식방문이 성사되었다. 1991년과 1992년에도 비슷한 수준을 유지했다(통일부, 2003: 192). 방북 열풍 등의 충격파가 없었다면 이러한 획기적인 성과가 도출되기 어려웠을 것이다. 또한 남북관계의 전반적인 개선 속에서 남북고위급 회담이 전개되고, 남북기본합의서와 비핵화공동선언이 채택, 공표되는 것도 가능했던 것이다.

한편 올림픽 등 각종 국제대회가 열릴 때마다 남북한은 냉전시기에도 남북단일팀 구성을 위한 협상을 거듭 벌이기는 했지만, 한 번도 성사되지 못했다. 그러나 민간통일운동이 전개되고, 탈냉전의 기운이 뚜렷해진 1990년대 초에는 남북단일팀 구성이 성사되기도 했다. 1991년 4월 일본에서 개최된 제41회 세계탁구선수권대회에 남북단일팀이 출전하여 단체전에서 우승하여 금메달을 획득하였다. 같은 해 6월 포르투갈에서 열린 제6회 세계청소년 축구대회에도 남북 단일팀이 출전하여 8강에 진출하였다.

그러나 6월항쟁 직후의 통일운동은 대중동원과 열기, 성과의 도출 면에서 지속성을 유지하는 데 실패했다. 이는 물론 통일운동 자체의 한계 때문이라기보다는 1993년부터 북한 핵무기 개발을 둘러싼 위기 국면이 장기적으로 조성된 것이 크게 작용했다. 특히 6월항쟁 직후 민간통일운동세력은 남북관계의 개선과 함께 반전반핵, 군축, 냉전적 군사동맹 구조의 조정 또는 해체를 추구해왔는데, 북한이 핵개발에 본격적으로 나서고 한반도에 군사적 위기가 조성되는 상황에서 큰 타격을 받을 수밖에 없었던 것이다. 물론 이러한 상황은 동아시아 지역에서는 탈냉전 이후에도 유럽과는 달리 지역적 차원의 안보협력과 정치적·군사적 통합이 아무런 진전을 보지 못하고, 냉전시기의 양자적 군사동맹의 틀이 변함없이 지속되는 상황과 관련이 있었다. 탈냉전은 동서 양 진영의 화해와 타협으로 이루어진 것이 아니라 소련과 동유럽 공산주의 국가들의 자체 붕괴를 통해 조성되었다. 남한은 유리한 조건에서 탈냉전 분위기를 활용하여 소련, 중국 등 적대국과의 관계 개선에 성공했지만, 상대방인 북한은 미국과 일본과의 관계 개선을 현재까지도 달성하지 못하고 있다. 이에 탈냉전 이후 국제적으로 더 고립화되고, 이는 남북관계 진전에도 중대한 장애를 조성하고 있는 것이다.

한국의 민주화운동세력은 군사독재 정권기부터 민주화와 통일, 민중운동의 상호 연관성과 결합을 강조해왔다. 그러나 6월항쟁 이후 전개된 통일운동도 이러한 과제를 효과적으로 수행해내지는 못했다. 1990년대 초까지의 민간 통일운동은 물론 내부에 운동권 내부의 정파에 따라 입장 차이가 있었지만, 대부분의 민주화운동세력을 망라하면서 전개되었다. 그러나 3자연대론에 입각한 범민족대회와 범민련 활동 과정에서 통일운동을 바라보는 내부적 시각 차이가 드러났고, 1993년부터 이러한 문제점을 해결하려는 시도도 전개되었지만 결국 통일운동의 균열과 전반적인 참여 열기의 하락을 막지 못했다. 대학생의 통일운동과 범민족대회 등 중요 대중적 통일운동은 남북한이 함께하는 행사 자체의 성사에 집착하는 경향이 있었다. 또한 행사의 내용들도 주로 축제, 체육대회, 문화제, 성명서 발표에 집중하여 내실을 담기보다는 통일에 대한 정서적인 감정과 의욕을 앞세우는 경향이 있었다. 이에 통일운동이 민중운동과 연계되어 분단체제하에서 한국인들의 당면한 현실적인 문제 해결에 더욱 밀착하여 가기보다는 점점 더 멀어져가서 대중성을 확보하는 데 한계를 보였던 것이다.

한편 6월항쟁 직후 통일운동은 한반도 평화체제의 구축과 반핵, 군축, 냉전적 군사동맹 구조의 재조정을 추구하는 평화운동과 연계되어 전개되었다. 그러나 통일운동이 민족통합과 남북이 함께하는 행사를 통한 민족적 정서 및 감정의 고취에 집중해가는 측면 때문에, 이러한 평화운동의 요구들도 잘 부각되지 못하였다. 이에 한반도 평화체제 구축, 군축, 비핵화 같은 구호들이 많이 나타났지만 이를 해결해가는 구체적인 실천방안이나 행동들은 좀처럼 마련되지 못하였다(김형민, 1990: 130; 김민우, 1991: 83; 김경숙, 1991: 99). 물론 이러한 한계들은 현재까지도 상당 부분 풀지 못한 미완의 과제로 남아 있다고 할 것이다.

참고문헌

강인철. 1999. 「종교와 통일운동: 한국 천주교의 사례」. ≪종교문화연구≫, 창간호.

고세현. 1992. 「통일운동론의 몇 가지 쟁점에 대하여」. ≪창비≫, 77호(봄호),

국토통일원, 1989. 『민족자존과 통일번영을 위한 7·7 특별선언: 그 올바른 이해를 위하여』.

권영근. 1991. 「농민운동과 통일」. 평화통일연구회 엮음. 『민족통일과 민중운동』. 한백사.

김경숙. 1991. 「현시기 통일운동에 대한 비판적 검토」. ≪정세연구≫, 9월호. 민족민주운동연구소.

김민우. 1991. 「통일운동의 두 축―비핵군축과 연방제」. ≪정세연구≫, 9월호. 민족민주운동연구소.

김선택. 2005. 「통일문제 금요강좌―시작과 아쉬움」. 민통련창립20주년기념행사위원회편. 『민통련』. 영신사.

김영권. 1991. 「노동자와 통일운동」. 평화통일연구회 엮음. 『민족통일과 민중운동』. 한백사.

김영수. 1993. 「통일운동의 새로운 모색을 둘러싼 논의와 전망」. ≪정세연구≫, 11월호.

김지형. 2010. 「통일운동」. 민주화운동기념사업회 통일운동연구소 엮음. 『한국민주화운동사』 3. 돌베개.

김지형·김민희. 1994. 『통일은 됐어』. 지성사.

김진균. 1992. 「연방제 통일방안의 모순」. ≪사회평론≫, 7월호.

김형민. 1990. 「범민족대회의 평가와 통일운동의 방향」. ≪정세연구≫, 9월호. 민족민주운동연구소.

노중선 엮음. 1996. 『남북한 통일정책과 통일운동 50년』. 사계절.

류청하. 1988. 「최근 통일운동의 전개와 흐름」. 류청하 외. 『민족이여 통일이여』 II. 풀빛.

문익환·김남식. 1994. 「문익환 목사의 마지막 통일대담」. ≪월간 말≫, 3월호.

민경우. 2006. 『민경우가 쓴 통일운동사』. 통일뉴스.

민통련창립20주년기념행사위원회(민통련) 엮음. 2005. 『민통련』. 영신사.

박철언. 2005. 『바른 역사를 위한 증언』. 랜덤하우스 중앙.

박현채·백낙청·양건·박형준. 1988. 「좌담: 민족통일운동과 민주화운동」. ≪창작과비평≫, 61호(가을호).

양영식. 1997. 『통일정책론』. 박영사.

엄상윤. 2003. 「제2공화국시대의 중립화통일론과 21세기의 한반도통일」. ≪국제정치논총≫, 43-2.

오동렬. 1993. 「문익환 목사의 범민련해소선언」. ≪월간 사회평론 길≫, 10월호.

유인근. 1991. 「8.15 범민족대회 그 시작과 끝」. ≪통일한국≫, 8월호. 평화문제연구소.

유창선. 1988. 「88년 통일운동의 성과와 전망」. ≪동향과 전망≫, 11월호.

이만열. 2001. 『한국기독교와 민족통일운동』. 한국기독교역사연구소.

이승환. 1993. 「범국민 통일운동체의 건설을 제안한다」. ≪월간 말≫, 11월호.

_____. 2009. 「문익환, 김주석을 설득하다-늦봄 방북 20주년을 맞아」. ≪창작과비평≫, 143호 (봄호).

이유나. 2014. 『통일의 선각자 문익환의 삶과 분단극복론』. 선인.

이해학. 2004. 「묵묵히 가는 한 길」. 조성우. 2004. 『구부러진 한길』. 아름다운사람들 수록.

전상봉. 1999. 『새천년을 여는 통일운동론』. 살림터.

정해구. 1990. 「8.15 범민족대회와 통일운동」. ≪월간말≫, 9월호.

조성우. 2004. 『구부러진 한길』. 아름다운사람들.

조원일(가명). 2012. 「눈물로 쓴 탈북민 수기: 노동자 대학」. ≪월간 북한≫, 7월호.

주보크, 블라디슬라프 M. 김남섭 옮김. 2016. 『실패한 제국』 2. 아카넷.

통일노력60년 발간위원회 엮음. 2005. 『하늘길 땅길 바닷길 열어 통일로』. 통일부.

통일부. 1999. ≪월간교류협력 동향≫, 91호.

_____. 2003. 『통일백서』.

통일원. 1992. 『남북기본합의서 해설』. 웃고문화사.

한국기독교사회문제연구원 편(기사연). 1988. 『조국통일운동의 진전』. 민중사.

한국역사연구회 4월민중항쟁연구반(한역연). 2000. 『4·19와 남북관계』. 민연.

허은. 2009. 「1969~1971년 국내외 정세 변화와 학생운동세력의 현실 인식」. ≪한국근현대사 연구≫, 49집.

홍석률. 2001. 『통일논의와 정치사회적 갈등: 1953~1961』. 서울대출판부.

_____. 2012. 「1971년의 선거와 민주화운동세력의 대응」. ≪역사비평≫, 98호

_____. 2014 「1970년대 민주화운동세력의 분단문제 인식-분단시대론과 분단체제론」. ≪역사와 현실≫, 93호.

황인하. 1988. 「북한 실상 바로 알기 운동에 대하여」. ≪기독교사상≫, 32권 11호(11월호).

≪경향신문≫, 1989.3.27.

≪동아일보≫, 1989.2.11.

≪민족일보≫, 1961.5.5; 1961.5.7.

≪한겨레신문≫, 1989.02.12.

10장

민주연합운동과 시민운동
재편과 분화

이창언 | 한국방송통신대학교 문화교양학과

1. 들어가며

한국 현대사는 1960년 4월혁명, 1980년 5월항쟁, 1987년 6월항쟁으로 이어지는 민(民)의 저항의 역사로 점철되어 있다. 현대 한국 사회운동의 역동성을 보여주는 것이라 할 수 있다. 한국 민주주의의 획기적인 전환점이 된 1987년 6월항쟁은 1980년 광주민주화운동 이후 강화된 사회변혁의 급진적 열망과 운동의 대중화를 위해 최대민주화연합으로 확장했기 때문에 가능하였다. 30년 전 6월항쟁은 군사독재 정권과 미국으로부터 직선제 개헌을 받아내고 시민사회와 민주노조의 정치사회적 공간을 확보하였다. 6월항쟁 이후 7월부터 9월까지 집중적으로 전개된 노동자대투쟁은 현장민주주의, 산업민주주의 토대가 되었고 민주조합운동으로 확대·발전하였다(김상곤, 2006). 6월항쟁은 한국 사회운동의 이념과 조직운동의 분화와 지평을 확장하는 결정적 계기였으며 이를 바탕으로 부문 대중조직의 활성화, 시민운동과 진보적 정치세력화를 추동해내는 데 기여했다. 87항쟁 이후 전국대학생대표자협의회(학생), 전국청년단체대표자협의회-한국민주청년단체협의회(청년), 전국노동조합협의회(노동), 전국농민회총연맹(농민), 한국여성단체연합(여성) 등 전국적인 부문조직이 태동하거나 활성화되었다. 한편, 한국의 연합전선운동은 반합법전선체 중심론, 민주대연합론, 독자 창당론 등의 경향이 경합하는 가운데 정치세력화를 모색했다. 이러한 시도들은 87년 체제가 가진 이중적 성격('운동에 의한 민주화'와 '위로부터의 민주화')으로부터 기인하는 한계를 극복하고 저항의 정치를 대안의 정치로, 절차적 민주주의를 진보적 대안정치로 변화시키기 위한 노력의 일환이었다. 1987년 이후 민중운동은 한국 사회의 근본 모순에 대한 거시적 극복 전망을 견지하면서 생산현장과 생활현장 속에서 급진적 이념을 확산하고 대중을 전취하기 위한 실천을 계속해왔던 것이다. 한편, 6월 항쟁 이후 1980년대 말~1990년대 초반 민중운동과 상대적으로 가치와 이념, 운동방식에서 차이를 가진 시민운동이 태동하면서 다양한 의제, 일상, 지역, 공공성, 수평적 연대와 같은 단어들이 주목을 받게 되었다.

이 글은 1980년 광주민주화운동 이후의 급진적·변혁적 지향을 견지하면서 사회운동세력의 통합과 단결을 시도했던 사회운동 연합체 활동과 사회운동의 분화 과정을 살펴보고 향후 시민사회운동의 과제에 대해 제언하는 것을 목적으로 한다. 민족민주운동, 연합전선운동으로 불리기도 하는 사회운동연합체를 검토하는 이유는 1980년 광주민주화운동 이후의 급진적 변혁운동과 1970년대 이후 전통적 재야운동의 자유주의적 지향이 갖는 일정한 이념적 차이에도 불구하고, 연합전선운동이 사회운동세력을 강력하게 결집시켰기 때문이다. 운동의 분화 과정에 대한 검토는 민중지향적 연합전선운동의 퇴조, 시민운동의 등장과 확산에 영향을 준 요인과 한국 사회 변화 과정을 이해하는 데 중요한 단초를 제공한다.

2. 6월항쟁 이전의 연합전선운동과 그 이후의 전선운동

1) 민통련(민주통일민중운동연합): 1980년대 재야민중운동의 구심체

이해찬 전 민통련 정책실장은 "민통련은 1985년 3월 29일 창립부터 1980년 5월의 좌절 경험을 극복하려는 모색과 다가올 권력교체 국면을 준비하기 위한 노력을 게을리하지 않았다"라고 회고하였다. 민통련이 엄혹한 전두환 군사독재 정권 시기 "문익환, 장기표, 임채정, 김종철 등 중견 활동가와 지역운동협의회, 부문운동협의회를 중심으로 지역과 부문의 조직에 기반을 두기 위해 노력했다"고 증언하였다. 민통련은 "부분과 지역조직이 있었기에 국민운동본부 결성의 실질적 근간이 되어 전국적인 투쟁의 선두에 서는 기수들이 되었고 승리의 견인차 역할을 담당할 수 있었다(민통련창립20주년기념행사위원회, 2005: 68)"는 것이다.

민통련 이전에도 재야운동은 존재했다. 1980년대 재야민주화운동의 흐름은 민주화운동청년연합(1983.9.30), 한국노동자복지협의회(1984.1.6), 민중문화운동협의회(1984.4.14), 민주화추진협의회(1984.5.18)를 거쳐 1984년 6월 29일 노동, 농민, 청년, 문화, 종교 등 부문 운동의 통합 틀인 민중민주운동협의회 결성과 재야 명망가들을 중심으로 포괄하는 민주통일국민회의 구성으로 설명될 수 있다. 당시 재야운동은 두 갈래로 나뉘어 있었다. 1984년 말 1985년 초에 이르면서 재야민주화운동 내부에서는 민중민주운동협의회와 민주통일국민회의의 통합 필요성이 제기되었다. 통합을 위한 내부 이견[1]이 존재하는 상황에서 1985년

1　통합 과정에서 ① 연대운동의 수준을 협의체로 할 것인지, 연합체로 할 것인지 ② 운동 발전의 성과를 부문운동 강화에 둘 것인지, 아니면 연대운동 조직체에 둘 것인지 ③ 지역운동의 설정은 어떻게 해야 하는지 ④ 지도력은 집단지도체제로 해야 하는지, 단일 지도력의 강화로 해야 하는지 등에 대해 논쟁을 하였지만 충분한 합의에 도달하지 못하였다(민주화운동기념사업회 연구소 엮음, 2006).

2·12총선을 통해 신민당이 부상했고, 이에 따라 재야 민주세력에서도 강력한 통합체의 필요성을 제기하였다.

민통련 김종철 전 대변인은 신민당이 주도한 선거혁명은 재야 운동가들에게는 신선한 충격이자 초조함 비슷한 것을 느끼게 한 사건이었다고 회상한다.

직업정치인들이 저렇게 극적으로 민중의 힘을 모으고 있는데 순수함과
도덕성과 투지를 생명으로 한다는 재야운동가들이 갈라져서 민주화와
민족통일을 이루겠다는 것은 어떤 이유로도 변명이 안 된다는 분위기가
날로 고조되고 있었던 것이다(민통련창립20주년기념행사준비위원회,
2005: 99).

1985년 2월 26일의 민중민주운동협의회 중앙위 결의와 2월 27일의 민주통일국민회의 확대집행위의 결의를 바탕으로 3월 29일 두 단체의 통합대회가 개최된다. 창립이 순탄했던 것은 아니었다. 창립대회를 이틀 앞둔 3월 27일 민주화운동의 중심축이었던 '종로 5가'(기독교 사회운동권의 속칭)와 민주화운동청년연합이 불참을 통고하였다(민청련은 그 뒤 1985년 9월에 가입). 그럼에도 불구하고 민통련 창립대회는 2·12총선을 통해 나타난 국민들의 민주화 열망에 부응하여 범민주세력의 전열을 정비하고 군사독재 종식을 위한 민주·민권·민족통일운동에 총력을 기울일 것을 결의했고, 범민주세력의 대동단결이 지상 과제임을 명시하였다. 또한 통합선언문을 통해 민중·민주·통일운동을 총체적으로 선도하는 조직으로 출발할 것을 선언했다.

민통련을 대표할 의장은 문익환 목사, 부의장은 계훈제 선생(민주통일국민회의)과 김승훈(민중운동협의회) 신부가 맡았다(민통련창립20주년기념행사준비위원회, 2005: 85). 민통련은 통합선언문(민주화와 통일의 역

사적 과업을 위해 단결하자, 1985.3.29)에서 "기층민중과 일반운동 각 부분 단체들에 군림하기 위한 통일이 아니다. 이것은 그들의 독자적인 활동을 강화하면서, 항구적으로 연대하여 민주화와 통일을 이루는 과업에 기여할 수 있도록 디딤돌을 마련하는 통일"이라는 점을 천명하였다.

민통련의 초기 활동(1985.3~1985.9)은 주로 성명서 발표와 농성투쟁의 형태를 취했다. 1985년 4월 15일 '전두환 방미'에 대한 성명 발표와 4·19, 7·4, 8·15 등 기념일에 즈음한 성명 발표, 5월 항쟁 5주년 투쟁, 9월 초의 양심수 석방 요구 농성 등이 주요한 투쟁이었다. 이 외에 8월에 '학원안정법반대투쟁 전국위원회' 구성에 적극 참여하여 학원안정법 제정기도 분쇄를 위한 투쟁을 전개하였다.

민통련은 조직 강화를 위해 노력하였다. 그 결과 1985년 9월 20일 2차 통합대회를 개최하여, 민청련, 서노련, 개신교의 몇몇 운동체 등 11개의 공개 단체를 새롭게 포괄하였다. 민통련 중앙위원회 형태로 열리는 회의에서는 주로 현안 정치투쟁에 대한 사항과 민중운동에 대한 지원책들이 논의되고, 각 부문이나 지역운동단체들의 활동들도 공유되었다. 그중에서도 지역에 결성된 지역운동단체들은 민통련 지역운동협의회(이하 지운협) 형태로 협의구조를 가졌다. 그래서 지역별로 돌아가면서 모임을 갖고 서로의 경험과 정보를 공유하기도 하였다.

민통련은 강화된 조직력을 바탕으로 1985년 하반기에는 군사 정권의 재집권 음모에 따른 민주세력에 대한 탄압 저지투쟁을 전개했고, 민주헌법쟁취위원회를 구성하여 개헌투쟁을 전개하였다. 이외에 국제통화기금(IMF), 세계은행(IBRD)의 서울 총회를 계기로 10월 8일 노동, 농민, 청년, 문화, 종교, 지방 등 각 부문, 지역별 24개 운동단체들과 '외채정권 규탄 범국민대회'를 개최하는 등 정권의 대외종속에 대해 계속해서 문제를 제기하였다.

1986년 1월 16일 전두환 대통령은 국정연설을 통해 88올림픽 개최를 핑계로 개헌 논의에 대한 유보 방침을 밝혔다. 이에 대해 신민당과 민주화추진협의회(민추협) 등 야당계는 즉각적으로 반발하며 1986년 2월 12일 '대통령 직선제 개헌 1000만 명 서명운동'에 돌입하였다. 민주화운동 진영은 3월 8일 헌법개정추진위원회 서울시지부 현판식을 필두로 본격적인 장외투쟁에 나섰다.[2]

1986년 들어 개헌서명운동이 전개되자 민통련 지방 조직들과 해당 지역 학생운동세력이 신민당의 '개헌현판식'을 계기로 표출된 광범한 대중의 개헌 요구를 가두 대중투쟁으로 발전시키는 데 주도적 역할을 하였다. 이후 인천 5·3항쟁을 경과하면서 군사 정권은 민주화운동을 탄압하는 한편, 5월 27일 국회 내 헌법특위 설치를 통해 야당을 민주화운동세력과 분리시켜 장내의 개헌 논의로 끌어들였다. 이에 따라 반군사독재87년 노동자대투쟁전선에 현격한 약화가 일어났다.

5·3항쟁 이후 군사 정권의 탄압은 민통련에도 가해졌다. 민통련은 5·3항쟁의 배후로 지목되어 문익환 의장이 구속되고 주요 간부에 대한 검거령이 내려지는 등의 탄압을 받고, 반국가단체로 규정되었다. 민통련은 당면 투쟁 목표를 '장기집권음모 분쇄투쟁'에 두면서 상황 타개를 모색하였다. 민통련의 역할이 커질수록 정권의 탄압도 극한으로 치닫게 되었다.

전 민통련 조직국장 이명식은 당시의 상황을 다음과 같이 증언한다. "1986년 11월 말, 군사독재정권은 민통련 사무실 폐쇄 명령을 내린다.

---

2   3월 9일 김수환 추기경의 직선제 개헌 촉구를 시발로, 3월 11일 한국기독교교회협의회, 4월 4일 성공회 소속 신부들, 5월 9일 대한조계종불교 승려들의 시국선언문 발표 등 종교계에서 가히 종파를 초월하여 서명운동에 동참하였다. 여성계는 3월 13일 '민주헌법 쟁취 범여성추진위원회'를 결성하고, 4월 3일에 발족식을 가졌다. 학계 또한 3월 28일 고려대 교수 28명의 시국 선언문 「현 시국에 대한 우리의 견해」가 도화선이 되어 6월 2일 23개 대학의 교수 265명이 연합시국선언을 발표하였다. 이에 대해 전두환 정권은 임시방편책으로 전면적 탄압을 시도하였다. 정부는 1986년 하반기 민주화운동 진영 전체에 대한 대대적인 색출 및 구속으로 일관하면서 한 달 평균 1건 가량의 용공조작 혐의의 조직 사건을 양산해냈다.

사무실을 지키기 위한 농성도 용접기와 해머를 동원한 경찰력을 견딜 수는 없었다.

이 과정에서 김정환 대변인 등 관계자들이 구속되고 민통련은 더욱 어려운 처지에 놓이게 되었다. 1987년 1월 박종철 고문살해사건이 터져 나오면서 상황은 돌변하였다. 민통련은 이 사건이야말로 극한을 치닫던 군부독재 탄압에 종지부를 찍고 대대적인 반격을 시작할 수 있는 계기로 보았다. 민통련은 지운협을 통해 1987년 2월 7일, 3월 3일 두 차례에 걸쳐 전국 동시다발 집회를 조직하였다. 1986년 하반기에 정점으로 치달았던 폭압을 뚫고 민주화운동세력이 전열을 가다듬으며 불씨를 살려냈던 계기는 전두환의 '4·13호헌조치'였다(민통련창립20주년기념행사위원회, 2005: 188~189). 민통련은 4월 14일 호헌 조치 발표에 반박하는 내용의 성명서를 발표하고, 이후 5월 투쟁과 '호헌철폐 독재타도투쟁'을 결합하여 범민주세력의 반군사독재 투쟁전선을 적극적으로 모색하였다. 이러한 민통련의 적극적 노력은 5월 27일 마침내 야당까지를 포함하는 광범한 반군사독재 투쟁전선인 '민주헌법쟁취국민운동본부'(국본)를 탄생시켰다.

노태우의 6·29선언 이후 민통련은 문익환 의장이 출소하고 폐쇄되었던 사무실을 내면서 6월항쟁의 민주화 열기를 통일운동으로 이어나가는 것으로 결정하였다. 민통련은 전국순회 강연을 시작했는데, 강연회는 1987년 7월 말부터 8월까지 전국 20여 곳에서 개최되었다. 그리고 7~9월 노동자대투쟁 시 민통련 노동위원회를 통해 성명을 발표하는 등의 활동을 펼쳤다. 이어 대통령 선거와 관련하여 9월 26일 민통련은 「범국민 대통령 후보 단일화를 위한 민통련의 입장」을 발표하였다. 민통련은 중앙위원회를 통해 김대중을 대통령 후보로 추천한 뒤, '김대중 선생 단일 후보 범국민 추진위원회'를 결성하고 김대중 지지활동을 펼쳤다. 노태우 당선 이후에도 민통련은 선거 무효를 선언하고 부정선거

투쟁에 돌입했다. 문익환 의장도 12월 23일부터 무효화투쟁에 전 국민이 참여할 것을 호소하며 단식투쟁에 들어갔다. 민통련은 대선 투쟁의 실패에 대한 책임을 물어 1988년 1월 중앙위원 전원을 인책하고 국민에게 반성의 성명을 발표하였다. 민통련은 4월 11일의 총선에 대해서는 "① 특정 정당은 지지하지 않으며, ② 민정당 패퇴에 전력하고, ③ 애국적 민주적 인사가 당선될 수 있도록 지원하며, ④ 선거유세장은 민중의 생존권을 확보하는 투쟁이 되어야 한다"는 입장을 밝혔다. 민통련 5월 17일 이후에는 광주학살의 진상규명과 책임자 처단을 위한 활동을 벌였다. 전국민중운동연합 건설에 대한 논의가 전개되었을 때, 민통련도 여기에 참여하였다. 새로운 민중운동연합 건설 논의는 6월 18일부터 전국민운연준비소위를 별도로 구성하여 진행되었다. 그리하여 1989년 1월 21일 전국민족민주운동연합이 창립되었고, 같은 날 민통련은 약 4년간의 활동을 마무리 짓고 발전적 해체를 하였다(민주화운동기념사업회 한국민주주의연구소, 2006).

2) 민주헌법쟁취국민운동본부: 해방 이후 최대 규모의 반군부독재연합전선

민주헌법쟁취국민운동본부의 조직적 연원은 1985년 말 재야와 야당이 공조해 만든 '민주화운동에 대한 고문 및 용공조작 저지공동대책위원회(고문공대위)로 거슬러 올라간다. 김근태 민청련 의장에 대한 살인적 고문의 진상이 폭로되면서 만들어진 이 조직은 당시 개헌투쟁의 방향과 방법에 대한 이견으로 심각한 분열 양상을 보이고 있던 반독재민주화운동을 그나마 하나로 이어준 연대 기구였다. 당시 부천서 권인숙 성고문 사건과 박종철 고문살인을 겪으면서 결속력을 강화한 '고문공대위'는 4·13호헌 조치 이후 국민운동본부의 모태가 되었다(정지환, 1997: 40~41).

'고문공대위'는 낮은 수준이지만 가장 넓게 여러 세력을 연계하고 있던 기구로서 민통련과 개신교, 천주교, 불교, 구속자 가족, 신민당과 민추협의 야당 인사와 의견 교환과 공동 대응책을 기획하는 틀로 작용하였다. 이 공대위는 세계 인권단체에 보내는 메시지 발표, 연합농성 등으로 한국의 인권탄압 상황 폭로와 공동대응에 주력하였다. 특히 1986년 부천서 성고문 사건에 대한 대응 등을 전개하며 재야세력과 야당이 자연스럽게 만날 수 있는, 당시로서는 가장 광범위한 연대 기구였다. 이들 가운데 다수는 1970년대 선후배 사이거나 친분이 깊은 사람들로서 실무적 사안을 떠나 전체 운동 상황과 부문의 실정과 고민을 나눌 수 있는 처지였다. 공식적인 회의 이외에도 각 부문 중견책임자들 간의 비공식적 만남과 식사를 겸한 자유로운 토론 모임도 자주 열렸다(황인성, 1997).

박종철 고문치사 폭로사건 이후 사회운동조직들은 추도준비위를 발전시켜 5월 23일 '박종철 군 고문살인 은폐조작규탄 범국민대회준비위원회'라는 긴 이름의 단체를 발족하고 6월 10일 전국에서 동시에 조작규탄 범국민대회를 갖기로 결정했다. 그러나 좀 더 중요한 움직임은 이 사건을 계기로 정권의 호헌조치에 대응하는 연대조직결성 움직임이 본격화되고 그 결과로 민주헌법쟁취국민운동본부(국본)가 결성되었다는 점이다. 사회운동조직들의 연대조직 건설 논의는 4월의 시국선언정국 때부터 진행되고는 있었다. 그러나 논의수렴 과정에서 내부적 이견이 해소되지 못하여 조직화작업이 지체되고 있었다(황인성, 1997: 41). 5월 18일 박종철 고문치사 조작폭로사건이 발생하자 사회운동조직과 야당 모두 연대조직건설에 적극성을 띠게 되었다. 특히 1986년 '민주화를 위한 국민연락기구(민국련)' 경험 등 야당과의 공조경험을 지니고 있었을 뿐 아니라 이념적 온건화를 통해 '직선제 개헌'을 수용하게 된 민통련이 정치권과 사회운동권 사이에서 조율하는 작업을 맡았다. 그리고 드디어 1987년 5월 27일, 민통련, 개신교, 가톨릭, 불교, 여성, 그리고 민추협과 신생 통일민주당은 명동의 향린교회에서 국본을 결성하였다. 국본은 '역사상 가장 광범위한 반군부독재전선'(최장집, 1989), '해방 이후 최대 규모의 범민주연합전선'적 조직(녹두 편집부, 1989: 144), 최대의 '도전연합'(윤상철, 1997), '최대민주화연합'(정해구·김혜진·정상호, 2004), '민주대연합'(정대화, 2005) 등의 평가가 있는 만큼 실제로 기존 반독재 민주화운동세력의 총결집체였다(한국민주주의연구소, 2016: 53). 1987년의 전국적인 대중적 정치투쟁이 왜 6월에 발생했는가 하는 점은 6·10민주항쟁의 전국적 지도부로 기여한 국본이 5월 말에 결성되었고, 그 첫 번째 전국적 집회를 6월 10일로 설정했다는 점과 무관하지 않다. 국본의 결성으로 6·10민주항쟁은 사실상 '현실화'될 수 있었다(한국민주주의연구소, 2016: 53).[3]

국본은 출범과 동시에 시·도본부와 시·군·구 지부 등 지역조직 결성작업에 들어갔다. 같은 시기에 각 부문 조직의 건설도 병행했다. 지방에서는 야당이 포함된 형태는 아니더라도 이미 호헌반대를 위한 국민운동 틀이 형성되기도 하였다. 국본은 각 부문과 지역 단위로 활동을 전개하였다.[4] 주요한 중앙투쟁으로는 1987년 8월 10일 '양심수 전원석

---

3   6월항쟁의 이념, 주체, 전략, 전개 과정, 평가는 조현연(1997)과 정해구·김혜진·정상호 (2004)를 참고하라.

4   예컨대 5월 15일의 '충북지역 장기집권 호헌책동분쇄투쟁위원회', 5월 20일의 '호헌반대 민주헌법쟁취 범국민운동 부산본부', 5월 25일의 '호헌반대 민주헌법쟁취 전북연합' 등이 그것이었는데, 이들 지방조직들은 전국본부가 형성되고 난 다음에 재조정되었다. 지역본부는 충북, 부산, 전북본부를 시작으로 해서 7월 말까지 9개 지역본부를 결성했으며, 하반기 들어 인천, 제주, 서울본부가 결성되었고 대구와 광주는 각각 경북과 전남본부에 편입되었다. 지역본부 건설보다 다소 늦게 출범한 지역지부 건설 역시 활발하게 진행되어 1987년 11월 5일 현재 전국 196개 시·군 가운데 111개 시·군에서 지역조직을 결성했으며 일부 지역에서는 읍·면 위원회까지 결성했다. 지역조직이 국본의 종적 조직이라면, 횡적 조직에 해당하는 부문위원회 역시 6월 8일에 결성된 문화인공동위원회를 시작으로 해서 민주헌법쟁취 국민운동 불교공동위원회(6월 16일), 민주헌법쟁취 노동자공동위원회(민헌노위, 7월 6일), 민주헌법쟁취 국민운동 전국농민공동위원회(7월 8일), 민주쟁취 청년학생 공동위원회(9월 18일),

방 및 민주화쟁취 대회'를 들 수 있다. 이 집회에서는 6·29선언 이후 계속되는 군사 정권의 폭력성을 폭로하고 민주세력들의 민주화 의지를 다져 나갔고, 8월 4일 '제1차 전국총회'에서는 민주적인 헌법개정 요강을 발표하였다. 8월 15일에는 '8·15 민족해방 기념대회'를 개최하여 1만 5000여 명의 시민, 학생들이 참석한 가운데 민주화투쟁을 통한 민주정부 수립, 양심수의 즉각 석방과 해직 노동자, 민주 인사의 복권과 복직, 분출하는 노동자투쟁의 정당성, 민중민주세력의 단결을 통한 민주승리, 모든 부문의 자율성 회복과 민주화, 군의 정치개입봉쇄 등을 결의하였다. 그밖에 7월 태풍 셀마와 전국적 폭우로 수많은 이재민들이 생겨나자 국민운동본부 차원에서 '수해대책특별위원회'를 구성하여 모금활동을 전개했으며, 복구 작업을 지원하기도 하였다. 7, 8, 9월 노동자투쟁에 대한 지원활동도 전개해 8월 14일부터 16일까지 3일간 진상조사단을 울산, 마산 등 주요 쟁의발생지역에 파견했고 이를 토대로 8월 18일 「제1차 노동쟁의 실태조사보고서」를 발간하였다. 1987년 8월 22일 대우조선 이석규 열사가 최루탄에 의해 사망하자 조문단을 파견하고, 현지 대책위 측과 장례 및 향후 일정을 논의했으며, 장례 과정에서 국본 민권위원장인 이상수 변호사가 구속되기도 하였다. 이후 9월 20일에는 '민주헌법쟁취 노동자공동위원회(이하 민헌노위)'가 주최한 '노동운동 탄압저지 및 진정한 민주화를 위한 노동자결의대회', 10월 27일, '노동운동탄압분쇄 결의대회'도 개최했지만 이 시기에는 기층민중의 생존권 투쟁보다는 대통령 선거에 대한 관심이 집중됨으로써 대중투쟁에 대한 지원이 의례적으로 전개되었다.

민주쟁취 국민운동 천주교 공동위원회(10월 29일) 등이 속속 결성되었다. 국민운동본부의 내부 조직체계는 고문, 상임공동대표, 공동대표, 상임집행위, 그리고 사무처로 구성되었다. 상임집행위 산하에 홍보위원회, 총무위원회, 조직위원회를 두었으며 사무처 산하에 홍보국, 총무국, 조직국을 두었다(민족민주연구소, 1989).

국본은 야권후보 단일화와 관련해 9월 21일 상임공동대표와 상임집행위원 연석회의를 개최해 10월 5일까지 양보와 협의에 의해 단일화를 촉구하였다. 단일화가 이루어지지 않자 10월 13일 재차 연석회의를 열어 단일화에 대한 논의를 재개했지만 원칙적 입장 표명에 머무르게 되었고, 이후 10월 하순부터는 공정선거를 위한 '거국중립내각 쟁취투쟁'으로 방향을 선회하였다. 11월 5일 제2차 전국총회를 통해 국본과 야당이 분리되자 10월 하순부터 공정선거를 위한 거국중립내각쟁취투쟁을 전면화하였다. 국본은 각 지역과 부문의 조직 확대가 이루어지는 가운데 양김씨의 동시 출마가 기정사실화되고 더 이상 국본 차원에서 야권후보 단일화가 이루어질 수 없게 되자 11월 5일 제2차 전국총회를 열고 정당과 조직을 분리하기로 결정하였다(민족민주운동연구소, 1989: 7). 국본은 야당과 분리하여 '광주학살진상규명', '거국 중립내각 쟁취' 및 '부정선거음모 저지 투쟁', '민중생존권 투쟁' 등에 총력을 기울였다. 이에 따라 '민주헌법쟁취 국민운동본부'의 명칭도 '민주쟁취 국민운동본부'로 개칭되었다. 이로써 국본의 반독재 연합전선으로서의 성격은 축소 내지는 상실되고 이후 국본의 주된 투쟁은 광주학살진상규명과 공정선거감시운동, 부정선거무효화투쟁으로 이어졌다. 그러나 공정선거감시 기구로 전화되었을 때, 국민운동본부는 이미 해산된 것이나 다름없었다. 다만 공정선거 감시운동과 부정선거 무효화투쟁의 필요성에 의해 조직이 해산되지 않고 있었을 뿐이었다. 1988년 들어 국민운동본부 위상의 재정립에 대한 견해들이 제출되기는 했지만 대통령 선거 이후 민족민주운동 내부의 분열에 의해 위상정립을 위한 단일한 의견 형성이 불가능한 상태였다. 그리하여 1988년 1월 중순에 기독교공동위원회가 정식으로 해체되고 나머지는 휴면 상태에 놓이게 되었다.

1988년 1월 16일 '고 박종철 열사 및 민주영령 추모제', 2월 24일 '학살원흉 노태우 부정집권 규탄대회', 3월 5일 '양심수 전원석방, 수배조치 전면해제 쟁취 및 반독재투쟁 결의대회' 등을 개최했지만 형식적인 주최에 지나지 않았다. 결국 1988년 상반기 동안 국본의 부문공동위원회와 지역별 조직이 해체되어 가는 과정에서 국본은 다른 형태의 조직으로 변화되었다. 부문공동위는 민헌노위가 '전국노동운동단체협의회'로 전화한 것 외에는 해체되었고 지역별 조직도 서울본부와 전남본부 외에는 모두 해체되었다. 서울과 전남의 경우도 그 지역 내의 제 민주단체의 연합 틀이라는 본래의 위상으로 존재하는 것이 아니라 주로 공정선거감시운동을 매개로 조직된 단일한 시민조직의 성격을 지니게 되었다. 결국 국본은 4·26총선 시기의 기관지 사업을 끝으로 공식활동을 마감하였다(조희연, 1990: 376~379). 반군사독재 연합전선의 성격으로 출발한 국민운동본부는 사실상 해체되었다. 원래의 위상과는 다른 주민조직으로서 국민운동이 한때 유지되었으며, 이와는 별도로 새로운 민중운동연합건설의 논의가 1988년 한 해 동안 진행되어 그 결과 전국민족민주운동연합(전민련)이 결성되었다. 그리고 서울과 전남 국민운동본부는 각각 하나의 단위조직으로서 전민련에 가입하게 된다(민족민주운동연구소, 1989: 10).

3) 전국민족민주운동연합: 민중운동단체의 상설연합조직

1987년 대통령 선거와 1988년 국회의원 선거를 통해 심한 분열 양상을 보였던 민족민주운동단체들은 노동자·농민 등 기층 대중운동의 성장을 토대로 1987년 10월경부터 민족민주 세력의 구심을 형성하기 위한 전국민중운동연합을 건설하는 문제에 대해 논의를 시작하였다. 이 결과 1988년 9월 2일 전국민족민주운동협의회 추진위원회를 발족했고, 12월 22일 제14차 회의에서 '전민협 결성대회 준비위원회'가 구성되었다. 이후 몇 차례의 준비위원회를 통해 참가 단체를 확대하고 집행부 구성을 확정함으로써 1989년 1월 21일 전국민족민주운동연합(이하 전민련) 창립대회를 개최하였다(민주화운동기념사업회 한국민주주의연구소, 2006: 520).

전민련에는 창립 초기 8개 부문단체와 12개 지역단체 등 총 260여 개 단체가 참여하였다. 전민련은 민족민주운동단체들의 상설연합조직이자 민족민주변혁의 정치적 구심으로서 자신의 위상을 설정하였다. 그리고 조직의 목표를 민중해방과 진정한 자유·평등사회의 실현으로, 당면과제를 반외세 자주화, 반독재 민주화, 조국통일 등으로 정하였다.[5] 전민련은 출범 이후 국가보안법 철폐, 토지공개념 도입, 민주자유당 해체 등의 반파쇼 민주화운동과 팀스피리트훈련 중지, 주한 미군 철수 등의 반미자주화운동 그리고 8·15범민족대회 등의 조국통일운동을 전개하였다.

전민련은 8·18 영등포 을구 재선거에도 참가하였다. 그러나 영등포 을구 선거를 둘러싸고 이견이 발생했고, 그것은 '합법정당 논쟁'을 거쳐 전민련의 분열로 이어졌다(조희연, 1990: 386~390). 1989년 5월 전민련 상임집행위의 '정치세력화 소위원회' 구성을 계기로 다시 표출된 합법정당 결성 추진 움직임은 영등포 을구 선거 이후 더욱 더 본격적으로 제기되었다. "합법정당 건설에 참여하고자 하는 조직 내 성원들은 그 직을 사임하고 추진"한다는 전민련 2차 중앙위의 결의에 따라 9월 28일 전민련 간부 중 합당 추진 인사들이 사직하고, '진보적 대중정당 건설을 위한 준비모임'(11월 10일)이 결성되었다. 이후 전민련의 등장에

---

5 1988년 전민련은 ① 5공 청산과 광주학살 책임자 처단투쟁을 통해 노 정권의 동요의 폭을 극대화한다. ② 대중투쟁에 대한 지원을 강화하고 정치투쟁으로서의 진전을 위한 반민주악법 개폐투쟁을 전개한다. ③ 미·노 일당의 기만적 북방정책의 본질을 폭로하고 두 개의 한국 정책을 저지한다. 전민련은 위와 같은 목표 아래 5공 청산과 광주학살 원흉 처단투쟁, 반민주악법 개폐투쟁, 조국통일 촉진투쟁 등을 전개하였다(민주화운동기념사업회 연구소 엮음, 2006).

정치적인 위협을 느낀 보수 야당들의 묵인과 방조하에 이루어진 집중탄압의 결과로 의장단을 비롯한 주요 간부들 대부분이 구속·수배됨으로써 전민련은 구심력이 약화됨은 물론 활동도 마비되는 현상을 보였다. 이는 전민련 내부 문제와 맞물리면서 결과적으로 정치력 또는 정치적 지도력과 투쟁력의 상실을 초래했다. 내부 원인을 바라보는 견해는 크게 두 가지로 대별된다. 첫 번째 견해는 전민련이 일사불란한 투쟁 대열을 형성하고 전술적 유연성을 구사하지 못한 문제점을 지적하면서 그 원인으로 의사결정 과정이 지나치게 복잡한 조직의 구조적 취약성, 더 크게는 전문성의 부족에 기인한다고 보았다. 그리고 이에 대한 해결책으로 정치력의 발휘, 구체적 정책 청사진의 제시, 대체세력으로서의 가능성에 대한 인식 제고를 강조하였다. 이는 '대체정치세력의 가능성 부각 = 대체정치세력화의 문제'로 결국 전민련이 가진 문제는 합법정당 건설을 통해서만 해결될 수 있다는 주장으로 귀결되었다.

두 번째 견해는 투쟁 과정에서 대중의 적극적 참여가 촉발되지 못하고 투쟁의 급속한 확산과 진전이 제약된 이유로 지배 권력의 분할지배 전술, 운동진영의 대중을 대상화시키는 오류, 운동의 전망과 전략적 과제에 대한 모호함과 통일의 결여, 조직운동의 미흡함과 한계 등을 지적하면서 전민련의 조직 강화를 해결책으로 제시하였다.

전민련은 기층 민중운동의 참여가 대폭 확대되었다는 점에서 이전의 전선운동과 차별성을 가졌지만 노선과 입장의 대립과 불일치가 남아 있다는 점, 전민련에 가입된 각 부문 및 지역 단체의 역량이 전반적으로 부실하다는 점, 통일전선운동으로서의 전민련 활동을 이끌어 나갈 주도 세력이 부재하다는 점 등의 한계를 안고 있었다. 전민련은 1990년 4월 21일 전국노동운동단체협의회, 전국대학생대표자협의회 등 13개 재야단체와 함께 국민연합을 결성하는 등 운동세력의 통일단결을 위해 노력하였다. 그러나 합법정당의 건설을 위해 이부영 등이 탈퇴하고, '강기훈 유서대필 조작 사건' 등 정권의 탄압으로 조직역량이 약화되었다. 1991년 12월 '민주주의민족통일전국연합'(약칭 전국연합)이 결성되면서 전민련은 해체되었다(민주화운동기념사업회 한국민주주의 연구소, 2006).

4) 민주주의민족통일전국연합: 한국 최대의 부문운동과 지역조직을 가진 상설 민중운동연합전선체

민중당이 창당되면서부터 경향적 차이에 따라 어느 한편은 전민련을 공개 지도력으로 인정하고, 다른 한편은 민중당으로 공개 지도력을 형성하게 된다. 각계각층의 대중단체는 어느 한쪽의 지도성을 인정할 수 없었고 결국 국민연합 등의 공동투쟁체를 통하여 정치적 대표성과 공동이익을 추구할 수밖에 없었다. 창조적 분열이 아니라 지도력의 분열이었고 공동투쟁체의 와해였다. 전민련의 와해는 운동의 공개 지도력을 분산시켰지만, 역설적으로 공동투쟁체의 필요성을 강화하였다. 그리하여 국민연합을 비롯한 공동투쟁체가 활성화되었고 연합·연대의 질과 내용을 강화하자는 요구가 거세게 일었다.

상설연합체 건설 논의는 1991년 5월 투쟁 과정에서 본격화되기 시작하였다. 5월 투쟁은 미조직 대중이 시위대의 주력이었던 1987년 6월 투쟁과 비교할 때, 전국노동조합협의회, 전국교직원노동조합, 전국대학생대표자협의회 등 대중조직의 조직대중이 시위대의 본대를 이루고, 대중조직의 지도부가 투쟁 지도부를 구성하는 변화를 보여주었다. 이러한 대중조직의 진출을 더욱 공고히 하는 한편, 1988년 말 이래 민주적 대중운동에 대한 정권의 탄압에 대한 공동 대응이라는 내적 요구는 이미 1990년 초 '민자당 일당독재와 민중기본권 쟁취를 위한 국민연합'(이하 국민연합) 건설로 구체화한다.

그러나 5월 투쟁 과정에서 사안별 공동투쟁체였던 국민연합의 한계가 드러나면서 더욱 강력하고 상설적인 대중조직의 연대 틀이 필요하다는 인식이 높아져갔다. 노태우 정권의 탄압에 대한 공동 대응, 공동투쟁이라는 일반적인 대중의 요구만이 아니라 민주주의민족통일전국연합(이하 전국연합) 건설에는 시기적으로 특수한 동력이 있었다. 다가오는 네 번의 선거에 공동으로 대응해야 할 필요성이 그것이었다.

전국연합은 1989년 1월, 6월항쟁 이후 성장한 여러 운동세력과 개인을 망라한 전민련과 1990년 3당 합당 이후 기층 대중의 힘을 바탕으로 민주주의의 실현을 위해 활동한 국민연합의 조직적 통합 속에서 출범하였다. 1991년 12월 1일 전투경찰의 삼엄한 봉쇄를 뚫고 출범한 전국연합은 광역선거 이후 민족민주운동에 가해진 구속과 수배, 결성대회에 대한 물리적 봉쇄 등 노태우 정권의 집요한 탄압과 운동권 내부의 분열에 대한 자성과 운동진영의 단결 요구가 밖으로 드러난 결과물이었다. 전국연합 출범은 1987년 이후 성장해온 전국적 대중조직을 비롯하여 민족민주세력이 총집결하여 해방 이후 최대의 연합조직을 결성했다는 의미, 즉 지금까지 분산되었던 전선 재편과 조직의 양적 확대라는 외형적 의미에 그치지 않는 중요한 내적 의미를 지니고 있었다. 이는 곧 6월항쟁 이후 민족민주진영 내부에 존재한 정치, 조직적 견해의 차이와 분열이 권력 재편기를 맞고 있는 시점에서 통일적이고 대중적인 실천을 통해 극복해가자는 결의와 단결의 정신을 구체화한 것이었다. 전국연합 건설 과정에서 나타나는 두드러진 특징은 이전의 민통련이나 전민련을 결성할 때와 달리 대중조직이 주도했다는 점이다. 전국연합의 창립은 1970~1980년대 연합전선운동의 맥을 잇는다는 데서도 그 의미를 찾을 수 있다. 전국연합은 1980년 광주민주화운동 이래 독재의 폭압을 뚫고 건설된 '민중민주운동협의회'와 '민주통일 국민회의'가 통합하면서 1985년 발족한 민통련과 1987년 민주헌법쟁취국민운동본부,

1989년 전민련을 계승한 조직이었다.[6]

전국연합 출범 이후 1990년대 후반까지 수행한 주요 활동을 간단히 정리하면 다음과 같다. 먼저 민생민권 투쟁은 전노협에 대한 노태우·김영삼 정권의 파상적 공세에 대한 대응(1991~1994년), 주거권 실현을 위한 철거민과 도시빈민의 생존권 투쟁에 대한 지원 지원, 쌀과 기초 농산물 수입개방 저지 투쟁(1993년), 민주노총과 민주노조운동의 출범 지원(1994~1995년), 5·18 학살자 처벌 특별법 제정운동(1994~1995년), 노동법·안기부법 개악 저지를 위한 범대위 활동(1996~1997년), 전교조 해직교사 복직과 전교조 합법화 및 교육 대개혁운동 등을 들 수 있다.

민족자주화운동은 전국연합이 타 단체와 연대하여 꾸준히 전개한 중심 사업 중 하나였다. 일본의 군국주의 부활 움직임에 맞서 군 위안부 문제를 비롯한 전후배상책임을 묻는 반군국주의 연대사업, 북미 핵합의와 그 이행을 둘러싸고 조성된 한반도 긴장을 완화하고 영구적 평화체제를 수립하기 위한 평화협정체결운동, 북한동포돕기운동, 주한미군의 범죄를 근절하기 위한 한미주둔군지위협정 개정을 위한 운동, 우리 땅 미군기지 되찾기 운동 등 자주권을 지키기 위해 지속적인 노력

---

6 전국연합 강령(2002년 3월 2일 개정)은 다음과 같다.
   민족민주운동의 투쟁의 구심이자 정치적 대표체인 민주주의민족통일전국연합은 각계각층 민중들의 총단결에 기초하여 자주 민주 통일을 완수하기 위해 다음과 같이 강령을 제정하고 그 실현을 위해 투쟁할 것을 천명한다.
   -. 자주민주통일 실현의 정치적 조건을 마련하기 위해 친미예속성을 타파하고 자주적 민주 정부를 수립한다.
   -. 국민의 자주적이고 창조적인 삶을 보장하기 위하여 폭넓은 민주정치를 실현한다.
   -. 민족의 자주권을 실현하고 민중의 생존권을 보장하면서 나라의 부강한 발전을 이루기 위하여 민족자립경제를 수립한다.
   -. 사회 발전의 기본 목표인 국민의 생활을 안정시키기 위한 제반 대책을 마련한다.
   -. 민족 주체역량을 강화하기 위한 민족교육을 확립한다.
   -. 성차별을 철폐하고 사회의 모든 분야에서 성 평등의 원칙을 확립한다.
   -. 민족 자주권의 생명선을 지키기 위하여 자주국방을 실현한다.
   -. 분단된 조국의 자주적 평화통일을 실현한다.
   -. 자주·평화·중립외교정책을 구현한다.

을 기울여 왔다.

그중에서도 특히 1993년 하반기부터 1994년에 걸쳐 미국의 부당한 수입개방 압력과 우루과이라운드협상에 대응하여 전(全) 국민적 운동으로 전개했던 'WTO 조기비준 반대 및 UR 이행 특별법 제정운동'은 농민생존권뿐만 아니라 민족자주화운동을 대규모의 대중운동 차원으로 상승시킨 운동이었다. 그리고 매년 범민족대회를 비롯한 통일행사 개최를 주도해왔다. 전국연합의 창립은 1992년 권력 재편기를 앞두고 민족민주운동 진영의 최대 관심사인 '민자당 심판과 민중의 정치세력화'라는 운동진영의 열망과 분리해 설명할 수 없다. 이에 따라 결성 직후 민중운동의 대표체라 할 수 있는 민주주의민족통일전국연합은 총선에 이어 대선투쟁을 준비한다. 출범 직후 맞이한 1992년 총선에서 전국연합은 자체 후보 6명을 출마시키고 자체 후보 외에 민주당을 포함한 범민주 단일후보 전술(연합공천)과 민중당 등과의 민중진영 단일 후보단 구성 등의 후보전술을 계획했으나 실현되지는 못하였다. 다만, 26인의 민주인사를 지지 지원 후보로 선정하고 이들에 대한 조직적인 지원활동 등을 함으로써 총선에 참여하였다. 1995년 지자체 선거에서는 전국연합 후보 19명 중 12명(당선률 63%, 광역의원 1명, 기초의원 11명)을 당선시키는 성과를 내기도 하였다.

그러나 전국연합은 운동의 확장성 측면에서 점점 한계에 직면하였다. 1987년 6월항쟁과 7, 9월 노동자투쟁으로 급속히 성장해간 민중운동이 1989년 봄 공안정국을 기점으로 둔화되기 시작했고 1990년대 초반부터 침체 양상을 보였기 때문이다. 그것은 사회적 역관계, 사회적 적대와 갈등의 내용과 방식, 지배세력과 보수야당의 구성과 정책, 피지배연합의 구성과 전략이 변화하는 것과 관련이 있다. 따라서 1990년대 전선운동은 새로운 정치지형에 대응하는 새로운 행위 전략 수립이라는 과제에 직면하게 되었다.[7]

전국연합 내부에서는 1987년 이후 대중운동의 성장이 획기적이었음에도 일상적 삶의 공간에 튼튼히 뿌리내리는 데 실패했다는 반성이 제기되었다. 이후 줄곧 대중적 기반과 대중적 지도·집행력의 취약이라는 주체적 한계와 더불어 소련과 동구권 등 사회주의권의 붕괴와 김영삼 정권의 등장 이후 변화된 통치방식, 계급분화현상, 성장한 국민의 권리의식에 조응하면서 운동을 전개해야 한다는 각성이 전국연합 안팎에서 분출되었다.

　　이와 관련해서 전국연합 안에서는 두 개의 논쟁 축이 형성되었다. 그것은 첫째 정치세력화 논쟁으로서 정치적 국민운동체, 현대적 국민정당 건설론, 독자후보 전술 등으로 제출되었다. 정치조직의 필요성을 주장한 이러한 논의들은 정치정세의 변화에 조응하지 못한 민족민주운동진영의 정체, 침체, 후퇴를 강조했다. 한편, 전국연합 내부에서는 통일문제의 지형변화에 대한 능동적인 대응, 지난 시기 통일운동에 대한 혁신을 강조하는 흐름도 형성되었다. 새로운 통일운동체를 둘러싼 논쟁이 시작된 것이다. 통일운동을 둘러싼 전국연합 내부의 갈등은 통일지형의 변화가 내포한 통일운동의 정치방침, 통일방안, 3자 연대, 통일운동 진영의 단결 문제를 둘러싼 시각 차이를 반영한다. 문익환 목사를 비롯한 전국연합 내부의 '새로운 통일운동체' 주창자들은 통일 주체세력을 형성하기 위해 통일 개념과 의미에 대한 재조정과 사회적 합의의 확산을 강조한다. 여기서 대북관의 변화는 대중적 통일운동을 위한 전제로 제시된다. 이들은 조국통일이 민족의 단순한 단합의 실현을 넘어 상호 변화를 통한 항구적 공영을 도모하는 것이라 할 때, 상호 공존을 위협하는 것이라면 그 어떠한 체제라도 비판할 수 있어야 한다고 생각했다. 이들은 통일운동에서 대중화를 저해하고 이분법적(통일/반통일)

7　　민주항쟁 이후 사회운동의 변화와 그 특성에 대해서는 조희연(2004)의 글을 참조하라.

사고를 심화시킨 원인 중 하나가 북한을 대안체제로 인식해온 운동진영의 편향적 사고를 문제 삼았다. 이들은 아직 친북적 이미지로 남아 있는 연방제를 대중적 구호로 제기하는 대신 대중이 통일문제를 깊이 인식할 수 있는 다양한 계기를 마련하고, 이 공간에서 공존, 공영, 흡수통합의 반대 원리를 공유하면서 연방제로 개념화할 것을 주장하였다. 또한, 남·북·해외 실정에 맞는 3자 연대를 통해 남한의 통일역량을 보존하며 통일운동에 대한 대중적 거부감을 해결해 나갈 것을 주장하였다.

1990년대는 국제질서뿐만 아니라 남북한 경제 격차, 북한의 통일과 대남전략이 급격히 변화하는 시기였다. 1990년대 국제적 측면의 기본 특징은 미-일-남한의 국제반공블록이 소련-중국-북한의 국제반미블록에 잠정적인 승리를 거둠으로써 역학관계에서 우위를 점했다는 점이다. 그리하여 미·소의 냉전적 대립을 축으로 하는 동북아 질서는 미·일 상호 협력과 경쟁을 중심으로 하는 탈냉전적 질서로 변해가면서 남북한의 교차승인이 현실화된다. 그 결과 1990년 한소수교, 1992년 한중수교, 1991년 9월 북한의 유엔 가입, 1992년 남북기본합의서 채택과 발효가 선언되었다. 1990년대 통일 지형은 전략적 균형 상태의 측면에서 남한의 우위가 강화되었다는 점이다.

실제로 6공화국 이후 남한 정권의 통일과 대북정책은 보다 적극적이고 공세적인 성격을 보여주었다. 국제정세의 변화 과정을 포착하여 적극 추진된 북방정책을 통해 북한보다 외교적·경제적 우위와 자신감을 획득함으로써 공세를 취할 수 있었던 것이다. 1990년대 남한 정권의 통일·대북전략이 결코 소극적인 분단 고착화, 국제적 합법화에 있지 않음은 분명한 사실이었다. 이에 비해 북한은 유엔 동시 가입, 고려민주연방제 통일방안의 수정, 조국통일(전국혁명의 과제)과 북한사회주의 체제의 강화(지역혁명의 과제)의 통일적 추진으로 전환한다. 기존의 전략적 기조가 국제적 조건과 남북한 역관계의 변화 과정에서 지속성을 유지하기 어려웠기 때문이다(안식, 1993: 267~279; 이창언, 2013a 재인용). 1990년대 이후 북한은 통일보다는 오히려 북한체제 유지와 강화에 주력하는 모습을 보여주었다. 이러한 변화에 남한의 통일운동에도 능동적인 변화가 필요했던 것이다.

그러나 전국연합의 혁신과 선진화를 위한 제언은 당시에는 수용되지 못하면서 조직분열과 함께 전국연합을 특정 정파 조직으로 인식되게 하는 결과를 낳았다. 정치조직, 제도정치에 대한 고민 부재, 민주주의에 대한 협소한 이해, 낡은 운동이념 고수, 지역운동에 대한 경험 부재, 시민운동에 대한 부정적 인식이 존재하는 상황에서 전국연합은 '문민정부'와 '국민의 정부'하에서 위력 있는 운동체로 성장할 수 없게 된다. 운동의 총량은 늘었으나 운동의 위력은 줄어든 상황에 도달해서야 전선 강화론을 펼쳤던 전국연합의 활동가들도 시민운동이나 민주노동당에 합류하였다(이창언, 2007: 85~89; 2011). 전국연합은 2008년 2월 한국진보연대로 발전적으로 해소되었고, 주류를 형성했던 민족해방계열은 '통일전선(진보연대)'과 '전술적 통일전선당(민노당, 이후 통합진보당)'이라는 체계로 편입한다(이창언, 2011).

3. 민중운동과 시민운동의 분화

1987년 6월항쟁 이후 20여 년 동안 한국 사회는 많은 변화가 있었다. 장기간에 걸친 민주화운동의 성과로써 국민 대중의 민주민권의식은 성장했고 자주와 평화의지도 전반적으로 확대되었다. 군부권위주의는 후퇴했고 민주화운동과 가까웠던 세력이 집권하기도 하였다. 대중의 요구는 민주화운동으로 단순 환원되지 않는 환경, 여성, 교통, 복지, 인권 등 다양한 영역으로 확장되었다. 민주화 이후 공적 영역이 확대되고 경제문제로 환원될 수 없는 다양한 문제에 대하여 '갈등전선'이 형성되어가고 있었다. 물론 여전히 경제적 가치가 중요하고 생산관계를 둘러싼 갈등이 기본적이기는 하지만 탈물질적 가치에 대한 관심이 증대하고 생산영역 밖에서 일어나는 인간행위와 상호 관계의 중요성이 증대되고 있었다.

1990년대 중후반 이후 전통적 민중운동 내에서도 점차 계급·민족 지향적 운동과는 다른 새로운 사회운동과 제도정치 영역에 관한 관심이 높아졌다. 이는 우리 사회가 권위주의에서 벗어나 점차 민주화·다원화되면서 과거와 다른 형태의 운동과 그 실현 수단으로서 합법적인 방식의 저항과 의회(중앙·지방)가 가지는 의미가 새롭게 조명된 것을 의미한다. 이런 문제의식은 김영삼 정부 주도의 세계화 담론과 지방자치시대(1995년 6·27 지자체선거)가 본격화되는 시점을 전후하여 확산되었다. 여기에는 김영삼 정부의 노동권과 자치권의 제한에서 기인한 민주주의의 정당성 위기(legitimacy crisis)가 도화선으로 작용하였다(이창언, 2013a).

1987년 6월항쟁 이후를 민주화의 이행기로 규정하고 민주화 과정을 긍정적인 차원에서 본다면 제도정치와 국가의 개방적 재편, 시민사회의 자율성의 확대란 차원에서 설명될 수 있다. 군부 권위주의의 퇴조, 절차적 민주주의의 확장, 지방자치제 확산, 계급적 대중운동의 조직적 발전, 민중운동과 구별되는 시민운동의 출현과 분화라는 국내적 상황의 변화와 동구 사회주의의 몰락, 세계화 담론의 확산이라는 국제적 상황의 변화는 운동방식의 수정과 전환을 가속화하였다. 1987년 민주화는 '운동에 의한 민주화'와 '위로부터의 민주화'라는 이중적 성격을 갖는 것이었다(최장집, 2005; 조희연, 1990). 이는 민주화운동을 이끌어왔던 한국의 사회운동세력이 '운동에 의한 민주화'를 이룰 정도로 강력한 사회운동 역량을 갖고 있었지만, '위로부터의 민주화'를 저지하기에는 한계가 있었음을 보여주는 것이기도 하다. 한국의 사회운동세력은 이러한 민주화의 한계 그리고 운동의 한계를 돌파하기 위해 선택에 직면하게 된다. 민주화운동세력의 선택은 다양했다. 기존 정치권에 진출하거나 독자 정당을 추진하는 등의 정치세력화를 시도했는가 하면, 민주화가 열어놓은 공간에서 다양하게 분출하는 대중들의 요구와 욕망을 조직화하려는 시도, 즉 사회운동을 강화하기 위한 시도가 있었다. 이렇게 민주화운동세력이 다양하게 분화하면서, 한국의 사회운동은 민주화운동이라는 단일운동에서 다양한 목표와 전략, 조직형태를 가진 운동으로 분화하게 되었다. 시민운동과 민중운동은 1990년대를 거치면서 조직의 관성과 민주화의 복합적 성격으로 인해 뚜렷한 차이를 갖는 운동으로 발전하였다. 시민운동은 사회구조의 변동에 대응한 새로운 민주화 노선으로 정의될 수 있다. 참여연대 등의 진보적 시민운동론에서 알 수 있듯이 이들은 민중운동과의 단절보다는 민중운동과의 연속성을 강조했지만, 계급보다는 시민이라는 새로운 주체에 입각한 운동에서 출발하고 있다는 점에서 시민운동과 민중운동의 분화는 이미 예정된 것이라 할 수 있다(김정훈, 2012: 16~18).

1990년대 이후 사회운동은 운동의 이념적 차원에서 보수주의, 중도자유주의, 진보주의로 분화되는 한편, 사회운동의 대상과 관련해서도 체계 지향적 사회운동과 생활세계적 사회운동으로 분화되었다. 또한 사회운동의 정치성과 관련해서도 제도정치 지향적 사회운동과 탈제도정치적 사회운동이 등장하는 한편 일국적 의제뿐만 아니라 초국민국가적 의제가 등장했다(조희연, 2004).

한국에서 시민운동의 대표적인 조직으로 인식되는 주요 단체인 한국여성단체연합(여연, 1987년), 경제정의실천연합(경실련, 1989년), 환경운동연합(환경련, 1993년), '참여민주사회와 인권을 위한 시민연대'(참여연대, 1994년)도 1980년대 말~1990년대 초반 등장하였다.

경실련은 부동산투기 억제, 금융실명제 실시, 한국은행 독립 요구, 재벌의 경제력 집중 억제 요구, 세제 및 세정개혁 요구 등 경제정의 실현을 목표로 설립되었다. 그 후 1991년 말부터는 1992년 총선을 겨냥해 정치·경제 분야의 개혁 정책을 위한 캠페인을 벌였고, 14대 대선 (1992)에서도 이 캠페인을 더욱 확대하여 '경제개혁과 민주발전을 위한 정책캠페인운동본부'를 발족시켰다. 1995년 지방선거에서는 각 지역에서 정책 과제를 도출하는 등 점차 노동자, 환경, 통일문제 등으로 사업을 확대해 나갔다(유팔무, 1998: 87~88). 환경운동연합(이하 환경련)은 공해추방운동연합(공추련)의 민중운동적 성격을 버리고 시민운동적 성격을 강화했다. 곧 환경련의 창립선언문은 "급속한 산업화와 무분별한 도시화를 결과한 기업과 정부, 그리고 시민 개인들의 무절제한 소비생활"을 환경오염의 주원인으로 규정하고, 주요 사업 및 활동으로 "생활 속에서 이루어지는 모든 환경파괴, 오염행위를 근절하고, 새로운 환경의식과 실천으로 스스로 자신의 삶터를 건강하게 가꾸어 나가는 시민운동을 펼쳐나가고자" 하며, "자연과 더불어 모든 인류가 자유롭고 평등하게 살아가는 공동체적 삶"을 이루는 것으로 집약된다(유팔무, 1998: 91).[8]

참여연대는 "국민 각계각층의 자발적인 참여를 통해 국가권력을 감시하고, 구체적인 정책과 대체입법을 제시하며, 실천적인 시민행동을 통하여 자유와 정의, 인권과 복지가 바르게 실현되는 민주사회를 건설하는 것을 목적(정관 제2조 목적)"으로 창립되었다. 참여연대는 창립선언문과 단체 명칭에서 연대의 정신을 강조하고 있다. 1994~2001년까지 창립·성장기의 참여연대는 민주화라는 사회구조적 변동과 민중운

---

8   환경운동연합과 함께 이슈별 시민운동의 중요한 한 축인 녹색연합은 1991년 탄생한 배달환경회의가 '배달환경연합'으로 개칭했다가 1994년 녹색당준비위원회, '푸른 한반도 되찾기 시민의 모임'과 통합해 배달녹색연합을 설립한 후 1996년 현재의 명칭으로 개명한 것이다 (엄은희, 2009: 56).

동과 시민운동의 분화라는 사회운동의 분화에 적극적으로 대응하면서 '대의의 대행', '정치적 중립성', '종합적 시민운동', '전문가-활동가 조직'이라는 한국 시민운동의 특징으로 일컬어지는 운동 및 조직형태를 형성하였다(김정훈, 2012: 8).

창립 초기부터 참여연대는 민주화운동의 계승과 발전이라는 맥락에서 시민사회운동을 바라보았고 시민·민중운동과 개방적 연대를 지향하고 시민운동과 민중운동의 교량적 역할을 강조했다. 창설 초기 참여연대의 구성원들은 한국의 역사적 특수성으로 인해 시민적·정치적 권리의 확보를 주요 과제로 설정했다. 참여연대는 체계 지향적 정치적 과제가 가진 의미를 부정하지는 않지만 참여, 감시, 소통의 가치에 무게를 둔다. 창립총회의 대회사에서는 "시민적 권리와 의무를 알아, 삶의 각 분야에 능동적으로 참여하는 것만이 새로운 기운을 일으키는 길"임을 강조한다. 이어서 제1기 정기총회 대회사(1995.3.25)에서는 '참여민주사회'를 "민(民)의 감시와 참여에 기초한 권력의 사회화 또는 권력의 민화(民化)"로 정의한다. '참여민주사회'는 "민주주의의 사회적 정당성을 만들어 나가야만 진정한 사회발전이 가능할 것이라는 제안이며 이는 시민의 참여와 연대를 통해 가능하다"고 언급하고 있다.

창립 초기 참여연대는 국회와 지방자치단체와 의회를 전문적으로 감시하고 진정한 풀뿌리 민주주의를 정착(의정감시센터)하는 활동, 사법감시 활동(사법감시센터), 권력 남용으로 인한 시민피해를 막기 위한 공익소송운동(공익소송센터), 인권 증진과 인권운동의 전문화, 국제화, 대중화를 위한 활동(인권운동센터)에 뜻을 함께하는 단체와 연대할 것을 표방하고 있다. 특히 국제인권연대를 위한 활동은 일국적 차원의 운동을 뛰어넘는 지구적 연대운동의 관점을 견지했다는 점에서 그 의미가 남다르다. 김영삼 정권하에서 참여연대는 창립 초부터 1997년까지 12·12 반란자 기소촉구 공동행동과 같이 민주화운동의 연장에 있는 이슈에 대한 연대, 노동인권연대, 아시아 인권에 대한 연대(동티모르 인권 침해 항의운동) 등에 참여해 왔다.

김영삼 정권 시기 참여연대는 지역네트워크(참여자치지역운동연대) 구축을 위한 활동을 전개하였다. 이를 통해 1997년 6월 23일 참여자치 지역운동연대'라는 공식명칭을 확정하고 1997년 총 4회에 걸쳐 대표자 회의와 정책협의회를 진행하는 한편, 각 사무국장 참가를 정례화시켰 다. 참여자치지역운동연대는 1997년 전국공동사업으로 주민참여를 위 한 5대 조례제정운동을 전개했다. 특히, 제주, 부산, 울산, 대구, 전주, 대전, 인천, 성남 등 8개 지역에서 모범 조례안에 맞추어 조례 청원을 준비하거나 청원단계에 들어갔다(참여연대, 1997: 18~19). 참여자치지역 운동연대는 초기에는 정책정보를 교류하고, 정책협력을 도모하는 협의 체적 성격이었으나 2000년 총선시민연대를 계기로 전국적 공동행동, 지속적 정책공유가 가능한 정책 연합적 성격을 띠게 되었다. 참여연대 는 별도의 지역적 기반을 갖고 있지 않지만 지역에서 활동하고 있는 단 체들과 적극적으로 연대하면서 지역 자치운동의 발전과 다양한 사회 개혁 의제의 전국화에 기여하였다(이창언, 2014).

김대중 정권하에서 IMF로 인한 경제위기와 구조조정이 본격화되면 서 참여연대는 김대중 정부의 개혁 지연과 후퇴에 맞서 개혁을 압박하 고, 시민사회의 개혁 추진력을 확보하기 위한 활동을 전개하였다. 2000년 4·13 총선에서 참여연대가 시민사회의 역량을 결집함으로써 낙천낙선운동을 획기적으로 전개하였다. 전국 1000개 이상 시민사회 단체의 한시적 연합체인 총선시민연대가 중심이 되어 전개한 낙천낙선

9　가입단체는 제주범도민회, 부산참여연합, 울산민주시민회, 울산참여자치연대, 새대구시민
　회의, 대구참여광장, 광주시민연대, 순천시민모임, 전북시민운동연합, 전주정의평화정보센
　터, 대전참여자치시민회의, 청주시민회, 평택사랑시민연합, 과천시민모임, 군포환경자치시
　민회의, 성남시민모임, 의정부시민광장, 인천시민문화센터, 광진시민모임, 관악주민연대 등
　20여 개 단체였다(참여연대, 1997: 19).

운동은 부패무능한 정치인의 정당공천을 반대하는 공천반대운동, 공천된 부패 무능 인사들에 대한 공천철회운동, 선거 국면에서의 낙선운동으로 전개되었다(조희연, 2001). 낙선운동은 시민사회운동 연대운동에 중대한 전환을 가져왔다. 낙선운동을 계기로 시민사회운동의 전국적 교류와 연대가 활성화되었고, 사안별 연대활동 역시 빈번해지게 되었다. 특히 낙선운동의 한 축이었던 참여연대에 대한 연대 요청이 늘어났다. 낙선운동을 전후로 시민운동 진영은 상설연대기구인 '시민사회단체연대회의'를 결성했고, 노동민중운동단체들은 '전국민중연대'를 결성했다. 시민사회단체연대회의는 민중연대와는 달리, 연대활동의 중심체라기보다는 시민사회단체 간 정보교류 중심의 느슨한 협의체로 정착했다. 그럼에도 불구하고 이런 상설연대기구들의 형성은 연대를 필요로 하는 사안에 대한 정보교류와 인적교류를 활성화함으로써 연대의 확대와 활성화에 영향을 주었다(참여연대, 2004: 230~240).

참여연대가 총선연대를 결성하는 데 중추적인 역할을 할 수 있었던 이유는 시민운동의 사회적 영향력이 확대되었기 때문이었다. 참여연대는 "소액주주운동, 작은권리찾기운동, 국민생활기초생활보장법 제정운동, 특별검사제 도입과 정착을 위한 운동, 국정감시모니터링 활동, 낙선운동 등 권력감시와 정치개혁운동과 같은 시민의 권리를 대변하는 과정(참여연대, 2000: 6)"에서 대 시민 인지도와 공신력을 높여갔다.

노무현 정권 등장을 전후하여 '안티조선운동', '노사모' 활동, '미군장갑차 희생 여중생 추모 촛불집회' 개최, 탄핵정국에서 '노무현 대통령 탄핵 반대' 활동 등에서 확인되듯이 단체 간 연대를 넘어 인터넷 등을 통한 자발적인 시민연대가 활성화되었다. 이 시기 한국의 시민사회운동에는 남북관계, 한미관계, 전쟁반대-파병반대 등 평화통일 의제와 함께 생명·평화 등 새로운 의제가 부각되었다. 이 시기에는, 새만금 3보1배, 부안 방폐장 백지화 운동 등 생명 또는 환경 관련 분야에서도 시민운동이 전개되었고 지방분권과 주민자치를 위한 지역운동과의 연대나 정책제안 활동도 강화되었다.

2004년 총선에서 민주노동당이 원내의석을 갖게 됨으로써 시민사회운동의 대국회 연대행동의 조건이 다변화되었다. 이는 민주노동당과 민주노동당을 공식적으로 지지하는 민중운동단체와 연대전략을 재구성해야 한다는 것을 의미했다. 그리고 2000년 이후 늘어난 시민사회단체, 그리고 다양한 의제의 등장에 따라 연대의 폭이 넓어지게 되었다. 경우에 따라서는 연대기구가 중첩되거나 다양한 이념-철학적 스펙트럼에 따라 내적 긴장과 갈등이 상존하기도 하였다(이창언, 2014b).

4. 나가며

민통련, 국민운동본부, 전민련과 전국연합은 민주주의라는 공동의 목적을 실현하기 위한 연대연합운동체였다. 민통련과 국민운동본부는 6월항쟁을 승리로 이끄는 견인차 역할을 수행했고 전민련과 전국연합은 지역, 부문운동의 성장 속에서 자주통일의 과제를 전면화하는 한편, 통일전선적 운동의 중심체를 지향하기도 하였다. 그러나 정치적 대표체이자 통일전선체로서 위상을 정립하고자 했던 전국연합은 변화된 정세와 상황에 직면하면서 점차 그 역할이 약화되었다.

당시 전국연합의 혁신을 주장했던 활동가들이 파악했던 한국 사회의 구조변동은 다음의 다섯 가지로 요약된다. 그것은 첫째, 국내 정치, 사회 지형을 근본적으로 규정해온 냉전적 분단질서의 변화, 둘째, 한국 자본주의가 기존의 개발독재유형의 종속적인 국가자본주의에서 대외(미·일) 종속적 자본주의로 변화, 셋째, 외세의 정권 개입과 통치방식의 변화, 넷째, 통치방식의 변화와 더불어 합법 공간의 확대, 다섯째, 한국

사회 토대의 변화를 배경으로 각계 대중운동의 활성화와 새로운 단계로 발전이라 할 수 있다(김현배, 1995: 40~45; 이창언, 2013a 재인용). 따라서 이러한 변화는 운동세력에게 과거의 단선적인 정치접근이 아니라 다양화되고 중층화된 대중의 생활적 요구에 부응하는 운동방식과 정책대안을 제시하는 과제를 부여했다. 이런 상황을 반영하듯 사회운동은 분화되었다. 과거 연합체적 조직은 지역과 부문의 불균등 발전 속에서도 전국적인 사안(반독재민주화)에 공동으로 대처하고 투쟁의 효과를 극대화하는 데 좋은 수단이 되어왔다. 그러나 민주화 이후 연합전선체적 조직이 수권을 담당할 수 없었다. 전민항쟁 노선에 근거한 대중단체 연합의 전략적인 전선체로는 시민사회와 정치사회의 변화를 동시에 담당할 수는 없었다. 결국, 이중적 민주화에 대한 자기전망의 부재(정치개혁과 시민사회의 재구조화에 대한 자기전망) 속에서 연합전선체 조직은 운동의 구심체와 정치적 대표체로서의 자기역할을 수행하기에는 여러모로 한계가 존재하였다.

1987년 이후 한국의 시민운동은 지구화-민주화-지방화라는 추세에 조응하면서 수행되어왔다. 한국 사회 시민운동은 분단과 권위주의 잔재가 남아 있는 한국 사회의 특성을 반영한 정치 개혁, 빈부 격차 해소와 차별 구조 개혁, 지방분권화. 일국적 차원을 넘어 지구적 의제를 한국-지역화하고 지역의 의제를 국제화한다는 기조하에서 노동, 환경(지속 가능한 발전), 인권, 평화, 여성 등 각 분야에서 네트워크를 구축해왔다. 1990년대 점차 영향력을 넓힌 시민운동은 과거 민중운동과는 다른 에너지와 자질을 보여주기도 하였다. 시민운동은 과거에는 매우 낯선 개념이던 '유연한 네트워크'와 개혁적 대안의 제시를 사회운동의 주요 화두로 대두시키는 한편, 반제·반독재로 집중 또는 획일화되지 않는 다양한 의제와 시민 참여의 새로운 윤리와 문화를 만들어내고자 했다. 시민운동이 주창한 다부문적 참여는 한국 사회 문제에 대한 새로운 정의, 변화의 방향과 비전을 합의하고 갈등을 해소하는 데 기여하였다. 비판을 넘어 정책대안을 제시하는 실험의 결과, 개방적·참여적·헌신적·효과적인 시민운동과 연대운동의 상과 모형에 관한 내부 논의를 촉발시키기도 했다. 한국의 시민운동은 개인의 의식과 생활양식의 혁신, 다양한 이해관계자 간 신뢰에 기초한 소통과 대화, 공공 참여 문화의 증진을 통해 지방 차원의 갈등을 줄이고 분권적 협력을 증진하는 데 기여하였다.

그러나 어느 시점부터 시민운동 내부에서도 성찰과 혁신의 목소리가 제기되기도 한다. 시민운동의 정치개혁운동은 일시적이고 계몽주의적인 네거티브(negative) 캠페인에 지나치게 치중하지 않으면서 지속적인 포지티브(positive) 지향의 캠페인도 함께 벌일 필요가 있음을 인정해야 한다(조희연, 2001; 김상준·오현순, 2009; 이창언 외, 2011; 이창언, 2014b)는 목소리가 그것이다.

민중운동과 달리 시민운동은 정책 대안을 제시하는 정치 개혁 연대 전략을 구사했지만 우리 사회에는 제도적으로 권한을 위임받지 못한 시민사회단체가 제도적으로 권한을 위임받은 정당에 대해 개혁을 요구하는 일종의 '대의의 대행'을 곱지 않게 바라보는 시선이 존재하는 것이 사실이다. 따라서 감시와 비판의 고유 역할을 잘 수행할 뿐 아니라 사회적 목표와 필요를 충족시키는 새로운 아이디어를 기획, 개발, 발전시키는 프로세스, 즉 사회 혁신을 선도하는 네트워크 전략과 실천을 모색해야 한다.

둘째, 선택과 집중의 연대 전략이 요청된다. 시민운동은 제한된 자원으로 효과적인 활동을 수행하는 방안, 정형화된 단체 간 연대를 넘어서 더욱 넓은 시민과 함께 호흡하는 방안을 찾아야 한다. 특히, 잦은 연대 제안으로 인해 자칫 수동화되기 쉬운 여건 속에서도 주력할 집중 과제를 개발함으로써 형식화되거나 소진되는 연대를 극복해야 한다. 시민운동의 정체성과 지향, 준비 정도를 엄밀하게 타산해서 역량 편성, 연대의 수준과 폭을 결정해야 한다. 셋째, 지역운동 연대, 지역사회의 시민사회 이니셔티브를 논할 때 핵심적인 질문은 이 이니셔티브가 지방정부에 의해 운용되는 공식 정책 과정과 활동에 연계되는가 하는 것이다. 이것이 부족하다면 그 이니셔티브는 지역사회에 대한 어떤 가시적이고 지속적인 영향도 없는 '운동장'이 될 수 있다. 따라서 시민운동은 시민사회 이니셔티브가 지역사회 '내에서' 나온다는 사실에 대한 재발견, 혁신적인 지방정부의 역할에 대한 재발견, 성공적 협력의 가능성에 대한 재발견이 필요하다. 이는 이니셔티브를 권력투쟁으로 인식하면 도달하기 어려운 문제다. 실제로 지역사회 주도의 사회혁신 이니셔티브는 효과적인 공동 협력과 다양한 행위자의 실천의 결과물이었음을 인식해야 한다. 여기에 더해 시민사회운동의 지역 연대 네트워크는 지속 가능한 지역 공동체를 구현하기 위한 정책 형성 역량을 개발해야 한다(이창언, 2013b: 133; 이창언 외, 2014a).

우리 시대 시민사회운동은 거시-구조적 사회 변동에서부터 대중의 일상적 삶에 이르는 다양한 의제와 요구에 대한 대응력을 강화하는 것으로 모아져야 한다. 이것은 삶의 공간으로서 지역의 지속 가능한 비전을 수립하고 제시하는 정책 능력을 높이는 것과 관련이 있다. 시대의 변화에 발맞추는 사회운동의 혁신은 자신(집단)의 기존 특성이나 문화와의 전면적 단절이 아닌 지속적 연관성의 차원에서, 새로운 역동성을 찾는 과정으로 이해되어야 한다. 그것은 새로운 조직 문화, 행위 양식의 재설계로 이어져야 한다(이창언, 2013b).

참고문헌

6월민주항쟁계승사업회/민주화운동기념사업회. 2007. 『6월항쟁을 기록하다』 2~4권.

김상곤. 2006. 「민주화운동의 계승과 발전―87항쟁 이후 사회운동의 평가와 전망」. 민주화운동 기념사업회. ≪기억과 전망≫, 15권.

김상준·오현순. 2009. 「매니페스토 운동과 심의 민주주의: 한국의 경험에 대한 평가와 대안」. 한양대학교 제3섹터연구소. ≪시민사회와 NGO≫, 7권 2호.

김정훈. 2012. 「참여연대를 통해 본 한국 시민운동의 변화―'대의의 대행'에서 '진보적 공론장의 형성자'로. ≪기억과 전망≫, 26.

김현배. 1995. 「민족민주운동을 둘러싼 주, 객관적 정세변화」. 『자주의 길』.

녹두편집부. 1989. 『애국민주운동론』. 녹두.

민족민주운동연구소. 1989. 『국민운동본부: 민주쟁취국민운동본부평가서(1) 자료편』.

민주화운동기념사업회. 2006. 『한국민주화운동사 연표』. 선인.

_____ 엮음. 2010. 『한국민주화운동사 3: 서울의 봄부터 문민정부 수립까지』. 돌베개.

민통련창립20주년기념행사위원회. 2005. 『민통련』.

안식. 1993. 『현대화, 혁신 그리고 연대』. 나라사랑.

엄은희. 2009. 「한국 환경운동사의 재조명과 공명(共鳴)의 과제」. ≪진보평론≫, 40.

유팔무. 1998. 「비정부사회운동단체(NGO)의 역사와 사회적 역할: 시민운동과 정부와의 관계를 중심으로」. 연세대학교 동서문제연구원. ≪동서연구≫, 제10권 2호.

윤상철. 1997. 『1980년대 한국의 민주화이행과정』. 서울대학교출판부.

이창언. 2007. 「민주주의민족통일경기남부연합을 기억하며」. 『12년의 발자취를 찾아서』. 수원 사랑민주청년회 동우회.

_____. 2008. 「한국학생운동의 급진화에 관한 연구―1980년대 급진이념의 형성과 분화를 중 심으로」. 고려대학교 박사학위논문.

_____. 2011. 「민주주의민족통일전국연합과 정치조직 논쟁: 반제 통일전선 전통의 복원과 정 치세력화의 지체」. 민주화운동기념사업회. ≪기억과 전망≫, 24호.

_____. 2013a. 「한국 사회 구조변동과 사회운동의 내적 구성 변화―한국민주청년단체협의회 의 프레임 분쟁과 조직분화를 중심으로」. 민주화운동기념사업회. ≪기억과 전망≫, 29 권.

_____. 2013b. 「반제적(NL) 급진주의의 한계와 혁신 과제. ≪진보평론≫, 58.

_____. 2014a. 「한국 사회 변동과 참여연대의 연대 전략」. 조대엽 외. 『감시자를 감시한다: 고장 난 나라의 감시자 참여연대를 말하다』. 이매진.

_____. 2014b. 「개혁적 시민사회운동의제 4의 선택, 로컬 매니페스토 운동의 현황과 과제. ≪진 보평론≫, 60호.

이창언·오수길·유문종·신윤관. 2014. 『갈등을 넘어 협력 사회로: 로컬 거버넌스 시대의 지방 의

제 21과 지속 가능한 지역 공동체』. 살림터.

정대화. 2005. 「민주화 과정에서 민통련과 국민운동본부의 역할에 대한 평가: 역사구조적 관점에서 주체형성의 문제를 중심으로」. ≪민주사회와 정책연구≫, 통권 제8호.

정병기. 2013. 「한국 시민운동의 흐름과 '시민성'」. ≪진보평론≫, 55.

정지환. 1997. 「6월항쟁 야전사령탑 국민운동본부의 모태는 고문공대위」. ≪월간 말≫, 132.

정해구·김혜진·정상호. 2004. 『6월항쟁과 한국의 민주주의』. 민주화운동기념사업회.

조현연. 1997. 「6월민주항쟁의 이념·주체·전략」. 『6월민주항쟁과 한국사회 10년』 I. 6월민주항쟁 10주년.

조희연. 1990. 『한국 사회운동사』. 죽산.

_____. 1998. 『한국의 국가·민주주의·정치변동』. 당대.

_____. 2001. 「시민사회의 정치개혁운동과 낙천낙선운동」. 『시민사회와 시민운동(2)』. 한울아카데미.

_____. 2004. 「민주항쟁 이후 사회운동의 변화와 그 특성: 4가지 측면을 중심으로」. 시민의 신문. 『한국시민사회운동 15년사 1987~2002』.

참여연대. 1994~2013. 『참여연대 총회 자료집』.

_____. 2004. 『참여연대 10년의 기록 1994~2004』.

최장집. 1989. 『한국현대정치의 구조와 변화』. 까치.

_____. 2006. 『민주주의의 민주화』. 후마니타스.

한국민주주의연구소. 2006. 『한국민주화운동사 연표』. 민주화운동기념사업회.

_____. 2016. 『1980년대 개헌운동과 6.10민주항쟁』. 민주화운동기념사업회.

황인성. 1997. 「6월항쟁 10주년 특별기획 ②: 뜨거운 함성의 현장에서 투쟁의 구심, 민주쟁취국민운동본부. ≪역사비평≫.

제4부
6월항쟁의 역사적·세계사적 좌표와 제도화

11장

한국 근현대사 속의 6월항쟁
3·1운동 · 4월혁명과 비교를 중심으로

오제연 | 성균관대학교 사학과

1. 머리말

2017년 3월 10일 대한민국 대통령이었던 박근혜가 파면당했다. 대통령 파면은 헌법재판소가 재판관 전원일치 의견으로 이미 국회에서 가결된 대통령 탄핵소추안을 인용하면서 이루어졌다. 그러나 대통령을 파면시킨 실제 힘은 대통령 비선실세의 국정농단 사태가 발생한 후 광장에 나와 촛불을 들기 시작한 시민들로부터 나왔다. 2016년 10월 29일 2만 명으로 시작한 촛불집회와 시위는 매주 주기적으로 열리면서 그 규모가 눈덩이처럼 커졌다. 국회가 탄핵소추안을 가결하기 직전인 2016년 12월 3일 촛불집회와 시위에는 서울에서만 170만 명, 전국 232만 명의 엄청난 인파가 몰려들었다. 청와대 100m 앞까지 진출한 촛불시민들은 한목소리로 대통령 퇴진을 요구했다. 국회가 탄핵소추안을 가결하고 헌재가 탄핵 심판을 이어가는 동안에도 촛불은 꺼지지 않았다. 국회 탄핵 전보다 그 수는 줄어들었지만 여전히 수십만 명의 시민들이 광장을 지켰고, 헌재의 선고 직전에는 다시 그 수가 100만 명에 육박했다. 헌재의 파면 선고 직후 2017년 3월 11일에 열린 마지막 20차 대회까지 134일간 촛불집회와 시위에 참여한 연인원은 1600만 명에 달했다. 더 놀라운 점은 이 엄청난 집회와 시위가 시종일관 질서정연하게 평화적으로 이루어졌다는 사실이다. 그래서 이 일련의 과정을 '촛불항쟁' 혹은 '촛불혁명'으로 부르기도 한다.

2016~2017년 촛불항쟁은 1987년 6월항쟁의 결과물인 현행 헌법의 규정과 절차에 의해 완수되었다. 현행 헌법이 지향하는 가치를 명문화한 전문(前文)은 다음과 같은 구절로 시작한다.

> 유구한 역사와 전통에 빛나는 우리 대한국민은 3·1운동으로 건립된 대한민국임시정부의 법통과 불의에 항거한 4·19민주이념을 계승하고…

현행 헌법 전문이 상징적으로 보여주듯, 2016~2017년 촛불항쟁은 현행 헌법을 탄생시킨 1987년 6월항쟁은 물론 그 이전 부당한 권력에 맞서 싸운 1919년 3·1운동과 1960년 4월혁명의 역사적 맥락 위에 있다. 숫자가 꼭 맞아 떨어지는 것은 아니지만 이들 사건들은 약 30년 정도의 주기로 발생했다. 공교롭게도 대통령 파면을 이끌어낸 촛불항쟁은 1987년 6월항쟁과 정확히 30년의 시차가 난다. 물론 이 30년이라는 숫자에서 어떤 과학적 원리나 법칙을 찾을 수는 없을 것이다. 아직도 한국에 민주주의가 안착하지 못해 억압의 누적과 폭발이 세대가 바뀔 때마다 반복된다는 생각이 드는 정도다. 대신 촛불항쟁 이전에 있었던 이 세 개의 거대한 저항적 집단행동을 비교해봄으로써 한국 민주화운동이 갖는 특성과 맥락을 좀 더 거시적 차원에서 이해할 필요가 있다.

일제강점기에 전개된 3·1운동 같은 민족해방운동은 얼핏 민주화운동의 범주에 넣기 어려워 보인다. 하지만 3·1운동은 일제의 억압적 무단통치로부터 조선인의 자유를 추구했을 뿐만 아니라 오늘날 한국 민주주의의 정치적/형식적 측면은 물론 사회경제적/실질적 측면과도 직접 연결된다. 숱한 헌법 개정에도 불구하고 제헌헌법 이래 지금까지 굳건히 이어진 헌법 제1조의 '민주공화제' 원리를 확립한 결정적 계기가 바로 3·1운동이었다. 3·1운동 과정에서 여러 독립선언서가 발표되었는데, 그중 대한제국으로의 복귀를 주장한 것은 하나도 없었다. 또 당시 여러 정부안이 등장했는데, 모두 민주공화제를 지향했다. 그 결과 상해에서 '대한민국 임시정부'가 민주공화제의 원리로 탄생할 수 있었다(이준식, 2010: 49~50).

고전적 인권인 자유권뿐만 아니라 노동3권을 포함해 복지국가의 기본권인 사회적 기본권도 대거 포괄하면서 통제경제 내지 계획경제에 가까운 구상을 담은 대한민국 제헌헌법은 민주주의라는 이상에 비교적 충실한 진보적인 헌법이었다(이준식, 2010: 68~69). 제헌헌법의 이 같은 내용 역시 3·1운동 이후 민족해방운동이 발전하는 과정에서 여러 정치세력에 의해 공유되어 계승된 것이었다.

한국 민주화의 역사에서 이승만 독재 정권을 무너뜨린 1960년 4월혁명은 단연 첫손에 꼽히는 사건이다. 수많은 사람들의 희생 속에서 시민의 힘으로 독재자를 끌어내리는 데 성공한 4월혁명은 한국인이 스스로의 힘으로 자유와 민주주의를 획득한 첫 번째 사건이었다. 4월혁명의 경험은 이후 민주화운동의 마중물이자 원동력이 되었다. 지난 수십 년간 한국 민주화를 위해 노력한 사람들의 기억 속에는 4월혁명을 성공시킨 경험, 즉 피땀을 흘려 자유와 민주주의를 획득했던 승리의 경험이 놓여 있었다. 자유와 민주주의는 싸워서 쟁취한 사람만이 끝까지 지킬 수 있는 것이다. 4월혁명은 우리에게 처음으로 그런 경험을 안겨준 중요한 사건이었다(오제연, 2017: 219~220).

1987년 6월항쟁은 대통령 직선제 헌법 개정을 이끌어냄으로써 오늘날 민주화 이행에 가장 결정적인 역할을 하였다. 1980년 5·18광주민중항쟁의 기억 위에서 급속히 고양된 1980년대 민주화운동의 역량은, 1987년 6월항쟁에서 극적으로 발현하였다. 그 결과 광범위한 시민들의 참여 속에 전두환 정권으로부터 6·29선언이라는 항복을 받아낼 수 있었다. 무엇보다 6월항쟁과 대통령 직선제 개헌으로 탄생한 소위 '87년 체제'는 이후 오늘날까지 30년을 지속하면서 군부독재를 끝내고 이 땅에 자유와 민주주의가 대폭 확대되는 전기를 마련했다. 그렇다면 1987년 6월항쟁을 1919년 3·1운동, 1960년 4월혁명과 비교했을 때 발견되는 한국 민주화운동의 특징과 맥락은 무엇일까? 민주화운동의 '배경', '양상', '주체'라는 분석 지점을 중심으로 이 문제를 살펴보기로 하겠다.

2. 배경

1) 정치적 억압과 사회경제적 모순 심화

모든 운동에는 그 배경이 존재한다. 배경의 구조적 핵심은 정치적 '억압'과 사회경제적 '모순'이다. 6월항쟁은 물론 4월혁명과 3·1운동은 각각 1980년대, 1950년대, 1910년대 정치적 억압이 심화되는 가운데서 발생했다. 두 차례에 걸친 쿠데타와 광주에서의 학살을 통해 권력을 잡은 전두환 정권은 1980년대를 거치면서 간간이 소위 '유화국면'을 조성하기도 했지만 기본적으로는 억압적 통제 정책을 고수하였다. 1986년에는 학생운동권 등 민주화운동세력을 공권력을 동원해 보다 철저하게 탄압하고 1987년에는 '4·13호헌조치'를 통해 정치권의 개헌 논의마저 거부하는 등 억압의 강도를 높여나갔다.

1950년대 이승만 정권 역시 '발췌개헌'과 '사사오입개헌'으로 종신 집권의 길을 연 후, 정·부통령선거를 앞둔 1958년에 국가보안법을 날치기로 개정하고 1959년에는 경향신문을 폐간하는 등 비판세력에 대한 억압을 강화해 나갔다. '단군 이래 최대의 부정선거'로 기록된 1960년 '3·15부정선거'는 그 최종 결과물이었다.

일제는 1910년 대한제국을 병합해 식민지로 만든 후 '헌병경찰제'로 대표되는 무단적 통치체제를 도입하여 식민지 조선인들을 힘으로 억압하였다. 헌병경찰은 광범한 권한을 갖고 있으면서 자의적으로 권력을 행사했다. 또한 일제는 1910년 「집회 단속에 관한 건」을 제정하여 사실상 모든 정치집회를 금지하고 국내에서 활동하고 있던 일체의 단체를 해산시켰다. 또 신문지법, 출판법을 확대 적용하여 조선인 신문과 잡지 등 출판물을 강제 폐간시켰다. 일제는 이처럼 식민지 조선의 언론, 출판, 집회, 결사 등 기본권을 완전히 부정하였다(전명혁, 2001: 73).

사회경제적 모순과 관련한 저항은 보통 경제상황이 악화될 때 발생한다. 4월혁명 당시 미국 원조의 감소 여파로 경제성장률이 1957년 8%에서 1960년 2%까지 떨어진 것이 대표적인 사례다. 1979년 '부마항쟁'과 1980년 '5·18광주민중항쟁'도 모두 불경기 때 발생했다. 반면 6월항쟁은 '단군 이래의 최대 호황' 시기에 일어났다. 호경기의 집단적 저항은 특이한 면이 있으나, 당시의 경제적 호황은 보수적인 종교인이나 중산층들이 경제 수준에 상응하는 민주화를 희망하는 계기가 되었다.

6월항쟁에 참여하거나 거리에서 지원하고 지지한 시민 중에는 회사원도 많았지만 노동자, 농민, 중소상인, 도시빈민, 무직자 등 기층 민중이 많았다. 회사원을 제외하고는 대체로 호황의 수혜를 적게 받거나 여전히 어렵게 사는 사람들이었다. 지방의 경우 호경기에도 불구하고 지역경제가 위축된 상황이었다. 농민들은 농축산물 개방이 걱정이었다. 또 6월항쟁에 참여한 상인 중에는 영세상인, 중소상인처럼 전두환 정권에 대해 반감을 가진 생활이 어려운 사람들이 많았다. 특히 중소상인의 경우 백화점, 쇼핑센터 등 독과점업체의 진출로 영업이 위축된 데다 세금부담마저 컸다. 상인들이 시위에 호응하거나 호의적이었던 데에는 수출 호조로 정부가 통화팽창 억제정책을 쓰게 됨에 따라 내수시장이 위축된 점도 작용했다(서중석, 2011: 656~657). 호경기라 할지라도 주체에 따라 체감하는 경제 상황은 각기 달랐고, 이 과정에서 사회경제적 불안과 불만이 쌓일 수 있었던 것이다.

3·1운동과 관련해서는 1910년대 식민지 조선의 경제 관련 통계가 부정확해 실상을 파악하기가 쉽지 않다. 그러나 당시 조선인들 역시 사회경제적으로 많은 고통을 당하고 있었다. 가옥세, 주세, 연초세며 영업세, 인지세 등 1910년 이후 신설된 세금에 대한 저항 심리가 강했고 뽕나무 재배나 간척 사업 등 부역 동원에 대한 염증이 컸다. 조선인의 전통에 반하는 공동묘지 규칙에 대한 불만도 많았다(권보드래, 2015: 208~212). 수많은 식민지 조선인들이 3·1운동에 참여하는 데에는 이러한 사회경제적 고통과 불만도 중요한 역할을 했다.

2) 결정적 죽음 및 희생

그러나 정치적 '억압'과 사회경제적 '모순'이 곧바로 집단적 저항을 초래하는 것은 아니다. 정치적 억압과 사회경제적 모순이 커도 이에 저항하는 집단행동이 일어나지 않는 경우가 훨씬 많다. 사람들이 권력에 맞서 일어나기 위해서는 행동을 개시할 수 있는 결정적인 계기가 필요하다. 그런데 3·1운동, 4월혁명, 6월항쟁 속에는 공교롭게도 같은 유형의 결정적 계기가 있었다. 바로 '특정인의 죽음'이다.

1987년 6월항쟁은 그해 1월에 일어난 '박종철 고문치사사건'과 직접 연결되어 있다. 1987년 1월 서울대 학생 박종철이 경찰에 끌려갔다. 박종철이 아니라 도피 중이던 그의 선배를 잡기 위한 조처였다. 경찰은 박종철에게 선배의 소재를 물었지만 그는 끝까지 모른다고 버텼다. 경찰은 박종철의 입을 열기 위해 물고문을 자행했다. 그리고 이 과정에서 박종철이 사망했다. 처음에 경찰은 이 고문치사사건을 은폐하려 했다. "책상을 '탁' 치니까 '억'하고 죽었다"는 경찰 발표가 그래서 나왔다. 상식적으로 있을 수 없는 황당한 말이었지만, 언론이 통제된 당시에는 이런 말로도 진실을 숨기는 것이 가능했다. 그러나 담당 부검의가 용기를 내어 고문치사 사실을 밝힘으로써 사건의 진상이 드러났다. 전두환 정권은 이후에도 이 사건의 진상을 축소·왜곡하려 했지만 결국 모두 폭로되었다. 오히려 학생운동권 등 민주화 세력들은 이를 계기로 힘을 모아 1987년 6월 10일을 디데이로 하는 대규모 항쟁을 준비해 나갔다.

6월 10일로 예정된 '박종철 군 고문살인 조작·은폐규탄 및 호헌철폐 국민대회'를 앞두고 학생들은 연일 크고 작은 시위를 벌였다. 그런데 하루 전날인 6월 9일 연세대 학생 이한열이 교문 앞에서 시위를 벌이다가 경찰이 쏜 최루탄에 맞아 피를 흘리며 쓰러졌다. 그는 곧 혼수상태에 빠졌다. 의식을 잃은 이한열의 소식이 알려지고, 그가 시위 현장에서 피를 흘리는 사진이 공개되면서 학생들은 물론 시민들의 분노가 들끓었다. 이러한 분노 속에서 6월 10일부터 본격적인 항쟁이 전개되었다(오제연, 2017: 246~247). 이한열은 결국 7월 5일 숨을 거두었다. 학생운동이 격렬해진 1984년 이후 전두환 정권은 시위를 막기 위해 최루탄을 남발했는데, 이 과정에서 많은 문제가 생겼고 기어코 이한열의 희생이 발생했던 것이다. 그럼에도 전두환 정권은 6월항쟁 기간 내내 엄청난 양의 최루탄을 사용했다. 이는 중산층까지도 정권에 등을 돌리는 중요한 이유가 되었다.

이한열을 죽음으로 몰아간 최루탄은 약 30년 전인 1960년 3월 15일에도 부정선거에 항의하던 마산상고 입학예정생 김주열의 목숨을 앗아간 바 있었다. 남원 출신인 김주열은 1960년 마산상고에 진학하기 위해 막 마산에 온 상황이었는데, 1960년 3·15부정선거에 항의하는 '1차 마산항쟁'에 참여했다가 실종됐다. 그러다 약 한 달 뒤인 4월 11일 김주열의 시신이 마산 앞바다에 떠올랐다. 발견된 시신의 모습은 몹시 끔찍했다. 시위 진압 당시 경찰은 벽도 뚫을 정도의 파괴력을 지닌 미사일처럼 생긴 폭동 진압용 최루탄을 시위대를 향해 직사했다. 바로 그 최루탄이 시위대에 있던 김주열의 눈을 뚫고 들어갔던 것이다. 3월 15일 시위 현장에서 김주열의 시신을 확인한 경찰은 이러한 사실을 은폐하기 위해 시신을 마산 앞바다에 던졌다. 그러나 진실이 밝혀지는 데는 한 달이 채 걸리지 않았다.

김주열의 시신 발견은 또래 학생들의 엄청난 분노를 일으켰다. 자식을 둔 부모들도 함께 분노했다. 여기에는 아들의 실종 소식을 듣고 남원에서 마산으로 달려온 김주열의 어머니가 약 한 달 동안 온 마산 시내를 미친 듯 찾아 헤맨 것이 큰 영향을 줬다. 김주열 실종 기간 동안 마산 시내에는 김주열과 그의 어머니 소식이 쫙 퍼졌다. 자식을 둔 부모들은 애타게 자식을 찾는 김주열 어머니의 모습을 보면서, 마치 자신의 일처럼 무척 안타까워했다. 김주열의 어머니는 한 달 내내 아들을 찾다가 결국 4월 11일에 마산을 떠났다. 그리고 몇 시간 후 마산 앞바다에서 김주열의 시신이 떠올랐다(오제연, 2017: 226~227). 김주열의 시신이 도립병원에 안치되자 순식간에 학생과 부모들이 몰려들었다. 학생들은 약속이나 한 듯이 "고문경관 찾아내라"고 절규하며 시위를 시작했고, 그 뒤를 부모들이 눈물을 흘리며 뒤따랐다. 특히 어머니들은 "죽은 내 자식을 내놓아라", "나도 죽여달라"고 외치며 분노와 울음을 한꺼번에 터트렸다. 다음날 시위는 더욱 확대되었다. 많은 시민들이 학생들의 시위를 뒤따르면서 "자식을 지키자"라고 외쳤다. 여학생들이 시위에 많이 참여한 것도 인상적이었다. 무엇보다 처참한 김주열의 시신 발견과 4월 11일부터 13일까지 계속된 '2차 마산항쟁'은 드디어 서울의 대학생들을 움직였다(서중석, 2011: 72~73). '피의 화요일' 4월 19일의 대규모 시위는 이렇게 시작되었다.

3·1운동은 고종의 죽음과 깊은 연관이 있다. 1919년 1월 고종이 사망했다. 그런데 곧바로 고종이 자연사한 것이 아니라 독살당했다는 소문이 돌기 시작했다. 고종의 독살설은 그 자체로 식민지 조선인들을 자극했다. 여기에 죽은 고종이 장례 절차와 관련해서 홀시당한다는 공감이 더해졌다. 죽은 고종에 대한 애도의 심정은 일제 식민통치에 대한 반감과 결합했다(권보드래, 2015: 199~202). 고종에 대해 비판적인 사람들도 있었지만, 대한제국기 이래 지속된 '황제 환상'이 여전히 남아 있는 상황에서 많은 식민지 조선인들은 고종의 죽음을 안타까워했고 독살설에 분노했다. 실제로 3·1운동 당시 서울에서의 시위는 덕수궁 대한문 앞이나 탑골공원 같은 고종과 관계된 장소에서 주로 전개되었다.

죽음만이 결정적 계기는 아니다. 가시적인 폭력과 희생도 사람들의 분노를 고조시켜 집단행동에 나서게 하는 효과를 가져왔다. 4월혁명의 경우 4월 18일 시위에 나선 고려대 학생들을 정치 깡패들이 습격하여 다수의 부상자가 발생한 사건이, 그 다음날 대학생들이 전면적으로 거리에 나서는 중요한 계기가 되었다. 학생들이 정치 깡패들에 의해 잔혹하게 폭행당했다는 것 자체가 많은 사람들에게 큰 충격을 줬다. 또한 나중에 사실이 아닌 것으로 밝혀졌지만, 이때 고려대 학생 한 명이 사망했다는 소문이 돌고 그 내용이 신문에까지 실리면서 학생과 시민들의 분노는 최고조에 달했다. 이러한 분위기 속에서 다음날 4월 19일 시위는 대규모로 또 격렬하게 진행될 수밖에 없었다.

3·1운동 때에는 여학생들의 희생이 부각되었다. 3·1운동 당시 낯선 풍경은 여학생이 만세를 부르며 행진하는 모습이었다. 그런데 여학생들이 시위에 참여하다 검거되어 구치소로 이감되는 모습이 조선인들의 가슴 속에 증오와 분노의 격렬한 감정을 일으켰다. 게다가 경찰 수사관

들이 수감된 여학생들에게 온갖 야만적인 행위를 저지른다는 소식이 전해지면서 그 증오와 분노는 더욱 커졌다(김상태, 2001: 86, 91; 김정인, 2009: 153~155). 유관순의 일화도 이러한 맥락에서 해방 직후 널리 확산될 수 있었다.

3) 지배 도구의 전유

끝으로 한국 민주화운동의 배경 중에서 주목해야 할 지점은, 권력이 보다 강력한 지배를 위해 고안 또는 의도한 정책/제도들이 아이러니하게도 운동 과정에서 권력의 의도와 정반대로 저항 주체들에 의해 저항의 도구로 전유되었다는 사실이다. 뒤에서 자세하게 보겠지만 1987년 6월항쟁은 그 어떠한 민주화운동보다도 전국적으로 또 동시다발적으로 전개되었다. 다수의 대학생들이 이러한 전국적, 동시다발적 저항에 선도적인 역할을 담당했는데, 이는 전두환의 신군부 세력이 쿠데타 직후인 1980년 7월 30일에 단행한 교육개혁조치 덕분이었다.

'7·30교육개혁조치'가 대학교육에 미친 가장 직접적이고 즉각적인 결과는 대학인구의 급속한 팽창이었다. 1960년대 이래 지배권력이 고등교육 통제를 위해 지속적으로 사용해온 정책 중 하나가 학생정원의 억제였다. 이는 한국 사회에서 고등교육이 갖는 저항적 기능의 확산을 막기 위한 대표적인 양적 통제방식이었다. 그러나 시간이 갈수록 베이비붐 세대의 진학과 높은 고등교육 욕구로 대학 진학을 희망하는 학생의 수가 급격히 증가했고, 경제성장에 따라 고급 인력의 공급도 더 필요했다. 무엇보다 취약한 정권의 기반을 교육을 통한 기회의 균등 실현으로 메꿀 필요가 있었다. 이에 전두환의 신군부 세력은 권력을 잡자마자 대학 정원을 대폭 늘리기 시작했다. 그 결과 대학생 수는 1980년 60만 명 수준에서 1985년에는 130만 명 수준으로 5년 사이에 210%가 넘는 가파른 증가율을 보였다(성혜령, 1990: 99).

대신 크게 증가한 대학생들을 통제하는 장치로 '졸업정원제'를 도입했다. 졸업정원제는 입학 단계에서 정원의 130%를 선발하게 한 뒤 학업 성적을 토대로 졸업 전에 30% 정도를 일률적으로 강제 탈락시키는 제도였다. 여기에는 대학생이 양적으로 증가해도 강제 탈락이 가져오는 불이익에 대한 강박관념 때문에 그들의 정치적 집단행동은 억제될 수밖에 없을 것이라는 권력의 의도가 담겨 있었다(최종철, 1989: 409~410).

전두환 정권은 여기서 멈추지 않고 이미 1970년대 후반부터 시작된 서울 소재 대학의 지방 이전 장려 정책을 더욱 강하게 밀어붙였다. 지방으로의 대학 이전 장려 정책은 서울 소재 대학의 지방 분교 설립으로 이어졌다. 이러한 '지방대학 육성책'은 과밀화한 서울 인구의 분산 같은 여러 이유가 복합적으로 작용하여 추진되었으나, 그 속에는 서울에 있는 대학의 비중을 약화시키면 학생들의 시위도 약화될 것이라는 판단이 깔려 있었다(서중석, 2011: 603~604). 1980년을 전후로 만들어진 주요 대학의 분교는, 건국대학교 충주캠퍼스(1980), 고려대학교 조치원캠퍼스(1980), 경희대학교 수원캠퍼스(1980), 단국대학교 천안캠퍼스(1978), 동국대학교 경주캠퍼스(1978), 상명대학교 천안캠퍼스(1985), 성균관대학교 수원캠퍼스(1979), 연세대학교 원주캠퍼스(1977), 중앙대학교 안성캠퍼스(1979), 한국외국어대학교 용인캠퍼스(1979), 한양대학교 안성캠퍼스(1978), 홍익대학교 조치원캠퍼스(1988) 등이었다(우마코시 도루, 2001: 285).

그러나 이러한 정책은 역설적으로 학생운동의 양적, 지역적 기반을 크게 확대시키고, 각 지역별로 조직적인 저항이 학생들을 중심으로 일어날 수 있는 계기를 마련했다. 그래서 6월항쟁에서는 그 이전보다 전국적으로 훨씬 광범위한 지역에서 동시다발적 시위가 전개될 수 있었던 것이다. 한정된 경찰력으로 광범위한 지역에서 벌어지는 동시다발적 시위를 막아내는 것은 역부족이었다. 전국적, 동시다발적 시위는 전두환 정권이 6월항쟁에 제대로 대응하지 못했던 가장 중요한 요인이었다. 전두환 정권의 학생운동 통제정책이 역설적으로 6월항쟁에서 강력한 저항의 배경으로 작용했던 것이다.

1960년 4월혁명에서는 학도호국단의 존재와 역할이 흥미롭다. 이승만 정권은 1949년 학원을 군대식으로 통제하기 위해 기존의 학생회를 해체하고 새롭게 학도호국단을 만들었다. 모든 학생들은 이승만 대통령이 총재로 있는 학도호국단에 강제로 가입해야 했다. 학도호국단은 1950년대 내내 학내에서 학생들을 통제하는 한편 각종 관제 행사와 관제 데모에 학생들을 동원했다. 그런데 1950년대 각 학교의 상황을 보면 학내에서 학원 비리와 관련한 분규가 발생했을 때 전교생이 학도호국단의 지휘 하에 일사분란하게 동맹휴업을 진행하는 모습을 확인할 수 있다. 학도호국단을 통해 형성된 당시 학생들의 집단성과 규율성이 정권의 의도와 달리 학원 분규에서 저항의 수단으로 전유된 것이다. 중고등학교 동맹휴학과 같은 1950년대 학생 저항 사례에서 더욱 주목해야 하는 점은 학도호국단을 통한 집단적인 힘의 결집과 분출이 당시 학생들에게 익숙한 '경험'이었다는 사실이다.

4월혁명 초기에 대학생보다 고등학생들이 시위에 앞장설 수 있었던 것도 이러한 관제 데모의 경험이 큰 역할을 했다. 4월혁명의 시작을 알린 1960년 2월 28일 대구의 학생시위 초반, 교통경찰이 학생들의 시위 대열을 보고 이를 막기는커녕 시위에 방해될 모든 차량의 운행을 중지시켜주는 친절을 베풀었던 것도, 갑작스러운 학생들의 시위를 늘상 있었던 관제 데모로 착각했기 때문일 가능성이 크다. 실제로 4월혁명 당시 대부분 고등학생 시위는 학도호국단 조직을 그대로 이용하였다.

대학생들은 고등학생들에 비해 관제 데모에 덜 동원되었지만 그것은 상대적인 차이에 불과했다. 학도호국단이라는 틀에서 대학생들도 자유로울 수 없었다. 4월혁명 당시 많은 대학에서 학생들이 학도호국단 간부들을 중심으로 항쟁에 결집한 것도 이 때문이었다. 대학생들도 학도호국단의 훈련을 바탕으로 일사분란하게 시위에 나섰다. 학도호국단은 그만큼 익숙한 경험이었고 그 경험이 의도치 않게 4월혁명에 학생들이 나설 수 있는 기반을 만들어주었다(오제연, 2014: 36~40).

1919년 3·1운동에서는 '만세' 구호의 활용이 주목된다. 3·1운동은 기본적으로 '만세'를 부르며 진행되었다. 그래서 이때의 시위를 흔히 '만세시위'라고 한다. 만세 앞에 '대한독립' 혹은 '조선독립'을 넣고 부르는 경우도 있었지만, 그냥 '만세'만 부르는 경우가 많았다. 그런데 조선인들이 3·1운동 때 저항의 상징으로 외쳤던 '만세'는 사실 메이지 시기 일본에서 천황의 대중적인 권위를 높이기 위한 의례로 발명된 군중 환호였다. 1894년 한반도에 출병하여 청나라를 꺾고 동학농민군을 진압한 일본군은 농민군 탄압을 경축하는 자리에서 조선인들에게 '만세'를 처음으로 선보였다. 이후 '만세'는 독립협회운동을 거쳐 애국계몽운동 과정에서 일반화되었다. 대한제국기에는 '대한제국 만세', '대황제폐하 만세'와 '황태자전하 천세' 등의 용례로 사용되었다. 반면 '대한(조선)독립 만세'라는 구호는 3·1운동 당시 처음으로 등장하였다(권보드래, 2015: 205~207).

일본 천황의 권위를 높이기 위해 만들어진 '만세' 구호는 아이러니하게도 3·1운동에 이르러 식민지 조선에서 민족의 일체감을 양성해 일본에 대한 저항을 표상하는 민중의 발성장치가 되었다. '만세'는 강요된 것이자 근대적 지식인에 의해 계몽적으로 확산된 정치문화였지만, 3·1운동 과정에서 민중문화에 흡수되어 저항의 수단으로써 전국에 울려 퍼져 나갔다(조경달, 2009: 243). 이상과 같이 한국 민주화운동에서는 권력이 만들어낸 지배의 도구가 그 의도와 상관없이 결정적인 순간에 저항의 도구로 전유되어 큰 위력을 발휘하는 모습을 종종 볼 수 있다. 한국 민주화운동은 지배와 저항이 갖는 이러한 변증법적 관계를 바탕으로 전진해 나갔던 것이다.

3. 양상

1) 전국적인 동시다발 시위

한국 근현대사에서는 권력의 억압과 사회경제적 모순에 저항하는 민주화운동이 대규모 시위의 형태로 여러 차례 전개된 바 있다. 3·1운동, 4월혁명, 6월항쟁 이외에도 '6·10만세운동', '광주학생운동', '10월인민항쟁', '6·3항쟁', '부마항쟁', '5·18광주민중항쟁' 등이 대표적이다. 이들 사건은 모두 크고 격렬한 시위를 수반했다. 그러나 지역적 시위 양상을 보면 일정한 차이가 있다. 일제강점기에 일어난 6·10만세운동은 서울을 중심으로 시위가 전개되었고, 광주학생운동 때는 서울에서도 동맹휴학과 시위가 있었지만 기본적으로는 광주와 목포, 나주, 함평 등 전라도 지역을 중심으로 시위가 일어났다. 1964~1965년 6·3항쟁의 경우 전국 주요 도시에서 시위가 발생했지만 서울의 시위에 비해 지방 시위는 미약한 편이었다. 부마항쟁과 5·18광주민중항쟁은 그 역사적 중요성과는 별개로 부산, 마산, 광주 등 특정 지역에 국한된 항쟁이었다. 1946년 10월 인민항쟁 당시 시위가 전국적 규모로 확대되었지만 동시다발적이라기보다는 순차적으로 진행되었다.

반면 3·1운동, 4월혁명, 6월항쟁은 시위가 전국적 규모로 또 동시다발적으로 전개되었다는 점에서 여타 민주화운동들과 구분된다. 1987년 6월 10일부터 본격적으로 전개된 6월항쟁의 경우 6·29선언이 나올 때까지 약 20일 동안 전국 곳곳에서 매일 평균 100회 이상의 시위가 동시다발로 벌어졌다. 특히 6월 18일 '최루탄추방대회'와 6월 26일 '국민평화대행진'은 한꺼번에 100만 명 이상이 참여했다. 갈수록 참가 지역이 확산되어 대도시, 중소도시뿐 아니라 농촌 지역의 군 단위에서도 시위가 일어났다. 6월 26일 하루에만 37~38개 시·군에서 시위가 동시에 벌어졌는데, 6월 10일 시위가 22개 시에서 동시에 벌어진 것과 비교했을 때 항쟁 참여 지역이 훨씬 넓어진 셈이다. 6월항쟁에 참가한 연인원은 400~500만 명으로 추산된다(박준성, 2016: 186~187; 서중석, 2011: 529).

6월항쟁의 전국화 과정에는 일정한 패턴이 존재했다. 6월 10일부터 15일까지는 6·10대회와 명동성당 농성투쟁 등 서울에서의 항쟁이 중심이었다. 6월 15일 정도부터는 부산, 대전, 진주 등에서 격렬한 시위가 전개되어 전두환 정권의 공권력을 크게 위협했다. 그러다 6월 20일부터는 격렬한 대규모 시위가 광주, 전주, 순천, 익산 등 호남 지방으로 옮겨졌다(서중석, 2011: 375~376, 478~479). 6월항쟁에서 전국적 투쟁을 동시다발적으로 전개할 수 있었던 것은, 군사독재에 대한 비판의식 강화와 더불어 한국 사회에서 지역 내 민주주의 역량이 증대했기 때문이었다. 6월항쟁에서는 과거에 시위가 잘 일어나지 않았던 지역에서 시위가 꽤 큰 규모로, 그것도 자주 일어났다. 그러한 지역은 거의 예외 없이 서울에 있는 대학에서 분교를 설치한 지역이거나, 1980년대에 대학이 신설되었거나, 가톨릭농민회 같은 강력한 농민조직이 만들어진 곳이었다(서중석, 2011: 602).

6월항쟁의 전국적 동시다발 시위는 경찰 병력을 분산시켰다. 분산된 경찰 병력으로는 여기저기서 터져 나오는 거센 시위의 물결을 막아낼 수 없었다. 이에 전두환 정권은 5·18광주민중항쟁 때처럼 군을 동원해 6월항쟁을 진압하고자 했다. 하지만 광주와 그 부근 지역으로 한정되었던 5·18과 달리 전국적인 범위에서 동시다발로 전개되는 6월항쟁을 진압하는 것은 군을 동원하더라도 결코 쉬운 일이 아니었다. 무엇보다 이미 5·18 당시 엄청난 유혈 학살을 저지른 전두환 정권으로서는 그보다 몇 배는 더 큰 규모로 전국 곳곳에서 전개되던 6월항쟁을 또다시 군을 동원해 진압하는 것에 커다란 부담을 느끼지 않을 수 없었다. 경찰력으로 지탱하기 힘들고, 군 투입도 어렵다고 판단한 전두환 정권은 결국 6·29선언을 통해 직선제 개헌을 수용하는 길을 선택했다(박준성, 2016: 187~188).

시위의 전국성과 동시다발성이라는 측면에서 3·1운동은 6월항쟁과 매우 유사한 양상을 보였다. 3·1운동은 서울을 비롯한 평양·진남포·안주(평안남도), 의주·선천(평안북도), 원산(함경남도) 등 7개 도시에서 시작되었다. 첫 주의 시위는 주로 북부 지방의 도청 소재지나 주요 도시에서 일어났다. 그리고 철도와 간선 도로를 따라 인근 도시와 농촌 지역으로 시위가 점차 확산되었다. 3월 중순에 이르면 시위가 전국화했다. 전국으로 확산된 3·1운동은 4월 말까지 약 두 달간 지속적으로 전개되었다.

3월 1일 7개 도시의 시위는 33인 민족대표 중 다수를 차지하고 있는 기독교와 천도교 지도자들에 의해 준비된 것이었다. 양자 모두 북부지방에 교인이 편중되어 있었다. 또 기독교가 도시 중심으로 선교활동을 펼쳤고 천도교는 도시에 대교구를 설치했던 까닭에 3·1운동이 북부지방 도시에서 먼저 촉발되었던 것이다. 도시민이 촉발한 3·1운동은 농민을 비롯한 민중이 적극 호응하면서 전국적 항쟁으로 발전했다(김정인, 2009: 152~153). 1919년 3월 1일 이후 4월 말까지 약 두 달 동안 전국 232개 부·군(府·郡) 지역 중 223개 지역에서 만세시위가 일어났을 정도로 거의 모든 읍면에서 3·1운동이 전개되었다(배성준, 2009: 291). 특히 각 지역의 장날 장터가 만세시위의 중심 무대가 되었다. 3·1운동의 시위 회수나 참가 인원수, 피해자 수는 기록에 따라 차이가 크지만, 박은식의 『한국독립운동지혈사』에 따르면 1919년 3~5월 동안 50인 이상의 시위가 1542회 전개되었고, 시위 인원은 200만 명이 넘었으며, 사망 7509명, 부상 1만 5761명, 피검 4만 6948명에 이르렀다. 일본 측 자료에도 3~4월 동안 848회의 시위가 일어난 것으로 기록되어 있다(이정은, 2015: 24). 즉, 3·1운동 당시 하루 평균 약 150회 내외의 시위가 동시다발적으로 벌어진 셈이다.

4월혁명은 3·1운동이나 6월항쟁과 유사하지만 조금은 다른 양상을 보였다. 우선 4월혁명에서도 시위가 전국적으로 확산되었다. 이미 3·15 부정선거 이전부터 2월 28일 대구에서 일어난 고등학생 시위를 기점으로 3월 8일과 10일 대전, 3월 14일 서울에서 고등학생들의 시위가 연이어 전개되었다. 3월 15일 부정선거 이후에는 당일 마산에서 벌어진 1차 마산항쟁과, 김주열 시신 발견 이후 벌어진 2차 마산항쟁, 그리고 4월 18일 서울의 고려대생 시위를 거쳐 4월 19일 서울, 부산, 광주 등에서 대규모 시위와 유혈 사태가 일어났다. 그 후 마산 등 몇몇 도시에서 산발적인 시위가 이어지다 4월 25일 서울의 교수단 시위를 계기로 대규모 시위가 재개되어 4월 26일에는 서울, 대전, 대구 등지에서 크고 격렬한 시위가 진행되었다. 그 결과 이날 이승만 대통령은 하야성명을 발표하고 대통령직에서 물러났다.

3·1운동과 6월항쟁처럼 4월혁명도 전국적인 시위 양상을 보였지만, 몇 가지 차이점이 있었다. 먼저 서울에서 시작한 시위가 지방으로 확산되는 방식이 아니라, 지방에서 시작한 시위가 서울로 확산되는 방식을 취했다. 4월혁명의 시작은 일반적으로 2월 28일 대구에서의 고등학생 시위로 보는데, 이 고등학생들의 시위가 대전을 거쳐 3월 14일경 서울로 이어진 것이다. 또 4월혁명의 본격적인 시작 이후에도 김주열의 시신 발견과 2차 마산항쟁의 영향을 받아 비로소 4월 18일 서울에서 대

학생들이 움직이기 시작했다. 다음으로 4월혁명은 동시다발적인 성격을 보여주기는 하지만 그 정도가 3·1운동이나 6월항쟁에 비해 약한 편이다. 4월혁명 당시 대규모 동시다발 시위는 흔히 '피의 화요일'이라고 불리는 4월 19일과 '승리의 화요일'이라 불리는 4월 26일 두 차례 일어났다. 4월 19일에는 서울과 더불어 부산, 광주, 대구, 청주에서 시위가 발생했고, 4월 26일에는 서울과 더불어 부산, 대전, 대구, 목포, 여수, 순천, 공주에서 시위가 발생했다. 이들 지역의 시위는 대부분 크고 격렬한 양상을 보였다. 하지만 6월항쟁과 3·1운동 당시 매일 각각 100회 이상, 150회 내외의 시위가 일어난 것과 비교했을 때 시위의 동시다발성은 현저하게 떨어졌다. 끝으로 4월혁명은 도시, 그중에서도 서울을 비롯한 당시 각 지역의 거점 대도시를 중심으로 전개되었다. 이는 3·1운동이 주로 농촌의 읍내 장터를 중심으로 진행된 것은 물론, 6월항쟁이 대도시와 더불어 지역 중소도시에서 일어난 것과 대비되는 모습이다.

2) 폭력 시위와 비폭력 시위의 배합

6월항쟁 당시 시위를 선도했던 야당, 재야, 학생운동권은 모두 비폭력 평화시위를 견지했다. 이는 3·1운동이 일반적으로 비폭력 저항의 대표적인 사례처럼 인식되고, 4월혁명이 학생들에 의한 질서 있는 시위로 알려진 것과 통하는 면이 있다. 그러나 3·1운동, 4월혁명, 6월항쟁의 실상을 '비폭력'만으로 설명하기는 어렵다. 이 세 사건 모두 실제로는 평화적 시위와 함께 폭력적이고 격렬한 시위가 뒤섞여 전개되었다.

6월항쟁의 시작인 6·10대회를 준비한 '민주헌법쟁취 국민운동본부(국본)'는 이 대회에 다수의 시민이 자발적으로 참여할 수 있도록 노력했다. 그 일환으로 시위에 있어 '비폭력 평화주의' 원칙을 특별히 강조했다. 학생들도 마찬가지였다. 6·10대회는 물론 이후 15일까지 이어진 명동성당농성에서도 학생들은 질서와 비폭력을 강조하며 시민과의 유대에 신경을 썼다(서중석, 2011: 264, 347). 그러나 실제 투쟁에서 비폭력의 원칙은 부분적으로만 관철되었다. 6월 10일 이후 전국에서 동시다발적으로 전개된 시위들은 대부분 국본과 큰 관계가 없었다. 학생들의 비폭력 원칙도 경찰의 폭력 진압 앞에서 계속 유지되기 힘들었다. 일례로 6월 18일 최루탄추방대회 당시 공식적으로는 '비폭력'이 강조되었으나, 3000~4000명의 학생들은 자체 무장을 하고 미도파백화점 앞에 배치된 전경 700여 명과 격렬한 투석전을 벌였다. 더 주목해야 할 점은 시위 당시 시민들이 학생들의 '비폭력' 구호에 반발하는 경우가 많았다는 사실이다. 일례로 6월 17일 대구에서 경찰의 최루탄 발사가 많아지고 사과탄까지 날아오자 시민들이 학생들의 '비폭력' 구호에 강력히 항의한 바 있었다(서중석, 2011: 386, 397). 광주와 목포, 순천 등에서도 고등학생과 시민들이 무장 시위를 적극 주장했으며, 부평과 수도권 공단지역의 야간, 심야 시위를 주도한 노동자들 역시 시위 과정에서 폭력적이고 격렬한 양상을 드러냈다(김원, 2009: 170).

비폭력 기조에도 불구하고 폭력 시위가 병행되면서 사고가 발생하기도 했다. 6월 19일 대전에서는 경찰에 맞선 2000여 명의 시위대가 화염병을 던지며 횃불시위를 벌였다. 시위대는 파출소도 습격했다. 그런데 이 과정에서 시위자 6명이 버스 1대를 탈취한 뒤 대전역 앞 경찰기동대를 향해 돌진하여 3명의 전경이 중상을 입고 그중 1명은 결국 사망하는 불상사가 일어났다(서중석, 2011: 423~424). 그러나 이러한 시위대의 폭력보다 더 부각된 것은 경찰의 폭력이었다. 이미 전두환과 신군부 세력은 1980년 5월 광주에서 무자비한 국가폭력과 학살을 자행한 바 있었다. 이때 광주 시민들은 시민군을 조직하여 국가폭력에 맞서는 저항폭력의 정당성을 보여줬다. 이를 계기로 1980년대 민주화운동은 과거 방어적 민주화운동 방식에서 벗어나 국가권력의 폭력에 대응하여 좀 더 전투적이고 조직화된 운동방식을 취하기 시작했다. 물론 1980년대 민주화운동 과정에서 폭력적 저항방식은 항시 논란을 야기했다. 하지만 그것은 폭력적 수단과 수위가 강화된 국가폭력의 상대성에 기인한 결과였다. 1980년대 국가권력의 권위나 정당성이 상실된 상황에서 저항폭력은 부당한 국가폭력에 항거하는 효과적 수단으로 널리 받아들여졌다(이동윤·박준식, 2008: 41~42). 6월항쟁의 폭력 시위도 이런 분위기 속에서 비폭력 시위와 병행되었던 것이다.

6월항쟁 중에서도 특히 6월 26일 국민평화대행진에서 국가폭력의 폭압성이 여실히 드러났다. 전두환 정권은 이 집회를 직선제 개헌 수용 여부의 마지막 시험대로 생각하고 초기 단계부터 철저히 분쇄하고자 했다. 반면 국본과 학생운동권은 이 집회가 명칭 그대로 '국민평화대행진'이 되도록 평화적 시위에 각별히 신경썼다(서중석, 2011: 487~489). 덕분에 6·26대행진 당시의 시위는 대규모였지만 과격함이 적었고 전반적으로 폭력을 자제했다. 이날 가장 격렬하게 시위가 전개되었던 서울역 광장에서도 시위대는 차도점거투쟁, 경적 유도를 통해 시민을 끌어내는 데 힘을 기울였다. 최루탄 발사에 투석 등으로 대항하기보다 흩어졌다 다시 모여 구호를 외치는 방식을 택했다. 이날따라 유난히 과격하고 폭력적이었던 경찰과 대조적인 모습이었다(서중석, 2011: 487~489, 532~533).

6월항쟁의 평화 시위는 정권의 폭력성을 더욱 부각시켰다. 6월항쟁 당시 전두환 정권의 국가폭력을 상징하는 것은 박종철을 죽게 만든 '고문'과 더불어 이한열을 쓰러트린 '최루탄'이었다. 6월항쟁 기간 동안 총 67만 발의 이상의 최루탄이 사용되었다. 그래서 전두환 정권은 '최루탄 정권'으로 불렸다. 최루탄이 없이는 유지될 수 없는 정권이라는 의미였다. 이러한 국가폭력의 폭압성 속에서 비폭력 시위 주장은 항쟁의 정당성을 강화시켜 더 많은 시민들이 참여하는 기회를 만들었다. 그러나 다른 한편으로 국가폭력의 폭압성 앞에서 무조건 비폭력을 주장하는 것이 시위의 열기를 식히는 결과를 가져오기도 했다. 이 때문에 6월항쟁 당시 비폭력과 평화에 대한 과도한 호소가 국가의 실체를 중립적 조정자로 희화화했으며, 결국 국본을 비롯한 운동 지도부는 평화적 시민 항쟁이라는 명분 아래, 밑으로부터 떨쳐 일어나고 있던 대중의 의식을 가두려 했던 87년 항쟁의 '숨겨진 배신자'라는 신랄한 평가가 나오기도 했다(김원, 2009: 171).

3·1운동 역시 비폭력 구호에도 불구하고 일제의 무자비한 탄압에 대항하는 과정에서 격렬하고 폭력적인 시위가 곳곳에서 전개되었다. 조선총독부에서 육군성에 보고한 자료에 따르면 1919년 "4월 상순에 이르러 (시위가) 창궐을 극해 군청, 면사무소, 경찰관서, 헌병주재소의 습격, 민가와 면사무소의 파괴 방화, 교량의 파괴 소각 등 온갖 폭행을 감행"하였으며, 그 결과 "거의 내란과 같은 상태가 조성되어 있었다"고 한다. 만세시위가 절정에 이르는 3월 하순에서 4월 초순에는 폭력을 수반한 항일투쟁이 절반을 차지하였다. 만세시위에서 강력한 항일투쟁을 주도한 것은 농민이었다(배성준, 2009: 297~298).

3·1운동 당시 시위대의 파괴적 폭력은 주로 주재소, 면사무소, 우편소 같은 식민통치기구와 면장, 순사 같은 식민통치의 대행자에게로 향했다. 주재소와 면사무소는 식민통치의 말단집행기관으로 농민의 원망과 불만이 집중되는 곳이었다. 반면 일본인 소학교나 일본인 가옥이 파괴되었을 뿐 지주에 대한 공격은 행해지지 않았다. 이처럼 파괴적 폭력이 식민통치기구에 집중되었다는 점은 일제의 식민통치에 대한 부정으로서 만세시위가 갖는 의미를 분명하게 보여준다(배성준, 2009: 304~305). 이는 1987년 6월항쟁 당시 시위대가 비폭력의 구호를 넘어 정당방위의 수단으로 보도블록을 깨고 화염병을 만들어 파출소와 민정당사 지구당, 지방 KBS와 MBC 건물을 습격하고 경찰차와 시위 진압에

동원된 소방차를 불태운 것과 일맥상통한다(박준성, 2016: 187). 민주화 운동 과정에서 시위대가 폭력을 행사할 경우 그 제1목표는 언제나 권력의 파수꾼 혹은 하수인 역할을 하는 기관들이었다.

그러나 3·1운동이 비합법적 수단을 동원하여 권력을 탈취하고 독립 국가를 건설하려고 했던 조직적이고 혁명적인 무장투쟁은 아니었다. 지방에서 일어난 3·1운동은 다양한 자원들을 활용하여 대중동원에 성공한 일종의 대중적 사회운동이었다. 따라서 그 저항 역시 대부분 만세를 부르고 행진을 하거나 철시를 하는 방식으로 이루어졌다(허영란, 2009: 318~319). 오히려 많은 사람들이 만세시위를, "이미 독립이 이루어졌다" 또는 "독립이 곧 이루어질 것이다"라는 인식 속에서 마치 '축제'처럼 전개하였다. 그래서 3·1운동 당시 평화적 시위로 일관했던 것이 65% 정도였다. 심지어 지역에 따라서는 일제 당국이 만세 고창 수준의 시위를 용인하는 경우도 있었다(조경달, 2009: 243~246). 전반적으로 도시의 만세시위는 평화적으로 이루어졌다. 시위대 중 일부가 전차 발전소에 돌을 던지거나 헌병주재소를 공격하기도 했지만, 도시에서 폭력 투쟁이 계획적으로 발생하는 경우는 드물었다(김정인, 2009: 153~155). 반면 농촌 시위는 보다 폭력적인 양상을 띠었다. 이는 보통 일제의 무자비한 폭력진압에 대한 자구책이었지만, 처음부터 폭력 시위를 계획한 경우도 있었다(김정인, 2009: 155~157). 이는 통문, 격문, 전신(傳信), 봉화, 산호 같이 농민봉기에서 사용되던 전통적인 수단이, 여전히 농촌에서 3·1운동 전파와 결집의 수단으로 주요하게 활용된 것과 연관이 있어 보인다(배성준, 2009: 309). 3·1운동 당시 농촌에서 벌어진 만세시위에는 과거 민란, 농민봉기의 전통이 남아 있었던 것이다.

4월혁명에서는 '낮 시위'와 구별되는 '밤 시위'에 주목할 필요가 있다. 낮 시위와 밤 시위의 구별은 1960년 3월 15일 1차 마산항쟁 때부터 분명하게 나타났다. 3월 15일 부정선거 당일 낮에는 주로 민주당원들과 학생들이 평화적으로 시위를 했다. 4월 11일 2차 마산항쟁의 낮 시위도 비교적 질서 있게 진행되었다. 시위대는 매우 격앙되어 있었지만 폭력적인 모습을 보이지는 않았다. 그런데 밤이 되면서 분위기가 달라졌다. 1차와 2차 할 것 없이 마산의 밤 시위는 매우 과격한 양상을 보였다. 시위대는 관공서, 그중에서도 파출소 같은 곳을 보이는 대로 때려 부쉈고 심지어 고의는 아니었다고 하나 불을 지른 경우도 있었다. 밤 시위에는 나이 어린 사람들이 많이 참여했다. 그중에는 교복 입은 학생들도 있었지만 학생이라고 보기 어려운 소년들도 많았다. 젊은 청년들도 역시 많았다. 이들은 무기가 될 만한 것들을 챙겨 나와 그것들을 이용해서 경찰과 싸웠다. 어떤 기록에는 시위대가 경찰의 총까지 탈취해서 싸우기도 했다고 한다. 이렇듯 낮 시위와 밤 시위는 분위기와 양상이 사뭇 달랐다. 그리고 훨씬 격렬했던 밤 시위가 4월혁명을 격화시키는 역할을 했다.

4월혁명의 하이라이트인 4월 19일 '피의 화요일'의 대규모 시위에서도 학생들의 질서 있는 시위와 구별되는 과격하고 폭력적인 행위가 곳곳에서 벌어졌다. 이날 시위대 중 격앙된 무리들은 정부기관이나 어용 신문사, 반공회관 등에 불을 질렀다. 낮에도 격렬한 시위가 벌어졌고 그 열기는 밤에 더 뜨거워졌다. 1980년 5·18 당시 광주처럼, 1960년 4월 19일 서울에서도 시위대가 파출소에서 무기를 꺼내 무장한 사례까지 있었다. 이들은 계엄령 선포 후 출동한 군과 대치했다. 다행히도 계엄군이 유혈 진압 대신 설득을 선택하면서 4월 20일 새벽 무장 시위대는 큰 충돌 없이 자진 해산할 수 있었다. 그러나 시위대 중 200명가량은 해산 후에도 주변 지역을 휘젓고 다니면서 공공기관이나 자동차 등을 때려 부셨다. 같은 날 대규모 시위가 벌어진 부산과 광주에서도 과격 시위 양상이 나타났다.

이승만이 국민들에 의해 대통령 자리에서 쫓겨난 4월 26일도 매우 혼란스럽고 어지러운 하루였다. 승리의 기쁨을 표현하는 과정에서 그동안 쌓였던 울분이 한꺼번에 쏟아져 나왔다. 흥분한 군중들은 동대문 경찰서 등을 습격했고, 이에 경찰들이 대응하는 과정에서 또다시 발포가 이루어져 많은 희생자가 발생했다. 서울뿐 아니라 대전이나 대구 등 여러 지역에서 폭동에 가까운 폭력 시위가 벌어졌다. 군중 가운데 일부는 차를 타고 다른 지역으로 집단 원정 시위를 떠나기도 했다. 4월 26일은 '승리의 화요일'이었지만 하루 내내 굉장히 격앙된 상황을 겪어야만 했다. 사람들은 그동안 자신들을 억누르고 여러 가지로 피해를 준 권력에 대한 분노를 강하게 표출했다. 그래서 이승만의 하야 성명이 나오자마자 권력과 관련한 기관이나 대상을 때려 부수고 불을 질렀던 것이다(오제연, 2017: 228~239). 이렇듯 한국 민주화운동에서 폭력과 비폭력의 문제는 항상 긴장관계를 갖고 배합되어 있었다. 폭력이 행사될 경우 그 대상은 언제나 권력과 관련한 기관이었다. 따라서 단순히 시위 양상이 폭력이냐 비폭력이냐를 따지기에 앞서, 그것이 억압적 권력에 맞서 전개된 한국 민주화운동에 얼마나 조응하였고 실제로 어떤 효과나 결과를 가져왔는지를 고려하여, 정당성 문제를 판단할 필요가 있다.

4. 주체

1) '최대 연합'으로의 결집

1987년 6월항쟁이 직선제 개헌을 이뤄낼 수 있었던 것은 무엇보다 민주주의를 요구하는 모든 세력이 공통의 요구조건을 내걸고 결집했고, 이를 바탕으로 시민들의 지지와 참여를 최대한 끌어냈기 때문이다(이영제, 2010: 148). 6월항쟁 당시 민주화에 대한 최소한의 요구를 내걸고 최대 다수가 연합하는 모습은 크게 두 가지 측면으로 구분해 살펴볼 수 있다. 먼저 민주화 세력의 결집이다. 민주화 세력으로는 야당, 재야, 학생운동권 등을 꼽을 수 있다. 이들 세력이 궁극적으로 지향하는 민주주의의 상은 조금씩 다른 면이 있었다. 학생운동권의 경우 내부에서도 NL과 CA 같은 정파에 따라 근본적인 입장 차이가 있었다.

1960년 4월혁명 이후 반독재 민주화운동에서 학생운동의 역할은 매우 컸다. 그래서 1960~1980년대를 '학생운동의 시대'라고 부르기도 한다. 1960년대 '6·3항쟁'과 '3선개헌반대투쟁'을 거친 후 1970년대부터는 협소화된 제도정치의 틀을 넘나들며 민주화운동을 수행하는 재야가 본격적으로 등장했다. 반면 야당은 독재 정권에 대한 타협적 태도로 인해 한국의 민주화운동에서 의미 있는 역할을 제대로 수행하지 못했다. 1980년대도 마찬가지였다. 학생운동은 광주의 비극을 기억하며 더욱 급진화하였고, 1984년 유화국면 이후 부활한 학생회 조직을 이용해 대중적인 저변을 확대하였다. 재야 역시 1985년 '민주통일민중운동연합(민통련)'을 결성하는 등 활발한 움직임을 보였다. 개신교, 가톨릭 등 종교계도 이전보다 더 조직적인 활동을 전개하였다. 그러나 야당은 1980년대 전반기까지 정부 여당의 '2중대' 수준에 머물러 있었다.

1985년 2월 12일 총선에서, 정치규제에서 막 풀려나온 과거 야당 세력들을 중심으로 급조된 '신한민주당'이 돌풍을 일으키면서 상황이 급변했다. 제1야당으로 급부상한 신한민주당은 김영삼, 김대중 양김의 실질적 영향력 속에 '직선제 개헌'을 전면에 내걸고 국회 안팎에서 적극적인 민주화운동을 전개했다. 전두환 정권은 신한민주당에 대한 강온 양면 전술을 통해 민주화 세력의 결집을 차단하고자 했다. 하지만 1987년 박종철 고문치사사건과 4·13호헌조치는 야당과 재야, 그리고 학생운동권 등 민주화 세력이 결집하는 결정적 계기를 마련했다.

우선 야당은 선명한 민주화 세력들을 중심으로 '통일민주당'으로 재편되어 보다 강력한 직선제 개헌 투쟁에 나섰다. 그 다음 야당과 재야는 1987년 5월 27일 '민주헌법쟁취 국민운동본부(국본)'를 탄생시켰다. 국본이 출현함에 따라 이미 만들어진 충북, 부산, 전북, 전남, 대구·경북 등의 도 단위 연합체가 명칭을 재조정했다. 그리고 이후 국본 충남 본부, 국본 경남본부, 국본 강원본부가 만들어졌다. 경남 울산지부, 전북 익산지구 등 하부단위 지방지부가 결성된 곳도 있었다. 다른 지역은 대개 그 지역 실정에 맞게 연합체나 협의체 등을 구성해 6월항쟁에서 국본의 결정이나 지침을 따랐다. 학생운동세력은 공식적으로는 국본에 참여하지 않았다. 그러나 지역에 따라서는 국본의 지역조직에 학생회연합조직이 가입하는 경우도 있었고, 가입하지 않았더라도 양자가 긴밀하게 협조하는 모습을 보였다(서중석, 2011: 262~263).

국본이 제시한 '호헌철폐 독재타도' '직선제 개헌' 슬로건은 모든 민주화운동세력이 6월항쟁에 한목소리로 동참할 수 있게 만든 중요한 매개체였다. '호헌철폐 독재타도', '직선제 개헌'은 각기 다른 의견을 가진 주체들이 모두 동의할 수 있는 교집합, 즉 '최소 강령'이었다. 특히 1986년 일련의 선도적 투쟁으로 대중과 멀어졌던 학생운동권이 1987년 '서울지역대학생대표자협의회(서대협)'를 중심으로 소위 '대중노선'으로 입장을 선회한 것이 최소 강령을 통한 '최대 민주화 연합' 결집에 큰 영향을 주었다. 1987년 당시 학생운동의 주류였던 NL계열은 학회와 합법적 학술·문화제를 활성화하고, 초보적인 문화선동대를 조직하였으며, 학생회 출범식을 투쟁 선포식이 아닌 대동제와 축제 형식으로 조직하였다. 국본 역시 이러한 민주화운동의 상황을 고려해 요구 수준과 투쟁 방식을 크게 하향 조정했다(김원, 2009: 160). 6월항쟁이 일정한 성과를 거둘 수 있었던 원동력은, 항쟁 참여자들이 공유한 공통의 목표와 이를 이루기 위해 최대 민주화 연합으로 결집한 참여자들의 통합성에 있었다(정해구·김혜진·정상호, 2004: 18).

민주화 세력의 결집과 함께 주목해야 하는 것이 6월항쟁에 광범한 중산층이 동참하고 또 지지를 보냈다는 사실이다. 중산층이 처음부터 항쟁에 결합한 것은 아니었다. 6월항쟁에서 '중산층'은 조직화되지 않은 주권자로서 '국민들'이었고, 운동세력과 대비되는 '개인들' 또는 '시민들'이었다. 이들은 처음에는 학생운동권, 재야, 야당의 소극적 지지자였으나 점차 적극적 지지자로, 그리고 참여자로 변해갔다(이영제, 2010: 148~151). 중산층의 광범위한 참여와 지지가 가능했던 것 역시 '호헌철폐 독재타도', '직선제 개헌'이라는 슬로건이 갖는 공감대와 통합성에 기인했다.

외적으로 국제적인 냉전과 남북분단이 상존하고, 내적으로 강력한 억압력을 가진 반공국가가 존재하는 상황에서 급진적이고 폭력적인 방식의 민주화운동은 오히려 운동의 고립과 파괴를 가져올 가능성이 컸다. 따라서 6월항쟁 당시 한국의 민주화 세력은 점진적이고 평화적인 방식으로 자신들의 정당성을 드러내고자 했다. 한국 민주화운동이 소수 엘리트에 의한 권력 장악이라는 혁명적 방식이 아니라, 다수 대중의 동참하에 권력의 부당성을 비판하고 이에 항의하는 대중운동 방식을 추구했던 것은 바로 이 때문이었다(정해구, 2010: 37~38). 직선제 개헌 쟁취라는 6월항쟁의 성과는 이러한 노선이 당시 정세에서 큰 효과를 발휘했음을 증명한다.

1919년 3·1운동 때는 투쟁을 주도할 연합적 조직 틀이 존재하지 않았다. 물론 흔히 '민족대표 33인'이라고 불리는 인물들이 있었다. 주로 개신교와 천도교 등 종교계 기반을 가지고 식민지 조선 사회에서 사회지도층으로 명망이 있던 이들 '민족대표'는, 그러나 3·1운동의 준비만을 책임지고 운동의 시작과 동시에 일선에서 탈락했다. 오히려 그들은 조선의 민중들을 '어리석고 천박하다' 여기며 민중들에 의해 시위가 격화될 것을 우려했다. 따라서 소위 민족대표들이 3·1운동을 주도했다고 볼 수는 없다. 단, 한 가지 주목할 점은 앞서 언급한 것처럼 3월 1일의 첫 시위가 개신교와 천도교의 기반이 강했던 한반도 북부지방에서 시작되었다는 사실이다. 이는 각 종교별 조직망을 이용해 만세시위가 준비되고 실행되었음을 보여주는 것이다.

민족대표들이 3·1운동의 시작부터 탈락했을 때, 그들을 대신한 것은 근대 학문과 지식의 세례를 받은 지식인과 청년 학생들이었다. 도시 지역에 거주하거나 서울로 유학 왔던 지식인과 청년 학생들은 각종 선언서와 유인물, 그리고 시위 경험을 전국적으로 전파하는 데 기여했다. 이들이 참여하는 각지의 시위 주도 조직은 대개 비밀결사의 형태를 띠었다. 비밀결사는 주로 혈연, 지연, 학연, 종교 등 종래의 교분을 활용하여 결성되었다. 시위가 일상화되면서 도시락을 싸들고 원거리 시위에 참가하는 '만세꾼'이라는 전문 시위 참여자들이 새롭게 등장하기도 했다. 그밖에 식민지 치하에서 권력으로부터 소외와 박탈감에 시달리던 유림들이 지역 유지로서 3·1운동에 참여하여 상당한 영향력을 행사했다. 심지어 식민 권력 최말단에 있던 이장(구장)이나 지방관리까지 시위에 참여하는 경우도 있었다. 훈장이 시위를 주동하기도 했다. 누구든 조직하고 참여하는 대중적 자발성, 그것이 3·1운동의 전국화, 일상화를 가능케 한 힘이었다(김정인, 2009: 158~163).

3·1운동에 이렇게 많은 사람들이 결집할 수 있었던 데에는 '만세', '대한(조선)독립 만세'의 슬로건이 큰 역할을 했다. 1987년 6월항쟁 당시 '호헌철폐 독재타도', '직선제 개헌' 슬로건이 최소 강령으로서 사람들을 최대한 결집시킬 수 있었다면, 1919년 3·1운동의 '만세', '대한(조선)독립 만세'의 슬로건은 그것이 갖는 다의성 때문에 사람들을 결집시킬 수 있었다. 3·1운동에 참여한 모든 사람들이 한목소리로 '만세', '대한(조선)독립 만세'를 외쳤지만, 그 실제 의미는 제각각이었다. 어떤 이는 이미 독립이 된 줄 알고 만세를 외쳤고, 어떤 이는 독립만 외치면 곧

그렇게 되리라고 확신하고 만세를 외쳤다. '독립'의 의미도 서로 달랐다. 어떤 이는 1910년 이전에 존재했던 '대한제국'의 복귀를 생각하며 독립을 외쳤고, 어떤 이는 제국이나 왕국이 아닌 공화정과 같은 새로운 정치체제를 꿈꾸며 독립을 외쳤다. 심지어 나라의 독립과 상관없이 현재 자신이 처한 어려움이 해결되리라는 유토피아적 희망과 욕구 속에서 독립을 외친 사람도 있었다. 그러나 당시만 해도 낯설기조차 했던 '만세'라는 단순한 구호를 외치면서 사람들은 3·1운동에 급속히 결집할 수 있었다. 서먹해 하던 이들에게도 '만세'란 몇 번 부르면 입에 붙는 구호였다. 감염의 효과는 신속하고도 광범위했다. 사람들은 때와 장소를 가리지 않고 만세를 불렀다(권보드래, 2015: 205~207).

1960년 4월혁명의 경우 '국본'이나 '서대협' 같은 연합조직은 존재하지 않았지만, 각 학교별로 '학도호국단'이 존재했다. 이 학도호국단은 명백히 관제 조직이었지만, 막상 4월혁명 때에는 많은 학생들이 학교별 학도호국단을 중심으로 결집하는 양상을 보였다. 그런데 한 가지 흥미로운 점은 학도호국단이 대통령을 정점으로 한 하향식 조직이다 보니, 1950년대 내내 지속된 관제 데모 과정에서 각 학교 학도호국단 간부들 사이에 일정한 네트워크가 이미 형성되어 있었다는 사실이다. 일례로 4월혁명의 효시라 할 수 있는 2·28대구학생시위 당시 시위 전날 경북고, 대구고, 경북사대부고의 학도호국단 간부 10명이 회합을 갖고, 일요일 등교에 항의하는 시위를 벌이기로 결의한 바 있었다. 3월 14일 밤에 서울에서 전개된 고등학생 시위도 서울 시내 야간고등학교의 학도호국단 간부들이 주도한 것이었다. 4월 19일 대규모 시위 때도 대학생들 사이에서 인적 네트워크를 이용한 대학 간 사전 협의가 비공식적으로 있었다고 한다.

4월혁명의 슬로건은 3·1운동이나 6월항쟁과 같이 단일하지 않았다. 3·15부정선거 직전 고등학생들이 벌인 시위에서는 주로 '학원의 자유'

가 요구되었다. 3·15부정선거 직후 1, 2차 마산항쟁 때는 '부정선거 다시 하라'와 '책임자 처벌'이 주로 외쳐졌다. 4월 19일 대규모 시위 때도 시위대는 앞서 언급한 구호들을 주로 외쳤지만, 동시에 '이승만 하야' 구호도 점차 커지기 시작했다. 그리고 '피의 화요일'을 경험한 후 4월 25일을 전후로 마산과 서울에서 '이승만 하야' 구호가 전면에 등장했다. 4월 26일 '승리의 화요일'에는 한목소리로 '이승만 하야'를 외쳤다. 이렇듯 4월혁명의 슬로건은 사태의 급박한 진전 상황에 맞추어 그 수위가 높아져가는 특징을 보였다. 이는 4월혁명이 애초 급진적 요구를 갖고 시작된 것이 아니라는 사실과 더불어, 혁명적으로 급변하는 정세 속에서 사태 진전에 조응하는 슬로건의 변화가 사람들을 최대로 끌어모을 수 있었다는 사실을 함께 보여준다.

2) 결집된 주체(시민/민족)의 균열

1987년 6월항쟁은 흔히 '시민항쟁'으로 평가받는다. 즉 6월항쟁은 1987년 이후 시민운동의 주체가 되는 근대적인 '시민'들의 탄생 과정이었으며 실질적 '시민사회'의 탄생 과정이었다는 것이다. 6월항쟁을 거쳐 탄생한 시민/시민사회는 민주주의와 인권의 기반 아래 직선제 개헌이라는 공동의 목표를 가지고 계급을 초월하여 결집한 계급 연합의 성격을 가졌다. 물론 한국 사회에서 근대적 의미의 시민이 언제 탄생했는가는 논쟁적인 문제다. 6월항쟁의 훨씬 이전인 19세기 말 근대 이행기에 이미 시민의 맹아가 발생했다는 주장이 있고, 4월혁명을 통해 시민이 탄생했다는 주장도 있다(서진영, 2016: 13~18). 하지만 시민의 탄생 시점보다 더 문제가 되는 것이 있다. 6월항쟁을 시민항쟁으로 규정하기에는, 그 속에 단순히 시민항쟁으로만 환원할 수 없는 급진운동으로서의 성격이 동시에 나타났다는 사실이다(조희연, 2002: 88~89).

이는 6월항쟁 참여자들을 '시민'과 같이 계급을 초월하여 결집한 단일한 주체로 규정하는 통념에 대한 비판을 가능케 한다. 1987년 민주화 과정의 주체로는 한편으로 학생, 종교계, 재야, 야당 그리고 '넥타이 부대'라고 불린 중산층이 있었고, 다른 한편으로 1960년대 이후 시민사회 내 구성원으로서의 기본 권리조차 박탈당했던 민중 그리고 노동자 계급이 존재했다. 6·29선언으로 직선제 개헌 약속을 받아낸 뒤 이 투쟁을 이끌었던 일단의 시민들은 일상으로 복귀했다. 반면 그동안 병영적 노동 통제와 비인간적 차별에 시달리던 노동자들은 1987년 7·8·9월 동안 거리와 작업장에서 자신들의 권리를 외치기 시작했다. 그런 의미에서 1987년 6월항쟁과 '노동자대투쟁'이라고 불리는 두 사건은 연속적이지 않았다. 6월항쟁에서도 노동 기본권과 민중 생존권 관련 요구가 거리에서 함께 외쳐졌지만, 그 목소리는 호헌 철폐와 직선제 개헌이라는 더 큰 목소리에 묻혀버리고 말았다. 한마디로 '시민'이라고 불리는 주체는 실제로는 통합적인 주체도, 용어도 아니었던 것이다(김원, 2009: 150~151).

6월항쟁에서 발견되는 결집된 주체의 균열은 3·1운동이나 4월혁명에서도 모두 발견되는 현상이다. 3·1운동에 대한 성격 규정에서도 두 가지 견해가 맞서고 있다. 일반적으로 3·1운동은 신분제 잔재의 한계를 뛰어 넘는 거족적인 항일투쟁으로서 근대 한국 민족 형성의 결정적인 계기로 평가받는다. 3·1운동에 수많은 한국인들이 결집한 것은 분명한 사실이다. 그러나 3·1운동에서 민족(주의)의 형성을 보는 견해는 만세시위의 구체적인 상황을 간과하기 쉽다. 만세시위에 참가한 농민은 대부분 공동체적 연대에 머물렀으며 일부가 지역적 연대로 나아갔을 뿐이다. 참가자 모두 '독립 만세'를 외쳤지만 그 의미는 다층적인 것이었다. 식민통치기구가 공격의 주된 대상이었지만 이는 식민통치가 공동체의 삶을 직접 위협했기 때문이었다. 3·1운동 당시 농민 주체의 형성은 농촌공동체를 기반으로 식민통치자를 배제하는 과정에서 이루어졌다. 이렇게 본다면 만세시위에서 농민 주체의 형성이란 파편화된 민중 주체의 형성이지 민족 주체의 형성은 아니었다고 할 수 있다(배성준, 2009: 312~313).

4월혁명의 경우 그동안 학생들이 주도한 혁명으로 인식되었다. 4월혁명의 주인공은 명백히 학생, 그중에서도 대학생이었다. 그러나 대학생들이 본격적으로 혁명의 주체로 등장한 것은 4월혁명이 클라이맥스로 향해 달려가는 4월 18일이 되어서였다. 그동안 시위는 주로 고등학생들이 주도했다. 결정적으로 4월혁명은 학생들의 힘으로만 이루어진 것이 아니었다. 이승만 정권에 큰 타격을 가한 격렬한 시위들은 대부분 학생이 아닌 구두닦이, 날품팔이, 신문배달부 등 도시 하층민에 의해 일어났다. 단지 그들은 자신의 행위를 '언어'로 남길 수 없어 역사 속에서 제대로 기억되지 못했을 뿐이다.

3·1운동, 4월혁명, 6월항쟁에서 발견되는 '결집된 주체의 균열' 문제를 어떻게 이해해야 할까? 일단 성찰적으로 바라볼 필요가 있다. 그동안 한국 민주화운동은 '지배 대 저항' 혹은 '민주 대 반민주'라는 이분법에 의해 강하게 규정되었다. 항쟁 당시는 물론, 사후적 평가에서도 마찬가지다. 이러한 이분법은 투쟁의 대상과 목표를 명확히 하며 역량을 집중시키는 효과가 있었다. 따라서 이러한 이분법의 당위 문제를 떠나 '억압적·반민주적 권력에 대한 저항·민주화 투쟁'이라는 구도는 엄연한 역사적 실체와 성과를 가지고 있다. 그러나 '지배와 저항', '민주 대 반민주'의 이분법으로 저항 주체의 결집을 강조하는 과정에서 그 속에 역시 실재하고 있었던 여러 균열지점들을 간과했던 것도 사실이다.

6월항쟁을 시민항쟁으로만 볼 경우, 호헌 철폐나 직선제 개헌 뒤에 가려진 다양한 주체들의 목소리를 듣지 못할 위험이 있다. 또한 6·29선언 이후 중산층의 항쟁 이탈 및 무관심은 6월항쟁이 정치적/형식적 민주주의를 넘어 사회경제적/실질적 민주주의의 진전으로까지 나아가지 못하는 결과를 가져왔다. 3·1운동의 경우 민족적 결집이 곧바로 흔들리며 타협적 세력들은 1920년대 자치운동과 같은 민족개량주의로 빠져 민족 역량을 분열시킨 반면, 3·1운동으로 각성된 민중의 진출은 새로운 사회주의 사조와 결합하여 본격적인 계급운동으로 발전했다. 4월혁명에서는 이승만 대통령 하야 직후 대학생 등 엘리트들이 도시 하층민의 격렬한 저항을 '혼란'으로 규정·비판하며 소위 '수습활동'에 앞장섰다. 이는 구체제를 유지하면서 '비혁명적 방법으로 혁명의 목표를 달성'하려 한 보수 세력에게 힘을 실어줬다. 여전히 자유당이 다수인 국회에서 개헌하여 결국 민주당이 집권하게 된 일련의 과정은 환언하면 4월혁명의 실질적 후퇴 과정에 다름 아니었다. 이러한 민주화운동의 균열지점들은 3·1운동, 4월혁명, 6월항쟁 당시 '최대 연합'으로의 주체 결집이 갖는 역사적 한계와 더불어, '지배 대 저항', '민주 대 반민주'의 이분법이 갖는 인식론적 문제점을 함께 보여준다.

5. 맺음말

한국 민주화운동의 지속적 발전을 위해서는 지난 역사에 대한 냉철한 성찰이 필요하다. 그러나 그 성찰이 3·1운동, 4월혁명, 6월항쟁을 청산적이거나 허무주의적으로 평가하는 근거가 되어서는 곤란할 것이다. 3·1운동 때 많은 한국인들은 거리/광장에 나와 함께 '대한(조선)독립 만세'를 외쳤다. 그 구체적 의미가 모호하고 다양한 측면이 있으나 이는 식민통치에 대한 분노를 함께 표출하는 행위였다. 이러한 공통의 경험 속에서 사람들은 같은 민족으로서의 일체감, 동질감을 확인했다. 만세를 외치는 시위행렬 가운데서 민중은 민족공동체의 구성원으로 스스로를 동일시할 수 있었던 것이다. 민족이라는 집단적 주체와의 동일시 경험은 민중의 가슴과 뇌리에 깊은 흔적을 남겼다. 1920년대에 보이는 전국 각 지역사회의 활성과 에너지는 그러한 흔적에 의해서만 설명될 수 있다. 그런 의미에서 3·1운동은 민족 주체의 중심이라 할 수 있는 민중이 그 모습을 역사의 전면에 드러낸 사건이었다(허영란, 2009: 336~338). 일제강점기 민족과 민중이 일치하지는 않았지만 결코 별개의 것도 아니었다.

4월혁명이 이승만 정권을 끝내 무너트릴 수 있었던 것은 분명 학생들의 선도적이고 조직적인 참여가 우선적인 요인이었다. 그러나 학생의 힘만으로 혁명이 이루어진 것은 아니었다. 도시 하층민의 시위 결합과 이들이 자연발생적으로 전개한 급진적인 시위형태는 결국 시위대와 독재 정권 사이의 대립을 화해 불가능한 적대적 대립으로 만들었다. 학생, 지식인들의 설득력 있는 호소력이 결합된 조직된 시위와 이들이 만들어낸 시위공간에 무정형적으로 참여한 도시 하층민의 자발적이고 급진적인 시위는 서로 불과 기름의 관계처럼 작용하면서 시위를 혁명적 성격으로 발전시켰다(이승원, 2009: 201). 서로 다른 기반 위에 있던 학생과 도시 하층민이 실제 4월혁명의 과정에서는 상호 보완적인 모습을 보였던 것이다.

1987년 6월항쟁도 이와 같은 3·1운동과 4월혁명의 맥락 속에서 이해할 필요가 있다. 6월항쟁에서 시민과 민중이 명확히 구분되었다고 보기 힘들다. 설사 양자가 구분된다 하더라도 6월항쟁의 광장과 거리에서 이들은 함께 싸웠다. 당시에는 일부 급진적이고 선진적인 운동 지도층을 제외한 대다수 일반 대중들이 '호헌 철폐 독재 타도', '직선제 개헌'을 원하고 있었다. 그래서 6·29선언으로 직선제 개헌이 약속되었을 때 모두가 그것을 승리로 인식하였던 것이다. 최소한 6월항쟁의 국면에서 시민과 민중의 지나친 구분은 역사적 사실에 부합하지 않는다. 물론 중산층 시민과 노동자 민중은 그 기반과 환경, 요구하는 바가 달랐다. 이는 6월항쟁 직후 이어진 7·8·9월 노동자대투쟁 당시 여실하게 드러났다. 그러나 노동자대투쟁은 6월항쟁의 결과 새롭게 창출된 민주화 공간 속에서 벌어진 별개의 예기치 않은 사건이었다(정해구·김혜진·정상호, 2004: 119~121, 199~200). 따라서 노동자대투쟁과 관련한 시민과 민중의 균열상이 6월항쟁에서 나타난 주체의 결집 그 자체를 부정하는 근거가 될 수는 없다. 단지 6월항쟁 당시 '최대 민주화 연합'으로의 주체 결집이 갖는 일시적 특성과 근본적 한계를 보여줄 뿐이다. 한국의 시민사회는 처음부터 민중영역과 이러한 긴장관계 및 균열지점을 갖고, 또 이를 극복하며 나아가고 있다.

중요한 것은 1987년 6월항쟁의 경험과 기억이다. 현행 헌법 전문에 명시되어 있듯이, 3·1운동과 4월혁명은 숱한 균열지점과 한계에도 불구하고 사건 이후 지속된 수많은 사람들의 헌신과 노력 속에서 민주화의 소중한 역사적 경험과 기억으로 자리매김했다. 6월항쟁의 경험과 기억 역시 정치적/형식적 민주주의를 넘어 사회경제적/실질적 민주주의를 이뤄내는 방향으로 끊임없이 재구성되어야 한다. 다양한 주체들이 결집해 한목소리로 '탄핵'을 외쳤지만 사실은 그 속에 각기 다른 생각, 욕구, 이해(利害)가 잠재되어 있는 오늘날 촛불항쟁의 한 가운데서, 우리가 다시 1919년 3·1운동과 1960년 4월혁명 그리고 1987년 6월항쟁을 비교 검토하는 의의는 바로 여기에 있을 것이다.

참고문헌

권보드래. 2015. 「'만세'의 유토피아―3·1운동에 있어서 복국(復國)과 신세계」. ≪한국학연구≫, 제38집.

김상태 편역. 2001. 『윤치호 일기 1916~1943: 한 지식인의 내면세계를 통해 본 식민지 시기』. 역사비평사.

김원. 2009. 『87년 6월항쟁』. 책세상.

김정인. 2009. 「기억의 탄생: 민중 시위 문화의 근대적 기원」. ≪역사와 현실≫, 제74호.

박준성. 2016. 「1987년 6월항쟁은 무엇이었나?」. ≪내일을 여는 역사≫, 제63호.

배성준. 2009. 「3·1운동의 농민봉기적 양상」. 박헌호·류준필 엮음. 『1919년 3월 1일에 묻다』. 성균관대학교 출판부.

서중석. 2011. 『6월항쟁』. 돌베개

서진영. 2016. 「한국 정치에서 시민의 기원: 4·19 혁명을 중심으로」. 서울대학교 정치외교학부 석사학위논문.

성혜령. 1990. 「제5공화국의 교육통제와 교육기구의 역할」. 이종태 엮음. 『분단시대의 학교교육』 2. 푸른나무.

오제연. 2014. 「1960~1971년 대학 학생운동 연구」. 서울대학교 국사학과 박사학위논문.

_____. 2017. 「민주화의 숨은 주역을 찾아서」. 박태균 외. 『쟁점 한국사―현대편』. 창비.

우마코시 도루(馬越 徹). 2001. 『한국 근대대학의 성립과 전개―대학 모델의 전파 연구』. 한용진 옮김. 교육과학사.

이동윤·박준식. 2008. 「민주화과정에서 저항폭력의 정당성―5·18 광주 시민군의 무장투쟁을 중심으로」. ≪민주주의와 인권≫, 제8권 1호.

이승원. 2009. 「'하위주체'와 4월혁명: '하위주체'의 참여형태를 통해 본 민주화에 대한 반성」. ≪기억과 전망≫, 제20호.

이영제. 2010. 「6월항쟁과 민주주의 이행」. 한국정치연구회 엮음. 『다시 보는 한국 민주화운동: 기원, 과정, 그리고 제도』. 선인.

이정은. 2015. 「3·1운동 연구 100년―인식 재확대를 위하여」. ≪유관순 연구≫, 제20호.

이준식. 2010. 「민족해방운동의 유산과 민주화운동」. 안병욱 엮음. 『한국 민주화운동의 성격과 논리』. 선인.

전명혁. 2001. 「식민지 시대 민족해방운동의 근대적 성격과 민주주의」. 조희연 엮음. 『한국 민주주의와 사회운동의 동학』. 나눔의 집.

정해구. 2010. 「한국민주주의의 전개와 그 특징」. 한국정치연구회 엮음. 『다시 보는 한국 민주화운동』. 선인.

정해구·김혜진·정상호. 2004. 『6월항쟁과 한국의 민주주의』. 민주화운동기념사업회.

조경달. 2009. 『민중과 유토피아』. 허영란 옮김. 역사비평사.

조희연. 2002. 「87년 6월 민주항쟁과 시민운동」. ≪기억과 전망≫, 제1호.

최종철. 1989. 「교육제도의 개편과 국가의 사회통제-7.30교육개혁조치를 중심으로」. 『분단시대의 학교교육』. 푸른나무.

허영란. 2009. 「3·1운동의 지역성과 집단적 주체의 형성: 경기도 안성의 사례를 중심으로」. 박헌호·류준필 엮음. 『1919년 3월 1일에 묻다』. 성균관대학교 출판부.

12장

6월항쟁 연구의 흐름과 재해석
시각과 지평의 조정

정근식 | 서울대학교 사회학과

1. 문제의 제기

2017년은 6월항쟁이 일어난 지 30년이 되는 해이다. 30년이라는 시간은 6월항쟁에 직접 참여하여 '민주화'를 한 목소리로 외쳤던 사람들의 정치적 입장을 분화시키고, 기억의 선명도를 다르게 했을 뿐만 아니라 6월항쟁을 직접 경험하지 못한 젊은 세대들에게 자신들의 경험을 전달해야 할 과제를 부여하였다. 한국 사회에서 세대 간 역사의식과 정치의식의 차이가 6월항쟁 20주년이었던 2007년 대통령 선거부터 두드러지기 시작하여, 30주년에 이르러서는 '촛불혁명'과 '태극기 시위'로 대비되어 나타났다. 하지만 다른 한편으로는 6월항쟁을 경험했던 장년 세대와 젊은 청년 세대들이 함께 제2의 6월항쟁을 상상하면서 촛불혁명을 성공적으로 수행하였다.

6월항쟁이라는 명칭은 시간적으로는 1987년 6월에 민주적 헌법 개정을 둘러싸고 진행된 국가권력에 대한 집합적 저항이라고 정의할 수 있다. 좀 더 정확하게 말하면, 6월항쟁은 대통령 직선제의 부활을 요구하는 6월 10일부터 6월 26일까지 일련의 연속적 대규모 시위를 지칭하는데, 이 좁은 정의는 국가권력의 타협적 수용으로서의 6·29선언을 외부에 위치시킨다. 6월항쟁과 6·29선언을 함께 지칭하는 용어가 분명하지 않고, 자연스럽게 그해 7~8월에 진행된 노동자들의 투쟁과도 구별된다. 6월항쟁이라는 명칭에는 특정 공간적 규정이 포함되어 있지 않은데, 이를 적극적으로 해석하면, 전국적 저항임을 함축하고 있다고 할 수 있다.

6월항쟁의 직접적이고 명시적인 목표는 대통령 직선제를 핵심으로 하는 헌법 개정이었고, 주체는 대학생과 넥타이부대로 표현되는 '시민'으로 규정되거나, 당시 새롭게 출현한 여러 민주화운동단체들의 연합으로서의 국민운동본부로 상정되어 왔다. 시민들의 항쟁은 노태우 당시 민정당 대통령 후보의 6·29선언을 이끌어냄으로써, 국민들의 직접 선거에 의한 대통령 선출 제도를 부활시킨 역사적 사건으로 간주되었다. 이 사건은 6월시민항쟁 또는 6월민주항쟁으로 불리고 있지만, 6월혁명으로까지 불리지는 않는다. 당시의 헌법 개정과 대통령 직접 선거가 민주정부의 수립으로 이어지지 않았기 때문이다.

6월항쟁 연구에서도 30년이라는 시간은 시각과 지평의 변화를 가져왔다. 6월항쟁에 대한 연구는 한국 민주주의의 역사에서 중요한 비중을 차지하는 4월혁명이나 5·18 광주항쟁처럼, 주기성을 보이면서 진행되었다. 6월항쟁 10주년이었던 1997년과 20주년이었던 2007년에 6월항쟁에 관한 기초 사료수집과 연구가 크게 진전되었다. 이런 '학문적 의례성'을 보완하는 일상적 연구는 주로 6월항쟁의 산물로 2001년에 출범한 민주화운동기념사업회에 의해 진행되었다. 이런 가운데 1980년대의 변혁론적 패러다임은 약화되고 더욱 복합적이고 다층적인 분석이 필요하다는 견해가 중심으로 자리 잡았다. 이제 6월항쟁 연구는 새롭게 밝혀진 사실들에 기초하여, 국내적 맥락뿐 아니라 국제적 맥락을 고려하면서 접근하지 않을 수 없게 되었으며, 좀 더 이론적인 설명이 요구되고 있다.

이 글은 지금까지의 6월항쟁에 관한 연구들을 사건사적 연구와 민주주의 이행론이라는 국면사적 연구, 그리고 87년체제론이라는 구조사적 연구로 구분하여 각각의 성과를 살펴보고, 이들의 공통적 기반인 일국적인 지평을 넘어서서 좀 더 넓은 세계사적 또는 동아시아 지역사적 지평에서 6월항쟁을 바라본다면 어떤 해석이 가능할 것인가를 논의해보려는 것이다. 6월항쟁 연구의 시공간적 맥락의 조정은 30년이라는 시간적 경과에 따른 것이기도 하지만, 한국의 민주화운동을 동아시아 냉전 분단체제론과 연관 지어 설명하려는 문제의식의 산물이기도 하다.

2. 6월항쟁 연구의 성과들

1) 사건사적 접근

6월항쟁이라는 사건은 1987년 6월에 발생한 일련의 연속적 시위, 또는 짧은 국면을 지칭한다. 지금까지 이루어진 6월항쟁에 관한 연구를 분석해보면, 6월항쟁의 배경과 과정 그리고 그 결과에 대한 분석으로 구분되는데, 각각의 연구마다 6월항쟁의 시공간적 범위가 다르다. 역사적 사실 규명에 치중하는 사건사적 연구라 하더라도 1987년 6월만을 다룬 연구는 거의 없고, 적어도 4·13 '호헌조치'로부터 시작하거나 좀 더 시간적 범위를 넓혀 1987년 1월에 발생한 박종철 사건으로부터 시작하여 6·29선언까지 3~5개월간 지속된 기간을 다룬다.

6월항쟁에 관한 연구들은 1987년 당시의 항쟁이 어떤 요인들에 의해 축발되었고, 누가 참여했으며, 어떤 조직들에 의해 주도되었는가를 질문하는 것으로부터 시작되었다. 직선제 개헌을 위한 국민운동본부의 형성과 활동은 6월항쟁 연구의 중심축을 이루었다. 6월항쟁에 관한 최초의 종합적 기록은 기독교사회문제연구원이 펴낸 『6월 민주화 대투쟁』(1987)으로 정리되었다.

6월항쟁에 참여한 운동 주체들의 이 사건에 대한 인식은 권형택(1987)이나 박우섭(1987)의 글에 잘 나타나는데, 그것은 바로 '변혁운동'과 '연합전선' 개념이었다. 6월항쟁이 일어났던 1987년은 1980년 5·18이라는 역사적 대사건의 자장으로부터 완전히 벗어나지 못하여 국가권력에 대한 불신이 매우 컸으며, 한국의 민주주의에 대한 전망이 모호했을 뿐만 아니라 한국 사회를 급진적으로 개혁해야 한다고 생각하는 사람들이 많았다. 따라서 6월항쟁은 '민족민주운동'의 일환으로 간주되었고, 사회구성체논쟁으로 불리는 민중론 및 변혁론적 해석틀에서 바라보는 경향(신광영, 1989: 920~936; 박현채·조희연, 1989~1991)이 강했다. '민족민주운동론'은 항상, 유신체제에 대한 최대의 직접적 도전이었던 1979년 부마항쟁과 5·18 광주항쟁의 의미를 강조하고, 6월항쟁이 부마항쟁이나 5·18 항쟁과 연속선상에 있는 밑으로부터의 도전이었음을 강조했다.

6월항쟁이라는 대규모 시위는 이념적 스펙트럼이 매우 다양한 집단들이 합의할 수 있는 민주주의의 최소한, 즉 헌법 개정을 통한 대통령 직선제 쟁취를 목표로 했기 때문에 가능한 일이었는지 모른다. 그러나 6월항쟁과 6·29선언을 통해 시민들은 정치뿐 아니라 사회의 각종 영역에서의 민주화가 진전될 수 있다는 인식을 하기 시작했다. 1987년 말에 이루어진 대통령 선거에서 비록 민주정부를 구성하는 데는 실패했지만, 1988년 4월에 이루어진 총선거에서 야당들이 국회의 다수를 점하면서, 6월항쟁을 포함한 한국 민주화운동에 대한 해석도 달라지기 시작하였다. 변혁론적 시각이 약화되고, 시민들에 의한 민주항쟁으로서의 성격이 강조되기 시작하였다. 6월항쟁 이후 여기에 참여했던 사회지도자들이나 운동가들의 증언이 이루어지고, 이 사건의 전개 과정이나 역사적 의미에 관한 연구들이 여러 분야에서 축적되었다.

6월항쟁의 집합적 성격에서 비롯되는 것이기도 하지만, 6월항쟁 연구에서 나타나는 중요한 특징 중의 하나는 영웅주의적 해석이 거의 발전하지 않았다는 점이다. 항쟁의 과정에서 희생된 사람들에 대한 관심이 전혀 없는 것은 아니었지만(우상호, 1992), 5·18에 대한 영웅과 공동체를 강조하는 해석과는 거리가 있다.

정치학자들이나 사회학자들은 6월항쟁을 '민주화'와 사회운동론적 맥락에서 포착하기 시작하였다(임혁백, 1990; 성경륭, 1993). 사회운동론적 시각에서 6월항쟁에 대한 의미 있는 분석은 사회학자인 정철희(1996)에 의해 이루어졌다. 그는 6월항쟁을 6월 10일부터 27일까지 각 도시별 시위상황을 기독교사회문제연구원의 자료(1987)에 기초하여 정리한 후, 여기에 참여한 사람들을 미시동원, 여기에 참여한 운동조직들을 중위동원이라는 개념으로 포착하였다. 그는 특히 운동단체들 간의 연대와 구조적-문화적 통합이 6월항쟁을 성공적인 사회운동으로 이끌어간 원동력이라고 보았다.

6월항쟁에 관한 체계적인 자료 수집과 연구는 10주년이 되던 1997년, 2001년 민주화운동기념사업회와 2003년 6월민주항쟁계승사업회의 출범, 그리고 6월항쟁 20주년이 되던 2007년이 주요 계기로 작용하였다. 1997년 6월항쟁 10주년의 경우, 6월항쟁의 주체들은 '6월민주항쟁 10주년사업 범국민추진위원회'를 조직하고 학술단체협의회를 통하여 6월항쟁의 의미를 되새기는 심포지엄을 개최하도록 하여 그 결과를 『6월 민주항쟁과 한국사회 10년』이라는 책으로 발간하였다. 여기에서는 "6월민주항쟁의 배경, 6월민주항쟁의 과정, 성격, 주체, 그리고 6월항쟁 이후 10년, 그리고 6월항쟁의 계승과 민족민주운동의 과제 등 네 분야"로 나누어 살펴보았다. 아울러 범국민추진위원회는 『6월항쟁 10주년 기념 자료집』을 출판했다.

이와 유사한 학술적이고 심층적인 연구가 역사비평사에 의해 이루어졌다. 여기에서는 '특별기획'으로 4개의 연속 특집을 구성하여 ≪역사비평≫에 게재하였다. 그 첫째는 한국은 근대사에서 6월항쟁의 위상을 정립하기 위하여, 2월호에 갑오농민전쟁, 3·1운동, 4월혁명, 6월항쟁으로 이어지는 역사적 사건들을 비교분석(정진상, 1997)하였고, 이어 5월호에서는 6월항쟁을 이끌어간 활동가들의 회고로, 국민운동본부의 활동에 관한 황인성(1997)의 증언과 학생운동에 관한 이인영(1997)과 백태웅(1997)의 증언을 실었다. 이어 8월호에서는 6월항쟁이 가져온 사회적 변화의 하나로 통일운동과 대북의식의 변화(정해구, 1997)와 7~8월 노동자대투쟁과 한국 노동계급의 사회세력화(김동춘, 1997)에 주목했다.[1] 이 시기에 6월항쟁을 바라보는 또 하나의 시각으로, 세계적 맥락에서의 6월항쟁의 의미나 위상을 정립하기 위한 노력이 이루어졌다. 여기에는 필리핀(정영국, 1997)이나 이란(송동영, 1997), 브라질(오삼교, 1997), 남아프리카공화국(곽은경, 1997) 등의 사례들에 대한 검토가 포함되었다.

2002년 민주화운동기념사업회가 출범한 후, 스스로 인식한 과제는 한국민주화운동사를 정리하는 것이었고, 여기에는 6월항쟁 연구가 중요한 비중을 차지하였다. 그 결과 2004년에 6월항쟁에 관한 연구가 진전되었다(정해구·김혜진·정상호, 2004). 그러나 좀 더 체계적인 자료수집의 필요성이 강조되면서, 20주년 기념으로 6월민주항쟁계승사업회

---

[1] 이후 '87년 노동자대투쟁의 역사적 의의와 현재적 의미'에 관하여 노중기(2012: 178~209)의 논의를 볼 것.

와 민주화운동기념사업회가 공동으로 항쟁 참여자의 기록을 수집하였고, 이를 편집하여 『6월항쟁을 기록하다: 한국민주화대장정』1~4권을 출판했다.

사회운동론적 시각에서의 6월항쟁에 대한 분석도 이루어졌다. 박선웅(2007)은 6월항쟁에서 분출된 민주화의 열망, 집합흥분, 가치헌신 그리고 그것에 기초한 사회적 연대의 형성을 조명하였다. 그는 의례 기획단으로서 출범한 국민운동본부가 자유민주주의와 민중민주주의의 프레임을 정렬하고, 일반시민으로 하여금 민주/독재의 이항대립을 극명하게 인지하고 정서적으로 체험하며 도덕적으로 판단할 수 있도록 각본을 마련하였다는 점에 주목하였다. 그는 6월항쟁의 과정에서 운동 참여자들이 개헌 프레임에 내장된 민주적 가치를 집합적으로 수용하면서, 일상의 속된 세계와 구분되는 '거룩한' 세계로 진입하는 경험을 하면서 공동체적 연대가 형성되었다고 보았다.

또한 6월항쟁 20주년에 학술단체협의회는 민주화운동기념사업회의 지원으로, 『한국 민주주의의 현실과 도전: 6월항쟁 그 이후』를 편집하여 출판하였다. 이외에도 여러 잡지들에서 6월항쟁 20주년을 기념하는 글을 출판하였는데, 여기에는 민주화운동에 후속하는 통일의 문제를 주로 다루는 경우가 많았다. 예컨대 백낙청은 ≪황해문화≫(제55호)에 「6월항쟁 이후 20년, 어디까지 왔으며 어디로 갈 것인가」를, 이승환은 ≪창작과 비평≫(제35-3호)에 「6월항쟁 20년, 새로운 통일담론을 위하여」를 실었다.

민주화운동기념사업회는 2008~2010년에 『한국민주화운동사』3부작을 완성하여 출판하였는데, 여기에서 6월항쟁은 한국 민주주의의 역사에서 4월혁명, 5·18 광주항쟁과 함께 3대 사건으로 자리매김 되었다. 시간이 지나면서 6월항쟁에 관한 연구는 역사뿐 아니라 기억에 관한 연구로 확장되었다. 김원(2009)은 공장으로 간 대학생 여성, 대학생,

부산의 배달 노동자를 내세워, 6월항쟁을 하나의 역사가 아닌 여러 개의 기억이라는 점을 부각시켰다.

지금까지 이루어진 6월항쟁에 관한 사건사적 접근의 대표적인 연구 성과는 2011년에 이루어진 서중석(2011)의 『6월항쟁: 1987년 민중운동의 장엄한 파노라마』일 것이다. 이 연구는 6월항쟁의 시간적 범위를 1987년 1월의 박종철 고문치사사건으로부터 6·29선언까지로 잡고, 1985년과 1986년의 여러 가지 사건들을 6월항쟁의 배경으로 삼아 항쟁의 전개 과정을 서술하고 있다. 이 책은 『6월항쟁을 기록하다: 한국민주화대장정』 1~4권 등, 민주화운동의 시각에서 쓴 자료뿐 아니라 전두환 증언이나 노태우 회고록 등 당시 권력 핵심부의 자료들도 활용하였고, 무엇보다 매우 자세한 사실들을 재현하였다는 장점을 지닌다.

이 책에서 6월항쟁은 크게 3개의 국면으로 구성되었다. 그 첫 부분은 박종철 사망과 이에 대한 2·7 추도대회, 3·3 평화대행진의 전개 과정을 기술하였다. 두 번째 부분은 4·13 호헌 조치와 이에 대한 저항의 배경을 다루고 있다. 배경은 1986년 시민운동의 형성 과정과 1985년 2·12총선거에서의 야당 부상이었다. 1986년 언론의 편파적인 보도와 부천 성고문 사건이 시민들의 분노를 일으키는 촉발제였고, 한국의 교회들은 필리핀의 2월혁명에 영향을 받았다. 두 번째 국면은 6월항쟁의 주체라고 할 수 있는 민주헌법쟁취 국민운동본부의 발족, 6·10국민대회, 명동성당투쟁 등을 다루었다. 마지막 국면은 6·26국민평화대행진에서 6·29선언까지이다. 여기에서는 6·29선언의 정치심리학을 포함하였다.

이 책의 마지막 부분은 6월항쟁의 주요 참가자들인 학생, 시민, 종교계를 다루면서 이들이 민주대연합과 단일화된 투쟁 목표를 만들어가는 과정, 그리고 6월항쟁으로 만들어진 사회 각 부문에서의 민주적 변화들을 다루고 있다. 서중석은 6월항쟁을 '민중운동의 장엄한 파노라마'

로 표현하였고, 몇 가지 쟁점들에 관한 자신의 견해를 밝혔다. 6월항쟁의 과정에서 군이 출동하지 않은 이유를 5·18항쟁에 대한 트라우마로 해석하고, 미국의 역할을 강조하는 견해를 비판하면서 항쟁의 역동성을 부각시키고 있다. 그 역동성이란 예기치 못한 사건의 연속이라는 것이다.

오늘날 6월항쟁의 진실을 규명하는 맥락에서 논란이 되고 있는 것은 6·29선언의 주체, 즉 누가 대통령 직선제 개헌안을 주도했는가, 그리고 군 출동문제에서 미국의 역할은 무엇이었는가에 관한 것이다. 전자와 관련하여, 전두환 주도설과 노태우 주도설로 구분되어 있고, 후자와 관련하여 미국 개입설과 비개입설로 나뉘어 있다. 6월항쟁이 5·18광주항쟁처럼 군사적으로 진압되지 않은 이유로 정부 자제설과 미국의 군부 동원 저지설이 있다. 전자는 5·18 트라우마설, 1988년 서울올림픽의 방패 기능설, 야당 분할 전략을 통한 정권 재창출 계획설로 나뉜다. 후자는 미국의 개입방식에 관한 논란을 낳았다.

이런 쟁점 외에 지금까지 거의 제기되지 않은 문제는 6월항쟁의 사회문화적 효과 및 국제적 영향이다. 대만이나 홍콩, 중국이나 일본과 같은 동아시아의 정부나 시민사회가 6월항쟁과 6·29선언을 비롯한 1987년 한국 사회의 변화를 어떻게 읽고 있었는가에 관해서는 충분한 연구가 이루어지지 않았다.

2) 민주주의 이행론과 국면사적 접근

6월항쟁을 다루는 방식은 이를 하나의 사건으로 간주하여 접근하는 사건사적 접근과, 시간적 간격을 조금 넓혀, 하나의 국면을 설정하고 이를 분석하는 국면사적 접근으로 구분된다. 6월항쟁이 놓여 있는 국면은 다양하게 설정될 수 있다. 1985년 2월의 국회의원 선거로부터 시작된 직선제 개헌의 국면과 1980년 5·18로부터 시작되는 민족민주운동의 국면이다. 전자는 대체로 1985년 2월부터 1987년 6·29선언까지의 약 2년 반의 기간으로 설정되며, 이 국면은 민주주의 이행론에서도 중요하게 다루어진다. 후자는 좀 더 길게 1980년의 5·18로부터 1987년 6월까지 7년간의 기간으로 설정된다.

6월항쟁과 6·29 선언에 따라 대통령 5년 단임제의 이른바 제6공화국 헌법이 10월 27일에 국민투표로 확정되었다. 이의 핵심은 1980년 이른바 5공화국 헌법, 나아가 1972년에 만들어진 유신헌법, 즉 1인 독재를 정당화한 헌법을 부정하면서, 대통령 직선제를 부활하고, 대통령 5년 단임제를 도입한 것이다. 우리가 6월항쟁을 대통령 직접선거에 대한 전 시민적 요구의 집합이라고 한다면, 1972년 유신헌법에 의한 대통령 직접선거 폐지에서부터 1987년까지를 다루어야 하지만, 1979년 박정희 대통령의 사망과 1980년 5·18항쟁을 계기로 한 1970년대와 1980년대의 구분 관행이 매우 강하여 이 15년간을 하나의 국면으로 설정하는 연구는 거의 없다.

6월항쟁을 민주주의로의 이행이라는 관점에서 파악하기 시작한 것은 6월항쟁으로부터 약 7년이 지난 1994년부터였다. 대부분의 연구자들은 1987년 대통령 직접선거에서 승리하여 출범한 노태우 정부를 민주정부로 인정하지 않고, 군부 권위주의 정부로 간주하는 경향이 강했다. 비록 노태우 정부에서 성공적인 올림픽 개최와 북방정책을 통한 탈냉전의 진전에도 불구하고, 1991년 강경대 사건에서 볼 수 있었던 것처럼, 민주주의는 여전히 요원한 것으로 간주되었다.

1993년에 출범한 김영삼 대통령은 자신이 '문민' 대통령임을 내세웠다. 이때부터 연구자들은 대통령 직접선거의 반복적 실시와 대통령의 평화적 교체라는 현실을 민주주의적인 것으로 인정하기 시작하였다. 조희연(1994)은 처음으로 '한국에서의 민주주의 이행'을 언급하였는데,

여기에서 그는 국가, 정치사회, 시민사회를 구분하여, 시민사회의 중요성을 주목하였다. 이 시기가 바로 한국에서 본격적인 시민운동의 대두기라는 점에 주목할 필요가 있다. 1989년 경실련 출범에 이어 1994년 참여연대의 출범이 이를 대표한다. 이 당시에 한국의 비교정치학자들은 미국에서 발전하고 있었던 민주주의 이행론과 공고화론을 받아들이고 있었다. 브라질 사례를 연구한 권기수(1995)는 민주주의 공고화라는 이론적 틀을 사용하고 있었고, 홍익표(1998)는 남유럽에서의 민주주의 이행과 공고화를 연구하였다.

한국의 민주의 이행의 문제를 좀 더 본격적으로 분석한 것은 윤상철의 연구(1997)이다. 그는 「1980년대 한국의 민주화이행과정」에서 국가, 정치사회, 시민사회라는 3분법에 기초하여 한국의 1980년대 정치변동을 설명하면서, 6월항쟁의 국면을 1983년 8월부터 1987년 6월까지로 설정하고, 이를 '최대 도전연합의 형성과 지배블록의 위기'로 규정하였다.

1987년 민주주의 이행론의 한 가지 난점은 한국의 학생운동사에서 또 하나의 대중적 활성화를 이루었던 1991년의 상황을 설명하기 어렵다는 문제가 있다. 만약 우리가 1991년 대학생들의 투쟁과 강경대 사건에 주목한다면, 민주주의로의 이행을 1987년으로 설정하는 것에 이의가 제기될 수 있다. 당시 학생들에게 노태우 정부는 민주주의 정부로 인식되지 않았고, 3당 합당을 통한 보수연합의 힘으로 당선된 김영삼 대통령은 자신의 정부를 최초의 문민정부라고 명명함으로써, 비로소 자신에 의해 민주주의로 이행했다는 점을 부각시키려고 하였다. 87년 이행론이 개헌을 통한 대통령 직접선거를 강조한다면, 92년 이행론은 대통령의 문민성 여부를 강조한다.

1998년 김대중 정부의 출범은 민주주의로의 이행을 넘어서 민주주의의 공고화로 바라보도록 하는 정치적 계기였다. '수평적 정권교체'는 이행에 뒤이은 공고화로 인식되었다. 이로부터 민주주의 이행은 사회과학 일반에서 매우 보편적인 개념이 되었고(조희연, 2000; 이병천, 2002; 이광일, 2002; 박병수, 2002), 민주주의의 공고화 또한 널리 수용되었다. 공고화라는 개념은 김민전(1999), 이강로(1999; 2002), 이명석 외(2001), 이홍종(2002), 선학태(2002) 등에 의해 사용된 후, 2002년 말의 대통령 선거를 거치면서 더 많이 사용되어 박성진(2003), 정영태(2004), 배한동(2004), 어수영(2004), 백종국(2006), 민준기(2008) 등으로 이어진다. 최근에도 공고화론은 한국의 정치발전을 바라보는 유력한 틀로 활용되고 있다(박경미 외, 2012; 이영재, 2015).

그러나 공고화론이 항상 직선적인 정치발전을 전제하는 것은 아니다. 오히려 왜 민주주의의 공고화가 진전되지 않는가를 묻는 경우가 많다. 공고화론에서 외국 사례의 분석은 자연스럽게 한국과 비교하는 효과를 낳는다. 공고화의 관점을 취하는 경우, 박기덕(2002)은 폴란드와의 비교의 관점에서, 권순미(2003)는 필리핀의 사례가 '지그재그의 경로'를 밟는 이유를 분석하였고, 이동윤(2007)은 태국의 사례를 분석하였다. 배정한(2001), 김연규(2010) 등에서 보는 것처럼, 이행과 공고화론은 탈사회주의 국가들에도 적용되었다.

민주주의 이행과 공고화론은 특정의 시간적 지속, 즉 국면을 상정하고 있다. 사실 한국 현대사를 민주주의의 다양한 국면사로 접근한다면 여러 중기지속의 국면들이 서로 겹쳐 있다는 점을 상기할 필요가 있다. 예컨대, 6월항쟁의 핵심을 대통령 직선제 개헌의 문제로 파악한다면, 이것은 우선 대통령 직선제가 폐지되는 1972년을 주목해야 한다. 1972년 유신헌법에 따른 대통령 직선제의 폐지는 민주주의를 '회복'해야 할 절대적 가치로, 대통령 직선제를 부활시켜야 할 절대적 제도로 부각시켰다.[2] 10월 유신은 1969년 3선개헌에서 그 기원이 마련되었고, 1971년 대통령 선거에서의 위기가 직접적 요인으로 작용한 것으로 박정희의 '두 얼굴'을 만들어냈다. 유신체제가 성립한 후 이에 저항하는 학생이나 정치지도자들은 '민주주의 회복'론의 맥락에서 사회운동을 형성해갔다. 1972년은 1961년부터 1979년까지 18년간의 '박정희의 시간' 중간에 있는 전환점이었다. 박정희의 시간은 사실 그의 사후에 전두환과 노태우 정부로 연장되었으므로, 1961년부터 1992년까지 31년간 지속된 '군부 권위주의의 시간'을 설정할 수 있다.

박정희의 시간에 대응하는 또 하나의 시간 지속이 1971년부터 2002년까지 31년간 지속된 '김대중의 시간'이라고 할 수 있다. 공교롭게도 군부 권위주의의 시간 지속과 김대중으로 대표되는 민주화운동의 시간 지속의 길이가 동일하다. 1987년은 김대중의 시간 가운데 지점에 위치한다. 1971년 이후 군부 정권에 의해 집중적으로 억압당했던 김대중의 정치적 리더십이 가사상태에 놓여 있다가 깨어나는 결정적 계기는 1980년 5·18과 1987년의 6월항쟁이었다. 1980년 5·18이 민주주의에 대한 요구를 좀 더 근본적인 인권의 관점에서 급진화시켰다면, 6월항쟁은 정치민주화라는 맥락에서 5·18의 지연된 실현이었을 뿐 아니라 시민사회의 영역을 만들어내는 사회민주화의 계기였다. 1961년 5·16 쿠데타에 의해 유보된 지방자치제나 통일운동이 6월항쟁 이후 활성화된다.

이행과 공고화론은 민주주의의 '후퇴'를 어떻게 설명하고 있는가? 공고화의 조건들을 논의하고 있으므로, 이론적으로 문제가 없다고 주장할 수도 있지만, 이행과 공고화론이 정치적 근대화론의 연장이며, 직선적 발전관을 내장하고 있다는 비판에 시달릴 수 있다. 2008년 이명박

---

2   한국의 민주주의가 내생적인 것인가 외부로부터 도입된 것인가라는 논쟁이 있지만, 초기에 해당하는 1950년대에 민주주의는 부정선거를 극복하고 선거의 공명성을 확보하는 것이 쟁점이었다. 1960년대에는 군사쿠데타와 부정선거 문제가 완전히 사라지지는 않았지만, 4년 중임제 대통령 선거와 4년제 총선거가 헌법에 따라 실시되었으므로, 민주주의보다는 민족주의 문제가 더 큰 쟁점이었다.

정부 성립 이후, 여러 만주주의 지표들로 볼 때, 민주주의의 후퇴 조짐을 보이면서, 이에 영향을 미치는 요인들에 관한 관심이 커지게 되었다. 또한 민주주의의 후퇴와 대북정책의 변화의 연관성 또한 중요한 관심이 되었다. 민주화와 탈냉전의 동시적 전개가 역전되어 민주주의의 후퇴와 재냉전화가 함께 진행되었고, 박근혜 정부 성립 이후 이런 경향은 강화되었다.

6월항쟁은 5·18항쟁과 성격이 다르지만, 이것이 남긴 문제들 또한 이행기 정의라는 맥락에서 평가될 수 있다. 6월항쟁을 중심으로 한 민주화운동은 완료형이 아니라 진행형이며, 이의 지표가 아직 실현되지 않은 기념관의 설립과 시민교육이라는 것이라는 주장이 제기된다. 세계적으로 볼 때, 냉전기의 국가폭력에 대한 이행기 정의가 실현되고, 국가폭력의 재발 방지를 위하여 '양심의 장'이라는 이름으로 각종 인권박물관이 설립되었으며, 이를 통하여 인권 및 민주주의 교육을 수행하고 있는데, 한국의 경우 6월항쟁을 비롯한 민주화운동을 기념하는 역사박물관은 아직까지 만들어지지 못하고 있다. 민주화운동기념사업회는 오래 전부터 이를 서울에 건립할 계획을 세우고 추진했지만, 초기 단계에서는 서울 안에서 장소 선정을 둘러싼 이견 때문에, 2008년 이후에는 민주 도시로서의 정체성을 내세우고 있는 광주 및 마산과의 유치 경쟁 때문에 실현되지 않았다. 민주화운동기념관을 둘러싼 도시 간 경쟁은 전국에 민주기념관은 하나여야 한다는 잘못된 전제에서 발생한 것이다.

3) 87년체제론과 구조사적 접근

6월항쟁에 관한 연구의 또 하나의 흐름은 '87년체제론'이다. 만약 민주주의를 공개적이고 정기적인 보통선거에 의한 정권교체 가능성이라는 최소 핵심 기준으로 정의한다면, 한국의 민주주의는 1987년부터 현재까지 안정적으로 유지되고 있다고 할 수 있다. '87년 체제'라는 용어를 채택하고 있는 연구자들(박상훈, 2006; 조희연, 2006)은 대통령 직선제의 부활과 민주주의로의 이행, 이때 형성된 헌법의 장기지속성에 주목한다. 1987년 이후 한국사회는 이때 만들어진 헌법을 기초로 하여 사회가 재구성되었으므로 이를 '87년체제'라고 부른다. 6월항쟁과 이에 따른 정치적·사회적 합의의 산물로서의 1987년 헌법에 의한 민주주의의 재생산체제를 의미하는 87년체제론은 30년 이상 지속되고 있다는 점에서 구조사에 해당한다.

'87년체제'라는 용어는 1987년 노동자대투쟁 10주년을 맞아 노중기(1997)가 사용한 '노동정치체제'라는 용어가 진화하면서 형성된 것이라는 주장(김종엽, 2009: 11)도 있지만, 노무현 정부가 출범한 후인 2004년경부터 노동운동 연구자들에 의해 좀 더 널리 사용되기 시작하였다. ≪노동사회≫는 2004년 특집으로 '87년체제 이후 한국사회 변화와 전망'이라는 제목으로 강병익(2004), 임영일(2004), 이태호(2004)의 글을 게재했는데, 여기에서 '87년 체제'라는 개념이 사용되었다.

2005년 ≪창작과 비평≫은 김종엽·박형준·정태인·한홍구의 좌담(≪창작과비평≫, Vol.33(1): 18~63) 주제를 "새로운 동아시아 질서와 87년체제"로 설정했고, 이어 이일영(2005), 김종엽(2005), 윤상철(2005)의 글을 연속적으로 게재하여 '87년체제'라는 개념을 친숙하게 만들었다. ≪말≫지에서도 2005년에 이 용어를 사용하였다(이정무, 2005). 흥미롭게도 '87년체제'라는 용어가 사용되기 시작한 2004~2005년은 한국 사회에 '뉴 라이트' 현상이 출현한 시기였고, 이 때문에 김재중(2005)은 '포스트 87년체제'라는 용어를 사용하기도 하였다.

87년체제론은 6월항쟁 20주년을 전후하여 더 많이 거론되었는데, 그것의 등장배경(조현연, 2007)이나 의미뿐 아니라 그것의 한계에 관한 논의(현재호, 2008)를 포함한다. 87년체제의 한계는 이후의 신자유주의 노동정책에 의해 드러났다고 보는 입장(이승욱, 2007)과[3] 그것의 형성 과정에 이미 내재되어 있다는 주장이 있다. 김대영(2006)은 1987년 개헌 협상이 광범한 사회적 합의가 아니라 협소한 정당 간 협약으로 추진되었으며, 87년체제의 한계가 민주화운동을 주도한 국민운동본부가 여야 정당의 협상에 개헌을 맡겨버림으로써 발생했다고 본다. 그는 국민운동본부가 개헌에 적극적이지 못했던 원인을 첫째 6·29선언 이후 국민운동본부로부터 야당의 분리, 둘째 국민운동본부 내의 운동세력의 자유주의와 진보주의로의 분화, 셋째 진보주의 세력의 정치노선의 모호성 때문이라고 보았다.

87년체제론은 정치적 차원뿐 아니라 사회경제적 차원을 포함하는 것으로, 1997년 말과 1998년 초에 걸쳐 발생한 금융위기와 이에 대한 신자유주의적 적응 과정에서 '97년체제론'이 만들어지면서 사후적으로 정교화된 것이기도 하다. 금융자본주의와 노동시장에서의 비정규직의 확대, 계층의 양극화 등을 강조하는 97년체제론은 87년체제의 연장이자 대립물로 간주된다. 이런 점에서 87년체제론은 30년간 이상 유지되고 있는 민주주의의 구조사적 설명틀이지만, 동시에 사회운영의 원리가 신자유주의로 전환되기 직전의 10년간의 국면사로 해석되기도 한다.

97년체제론은 87년체제에 대한 내재적 비판이자 이의 상대적 개념이다. '97년체제'라는 개념은 김영철(2006), 김호기(2007) 등이 사용하였고, 손호철(2009a)은 이 개념을 87년체제나 08년체제라는 개념과 나란히 사용하였다. 손호철(2009b)은 이 개념의 적실성을 둘러싸고 조희연·서영표(2009)와 논쟁을 하기도 하였다.

---

3   ≪민주법학≫은 6월항쟁 20주년 특집으로 "1987년 체제 20년간 법체제의 변화"를 특집으로 다루었다(임재홍, 2007; 서경석, 2007; 이승욱, 2007).

87년체제론에 대한 개념사적 정리와 함께 그 개념의 의의를 종합적으로 고찰하려고 한 것이 김종엽(2009)이 엮은 『87년체제론』이다. 김종엽은 여기에서 97년체제를 87년체제의 하위체제로 보는 입장과 양자를 대등한 것으로 보는 입장을 소개하고, 87년체제를 자유화와 민주화라는 두 가지 프로젝트가 가동되면서 서로가 교차되어 있지만 현재 진행형인 체제로 규정했다. 그의 문제의식은 87년체제의 역동성과 함께 그것이 분단체제에 미친 효과에 주목하고 있다.

3. 동아시아적 지평에서의 6월항쟁

1) 동시성과 유사성

한국의 민주화운동은 한편으로는 동아시아의 여러 나라에 영향을 미치는 독립변수이자, 동시에 동아시아를 포함한 국제적 환경의 영향을 받는 종속변수이다. 이런 피드백은 미시적인 행위적 차원과 거시적인 구조적 차원으로 구분하여 볼 수 있다. 6월항쟁을 민주주의로의 이행이라고 규정할 때, 제기되는 중요한 질문의 하나가 세계적 동시성의 문제이다. 한국의 민주주의의 이행이 1987년 6월에 이루어졌다고 한다면 이에 선행하는 가장 의미 있는 사건은 1986년 필리핀의 2월혁명이었고, 가장 동시적인 사건은 1987년 7월 대만의 계엄령 해제였다. 한국 민주주의의 발전경로에서 발견되는 필리핀이나 대만과의 유사성을 언급할 수 있다.

한국에서 민주주의의 역사는 한편으로는 19세기 이후 한국 사회 내부에서 형성된 민주주의 사상의 형성과 성장, 다른 한편으로는 1945년 이후 좀 더 구체적인 제도의 도입과 변형으로 이루어진다. 후자의 맥락에서 한국의 민주주의는 필리핀이나 대만과 비교된다. 1945년부터 1987년까지 한국의 민주주의와 가장 유사한 경로를 보여주는 것이 필리핀이라면, 1987년 이후의 경로는 대만과 유사하다.

필리핀의 민주주의에 관한 김동엽의 연구(2016)에 따르면, 1946년 미군정하에서 개정된 필리핀 헌법은, 4년 중임의 대통령중심제와 양당제와 양원제를 채택하였다. 필리핀에서 국회의원으로 활동하다가 1965년 대통령에 당선된 마르코스는 1969년에 재선된 후, 1972년 9월 계엄령을 선포하고 의회를 해산함으로써 종신 집권이 가능한 독재체제를 구축하였다. 1973년 대통령에게 권력이 집중되는 헌법을 만들었으며, 단원제 국회, 의원내각제, 임기 6년의 대통령제를 채택하였다. 1970년대에 필리핀 경제는 비교적 높게 성장했다. 1981년 대통령 선거를 앞두고 아키노 상원의원의 출마를 원천 봉쇄하였다. 점차 마르코스의 독재 정권에 저항하는 사람들이 증가하였고, 미국 정부가 마르코스 정권을 지원하는 것에 대한 비판도 커져갔다.

1981년 마르코스는 계엄령을 해제하고, 민주주의로 복귀한다는 의미에서 1984년에 총선거를 실시한다고 발표하였다. 미국에서 망명생활을 하던 아키노가 이 선거에 대비하기 위하여 1983년 8월 필리핀으로 귀국하던 도중에 마닐라 국제공항에서 암살당했다. 이 죽음은 필리핀의 민주화운동을 크게 고양시켰다. 마르코스는 이 위기를 극복하기 위하여 1986년 임시 대통령 선거를 실시한다고 발표하였다. 이 선거에서 마르코스와 아키노 의원의 부인이 대결하였는데, 서로 승리했다고 발표하면서 필리핀은 극도의 혼란에 빠졌다. 필리핀 주교회의와 레이건 미국 대통령은 이 선거가 부정선거였다고 마르코스를 비난했다(김동엽, 2016: 160~161). 군과 민간 시위대의 극단적 대치상황에서 군부 인사들이 마르코스에 반대하고, 미국이 민주화를 지지함으로써 평화적으로 상황이 종료되었다. 마르코스는 하와이로 망명했다.

필리핀 마르코스의 집권 기간은 1965년부터 1986년까지 21년이었는데, 이 중에서 독재 정권은 1972년부터 1986년까지 14년 지속되었다. 한국의 박정희 정권은 1961년부터 시작하여 1979년까지 18년간 지속되었는데, 이 중 독재 정권은 1972년부터 전두환 집권기가 끝나는 1987년까지 총 15년간이었다.

필리핀의 2월혁명이 끝난 후 1987년 다시 대통령중심제의 헌법을 제정하였는데, 6년 단임제였다. 이 2월혁명은 동아시아의 여러 나라에 영향을 미쳤다. 헌팅턴(Huntington, 1991)의 제3의 물결론은 1970~1980년대의 세계적인 민주주의로의 이행 현상을 지칭하는데, 여기에는 1986년 필리핀에서부터 1987년의 한국, 1988년의 대만, 그리고 1989년 중국의 천안문 시위를 포함한다.

헌팅턴(Huntington, 1991)은 민주적 전환의 유형을 기존 집권 엘리트가 주도하는 변형(transformation), 야권 주도의 대체(replacement), 여야 연합의 전환(transplacement), 외부의 힘에 의한 개입(intervention) 등 네 가지로 구분하였는데, 실제 현실에서는 이들이 서로 뚜렷하게 구별되는 유형이라기보다는 민주화를 구성하는 요소들로 간주될 필요가 있다. 필리핀은 대체에 가깝지만, 전환이나 개입의 요소들이 섞여 있다. 한국의 민주화는 6월항쟁과 6·29선언을 모두 고려한다면, 전환에 가깝다고 할 수 있는데, 대체나 개입의 요소가 없지 않다. 필리핀 2월혁명과 6월항쟁의 관계 또한 논쟁적이다. 한국의 민주화운동이 필리핀의 영향을 어느 정도 받았는지에 대해 서로 다른 견해들이 있을 수 있다.

한국의 민주화와 대비되는 또 하나의 사례는 대만이다(김범석, 2002). 대만은 1949년 이래 강력한 국민당 일당체제로 총통제와 계엄령으로 권력을 유지해왔다. 1971년 유엔으로부터 축출된 후 대만은 정당성 위기를 1973년부터 시작된 대규모 중화학공업화와 본성인들을 당과 정부의 요직에 등용하는 자유화 조치로 극복하려고 하였다. 1978년 미국과의 관계가 단절되고, 미중관계가 정상화되던 1979년, 장징귀(蔣經國) 총통은 삼민주의에 의한 통일정책을 제시하였다. 그러나 1970년대의 경제성장과 낮은 수준의 정치적 자유화는 대만의 일당지배체제에 대한 도전의 기초가 되었다. 1979년 12월, 한국의 '재야'와 유사한 '당외' 인사들은 시민들과 함께 세계 인권의 날을 맞이하여 대만 남부도시 카오슝에서 시위를 하였는데, 이들은 ≪미려도(美麗島)≫라는 잡지를 매개로 형성된 사람들이어서 '미려도 사건'이라고 부른다. 이 사건으로 체포된 사람들과 이들을 변호했던 사람들은 1980년 총선거에서 승리하였고, 이는 국민당 일당독재에 대한 비판으로 해석되었다.

지은주의 연구(2016)에 따르면, 1987년 미 국무부는 대만의 당외 지도자를 미국으로 초청하면서 대만의 민주화를 희망하는 '개입'이 강화되었다. 이들은 방미 직후 민진당 창당을 선언하였다. 한국의 6·29선언이 이루어진 직후인 7월 14일, 대만 국민당은 계엄령 해제를 선언했다. 장징귀 총통은 민진당 창당을 허용하고, 민주적 개혁을 주도하였다. 대만의 민주화에서 중요한 전기는 1990년이었다. 1990년에 실시된 총통선거는 국민대회를 통한 간접선거였는데, 이 해 3월 20일, 민진당과 학생, 시민들은 타이베이에서 총통직선제와 국민대회 해산을 요구하는 대규모 연좌시위를 벌였다. 한국의 6월항쟁으로부터 약 3년의 시차를 두고 유사한 상황이 전개된 것이다. 1990년 총통에 선출된 이등휘와 국민당은 1991년부터 2000년까지 6회의 개헌을 통해 민주적 개혁을 주도했다. 특히 1994년 개헌은 임기 4년의 총통 직선제를 실시하는 것이었다. 이에 따라 1996년 처음으로 총통 직선제 선거를 실시하였고, 2000년에는 최초로 선거를 통해 민진당이 집권하였다.

한국에서 수평적 정권교체가 이루어진 2년 후 대만에서도 유사한 현상이 발생했고, 2008년에는 한국과 대만 모두 다시 보수 정권으로 회귀했는데, 대만은 2016년, 한국은 2017년에 다시 민주 정권으로 돌아가는 유사한 경로를 밟고 있다는 점은 매우 흥미롭다. 그러나 이들 사이에 인과성보다는 동시성이나 유사성이 주목될 필요가 있다.

2) 민주화의 지정학

6월항쟁을 비롯한 한국의 민주화운동연구에서 상대적으로 소홀하게 다루어진 한 가지 주제는 민주화운동의 국제적 환경이고, 다른 또 한 가지는 민주화를 위한 국제적 연대의 문제이다.[4] 6월항쟁에 대한 사건사적 연구나 이행론적 연구들, 87년체제론 모두, 행위자들이나 주요 요인들을 일국적 맥락에서 다루는 경향이 있기 때문에, 국제적 환경이나 국제적 연대를 충분히 다루었다고 볼 수 없다.

6월항쟁을 전후한 시기의 민주화가 왜 필리핀이나 대만에서 동시적으로, 또는 유사한 경로를 따라서 진행되는가? 6월항쟁과 그 성과로서의 민주주의로의 이행은 동아시아에 국한하여 볼 때, 필리핀의 2월혁명에 자극을 받았을 뿐 아니라 거시적으로는 미국의 세계적인 민주주의 진흥 프로젝트에 영향을 받았다.

1970년대 후반기 유신체제하에서의 카터(Jimmy Carter)의 인권정책은 한편으로는 박정희 정부를 압박했고, 다른 한편으로는 민주화운동에 상당한 심리적 지원이 되었다. 이 때문에 1980년 5·18 당시 광주 시민들은 미군이 신군부의 억압정책을 제어하는 힘으로 작용할 것을 기대했다. 그러나 미국은 오히려 북한의 군사행동을 경고하고 신군부의 강제적 진압을 방조함으로써 시민들의 기대를 배반했으며, 이것은 강력한 반미주의가 형성되는 원천이 되었다. 이것은 1980년 12월의 광주

---

4   예컨대 민주화운동기념사업회는 종종 한국의 민주화운동에 기여한 외국인들이나 해외에서의 민주화운동에 대하여 많은 관심을 기울이고 있지만, 이런 관심이 체계적인 연구로 나아가지 못했다.

미문화원 방화사건으로부터 시작하여, 1982년 부산 미문화원 방화사건, 1985년 서울 미국대사관 점거사건 등으로 표현된다. 1987년을 전후하여 반미운동은 점차 수그러들었으나 2002년 6월 13일에 발생한 미군 장갑차에 의한 중학생 압사 사건은 다시 반미운동의 활성화를 촉진하는 계기였다.

정일준(2010b)은 6월항쟁에서 미국의 개입방식에 관하여 논의하였는데, 미국의 한국 민주주의에 대한 개입은 1980년에는 신군부의 행위를 묵인하는 방식으로, 1987년 6월에는 국가권력의 군사력 동원을 억제하는 방식으로 개입하였다고 주장하였다. 이의 배경에는 1983년부터 시작된 미국의 민주주의 진흥전략이 있다고 보았다.

미국은 1970년대 세계적 냉전하에서 이루어진 제3세계의 군부독재에 대한 지원정책이 커다란 한계를 보이자 1983년부터 민주주의 활성화를 통한 헤게모니적 통제전략으로 선회하였다. 윌리엄 로빈슨(Robinson, 1996)에 따르면, 미국은 1980년대 초반부터 1970년대의 세계정책, 즉 냉전 하에서 독재와 권위주의 정권을 방치하거나 옹호하는 정책으로부터 벗어나, 보다 적극적으로 민주주의 증진(democracy promotion)을 위한 능동적 개입정책으로 선회하였다. 미국의 엘리트들은 1979년 니카라과와 이란에서 나타난 커다란 변화에 큰 충격을 받으면서, 새로운 세계질서를 창출하기 위한 합의를 형성해가기 시작하였는데, 그것은 레이거노믹스로 표현되는 신자유주의적 경제정책과 민주주의 진흥정책이었다(Robinson, 1996: 76). 그는 1984년 레이건 정부 2기의 출범과 함께 이루어진 세계 곳곳의 민주화운동이 미국 개입의 산물이 아니라 한편으로는 광범한 대중들의 심층적이고 오래된 열망으로부터, 다른 한편으로는 세계 경제에 의해 초래되는 구조적, 문화적, 이데올로기적 변화에 의해 내생적으로 발전한 것이라고 주장하고 있다(Robinson, 1996: 11).

1970년대의 유신체제로 불리는 군부 권위주의 독재가 세계적 냉전 체제, 특히 미국의 공산주의진영 봉쇄전략과 깊은 연관이 있었다면, 1980년대의 민주화는 변화된 미국의 민주주의 증진전략과 밀접하게 연관되어 있었다고 볼 수 있다. 이 시기에 이루어진 전두환 정권의 '유화조치'나 6월항쟁 당시에 이루어진 주한 미국 대사나 그 밖의 인사들의 개입이 미국의 국제적인 민주주의 진흥 정책과 어떻게 연관되어 있었는지에 대한 경험적 연구는 많지 않지만, 1980년대의 민주화운동이 이런 국제적 환경하에서 진행된 것은 분명하다.

주한 미국대사였던 도널드 그레그는 그의 회고록(2015)에서 다음과 같이 썼다.

무엇보다도 중요한 사실은 짐 릴리가 미국대사로 있던 1987년 여름에 대한민국이 민주주의를 향한 중대한 방향전환을 이룩하여 국민의 직접 투표에 의한 대통령 직선제가 허용되었다는 점이다. 이것은 의미심장한 변화였으며, 한국 국민이 간절히 염원해왔던 일이었다. 짐 릴리대사는 이런 위대한 변화가 일어나는데 도움을 준 자신의 역할을 설명할 때면 좀 지나치게 겸손한 것 같았다(그레그, 2015: 329).

로빈슨의 연구가 매우 독창적이고 뛰어난 연구임에도 한국은 경험적 사례연구에서 제외되어 있고, 더구나 세계체제의 변동이라는 맥락에서 매우 중요한 소련의 페레스트로이카 정책과 중국의 개혁 개방정책이 언급되지 않고 있다. 구체적인 국제적 연대의 형성 과정과 작동방식 또한 중요한 연구 과제이다.

한국의 민주화운동에서 외국의 국제기구나 인사들이 큰 관심을 기울이기 시작한 것은 1974년에 이루어진 제2차 인혁당 사건과 산업선교회활동에 대한 탄압, 그리고 1979년의 크리스찬 아카데미 사건이었다.

세계교회협의회(WCC)는 한국의 기독교 인사들에 대한 지원을 통해 민주화운동이나 인권운동을 간접적으로 지원하였다. 엠네스티 또한 연대의 구심이었다. 1980년 5·18에서 해외의 언론이 보여준 관심은 상당한 것이었다. 국내의 언론이 극심한 탄압 아래에 놓여 있는 상황에서 독일이나 일본, 미국의 언론은 한국의 상황을 널리 알리는 데 중요한 역할을 하였다.

1980년 5·18 이후 미국의 역할에 관한 의문이 제기되고, 반미운동이 형성되면서 한국의 민주화운동은 불가피하게 국제적인 지평을 고려하지 않을 수 없었지만, 여전히 6월항쟁의 과정에서 국제적 연대가 어떻게 형성되고 어떤 역할을 하였는가에 관해서는 의미 있는 연구가 이루어지지 못했다. 다만 6월항쟁의 과정에서 미국의 개입방식과 정도가 중요한 쟁점으로 부상하였을 뿐이다. 6월항쟁을 비롯한 한국의 민주화운동이 대만이나 태국을 포함한 동남아시아의 민주화운동이 많은 영향을 미쳤고, 중국의 천안문 시위에도 영향을 미쳤다고 논의되고 있으나 경험적 자료를 찾기가 쉽지 않다. 대만이나 홍콩, 일본과의 국제적 연대가 형성되는 과정 또한 충분히 연구되지 못했다.

6월항쟁 연구에서 제기될 수 있는 문제 중 하나가 민주화의 지정학에 관한 것이다. 이것은 한편으로는 동아시아 민주화의 특성을, 다른 한편으로는 한반도적 차원에서 한국의 민주화 특성을 질문하는 것이다. 남북관계는 분단체제론에서 말하듯이 한국의 민주화와 통일운동에 큰 영향을 미치고 있다. 1972년 7·4공동성명 후에 남북은 모두 안보위기를 내세워 헌법을 개정하고 독재체제를 강화하였다. 한국의 보수 정부들은 민주화운동이 고조될 때마다 안보의제와 북한의 위협을 내세워 이를 통제하려고 하였다. 1987년 11월 29일에 발생한 'KAL기 폭파 사건'이 대통령 선거에 큰 영향을 미친 이래, 1990년대에는 중요한 선거가 있을 때마다 '북풍'이 실재하거나 이를 환기시키는 사건들이 발생하였다. 이 때문에 1987년을 전후한 시기에 '선민주 후통일론'과 '통일 운동 우선론'이 서로 대립적인 양상을 보이기도 했다.

민주화와 분단체제의 상호 관련성에 관한 본격적인 문제제기는 김 종엽(2005)에 의해 이루어졌다. 그는 87년체제가 구체제 청산 이행의 산물이 아니라 타협적 이행의 산물로 보고, 정치적 민주화와 경제적 보 수화가 힘의 균형을 유지하는 체제로 해석하였다(김종엽, 2009: 39). 그 는 87년체제가 한계를 가지고 있음에도 불구하고, 분단체제에 미친 충 격을 강조하였다. 한국의 민주화와 국제적 탈냉전이 분단체제를 동요 시켰는데, 전자가 제1요인이라고 주장하였다(김종엽, 2009: 49). 그는 2012년 대통령 선거에서 다시 보수 정권이 승리한 결과를 보고, 다시 "분단체제가 87년체제를 통해서 관철되는 방식, 87년체제가 야기한 분 단체제의 구조적 변화를 내적으로 연계하여 사고해야 한다"(김종엽, 2013: 468)고 주장했다.

3) 비대칭적 탈냉전 효과

한국의 민주화운동을 포함한 정치변동은 국제적 환경으로부터 영향 을 받을 뿐 아니라 남북관계나 동아시아의 냉전-분단체제(정근식, 2014) 의 변동에 영향을 미친다. 이런 문제의식은 중국의 분단과 한국의 분 단은 형성 초기부터 매우 밀접하게 연관되어 있었고, 냉전기나 탈냉 전기에 양안관계와 남북관계는 서로 영향을 미치는 하나의 체제처럼 구조화되어 있다는 발상에 기초하고 있다. 이런 맥락에서 6월항쟁을 비롯한 1980년대 민주화운동의 탈냉전 효과는 좀 더 진지하게 질문 될 필요가 있다. 북한도 유사하지만, 한국의 정치체제는 한편으로는 민주주의와 권위주의, 다른 한편으로는 대북정책에서의 대립주의와 협력주의라는 두 차원에 의해 규정된다. 권위주의적 보수주의와 반공주의, 민주주의적 진보주의와 대북 협력주의는 밀접한 상관성을 가지면서 전개되었다.

1945년 이후 현재까지의 동아시아 현대사는 크게 보면 미국과 중국의 관계를 축으로 하여 남북한 및 일본과 러시아 6자 관계의 중첩적 네트워크에 의해 구성된다고 할 수 있다. 물론 1945년부터 1950년 한국전쟁까지는 미소관계가 더 큰 축이었지만, 한국전쟁에 중국이 참전하면서 오히려 미중관계가 더 중요한 축으로 부상하였고, 여기에 부차적으로 중일관계와 남북관계가 중요한 구성요소가 되었다. 한국전쟁의 결과로 미중 대립이 구조화되었다.

동아시아의 정치경제적 체제변동을 파악하는 방식은 매우 다양하지만, 미중관계를 중심축으로 한다면, 크게 세 가지 국면으로 구분할 수 있다. 1949년 이래 1970년대까지 미중 대결의 시기, 1979년부터 2008년까지 미중 화해와 협력의 시기, 2008년 이후 미중 경쟁의 시기로 구분할 수 있다. 미중 대결의 시기에 베트남 전쟁이 발발했고, 1971년 미국은 전쟁의 수렁에서 빠져 나오기 위하여 중국과의 화해를 모색하기 시작했다. 미중 간 데탕트가 시작되자, 남북은 1972년 7·4남북공동선언을 통해 화해를 모색하는 듯했으나, 오히려 남북은 이를 각각 권력의 강화로 활용하였다. 한국에서는 유신헌법을 통한 독재의 강화가 이루어지자 학생들과 정치지도자들 사이에서 '민주주의의 회복'을 요구하는 흐름이 형성되었다. 미국의 카터 대통령도 인권 외교를 통해 한국 독재체제의 완화와 상대적 민주화를 요구하였다. 1979년 미중 수교는 동아시아 냉전체제의 해체를 알리는 출발점이다. 그러나 박정희 대통령은 이의 의미를 충분히 이해하지 못했고, 비극적 종말을 맞았다. 1970년대 학생운동에 큰 영향을 미친 이영희의 『분단시대의 논리』(1974)와 『8억인과의 대화』(1977)는 당시의 국제 환경을 객관적으로 인식하려는 노력의 산물이었다.

한국의 민주화, 그것을 가능하게 한 6월항쟁을 포함한 1980년대의 민주화운동이 놓였던 위상을 재정립하려면, 미국의 민주주의 증진 전략과 함께, 미중 화해의 국면과 동아시아 냉전분단체제의 해체라는 맥락이 중요해진다. 여기에서 나는 우리가 문제로 삼고 있는 6월항쟁과 1980년대 민주화운동이 1979년의 미중 수교와 1992년의 한중 수교 사이에 놓여 있었다는 점을 주목하려고 한다. 1980년대 한국의 민주화운동은 바로 한중 수교가 미중 수교로부터 시간적으로 지체된 기간에 이루어진 것이다. 그렇다면, 동아시아의 냉전 분단체제 변동의 동학과 미중 수교와 한중 수교 사이에 존재하는 구조적 낙차가 모종의 중요한 관련성을 가지고 있다고 볼 수 있지 않을까?

한국에서는 1987년 민주화 이후 1988년 서울올림픽, 1990년 한소 수교, 1991년 미군 핵무기의 철수와 남북기본합의서의 채택 등이 이루어졌다. 이 과정에는 남한에서의 북한 바로알기운동, 1989년 평양 세계청년축전을 계기로 한 한국 대학생 방북, 문익환 목사 방북 등의 통일운동이 있고, 나아가 성사되지 않았지만, 남북정상회담이 준비되기도 했다. 이런 변화가 이루어진 후 한반도의 비대칭적 탈냉전이 이루어졌다. 1980년대 한국의 사회운동에는 자유주의적 민주화뿐 아니라 사회주의적 지향의 변혁운동이 섞여 있었는데, 사회운동진영은 변혁과 통일의 열정은 강했지만, 이런 동아시아 구조변동의 의미를 충분히 이해하지는 못했다는 아쉬움이 있다.

서울올림픽은 세계적 냉전체제의 해체에서 중요한 의미를 지니는 것이었지만, 민주화운동진영은 이를 외면하였다. 서울올림픽은 1980년대 초반, 전두환 정부가 정권의 정당성을 인정받지 못한 상황에서 유치가 결정되었다. 당시 올림픽을 중심으로 한 국제 스포츠정치는 냉전의 중심에 있었다. 1980년 모스크바 올림픽이 미국의 불참으로 파행을 겪었으며, 소련도 1984년 LA 올림픽에 불참하였다. 북한은 서울올림픽을 방해하기 위해 노력했으나 성과가 없었다. 서울올림픽 유치 결정은 냉전적 맥락에 있었지만, 서울올림픽은 탈냉전의 촉매제라는 예상하지 못한 효과를 가져왔다.[5]

민주화운동 진영의 이런 시각은 1990년대 초반 남북화해의 국면에도 적용된다. 민주화운동 진영은 노태우정부의 북방정책과 남북화해에 대하여 냉소적이었다. 그만큼 시야가 제한되어 있었다. 6월항쟁을 거쳐 성립한 노태우 정부는 1988년 총선거를 거치면서 비록 내적으로는 내부적 취약성으로 인하여 1990년 3당합당을 하지 않을 수 없었으나, 대외적으로는 88올림픽을 성공적으로 개최하면서, 좀 더 자신 있게 '북방정책'을 추진하면서 탈냉전에 나설 수 있는 자신감을 갖게 되었다고 할 수 있다.

1992년에 진전된 동아시아에서의 탈냉전에서 중요한 것은 민주주의로의 이행 과정에 있던 한국이 중요한 행위자였던 반면, 북한은 미국이나 일본과 수교하지 못함으로써 비대칭적 구조를 만들었다는 점이다. 이 시기에 북한은 미국과의 관계정상화를 이루어내지 못함으로써 북한은 고립되었다. 이 비대칭적 탈냉전은 당시 한국 정부에게는 남북대결의 승리로 간주되었으나 부메랑이 되어 오늘날 북한 핵위기 상황으로 돌아왔다. 탈냉전의 진전에도 불구하고 중국이나 한국의 분단이 완전히 해소되지 않았다. 이후 북한과의 대화와 협상에서 한국 정부가 보수정부인가, 진보정부인가에 따라 그 효과가 다르겠지만, 지금까지 두 차례의 남북정상회담은 모두 진보정부가 이룬 것이다. 그러나 남북관계에서 민주화운동 진영은 화해와 교류를 개척하는 역할을 하고 있지만, 동시에 그 성과에 대하여 '남남갈등'을 빚어내는 경향이 있다는 점을

---

5 북한은 남북대결의 맥락에서 1989년 세계청년축제 개최에 몰두했는데, 이 축제의 재정 부담은 1990년대에 북한이 경제적 어려움을 겪는 작은 요인이 되었다.

지적해야 한다.

4. 맺음말

돌이켜보면, 6월항쟁 10주년이었던 1997년 여름은 수평적 정권교체를 위한 대통령 선거를 준비하는 시기였고, 2007년 여름 또한 민주정부의 연속인가 보수정부로의 회귀인가를 가름하는 시기였다. 특히 20주년의 경우 한국의 민주주의뿐 아니라 남북교류와 협력을 위한 정책이 기로에 서 있었으므로 자연스럽게 통일과 관련한 논의가 많이 이루어졌다. 그러나 한국 사회는 2007년 말 대통령 선거에 의해 이명박 대통령으로 대표되는 보수정부로의 회귀가 이루어지면서 민주주의가 조금씩 퇴행하기 시작하였고, 남북관계도 점차 소원해지기 시작하였다. 2013년에 성립한 박근혜 정부하에서 민주주의의 퇴행은 더 뚜렷해졌다. 급기야 2016년 말부터 2017년 초에 이르는 20주 동안, 세계사적으로 유례가 없을 정도의 평화적 촛불시위를 통한 대통령 탄핵과 처벌이 이루어졌다. 많은 사람들은 촛불시위와 대통령 탄핵, 그리고 구속까지 이르는 과정을 촛불혁명으로 부르기 시작했다(손호철, 2017; 심현주, 2017). 6월항쟁 30주년은 1997년에 이어 두 번째로 민주정부로의 정권교체가 이루어진 상황에서 맞았다. 6월항쟁의 의미는 좀 더 길고 넓은 맥락에서 재해석될 수밖에 없다.

한국의 민주주의는 흔히 3·1운동을 통해 성립한 상해 임시정부에서 '민주공화국'을 선포함으로써 사상적 기초가 만들어지고, 1948년 정부 수립에 의해 현실적으로 제도화되었으며, 4월혁명과 5·18항쟁, 그리고 6월항쟁을 통해 실질적인 내용을 확보했다고 설명된다. 4월혁명은 선거민주주의의 정당성, 즉 부정선거에 의한 권력재생산에 대한 비판과 단절, 5·18항쟁은 유신헌법에 의해 부정된 국민의 자유롭고 평등한 정부구성권 회복과 국가 폭력에 의한 인간 존엄성 훼손에 대한 저항, 6월항쟁은 직선제 개헌을 통한 국민주권주의의 회복, 그리고 촛불혁명은 민주주의의 후퇴에 대한 저항과 국민주권주의의 재확인이라고 볼 수 있다.

민주공화국으로서 한국의 국가형성사(김진균, 2001)는 한편으로는 이런 민주주의의 역사와 함께, 다른 한편으로는 1948년에 형성되고 한국전쟁을 통하여 공고화된 분단체제를 극복하기 위한 탈냉전 통일운동의 역사로 구성되고 1992년의 비대칭적 탈냉전으로 일단락된다고 할 수 있다. 민주화와 탈냉전의 관계는 매우 미묘하고 복잡하여 단순하게 설명하기 어렵다. 탈냉전의 비대칭성은 현재의 한국 사회를 괴롭히는 구조적 원인으로 작동하고 있다.

6월항쟁이 진행되던 시기는 국제적으로 미국의 민주주의 진흥 프로젝트와 소련의 페레스트로이카 정책이 함께 이루어지던 시기였다. 한국에서도 이에 대한 관심이 컸지만, 이것이 갖는 의미, 즉 이것이 사회주의체제의 붕괴와 탈냉전으로 가는 세계적인 흐름이었음을 충분히 감지하지 못하고 있었다. 이런 인식틀은 6월항쟁을 설명하는 일국적 관점과 항쟁주체론으로 이어지게 되었다. 이제는 민주주의의 발전이 이를 지향하는 주체들의 집합적 노력에 의한 것일 뿐 아니라 더 유연하고 구조적인 설명을 필요로 한다. 비교사회론적 질문이나 동아시아 지역 체제론적 질문은 한국 사회를 좀 더 객관적이며 풍부하게 이해하도록 하는 자극제이다.

참고문헌

6월민주항쟁10주년사업범국민추진위원회 엮음. 1997. 『6월항쟁 10주년 기념 자료집』. 서울: 사
　　계절.

6월민주항쟁계승사업회·민주화운동기념사업회 공편. 2007. 『6월항쟁을 기록하다: 한국민주화
　　대장정』. 서울: 6월민주항쟁계승사업회, 민주화운동기념사업회.

강병익. 2004. 「더 많은 민주주의를 위한 운동과 제도의 정치과정−87년 이후 한국의 정치민주
　　화 평가와 전망」. ≪노동사회≫, Vol.88, 10쪽.

곽은경. 1997. 「제3세계의 시민항쟁과 그 이후 남아프리카공화국−반인종주의투쟁과 만델라의
　　화해정책」. ≪역사비평≫, 1997년 겨울호, 214~228쪽.

권기수. 1995. 「브라질 민주주의 공고화의 전망」. ≪동향과 전망≫, March 1995, 126~158쪽.

권순미. 2003. 「동아시아 민주주의의 현재와 미래: 필리핀, 선거와 민주주의 공고화를 향한 지
　　그재그 경로」. ≪기억과 전망≫, Vol.5, 6쪽.

권형택. 1987. 「80년대 변혁운동에 있어서 학생운동의 역할과 과제」. 박현채 외. 『전환』. 사계
　　절, 261~300쪽.

그레그, 도널드(Donald Gregg). 2015. 『역사의 파편들』. 차미례 옮김. 서울: 창비.

기독교 사회문제연구원. 1987. 『6월 민주화대투쟁』. 서울: 민중사.

김대영. 2006. 「87년 개헌협상과 국민운동본부의 정치행위」. ≪정신문화연구≫, 2006년 봄호,
　　Vol.29(1), 275~301쪽.

김동엽. 2016. 「필리핀 민주주의의 공고화의 이상과 현실」. 김호섭·이병택 엮음. 『민주화운동
　　의 세계사적 배경』. 한울, 145~192쪽.

김동춘. 1997. 「7, 8월 노동자대투쟁과 한국 노동계급의 사회세력화」. ≪역사비평≫, 1997년 여
　　름호, 99~121쪽.

김민전. 1999. 「민주주의 공고화를 위한 국회개혁」. ≪계간 사상≫, 1999년 6월호, 113~135쪽.

김범석. 2002. 「갈라지는 민주화의 길: 대만과 한국 비교연구」. ≪국제정치논총≫, Vol.42(2),
　　237~262쪽.

김상곤. 2006. 「6월민주항쟁의 기념과 계승: 민주화운동의 계승과 발전−87항쟁 이후 사회운동
　　의 평가와 전망」. ≪기억과 전망≫, Vol.15, 139쪽.

김연규. 2010. 「탈공산체제 이행과 민주주의 공고화」. ≪세계정치≫, Vol.13, 17쪽.

김영철. 2006. 「'97년 체제'와 한국경제: 토빈세 논의의 함의」. ≪지역사회연구≫, Vol.14(3),
　　3~21쪽.

김영태. 「한국 민주주의의 이행과 공고화과정 분석」. ≪사회과학연구≫, 제13권 1호, 237~285
　　쪽.

김용철. 2015. 「한국의 민주화운동과 민주화」. ≪민주주의와 인권≫, Vol.15(3), 275~320쪽.

김용흠. 2016. 「2016년 촛불혁명과 문명의 전환」. ≪내일을 여는 역사≫, Vol.65, 4~11쪽.

김원. 2009. 『87년 6월항쟁』. 서울: 책세상.

김재중. 2005. 「뉴라이트가 '포스트 87년 체제' 포문 열다」. ≪말≫, 2005년 겨울호, 78~79쪽.

김정훈. 2010. 『87년 체제를 넘어서』. 파주: 한울.

김종엽 엮음. 2009. 『87년체제론: 민주화 이후 한국사회의 인식과 새 전망』. 파주: 창비.

김종엽. 2005. 「분단체제와 87년체제」. ≪창작과비평≫, Vol.33(4), 12~33쪽.

_____. 2010. 「87년체제론의 관점에서 본 사회체제논쟁」. ≪민주사회와 정책연구≫, Vol.17,
    53쪽.

_____. 2013. 「분단체제와 87년체제의 교차로에서」. ≪창작과비평≫, Vol.41(3), 466~489쪽.

김진균. 2001. 「국민형성의 관점에서 본 5·18」. 『5·18 민중항쟁사』. 광주광역시 5·18사료편찬
    위원회, 21~51쪽.

김호기. 2007. 「87년 체제인가, 97년 체제인가: 민주화 시대에서 세계화 시대로」. ≪사회비평≫,
    Vol.36, 12~26쪽.

남평오. 2017. 「촛불혁명」은 어디로 가는가?」. ≪가톨릭 평론≫, Vol.7, 51~56쪽.

노중기. 1997. 「한국 노동정치체제의 변동과 전망: 1987~1997」. ≪노동사회≫, Vol.14.

_____. 2012. 「87년 노동자대투쟁의 역사적 의의와 현재적 의미」. ≪경제와사회≫, 겨울호,
    178~09쪽.

민주화운동기념사업회 연구소 엮음. 2008~2010. 『한국민주화운동사』 I, II, III. 파주: 돌베개.

민준기. 2008. 「한국의 민주주의 공고화, 어떻게, 언제 가능한가?」. ≪아태연구≫, Vol.15(1),
    91~103쪽.

박경미 외. 2012. 『한국의 민주주의: 공고화를 넘어 심화로』. 서울: 오름.

박기덕. 2002. 『민주주의 공고화 과정의 경제개혁과 집권세력의 위기극복을 위한 정치전략: "네
    오포퓰리즘 이론"에 근거한 한국과 폴란드의 비교』. 서울: 세종연구소.

박명림. 2006. 「사회국가 그리고 민주헌정주의-민주주의의 "한국모델"을 위한 시론」. ≪기억
    과 전망≫, Vol.15, 8쪽.

박병수. 2002. 「민주주의 이행과 인권: 아르헨티나와 칠레」. ≪라틴아메리카연구≫, Vol.15(2),
    73~100쪽.

박상훈. 2006. 「한국의 '87년체제': 민주화 이후 한국정당체제의 구조와 변화」. ≪아세아연구≫,
    Vol.49(2), 7~41쪽.

박선웅. 2007. 「의례와 사회운동: 6월항쟁의 연행, 집합열광과 연대」. ≪한국사회학≫, Vol.
    41(1), 26~56쪽.

박성진. 2003. 「한국 사회 신뢰의 악순환과 민주주의의 공고화」. ≪동향과 전망≫, 2003년 겨울
    호, 7~40쪽.

박우섭. 1987. 「민주변혁과 연합전선에의 모색」. 박현채 외. 『전환』. 사계절, 315~338쪽.

박은홍 외. 2008. 『평화를 향한 아시아의 도전: 아시아 민주화운동사』. 파주: 나남.

박현채·조희연. 1989~1991. 『사회구성체논쟁』 I, II, III. 서울: 죽산.

배정한. 2001. 「탈사회주의 이행체제에서의 민주주의 공고화와 비공식 정치과정: 그 이론적 고

찰」. ≪유라시아 연구≫, Vol.1(2), 3쪽.

배한동. 2004. 「한국 민주주의 공고화 과정의 시민 단체의 역할」. ≪대한정치학회보≫, Vol.
12(1), 393쪽.

백낙청. 2007. 「6월항쟁 이후 20년, 어디까지 왔으며 어디로 갈 것인가」. ≪황해문화≫, Vol.55,
177~188쪽.

백종국. 2006. 「한국의 민주적 공고화의 현실과 과제: 노무현 정부를 중심으로」. ≪동북아연구≫,
Vol.11, 75쪽.

백태웅. 1997. 「뜨거운 함성의 현장에서 '제헌의회' 노선을 다시 생각한다」. ≪역사비평≫, 1997
년 여름호, 86~97쪽.

서경석. 2007. 「87년헌법체제와 헌법정치」. ≪민주법학≫, Vol.34, 137쪽.

서중석. 2011. 『6월항쟁: 1987년 민중운동의 장엄한 파노라마』. 파주: 돌베개.

선학태. 2002. 「신생민주주의공화의 가능성과 한계: 김대중정권하의 메크로코포라티스적 사
회협약정치의 실험」. ≪한국정치학회보≫, Vol.36(4), 211~229쪽.

_____. 2005. 「한국 민주주의 공고화의 가능성과 한계: 김대중 정부의 사회복지개혁」. ≪한국
정치학회보≫, Vol.39(5), 179~198쪽.

성경륭. 1993. 「한국 정치민주화의 사회적 기원: 사회운동론적 접근」. 경남대 극동문제연구소
엮음. 『한국정치 사회의 새 흐름』. 서울: 나남.

손호철. 2009a. 「'사회학적 서술주의'와 추상성의 혼돈을 넘어서: 조희연·서영표의 체제론에 대
한 반론」. ≪마르크스주의 연구≫, Vol.6(4), 252~289쪽.

_____. 2009b. 「'한국체제' 논쟁을 다시 생각한다: 87년 체제, 97년 체제, 08년 체제론을 중심으
로」. ≪한국과 국제정치≫, Vol.25(2), 31쪽.

_____. 2017. 「11월 시민혁명', '광장'과 대의제를 생각한다」. ≪마르크스주의 연구≫, Vol.
14(1), 18~43쪽.

송동영. 1997. 「제3세계의 시민항쟁과 그 이후 이란—회교혁명의 한계와 그 대안」. ≪역사비평≫,
1997년 겨울호, 173~185쪽.

신광영. 1989. 「6월항쟁과 그 이후의 사회 변혁 운동」. ≪문학과사회≫, Vol.2(3), 920~936쪽.

심현주. 2017. 「촛불혁명을 시민정치로」. ≪가톨릭 평론≫, Vol.7, 57~65쪽.

안성호. 1994. 『범세계 민주화 비교론』. 서울: 교육과학사.

어수영. 2004. 「가치변화와 민주주의 공고화: 1990~2001년간의 변화 비교연구」. ≪한국정치학
회보≫, Vol.38(1), 193~214쪽.

오삼교. 1997. 「제3세계의 시민항쟁과 그 이후 브라질—권위주의 체제의 존속과 노동계급의 성
장」. ≪역사비평≫, 1997년 겨울호, 201~213쪽.

우상호. 1992. 「하나의 생명이 폭풍이 되어 6월항쟁으로 승화한 박종철·이한열의 죽음」. ≪역
사비평≫, 1992년 봄호, 198~202쪽.

유종성. 2014. 「한국 민주주의와 표현의 자유: '자유민주주의'의 위기」. ≪동향과 전망≫, 2014
년 봄호, 9~44쪽.

윤상철. 1997. 『1980년대 한국의 민주화이행과정』. 서울대 출판부.

_____. 2005. 「87년체제의 정치지형과 과제」. ≪창작과비평≫, Vol.33(4), 52~67쪽.

이갑윤·문용직. 1995. 「한국의 민주화: 전개과정과 성격」. ≪한국정치학회보≫, Vol.29(2), 217~232쪽.

이강로. 1999. 「한국에서 진보적 노동운동의 성장과 민주주의 공고화의 진행: 1990~1999」. ≪한국정치학회보≫, Vol.33(3), 133~156쪽.

_____. 2002. 「한국에서의 개혁과 민주주의 공고화: 김영삼, 김대중 정부의 개혁과 민주주의의 발전」. ≪사회과학논총≫, Vol.18, 345쪽.

이광일. 2002. 「민주주의 이행과 시민운동의 진로」. ≪시민과세계≫, Issue 1, 326~350쪽.

이동연. 2017. 「촛불의 리듬, 광장의 문화역동: 민주주의 정치를 위한 인식적 지도 그리기」. ≪마르크스주의 연구≫, Vol.14(1), 91~117쪽.

이동윤. 2007. 「민주주의 공고화와 퇴보 사이에서: 태국의 탁씬 정부와 민주주의 논쟁」. ≪국제정치논총≫, Vol.47(2), 173~196쪽.

이명석 외. 2001. 「한국 민주주의 공고화와 시민의 정치인식－설문조사 자료를 중심으로」. ≪의정연구≫, Vol.11, 174쪽.

이병천. 2002. 「민주주의 이행과 시장의 시대: 신자유주의 수동혁명의 소용돌이」. ≪시민과세계≫, Issue 2, 73~92쪽.

이선영·서선호. 2003. 「동아시아 민주주의 공고화의 3가지 길: 대만 민주화의 기회와 제약」. ≪동아시아연구≫, Vol.7.

이성계. 2003. 「동아시아 민주주의 공고화의 3가지 길: 싱가포르 연성권위주의 체제의 특징과 성공 요인」. ≪동아시아연구≫, Vol.7, 37쪽.

이승욱. 2007. 「87년 체제 이후 노동관계법, 제도의 변화와 전망」. ≪법과 사회≫, Vol.32, 67쪽.

이승환. 2007. 「6월항쟁 20년, 새로운 통일담론을 위하여」. ≪창작과비평≫, Vol.35(3), 332~347쪽.

이영재. 2015. 「한국 민주주의의 공고화와 '5·18특별법'」, ≪민주주의와 인권≫, Vol.15(3), 79~112쪽.

이인영. 1997. 「뜨거운 함성의 현장에서 학생운동: 선도투쟁에서 대중성 강화로」. ≪역사비평≫, May 1997, 64~86쪽.

이일영. 2005. 「동아시아 경제와 한국의 87년체제: 교착과 혁신」. ≪창작과비평≫, Vol.33(3), 81~96쪽.

이정무. 2005. 「기나긴 교착의 시대, 변화의 기로에 선 '87년 체제'」. ≪말≫, August 2005, 48~53쪽.

이태호. 2004. 「'대의의 대행'을 넘어서는 시민운동의 모색」. ≪노동사회≫, Vol.88, 23쪽.

이홍종. 2002. 「한국의 민주주의 공고화에 있어서 시민사회의 역할」. ≪Comparative Korean Studies≫, Vol.10(2), 27쪽.

임영일. 2004. 「시장자유주의적 노동체제에서 사회통합 가능한가―1987년 이후의 노동운동과 노동체제 변화」. ≪노동사회≫, Vol.88, 16쪽.

임재홍. 2007. 「87년 민주화, 그 후 20년」. ≪민주법학≫, Vol.35, 7쪽.

임혁백. 1990. 「한국에서의 민주화과정분석」. ≪한국정치학보≫, 24-1, 51~77쪽.

전명수. 2011. 「1980년대 한국 개신교 민주화운동의 특성과 한계―6월항쟁에서의 교회 공론장을 중심으로」. ≪담론 201≫, Vol.14(3).

전재호. 2013. 「전환기 한국 민주주의와 한미관계, 1980~1997」. 정일준 책임. 『한국의 민주주의와 한미관계 연구보고서』. 대한민국 역사박물관.

정근식 엮음. 2011. 『(탈)냉전과 한국의 민주주의』. 선인.

정근식. 2014. 「동아시아의 냉전 · 분단체제의 형성과 해체: 지구적 냉전하의 동아시아를 새롭게 상상하기」. 임형택 엮음. 『한국학의 학술사적 전망 2』, 소명출판, 41~76쪽.

정대화. 2017. 「촛불혁명과 죄수의 딜레마」. ≪동향과 전망≫, 2017년 봄호, pp.227-234쪽.

정영국. 1997. 「제3세계의 시민항쟁과 그 이후 필리핀―2월혁명 이후 변화 없는 땅에서의 변화」. ≪역사비평≫, 겨울호, 186~200쪽.

정영태. 2004. 「제도권 속의 진보정당과 한국민주주의 공고화―민주노동당의 과제와 전망을 중심으로」. ≪기억과 전망≫, Vol.8, 35쪽.

정일준. 2009. 「한미관계의 역사사회학: 국제관계, 국가정체성, 국가프로젝트」. ≪사회와 역사≫, 제84집, 217~261쪽.

_____. 2010a. 「전두환·노태우 정권과 한미관계―광주항쟁에서 6월항쟁을 거쳐 6공화국 등장까지」. ≪역사비평≫, 2010년 봄호(통권 90호), 296~332쪽.

_____. 2010b. 「통치성을 통해 본 한국 현대사: 87년체제론 비판과 한국의 사회구성 성찰」. ≪민주사회와 정책연구≫, Vol.17, 89쪽.

정주신. 2004. 「6월항쟁의 정치사적 특징」. ≪민주주의와 인권≫, Vol.4(2), 39~71쪽.

정진상. 1997. 「갑오농민전쟁, 3·1운동, 4월혁명, 6월항쟁의 비교분석―6월항쟁과 한국의 변혁운동」. ≪역사비평≫, 1997년 봄호, 26~79쪽.

정철희. 1996. 「중위동원과 6월항쟁: 사회운동조직의 구조적·문화적 통합」. ≪한국사회학≫, Vol.30, 65~91쪽.

정해구. 1997. 「87년 이후 한국사회의 변화 통일 대북의식의 변화와 '레드 콤플렉스'」. ≪역사비평≫, 1997년 가을호, 86~98쪽.

_____. 2006. 「한국 민주화운동과 6월민주항쟁의 기념」. ≪기억과 전망≫, Vol.15, 116쪽.

정해구·김혜진·정상호. 2004. 『6월항쟁과 한국의 민주주의』. 서울: 민주화운동기념사업회.

조현연. 2007. 「'87년 체제'의 정치적 등장 배경과 한국 민주주의 연구―87년 9차 개헌과 13대 대통령 선거를 중심으로」. ≪기억과 전망≫, Vol.16, 217쪽.

조희연. 1994. 「한국에서의 민주주의 이행에 관한 정치사회학적 연구: 국가, 정치사회, 시민사회의 분화에 터하여」. ≪동향과 전망≫, 1994년 봄호, 245~298쪽.

_____. 2000. 「민주주의 이행과 제도정치, 민중정치, 시민정치」. ≪경제와사회≫, Vol.46,

170~198쪽.

_____. 2006. 「'87년체제'와 민주개혁운동의 전환적 위기: 그 원인과 대안의 탐색」. ≪시민과세계≫, Issue 8, 139~181쪽.

_____. 2010. 「'한국사회체제논쟁' 재론」. ≪민주사회와 정책연구≫, Vol. 17, 13쪽.

_____. 2013. 「'수동혁명적 민주화 체제'로서의 87년 체제, 복합적 모순, 균열, 전환에 대하여 87년 체제, 97년 체제, 포스트민주화체제」. ≪민주사회와 정책연구≫, Vol. 24, 137쪽.

조희연·서영표. 2009. 「체제논쟁과 헤게모니전략: 손호철의 97년 체제론에 대한 비판적 개입」. 『마르크스주의 연구』, vol. 6(3), 154~187쪽.

지은주. 2016. 「대만의 민주화와 민주주의 공고화」. 김호섭·이병택 엮음. 『민주화운동의 세계사적 배경』. 한울, 39~91쪽.

최종숙. 2001. 「6월항쟁의 발생국면에서 국민운동본부의 역할에 대한 연구」. 서울대학교 대학원.

최치원. 2009. 「한국에서 1987년과 근대의 의미—'이성적인' 것으로서 민주주의와 민주화의 문제들」. ≪민주주의와 인권≫, 제9권 1호, 93~120쪽.

최현. 2010. 「한국 사회 진보의 주체: 민중, 노동자계급, 시민, 다중과 정체성 집단」. ≪경제와사회≫, 2010년 여름호, 95~124쪽.

하일민. 2005. 「한국민족민주운동과 6월항쟁의 역사적 의미」. ≪대동철학≫, Vol. 31, 1~15쪽.

학술단체협의회. 1997. 『6월 민주항쟁과 한국사회 10년』 1-2. 서울: 당대.

학술단체협의회·민주화운동기념사업회 엮음. 2007. 『한국 민주주의의 현실과 도전: 6월항쟁 그이후』. 파주: 한울.

현재호. 2008. 「87년체제에 대한 비판적 고찰: 제도변화의 논리를 중심으로」. ≪한국과 국제정치≫, Vol. 24(4), 127쪽.

홍익표. 1998. 「남유럽의 민주주의 이행과 공고화: 스페인, 포르투갈, 그리스의 비교」. ≪국제지역연구≫, Vol. 2(4), 67~92쪽.

황인성. 1997. 「뜨거운 함성의 현장에서 투쟁의 구심, 민주쟁취국민운동본부」. ≪역사비평≫, 1997년 여름호, 20~63쪽.

Cox, Michael. 2000. *American Democracy Promotion [electronic resource]: Impulses, Strategies, and Impacts*. Cary: Oxford University Press.

Diamond, Larry. 1999. *Developing Democracy*. Baltimore: Johns Hopkins University.

_____. 2012. "The Coming Wave." *Journal of Democracy*, Vol. 23, No. 1.

Dryzek, John. 2011. "Global Democratization: Soup, Society, or System?" *Ethics & International Affairs*, Vol. 25(2), pp. 211~234.

Gruel, J.(ed.). 2013. *Democratization*. Sage.

Holden, Barry. 1999. *Global Democracy, Key Debates*. London: Routledge.

Huntington, Samuel. 1991. *The Third Wave: Democratization in the Late Twentieth*

Century. Norman and London: University of Oklahoma Press.

Jean François Revel. 1997. 『グローバル・デモクラシ』. 萩野弘巳 訳. 東京: 青土社.

Kuyper, Jonathan W. 2014. "Global democratization and international regime complexity." *European Journal of International Relations*, Vol.20(3), pp.620~646.

Lee, Jung-Eun. 2013. "Categorical Threat and Protest Policing: Patterns of Repression Before and After Democratic Transition in South Korea." *Journal of Contemporary Asia*, Vol.43(3), pp.475~496.

Leogrande, William. 1998. "Deciding to Intervene: The Reagan Doctrine and American Foreign Policy(Book Review)." *The Journal of Politics*, Vol.60(1), pp.306~310.

Michalak, Stanley. 2004. "Post-Democratic Cosmopolitans: The Second Wave of Liberal Internationalism." *Orbis*, Vol.48(4), pp.593~607.

Paik, Jina. 1995. *Progressive views, moderate action: the white-collar labor unions in the Korean transition to democracy.* Univ. of Notre Dame.

Robinson, William I. 1996. *Promoting polyarchy: globalization, US intervention, and hegemony.* New York: University of Cambridge Press.

_____. 2013. "Promoting polyarchy: 20 years later." *International Relations*, Vol.27(2), pp.228~234.

Shin, Doh Chull. 2015. "Cultural Hybridization in East Asia: Exploring an Alternative to the Global Democratization Thesis." *Journal of Elections, Public Opinion & Parties*, Vol.25(1), pp.10~30.

Smith, Jackie. 2008. *Social movements for global democracy.* Baltimore: Johns Hopkins University Press.

Uwe Johannen & James Gomez(ed.). 2001. *Democratic transitions in Asia.* Singapore: Select Pub. in association with Friedrich Naumann Foundation.

민주화운동기념사업회 한국민주주의연구소
Korea Democracy Foundation

민주화운동기념사업회는 한국의 민주화운동을 기념하고 그 정신을 계승하기 위해 '민주화운동기념사업회법'에 의해 2001년 설립된 공공법인이다. 민주화운동 기념, 민주화운동에 관한 사료수집과 관리, 민주화운동과 민주주의 연구·교육, 기념관 건립 등의 사업을 추진하고 있다. 이러한 활동을 통해 민주화운동의 올바른 역사 정립과 민주주의 지평을 확대하고, 나아가 한국 민주화운동의 역사와 성과를 세계에 알려 지구촌 민주주의 발전에 기여하고자 한다.

엮은이

서중석 성균관대학교 사학과 명예교수
정해구 성공회대학교 사회과학부 교수
정근식 서울대학교 사회학과 교수
신형식 민주화운동기념사업회 한국민주주의연구소 소장
이영제 민주화운동기념사업회 한국민주주의연구소 연구원

지은이(수록순)

서중석 성균관대학교 사학과 명예교수
정해구 성공회대학교 사회과학부 교수
조현연 한국정치연구회 연구위원
이기훈 연세대학교 국학연구원 HK 교수
정상호 서원대학교 사회교육과 교수
허은   고려대학교 한국사학과 교수
정일준 고려대학교 사회학과 교수
전재호 서강국제한국학선도센터 선임연구원
이원보 한국노동사회연구소 이사장
홍석률 성신여자대학교 사학과 교수
이창언 한국방송통신대 문화교양학과 교수
오제연 성균관대학교 사학과 교수
정근식 서울대학교 사회학과 교수

한울아카데미 1990

6월 민주항쟁
전개와 의의

ⓒ 민주화운동기념사업회, 2017

엮은이 ┃ 민주화운동기념사업회 한국민주주의연구소
지은이 ┃ 서중석 외
펴낸이 ┃ 김종수
펴낸곳 ┃ 한울엠플러스(주)
편집 ┃ 조수임

초판 1쇄 인쇄 ┃ 2017년 5월 25일
초판 1쇄 발행 ┃ 2017년 6월 5일

주소 ┃ 10881 경기도 파주시 광인사길 153 한울시소빌딩 3층
전화 ┃ 031-955-0655
팩스 ┃ 031-955-0656
홈페이지 ┃ www.hanulmplus.kr
등록번호 ┃ 제406-2015-000143호

Printed in Korea.
ISBN 978-89-460-5990-0 93300(양장)
        978-89-460-6344-0 93300(반양장)

※ 책값은 겉표지에 표시되어 있습니다.